〈政治思想研究　第23号〉

政治思想と環境

政治思想学会 編

風行社

まえがき

『政治思想研究』第二三号をお届けする。これは、近年のスタイルをそのまま踏襲した書き出しである。ここでは、まずなによりも、刊行のためにお力添えくださったすべてのみなさんにお礼を申し上げたい。論文や記事を寄せてくださった寄稿者・投稿者のみなさんはもとより、数十名に及ぶ匿名査読者のみなさんのお力添えなしには、刊行は不可能だった。今号には、直近一〇号（一四号〜二三号）の平均応募数一七・七本を上回る公募論文の応募があり、その応募数の倍のみなさんが査読を担っている（投稿数の正確な数値については、近年は、ニューズレターの理事会議事録欄で会員向けに公表するのが慣例なので、今号もそれに倣う）。特筆すべきことに、査読や、特集・書評執筆については、依頼したほとんどのみなさんが、学内外でそれぞれに重責を担われるなかご快諾くださった。今号に具体的なかたちを与えたのは、野口雅弘副主任をはじめとする編集委員のみなさん、風行社ならびに印刷に関わったみなさんであり、学会事務局の支援も得た。今号も、一般財団法人櫻田會の財政支援を得たことに、とくにお礼申し上げたい。

この「まえがき」では、コンテンツを概観していくのが本誌の伝統的スタイルだが、今号は踏襲せずに逸脱する。昨年初夏に、編集委員会は、「なぜ自分の本はいつも本誌の書評欄で取り上げられないのか。公平に編集作業がなされているか、疑義がある」という趣旨の指摘を受けた。この指摘を受けて、以下ではすべてのみなさんに向けて、本誌の編集体制につき、適正・公平か、持続可能かという二点にフォーカスして、現状をお伝えしておきたい。

編集委員会が、エディトリアルボードとして権限と裁量をもつのは疑いない。委員会は、特集や書評などの誌面ラインアップの策定や、公募論文にかかる査読者選定や審査にあって、決定権限をもつ。問われているのは、それが適正・公平かどうかであり、わたし自身も、編集委員となる以前にはこの点について懐疑的な意見を抱いたことがある。

この点に関して、編集委員会が、決定の公平性や透明性を高めるために取り組んでいる工夫のなかには、以下の三点が含まれる。第一に、（少なくとも、森川輝一編集主任のもと、わたしが副主任となった二一号以降にあっては意識的に）正副主任だけで決めず、委員会として機関決定することを徹底している。正副主任は、編集委員会のいわば「執行部」であり、両名が主要業務を分担して管掌するが、「執行部」だけで決めてしまわないように意を注いでいる。

第二に、編集各業務には手順や基準にかかる内部ルールがあり、それに従って作業を進めている。たとえば、書評対象本の選定にあたっては、過去二年（選定時から見て前々年以降）に公刊された会員の本を候補として網羅的にリストアップしたうえで委員会として選書しているが、各号の枠は一〇冊程度なので、学会誌の書評欄に求められる役割に鑑みて、本格的な学術書を対象とする、過去に取り上げていない会員や若手の本を積極的に取り上げる、等の基準を設けている。ルールの妥当性についても適宜議論しており、二一号の編集からは、基本原則は変更しないが単著だけでなく共著や翻訳書も候補に含めることとした。論文審査では、公募要領で公表している手続きのほか、担当者を除き委員会内部でも匿名審査とする、情実や利益相反が生じないように査読者を選ぶ、等の工夫を導入している。

第三に、二一号以降にあっては、「お手盛り」との嫌疑を避けるため、編集委員は執筆者を兼ねない方針としている。

他方で、委員会に権限や裁量があることは、委員に責任や負担があることと表裏一体である。特定のメンバーに裁量や権限が偏るべきでないのと同じように、責任や負担も偏るべきではない。このことは、多くの会員の「手弁当」によって成り立っている学会誌の編集（あるいは学会活動一般）にあっては、とくに留意すべき点であろう。

近年では、編集委員の任期が長期化する傾向にあり、憂慮すべき状況となっている。自分のことで大変に恐縮だが、わたし自身を例にすると、一七号から七年連続で編集委員を担当しており、これは本誌の最長記録に並ぶ（ただし、任期を合算すると、通算で九号にわたって編集委員をおつとめになった先輩もいる）。この状況を改善するため、副主任を二年経験したのち主任を二年つとめる近年の慣行（つまり「執行部」を四年にわたって担当する慣行）については、編集委員会と理事会での議論を経て、この二三号より、副主任一年・主任一年の二年任期に短縮することとした。ひろく役職のローテーション頻度を高めるのは、負担の集中を防いで、学会活動の持続可能性を確保するとともに、多くの会員の関与や参画を可能にするために、今後も必要となろう。本誌の編集にかかる適正さ・公平さや持続可能性をさらに高めていくため、会員のみなさんのさらなるお力添えをお願い申し上げます。

編集主任　犬塚　元

政治思想と環境（『政治思想研究』第23号）〈目　次〉

【書評】

【二〇二二年度学会研究大会報告】

国民と棄民の間
――パンデミック下の統治性

●――武田宏子

一　新型コロナ・パンデミックと「棄民」

タイムズ紙とタイムズ紙日曜版の記者であるジョージ・アーバスノットとジョナサン・カルヴァートが「国家の失敗」(Failures of State) というタイトルのもとで発表した一連の記事は、新型コロナ・ウィルスの感染がイギリスで拡大し、累計死者数が約二一万人にまで膨れ上がるという世界的にも甚大な被害が生じた過程で、イギリス政府や保健省、国民健康サービス (National Heath Service) がどういった対応を行ったのか克明に伝え、政治家や行政官などの為政者による判断や作為（あるいは無作為という作為）が被害の拡大と悪化に強く影響したという厳しい批判を展開した。(2) とりわけ、二〇二〇年四月の段階で、医療行為が患者の属性によって選択的に適用されていたことに関する具体例を伴った報道は大きな反響を呼んだ。集団免疫への選好と経済的ダメージへの憂慮からジョンソン政権がパンデミックへの対応の準備を怠り、ロックダウン（都市封鎖）実施の判断が三月下旬にまで遅れたことによって、イギリスでは四月に入ってから感染が爆発的に拡大し、これが長年の緊縮財政政策によって既に疲弊していた国民健康サービスを直撃した。キャパシティを上回る数の感染者が治療を必要としたことに加え、医療従事者の感染を防ぐための個人用防護具が欠乏するという危機的状況に対処するため、国民健康サービスに属する多くの病院では、高齢者や持病があるなどの健康状態に不安があると見なされた人びと、つまり、より脆弱な人びとが蘇生や集中治療室での治療の対象から除外され、その結果、これらの人びとは重篤化した場合でも一般病棟や自宅で「死ぬに『任せる』」[3]ままにされた。[4]英国医師会の会長は、「パンデミックの初期に、通常であれば受けられた治療へのアクセスを奪われ、死につつある数多くの患者に対応しなければならなかったことから、医師会の会員たちはトラウマを負っている」と発言している。[5]

どの国家において新型コロナ・パンデミックの状況に巻き込まれたのか、いつ、どのようにウィルスに感染し、あるいは感染しなかったのかということは、表面的には、日常生活を営む上での偶発性にもっぱら影響される問題であるように見受けられる。家族と会うためにたまたまイングランドに三月中旬に戻り、久しぶりだからとパブに出かけて無症状感染者と遭遇したことによって新型コロナ・ウィルスに感染し、喘息の持病があったことから重篤化したが、当該地域の国民健康サービスが運用する基準により病院に搬送されることがないまま自宅で死亡したというケースは、間の悪い時に間の悪い場所にいた、言いかえれば、運が悪かったという説明の仕方をすることもできるだろう。他方で、「自己責任」のロジックからすると、ヨーロッパの国々が既にロックダウンに入っていた三月中旬という時期にパブに出かけるというのは無責任な行動であり、したがって、新型コロナ・ウィルスに感染して、死亡するというのは自業自得ということになるのだろうか。とはいえ、このふたつの説明の仕方には、新自由主義に根ざした統治システムのロジックから強く影響されている点において共通性が認められる。実際、アーバスノットとカルヴァートによる調査報道から見えてくるのは、新自由主義のロジックが浸透したイギリスの統治システムが、新型コロナ・パンデミックという危機的状況において、社会経済的により脆弱な立場にある人びとに対して暴力的に作用した過程である。国家による経済的介入をなるべく避け、経済活動の継続・早期再開を優先する統治方針への志向性や、集団免疫に例示される、(一定の犠牲が出たとしても)安価で「効率的」な対応策の選好、委託や外注が常態化し、専門性と調整能力が欠けた行政システムの機能不全、労働規制の緩和により不安定雇用が浸透した社会環境であるにもかかわらず個々人の生活保障が賃金労働を主軸としていること、そして、何よりも長年の緊縮財政政策による医療・保健制度の疲弊といった要因が重なる中で、イギリスにおける新型コロナによる被害は高齢者や女性、人種的マイノリティ、貧困層、不安定な雇用に従事する労働者に偏る形で深刻化した[6]。

新型コロナ・パンデミックの経験の仕方が社会経済的な位置づけによって異なり、より脆弱な立場にある人びとに深刻な被害をもたらしたことはイギリスのみに限定される現象ではなく、日本を含めて世界各地で報告されている。議会制度や行政システム、政党システムなどが異なる政治体制において、なぜパンデミックの被害は社会経済的により脆弱である人びとに共通して重くのしかかったのか。本稿では、この問題を考える際の手がかりとして、グローバリゼーションを通じて世界的に展開している新自由主義に根ざした資本主義経済と、それを管理・運営する国家の統治システムの作用の仕方に着目し、こうした政治経済のシステムでは一定の「棄民」が発生する傾向が存在することについて検討していく[7]。資本主義経済、とりわけ、新自由主義に根ざした資本主義経済が維持され、発展していくためには「国民」の枠組みから排除される、あるいは漏れてしまう「棄民」の存在が必要であり、新型コロナ・パンデミックは、社会経済的により脆弱である人びとに被害が偏るという形でこのことを可視化させたのではないだろうか。

上記の問題を議論するため、本稿ではまず、資本主義経済システムの維持・発展には不可欠である資本蓄積と「再生産」の間に存在する矛盾を解消することを目的とした国家の統治システムである「統治性」の議論において、これまで表立って議論されてはこなかったが、そもそも「棄民」が存在することが前提とされていたこと、そして、「棄民」化のプロセスにはジェンダーが深く作用していることを確認する。その上で、第三節では、新自由主義の影響力が拡大した現代的な資本主義経済システムにおいて、「棄民」化のプロセスがどのように展開しているのか検討し、次の第四節では、日英の具体例に触れながら、新型コロナ・パンデミックの状況で社会経済的に脆弱な人びと、特に女性たちが「棄民」の側に位置づけられていった過程を考察する。

二　統治性とジェンダー、生政治／死政治

ミシェル・フーコーが「統治性」（governmentality）という造語を用いて議論したのは、彼が「規律権力」と「生権力」、あるいは「人口の生政治」と名づけた権力テクノロジーが国家の統治システムに取り込まれたことにより、近代国家の統治の実践が一八世紀から一九世紀に移行する中で変容した過程であった。前者の「規律権力」は個々人の身体に働きかけ、規律・訓練することを通じて人びとの行動の仕方を制御する権力であり、対して、後者の「人口の生政治」は生物である「種」として人間の生存状態や生活状況に気を配り、国民が自由主義的資本主義社会の環境において健康で幸福な生と生活を送ることができるように支援する権力だと定義される。[8] こうした「規律権力」と「人口の生政治」の働きかけにより、個人は国家の統治システム内で特定の生き方、生活の仕方をするように促される。具体的には、生産性の高い経済行為に従事する労働者、あるいは、そうした生産性の高い労働者の再生産をつつがなく行うケア労働提供者というように、フーコー自身や彼の死後、統治性の議論を発展させた論者たちは明確に言及しなかったが、[9] 近代社会において広く実践されてきたジェンダー役割等の規範に基づいて自らの生と生活を最適化するように導かれ、国家の統治制度はそうした生き方を支援する方向で整備されていった。フーコーによれば、戦後のケインズ主義的福祉国家は統治性のロジックに基づいて編成された国家形態に連なるものとして理解される。[10]

ボブ・ジェソップが指摘したように、ケインズ主義的福祉国家は、男性稼ぎ主を媒介としてその家族である女性と子どもを経済資源の再分配の仕組みに間接的に接続し、これにより人間と労働力の再生産を「外部性」の外観を保ちながら資本主義経済システムの一環として位置づける仕組みであった。[11] 統治性の観点からこうしたケインズ的福祉国家制度のあり方を見直すと、自由主義的資本主義経済に本来的に存在する資本蓄積の要請と人および労働力の再生産の間の矛盾を克服し、政治経済を「合理的」に運営する統治システムを編成する努力であったと理解することができる。[12]

こうしたケインズ主義的福祉国家制度に期待された「支配の合理性」は、しかしながら、一九七〇年代以降、グロー

バル化と産業構造の転換が進行し、資本主義経済の性質が変化したことによって、その有効性を維持することができなくなる。肥大化したケインズ主義的福祉国家の「統治不可能性」に注目が集まり、また、新自由主義が政治経済のモデルとして急速に影響力を持つようになる時代状況の中、「統治性」は個々人によって内面化される形で「高度化」された。[13]フーコーから「統治性」の議論を受け継ぐ形でニコラス・ローズが論じた「企業家的主体」に観察されるように、「統治性」の権力テクノロジーを内面化した個人は自らの生と生活を最適化することにおいて意欲的であり、そうした行為を自律的に遂行できる能力を身に着けた「有能な」主体である。この種の人びとは、学校やソーシャル・ワーカーの介入などの制度的仕掛けを必要とせず、高度資本主義社会に適合的な形で自らの生と生活を組織化し、高い生産性と有能さを身に着け、維持しながら、自足的な市民として生きていくことが可能である。[14]

アンジェラ・マクロビーは「ポスト・フェミニズム」論において、イギリスの若年女性たちが充実したキャリアと幸福な家族生活の獲得、言いかえれば、有能な生産者であるとともに再生産・ケア労働の担い手となることに自発的に駆り立てられていった政治社会の状況を批判的に論じているが、[15]この点は「企業家的主体」の奨励が依然としてジェンダー性を帯びながら、生と生活の最適化に励むことを人びとに求めるものであったことを示唆する。とはいえ、別稿で既に論じたように、グローバル化された政治経済の環境で生と生活の最適化を図る「企業家的主体」が家族を作り、子どもを育てる行為、つまり生物学的・経済的・社会‐政治的「再生産」に従事することの「合理性」は必ずしも自明ではない。[16]さらに、「企業家的主体」の規範が奨励する生き方を誰もが「できるわけではないことも考慮する必要がある。既に、ローズによって、「企業家的主体」になれない、あるいはなることを拒否する個人には「再‐訓練」の機会が与えられること、そして「再‐訓練」の機会を有効に活用できない者は社会的排除の状況に留め置かれることが指摘されている。[17]このことは、近代国家に「統治性」の権力テクノロジーが取り入れられていった段階においては、それがジェンダー性を帯びた「国民」として個人を国家という集合体に包摂する制度的仕掛けであったこととは対照的に、高度資本主義社会型の「統治性」は、個人の内面のメカニズムとして作用することで、包摂とともに強制と排除のメカニズムとしても機能していることを意味している。

「統治性」の権力テクノロジーに基づいた新自由主義的な統治システムがシステム内に存在する人びとを包摂するだけではなく、一定の規範を強制し、規範から外れる者を排除するメカニズムとしても機能するという問題は、フーコーがコレージュ・ド・フランスの講義において既に触れていた論点であった。自由主義が浸透した環境において人びとの間で行動の自由と安全が保障されるためには、自由と安全を脅かす危険が特定され、抑制・管理されることが求められる。したがって、「統治性」が作用する自由主義的統治システムにおいては、自由を確保するために「統制、制約、強制の手続きが大幅に拡大」するのみではなく、さらなる自由を導入することを目的としてより多くの統制と介入が「自由の経済的コスト」として実施されるようになる。[18] フーコーはこのことの帰結として、「結局、自由主義的統治術はそれ自身が統治性の危機と呼べるものを持ち込み、内部からその犠牲者となる」[19]と指摘している。

「統治性」をめぐる包摂と排除の逆説的な関係がもっとも鮮明に現れるのが、統治システム内に存在する人びとがどのように「生」と「死」に対して配置されるのかという点においてであろう。よく知られているように、フーコーは一九七五〜一九七六年に行われた講義シリーズ『社会は防衛されなければならない』や『性の歴史Ⅰ　知恵の意志』において、統治性の権力は「生き『させる』、そして死ぬに『任せる』権力」（the power to ʻmakeʼ live and ʻletʼ die）であると説明している。[20]「生きさせる」権力、すなわち「生政治」は人びとの生に様々なレベルで介入して生命と生活を最適化するために、事故や偶発的問題などの生きる上での危険を排除することを目指して統治を行うが、このことの論理的帰結として「生の終わりとしての死」は「明らかに権力の終わり、限界、末端」を意味するようになる。これにより、「死」は権力の外にこぼれ落ちてしまい、私的な領域に移行する。同時に、「生政治」が作用する統治システムにおいても、一旦、戦争という状況になった場合は、国民は生命の危険に曝され、また、戦争に従事して敵国の人びとを殺すように要請される。こうした「本質的に生かすことを目標とする権力が、どのように死ぬことに任せることができるのか」[21]という矛盾をフーコーは、人種差別（racism）の問題を介在させて次のように説明している。

人種差別は「おまえが生きたければ、他者が死ななければならない」という戦争の関係を、生権力の行使と巧みに両立できるまったく新しいやり方で機能させる。まず、人種差別は自分自身の生と他者の死の間の関係性を軍事的、あるいは戦争時の対立関係としてではなく、生物学的な関係性として構築することを可能にする。「より多くの劣等種が死に絶え、異常な人びとが殲滅され、種全体として変質者が少なくなれば、私、つまり、個人ではなく種としての私はより良く生きることができ、力強い存在となり、ずっと精力的になるであろう。そして、私はより繁栄することができるであろう。」他者が死ぬという事実は、単に、その死が自分の安全を保障するという意味で私の生存を意味することにとどまらない。他者の死、劣悪人種の死、劣等種（あるいは変質者や異常者）の死は生一般をより健全なものとする。そして、生はより純粋になる。(22)

フーコーによれば、「死ぬに『任せる』」側に位置づけられる人びとを特定するために動員される言説は人種差別に留まらない。異常性や狂気など、人間の「否定的」と解される属性や特徴を表す表現が用いられて排除される人びとが集団として特定され、彼らを死の側へと追いやる。こうした排除が、科学的言説、特に生物学的言説や医学的言説に依拠して正当化されてきたことも、フーコーは講義の中で触れている。(23)

「生政治」が排除と死へのドライブをはらんでいるというフーコーが提起した論点は、その後、世界各地の多様な論者によって引き継がれ、議論されている。もっともよく知られているのは、ジョルジオ・アガンベンによる例外状態において「剥き出しの生」に留め置かれる「ホモ・サケル」の議論であろう。この時、アガンベンにとっての中心的な関心は、ホロコースト時代の強制収容所に代表される、死が訪れるまで行為者としての行為遂行能力を剥奪され、生と死の間で宙ぶらり状態にされたままの状況に放置されることを特定の人びとに強いる「主権」であり、したがって、彼の議論は「生政治」についてというよりも「死ぬに『任せる』」権力である「死政治」（thanatopolitics、あるいはnecropoliticsという用語が用いられている）に特化していると理解する方が正確であろう。(24) より根幹的な問題として、フーコー以来の「生政治」の議論は、何よりもまず国民がより健康で、幸福な生と生活を送ることを促す「生産的」権力のテクノロジーが統治システムに取り入れられ、日常的に展開するようになったことで「主権」の性質に変化が生じたことを指摘するものであり、こうした観点からアガンベンの議論を見返すと、「生政治」の議論としては射程が限定的であるという批判は免れえない[25]。

フーコーとアガンベンによって十分に検討されることがなかった「生政治」と「死政治」の関係性については、近年、複数の論者が考察を提示している。例えば、やはりイタリアの哲学者であるロベルト・エスポジトは、害を及ぼす可能性のある「外部」の要素を、予防を目的として中和化して内在化する実践として定義される「免疫」(immunity) 概念を導入して、ナチス・ドイツに代表される「死政治」(thanatopolitics) の展開は、「免疫化」の実践をもって共同体である国家を守る試みであったと解釈している[26]。こうしたエスポジトの議論は、先に紹介したフーコーの講義の内容に肉付けをする形で、「死政治」の実践を「生政治」を実現する手段として位置づけるものであると言える。とはいえ、「死政治」に着目することでより大胆に「生政治」の議論を刷新することを試みているのは、アシーリ・ムベンビの議論であると言えるだろう。カメルーン出身であるムベンビが展開する「死政治」(necropolitics) の議論は、世界システムとしての資本主義経済と帝国主義、人種差別の歴史を踏まえたものであり、ともすれば、国民国家の枠内での議論に終始してしまいがちであったこれまでの「統治性」の議論が見落としていた問題をあぶり出し、議論を鍛え直すものである。

具体的には、ムベンビは、西欧列強諸国内で国民が健康で幸福な生と生活を送ることを支援する「生政治」の統治システムが発達していたのと同時期に、国外では植民地獲得競争と奴隷貿易が展開していたことに注意を促す。ムベンビが「デモクラシーの夜の身体」(nocturnal body of democracy) と呼ぶ植民地支配と奴隷貿易の対象にされた地域では、本国とは異なる法と原則が適用され、多くの人びとが容赦のない、残酷な大量殺戮と大規模収奪の対象、つまり、「死ぬに『任せる』」ままにされ、その結果、人口の減少を経験することになる[27]。言いかえれば、国民の幸福な生と生活の実現を目指す「生政治」の歴史的な展開は、「国民」の枠組みから外れた人びとに対して「殺し、生きさせ、あるいは死に曝す権力[28]」、すなわち「死政治」が行使されることを伴っていた。ローザ・ルクセンブルクの『資本蓄積論』を参照して、ハナ・アーレントは、西欧列強諸国が帝国主義政策を推進したのは、資本主義経済が剰余価値を蓄積し続けるために「外部」を必要としたからだと指摘したが[29]、これを踏まえると、「外部」としての「死政治」は、西欧列強諸国内の「生政治」のオペレーションを維持し、支えるための統治の技術と位置づけることができる。この点について、ムベンビは次のように整理している。

> 西欧での文明的な平和は、遠方で暴力を行使すること、つまり、残虐行為を行う拠点の活動を活性化させ、地球のいたる所に地盤を築き、交易所を開設することを伴う領地をめぐる戦争と他の類いの大量虐殺を行うことに大いに依存していた。[30]

こうした生政治と死政治の不可分な関係性は、しかしながら、近代デモクラシーの政治体制を下支えする「デモクラシーにおける生が根本的に平和に満ちていて、秩序が保たれ、暴力（戦争や破壊という形式を含めて）から解放されている[31]」とする「神話」が動員されることによって西欧列強諸国内では長い間、不可視化されてきた。ムメンビによれば、「死政治」の「外部化」と「不可視化」は、収容所や刑務所を通じて作用する現代的な「死政治」においても観察される。

　人種差別と植民地主義に焦点を当てることで統治性に内包されていた「死政治」のドライブを浮き彫りにし、「生政治」と「死政治」の間に存在する不可分な関係性がグローバルに展開する政治経済のヘゲモニックな構造を規定してきたことを露呈したムベンビによる議論では、その過程でジェンダーがどのように作用してきたのかについてはほとんど言及されていない。この点を補足するのが、シルヴィア・フェデリーチによる資本主義の発達の歴史に「本源的蓄積」のための女性の「再生産」機能の収奪を位置づける試みであろう。ヨーロッパのみではなく、植民地化の対象とされた南北アメリカ大陸でも広範に実践された魔女狩りの記録をたどり、フェデリーチは、資本主義経済システムの「本源的蓄積」の過程には、女性が「魔女」として名指しされることで過剰な暴力の対象とされ、これにより独自の収入源や身体・セクシュアリティをコントロールする能力を奪われ、妻や母というジェンダー役割を担い、家庭内再生産労働に従事するようになったという意味での女性の「再生産」能力の「囲い込み」も含まれていたことを指摘している。[32]このことは、資本主義経済の勃興期以来、女性にとっては家族内ジェンダー役割を引き受け、それをどのように遂行するのかということが「生政治」と「死政治」のどちらの側に位置づけられるのかを分つ意味合いを持ってきたことを示唆する。(33)

マクロビーによるポスト・フェミニズム論と連動するように、フェデリーチは一九七〇年代以降に生じた資本主義経済の転換、特に新自由主義の浸透によって、女性の再生産労働と本源的蓄積との関係の仕方に変化が生じたことを指摘している。(34)また、先に触れたように、統治性の議論では、現代的状況において、統治性の権力メカニズムが個々人に内面化される型で「高度化」されたことが以前から検討されている。対して、ムメンビが展開する「死政治」の議論では、政治経済学的な観点が議論の中心に据えられていないこともあり、資本主義の性質の変化に関しては、利用されるテクノロジーが高度化したこと以外は表立って論じられていないように読める。そこで、次節では、ポスト・フォーディズム型資本主義経済を管理・運営することを第一次的な課題とする新自由主義に根ざした現代の統治システムにおいて、「生政治」と「死政治」がどのように作用し、どういった人びとを、どのように「死政治」の側に位置づけ、「棄民」化するのかについて考察する。

三　高度化した統治性における死政治の展開

前節で触れたように、フーコーの統治性の議論を受け継ぎ、現代的状況に照らして論じたローズは、「企業家的主体」の人間像に特に着目している。統治性の権力作用を内面化し、新自由主義的原則や価値に根ざした社会において自らの生と生活を最適化することに意欲的である「企業家的主体」は、教育や職業訓練、市民教育などのフォーマルな学習機会のみではなく、自己啓発本や広告、カウンセリングといったしばしば商業化された情報を積極的に求め、活用することで自らの能力を高め、より良い人生を切り拓いていくと想定される。逆に、そのように自らの生と生活を最適化していく努力に失敗したり、あるいはそもそも努力することができない場合には、包摂されるための「再-訓練」の機会が与えられるが、当該個人がこの機会を十分に活かすことができないと「失敗」の原因は個人の資質の問題であるとされ、これにより排除が正当化される。ロイック・ヴァカンやジョック・ヤングなどによって既に議論されているように、「企業家的主体」の枠組みから外れた貧困層や就業しない者たちの排除は、しばしば刑務所などへの収監といった方法によって、空間的および物理的に行使されている。[35]

こうした高度化された統治性の権力作用のメカニズムを踏まえると、現代的状況で「棄民」として排除されたまま放置されるのは、新自由主義の原理や価値体系に則って行為しない、あるいは行為できない人びとということになり、これらの人びとには新自由主義的な市場での競争で不利な立場に陥りがちな高齢者や女性、人種的マイノリティ、貧困層、不安定な雇用に従事する労働者などが含まれると予想される。実際、グローバル経済の発展を通じて、女性の労働参加は拡大したが、家族賃金の見直し・撤廃といった福祉国家システムの再編や再生産労働が一部、市場に組み込まれたことで、女性労働の低賃金・不安定・移民労働者化が進み、複数の論者がこの過程に「搾取の強化」を指摘している。[36]フィリップ・ミロウスキは、新自由主義が学術的議論として高等教育機関等で教えられたり、政策形成エリートによって施策として推進されるだけではなく、様々な情報媒体を通じて毎日の日常生活に浸透し、個々人に内面化されることによって行為規範としての役割を果たしているとして、「日常の新自由主義」(everyday neoliberalism)という概念を提案しているが、ミロウスキによれば、こうした「日常の新自由主義」は世界金融危機を経験したにもかかわらず新自由主義の影響力が衰えない理由のひとつであり、[37]この指摘を援用すると、新自由主義に根ざした資本主義経済システムで「有能に」振る舞うことができず、周辺化される傾向がある人びとの搾取と排除、すなわち棄民化のプロセスもまた、経済的危機に対して耐性を持つということになる。

高度化された統治性においては、したがって、「生政治」と「死政治」は「棄民」として排除される者たちを当該政治共同体の十全な成員(国民国家内では「国民」)から区別し、排除の状態に留めおくことを通じて展開するが、この過程で「棄民」はしばしば残酷で、暴力的な攻撃の対象とされる。ミロウスキによれば、「棄民」への残酷さと暴力が広範に観察されるのは、社会経済的弱者を叩くことが新自由主義的資本主義に内在する競争して勝つことへの強い志向性を確認したり、そうした行為がもたらす快楽を得ることに資するだけではなく、新自由主義が内包する矛盾、例えば、表面的には「自生的秩序」(spontaneous order)や「自由」を謳いながら、エリート以外の人びとにとっては、特定の考え方や行為の仕方を一方的に上から押し付けられるという反自由主義的で、権威主義的な傾向が存在することから目を背けるためにも役立つからでもあると説明される。[38] 別の言い方をするならば、現代的状況では、経済的に困窮している者は「まさに跪いているという理由により」[39] 残酷さと暴力が行使される対象とされるのである。

ここで、こうした社会経済的弱者に対する残酷で、暴力的な行為には、彼らへの攻撃やバッシングをテレビ番組などのエンターテイメントを目的とした情報商品として構成し、消費することも含まれていることを確認しておくことは重要であろう。リアリティTVと言われる一見、ドキュメンタリー風のテレビ番組のジャンルでは、労働者階級や貧困層の日常生活、特に彼らの生活上の困難やそこから派生する諍いを映像化して、センセーショナルな編集を施した上で放映する。こうした番組の視聴は毎日の娯楽の一環として行われるが、視聴者にとっては、競争関係に置かれた登場人物の中で、多くの場合、労働者階級の人びとがライフスタイルや価値観、生活態度、マナー、職業的能力といった観点で「企業的主体」の人間像から逸脱していることを理由に批判され、揶揄される過程を見せつけられる経験であり、この過程を通じて、視聴者自身が新自由主義の考え方に深く影響された価値体系に継続的に位置づけられることになる。イギリスで放映されていた *Wife Swap* などのリアリティTV番組に対する視聴者の反応を調査・分析したベバリー・スケッグとヘレン・ウッドは、視聴者の階級とジェンダーに着目し、労働者階級の女性にとっては、リアリティTV番組の視聴が、「企業的主体」への反発と抵抗を表出する機会にもなっていることに注意を促している。言いかえれば、スケッグとウッドによれば、リアリティTV番組の視聴は、高度化された統治性の権力テクノロジーの行使であると単純に見なすことはできない[40]。他方で、スケッグとウッドの調査に参加した労働者階級の女性たちが「企業家的主体」への対抗言説として非就労である母役割の重要性を持ち出す時、そうした行為には、ポール・ウィリスの調査対象であった労働者階級の若年男性たちが中産階級文化への対抗として反学校の「野郎ども」文化に同一化することで労働者に割り当てられた社会経済的ポジションを自発的に引き受け、これにより既存の社会経済体制が再生産されていった過程[41]との類似性が認められる。母であることを優先した結果としてキャリアを持たない、あるいは十分に築かなかったことを強調すればするほど、労働者階級の女性たちは「無就業者」という新自由主義の価値体系においては劣位に位置づけられる社会経済的ポジションを自ら進んで受け入れているように観えるが、この時、彼女たちが提示する「企業家的主体」への批判は個人の選択や道徳の問題として提示され、その結果、社会経済的構造への批判としての意義は隠されてしまう[42]。

より根幹的な問題として、社会経済的弱者に対する残酷さが商品として消費される過程においては、彼ら自身の身体や感情、つまり生と生活そのものがリアリティTV番組という商品を製造し、販売するための「生産資源」として取り扱われていることにも注意を払う必要がある。スケッグとウッドは、労働者階級の若年女性がしばしばリアリティTV番組を通じて経済的富と社会的な認知という意味での「成功」を掴むのは、彼女たちが「あらゆるものへのアクセスを欠い」た存在であるからだと結論している[43]。たとえば、スケッグとウッドも言及している、リアリティTV番組に出演し、労働者階級若年女性のステレオタイプを強く想起させる知識の欠如と素行や言葉遣いの悪さゆえに有名となったジェード・グッディという女性は、癌を患い、自らが死にゆく過程をメディアを通じて公開した[44]。「あらゆるものへのアクセスを欠い」ていたがゆえに、当初はリアリティTV番組の「悪役」として自らを広く社会に曝す（彼女は番組内で裸体となっている）ことで「セレブレティ」の地位を得て、最後には「死」そのものさえがメディア環境において消費される。この過程では、ジェード・グッディの身体と精神そのものが経済的価値を生み出すための生産要素であったが、他方で、「自分自身であること」（'being oneself'）から離れて、特定のパフォーマンスを提供することが求められたわけではない。

ムベンビの「死政治」の議論と交錯するように、フェデリーチは、「大規模な人命の破壊は、必然的に暴力的である労働力の蓄積に伴うものとして、その初期の時代から資本主義の構造的要素であった」と指摘しているが[45]、現代的状況において「死政治」が展開し、社会経済的弱者が死に曝される過程を通じてどの程度の「労働力の蓄積」が達成されるのかについては、慎重に検討される必要がある。流動性と交換価値に重きが置かれる新自由主義的な経済的環境では、社会経済的弱者の困難さと死は、むしろ資本主義経済システムにおいて、富が産出されるための単なる生産資源とされているのではないだろうか。実際、国境を超えてグローバルに展開する女性や子どもの人身売買や違法ドラッグの取引は、地球上の周辺化された地域で生活する女性や子ども、あるいは（多くの場合、社会経済的弱者である）中毒者たちの生命や「人間らしい生活」を犠牲にして莫大な経済的富を作り出しており、こうした状況を踏まえてサヤク・ヴァレンシアは、賃労働化された「男性的な」物理的暴力の行使を通じて人の生命や身体を破壊し、消費し、消尽することは現代的な資本主義経済システムの不可欠な構成要素となっているとして、「ゴア資本主義」（gore capitalism）という概念を提案している。[46]「ゴア資本主義」では、社会経済的弱者自身の身体や精神そのもの、あるいは一部が商品として交換され、消費されるが、その過程で、人間としての行為遂行能力をもって労働力を発揮することが彼らに期待されているわけではない。こうした事実は、現代的な資本主義システムにおいて行使される社会経済的弱者に対する残酷さと暴力の行使が行き着いた現実のひとつを示している。

別稿で既に論じたように、先行研究に習えば、新自由主義が現代日本の政治状況に影響を及ぼした過程には、制度改革の射程と効果が選択的かつ限定的であったことや、改革の必要性を訴える強い規範性を帯びたレトリックが過剰に用いられたこと、「男性稼ぎ主型家族モデル」が堅持され、これにより、統治性の権力テクノロジーは、個人が特定のジェンダー役割を担う者として「家族」の内部に位置づけられた上で家族全体を「企業」する方向で作用したことなど、一定の独自性が認められる。[47]こうした点を踏まえて、次節では、新型コロナ・パンデミックという状況で、「生政治」と「死政治」がどのように展開したのか、日本とイギリスの事例を用いて検討する。

四　パンデミック下の日常生活と「生政治」／「死政治」

治療薬やワクチンが存在していなかった新種の感染症である新型コロナ・ウィルスへの対策は、非製薬的介入（non-pharmaceutical intervention, NPI）の手法が取られた。美馬達哉によれば、ＮＰＩは個人による対策、環境に関わる対策、社会的距離の対策、移動に関わる対策に大きく分類され、具体的には、マスクを身に着けたり、手洗い・うがい・消毒などを習慣的に行うことなど、個人的なふるまい方の調整に始まり、他者との間に「社会的距離」を確保することや感染拡大の抑制のために移動を制限したり、物理的隔離がなされることなど、他者との関係のあり方の変更も含まれていた。このように、新型コロナ感染症対策は、人口全体を保護するため、個人の健康状況に関心をむけ、配慮するだけではなく、主体に特定の行動様式を取るように求めて、規律するという意味で、すぐれて「高度化」された「統治性」に根ざした統治実践であったと言える(48)。ロックダウンが複数回にわたって行われたイギリスはもとより、強制力のない緊急事態宣言が出された日本においても、多くの人びとは政府によって出された要請を遵守し、自らの行為の仕方や生活スタイルを大幅に転換して、パンデミック下での日常生活を送った(49)。

とはいえ、美馬も指摘しているように、感染の恐怖が常に存在しているパンデミックという状況では、個人は「自らを被害者になり得る受け身の存在として経験している脆弱な主体(50)」であると強く自覚することになる。そして、こうした主体に対置されるのが、「感染させないための配慮の対象として社会〔的〕距離をとった上で尊重されるべき『良い他者』」と「病原菌を撒き散らすかもしれない感染源としての『悪い他者』」であり、後者は「ときに宗教的情熱をもって」不寛容さと攻撃の対象とされる(51)。美馬は、パンデミック下で外国人や移民に対する社会的排除が世界的に高まったことの根底には、こうした認識の仕方があったと論じているが(52)、ここから示唆されるのは、パンデミックという状況それ自体がそもそも「生政治」のみではなく「死政治」の作用を活発化させることである。

実際、外国人や人種的マイノリティへの排斥など、パンデミック下では当初から、特定の集団が排除や攻撃の対象とされることを通じて「死政治」の側に振り向ける傾向が観察された。中でも、空間的な隔離が行われていた閉鎖的な環境において、家族内で行使される暴力が頻発化・激化したことは、国や地域を問わずに報告されている。二〇二一年一二月に公開された国連女性機関（UN Women）による報告書『影のパンデミックを測る―新型コロナ・パンデミック下の女性に対する暴力』（Measuring the Pandemic: Violence against Women during the COIVD-19 Pandemic）は、地域的多様性に配慮をして選ばれた中低度所得国に分類される世界一三ヵ国（バングラデシュ、ケニア、モロッコ、ナイジェリア、ヨルダン、コロンビア、アルバニア、コートダジュール、パラグアイ、キルギスタン、カメールーン、ウクライナ、タイ）の一五、一六四名の女性を対象とした調査結果に基づいているが、この報告書によると、新型コロナ・パンデミックが始まって以来、何らかの形式の暴力を自らが受けた、あるいは暴力的行為の被害者となった女性を知っている回答者の割合は四五％にも上る。[53]また、二三％の回答者が家庭内で争いが起こったり、あるいは安全であるとは感じられないと答えており、[54]さらに、雇用されていなかった女性ほど家庭内での暴力の被害者になる傾向があったことが指摘されている。[55]

多くの女性にとって家庭という空間が危険で、暴力的なものであったことが新型コロナ・パンデミックによって曝け出されたのは、イギリスと日本にも共通する問題である。イギリスでは二〇二一年四月に「家庭虐待法」（The Domestic Abuse Act）が制定され、法制上の規制を厳格化することによってドメスティック・バイオレンスの被害者保護と加害者へ制裁が強化されたが、こうした法改正がなされたのは、二〇二一年三月下旬にロックダウンが開始されて以来、社会的サービスが限定的にしか提供されなくなった状況において、国が運営するヘルプラインへの連絡や第三者からの通報が劇的に増加し、政治家や警察関係者、ソーシャル・ワーカーの間で危機感が広がったことが理由であった。[56]日本においても、同時期、ドメスティック・バイオレンスの被害者に対する適切な支援の要請が内閣府からなされており、[57]こうした措置が取られたことの背後には、配偶者暴力相談支援センターと二〇二〇年四月に開設された「ＤＶ相談プラス」への相談件数が前年度と比べて一・六倍増加したという事実があった。[58]

他方で、パンデミック下での自殺者数の推移という点では、日本とイギリスでは異なる傾向が観察できる。国家統計局によると、二〇二〇年四月から一二月までのイングランドとウェールズの自殺者数は、著しい減少を記録した。特に、男性の自殺者数は二〇一八年、二〇一九年と比較して大幅減となり、対して、女性の自殺者数は例年とほぼ変わらなかった。また、年齢別の統計では、三〇～三九歳の年齢層で、特に減少が観察された。[59]こうした統計的事実は、ロックダウン下の生活の閉塞性や経済活動の低迷により、自殺者数が全般的に急増し、また、二〇〇七～二〇〇八年の世界金融危機後の経験に照らせば、特に中年男性の間で増えるであろうという当初の予測からは大きく外れるものであった。イングランドとウェールズでの自殺者数の減少の要因を十分に理解するためには今後の詳細な分析結果を待つ必要があるが、ひとつの可能性として、国民健康サービスの自殺予防プログラムやサマリタンズ（Samaritans）などの慈善団体が、ロックダウンがメンタルヘルスや生活環境にもたらす悪影響を懸念して、パンデミックの初期から支援活動を強化していたことが一定の効果をもった可能性は考えられる。

これに対して、日本では、二〇一九年度との比較で、男性の自殺者数は二三名の減少であったのに対して、女性の自殺者数は九三五名という大幅な増加を記録している。「コロナ下で顕在化した男女共同参画の課題と未来」という副題が付いた『男女共同参画白書 令和三年度版』では、こうした二〇二〇年度に見られた女性の自殺者数の急増について、厚生労働大臣指定法人・一般社団法人いのち支える自殺対策推進センターが公表した「コロナ禍における自殺の動向に関する分析（緊急レポート）」[60]を参照しながら、年齢階級、職業、家族関係などの観点から詳細に検討し、「無職者」や家族関係で「同居あり」のグループで特に増加が見られるなどの特徴が指摘されている。[61]その上で、白書は、「女性の自殺の背景には、経済生活問題や勤務問題、DV（配偶者暴力）被害や育児の悩み、介護疲れや精神疾患など、様々な問題が潜んでいるとされ、コロナ禍において、そうした自殺の要因になりかねない問題が深刻化したこと」が自殺者数の急増に影響した可能性を示唆している。[62]また、前出のいのち支える自殺対策推進センター代表理事・清水康之は、二〇二一年二月に公表されたインタビュー記事において、非正規労働者として働く人びとが雇用調整金などの政府による対策の恩恵を受けにくかったこと、そして、働きながら子育て・介護責任を担う人びとの負担が重くなっていることが女性の間での自殺の増加に寄与した可能性を指摘している。[63]

家庭内での女性に対する暴力の行使や「同居あり」の女性の自殺の増加は、パンデミックの状況で家族生活を管理・運営する主たるアクターである女性が「死」に曝されていたという日本の状況を浮き彫りにする。他方で、パンデミック以前から、国際的に高い相対的貧困率に代表される生活困難を抱えていたひとり親家庭の生活状況は、しんぐるまざあず・ふぉーらむの一連の調査によって明らかにされたように、パンデミックによってさらに厳しいものとなった。日本の女性ひとり親の就業率は八〇%を超えており、国際的に見ても高いレベルにあるが、多くの場合、派遣やパートなどの非正規の職に就いていて、また、職種もサービス業や製造業など、賃金レベルが相対的に低く、かつ、新型コロナ・パンデミックによって大きな影響を受けた業種に偏る傾向がある。二〇二〇年一二月に行われた野村総合研究所のインターネット調査に基づいた推計では、大幅なシフト減などにより「実質的失業」状態にあったパート・アルバイトの女性は約九〇万人を数えたが、シフト減を経験した女性の約六割が周知不足によりシフト減も休業手当の対象となること、そして、「新型コロナウィルス感染症対応休業支援金・給付金」の存在を知らなかったと報告されている[64]。このように、少なくない女性の非正規女性労働者が政府による新型コロナ対策の網からそもそも漏れていたわけであるが、他方で、パンデミックという状況の性質上、学校や子どもの預け先に感染者が出る、自分や子どもが濃厚接触者になるなどの理由により、安定的・継続的に仕事に出ること自体が子育て責任を独りで担うひとり親にとっては困難なことであった。その結果として、たとえば、前述のしんぐるまざあず・ふぉーらむの新型コロナ感染拡大第六波の影響調査では、六三・八%の回答者が二〇二一年度末から二〇二二年二月までの間に収入減を経験しており、五七・九%が勤務日数や労働時間の減少を報告している[65]。にもかかわらず、報告書に記載された回答者のコメントを読む限りでは、職場等の対応も関係して、勤務日数・労働時間の削減への補償として、給付金への申請が必ずしも行われていたわけではないように観察される[66]。こうした日本の状況に対して、イギリスにおいては、ひとり親の就業率は全体では二〇二一年の段階で六七・一%であるが、子どもの年齢が低い親ほど就労していない傾向にあり、たとえば〇歳から二歳までの子どもを持つひとり親の就業率は四七・八%である[67]。また、休業補償が積極的に活用され、福祉給付は二〇二一年一〇月まで週あたり二〇ポンドが自動的に増額された。

日本政府による新型コロナ対策と女性、特に脆弱な立場にある女性との間に存在していた齟齬は、性風俗業界で働く女性たちをめぐって、特に先鋭化した形で露わになった。二〇二〇年春に最初の緊急事態宣言が出された直後、厚生労働省が新設した学校の休校に伴う助成金は当初、性風俗店で働く従業員を対象とはせず、政府はインターネット上で激しい批判を受けた後、方針を撤回して性風俗業界を支給の対象に加えた。その後、緊急事態宣言に伴う休業要請の補償として設立され雇用調整助成金に関しても、制度導入時、性風俗業界は対象から外されていたが、生活保障としての意味合いを考慮して二〇二一年一一月までの限定で支給されるという判断がなされた。これに対して、持続化給付金制度に関しては、今に至るまで性風俗業は給付対象から除外されており、現在、訴訟が進行中である。こうした日本政府の対応には職業差別であり、性風俗業で働く女性たちの尊厳を傷つけるものであるという批判の声が上がっており、また、雇用者であれば通常、アクセスできるはずの経済的補償の対象とされないことは、現実的には、しばしば他に雇用の選択肢がない、性風俗業界で働く女性たちを一層、経済的苦境に追い詰めることを意味する。他方で、これまで曖昧な形で存在してきた性風俗業界を休業補償制度の対象とすることは、「アクセスに欠く」女性たちが自らの身体や感情を商品化することが日本の資本主義経済システムの一部であること、言いかえれば日本経済が「ゴア資本主義」であることを表立って認めることになり、だからこそ、国側は自らの判断を正当化するために、性風俗業を「不健全」であると主張するのであろう[68]。

こうした錯綜した過程の先には、何があるのだろうか。国の主張通り、性風俗業界が給付金の対象外であることが認められるとするならば、性風俗業界で働く女性たちが国家の保護の範囲外に位置づけられていることが明確化されることになる。対して、国の排除の判断が職業差別であると認定されるならば、自分自身の身体と感情の商品化もまた、職業のひとつ、つまり、「セックス・ワーク」であるという理解が公式化する。ここで懸念されるのは、どちらの場合であっても、性風俗業界で働く女性たちがバラバラの個人として「死政治」に曝され続ける状況には変化がないように見受けられることである。

五　まとめにかえて

前節で触れたパンデミック下のイギリスと日本での「死政治」の展開は、ごく一部の事例を扱うものであり、したがって、今後、他の事例を検討していくことに加え、ドメスティック・バイオレンス、自殺、「セックス・ワーク」の問題は、それぞれより詳細な考察を行なうことが必要である。とはいえ、本稿の非常に限られた議論においても、イギリスと日本の両方の状況において、政治代表が機能することによって、「死政治」を「生政治」の方向に転換する道筋をつける可能性を確認することはできる。イギリスでのドメスティック・バイオレンスや自殺予防への対策、日本でのドメスティック・バイオレンスへの対応は、議会や行政組織、国民健康サービス、民間の慈善団体などの専門機関において、それぞれの問題への対応に実際に携わるアクターが「死ぬに『任せる』」政治を認知し、実体的代表としてこれらの問題への対策を策定・実施する政治過程に従事した結果、政策や制度に一定の変化が生じた。こうした過程が他の事例でも確認できるのかについては、今後の検討課題としたい。

日英のパンデミック下の女性の自殺者数の動向の違いの背後にある要因もまた、さらなる考察を必要としている。厳格なロックダウンが続いたイングランドとウェールズで女性の自殺者数が例年とほぼ変わらなかったのに対して、なぜ日本では急増したのか。本稿での議論から、考察の鍵となるいくつかのポイントが見えてくる。日本の女性の生と生活は「家族」という枠組みに深く位置づけられており、女性は、一般に、ジェンダー役割を引き受けて家族を管理・運営し、「企業」することにおいて中心的な責任を負うと見なされていること。女性ひとり親に対する調査から見えてくる経済的支援と子育て支援へのアクセスの悪さ。そして、女性の身体と感情の商品化への強い圧力。これらの点が総体として示唆するのは、ジェンダーと関連して作用する「死政治」の問題に取り組むためには、日本における資本主義経済システムに関する合意を作り直す必要があることである。

（1）イギリス政府によって公表された死者数は、二〇二二年一二月九日付で、二一〇、〇八五人である。https://coronavirus.data.gov.uk/details/deaths（最終閲覧二〇二二年一二月一五日）

（2）アーバスノットとカルヴァートによる記事は、二〇二一年に書籍化され、翌年には改訂版が出版された。G. Arbuthnot and J. Calvert, *Failures of State: The Inside Story of Britain's Battle with Coronavirus, Revised and Updated Edition*, London: Mudlurk, 2022.

（3）M. Foucault, '*Society Must Be Defended*': *Lectures at the Collège de France 1975-1976*, translated by D. Macey, London: Allen, p. 241. ミシェル・フーコー『社会は防衛しなければならない—コレージュ・ド・フランス講義一九七五〜一九七六年度』石田英

敬・小野正嗣訳、筑摩書房、二〇〇七年、二四一頁。

（4）G. Arbuthnott and J. Calvert, *Failures of State: The Inside Story of Britain's Battle with Coronavirus*, Chapter 10 & 11.

（5）Ibid., p. 277.

（6）国家統計局（Office of National Statistics）による二〇二〇年三月一日から七月三一日までの新型コロナ関連死と社会経済的剥奪との関係性の暫定的分析は以下のウエッブサイトで読むことができる。https://www.ons.gov.uk/peoplepopulationandcommunity/birthsdeathsandmarriages/deaths/bulletins/deathsinvolvingcovid19bylocalareasanddeprivation/deathsoccurringbetween1marchand31july2020#deaths-involving-covid-19-by-local-area-and-socioeconomic-deprivation-data（最終閲覧二〇二二年一二月一五日）

また、新型コロナ・パンデミックが社会経済的弱者の状況をさらに悪化させたことについては、ワイトヘッド、テイラー—ロビンソンとバーが*British Medical Journal* の論説で整理している。M. Whitehead, D. Taylor-Robinson & B. Barr, Poverty, Health, and Covid-19, in *British Medical Journal*, Vol. 372, No. 376（2021）pp. 1-2.

不安定雇用と新型コロナ被害に関しては、全国労働組合会議（Trade Union Congress, TUC）がレポートを公表している。Trade Union Congress, 'Covid-19 and Insecure Work', https://www.tuc.org.uk/research-analysis/reports/covid-19-and-insecure-work#:~:text=We're%20concerned%20that%20Covid,people%20in%20less%20insecure%20occupations, 16 April 2021.（最終閲覧二〇二二年一二月一五日）

なお、TUCのレポートでの「不安定雇用」者には、就業契約を交わしていなかったり、雇用期間・時間が定められていない非正規雇用者（いわゆる「ゼロ時間契約労働者」）のみではなく、自営業者として登録され、法定最低賃金以下の報酬で就業している者も含まれている。

（7）国家の中に存在する「棄民」の存在について考えるようになったきっかけは、坂本義和による「戦争を強行した国家は、『戦中』にも『戦後』にも民を棄てたのでした」という指摘であった。坂本義和『平和研究の未来責任』岩波書店、二〇一五年、二二八頁。また、長年、水俣病の被害者救済運動に取り組む中で「公害の根底には人を人と認めない差別が存在する」と指摘した原田正純も、「棄民」の存在に注意を促している。原田正純『豊かさと棄民たち—水俣学事始め』岩波書店、二〇〇七年、x頁。

（8）規律権力と生政治の説明に関しては講義録の以下の部分を参照した。M. Foucault, *Security, Territory, Population: Lectures at the Collège de France 1977-1978*, translated by G. Burchell, Basingstoke, Hampshire: Palgrave Macmillan, 2007, p. 1-134;

M. Foucault, *The Birth of Biopolitics: Lectures at the Collège de France 1978-1979*, translated by G. Burchell, Basingstoke, Hampshire: Palgrave Macmillan, 2008, p. 51-73. ミシェル・フーコー『安全・領土・人口―コレージュ・ド・フランス講義一九七七～一九七八年度』高桑和巳訳、筑摩書房、二〇〇七年、三～一六七頁。同『生政治の誕生―コレージュ・ド・フランス講義一九七八～一九七九年度』慎改康之訳、筑摩書房、二〇〇八年、六三～九〇頁。

（9）統治の装置としての「家族」に焦点を当てたジャック・ドンズロの議論では、たとえば、フランスの女性たち、特に貧高層の女性たちに対する「良き母」となるための働きかけが検討されており、統治性に基づいた統治システムにおいてジェンダー規範が基幹的な機能を果たしてきたことが示唆されているが、ドンズロ自身はジェンダーとの関連で自身の議論を展開することは特にしていない。J. Donzulot, *The Policing of Families*, translated by Robert Hurley, Baltimore, Maryland: the John Hopkins University Press., 1997, Chapter 3.

（10）M. Foucault, *The Birth of Biopolitics*, p. 67-70. フーコー『生政治の誕生』、八二～八五頁。

（11）B. Jessop, *The Future of the Capitalist State*, Cambridge: Polity Press., 2002, p. 47.

（12）この点については、別稿でより詳細に論じた。武田宏子「「再生産」とガバナンス―政治社会学から」東京大学社会科学研究所・大沢真理・佐藤岩夫編『ガバナンスを問い直す［I］越境する理論のゆくえ』東京大学出版会、二〇一六年、一七〇頁。

（13）G. Burchell, 'Liberal Government and Techniques of the Self', in *Foucault and Political Reason*, edited by A. Barry, T. Osborne and N. Rose, Abingdon, Oxon: Routledge, 1996, pp. 19-36; N. Rose, 'Governing "Advanced" Liberal Democracy', in *Foucault and Political Reason*, pp. 37-64.

（14）N. Rose, *Powers of Freedom: Reframing Political Thought.*, 1999, p. 142 & 156-166.

（15）A. McRobbie, *The Aftermath of Feminism: Gender, Culture and Social Change*, London: Sage Publications, 2009, Chapter 3. 同様の傾向が二〇〇〇年代以降の日本において、政府など政治的アクターによって喧伝されたことは既に別稿で論じた。H. Takeda, Structural Reform of the Family and the Neoliberalisation of Everyday Life in Japan in *New Political Economy*, Vol. 13, No. 2 (2008) pp. 153-72; 'Reforming Families in Japan: Family Policy in the Era of Structural Reform', in *Home and Family in Japan: Continuity and Transformation*, edited by Ronald Richard and Allison Alexy, Abingdon, Oxon: Routledge, 2011, pp. 46-64.

ポスト・フェミニズム論は、近年、日本においても紹介されており、以下の文献では日本におけるポスト・フェミニズムの展開が考察されている。菊池夏野『日本のポスト・フェミニズム―女子力とネオリベラリズム』大月書店、二〇一九年、第二・三章。

高橋幸『フェミニズムはもういらない、と彼女は言うけれど—ポストフェミニズムと「女らしさ」のゆくえ』晃洋書房、二〇二〇年、第二部。

（16）武田「「再生産」とガバナンス—政治社会学から」、一七五～一七六頁。H. Takeda, 'Power over Family Policy: Governing of or Governing through Individuals', in *Power in Contemporary Japan*, edited by G. Steel, New York, NY: Palgrave Macmillan, pp. 103-104.

（17）N. Rose, 'Governing "Advanced" Liberal Democracy', p. 57-61.

（18）M. Foucault, *The Birth of Biopolitics*, p. 63-69. フーコー『生政治の誕生』、七七～八四頁。

（19）Ibid., p. 68. フーコー前掲書、八三頁。

（20）引用はM. Foucault, '*Society Must Be Defended*', p. 241. フーコー『社会は防衛しなければならない』二四一頁。次の文献も参照。M. Foucault, *The History of Sexuality Volume 1: an Introduction*, translated by R. Hurley, Harmondsworth, Middlesex: Penguin Books, 1978, p. 135-136. ミシェル・フーコー『性の歴史Ⅰ 知への意志』渡辺守章訳、新潮社、一九八六年、一七二頁。

（21）M. Foucault, '*Society Must Be Defended*', p. 254. フーコー『社会は防衛しなければならない』、二五三頁。

（22）Ibid., p. 255. 邦訳書の該当箇所は、フーコー『社会は防衛しなければならない』、二五四頁。

（23）Ibid., p. 256. フーコー『社会は防衛しなければならない』、二五五頁。

（24）G. Agamben, *Homo Sacer: Sovereign Power and Bare Life*, translated by Daniel Heller-Roazen, Stanford, California: Stanford University Press., 1998, Part 3.

（25）こうした観点からのアガンベンへの批判は、例えば、以下の文献を参照。T. Campbell, 'Translator's Introduction: Bios, Immunity, Life: the Thought of Roberto Esposito', in R. Esposito, *Bíos: Biopolitics and Philosophy*, translated by Timothy Campbell, Minneapolis: the University of Minnesota Press, 2008, pp. vii-xlii; B. Bratton, *The Revenge of the Real: Politics for a Post-Pandemic World*, London Verso, 2021, p. 109-119.

アガンベンは二〇二〇年二月二六日付のブログ記事で新型コロナの感染拡大から甚大な被害が生じ、世界各国に先駆けてロックダウンが開始されたイタリアの状況を不相応な応答（disproportionate response）であり、「例外的手段」が利用されるために「エピデミックの発明」が行われたと痛烈に批判したが、そうした彼の主張にはスラボイ・ジジェクを含め、多くの論者から厳しい反論がなされた。G. Agamben, 'The Invention of an Epidemic', 2020, https://www.asc.uw.edu.pl/wp-content/uploads/2022/03/

Giorgio-Agamben-Invention-of-an-Epidemic.pdf（最終アクセス二〇二二年一二月一五日）; S. Zizek, *Pandemic!: COVID-19 Shakes the World*, New York: OR Book, 2020, p. 71-81. 先に挙げた著書において、ベンジャミン・ブラットンは、このエピソードを、アガンベンによる「生政治」の議論の射程の限定性と関連づけて解釈している。

（26）R. Esposito, *Bios: Biopolitics and Philosophy*, translated by Timothy Campbell, Minneapolis: The University of Minnesota Press, 2008, Chapter 2. エスポジトの議論の邦訳としては、ロベルト・エスポジト『近代政治の脱構築―共同体・免疫・生政治』岡田温司訳、講談社、二〇〇九年。

（27）A. Mbembe, *Necropolitics*, translated by Steven Corcoran, Durham, NC: Duke University Press, 2019, p. 15-20.

（28）Ibid., p. 66.

（29）ハナ・アーレント『全体主義の起原二　帝国主義［新版］』大島通義・大島かおり訳、みすず書房、二〇一七年、四九～六五頁。

（30）Mbembe, *Necropolitics*, p. 19.

（31）Ibid., p. 16.

（32）S. Federici, *Caliban and the Witch: Women, the Body and Primitive Accumulation*, London: Penguin Books., 2021［2004］, p. 173-231.

（33）フェデリーチは、彼女の議論が、フーコーが論じた「生権力」（bio-power）が大規模な生命の破壊を伴っていたことを明らかにすることから、自身の議論をフーコーへの批判として位置づけている。Ibid., p. 9.

（34）S. Federici, *Revolution at Point Zero: Housework, Reproduction, and Feminist Struggle*, Second Edition, Oakland, CA: PM Press, 2020, p. 101-122.

（35）L. Wacquant, *Punishing the Poor: the Neoliberal Government of Social Insecurity*, Durham, NC: Duke University Press., 2009, Chapter 2; J. Young, *The Exclusive Society: Social Exclusion, Crime and Difference in Late Modernity*, London: Sage Publications., 1999, Chapter1; J. Young,（2007）*The Vertigo of Late Modernity*, London: Sage Publications, Chapter 2-3.

（36）代表的な文献として、以下の文献が挙げられる。I. Bakker and S. Gill（eds）, *Power, Production and Social Reproduction*, Basingstoke, Hampshire: Palgrave Macmillan, 2003; S. Walby, *The Future of Feminism*, Cambridge: Polity Press, 2011; M. H. Marchant and A. S. Runyan（eds）, *Gender and Global Restructuring: Sightings, Sites and Resistances*, Abingdon, Oxon:

Routledge., 2011; H. Gottfried, *Gender, Work, and Economy: Unpacking the Global Economy*, Cambridge: Polity Press, 2013; S. Federici, *Revolution at Point Zero: Housework, Reproduction, and Feminist Struggle*.

（37）P. Mirowski, *Never Let a Serious Crisis Go to Waste: How Neoliberalism Survived the Financial Meltdown*, London: Verso, 2013, Chapter 3.

（38）Ibid., p. 129-131.

（39）Ibid., p. 131.

（40）B. Skegg, and H. Wood., *Reacting to Reality Television: Performance, Audience and Value*, Abingdon, Oxon: Routledge, 2012, Chapter 5.

（41）ポール・ウィリス『ハマータウンの野郎ども—学校への反抗・労働への順応』熊沢誠・山田潤訳、筑摩書房、一九九六年、第二・三章。（P. Wilis, Learning to Labour: How Working-Class Kids Get Working-Class Jobs, London: Routledge, 1978.）

（42）B. Skegg, and H. Wood., *Reacting to Reality Television: Performance, Audience and Value*, p. 192-212.

（43）Ibid., p. 226.

（44）Ibid., p. 2.

（45）S. Federici, *Revolution at Point Zero: Housework, Reproduction, and Feminist Struggle*, p. 114.

（46）S. Valencia, *Gore Capitalism*, translated by John Pluecker, Cambridge, MA: The MIT Press, 2018, Chapter 1. Gore capitalism の gore は暴力が行使された結果、流される血のことを意味しており、たとえば、人体に過剰な暴力が行使され、画面に鮮血が溢れるホラー映画は、gore film と呼ばれる。Ibid., p. 303.

ヴァレンシアによる「ゴア資本主義」のスペイン語原著が出版されたのと同時期、ロレッタ・ナポレオーニは「ならず者経済」（rogue economy）という用語を使って、奴隷労働や人身売買、違法ドラッグ取引などの「違法な」ビジネスで作り出された富がグローバル資本主義経済に流れ込み、その成長を促していることを跡づけ、現代的資本主義が「ならず者経済」なしには存在・維持できないと議論した。ナポレオーニによれば、資本主義経済の発展に「ならず者経済」が主要な役割を果たしている状況は、歴史的に繰り返されてきたものであり、特に、大きな転換期に特徴的な現象である。同時に、彼女は、現代の「ならず者経済」が社会経済的弱者に対して、より過酷なものとなっていることも認めている。例えば、現代の奴隷の値段は古代ローマ帝国時代の奴隷の約一割の値に切り下げられており、「古代ローマ人にとっては、奴隷は高い値段に相当する稀少で、重要な商品（commodity）

であったが、今日では、奴隷は「国際的なビジネスをするためのコスト」のひとつでしかない、豊富に利用できて、使い捨て可能な品物（merchandise）である」と指摘している。L. Napoleoni, *Rogue Economics: Capitalism's New Reality*, New York, NY: Seven Stories Press, 2008, p. 2.

（47）武田宏子「ジェンダーからパンデミック下の生政治・死政治を考える—現代日本の場合」『年報政治学』二〇二二年－Ⅰ号、二〇二二年、二四～二六頁。

（48）美馬達哉『感染症社会—アフターコロナの生政治』人文書院、二〇二〇年、一五三～一五七頁。

（49）アーバスノットとカルヴァートは、ボリス・ジョンソン元首相の有力な側近であったドミニク・カミングスから、イギリス政府による当初の新型コロナ対策は、国民がロックダウンの指示や厳格な接触確認や追跡調査を受け入れることはないだろうという「誤った」認識の下に立案・実施されたという証言を引き出している。G. Arbuthnott and J. Calvert, *Failures of State: The Inside Story of Britain's Battle with Coronavirus*, p. 172. 実際のところは、感染が急激に拡大する状況で、多くの人びとは政府によるロックダウンの決定がなされる以前に在宅勤務を開始し、一旦、ロックダウンが宣言されると、要請された通りに行為したり、生活したりすることを受け入れた。Ibid., p. 216-238.

（50）美馬『感染症社会—アフターコロナの生政治』、一五六頁。

（51）前掲書、一五六頁。

（52）前掲書、一五五～一五六頁。

（53）UN Women, *Measuring the Pandemic: Violence against Women during the COIVD-19 Pandemic*, https://data.unwomen.org/publications/vaw-rga, 2021, p. 6.（最終アクセス二〇二二年一二月一五日）

（54）Ibid., p. 10-11.

（55）Ibid., p. 8.

（56）T. Harvard, 'Domestic Abuse and COVID-19: A Year into the Pandemic', *House of Common Library Insight*, 11 May 2021, https://www.ons.gov.uk/peoplepopulationandcommunity/birthsdeathsandmarriages/deaths/articles/deathsfromsuicidethatoccurredinenglandandwales/aprilandjuly2020.（最終アクセス二〇二二年一二月一五日）

（57）内閣府による要請の詳細は以下のウエッブサイトで紹介されている。https://www.gender.go.jp/policy/no_violence/sp_index.html（最終アクセス二〇二二年一二月一五日）

（58）内閣府男女共同参画局『男女共同参画白書　令和三年度版』勝美印刷株式会社、二〇二一年、二八頁。

（59）E. John and R. Nasir 'Deaths from Suicide That Occurred in England and Wales: April to December 2020', *People, Population and Community, Office for National Statistics*, 2. September 2021, https://www.ons.gov.uk/peoplepopulationandcommunity/birthsdeathsandmarriages/deaths/articles/deathsfromsuicidethatoccurredinenglandandwales/aprilandjuly2020.（最終アクセス二〇二二年一二月一五日）

（60）報告書は次のURLからアクセスできる。https://jscp.or.jp/research/kinkyureport_201021.html（最終アクセス二〇二二年一二月一五日）

（61）内閣府男女共同参画局『男女共同参画白書　令和三年度版』、二九～三八頁。

（62）内閣府男女共同参画局前掲書、三〇頁。

（63）市川衛「増える『働く』『同居人がいる』女性の死―データが示す要因と対策は？#今がつらいあなたへ」https://news.yahoo.co.jp/byline/mamoruichikawa/20220222-00282825、二〇二二年二月二日。（最終アクセス二〇二二年一二月一五日）

（64）梅屋真一郎・武田佳奈「コロナ禍で急増する女性の『実質的失業』と『支援からの孤立』―新型コロナの影響でシフトが減ったパート・アルバイト女性に関する調査」、https://www.nri.com/-/media/Corporate/jp/Files/PDF/knowledge/report/cc/mediaforum/2021/forum302.pdf?la=ja-JP&hash=7B762433E79274C524B9741CE64240D5E838702C、二〇二一年一月一九日。（最終アクセス二〇二二年一二月一五日）

（65）認定NPO法人しんぐるまざあず・ふぉーらむ&コロナ禍のひとり親調査プロジェクト『長期化するコロナ禍におけるひとり親の就労・生活調査　第六波による影響―働けずに減収・進学困難』、https://note.com/single_parent_pj/n/n4bf0d4e365b2、二〇二二年三月、一〇頁。（最終アクセス二〇二二年一二月一五日）

（66）しんぐるまざあず・ふぉーらむ前掲報告書、一一～一三頁。

（67）R. Murphy, M. Dennes, and J. Harris, 'Families and the Labour Market, UK: 2021', *Office for National Statistics*, 22 July 2022, https://www.ons.gov.uk/employmentandlabourmarket/peopleinwork/employmentandemployeetypes/articles/familiesandthelabourmarketengland/2021#:~:text=Lone%20Parent%20families&text=The%20employment%20rate%20for%20lone,%2C%2016%20to%2018%20years.（最終アクセス二〇二二年一二月一五日）

（68）村上友里「性風俗『本質的に不健全』給付金裁判で国が真っ向反論」朝日新聞二〇二一年四月一五日、https://www.asahi.

com/articles/ASP4H5GTXP4HUTIL01T.html（最終アクセス二〇二二年一二月一五日）

「国体」と「風景」
——近世・近代日本の自己像と環境

●——齋藤公太

はじめに

日本は自然が美しい国であるとは、日本社会のなかでよく耳にする言葉である。[1]より具体的には、自然が豊富であることや、気候が穏やかであること、四季折々の違いが明確であることなどがしばしば挙げられる。またそれに付随して、日本人は（西洋人と異なり）古代から自然と調和しながら生きてきたということもよく言われる。

しかし実際の日本は都市化が進んでいる。平均的な日本人が普段目にするのは、豊かな自然というよりもむしろコンクリートと電線だらけの荒涼とした風景だろう。また、毎年不快な梅雨と夏が長期間続き、しばしば台風に見舞われることからわかるように、日本の自然環境は決して穏和で快いばかりではない。国際的に比較すれば、日本社会が特に自然環境の保護に熱心であるとも言いがたい。そしてそれは必ずしも近代化によって日本人の本質が失われたということでもない。人為的な環境破壊は、早くも前近代から始まっていたからである。[2]

にもかかわらず、日本は自然が美しい国であると言われ、日本人は自然と調和して生きてきた、と言われる。それはなぜだろうか。そもそも日本であろうとなかろうと、現実の自然は混沌として不可解であり、時に生命を脅かす。人間にとって脅威とならない、調和のとれた美しい自然というイメージは、社会的に構築されたある種の幻想《ファンタスム》にすぎない。しかし何らかの幻想を通じてこそ――そしてそれに基づき、実際に自然を穏和なものに作り替えていくことで――人間は自然の不気味な現実と適度な距離を置き、安心してその美を享楽できるのである。(3)

このような人間と自然の関係は、無論、日本だけに限られない。自然をめぐる前述のような日本社会の言説も、こうした幻想の一種にすぎないのかもしれない。ただし日本の場合、自然についての幻想がしばしば日本の自己像と結びつき、それゆえに政治性を帯びることになった。この点にはある程度、日本の歴史的特異性を見出せるかもしれない。

そのことをふまえ、本稿では風土や自然環境といった日本の〈環境〉をめぐる認識が、日本あるいは日本人の自己像の形成にいかなる影響をおよぼしてきたかを考察する。「日本人の自然観」一般に関する先行研究は少なからず存在しているが、本稿では「日本」という特定領域の〈環境〉がいかなる言説によってとらえられてきたかに焦点を合わせる。具体的には、徳川期から明治期への移行において、〈環境〉の認識と〈自己像〉の理解にいかなる変化が生じたのか、あるいは何が継承されたのか、粗雑を承知の上で概観を試みたい。

文学研究におけるエコクリティシズムと呼ばれる分野では、右に述べたような現実の自然とは異なる社会的、文化的に構築された自然の表現が着目されてきた。とりわけ日本の場合、自然環境の認識は、古典文学の継承や解釈と切り離すことができない問題として存在してきたため、エコクリティシズムの視点は重要な意味を持つ。したがって本稿は日本文学研究と日本（政治）思想史を架橋する試みともなるだろう。

一　徳川時代における環境認識と自己像

徳川時代における環境認識と自己像は、先行する中世の観念や言説を受け継ぎながら形成された。そのなかの大きな潮流として、後述する「二次的自然」を挙げることができるが、それ以外にも仏教的な世界観を背景とした小国意識である「粟散辺土」観や、それと重なり合い、あるいは反発するところから生まれた神国論も忘れてはならないだろう(4)。とりわけ北畠親房の『神皇正統記』(延元四年・暦応二年〈一三三九〉成立、興国四年・康永二年〈一三四三〉修訂)をはじめとして、神国論には天皇による永遠の統治という観念も組み込まれていった。徳川時代に入ると仏教的意味付けは薄れていき、小国意識や神国論は再解釈を経ながら継承されていくことになる(5)。

中世的な環境認識の一例として、金沢文庫〈日本図〉に見られるような龍に囲まれた国土の観念を挙げることもできよう。黒田日出男が明らかにしたように、それは独鈷型の日本を龍体の神が守るという宗教的シンボリズムに基づいていた。黒田によれば、西洋の世界図や地球儀が伝来し、近世に新たな日本地図が作られるにつれ、とりわけ十七世紀後半にこうした中世的国土観が消失していったという(6)。

事実、おおよそ十七世紀後半から十八世紀初頭にかけて、世界における日本の位置や、日本全体の地理に関するより正確な知識が広まるようになる。たとえば出版産業の隆盛とともに庶民向けの百科事典である『節用集』が普及するが、横田冬男によれば元禄十年(一六九七)版の『節用集』には日本地図が掲載され、元禄十二年(一六九九)版には世界図が掲載された。『節用集』には日本の歴史や文化に関する付録も掲載されており、横田は元禄・享保期を画期とするこのような知識の普及が、〈日本という国家〉の観念や、〈日本人〉としての意識を確立させたと論じる(7)。

とはいえ横田も示唆しているように、それは中世よりも「客観的」な環境認識や自己像の成立を意味するわけではない。冒頭で述べたように、自然の認識には何らかの幻想《ファンタスム》の媒介が必要だからである。では中世的な観念や言説が退潮するにつれ、代わって何が環境認識と自己像を規定するようになったのだろうか。それ自体が本来は大きな研究のテーマとなりうるが、ここではあえて二次的自然と水土論という二つの契機に焦点を絞ることにする。

1　二次的自然

エコクリティシズムの観点からの日本文学研究を領導するハルオ・シラネは、日本文学や日本文化における独特の自然の表象体系を「二次的自然」と呼ぶ(8)。それは現実の自然そのもの(一次的自然)ではなく、都市環境のなかで文学や視覚芸術、建築、年中行事などによって再現された自然を指している。

シラネによれば、日本の二次的自然は、八世紀初頭以降の農村文化から都市文化への移行過程のなかで、奈良と平安の貴族文化において形成されたものだという。『万葉集』に見られるように、漢詩の影響のもとで、まず和歌において季節のイメージが用いられるようになり、平安時代にそのような自然の象徴や連想が複雑化・体系化されていった。たとえば「桜」が「春」や「儚さ」と、あるいは「鹿」が「秋」や「寂しさ」と結びつけられるといったように、ある自然物や自然現象が特定の季節に分類され、特定のイメージと結びつけられていった。また桜は吉野、紅葉は龍田川というように、特定の場所が「歌枕」として設定され、一定の連想と結びつけられたのである。そして『古今和歌集』や『源氏物語』のような古典が、二次的自然を伝えるテクストとして継承されていった。

言うまでもなく、日本の夏は高温多湿であり、冬は寒く降雪量が多い。しかし二次的自然においては、そのような実際の日本の自然環境の厳しさが隠蔽される。むしろ特定の自然物・現象だけを選び出し、自然を人間にとって親しみやすい、調和あるものとして描いた。また平安中期から後期にかけては、地方における荘園の拡大とともに自然そのものが開拓され、穏やかな「里山の風景」が登場する。それもまた二次的自然の体系に取り入れられていった。

このような二次的自然は、天皇と朝廷を中心とする調和の取れた世界として日本の自然を描き出す。中国の天人相関説をふまえるならば、それは天皇の支配を正当化するイデオロギーとしての意味も持つ。シラネはこれを「四季のイデオロギー」と呼ぶ。

シラネによれば、さらに二次的自然は、徳川時代に入ると十七世紀の商業社会の発展と出版文化の隆盛に後押しされ、貴族文化の域を超え、庶民を含む広範な層の人々に普及した。和歌や俳諧を中心としつつ、視覚芸術や、春の花見のような娯楽にも影響を及ぼしていったとされる。

以上のように、二次的自然の普及に関しても、十七世紀以降の変化が大きな要因となったことがわかる。そのような変化を経たのちに、二次的自然を思想的に表現した例として、ここでは国学者・本居宣長の初期の歌論書『排蘆小船《あしわけをぶね》』（宝暦七、八年〈一七五七、八〉頃成立）を挙げておこう。たとえば「夏の野の萩の初花折り敷かむ臥猪《ふすゐ》の床《とこ》は枕ならべて」

という『拾玉集』所載の慈円の歌に見られるような、「臥す猪の床」という伝統的な歌語を取り上げ、宣長は次のように述べる。

イトタケキ猪ノタクヒモ、フスヰトコトイヘハ、哀ニナツカシキトイヘル、古《フル》メカシキ事ナレト、マコトニ此歌ノ徳ナラテハ、イカテカカクユウニヤサシクハ言ナサレム(9)

「臥す猪の床」は、草花を踏み敷いて作った寝床というイメージを通じて猪と夏を結びつける点で、二次的自然の典型例と言える。宣長は、猪という元来猛々しい動物が、このような象徴と結びつくことで優美さを帯びる点に着目する(10)。そしてそこから宣長は、二次的自然の働きを明らかにしていく。

常ニ此道ニ心ヲユタネモテアソヒテ、伊勢源氏枕草子狭衣ナント、其外アハレナル文トモ、ツネニヨミナントスレハ、ヲノツカラ心モエンニヤサシクナリユキテ、古人ノ心ニナリユキ、花鳥ニ心ヲト丶メ、月雪ニ目ヲヨロコハシ、四季オリ〱ノウツリカハルアリサマ、ソノ外ウキ世ノウレシキカナシキニツケテモ、ヲノツカラ心トヽマリ、趣モアルヤウニナリユケハ、ヨミイツル歌モ、自然ノ情ニナリモテユク也(11)

古典を繰り返し読んでいると、人はやがてその言語を通じて世界を眺めるようになり、花鳥風月に新たな美を見出す。そしてそれは「自然ノ情」に化していくと宣長は述べる。「もののあはれ」という概念から想像されるイメージとは異なり、初期の歌論に見られる宣長の立場は主情主義ではない。むしろ歌によって詠まれる自然が、あらかじめ言語によって構築されていることに注目し、実情が作為によって形成される側面をとらえようとするものだったとされる(12)。このような宣長の議論は二次的自然の機能を明らかにしているが、その働きを思想的に探求したものともいえる。かくして十八世紀半ばには、二次的自然はその働きが論理的に自覚化されるほど、社会に定着するに至っていたのである。

ただし徳川時代までの二次的自然をめぐる文化は、概して個々の自然物の美を享受することに力点があり、「自然が美しい日本」や「自然を愛する日本人」という総体的な自己像には必ずしも結実しないことに留意すべきだろう。宣長の例で言えば、自然環境との関連で説いた日本像は、「米が美味しい国」というものだった。

〔日本が〕万《ヅ》の事異国《イコク》にすぐれてめでたき、其一々《ノイチイチ》の品《シナ》どもは、中しつくしがたき中《ナカ》に、まづ第一に稲穀《タウコク》は、人の命《イノチ》をつゞけたもちて、此上《コノウヘ》もなく大切《タイセツ》なる物なるが、其稲穀《ノタウコク》の万国にすぐれて、比類《ヒルヰ》なきを以て、其余《ソノヨ》の事どもをも准《ナゾラ》へしるべし(13)（本居宣長『玉くしげ』、天明六年〈一七八六〉頃成立）

松本久史はこのような宣長の日本像に着目し、それが自らの生きる近世社会に対する肯定的認識を表わしたものであることを示唆している(14)。米が美味であるとは、自然環境を根拠とする一つの優越性の主張ではあろうが、近代において見られる「美しい自然の国」という言説との差異は看過すべきではないだろう。

なお付言しておけば、前述のように二次的自然の形成は、中国の古典文学の受容に端を発していた。そのため、和歌や俳諧のみならず、しばしば漢詩によって日本の二次的自然が表現されたことも不思議ではない。たとえば中国の「瀟湘八景」になぞらえて、「近江八景」を題材とする漢詩が作られたこと(15)はその一例である。徳川時代におけるこうした漢詩の普及は、後述するような二次的自然と漢文脈の結合を準備しただろう。

2　水土論

徳川時代における環境認識と自己像を規定したもう一つの契機として、日本の儒学において十七世紀後半から十八世紀初頭にかけて形成された水土論を挙げたい。水土論とは、各国の地理的位置や自然環境を人々の気質や風俗と結びつけ、それぞれの優劣を論ずる言説と定義できる。

中国における儒学と異なり、日本の儒者は「水土」について盛んに議論した。澤井啓一によれば、そこには近世日本の儒者が直面した特有の問題が存在していた。それは第一に中国の習俗を背景とする儒学をいかに受容するかという問題であり、第二に日本を「東夷」と見なす儒学の華夷論をいかに解釈するかという問題だった。さらには、十七世紀に形成されたいわゆる「日本型華夷秩序」や、明清交替による「華夷変態」、また前述のような西洋の地理的知識の流入の影響も挙げられる。(16)

水土論の例としてはよく山鹿素行や熊沢蕃山が取り上げられるが、ここでは山崎闇斎の「藤森弓兵政所記」(寛文十一年〈一六七一〉成立)を挙げておこう。闇斎は朱子学者だったが、同時に「垂加神道」と呼ばれる神道教説を唱えたことでも知られる。次の一節はその教説の一つ、「土金之伝」をふまえたものである。

六合の内、五気の行はるゝや、清あり濁あり、美あり悪あり。而して我が国の秀でたる、土金の盛んなる、開闢以来、神皇の正統、永く聯聯《れんれん》たり。(17)

「土金之伝」は陰陽五行説を前提として、土が金を生ずるという五行の相生関係を日本の神話に当てはめて解釈する教説であった。五行説では金が五常における「義」に配当されるため、(18)日本は金の気、いわば「義気」が盛んな国とされる。そして「神国」たる日本で革命が起きず、天皇家が連綿と続いていることが、この気の特徴によって説明されるのである。前述のように『神皇正統記』をはじめ、「神国」日本の特質を天皇による永遠の統治に見出す言説は以前からあったが、水土論ではその特徴が日本独特の「気」のあり方と、その影響を受けた人々の気質によって説明された。

このような「気」をめぐる議論を発展させたのが、長崎の天文暦算術家・西川如見による水土論であった。(19)如見の特色は西洋の天文地理学を摂取していたことにあり、その成果は『日本水土考』(元禄十三年〈一七〇〇〉序、享保五年〈一七二〇〉刊)に表われている。まず如見は世界を「三大界」という三つの領域に分け、「第一界」を最上の領域とするが、その中でもさらに最上の領域が「亜細亜」とされ、日本をその東端に位置付ける。

日本の東は溟海《めいかい》遠濶世界第一の処にして、地勢相絶す。故に図上には亜墨利加《アメリカ》洲を以て東に置くと雖も、地系還《めぐ》つて西方に接して、その水土陰悪偏気の国なり。地体渾円の理を按ずるときは、則ち当《まさ》に亜墨利加を以て西極に属すべし。地体の渾円なる、本《も》と東西の定処なしと雖《いえど》も、一物一乾坤《けんこん》の義を以てするときは、即ち箇箇一太極を具せずといふことなし。此の理を以て方位を定めつべし。(20)（『日本水土考』）

日本がアジアのみならず世界の東端であるとされる一方で、アメリカ大陸は世界の西端であり、それゆえに劣った気を受けた領域とされる。しかし如見自身が述べているように、地球は球形である以上、東端と西端は存在しないはずである。だがあらゆる物事に陰陽の理が宿っている以上、どこかに東と西を分ける境界線があるはずだと如見は考える。如見はその境界線を人々の気質という「気」の表われによって弁別しようとするが、「気」の違いは東西の位置によって説明されるため、議論は循環論法に陥っている。

ともあれ、極東という日本の地理的位置の意味を、「東夷」としての劣等性ではなく、優越性の根拠として反転させたことに如見の歴史的意義があった。(21) すなわち如見は、『周易』による方位の解釈にもとづき、「震（☳）」（東）に位置する日本は「陽気発生の始《はじめ》なり」として、日本人に「仁愛の心」を持つ者が多い理由とする。さらに日本が中国から見て東北に位置することから、「艮（☶）」（東北）の気を受けているとし、それゆえに日本人は「勇武の意」が盛んであるとする。(22) 同様の観点から、如見は日本の気候と四季のバランスについても説明する。

此の国は四時中正の国なり。万国広大なりと雖《いえど》も、四時中正なる者は、亦《また》多からず。大海の裡《うち》に多く島洲あるの中、四時の日本の如き者なし。総《すべ》て中帯の南北四十七度の間にある者は、皆偏熱の国なり。或は中帯を去ること凡《およ》そ六十度已上の地は、皆偏寒の国なり。唯《た》だ中帯を去ること二十七八度より四十二三度の間に至りて、之《これ》を四時正気の国と為すなり。日本中央の京畿《けいき》は中帯を去ること三十五度、その東辺は三十八九度、その西辺は三十一二度、これ四時中正の中道にして、而して陰陽中和の水土なり。況《いわ》んやその京畿の、その中央に在りて、正気の中線に相

中《あた》れる者は亦希《またまれ》なり。是《こ》の故に、日本京都の人物は大に美なる者なり。[23]（同前）

日本は赤道から適度な距離にある「正気」の国であり、それゆえ四季（寒暖）のバランスがとれている。とりわけ畿内、京都はそうであり、だからこそ京都の人々の気質は優れているのだ――と如見は説く。長崎の人である如見は、京都の夏の蒸し暑さや、冬の「底冷え」を知らなかったのかもしれない。如見が前提としているのは古典に描かれたような京都のイメージであり、ここでは前述のような二次的自然の環境認識が水土論と交錯し、作用を及ぼしていることが見て取れよう。

ただし、ここで如見が用いる「正気」という概念は、有名な文天祥の「正気歌」にも見られるように、日本独自のものとはいえない。「正気歌」においても「正気」は、「下は則ち河嶽と為り、上は則ち日星と為る」と歌われるように、一方で自然現象として現われ、他方で人においては道徳的エネルギー、すなわち孟子の言う「浩然の気」として表出するとされる。[24] しかしそこには地理的位置による違いという意味合いはない。この「正気」という概念に、如見は地域的偏差という新たな意味を加えているのである。

このように近世日本の儒学の水土論においては、日本の環境と日本人の特質を、地理的位置による「気」の偏差として説明する言説が形成されていた。仮にそれを「気」の日本像と呼んでおこう。以上をふまえるならば、十七世紀後半から十八世紀初頭にかけて、二次的自然を通じた環境認識が広範な階層で共有される一方、それを背景としつつ、知識層の一部では「気」の日本像が主張されるという状況が成立したと考えられる。

二　水戸学による統合と再解釈

前節では「気」の日本像に焦点を合わせたが、西川如見の水土論はその点に尽きるものではない。『日本水土考』は日本が「小国」であることや、海に囲まれた「海国」であることからもその特質を説明している。如見に限らず、徳川時代の水土論はそれらの多様な要素を含むものだった。しかし十八世紀末以降、ラクスマン（一七九二年）、レザノフ（一八〇四年）の来航やフェートン号事件（一八〇八年）など、様々な対外的危機が起こるなかで、従来の水土論が相対化・批判されはじめ、「海国」であるがゆえの危険性も認識されるようになっていく[25]。

こうした危機的状況を受けて、水戸藩では藤田幽谷とその門弟たちを中心に、（後期）水戸学と呼ばれる思想が展開した。水戸学では天皇による永遠の統治という体制が「国体」の概念によって表現され、「国体」を活用して徳川政治体制を再建することで、対外的危機と国内の問題の両方を乗り越えることが目指された[26]。水戸学では徳川期の様々な思想が参照されたが、重要な源の一つが西川如見であった[27]。すなわち水戸学は如見による「気」の日本像や、地域的偏差としての「正気」という発想を継承し、再解釈したのである。

1　会沢正志斎

水戸学の代表的思想家として知られる会沢正志斎は、主著の『新論』（文政八年〈一八二五〉成立）の冒頭で次のように述べている。

謹んで按ずるに、神州は太陽の出《い》づる所、元気の始まる所にして、天日之嗣、世《よよ》宸極を御し、終古易《かわ》らず。固《もと》より大地の元首にして、万国の綱紀なり。誠によろしく宇内《うだい》に照臨し、皇化の曁《およ》ぶ所、遠邇《えんじ》あることなかるべし。しかるに今、西荒の蛮夷、脛足《けいそく》の賤を以て、四海に奔走し、諸国を蹂躙し、眇視跛履《びょうしはり》、敢《あ》へて上国を凌駕せんと欲す。何ぞそれ驕れるや〈地の天中に在るや、渾然として端なく、よろしく方隅なきがごとくなるべきなり。然《しか》れどもおよそ物は、自然の形態ありて存せざるはなし。而して神州はその首に居る、故に幅員甚だしくは広大ならざれども、その万方に君臨する所以のものは、未《いま》だ嘗《かつ》て一たびも姓を易《か》へ位を革《あらた》めざればなり。西洋の諸蕃は、その股脛《こけい》に当る、故に舶《はく》を奔《はし》らせ舸《か》を走らせ、遠しとして至らざるはなきなり。而して海中の地、西夷、名づけて亜墨利加《アメリカ》洲と曰《い》ふものに至つては、すなはちその背後なり。故にその民は愚戇《ぐとう》にして、なすところある能《あた》はず。これ皆自然の形体なり〉。[28]

ここで正志斎は、西川如見に類似した「気」の日本像によって「国体」を説明している。ただしそれは世界を人体に見立て、日本を頭、ヨーロッパを脚、アメリカ大陸を背中に類比する奇妙な言説であった。桐原健真は、このような正志斎の言説が「双円形世界図」や、新井白石『西洋紀聞』（享保九年〈一七二四〉頃成立）に見られる宣教師ジョバンニ・シドッチの次のような発言をふまえていたことを明らかにしている。[29]

我ローマンのごときは、方僅に十八里にはすぎず。されど、我道のある所なれば、西南諸国尊び敬はずといふ所なし。これを頭の小しきなるが、四躰の上にあるにたとふべし。また試みに物を観るに、其始《め》皆善ならずといふ事なし。天地の気、歳日の運、万物の生、こと〴〵く皆東方より始らずといふ事なく、万国の中、東方に国せしもの、此土（日本）の外には、黒子《ホクロ》ばかりの地もあらず。さらば、此土の万国にこえすぐれしは、我また多言を費やすにはおよぶべからず。[30]

日本という「小国」に危険を冒してまでなぜ宣教に来たのか。この白石の問いに対するシドッチの答えは、東方に位置する日本が「天地の気」の始まりであることを示唆するものだった。それは不思議にも如見による「気」の日本像と類似する。であればこそ正志斎はシドッチの示したもう一つの答え、すなわち日本やローマという「小国」と、人体の頭部とのアナロジーをも受け入れたのだろう。

それがいかに奇妙に見えようとも、正志斎からすれば敵である西洋人の言い分であるがゆえに、かえって説得力を持つ自己像だったのかもしれない。このように水戸学の環境認識と日本像は、従来の水土論が相対化されるなかで、西洋人の視線を（仮想的に）媒介することで「気」の日本像を再強化する意味を持っていたと考えられる。

２　藤田東湖

水戸学の代表者として正志斎と並び称される藤田東湖は、『弘道館記述義』（弘化四年〈一八四七〉成立）のなかで次のように述べている。

> 蓋《けだ》し国体の尊厳は、必ず天地正大の気に資《と》るあり。天地正大の気は、また必ず仁厚義勇の風に参するあり。然《しか》らばすなはち風俗の淳漓《じゅんり》は、国体の汚隆《おりゅう》、ここに繋《かか》る。[31]（『弘道館記述義』巻之上）

日本における「天地正大の気」が日本人の気質を形成し、「国体」を支えてきたという議論は、正志斎と同様、やはり西川如見による「気」の日本像の延長線上にあるものだろう。ただ、東湖の言説において注意すべきは次のような一節である。

> 天地正大の気、粋然として神州に鍾《あつま》る。秀でては不二《ふじ》の嶽《がく》となり、巍巍《ぎぎ》として千秋に聳《そび》ゆ。注ぎては大瀛《だいえい》の水となり、洋々として八洲を環《めぐ》る。発しては万朶《ばんだ》の桜となり、衆芳与《とも》に儔《たぐ》ひし難し。凝《こ》りては百錬の鉄となり、鋭利鍪《かぶと》を断つべし。[32]（「和文天祥正気歌」）

この「和文天祥正気歌」は前述の文天祥による「正気歌」をふまえた漢詩だが、純粋な「正気」が「神州」たる日本に集まると述べている点が注目される。すなわち如見の水土論と同じく、東湖も「正気」を地域的偏差としての意味合いで用いる。さらに東湖は富士山や桜といった二次的自然の典型的主題も取り込んでいる。如見の段階ですでに「気」の自己像と二次的自然の交錯は垣間見えたが、東湖においては「国体」が触媒となって両者がより明示的に結合し、一つの詩的世界を成り立たせている。かくして東湖のテクストは、ある種の詩情によって人々を国事に駆り立てる効果を持ちえたのだろう。このように東湖の言説もまた、正志斎とは別の角度から「気」の日本像の再強化を図ったものといえる。

三　明治期における環境認識と自己像

水戸学は元来徳川政治体制の再建を企図しており、また桐原健真が指摘しているように、水戸藩を「天朝の藩屏」として意味づけようとする、「水戸」という土地に根ざしたイデオロギー」としての性格を持つものだった。[33]同時代には水戸学とは異なる視点から、日本とアジアの環境的要因がもたらす問題をとらえ直そうとする思想潮流も存在していた。[34]しかし天保期の出版統制の変更を契機として水戸学のテクストは全国的に普及し、「尊王攘夷」が叫ばれる幕末の政治状況のなかで大きな影響力を持つようになる。[35]そして明治期に入ったのちも、「国体」をはじめとする水戸学的語彙は言論空間に受け継がれた。

たとえば荊部直は明治期の主権国家論の受容において、会沢正志斎の「国体」概念に見られた身体性の残響を指摘している。[36]とりわけ明治二十年代以降、法律学用語としての「国体」と交錯しつつ、水戸学由来の「国体」をめぐって盛んに議論が行われるようになるが、そこには水戸学的な思想が薄れることで多様な解釈が可能になったという面もあった。[37]それにともない、儒学経典に依拠した国体論は終焉を迎え、もっぱら「万世一系」の論理が前面に出るようになる。[38]それは同時に、国体論と「気」の日本像の分離、そして後者の崩壊を意味していた。無論、明治期の政治的な言論ではしばしば「国家の元気」といった「気」の「振作」をめぐる言辞が登場する。[39]しかしそこで言われる「気」は主に人間の精神や行為に関わっており、環境認識の問題系とは切り離されていたと言えよう。

このような変化を示す国体論の一例として、教育勅語を挙げておこう。

朕惟《おも》フニ我カ皇祖皇宗国ヲ肇《はじ》ムルコト宏遠ニ徳ヲ樹《た》ツルコト深厚ナリ我カ臣民克《よ》ク忠ニ克《よ》ク孝ニ億兆心ヲ一ニシテ

世々厥《そ》ノ美ヲ済《な》セルハ此レ我カ国体ノ精華ニシテ教育ノ淵源亦《また》実ニ此ニ存ス（「教育ニ関スル勅語」、明治二三年〈一八九〇〉発布）

ここでは「国体ノ精華」がもはや「気」や日本の自然環境との関係によっては説明されておらず、歴史的な対象としてのみ語られている。教育勅語の起草にあたって、井上毅が宗教的概念を排除しようとしたことは知られているが、(40)それは「気」の日本像にも及んでいたのであり、であればこそ教育勅語の国体論は、儒学的世界観を前提せずとも、受け入れることが可能な言説となったのである。その意味でこうした国体論は「近代的」であるともいえよう。

それでは「国体」から分離された環境認識は、どこへと向かったのだろうか。明治期になると学問や文学、美術といった近代西洋文化の受容により、「自然科学的自然」のみならず「風景としての自然」が発見されたといわれる。(41)そこで前近代から引き継がれた環境認識は、どのように受容されたのだろうか。手がかりとなりうる三つの例を試みに挙げてみよう。

1　国木田独歩

国木田独歩の文学作品において「風景の発見」という画期が見出されることは、柄谷行人の議論以来よく知られている。(42)それはたとえば「武蔵野」（明治三四年〈一九〇一〉）の次のような一節に顕著に表われているだろう。

昔の武蔵野は萱原《かやはら》のはてなき光景を以て絶類の美を鳴らして居たやうに言ひ伝へてあるが、今の武蔵野は林である。林は実に今の武蔵野の特色といつても宜い。……元来日本人はこれまで楢《なら》の類《たぐひ》の落葉林の美を余り知らなかつた様である。林といへば重に松林のみが日本の文学美術の上に認められて居て、歌にも楢林の奥で時雨を聞くといふ様なことは見当たらない。自分も西国に人となつて少年の時学生として初て東京に上つてから十年になるが、かゝる落葉林の美を解するに至たのは近来の事で、それも左の文章が大に自分を教えたのである。……則ちこれはツルゲーネフの書たるものを二葉亭が訳して『あひびき』と題した短編の冒頭にある一説であつて、自分がかゝる落陽林の趣きを解するに至つたのは此微妙な叙景の筆の力が多い。これは露西亜の景で而《しか》も林は樺の木で、武蔵野の林は楢の木、植物帯からいふと甚だ異て居るが落葉林の趣は同じ事である。[43]

柄谷の議論において独歩は、二葉亭四迷訳のツルゲーネフ『あひびき』を介して言文一致体を取り入れ、従来の「名所」的意味付けからは「切断」されたものとしての「風景」を発見したと解釈される。[44]その点もふまえながらこれまでの考察に即していえば、ここで独歩は、従来の二次的自然における歌枕「武蔵野」や松のイメージを相対化し、一次的自然、「風景」としての「武蔵野」を発見したといえる。

とはいえ冒頭で論じたように、人間は厳密な意味での一次的自然を認識できず、何らかの幻想によって媒介される必要がある。ここでの独歩もまた、『あひびき』を介してロシアの林を武蔵野に重ね合わせ、新たな二次的自然を形成しているともいえる。しかし、にもかかわらず、独歩が客観的に存在する「風景」を措定し、そこから伝統的な二次的自然を相対化しているということが重要であろう。

2　志賀重昂

別の例として、志賀重昂の『日本風景論』（明治二七年〈一八九四〉）を挙げなければならないだろう。本書は日本全国の美しい自然風景を紹介し、日本人の風景観を転換させた著作として知られる。志賀はラボック、サトウ、チェンバレン、ゴルトンらの著作を借用しつつ、科学的・地理学的な概念で日本の「風景」を記述する。[45]志賀は日本の風景にまつわる徳川時代の和歌、漢詩文を多数引用しているが、それはあくまで一次的自然に関する主観的な表現としてとらえられている。

たとえば志賀は徳川時代の俳人、西村馬曹の『那古浦蜃楼記』から一節を引用した上でそれを次のように批判する。

夫一気之運動転旋也。含気者皆与焉。……嗚呼神霊之遊幸也。蜃之吐気也。天理不可窮。神慮不可測。若夫天地間之一気。運動転旋。為奇観為名勝者非者邪……是れ「神霊之遊幸」にあらず、「蜃之吐気」にあらず、水蒸気と太陽の光線とに交渉せる一現象のみ、日本人幸に水蒸気の多量、岬湾《こうわん》の出入多々、高山の海岸を囲繞せる国土に在るを以て多く之れに逢遇《ほうぐう》す[46]

四日市の那古浦は蜃気楼で知られ、それは蛤が吐き出したものと信じられていた。蜃気楼を目撃した馬曹は、それを「気」の働きとして説明できるか戸惑い思案する。しかし志賀は単にそれを「水蒸気と太陽の光線」がもたらした自然現象として解釈する。志賀にとってかつて日本の自然の説明原理だった「気」は「水蒸気」にすぎない[47]。

若《も》し夫《そ》れ日本国にして水蒸気の多量ならざらんか、天の文、地の章、焉《いず》くんぞ此の恂美《じゅんび》あらんや、此の錦繍《きんしゅう》あらんや、是れ大陸に棲息する者の多く享受する能《あた》はざる所、造化や日本の文人、詞客、絵師、彫刻家、風懐の高士に福する多し[48]

このように、志賀においては二次的自然に基づく過去の詩文が主観的表現として相対化され、「気」の日本像も科学的観点から破壊される。そして日本の美しい「風景」そのものが、一つの統一的な日本像として提示されるのである。

志賀は日本の優越性を、このような「風景」それ自体が持つ美しさに求める。志賀は別の文章のなかで、自然環境によってつちかわれた「大和民族」の「国粋（Nationality）」を保存すべきことを主張している。そこで志賀は、自分が「彼会沢氏の「新論」、大橋氏の「闢邪小言」を拝崇する者に非らず[49]」（「「日本人」が懐抱する処の旨義を告白す」、明治二一年〈一八八八〉）と述べてもいる。国粋主義者で鳴らした志賀だったが、「日本」をめぐるその認識はすでに水戸学とは断絶した地点で成立していたのである。

3　芳賀矢一

これまで見てきた環境認識の変化は、伝統的な二次的自然を受け継いだかに見える和歌の世界でも無縁ではなかった。与謝野鉄幹や正岡子規による短歌革新運動はよく知られているが、つとに明治二十年代前半には萩野由之らにより和歌改良論が主張されていた。そこでは従来の歌語や歌材などによる和歌の限定性や虚構性が批判され、現実の物事や心情を非作為的に詠うことが目指されたことを榊祐一は明らかにしている。[50]

その一方で、明治期には藤岡作太郎や芳賀矢一ら国文学者により、日本人は「自然を愛する民族」であるという言説が確立された。[51]その具体例として、芳賀矢一『国民性十論』（明治四〇年〈一九〇七〉）を見ておこう。本書は日本人の「国民性」を十種に分けて論じた著作であり、その筆頭として「国体」を支える「忠君愛国」の倫理が掲げられている。しかしそれとは別の「国民性」として、芳賀は「草木を愛し自然を喜ぶ」ことも挙げる。芳賀によれば、かかる「国民性」を可能にしているのは和歌が持つ力に他ならない。

人事と自然とを比較して人生より直ちに自然をおもひ、自然より直ちに人生を思念するのである。之が和歌から導かれて国文学全体を通じて、軍記、謡曲、浄瑠璃等一般のものの根抵をなして居る。秋風といへば寂しい事を連想し、春雨といへば暖かい静かな感じがある。歌の語は一つのコンヴェンションをなして一種の情景を連想させる力をもつて居る。[52]

日本人が自然を愛するのは、自然現象とイメージの連想が和歌を通じてconventionと化しているからである。ここには宣長の『排蘆小船』と同じく、二次的自然の機能をめぐる透徹した認識がうかがえる。しかし、芳賀は「近代国学[53]」の継承者として、社会的にも萩野由之と近い位置にいた。そのような芳賀にとり、二次的自然の虚構性を批判した和歌改良論のような主張が、無視できるものであったとは考えにくい。そこで芳賀は次のような解決策を案出した。

気候は温和である。山川は秀麗である。花紅葉四季折々の風景は誠にうつくしい。かういふ国土の住民が現生活に執着するのは自然である。四圍の風光客観的に我等の前に横はるのはすべて笑つて居る中に、住民が独り笑はずには居られぬ。Vice Versa 現世を愛し人生生活を楽しむ国民が天地山川を愛し自然にあこがれるのも当然である。(54)

二次的自然は虚構ではない。なぜなら現実の日本の「風景」そのものが美しいからである。だからこそ自然を愛する国民性が生まれ、和歌のような文学が発達したのだ、と芳賀は主張する。日本人は皆、「抒情詩人であり、叙景詩人(55)」なのである。

かくして「自然が美しい日本」と「自然を愛する日本人」という、環境認識と自己像の一式が、「国体」から分離しつつそれを補うものとして確立された。実のところ『国民性十論』が刊行された明治四十年には、足尾銅山鉱毒事件を起因とする栃木県下都賀郡谷中村の強制廃村に対して、田中正造らの抵抗運動が行われていた。当時はすでに公害問題により、「国民」の間にも、「日本人」と自然の間にも亀裂が生じていたのだが、芳賀の言説はそれを弥縫するかのような役割を果たしただろう。

おわりに

これまでの議論をまとめておこう。徳川時代に入り、それまでの仏教的世界観が徐々に退潮するにつれ、環境認識と自己像を規定する二つの契機となったのが、二次的自然と「気」の日本像であった。これら二つは受容層を異にしつつも、近世後期の水戸学に取り入れられ、「国体」を中心とする日本像へと統合された。

明治期の言論空間では、水戸学に由来する「国体」の概念は継承されたものの、「気」の日本像は解体され、「国体」は日本の自然環境とは無関係の領域となった。その一方で、西洋の科学的・文学的「自然」観の受容にともない従来の二次的自然が相対化され、一次的自然としての日本の「風景」が発見された。その位相のもとで、「美しい日本の自然」

と「自然を愛する日本人」という、新たな環境認識に基づく自己像が確立されたのである。その後の展開は本稿が扱いうる範囲ではない。とはいえ戦後に「国体」概念が失墜する一方で、それと切り離されていたがゆえに、「美しい自然」と「自然を愛する日本人」という自己像が残り続けたことは容易に想像がつくだろう。それは古くから変わらず存在してきたものではなく、ある特定の歴史的条件のもとで成立した自己像だったのである。しかしこうした環境認識と自己像の構築性を言い立てたところで、それは問題の半面にすぎない。日本の自然をめぐる幻想が、様々な変化を経つつ、なぜかくも執拗に求められたかが次に問われなければならないだろう。たとえば戦後に坂口安吾が述べた次のような言葉は、問題の所在に別の角度から光を投げかけている。

日本の家庭はその本質に於て人間が欠けてをり、生殖生活と巣を営む本能が基礎になつてゐるだけだ。そして日本の生活感情の主要な多くは、この家庭生活の陰鬱さを正義化するために無数のタブーをつくつてをり、それが又思惟や思想の根元となつて、サビだの幽玄だの人間よりも風景を愛し、庭や草花を愛させる。[56]（「デカダン文学論」昭和二一年〈一九四六〉）

安吾の言葉は、「風景」に対する日本人の愛を、何らかの〈症候〉として読み解く必要性を示唆している。それは一見すると美しい幻想の背後にある「陰鬱さ」へと目を向けることをうながしているのである。

本稿は第二九回政治思想学会研究大会におけるシンポジウムⅡ「環境と自己像」で行った発表をもとに、加筆と修正を加えたものである。発表に関して意見をいただいた方々に感謝の意を表したい。また、本稿は科研費・若手研究「近代日本思想史としての「古典」研究―明治国学と日本浪漫派を中心に―」（課題番号：22K12990）による成果の一部である。

（1）以下「はじめに」の論述や、エコクリティシズムと日本文学の関係に関してはハルオ・シラネ（北村結花訳）『四季の創造――日本文化と自然観の系譜』（角川選書、二〇二〇年）を参照した。冒頭で述べた日本の自然をめぐるイメージと現実の乖離という問題も含め、本稿はシラネの著作から多大な示唆を受けた。本稿はその成果を日本思想史研究へと活かそうとする試みである。
（2）千葉徳爾『増補改訂　はげ山の研究』（そしえて、一九九一年）を参照。
（3）ヤニス・スタヴラカキス（有賀誠訳）『ラカンと政治的なもの』（吉夏社、二〇〇三年）一二八～一三五頁、および一七三～一八一頁の議論を参照。
（4）佐藤弘夫『「神国」日本――記紀から中世、そしてナショナリズムへ』（講談社学術文庫、二〇一八年）、伊藤聡『日本像の起源――つくられる〈日本的なるもの〉』（角川選書、二〇二一年）。
（5）渡辺浩『日本政治思想史［十七～十九世紀］』（東京大学出版会、二〇一〇年）第十五章を参照。近世の神国論の特色を概観した論考としては、田尻祐一郎「近世日本の「神国」論」（片野達郎編『正統と異端――天皇・天・神』所収、角川書店、一九九一年）がある。
（6）黒田日出男『龍の棲む日本』（岩波新書、二〇〇三年）。
（7）横田冬彦『日本近世書物文化史の研究』（岩波書店、二〇一八年）の第八章「近世の出版文化と〈日本〉」を参照。
（8）以下の二次的自然と日本文化をめぐる説明はシラネ前掲『四季の創造』、および同「環境と二次的自然」（ハルオ・シラネ編『東アジアの自然観――東アジアの環境と風俗』所収、文学通信、二〇二一年）を参照。
（9）『本居宣長全集』第二巻（筑摩書房、一九六八年）二八頁。以下、一次資料の引用にあたっては旧字体を新字体に改め、適宜振り仮名を付した。
（10）ただしこの箇所は、「和歌こそ、なほをかしきものなれ。おそろしき猪のししも、「ふす猪の床」と言へば、やさしくなりぬ」という『徒然草』第十四段の一節をふまえたものだろう（『新編 日本古典文学全集』第四四巻、小学館、一九九五年、九二頁）。
（11）前掲『本居宣長全集』第二巻、四二頁。
（12）熊野純彦『本居宣長』（作品社、二〇一八年）四四八～四五一頁。
（13）『本居宣長全集』第八巻（筑摩書房、一九七二年）三一一頁。
（14）松本久史「近世国学思想から見た共存の諸相」（國學院大學研究開発推進センター編・古沢広祐責任編集『共存学――文化・社会の多様性』所収、弘文堂、二〇一二年）一五〇～一五三頁。

(15)シラネ前掲『四季の創造』、一〇五～一〇七、二一六～二二二頁。

(16)澤井啓一「「水土」論的指向性――近世日本に成立した支配の空間イメージ」(大貫隆編『歴史を問う3　歴史と空間』所収、岩波書店、二〇〇二年)。また、水土論については松田宏一郎「「東洋的専制」の運命から逃れられるか?」(『擬制の論理　自由の不安――近代日本政治思想論』所収、慶應義塾大学出版会、二〇一六年)も参照。

(17)『風葉集首巻』(『神道大系 論説編一二垂加神道(上)』所収、神道大系編纂会、一九八四年)三二六頁、原漢文。

(18)中村璋八・古藤友子『新編漢文選7　五行大義(上)』(明治書院、一九九八年)三二七～三三〇頁。

(19)西川如見については多くの研究があるが、前述の澤井啓一と松田宏一郎の論考のほか、佐久間正『徳川日本の思想形成と儒教』(ぺりかん社、二〇〇七年)の第六章、高野信治「「世界」と「神国」――西川如見の「天学」論をめぐって」(九州史学研究会編『境界のアイデンティティ』所収、岩田書院、二〇〇八年)を参照。

(20)『日本水土考・水土解弁・増補華夷通商考』(岩波文庫、一九四四年)一九～二〇頁。以下引用はこの岩波文庫版によるが、一部の訓読を改めた。

(21)澤井前掲「「水土」論的指向性」、一四五～一四六頁。とはいえ桐原健真が指摘するように、元々東方という方角には『淮南子』などに見られる「東方君子国」の言説も付随していたことに注意する必要があるだろう(「東方君子国の落日――『新論』的世界観とその終焉」『明治維新史研究』第三号、二〇〇六年十二月)三頁。

(22)前掲『日本水土考・水土解弁・増補華夷通商考』、二一頁。

(23)同前、二三頁。

(24)『文天祥全集』(北京市中国書店、一九八五年)三七五頁。書き下し文は吉川幸次郎『元明詩概説』(岩波書店、一九六三年)六二～六三頁を参照。

(25)渡辺前掲『日本政治思想史[十七～十九世紀]』、三一五～三一六頁、松田前掲「「東洋的専制」から逃れられるか?」、一九～二三頁。

(26)拙著『「神国」の正統論――『神皇正統記』受容の近世・近代』(ぺりかん社、二〇一九年)第八章を参照。

(27)桐原前掲「東方君子国の落日」、三頁。

(28)『日本思想大系五三 水戸学』(岩波書店、一九七三年)五〇頁。

(29)桐原健真「『新論』的世界観の構造とその思想史的背景」(『茨城県史研究』第九一号、二〇〇七年二月)七五～七六頁。

(30) 新井白石『西洋紀聞』（東洋文庫、一九六八年）七七～七八頁。正志斎は『西洋紀聞』の注釈書である『三眼余考』を著しており、そのなかでこの箇所を引用し、「按ニ天地万物皆東方ヨリ始ルコトハ、蛮夷トイヘドモ是ヲ知レリ」（『吉利支丹史料（日本宗教講座）』所収、東方書院、一九三五年、三頁）と述べている。

(31)『日本思想大系五三 水戸学』（岩波書店、一九七三年）一七一頁。

(32)『東湖遺稿』（菊池謙二郎編『新訂 東湖全集』、国書刊行会、一九九八年）三六八頁、原漢文。

(33) 桐原健真「「常州水府の学」としての水戸学――会沢正志斎を中心に」（地方史研究協議会編『茨城の歴史的環境と地域形成』所収、雄山閣、二〇〇九年）一〇七頁。

(34) 松田前掲「「東洋的専制」から逃れられるか?」、一二頁以下を参照。

(35) 清水光明「尊王思想と出版統制・編纂事業」（『史学雑誌』第一二九巻第一〇号、二〇二〇年）。

(36) 苅部直「日本が「国家」になったとき――水戸学から主権論へ」（『アステイオン』第九〇号、二〇一九年）。

(37) 山口輝臣「なぜ国体だったのか?」（酒井哲哉編『日本の外交 第3巻 外交思想』所収、岩波書店、二〇一三年）。

(38) 桐原健真「東方君子国の落日――『新論』的世界観とその終焉」（『明治維新史研究』第三号、二〇〇六年十二月）。

(39) 高山大毅はこうした明治期の「振気」論が寛政期に淵源することを明らかにしている（「「振気」論へ――水戸学派と古賀侗庵を手がかりに」『政治思想研究』第一九号、二〇一九年五月）。明治期の「気」をめぐる言説についての研究としては以下も参照。梶田明宏「西南戦争以前の言説状況――士族民権論をめぐる「気」の問題について」（『書陵部紀要』第四三号、一九九一年）、中村春作「「国民の元気」という言説――明治期、徳富蘇峰における」（井上克人編著『豊穣なる明治』所収、関西大学出版部、二〇一二年）。

(40) 小倉慈司・山口輝臣『天皇の歴史9 天皇と宗教』（講談社学術文庫、二〇一八年）二二〇～二二一頁、拙稿「「国家神道」と教育勅語――その狭間にあるもの」（岩波書店編集部編『徹底検証 教育勅語と日本社会――いま、歴史から考える』所収、岩波書店、二〇一七年十一月）。

(41) 内田芳明『風景の発見』（朝日選書、二〇〇一年）二八～三〇頁。

(42) 柄谷行人『定本 日本近代文学の起源』（岩波現代文庫、二〇〇八年）。しかし無論、柄谷の議論を現在もなお無批判に受け入れることはできない。たとえば堀切実が指摘しているように、徳川期においてすでに二次的自然を超えた「風景」をとらえようとする萌芽が見られることにも留意すべきだろう（「近世における「風景」の発見――柄谷行人説を糺す」『日本文学』五一巻一〇号、二〇〇二年）。また近年では赤坂憲雄が独歩と「和歌的な美意識の系譜」とのつながりを指摘している（『武蔵野をよむ』岩波新書、二〇一八年、九〇～一〇二頁）。
(43)『国木田独歩全集』第二巻（学習研究社、一九六四年）六八～七〇頁。
(44)柄谷前掲『定本　日本近代文学の起源』、六七～七一頁。
(45)山本教彦・上田誉志美『風景の成立——志賀重昂と『日本風景論』』（海風社、一九九七年）一五一～一一五二頁。
(46)『志賀重昂全集』第四巻（志賀重昂全集刊行会、一九二八年）三九～四〇頁。
(47)大室幹雄『志賀重昂『日本風景論』精読』（岩波現代文庫、二〇〇三年）五一～五二頁。
(48)同前、四六頁。
(49)『志賀重昂全集』第一巻（志賀重昂全集刊行会、一九二八年）五頁。
(50)榊祐一「明治二十年代前半の和歌改良論の再検討——和歌に対する批判のパターンに注目して」（『日本近代文学会北海道支部会報』第二四号、二〇二一年）。
(51)鈴木貞美『日本人の自然観』（作品社、二〇一八年）五七五～五八七頁。
(52)『明治文学全集』第四四巻（筑摩書房、一九六八年）二五四頁。
(53)藤田大誠『近代国学の研究』（弘文堂、二〇〇七年）。
(54)前掲『明治文学全集』第四四巻、二五一頁。
(55)同前、二五五頁。
(56)『坂口安吾全集』第四巻（筑摩書房、一九九八年）二一五頁。

エペリ・ハウオファと「島嶼海の主権」

――太平洋の自然を守護し、歴史を叙述する

●――馬路智仁／古田拓也

一 エコロジカルな脱植民地主義と太平洋島嶼への着目

各種汚染や資源の枯渇、生態系の激変といった環境破壊は、人類対自然の問題であると同時に、人類内部の断層・階層の問題でもある。その代償の多くが、近現代を通して構築されてきた人種・ジェンダー・階級をめぐるヒエラルキーのマイノリティ側に負荷され、地球規模でヒエラルキーの再生産が助長されているためである。近年、人新世の標語とともに「帝国型生活様式」からの脱却を唱える論者は、こうした認識に基づき今日の資本主義システムを根本から批判する[1]。その代替案は、グリーン・エコノミーを超えた「連帯型生活様式」に他ならない。それは、資本主義の外部化要求や人種差別、家父長制的社会関係、自然の搾取とは相容れない豊かさのモデルである。その中身は、公正かつ民主的な、またエコロジーの面で持続可能な、共存を目指す種々の戦略・実践から成る[2]。

本稿は、グローバル資本主義へのラディカルな批判を理論的に擁護するものではない。しかし本稿は、既成の様々なヒエラルキーに抗しつつ自然環境との調和をも図る営為に光を当てようとする彼らの観点を共有する。本稿の狙いは、

そうしたヒエラルキーへの対抗と、環境保全を結びつけた、いわば脱植民地主義的かつエコロジカルな構想を紡ぎ出すことである。このような構想を、ここでは（De-colonialism とEcology の頭文字を取って）「ＤＥ構想」と仮称する。本稿は以上の目的に基づき、近代における間・植民地主義（inter-colonialism）の空間であり、二〇世紀半ば以降の独立後も新植民地主義の圧力に晒されてきた、中・南部太平洋島嶼地域に焦点を合わせる。本稿が分析するのは、グローバル・サウス（資本主義周辺部）にも分類され得るこの島嶼領域において、単なる形式的独立以上の自律性を実現するために先住民知識人が提起したＤＥ構想である。

　その際本稿は、フィジーの南太平洋大学を拠点とした先住民知識人エペリ・ハウオファ（Epeli Hauʻofa, 一九三九―二〇〇九）の著作を主な分析対象とする。彼の経歴を略述すると、以下のようになる。ハウオファは、戦禍の迫るパプア・ニューギニアにおいてトンガ人宣教師の家庭に生まれた。一九六五年オーストラリアのニューイングランド大学で学士号（歴史学）を取得した後、カナダのモントリオールへ渡り、マギル大学にて人類学を専攻した。この修士課程在学中に、トリニダード・トバゴでフィールドワークを行い、そこで後年ノーベル文学賞を受賞したＶ・Ｓ・ナイポールの初期の著作を読み、強く影響を受けたという。[3] 一九六八年に修士号を得たハウオファは、南太平洋に戻り、オーストラリア国立大学で人類学の研究を継続し、一九七五年同大学より博士号を授与された。[4] その後トンガでの王室副秘書官としての勤務を経て、一九八三年フィジーの南太平洋大学に着任、一九九七年以降は同大学附属オセアニア文化芸術センターの所長として島嶼地域における土着文化の復興に尽力した。今日ハウオファは、アルバート・ウェント（サモア出身の文筆家）、コナイ・ザマン（トンガ生まれの詩人・教育学者）、ヴィルゾニ・ヘレニコ（ロトゥマ人劇作家・映画監督）、ヴァネッサ・グリッフェン（フィジー出身の反核活動家）、サブラマニ（フィジー人文芸批評家）、テレジア・テアイワ（キリバスにルーツを持つ詩人）らと共に、先住民アイデンティティの再構築を目的とする太平洋研究（Pacific Studies）の創造に最も貢献した知識人の一人に数えられている。[5]

　ハウオファは、風刺精神とユーモアに満ちた小説家でもあった。フィジーの首相（当時）カミセセ・マラが唱えた「パシフィック・ウェイ」の浅薄さ―特にその掛け声の下で進む先進国への精神的・経済的従属―を皮肉った『ティコン人の物語』（一九八三年）や、排泄物放出を担う肛門を太平洋島嶼のメタファーとして用い、その痛みの救済に基づいた反転世界を描く『おしりに口づけを』（一九八七年）が、彼の小説家としての代表作である[6]。しかし、ハウオファの著作の中で最もよく知られているのは、一九九三年のハワイ訪問を機に執筆した小論「我らが島嶼海（Our Sea of Islands）」であろう[7]。それは、長年島嶼地域を卑小化してきた「ドーナツの穴」や「遠い海の島々（islands *in a far sea*）」といった大陸中心主義的・ヨーロッパ中心主義的な認識を、「オセアニア」と等置される内発的な「我らが島嶼海（*our sea of islands*）」へ反転させようと試みる、彼の地域主義構想の端緒であった。ハウオファはかかるオセアニア地域主義の創出を通して、政治的独立によっては得られなかった充実した精神的自律性、十全なエージェンシー、その意味での「真の」脱植民地化＝「真の」主権を達成しようと意図した。小論「我らが島嶼海」に続く彼の一連の省察群―「我らの中の大海（The Ocean in Us）」（一九九七年）、「想起すべき複数の過去（Pasts to Remember）」（二〇〇〇年）、「我らの内なる居場所（Our Place Within）」（二〇〇三年）―はそうした地域主義構想の具体的な展開である[8]。

　これまでハウオファをめぐっては、《先住民コスモポリタニズムの幻視者》[9]、《太平洋文学の創始者の一人》[10]、《太平洋のエドワード・サイード》[11]といった見方が提示され、その過程で彼のオセアニア地域主義構想も俎上に載せられてきた。本稿はこれら先行研究を活用しつつも、別のハウオファ像を提起する。すなわち、「太平洋環境の保全を唱道する知識人」としてのハウオファ像である。この像は、彼が歴史の叙述を重視した点に着目することで明らかとなる。後述するようにハウオファは、歴史叙述に基づく過去の再構築によって「海の民」としての「オセアニア・アイデンティティ」を確立しようと試みた。そして、歴史叙述のかかる基底的役割と「オセアニア・アイデンティティ」を根拠として、自分たち島嶼民には太平洋の自然環境を保全する責務（と権利）が備わっているのだと力説したのである。本稿はこのような環境と歴史叙述、アイデンティティを結びつける彼の所論を解きほぐすことで、ハウオファ思想の研究としての独自性を主張する。同時にその作業は、大海原に囲まれた島々という独特な空間から提起された、一つのDE構想を示すものとなろう。

　本稿は同時に、ポストコロニアル諸国の知識人による地域主義・国際主義構想をめぐる近年の知性史研究を補完する試みでもある。アドム・ゲタチューをはじめとするこの研究分野の担い手は、アフリカやカリブ海諸国の黒人知識人・政治家に着目し、彼らが追求した平等主義的な新しい国際秩序を描き出す。W・E・B・デュボイス、ンナムディ・アジキウェ、ジュリウス・ニエレレ、エリック・ウィリアムズ、マイケル・マンリー、ラルフ・バンチなど黒人の反植民地主義者が求めたのは、単なる政治的独立以上のもの、すなわち帝国主義の遺制や経済的抑圧、人種主義から新興独立国の自律性を守ることを目的とした、世界規模でのシステムや制度の変革―ゲタチューの言葉を借りれば、「非支配の自由」の確立に向けた「世界創造」―であった[12]。しかし、かかる知性史研究において、中・南部太平洋のポストコロニアル知識人・政治家による構想は未だ分析対象とされていない。この島嶼空間特有の歴史的・地政学的・経済地理的条件に根ざし、さらに大洋を含む自然環境保護の主張と深く結びついた、独自の地域主義・国際主義のヴィジョンが見過ごされたままとなっているのである[13]。本稿はこの重要な一側面に光を当て、当該知性史研究の対象地域を拡大する。

以下本論は、次のような構成をとる。まず第二節では、ハウオファのオセアニア地域主義構想を、①空間認識の転換、②太平洋オリエンタリズムの解体、③共有財産としての土着文化の復興、の三つの観点から検討しその概要を提示する。この作業に基づき第三節では、彼の地域主義構想の中核に海洋民としての「オセアニア・アイデンティティ」が位置する点、また彼が歴史叙述による過去の再構築こそ、その確立に対し根本的土台を提供すると考えていた点を論証する。その際、歴史家・政治思想史家J・G・A・ポーコックとの比較を行いながら議論を進める。両者はともに南太平洋での経験―ポーコックの場合、ニュージーランドでの経験―を踏まえて、歴史叙述と主権的共同体の不可分的結びつきを説いたのである。そして第四節で、過去（太平洋史）の再構築に裏打ちされたハウオファによる自然環境保護の主張を分析する。最後に終節では、政治思想史上における彼の地域主義構想の意義とその限界を指摘したい。

二　島嶼海の主権を求めて——ハウオファのオセアニア地域主義

1　空間認識の転換

一九九三年の論考「我らが島嶼海」は、「ＭＩＲＡＢ社会」という太平洋島嶼理解への憂慮から始まる。「ＭＩＲＡＢ社会」とは、一九八〇年代半ばにニュージーランドの経済学者ジェフ・バートラムらが、近代化論に代えて島嶼地域へ適用したモデルである。彼らによると、土地やそれに由来する富を顕著に欠くこの小さな島々の経済は、「移住（MIgration）・送金（Remitance）・援助（Aid）・官僚制（Bureaucracy）」に基づく資源配分に依存せざるを得ない。[14] ハウオファはまず、これが客観的な経済学的説明としては決して誤りでないと認める。[15] しかし、その上で彼が危惧したのは、かかる類の社会科学上の知識が島嶼民の認識・精神・道徳に及ぼす甚大な負の影響であった。すなわち彼は、そうした知識において島嶼諸国が出口の無い脆弱な存在と表象されることで、それに曝され続ける太平洋島嶼民の精神的無力化が進行し、彼／彼女らの自律性が毀損されると考えた。「卑小化（belittlement）」の問題である。それが深刻化すれば、「特別居留地や収容所に集められ閉じ込められた人間に見られるような、道徳的麻痺、無関心、運命論に至り得る」。[16] ここにハウオファを悩ませたジレンマが表れている。島嶼民の側から見れば社会科学知も、たとえ客観的事実の説明であったとしても、精神・道徳への帰結について（後述する）太平洋オリエンタリズムと等しい機能を持ち得る。しかしこれが社会科学の知識である以上、大学の教室ではその知識を教え、「卑小化」を再生産せざるを得ない。彼はかかるジレンマに苦しんでいた。

「我らが島嶼海」でハウオファが意図したのは、いかにして「卑小化」のもたらす運命論から脱却し、完全な精神的自律性を達成するか、そのヴィジョンを太平洋の人々に向けて、さらにまた自分自身に向けて提示することであった。彼はまず太平洋の地理に注目し、この海洋空間をめぐる認識の転換を図ろうとする。それは彼自身の認識の転換でもあった。契機となったのは一九九三年三月にハワイで見た火山活動である。彼はこの経験を、自身にとっての「ダマスカスへの道」とさえ呼ぶ[17]。なぜなら、火山活動の壮大な景観――「遠くに見えるマウナ・ロアの壮麗さ」、「今にも火を噴きそうなキラウエアの厳めしいクレーター」、「それほど離れていない海岸に積もった溶岩流」――が、島嶼は小さく、取るに足らないとする自らも囚われがちな見方を改めさせ、島々のダイナミズムを強烈に実感させたからである。「私のまさに目の前で、ペレ〔ハワイ神話における火山の女神〕の庇護の下ビッグ・アイランドが巨大な海の底から立ち上がり、成長していたのだ[18]」。ここでハウオファが力説しているのは、島嶼地域の島々が火山活動を介して大洋と一体となり、常に変化・拡大しているという観点である。

　すなわちハウオファは、太平洋島嶼を個々の島の点在と捉えるのではなく、海を基礎として一体的に連結した巨大な空間と認識する必要性を主張した。ちっぽけな島々ではない。島々を抱え込んだ広大な海である。このような空間認識の転換こそ、知識上・言説上の卑小化圧力に抗するための礎石に他ならない。同時にハウオファはその転換が、島々を独立諸国に分断している国境――彼において近代帝国主義の遺制の象徴でもある――や、その他今日の人工的な境界線を相対化する基盤を成すと強調する。「ポリネシアやミクロネシアの国々はあまりにも小さく、貧しく、孤立しているため、意義ある自律性を発現し得ないという考えは、非常に狭い類の経済的・地理的決定論」に過ぎず、現実の「常民」が国境や経済の境界線を軽々と乗り越えているという事実、すなわち「世界拡大（world enlargement）とも呼び得る今日の進展を見落としている」。このような境界線は、「キャプテン・クックの神格化」つまり植民地主義以前には存在すらしなかったのである[19]。

　こうした人工的境界線の後景化の表裏として、彼が構想するオセアニア地域主義の空間的基盤となる「オセアニア」が立ち上がる。それは、分断・孤立を含意するヨーロッパ中心主義的な「遠い海の島々」ではなく、一体的な「島嶼海（a sea of islands）」と互換可能である。それはまた、火山をはじめとした自然や島嶼民の活動とともにダイナミックに拡大する空間である。「オセアニア世界は小さくはない。それは巨大であり、日々大きくなっているのである[20]」。言い換えると「Oceania（オセアニア）」は、「国家」や「民族」といった単位によって構成される"Pacific Islands Region"（外交場裏などでの公式の名称）のことではない。彼はこの点を特に強調する。むしろ「オセアニア」は、そうしたクック以後の近代的単位によっては束縛されないトランスナショナルな流動的空間である。すなわち、歴史や文化的遺産という非機構物の共有、およびこの「オセアニア」における活動への参画それ自体によって結びつく、常民の世界である。[21]

ハウオファによれば、今日この空間は、カヴァから建築資材に至るまで多様な財が人的ネットワークとともに流通・循環している。[22]さらに肝要なことに、「オセアニア」は本来、海の民としてここに生きる人々が築いてきた共通の文化・伝統に溢れた場所である。[23]「根本的に我々のあらゆる文化は、我々と、我々の島嶼共同体を取り巻く海との間の適応的相互作用（adaptive interaction）によって形作られてきた」[24]。しかしそのようなクック以前の過去や文化・伝統は、植民地支配の過程で「歴史」ではなく、それに先立つ「先史」として周縁化され、歴史から抹消・忘却されてしまったのである。ハウオファは、海との不可分的繋がりに基づくこうした過去を復権し、土着文化の再興を促すため、島嶼民の歴史と現在を架橋する歴史叙述の必要性を訴える。[25]それを通してこそ、島嶼民の自律性が根底から強化され、本当の脱植民地化へ至るであろう。

「オセアニア」を立ち上げる構想は、ハウオファの「我らが島嶼海」以前にも存在した。その中で先駆的かつ最も影響力を有したのは、サモアの著名な文学者・詩人アルバート・ウェントが一九七六年に提示した「新しいオセアニア」である。[26]ウェントの所論は、島嶼先住民による文化・伝統の再構築、それを通した彼／彼女らの自尊、誇り、独自のアイデンティティの確立を提唱する点で、ハウオファの地域主義に確かな土台を提供した（この点で、両者は等しくポストコロニアルの構想である）[27]。他方で、ハウオファの構想は上述のような、一体的・有機的な巨大空間の設定という点でウェントから離脱する。「新しいオセアニア」論におけるウェントの相対的な主眼が、文化・伝統の復権に基づく個々の独立島嶼国の「創造的な国民形成（nation-building）」にあったのに対し[28]、ハウオファは全体としての「オセアニア」を強調した。ハウオファにとってオセアニアは、島嶼国民国家の単なる寄せ集めを超える存在である。さらにまた、（次節のサーリンズ批判とも関連するが）オセアニアは、ミクロネシア、メラネシア、ポリネシアの分断を乗り越えようとする概念でもある。[29]彼はしたがって、国籍に拘らず島嶼民の多くに共有される歴史・文化・伝統や、国境を跨ぐ人的・物的可動性、ネットワークをウェント以上に前景化させる。これに基底的な纏まりを与えているのが海という環境であり、その意味で彼が思い描いたのは「大洋の共同体」であった。

2 太平洋オリエンタリズムの解体

ハウオファのオセアニア地域主義構想は、太平洋オリエンタリズムからの脱却とその解体を目指す彼自身の長年の取り組みの上に屹立している。一八世紀後半のブーガンヴィルやクックらによる「発見」以後、島嶼地域の人々は西洋側の（他者を製作する）二分法化・再構成・テクスト化の実践を通して、一方では哀愁を誘う「高貴な野蛮人」へ、もう一方ではただ野卑で残酷な未開人へと「作り変えられて」いった。春日直樹によれば、太平洋島嶼をめぐるオリエンタリズムは対東洋のそれと比較して、「海」・「南」・「島」の圧倒的なイメージ、および西洋や世界の他地域との遠隔性・非連続性に起因する、語り手の高い自由度と解放感に特徴づけられる。[30] しかし、そうした太平洋オリエンタリズムも、機能の面においては対東洋の場合と類似している。すなわち、その言説や表象は政治・軍事・教育・宗教などの諸領域を埋め、島嶼民の精神・道徳を浸蝕し、支配の編み目を整えるのである。ハウオファは、こうした言説・表象の罠から抜け出さぬ限り、島嶼地域における「真の」主権は実現し得ないと宣言した。

ハウオファが「太平洋オリエンタリズム」の摘出を開始したのは、エドワード・サイードの『オリエンタリズム』刊行に先立つ、一九七五年の論考「人類学と太平洋島嶼の人々」においてである。[31] オーストラリア国立大学での博士号（人類学）取得直後であった彼は、西洋の人類学者がいかにこの島嶼領域の人々を単純化・戯画化し、それによって人種主義を助長し続けているか、幾つかの具体例を挙げて非難した。中でも彼が批判の矛先を向けたのは、当時新進化主義の人類学者として名声を博していたマーシャル・サーリンズ（シカゴ大学）の論文「貧者、富者、ビッグマン、首長」（一九六三年）である。[32] ハウオファによれば、そこで描かれたメラネシアの指導者（ビッグマン）とポリネシアの首長制の対比は、オセアニアに関し二百年前から航海者や宣教師、植民地行政官らがなしてきた「ポリネシア人を美化し、メラネシア人を中傷す」る伝統と大差はない。[33] しかし、南太平洋出身の人類学者も無辜ではない。彼／彼女らも―サーリンズのような戯画化の積極的な実践者とまでは言わないが―学術的訓練の過程でそうした戯画化を受け入れ、暗黙裡に容認してきたのである。ハウオファが論ずるに、かかる無批判によって「我々は我々の学問を貶めてきた」。「無知なままの域外者（ignorant outsiders）が作成したとんでもないステレオタイプの永続化に、我々は意図せずとも貢献してきたのである」[34]。

ハウオファによる太平洋オリエンタリズムへの攻撃は、「人類学と太平洋島嶼の人々」後の著作の至るところで展開される。邦訳者が前例無き「抱腹絶倒の肛門小説」と評す[35]、彼の風刺小説『おしりに口づけを』（一九八七年）は、諧謔や揶揄によるそうした攻撃に満ちた作品であった。この小説は、太平洋に浮かぶ架空の島ティポタに住む主人公オイレイ・ボムキムを悩ます肛門感染症をめぐるドタバタ劇を主筋としている。オイレイにその治療を頼まれた一人アミニ・セセは、生まれ故郷のヴォヌ村で観光事業を行う経営者でもあった。彼は、西洋が南の島に押しつけてきた神秘性を逆手にとって、ヴォヌ村を西洋人好みの「楽園」リゾートに作り変え、彼らの金を巻き上げる[36]。しかし最終的に彼は、自身の神聖化に拘るあまり、人前ではカメの甲羅から出られなくなるのである。このエピソードは、オリエンタリズムを操ろうとする者が、結局自らもそのオリエンタリズムの中に封じ込められてしまうことの風刺に他ならない[37]。さらに、島嶼の現実を無視した見当外れの分析を行う精神科医ジークムント・ベンヤミン・ツィンマーマンを登場させ、この明らかにフロイトを模した医師をオイレイの怒りの的として表象するのも、同種のオリエンタリズムへの風刺である[38]。

重要なことに、『おしりに口づけを』の中でハウオファが描いた太平洋オリエンタリズムに対する揶揄・皮肉・ジョークは、それ固有の戦略的意味を包含している。すなわち、「歪な」西洋の表象・言説を「笑い飛ばす（laugh *away*）」という戦略である。換言すればそれは、認識的・精神的な拘束服から抜け出し、より自由になるための非暴力的方法を意味した。そのような「価値転換のユーモア」はウェントら他の太平洋文学者の作品にも見られるが、ハウオファの『おしりに口づけを』において最も滑稽かつ効果的に表現されている。本書が喚起するアイロニカルな笑いは、「現在の物ごとのあり方が、あるべき姿ではない」と理解させるものなのである[39]。自称「天性の道化師」が仕掛けるそうした戦略的な笑いは、『おしりに口づけを』のクライマックス（第一〇章）で頂点を迎えよう[40]。ここでは、オイレイの肛門移植手術がニュージーランドで行われることになるのだが、一騒動の末、男性オイレイに対して白人で女性の肛門が宛がわれたのであった。これは、人種とジェンダーをめぐる既成のヒエラルキーを揶揄し、それをヒエラルキーの底辺（肛門＝廃棄物放出の部位）から覆し、人間の根本的な平等を訴えるための寓意でもある。[41] 最後に、移植を終えたオイレイの肛門に「第三ミレニアム運動」の指導者バブがキスをし、その周りを西洋の医師（ツィンマーマン）やＣＩＡのメンバーなど本書の登場人物が輪をなして踊り、物語は完結する。それは、近代の植民地支配や新植民地主義下における太平洋島嶼民の苦しみ―主人公の肛門（＝地球上で最も無価値の場所という認識のメタファー）の病いに仮託された―が救済され、自律的なエージェントが立ち上がり、島嶼地域が中心となる新たな世界秩序の幕明けの瞬間であった。[42]

「我らが島嶼海」に始まるハウオファのオセアニア地域主義構想は、明確に、以上のような彼の知的軌跡の上に位置づけられる。彼は太平洋オリエンタリズム（西洋側から押しつけられた内）を取り払った先に、「オセアニア」＝「島嶼海」を基盤とした、自らの現実を構築する内発的な主権的共同体を描いたのである。彼にとって既存のいかなる「世界秩序」構想も、島嶼地域を卑小化する大国中心主義的な言説であり、自身が描くそうした反転世界と相反するものであった。[43] このような、内側から新たな太平洋島嶼像を築き上げようとする営みは、ハウオファにおける認識論上の社会構築主義の観念と深く結びついていた。彼が「想起すべき複数の過去」（二〇〇〇年）の中で主張するに、「あらゆる社会的現実は人間の創造物である」。「もし我々が我々自身の現実を構築しないのであれば、他の人々が我々に代わってそれをなすであろう」[44]。

3　共有財産としての土着文化の復興

ハウオファの提唱する「オセアニア」は、二つの具体的事物によって実体が与えられている。一つは、国境を越える島嶼民の人的・物的ネットワークである（上述）。もう一つ、より基礎的で肝要なのは、島嶼地域における過去からの共通の遺産としての文化・伝統である。彼によると、後者の文化・伝統は海の民としての島嶼民の歴史的営みの結晶であり、その復興は「オセアニア・アイデンティティ」を強化する。そして、それによって島嶼民の人的・物的ネットワークがさらに促進されることとなる。[45]

このためハウオファは、一九九〇年代半ば以降南太平洋大学においてオセアニア文化芸術センターの創設を主導し、ここを拠点に島嶼地域の土着文化復興に従事した。そうした文化の種類は、音楽や歌、チャント、ダンス、美術、儀式から現代的な視覚芸術、舞台芸術（パフォーミング・アーツ）まで多岐にわたる。[46]もっとも、ここで言う「復興」とは、観光事業に資するような「伝統的」文化―たとえば見世物としてのカーニバル・フォーク―の提供でもなければ、昔の創造物の単純な再現でもない。「復興」とは、島嶼領域の歴史や伝統に基づきつつも、土着文化を変化する現代の状況と結びつけて再構築し、今日の島嶼民の生をより豊かにする営為のことである。彼が強調する創造性・独創性の多くは、こうした「適応（adaptation）」をいかに実現するかに求められる。その意味で、彼における土着文化の復興は単に土着的なもの（the native）の再生産ではなく、タルシシウス・カブタウラカの言葉を借りれば、「更新された土着性（the alter-native）」を創出する営みであった。[47]ハウオファはこのとき、再構築される土着文化が持つべき性質として「地域性」、言い換えると「我々の民族的偏狭さと様々な個々の文化を乗り越える」共有性を力説する。[48]この主張は、彼の提唱する「オセアニア」が国家・国境・民族に囚われない、全体的・有機的（かつ拡大的）な空間であることに由来する。

このような土着文化の復興が、しかし、経済の論理に飲み込まれてしまう危険にも、ハウオファは十分自覚的であった。言い換えると、土着文化が単なる「見世物」となってしまう危険である。ハウオファ曰く、観光客からすれば、昔そのままの創造性のない見世物の方が喜ばしい。しかも既に島嶼民もそうした審美規準を模倣・内面化してしまっており、この地域独特の文化的創造物を適切に評価する固有規範に欠けている。「見世物」文化の維持は、この状況を永続させる。「我々は未だ承認のため地域外の者を見上げている。それは過去の植民地時代からの持続する名残である」。[49]かかる中でハウオファは、土着文化の再構築が島嶼民固有の審美的尺度の涵養へとも繋がり、この問題の克服に資すると考えた。そうした尺度はこの地域における重要な社会原理、すなわち「互恵性、協同、コミュニティへの開放性、観察と実地体験による知識・技能の伝達」などを反映したものとなろう。[50]このような内発的な審美眼の形成を通して初めて、「オセアニアに住む我々皆が自分たちのものと考え、また域外者からもそうであると認識されるような」、独自の文化的創造物の繁栄を望みうる。[51] 真の意味での土着文化の復興は、彼にとって、太平洋オリエンタリズムに基づく審美的規準の拒絶を意味するのである。

この新たな土着文化の復興は、「外側」への対抗であると同時に、「内側」の経済的エリートの支配への対抗でもある。経済的エリートは、「見世物」として利用しうる限り、土着文化に好意的な態度を取るだろう。したがって、ハウオファの「更新された土着性」は、文化を経済的に利用としようとするこうした企図への抵抗ともなる。この抵抗は、『お尻に口づけを』で風刺となって現れる。彼はそこで二種類の「医者」を登場させる。一つは分かりやすいドクターで、もう一つは、伝統的な医療（まじない）担当の「ドットーレ」である。ドクターはドットーレを軽蔑するも、政治的方針により、国際機関からの補助金獲得の手段として、かつ観光客向けの材料として、ドットーレを（いやいや）受け入れる。[52]「ドットーレ」たちも、多額の金銭を得られることに満足する。土着文化を「見世物」として保護する政策が、最終的には利益によってのみ動かされている点を、ハウオファはこのように風刺しているのである。

さらに、経済的エリートは、土着文化が経済振興に資さないと判断すれば、言い換えれば、「見世物」にならないと判断すれば、それを「足枷」として捨ててしまうであろう。ハウオファのみるところ、この脅威は、一九七〇年代にカミセセ・マラが標榜した「パシフィック・ウェイ」において典型的に具現された。実際マラは、太平洋島嶼地域特有の原則に基づく地域経済統合を促す反面、それに応じた開発を進める上で土着の文化・伝統を時代遅れなものと考えていた。マラが重視したのは、旧宗主国やオーストラリアなどの地域大国、経済先進国との連帯と、そこから得られる援助であった。ハウオファはこのパシフィック・ウェイを、脱（de）植民地化には程遠く、新植民地主義と大差ないと非難した。[53] 彼の最初の小説『ティコン人の物語』（一九八三年）の最終章では、「オール・パシフィキウェイ（Ole Pasifikiwei）」という——明らかにパシフィック・ウェイを模した——高潔な人物が、国際援助を求める折衝に慣れるにつれ、「第一級の、プロの乞食」となり、他者への従属を強めていく様が描かれる。[54] その後も続いていくパシフィック・ウェイへの批判は、[55] 彼の目的、つまり経済開発の中での土着文化の消滅可能性に対抗し、その再構築——現代の状況への適応を図った形での再構築でもある[56]——を通じた内発的自律性の獲得という意図を明確に体現している。

このような「パシフィック・ウェイ」観は、ハウオファが看取するところのグローバル資本主義への批判に繋がっていく。彼は資本主義システムの否定者ではないものの、それが齎す疎外＝非人間化を憂慮していた。現代のグローバル資本主義は「きわめて深刻で、機械的で、喜びも魂も無い企てであり、人々の精神の炎は初めの段階で消滅してしまい、再び燃え上がらせるのは非常に困難な状況となっている」[57]。しかし資本主義に基づく発展は、不可避の普遍的基準ではなく、彼によれば、一つの文化、すなわちプロテスタンティズムという文化にすぎない[58]。こうした認識を背景にハウオファは、「オセアニア」規模での文化復興、およびそれに基づく精神的自律性の獲得がグローバル資本主義による非人間化を食い止める防壁になり得ると主張する。彼によると、かかる地域主義的構成物は小さな国家・民族へ退行する「偏狭さ」、安易な普遍主義のような「無定形さ」のいずれでもない形で、島嶼民に対して市場メカニズムへの埋没に抗する直観的・心理的な安寧、静謐さを提供するのである[59]。

三　歴史叙述、オセアニア・アイデンティティ、主権

1　島々を移動・巡回する海洋民という基礎的アイデンティティ

資本主義の機械論的圧力に対し文化という精神的橋頭保を対置する以上の図式は決して目新しいものではない。しかし、その橋頭保を太平洋という広大な海洋空間に置いた点に、ハウオファの独自性がある。彼によれば、復興されるべき土着文化は古来、この大海との間の相互作用を通して形成されてきたのである。かかる主張の背後には、太平洋島嶼民とは何か、をめぐる彼自身のナラティヴが存在する。「我らの内なる場所」（二〇〇三年）の冒頭ハウオファは、ヴァヌアツのタンナ島人の世界観に導かれる形で、太平洋島嶼の根本的な社会構成を樹木とカヌーに准えた。彼が語るに、この地域の人々は古から現在に至るまで、小さな島々の陸地に文化を築きつつ（＝樹木）、そうした島々の間を常に移動し、航海してきた（＝カヌー）者たちに他ならない。

樹木は文化に根ざすことを象徴し、カヌーは散らばる様々な島の人々を結びつける航路を移動することを表象する。カヌーは、歴史を意味する。すなわち、ある島から別の島への旅と資材の移動を通して確立される諸関係の発展を意味するのである。この比喩は、今日におけるオセアニアと周囲の大陸やそこの文化との間の繋がりを含むように拡張することもできよう[60]。

ここでハウオファが試みているのは、「オセアニア」に生きる人々の基礎的なアイデンティティの措定である[61]。歴史上、彼／彼女らは太平洋の島々を結ぶように旅し、巡回し、海路を通じて人的・物的関係を構築してきた。かかる海洋民としての営みは、今日における太平洋沿岸の都市へ広がる「拡大世界（expanded world）」の形成まで通底している[62]。ハウオファはこのような語りによって、過去と現在を接合する島嶼民アイデンティティの設定を企図するのである。彼によると、そうした通時的アイデンティティは「オセアニア」を基盤とする脱植民地化にとって不可欠な要素であった。「現存する過去や歴史的・文化的連続性の感覚が、我々の社会における本質的に重要な構成要素なのである[63]」。

実際ハウオファのオセアニア地域主義構想は、このような海の民としての「オセアニア・アイデンティティ」をまさに中核としている。具体的に、それは三つの点で彼の構想の根幹を成している。一点目に、太平洋の島々を移動・巡回する海の民という基礎的アイデンティティは、近代帝国主義の遺制としての国境を拒み、常民の一体的な世界としての「オセアニア」の成立を—自然（海や火山）、土着文化の共有、人的・物的ネットワークと並んで—基礎づけている。加えて、このアイデンティティは後二者よりも、それらの前提を成すという意味でさらに根底的である。すなわち二点目に、（大洋・島々を移動する民という）当該アイデンティティは、「オセアニア」を特徴づける国境横断的な可動性を生むそもそもの原動力と言える。裏を返すと、このアイデンティティ無くしてはハウオファが描こうとする、島嶼領域から太平洋外縁へ拡大している人的・物的ネットワーク自体が理論的な存在基盤を失う。「オセアニア」の具体的実体の一つが消失してしまうのである。三点目に、このアイデンティティは、「オセアニア」のもう一つの具体的実体である土着文化の存在を根拠づけている。ハウオファは島嶼地域の土着文化を大海と不可分なものとして、つまり海との相互作用を通じて常民が形成してきたものと規定する。それは、彼がこの文化を、当該アイデンティティに根ざす島嶼民の営みの歴史的所産と考えているために他ならない[64]。以上から、これらの相揃った展開の下にハウオファにおける脱植民地化（＝内発的な主権的共同体の創造）が実現されるとき、海洋民としての「オセアニア・アイデンティティ」はそうした主権的共同体の基底的な核心にあると言えよう。

留意すべきことに、ハウオファにとってこのような「オセアニア・アイデンティティ」は、現在既に確立され、島嶼民によって広く抱かれているものではない。むしろ彼は、そのアイデンティティを現代において再構築するため、過去の復権を提唱する。すなわち、植民地期より以前の、「先史」として抹消・忘却された太平洋の歴史の回復である。ハウオファによれば、近代の帝国権力が移動や身体そのものを束縛する以前、島嶼地域の人々は交易、冒険、技術の交換、婚姻、縁者訪問から戦闘・征服に至るまで様々な目的をもって島々を自由に旅し、巡回し、大海に航路網を張り巡らせていた[65]。植民地支配が「歴史」の名の下に葬り去ったそのような太平洋史を描き直し、島嶼民の過去・起源・記憶を取り戻すこと、それによって海の民としての基礎的アイデンティティを再構築することが求められるのである。ハウオファは―カヌーに准え自ら歴史を語るに先立って―論考「想起すべき複数の過去」（二〇〇〇年）の中で歴史を語る力の重要性を強調し、太平洋史の再解釈を訴えた。

ここで私は、我々の過去を探索することを提起する。我々が今より大きな自律性を獲得し、それをグローバル・システムの中で維持するためには、他の手段に加えて、我々自身の方法で我々の過去と現在を定義し、構築することができなければならないと私は考える。我々は、他者が我々に代わってそれをなすのに頼り続けることはできない。なぜなら、依存から自律性は得られないからである[66]。

かくしてハウオファは、歴史の叙述こそ「オセアニア・アイデンティティ」を根本的に支え、もって脱植民地化を可能にする第一義的な営みであると主張する。彼において、歴史叙述は本来的にきわめて政治的である。この知的営みが、究極的な目標として、近現代のグローバルなヒエラルキーに抗した主権の回復を包含しているからである。曰く、「主流の歴史は、過去を再構築する方法の一つに過ぎず、過去は現在との関係無しには存在し得ない。過去をいかに再構築するかは政治的な行為である。それは、特定の目的のために築かれる様々な有効な選択肢の中から選びとる行為である」[67]。さらにハウオファは、既成の「歴史」自体を問題視する。近現代に確立された「歴史」における文字史料への偏重が、(歴史の剥奪を通して)島嶼民の自律性を毀損してきた要因の一つであり、自らの歴史を内側から再構築する際の大きな障害となるためである。したがって彼は、非文字史料―口承やチャントなど―を文字史料と同じく重要な情報源とみなす必要を提起する[68]。

このように歴史叙述の肝要さを論じる際、ハウオファは合わせて、ある特定の時間概念を提案する。彼自身が「螺旋的(spiral)」と名づける時間概念である。ハウオファによると、島嶼地域内側からの歴史叙述において依拠すべきは、西洋近代の駆動力となってきた「直線的(linear)」ないし「進歩的(progressive)」な時間概念ではあり得ない。それは、島嶼民にとって抑圧的な近現代の「世界秩序」を下支えしてきた概念であるだけでなく、自然から遊離した形での経済発展・技術発展を促進し、今日地球環境を危機に陥れている時間意識である[69]。ハウオファは他方で、自然と調和した人間活動を支え、それに順序(sequence)を与える古き良き「循環的(cyclic)」時間概念をそのまま復活させようと意図するわけでもない(無論そのような循環的時間意識に基づく時代が過去に存在したことの描出自体は、歴史叙述上重要とはなるが)。ハウオファが狙いとするのは、過去と現在を架橋し、過去との歴史的連続性の感覚(「現存する過去」)を今日の「オセアニア」において確立する点にある。このために求められるのは、昔の循環的概念を土台として、その上に過去からの時間的連続性を担保する一定の進歩観を組み合わせた「螺旋的」時間概念に他ならない。この概念は同時に、近現代の技術を放棄するのではなく、自然環境を保全し、自然と共生するためにその技術を活用する姿勢の基盤ともなる[70]。

2 南太平洋における共鳴―ポーコックとハウオファ

ハウオファの歴史論の中身をより明らかにするために、著名な歴史家J・G・A・ポーコックのそれと対比し、彼らの共通点に着目しながら議論を進めたい。周知のように、ポーコックは『島々の発見』（二〇〇五年）に纏められる一連の論文において「新しいブリテン史」を提唱し、その中で、自らの歴史を語る自己の能力無くして共同体の主権は存在し得ないと主張した。「主権…は何にもまして、ある人間共同体が自分たち自身の歴史を統御する様式である」[71]。このように歴史の（再）構築と共同体の主権の不可分性を唱えるポーコックの所論は、「過去をいかに再構築するかは政治的な行為」（上述）と言明し、島嶼の人々自らによる過去の再構築と自律的主権の獲得を結びつけるハウオファの主張と類似している。無論、ネオ・ブリティッシュなニュージーランド人としてのポーコックと、先住民の立場から脱植民地化を企図するハウオファの所論とでは、様々な次元で相違がある。しかしそうした違いの整理は別の機会に譲り、ここではともに南太平洋での経験に基づき提示された両者の歴史叙述をめぐる主張の共鳴について論じ、ハウオファの歴史叙述観の内容をより明確にする。

ポーコックとハウオファの歴史叙述観の主要な共通点として、以下の三つを挙げることができる。一点目に、両者はともに、再構築を試みる過去の始原的出来事の位置に、大洋を移動する旅、航海を据えている。ニュージーランドという（本国から遠く隔たった）対蹠地の観点に基づきブリテン史を語り直そうとするポーコックによれば、世界は複数の大陸ではなく、島や群島によって成立していると捉えるべきである。その間を「歴史は、旅（航海）によって移植される」のである[72]。過去の始原に航海を位置づける語り方は、彼がニュージーランドにおける歴史叙述の係争可能性について論じるとき、最も顕著に現れる。そこにおける二つの主体（マオリとヨーロッパ系移民パケハ）はともに、航海を経て同地に辿り着いた。すなわち、「どちらもタガタ・ワカ*tangata waka*—船の民であり、自分たちの記憶・言語・歴史のなかに大洋の航海と島々の発見discovery of islandsをもつ人々」なのである[73]。ポーコックにおいて歴史叙述は、根源的には皆航海者であるという前提の下、そうした流転の中に主体自らの暫定的な固定性—時間・空間軸上の現在における座標点—を構築しようと試みるものとも解し得る。彼と類似してハウオファも、太平洋島嶼民の過去の始まりに、大洋を行く旅を設定した。上述のようにハウオファにおいても、主体の始原は島々を移動する航海者（カヌーの民）なのである。

彼らの共通点として二つ目に、両者は等しく、歴史やアイデンティティの構築性や（その意味での）虚構性、不安定性を引き受けている。ポーコックはポストモダニズムの構築主義を前提とした上で、主体やアイデンティティの構築性・虚構性を指摘することと、その解体・脱構築を目論むことは全く異なると主張する。そうしたアイデンティティの不安定性を認めつつも、あくまでその絶えざる再構築を行う自由を抱擁すべきなのである。[74] ハウオファもまた、歴史やアイデンティティの構築性・不確定性を受諾する。論考「想起すべき複数の過去」において太平洋史の再解釈を訴えた直後、彼は「決定的な真実や決定的な偽りなるものは存在しない」と強調する。我々が有するのは、「特定の目的のための解釈、一時的な合意、さらには押しつけのみ」と言ってよい。[75] ここでハウオファが相手取っているのは、「誤った」歴史や「偽の」文化を摘発しようとする「ある特定の流派の文化構築主義者」による「新たな覇権」であった。対して彼が依拠するのは、そうした二元論的な規定ではなく、「真実は柔軟で交渉可能」とする立場である。[76] このように、主体やアイデンティティの構築性・不安定性を前提にした上で、歴史叙述に基づくそれらの再構築に改めて価値を見出す姿勢は両者にきわめて類似する。

三点目として、ポーコックとハウオファは同様に、グローバル資本主義が内包する歴史叙述という営み自体の解体可能性を危惧する。前者によると資本主義の市場メカニズムは、疎外を齎し、絶え間なく入れ替わるイメージやシグナルの体系の中に人々を埋め込み、従属させ得る。ここでは彼／彼女らは、単なるイメージと化した歴史やアイデンティティを商品のように消費し続ける。「このようにして漂う人間集団、凍りついた人間集団は、ほとんど歴史をもたないし、歴史を書く必要や意志などももたないであろう」[77]。ポーコックが設定する「ヨーロッパ」は、そのような「ポスト」政治的状況を具現する空間でもある。[78] 似たようにハウオファも、グローバル資本主義によって歴史叙述が危機に陥る事態を指摘する。ハウオファが土着文化の復興を、市場メカニズムによる疎外の防壁と見なしていた点は前述した（第二節三項）。それと絡めて彼はさらに、そうした文化的防波堤の無い状態で疎外が進行したならば、人々は歴史や過去を語る力を完全に失い「個人としてただ立ち尽くすのみ」になると警鐘を鳴らす。[79]

四　太平洋を保全する責務——ハウオファのDE構想

　以上のような共通点を前提として、二人の違いに注目すると、ハウオファがいかにして歴史と自然環境を結びつけたかが明確に浮かび上がってくる。それは、過去を再構築する際の史料の種類をめぐる違いである。新ブリテン史の提唱においてポーコックが力点を置くのは、「裁判記録」・「法典」・「歴史書」をはじめとする文書化された文字史料である。それら史料は、政治やコミュニケーションの基盤としての言語的・精神的な構造（「パラダイム」）を具現すると同時に、歴史叙述の対象となる現在までの実践を保存する「最大のアーカイヴの集積」を成している。[80]ポーコックがこうした記憶装置から非文字史料を除外しているわけではないが、それを周縁的位置に留めている点は否めない。

　このようなポーコックの「文明的な」歴史叙述観とは対照的に、先にも触れたように、ハウオファにおいては口承やチャント、考古学上の発見といった非文字史料が、文字史料と同様に重視される。「これまで大いに貶されてきた口頭でのナラティヴに関して、文字化された文書と同じように、歴史の拠り所として信頼できる（できない）、偏っている（いない）と我々は議論することができる」。肝要なのは、「文字と口頭の両方における膨大なナラティヴの貯蔵庫から、我々の過去や歴史を再構築すること」にある。[81]ハウオファは、主流の「歴史」から排除されていた非文字史料の地位を高めることで、既成の歴史概念に挑戦し、ヨーロッパとの「接触」以前にあるのは「先史」のみとする歴史観の転換を図る。それこそが、歴史叙述を通じて「我々のルーツの深さを主張し、我々の自律的アイデンティティを強固にする」道筋に他ならなかった。[82]しかも次に論じるように、ハウオファ自身が訴える太平洋環境保護の観点に立つと、彼における非文字史料の重視は、注目すべき別の主張を根拠づける役割も果たしていた。すなわち、非文字史料（特に口承・チャント）は周囲の自然環境を直接的に反映しているため、その破壊は自らの歴史の破壊を齎すことになるとの主張である。

　我々はここで、「太平洋の保全を唱道する知識人」としてのハウオファ像に辿り着く。彼は「我らが島嶼海」とそれに続く一連の省察群の各所で、この大海の保護を提起する。「我々の海（＝太平洋）の重大さ——とりわけ、地球環境の安定、世界のタンパク質需要の大きな割合への対応、汚染の比較的少ない海域における海洋資源の産出、鉱物資源の世界全体での備蓄、これらに対する重大さ—が一層認識されてきている」。「我々の最も大切な役割は、この海の管理人(custodians)となるというものである」。我々はかかる役割を通して、「最も喫緊な地球環境問題、すなわちオゾン層の保護や森林、海洋全体の保護」へ貢献し、またそれによって地球における生命の存続に寄与することもできよう[83]。ハウオファによるこのようなエコロジカルな主張は、これまで検討してきた彼の脱植民地化のためのオセアニア地域主義構想から帰結するものである。具体的に、このとき彼が論拠とした点は二つある。一つは、彼の地域主義構想の中核を占める(第三節二項)「オセアニア・アイデンティティ」である。

ハウオファが論じるに、太平洋の島々を移動・巡回する海の民という「オセアニア・アイデンティティ」の自然環境上の拠り所はまさにこの太平洋であるため、当該アイデンティティは、この海洋環境を保全する任務を含み持つ。「我々のルーツ、起源は海に埋め込まれている。…彼ら〔祖先〕は海を通ってやって来て、以来我々はここにいる」。かかる「海を故郷(home)とする人々ほど、大洋の管理人に相応しい者はいないのである[84]」。「オセアニア・アイデンティティ」と太平洋を保全する任務との内在的結合は、別の観点からも根拠づけられる。すなわち、この基礎的アイデンティティは歴史叙述に基づく過去の再構築を通して成立するがゆえに、当該アイデンティティの奥底には太平洋島嶼民の(ハウオファが念頭に置く)過去—循環的時間概念の下、自然と調和した生活を営んでいた時代—が、「現存する過去」として存在していなければならない。しかし地球環境問題が齎し得る、そうした古を想起させる眼前の自然環境の劇的な変化・破壊は、歴史的連続性の感覚を掘り崩し、このアイデンティティを浸食してしまう。それはオセアニア地域主義の核心を、したがってハウオファが目指す脱植民地化そのものを揺るがす事態である。そのため、太平洋環境は守られねばならない。彼の言葉を用いれば、島嶼民にとってこの大海は護るべき「永続的な故郷」であり、自らの歴史を繋ぎ止める「錨」なのである[85]。

太平洋の保護を訴えるハウオファが依拠する二つ目の論拠は、上記一点目と関連しつつも、これと区別可能なものである。すなわち彼は、歴史叙述における非文字史料の重要性をもう一つの論拠とする。ハウオファによると、口承やチャントといった島嶼領域の非文字史料の多くは、周囲の自然環境と結びつけることによって初めてその内容を理解し得る。それはそうした非文字史料が、具体的な環境―祖先の上陸地、移動・移住ルート、戦闘の舞台などをめぐる風景や地勢、地名、道標―について語り、あるいは歌い上げながら、過去の出来事を指示しているからである。たとえば、トンガで最古とされるチャントは、キリバスとトンガを結ぶ航路の風景・地勢を順序立てて歌い上げることで、その航海がいかなるものであったかを示唆している。このような意味で、非文字史料の中身は「風景に刻み込まれている」。それを通して、「我々の自然の風景は移動、休止、再移動の地図」を提供するのである。[86]

したがって太平洋の自然環境の破壊は、非文字史料の解読・解釈を、それゆえ過去の再構築を不可能なものとする。言い換えると、その破壊は、自らの歴史そのものを、自らの存在根拠自体を打ち壊してしまうのである。「ある人々を祖先より受け継いだ自然環境から引き離すこと…は、彼らの伝統的な生計手段から切り離すだけではなく、より一層重要なことに、彼らの祖先、歴史、アイデンティティ、そして彼らの存在の正当性に対する究極の要求からも切り離すことなのである」[87]。かくしてハウオファにおいて、太平洋環境の保全はきわめて実存的な意味を纏うことになる。この周囲の海洋・自然環境を保護しなければ、島嶼民は自らの内に宿る「現存する過去」（歴史的連続性の感覚）を毀傷するどころか、そもそもそのような過去が存在したことさえ消滅してしまうのである。このとき、太平洋に下ろした「錨」は完全に切断され、彼／彼女らは、主権的共同体の実現とは真逆の方向へただ流されるであろう。

以上のように、「オセアニア」を掲げたこのトンガ人の先住民知識人において、脱植民地主義とエコロジカルな構想は内在的に密接不可分な関係にあった。彼のDE構想は、既成の「歴史」への、またその「歴史」が体現するとされる直線的な時間概念、自然と遊離した技術進歩・経済発展、「領域性」[88]、への対抗を企図する。対して、彼が擁護したのは、非文字史料に基づく歴史叙述、一定の進歩観（過去と現在の架橋）を組み込んだ形での循環性＝螺旋的時間概念、再構築された過去に根ざす自然との共生、自然環境と調和した形での技術の活用、そして太平洋の保全であった。「幾世代にもわたってこの海を故郷としてきた我らほど、この世界最大の海洋の守護者（guardians）に相応しい者は決しておるまい」[89]。このように喝破するとき、ハウオファはさらに同時に、自然との共生、太平洋のケアはきわめて実存的で、そこには島嶼民の存在そのものが賭かっているのだという危機感を表明していた。

五　結語――政治思想史における小さき島々

もっとも、ハウオファが描くオセアニア地域主義自体もいくつかの限界を抱えている。おそらく最も目につくのは、具体的な制度設計のほぼ完全な欠如である。これは彼が国家や国境といった人工的構築物に束縛されない常民の流動的世界に力点を置いた帰結でもある。しかしながら、そうした常民世界と不可分の自然環境、太平洋環境の保全に求められるであろう国家的制度や地域主義的機構のあり様は、彼の著作においては判然としない。同様に、完全な主権の実現に向けて、国家から国際レヴェルまでいかなる政策が必要とされるのか、そうした具体的な政策構想もあまり見当たらない。[90]ハウオファが強調する土着文化や歴史叙述、自然環境の保護は、主に精神・道徳の変革への働きかけに他ならず、彼が想像する内発的な主権的共同体も「グローバル・システムの中にあって我々が自由に呼吸することのできる広大な空間」を、別言すると、自己を統御すると同時に、「気取りのなさ、自信、礼節をもって他者と接し、他者を歓迎する空間」を構成するものであった。[91]まさにこのような精神的空間の創出こそ、ハウオファの狙いであった。しかし一方で、そうした精神的空間でしかなかったとの評価も可能なのである。

その意味で両義的査定を伴うにせよ、ハウオファの主張がこれまでの「主流」の政治思想史に欠けた視点をもたらす構想であるのは疑いない。政治思想の歴史を俯瞰すると、大洋に浮かぶ小さな島々―陸地ではあるが、極小の陸地―は「大地」と「海」の二元論の狭間に埋没してきたと言える。ヘーゲルは海を無限のイメージと結びつけ、「陸や谷間は、人びとを土地にしばりつけ、人びとはさまざまな制約のなかで生きていかねばなりませんが、海は、かぎられた領域からの脱出を可能にします」と語る。[92]しかしこのように無定限の観念を与えるとされる海原には、本来的に少なからずの小さな島々とそこに生きる人々、彼／彼女らの生活が根ざす環境が存在する。ヘーゲルがそのような島の生について語ることはほとんど無い。カール・シュミットにおいても大海に散らばる小さな島々は、せいぜい海洋権力イギリスの軍事基地か貿易上の補給港と想定されるくらいであろう。[93] そこに島固有の主体的な声は登場しない。本稿で検討した、エコロジカルな主張を内包するハウオファのオセアニア地域主義構想は、政治思想史上のそうした間隙から発せられた主体的声の一つに他ならない。人新世にあって、従来の思考・言説を相対化する準拠点や別の参照軸が求められているとしたら、顧みられるべき一つはかかる間隙であろう。

＊本稿は、二〇二二年度政治思想学会研究大会・シンポジウムⅢ「人新世の政治思想に向けて」（二〇二二年五月二二日）のために提出した報告原稿の修正版である。報告原稿自体は馬路が執筆したものであるが、その準備において、古田と共に資料・文献を読み、多くのアイディアを交換したという経緯があった。そのため同原稿の修正に際しては、まず古田が全体の手直しを行い、その後何度も馬路と古田の間で往復しながら改訂を行った。本稿が共著論文となっているのはこうした理由からである。共著として本学会誌に提出する旨、編集委員会に事前に照会し、許可頂いた。また報告原稿作成の過程で、柳愛林および上村剛の両氏から有益なコメントを頂戴した。記して感謝する。

（1）斎藤幸平『人新世の「資本論」』（集英社、二〇二〇年）、ウルリッヒ・ブラント／マークス・ヴィッセン（中村健吾／斎藤幸平監訳）『地球を壊す暮らし方―帝国型生活様式と新たな搾取』（岩波書店、二〇二一年）。

（2）具体的な戦略は、ブラント／ヴィッセン『地球を壊す暮らし方』、第八章を参照。

（3）ジェフリー・ホワイトによるとナイポールの作品は、ハウオファ自身ユーモア溢れる風刺作家を目指す上で、重要な原動力となった。Geoffrey White, “Foreword,” in Hau‘ofa, *We Are the Ocean: Selected Works* (Honolulu: University of Hawai‘i Press, 2008), p. xi.

（4）ハウオファの最初の著書『メケオ』はこの博士論文を基にしたもので、パプア・ニューギニアの少数民族・メケオ人社会の近代化に伴う変化を活写している。Epeli Hau‘ofa, *Mekeo: Inequality and Ambivalence in a Village Society* (Canberra: ANU Press, 1981).

（5）Terence Wesley-Smith, “Rethinking Pacific Studies Twenty Years On,” *The Contemporary Pacific* 28, no. 1 (2016).

（6）Epeli Hau'ofa, *Tales of the Tikongs* (Honolulu: University of Hawai'i Press, 1994 [1983]); Epeli Hau'ofa, *Kisses in the Nederends* (Auckland: Penguin, 1987). 後者には邦訳がある。エペリ・ハウオファ（村上清敏／山本卓訳）『おしりに口づけを』（岩波書店、二〇〇六年）。

（7）Hau'ofa, "Our Sea of Islands," in *We Are the Ocean*.

（8）これらも、ハウオファの論集『我らは大海である』（*We Are the Ocean*）に所収されている。

（9）James Clifford, *Returns: Becoming Indigenous in the Twenty-First Century* (Cambridge, MA: Harvard University Press, 2013), ch. 5（星埜守之訳『リターンズ―二十一世紀に先住民になること』みすず書房、二〇二〇年、第五章）.

（10）安川昱『南太平洋の英語文学の研究』（関西大学出版部、二〇〇三年）、一二三頁、および第三章；山本卓「太平洋文学の第一世代小説家―エペリ・ハウオファとアルバート・ウェント」『金沢大学外国語教育研究センター 言語文化論叢』第一四号（二〇一〇年）; Matthew Boyd Goldie, *The Idea of the Antipodes: Place, People, and Voices* (New York: Routledge, 2010), ch. 5.

（11）White, "Forward," p. xi; Greg Fry, *Framing the Islands: Power and Diplomatic Agency in Pacific Regionalism* (Canberra: ANU Press, 2019), pp. 10-11, 32-3.

（12）ゲタチューによれば、新国際経済秩序（ＮＩＥＯ）がこの一つの典型である。Adom Getachew, *Worldmaking after Empire: The Rise and Fall of Self-Determination* (Princeton: Princeton University Press, 2019). 他、重要な文献に Robert Vitalis, *White World Order, Black Power Politics: The Birth of American International Relations* (Ithaca: Cornell University Press, 2015), chs. 5-9; Inés Valdez, *Transnational Cosmopolitanism: Kant, Du Bois, and Justice as a Political Craft* (Cambridge: Cambridge University Press, 2019), chs. 3-5; Florian Wagner, *Colonial Internationalism and the Governmentality of Empire, 1893-1982* (Cambridge: Cambridge University Press, 2022).

（13）そうした当該太平洋空間に特有の諸条件については、Tracey Banivanua Mar, *Decolonisation and the Pacific: Indigenous Globalisation and the Ends of Empire* (Cambridge: Cambridge University Press, 2016).

（14）ただしＭＩＲＡＢモデルは、こうした経済の「持続不可能性」を主張したわけではない。Geoff Bertram and Ray Watters, "The MIRAB Economy in Pacific Microstates," *Pacific Viewpoint* 25, no. 3 (1985), p. 497; Geoff Bertram, "The MIRAB Model Twelve Years On," *The Contemporary Pacific* 11, no. 1 (1999), p. 106.

（15）Hau'ofa, "Our Sea of Islands," p. 29.

（16）Ibid., p. 31. この論点に注目するものとして、例えば以下の論文がある。Vijay Nadiu, "Whose Sea of Island?," in *A New Oceania: Rediscovering Our Sea of Islands*, eds. Eric Waddell *et al* (Suva: The University of the South Pacific, 1993) p. 50.
（17）Hau'ofa, "Our Sea of Islands," p. 30.
（18）Ibid.
（19）Ibid.
（20）Ibid.
（21）ハウオファの「オセアニア」は、ポリネシア、ミクロネシア、メラネシアを中心として太平洋の縁へと広がる領域を指し、同時に、共有される歴史・文化を基準としてアジア大陸や南北アメリカ大陸とは一線を画す場所となる。彼によると、フィリピン、インドネシア、日本は歴史的にアジア大陸からの文化的影響が濃厚な「アジアの隣接部」であり、「オセアニア」には含まれない。無論「オセアニア」概念そのものはヨーロッパに起源を有すが、ハウオファはこれを戦略的に用いて、「先史」時代の統一性を再充填しようと試みているのである。Ibid., pp. 33-4; Epeli Hau'ofa, "The Ocean in Us" [1997], in *We Are the Ocean*, pp. 50-51, 53.
（22）Hau'ofa, "Our Sea of Islands," pp. 35, 36.
（23）Ibid., pp. 31-4.
（24）Hau'ofa, "The Ocean in Us," p. 52.
（25）Hau'ofa, "Our Sea of Islands," pp. 34-5; Epeli Hau'ofa, "Pasts to Remember" [2000], in *We Are the Ocean*, pp. 62-3.
（26）Albert Wendt, "Towards a New Oceania," *Mana Review: A South Pacific Journal of Language and Literature* 1, no. 1 (1976).
（27）事実ハウオファは、ウェントの"Towards a New Oceania"論文を「記念碑的」として引用し、彼の見解に賛意を示している。Hau'ofa, "The Ocean in Us," p. 56. なお太平洋文学におけるウェントの位置については、たとえばMattew Hayward and Long Maebh, "Towards an Oceanian Modernism," *Modernism/modernity* 28, no. 2 (2021).
（28）Wendt, "Towards a New Oceania," p. 51.
（29）John O'Carroll, "Durable Dreams," in *A New Oceania*, pp. 24-5.
（30）春日直樹「オセアニア・オリエンタリズム」春日編『オセアニア・オリエンタリズム』（世界思想社、一九九九年）第一章、七―一三頁。

(31) サイードの『オリエンタリズム』は一九七八年に出版された。この点で本稿は、「オリエンタリズム」という言葉を一定程度遡及的に用いている。Epeli Hau'ofa, "Anthropology and Pacific Islanders" [1975], in *We Are the Ocean*.

(32) Cf. Marshall Sahlins, "Poor Man, Rich Man, Big-Man, Chief: Political Types in Melanesia and Polynesia," *Comparative Studies in Society and History* 5, no. 3 (1963). 本論文刊行の一九六三年時点では、サーリンズはミシガン大学に所属していた。

(33) Hau'ofa, "Anthropology and Pacific Islanders," pp. 5-6.

(34) Ibid., pp. 6-7.

(35) 山本卓／村上清敏「訳者あとがき」、ハウオファ『おしりに口づけを』、二三三頁。

(36) ハウオファ『おしりに口づけを』、六九―七七頁。

(37) 山本卓「内側から語る―『おしりに口づけを』における西洋性への挑戦」鹿島正裕／倉田徹編『国際学への扉―異文化との共生に向けて［改訂版］』（風行社、二〇一二年）、一四八頁、も参照。

(38) ハウオファ『おしりに口づけを』、一六九頁。山本「内側から語る」、一四九―五〇頁、も参照。こうしたフロイトへの批判も、サイードの『フロイトと非‐ヨーロッパ人』より時期的には先行している。Edward W. Said, *Freud and the Non-European* (London: Verso, 2003).

(39) Juniper Ellis, "Humour as Indigenous Liberation: A Tattooed Anus for World Peace in Epeli Hau'ofa's Kisses in the Nederends," *Journal of Postcolonial Writing* 54, no. 5 (2018), pp. 616-7, 623.

(40) この自称の出所は、Epeli Hau'ofa, "The Writer as an Outsider" [1984], in *We Are the Ocean*, p. 99.

(41) オイレイは最終的に、普遍を体現する「唯一無二なる無限の存在」（＝「肛門宇宙の鼓動する中核」）へ導かれる。ハウオファ『おしりに口づけを』、二二六―二二七頁。

(42) 次の宣言で、本書は終わる。「オイレイとその最下層の器官は、この世の終末に向かって突進する人類を救済し、永遠の平和と繁栄と幸福に満ちた次のミレニアムへ導くという大きな使命を与えられたのだ。オイレイは、ブルブルの予言的なことばを思い出した。『マルクス主義や共産主義が20世紀を揺さぶったように、汎太平洋平和哲学と第三ミレニアムが21世紀以降の時代を揺るがすのです』。俺のケツにキスしろってんだ！」（ハウオファ『おしりに口づけを』、二三〇―二三一頁）。この結末は、具体的な政策に踏み込まずエンパワーメントに集中しているとも読みうるし、あるいは具体的な提案を欠いた宣言に過ぎないとも読みうる。現実性を欠いているという批判は、たとえばVanessa Griffen, "Putting Our Minds to Alternatives," in *A New Oceania*, pp. 61-5.

(43) Hau'ofa, "Our Sea of Islands," p. 31.

(44) Hau'ofa, "Pasts to Remember," p. 60. こうした社会構築主義を踏まえるならば、ハウオファの描く「オセアニア」＝「島嶼海」は、批判的地理学者デヴィッド・ハーヴェイが定義する（「絶対的」・「相対的」空間と対照される）「関係的」空間に相当すると指摘し得る。David Harvey, "Space as a Keyword," in Noel Castree and Derek Gregory eds., *David Harvey: A Critical Reader* (Blackwell, 2006), pp. 273-6.

(45) 「オセアニア・アイデンティティ」について詳しくは、歴史叙述と関連づけて次節において展開する。

(46) ハウオファは特に視覚・舞台芸術を重視している。これについては、Epeli Hau'ofa, "Our Place Within" [2003], in *We Are the Ocean*, pp. 85-6から読み取れる。

(47) Tarcisius Kabutaulaka, "Re-presenting Melanesia: Ignorable Savages and Melanesian Alter-Natives," *The Contemporary Pacific* 27, no. 1 (2015).

(48) Hau'ofa, "Our Place Within," p. 86.

(49) Ibid., pp. 85-6.

(50) ハウオファによるとこれは、ダンスや音楽を例にとるならば、島嶼社会におけるそれらが具現する共同体的・有機体的な美を見定める審美眼の陶冶を意味する。Ibid., p. 85.

(51) Ibid., p. 86.

(52) ハウオファ『おしりに口づけを』、四五、七四頁。

(53) 後にステファニー・ローソンも、「パシフィック・ウェイ」は、大国からの独立を謳ってはいるが、実際には「植民地国と被植民地国のエリートに共通する階層とヒエラルキーの観念を内包した、保守的な言説」だと指摘した（Stephanie Lawson, "'The Pacific Way' as Postcolonial Discourse: Toward a Reassessment," *The Journal of Pacific History* 45, no. 3 (2010), p. 299）。もっとも、むしろそこにマラの卓越した現実的政治感覚を見いだし、高く評価する文献もある。東裕「パシフィック・ウェイという生き方―フィジーにおける政治生活を中心に」佐藤幸男編『太平洋アイデンティティ』（国際書院、二〇〇三年）。太平洋島嶼独立期における地域経済統合については、Fry, *Framing the Islands*, chs. 6, 7を参照。

(54) Hau'ofa, *Tales of the Tikongs*, p. 93. 安川『南太平洋の英語文学の研究』、八六―八七頁も参照。このような『ティコン人の物語』は、巨視的に見れば、太平洋文学がモティーフとする伝統とモダニティの間の緊張関係を顕著に反映する作品である。Maebh

Long and Matthew Hayward, “The Space Between”: Oceanian Literature and Modernist Studies,” Hayward and Long eds., *New Oceania: Modernisms and Modernities in the Pacific* (Abingdon: Routledge, 2020).

(55) 彼によれば、パシフィック・ウェイは「エリート主義の地域アイデンティティ」であり、「皮相なイデオロギーに過ぎない」。(Epeli Hau'ofa, “The New South Pacific Society” [1985], in *We Are the Ocean*, p. 17; Hau'ofa, “The Ocean in Us,” p. 43.)

(56) かかる現代的再構築を提唱する背後には、伝統文化を単に「自由民主主義の進展や人権の尊重に対する障害」と見なす（ハウオファの規定における）「国際主義者」に反論しようとする意図も存するように思われる。Hau'ofa, “Our Place Within,” p. 82.

(57) Hau'ofa, “Our Place Within,” p. 88. 資本主義システムを「グローバルなジャガナート」に喩える、Hau'ofa, “The Oceans in Us,” p. 42も参照。

(58) Hau'ofa, “The New South Pacific Society,” pp. 22-3. なお『ティコン人の物語』には、怠惰な島民対策として、「賢人会議」に派遣された調査員が、プロテスタンティズム倫理の導入を提案する場面がある。安川『南太平洋の英語文学の研究』、八一頁。

(59) Hau'ofa, “Our Place Within,” p. 87.

(60) Ibid., p. 81.

(61) 本稿はこの「基礎的な」という形容詞を、ハウオファが「オセアニア・アイデンティティ」に与えた二つの特徴を表すために用いる。すなわち、①「オセアニア・アイデンティティ」はフィジー人、キリバス人…など個人における他のアイデンティティを排除せず、それらと共存可能である。一方で、②「オセアニア・アイデンティティ」はそれら個別のアイデンティティの基底にあって、島嶼民に広く共有され得るものである。Cf. Hau'ofa, “The Ocean in Us,” p. 42.

(62) Cf. Hau'ofa, “Our Sea of Islands,” p. 36.

(63) Hau'ofa, “Our Place Within,” p. 80.

(64) 後の第四節において挙げるが、航路・航海の様子を反映する過去のチャントはそうした土着文化の最も典型的なものと言える。

(65) たとえばHau'ofa, “Our Sea of Islands,” p. 33を参照。

(66) Hau'ofa, “Pasts to Remember,” p. 61.

(67) Ibid., p. 63.

(68) Ibid., pp. 63-4.

(69) Ibid., pp. 71-2.

（70）Ibid., pp. 69, 72.

（71）J・G・A・ポーコック（犬塚元監訳）『島々の発見――「新しいブリテン史」と政治思想』（名古屋大学出版会、二〇一三年）、三一四頁（J. G. A. Pocock, *The Discovery of Islands: Essays in British History*, Cambridge: Cambridge University Press, 2005, p. 243）。なおリチャード・バークは、ポーコックのブリテン史においては、政治共同体内の分裂や対抗政治化（counter-politicization）の契機が周縁化されると示唆するが、この指摘は島嶼共同体の歴史を描き直そうとするハウオファにも当てはまるように思われる。Richard Bourke, "Pocock and the Presuppositions of the New British History," *The Historical Journal* 53, no. 3 (2010), pp. 769-70.

（72）ポーコック『島々の発見』、二四頁（p. 19）。

（73）同上、三二四頁（p. 250）。

（74）同上、三四七頁（p. 268）。犬塚元「歴史の理論家としてのポーコック――その知的軌跡における政治・多元性・批判的知性の擁護」『思想』第一一一七号（二〇一七年五月）、一四二頁。また、犬塚元「訳者解題――ポーコックのブリテン史」、ポーコック『島々の発見』、四二〇―四二一頁、参照。

（75）Hauʻofa, "Pasts to Remember," p. 61.

（76）Ibid. ここでの「ある特定の流派の文化構築主義者」が具体的に誰を指すのかについては、筆者はまだ特定できていない。

（77）ポーコック『島々の発見』、三六七頁（p. 283）。

（78）同上、第一五章「ヨーロッパを脱構築する」（"Deconstructing Europe," in *The Discovery of Islands*, ch. 15）。

（79）Hauʻofa, "Pasts to Remember," pp. 70-71.

（80）ポーコック『島々の発見』、二九二頁（p. 227）。ポーコックにおける「パラダイム」については、同上、四四―四七頁（pp. 34-6）、またJ. G. A. Pocock, "On the Non-Revolutionary Character of Paradigms: A Self-Criticism and Afterpiece," in *Politics, Language, and Time* (Chicago, IL: The University of Chicago Press, 1971), ch. 8を参照。

（81）Hauʻofa, "Pasts to Remember," pp. 61, 63.

（82）Ibid., p. 69.

（83）Hauʻofa, "Our Sea of Islands," p. 37; Hauʻofa, "The Ocean in Us," p. 55. 太平洋の保全に基づく地球への貢献論はHauʻofa, "Our Place Within," p. 87でも展開される。

（84）Hau'ofa, "The Ocean in Us," p. 57.

（85）Ibid.; Hau'ofa, "Pasts to Remember," p. 74.

（86）Hau'ofa, "Pasts to Remember," pp. 72-3.

（87）Ibid., p. 75.

（88）Cf.「おそらく領域性（territoriality）が、野蛮な侵害行為への最も強力な刺激である」。「近代の大抵の経済活動は、陸地を基盤としている」。Hau'ofa, "The Ocean in Us," pp. 54, 57.

（89）Hau'ofa, "Our Sea of Islands," p. 37.

（90）ただしハウオファの少なくとも一部の言説は、二〇一〇年代後半、「ブルー・パシフィック」構想をめぐる太平洋諸島フォーラム（Pacific Island Forum）での政策討議に取り込まれた。Fry, *Framing the Islands*, p. 300.

（91）Hau'ofa, "Our Place Within," pp. 88-9.

（92）ヘーゲル（長谷川宏訳）『歴史哲学講義（上）』（岩波書店、一九九四年）、一五五—一五六頁。

（93）シュミットが「島」と語るのは、海洋を支配するイギリスやアメリカといった規模の国家である。カール・シュミット（生松敬三／前野光弘訳）『陸と海と—世界史的一考察』（慈学社、二〇〇六年）。

人新世の正義論
——なぜ将来世代を配慮するのか

●——田中将人

一　問題の所在——人新世の正義論

人新世（Anthropocene）とは、人間の活動が生態系を大きく左右するようになった地質時代のことである。以前から言葉自体はあったが、二〇〇〇年、大気化学者P・クルッツェンが用いて広く注目を集めることになった。いつから人新世が始まるのかについては諸説あるが、近年では最初の核実験であるトリニティ実験（一九四五年七月）を画期とすることが有力になってきている。また、二〇世紀後半以降の著しい経済成長と人口増加の時代——グレート・アクセラレーションとよばれる——が、地球環境の激変を生じさせたことについてはコンセンサスがある。

人新世での環境危機のうち、本稿では「気候変動」に焦点を合わせたい。この問題についてはさまざまな主張が提起されているが、千葉眞によれば、①持続可能な発展、②定常型経済、③脱成長という三つの異なる政策路線ないし目標を区別できる(1)。

①持続可能な発展は、地球温暖化の克服と経済成長を両立させようとする立場である。グリーン・ニューディールや

ＳＤＧｓは、環境に配慮しつつも経済成長を目指すため、この立場に分類される。おそらくもっとも支持者の多い考えである。だがそれゆえ、この取り組みは、温暖化ガス削減の目標値などの課題を共有しつつも、実現への手段をめぐっては意見の隔たりが少なくない。たとえば、原子力発電を有効だと考える人もいれば、その問題性を強調する人もいる。

②定常型経済は、ＧＤＰの量的な拡大を第一義的なものとはせず、むしろ社会の質的な発展を目指す立場である。代表的論者のＨ・Ｅ・デイリーは、ミル『経済学原理』の定常状態論を参照し、エコロジカルに持続可能な社会、そしてそれに適合したライフスタイルの改善を主張する。(2) 定常型経済は社会の新陳代謝を積極的に肯定するが、継続的な経済成長については懐疑的なスタンスをとる。

③脱成長は、②定常型経済と重なり合う側面も多いが、①持続可能な発展に対してより批判的な立場である。代表的論者であるＳ・ラトゥーシュのいう「デクロワサンス」――フランス語で「脱成長」の意――は、まさに持続可能な発展を含む経済成長イデオロギーへの批判を意図したものだ。(3) ラトゥーシュによれば、②定常型経済すらそうしたイデオロギーから逃れられていない。三つのなかでもっともラディカルな考えだといえるだろう。(4)

英米圏の規範的政治理論に限定すると、熟議デモクラシー論や環境正義論で知られるＪ・ドライゼクが、Ｊ・ピカリングとの共著で二〇一九年に『人新世の政治学』を上梓している。また、気候正義《クライメート・ジャスティス》の分野では、一九九三年の段階でＨ・シューが「生計用排出と奢侈的排出」という記念碑的な論文を発表している。今後ますます人新世の問題に照準した規範理論研究が増えることが期待される。(5)

ところでドライゼクにしろシューにしろ、一九七〇年代頃からキャリアをスタートした彼らは、Ｊ・ロールズの『正義論』から大きな影響を受けることになった。分析的政治哲学や応用政治哲学といわれる規範的アプローチの発展において、『正義論』が分水嶺となったことは間違いない。彼らはたしかにロールズ的パラダイムを共有している。今日の規範的政治理論の多くもまた、何らかの仕方で『正義論』の影響下にあるといえる。

ロールズの貢献が多大なものであったのは確実である。だがそれは、本当に望ましいものであったのか。彼の理論はインダストリーを興した一方で、むしろ現実政治の重要な側面に目を閉ざす傾向を導いたのではないか。Ｋ・フォレスタは、二〇一九年の『正義の影で』（*In The Shadow of Justice*）において、ロールズ・アーカイブをはじめとする莫大な資料の博捜をつうじて、こうしたアンビシャスな問題提起をした。本作はただちに大きな反響をよんだ。

彼女は、『正義論』を中心とした二〇世紀後半の規範理論の形成史・受容史をつうじて、ロールズ的パラダイムに否定的な評価を下している。すなわち、一九五〇～六〇年代の理想化されたアメリカ市民社会を前提とする『正義論』は、道徳への依拠やコンセンサス志向が著しく、支配や権力といった政治学の伝統的カテゴリーを切り下げるきらいがあった。結果としてそれは現状維持バイアスを背負いこむことになる。

さらにこの特徴は、ロールズへの批判者も含め、今日までの規範的政治理論全般に受けつがれる。「ロールズ主義的な枠組みは、いかなる種類の理論化が行われうるか、そしていかなる種類の政治が想像されうるかにたいして、制約として機能するようになった」（ISJ 275）。彼女によれば、気候変動をはじめとする新たな問題が生じているにもかかわらず、現代の規範的政治理論は、いわば『正義論』の影から脱し切れていない。

『正義の影で』は、規範理論の系譜学によって、ロールズ的パラダイムの歴史化・相対化を試みる論争の書といえる。もっとも、野心的な試みであるゆえに、そして比較的近い過去を扱うがゆえに、論述がスウィーピングになっている感は否めない。本論文でも彼女の提示するストーリーに疑問の余地があることはのちに指摘する。

以上の話をまとめよう。一方では人新世（とりわけ気候変動）についての新たな正義論が必要とされているが、他方では『正義論』の有効性に疑義が呈されている。本論文の問題設定は、近年の重要な研究潮流である両者を結ぶことから導かれる。すなわち、「人新世の正義論の考察において『正義論』はまだ有効なものたりえるか」というものだ。そして私は、この問いに肯定的な答えをあたえたいと考えている。とりわけ、『正義論』が道徳心理学（動機づけ）の問題を重視していたことを先だって強調しておきたい(6)。

とはいえ、気候変動への対処も『正義論』の再検討も大きなテーマであり、ひとつの論考ですべてを扱いきれるものではない。そこで本論文では次のように議論を限定する。まず、気候変動については、ルールや制度ではなく、動機づけの問題に焦点を合わせる。つまり「気候正義にかなったルールや制度はいかなるものか」ではなく、「なぜ私たちは将来世代を気遣うのか」という問いを考察する。[7] 次に、『正義論』については、世代間正義論に焦点を合わせ、とくにフォレスタたちが問題視する「経済成長についての楽観的な想定」を考察したい。以下では、順番を逆転させて、『正義論』を再検討した後、将来世代を配慮する理由について考察する。

構成は以下のとおりである。まず、フォレスタの議論を世代間正義論に則して整理する（第二節）。次に、『正義論』が過度の経済成長を前提しているとする彼女の批判をとりあげ、それが説得的でないと応答する（第三節）。さらに、フォレスタと通じる問題関心から、ロールズ思想の特徴を〈成長の神義論〉になぞらえるＳ・アイヒに対して、〈差異の神義論〉という代替的な構想を提示する（第四節）。私の解釈では、『正義論』は著しい経済成長を前提するものではないし、基底をなす観念は「成長」ではなく「差異」である。以上の考察を踏まえ、ロールズ理論から導くことのできる積極的な議論として、Ｓ・シェフラーに拠りつつ将来世代を配慮する理由について検討する（第五節）。最後に、結論と課題について述べる。

二　現代規範理論の系譜学――『正義の影で』

『正義の影で』は、規範的政治理論を対象として書かれた初の包括的な通史といってよい。若きロールズの思想形成に始まり、一九七一年の『正義論』成立を経て、二一世紀にまでいたるストーリーが、問題史として構成されている。代表的な論者やテーマが網羅されており、そこで示された知見や見通しは高い評価に値する。

最初に、少し長めの引用になるが結論を確認しておきたい。『正義論』がもたらしたものについてのフォレスタの評価は否定的なものだ。

「政治は変化の只中にある。アカウンタビリティを免れた金融組織、新たなメディア上のプラットホーム、テクノロジーの変化、そして気候変動。これらが形成するランドスケープでの、ラディカルな異議申し立てと新しい寡頭勢力との戦いはそのことをよく示す。リベラルな哲学者はこの新たな変化を扱うためのツールをいくらかは携えている。だが、私たちの問いは新たな枠組《フレームワーク》みをも要求する。それは、私たち自身とは極めて異なった思想戦の時期に創られた枠組みとは、隔たったものであるにちがいない。二〇世紀後半を支配した哲学的リベラリズムを、政治哲学者の基本資源ではなく、多数の教義のうちのひとつとして捉えること。そして、ロールズ理論を政治思想史の独立したひとつの章として理解すること。このようにすべき時がおそらくは到来したのだ。それらは、私たちが利用可能な過去であるとともに、あらゆる政治理論と同様、その時代の産物なのだから」(ISJ 279)

たしかに『正義論』がアクチュアルな時代は存在した。だがそれは、もはや過去のものとなったのではないか。フォレスタは多岐にわたるテーマにおいてこの主張の論証を試みているが、本稿では「気候変動」にまつわる論点に話を限定する。それでは、リベラルな政治哲学はどのように人口や環境の問題を捉えたのか。この論点を主題とするのが、『正義の影で』第六章「未来の問題」である。本節ではフォレスタの議論を整理し、次節で問題点を指摘する。

要点はこうなる。戦後二〇年余りの例外的で前例のない経済成長の想定によって、『正義論』はもっともらしいものとなっている。しかし、この条件はまさに『正義論』が出版された時点で過去のものとなりつつあった。にもかかわらず、ロールズの衣鉢を継ぐリベラルな政治哲学者は、一部を除いてこのことに無自覚であり、ゆえに現実から遊離することになってしまった。

この見立てはたしかに一定の妥当性をもつ。だが以下でみるように、『正義論』が想定していた社会的・経済的状態は例外的なほどに豊かなものであったという批判は、さほど説得力あるものとはいえない。とはいえ、フォレスタの指摘は、世代間正義や分配的正義の成立条件の再検討を促すものであり、この点では有益なものでもある。

もっとも『正義の影で』において、第六章「未来の問題」は、ロールズもしくは『正義論』のプレゼンスが相対的に弱いセクションである。むしろ主役はD・パーフィットないし『理由と人格』(一九八四年)だといってよい。パーフィットは一九七一年にオックスフォードで人口倫理のセミナーを開いており、これが今日の世代間正義論に繋がっていく。

このときまだ二〇代の終わりだったパーフィットは、ロールズに次のような手紙を書いたという。「人口政策について考えてみればみるほど、このテーマにはますます当惑させられます」（ISJ 186-187）。

実際、本章でのロールズの扱いはパーフィットの前座にとどまる。たしかに『正義論』第四四節「世代間正義の問題」では、〈正義にかなった貯蓄原理〉という重要な議論がされている。ただしこれは、R・ソローに代表される当時の経済成長理論のテーマを援用したものであり、議論自体はさほど独創的なものではないともされる（ISJ 178）。

簡単に説明すると、貯蓄原理とは、正義にかなった社会を、時代をこえて実現するために、現世代が次世代に残すべき財を規制する原理である。自分たちの世代だけを配慮することは正義にかなっていない。たとえ同世代で不遇な人びとがいるとしても、未来世代の人びとのことも気遣わなければならない[8]。ただし、完全に正義にかなった社会がストックとして成立したとすれば、貯蓄原理は必須ではなくなる。「正義にかなった貯蓄原理は、正義にかなった社会を実現し保持するという負担を公正に分かち合うことに関する、世代間の了解事項としてみることができる。貯蓄過程の終局〔＝正義にかなった社会の実現〕は、その大まかな輪郭しか分からないものの、あらかじめ設定されている。詳細は時の経過とともに起こり来る個々の情況によって定まる。だがいずれの場合においても私たちは〔貯蓄を通じた総効用を〕無限に最大化しつづけるようには拘束されていない」（TJ §44, 257＝三八九）。

ロールズが際限のない成長を想定していなかったのはたしかである。だがフォレスタは、こうした未来についての見方を、やはり楽観的だとして批判している。「ロールズは物事がだんだんとよくなっていくと想定していた。成長はつづくだろう。いくらかの改良策を講じるならば、正義は達成可能となる。／『正義論』を下支えするこうした想定は、戦後期を特徴づける二〇年の例外的で前例のない経済成長によって、可能になっていたのである」（ISJ 180）。

戦後二〇年あまりのリベラル・コンセンサスの時代が、福祉国家の黄金時代であったことは、広く受け入れられた認識といってよいだろう。S・モインの表現を借りれば、『正義論』は合衆国における社会福祉のスワンズ・ソングだったといえるかもしれない[9]。ただしロールズが成長を想定していたのはたしかだとしても、はたしてそれが「例外的で前例のない経済成長」と等値できるのかについては、のちに検討したい。

パーフィットの話にもどろう。ロールズの楽観的な想定はただちに現実からの挑戦を受けることになる。というのも、七〇年代初頭は、環境問題や人口問題が社会問題として大きく認知されるようになった時代だったからである。一九六二年、R・カーソンの『沈黙の春』は合衆国で環境保護への関心を高めた。さらに、一九七二年にローマクラブが発表した「成長の限界」は、世界規模での反響をよびおこすことになる。

こうした問題に向きあい、哲学・規範理論の分野でブレイクスルーをはたした人物こそ、まさしくパーフィットであった。その貢献は規範的な政治・道徳理論において多大なものがある。実質的な論拠のみならず、大胆な思考実験を駆使するスタイルの面でも、後世への影響は大きい。『理由と人格』で提起された「いとわしい結論」や「非同一性問題」といったパズルは、以後の論争の土台をなすことになる[10]。

しかしフォレスタは、パーフィットにも批判的である。彼は、ロールズ以上に現実から遊離しており、倫理学を抽象化してしまった。結局のところそれは、政治的論争から哲学が逃避する傾向を促した。両者のフォロワーも同断である。ただしフォレスタは、現実への感応性を保っていた例外的な理論家として、O・オニールとB・バリーを評価している〔ISJ 191-200〕。

以下では、本稿の問題設定と関連するバリーの議論をみておきたい[11]。一九七七年の論文「世代間正義」で、彼は政治理論がエコロジカルな観点を踏まえるべきだと説いた[12]。私たちは地球の所有者ではなく管理人であるべきで、少なくとも将来世代に環境を悪化させないで引き渡す義務を負う。『正義論』の貯蓄原理は、世代間関係をある一世代とその後継の一世代との関係に還元するきらいがあり、隔たった将来世代への長期的な危害を看過している。

ロールズは成長についての楽観的な想定をもっていたゆえに、長期的な問題に対して盲目だったのではないか。この批判をさらに掘り下げたのが、一九七八年の論文「正義の情況と将来世代」である[13]。「正義の情況」とは、『正義論』のテクニカル・タームで、分配的正義が必要になるとともに可能ともなる一連の条件を指す。主観的条件としては、人びとの利害関心やニーズがある程度一致するとともに競合するものでもあること、客観的条件としては、人びとの知力や体力が隔絶していないこと、そして財の希少性があげられている。これらはヒュームの道徳哲学に依拠したものだ〔TJ

§22)。

バリーが批判するのは、最後にあげた「財の希少性」という条件である。すなわち、ロールズによれば、この世界は何もせずとも暮らしていける安住の地ではないが、まったくの不毛の土地でもなく、協働によって財を増やすことで十分な暮らしを送ることができる。だからこそ分配的正義の考えが有意なものともなる。しかしバリーの考えでは、これはけっして自明な条件ではない。端的にいえば、ロールズは欠乏状況を排除している。「バリーにとって、ロールズの偏狭さは根深いものに思われた。彼のいう正義に適った社会の背景的条件を提供したのは、ただ戦後の豊かなアメリカだけにすぎない。「潜行性のある」ヒューム的な情況を正義の必要条件として受け入れることは、結局、未来をあまりにも荒涼としたものにしてしまう。適度な希少性の条項は削除されるべきだが、それは未来が不確定だからではなく、この条項がロールズのいう正義を（ヒュームのそれと同様）私有財産のルールに固定化してしまうからである」（ISJ p.199）。

バリーによれば、未来についての規範的考察は、欠乏の条件下でなお誰が何をえるべきかの基準を定めることも含む。もちろん、そのような状況を招くリスク自体も低減させられなければならない。つまり正義の要求事項は、現代世代による将来世代の暮らしむきの改善というより、現代世代の浪費による未来世代の機会集合の低下の禁止という観点から考察されるべきなのだ。そして未来世代の選択肢の否定が実際に生じたとすれば、それは補償されねばならない。世代間正義について、ロールズは足し算、バリーは引き算で考えていたといえる。

三　『正義論』と経済成長

以上が、フォレスタによる『正義論』批判、とりわけ世代間正義論への批判の概要である。ここからは節をあらためて、要点を三点にまとめたうえで応答を試みたい。

A　『正義論』は戦後二十年の例外的な経済成長を前提にしており、これからの世代間正義論（ひいては分配的正義論）

には役に立たない。

B『正義論』は経済成長を前提にしており、これからの世代間正義論（ひいては分配的正義論）には役に立たない。

C『正義論』はパズル解き的な道徳理論に満ちており、現実政治から目を背けさせた。

以下では主にAとBについて応答したい。本節ではまず、より強い批判であるAをとりあげる。Bについては、次節で「成長」ではなく「差異」の観点から『正義論』を読み解くことができるという見通しを示す[14]。

フォレスタの文章をあらためて確認しておこう。「『正義論』を下支えするこうした想定は、戦後期を特徴づける、二〇年の例外的で前例のない経済成長（exceptional, unprecedented economic growth）によって、可能になっていたのである」（ISJ 180）。ロールズの正義論が経済成長を想定していたのはたしかだろう。実際にも戦後二〇年ほど、先進諸国は平均して五％程度の経済成長率に恵まれていた。しかし、そうした多大な成長がなければ『正義論』での構想は維持不可能なのだろうか。

さて、フォレスタの主張にはあいまいなところがある。これがリベラル・コンセンサスを念頭におくのは明らかだが、「例外的で前例のない経済成長」が何であったかについて、以下の二つを区別することができる。

①：安定した五％程度の経済成長が、「例外的で前例のない」ものであった

②：福祉国家の成立・維持に必要な経済成長が、「例外的で前例のない」ものであった

フォレスタは詳述していないが、福祉国家の正統性危機に言及していることからすると、①がなければ②は成立しないと想定しているようにも思われる（ISJ 203）。たしかに少なからぬ社会では一見そのようなシナリオが進行した。しかし、この結びつきは必然的なものではない。たとえば『正義の影で』へのある書評が適切に指摘しているように、スカンジナビア諸国での福祉国家の成功は、戦後二〇年あまりの経済成長のみと結びついているわけではない[15]。つまり①と

②は、理論上は分離可能である。

たしかに①は今後困難な想定かもしれない。だが②は、必ずしも「例外的で前例のない」ものとはいえない。成長率が鈍化しても、福祉が機能している社会は存在するからだ。経済成長が大きいにこしたことはないが、福祉レジーム論が示すように、より重要なのはさまざまなアクターの関係性や政治文化の性質だと考えられる。そしてロールズが支持したのは、高い成長率と引き換えのクライエンテリズムを所与とする「福祉国家型資本主義」ではなく、能動的な政治参加や社会包摂を促す「財産所有のデモクラシー」であった(16)。

『正義論』は経済成長の意義をもちろん否定しないが、生産力の増産や成長の継続に期待をかけるような論述はみいだせない。世代間正義を論じる段では、実際、そうでないことをはっきりと述べた箇所すらある。「正義と善(幸福)を二つながら実現した社会が必ず物質的に高度な生活水準を伴わなければならない、と信じ込むのは誤りである。人びとが欲するのは他者との自由な連合体《アソシエーション》における意味のある仕事(meaningful work)であり、正義にかなった基礎的な諸制度の枠組みの中でこうした連合体が人間の相互関係を統制している。こうした事態を達成するために莫大な富は必要ではない」(TJ §44, 257-258=三九〇頁)。

もっとも、フォレスタの批判の背景には、『正義論』が規範理論としてヘゲモニーを握ったにもかかわらず、現実政治では新自由主義が席巻していったことへの苛立ちがある。このテーマは『正義の影で』第七章「ニュー・ライトと左派」で論じられている。彼女のテーゼは「リベラルな哲学はニュー・ライトに対して脆弱だった」というものだ。この主張が妥当だとすれば、たしかにそれは『正義論』の有効性に影を投げかけるものとなるだろう。

しかし、そこで俎上にのせられているのはロールズというより、R・ドゥオーキンとG・A・コーエンの「運の平等主義」である(ISJ 208-218)。彼らは偶然《チャンス》と選択《チョイス》を区別して責任に感応的な分配的正義論を構想した。だが「選択の復帰は右派への譲歩であるように思われた」(ISJ 214)。もっとも、かりに両者へのフォレスタの批判が妥当だとしても――さらなる論証が必要だろうが――『正義論』を運の平等主義と等値することはできない。たしかにロールズは運や偶然性に着目したが、自己責任の強調には否定的であった。今日の研究水準からすると、少なくとも内在的な解釈としては、『正義論』は「運の平等主義」ではなく「関係論的平等主義」を志向するものであったことが有力になっている。[17]

以上の解釈が妥当だとすれば、『正義論』ならびにそれを引き継ぐリベラルな平等主義の少なからずは、これからの正義論にとってもなお有効なものたりえると考えられる。フォレスタの批判は鋭いが、その対象は部分的に藁人形と化したものだ。『正義論』はけっして多大な経済成長の継続を前提するものではない。今日の先進諸国の成長率は高くないが、『正義論』をポジティブな仕方で引き継ぐリベラルな政策パッケージは実行可能だと考えられる。[18]フォレスタはより闘争的な政治の必要性を説くが、かりにそうした路線を選ぶとしても、リベラルな平等主義はなお重要な枠組みでありつづけるだろう。[19]

世代間正義論をめぐるバリーの批判にもどろう。その背景をなすのは、過度の開発によって現代世代が資源を使い果たし、エコロジカルな危機を招くのではないかという懸念であった。しかし、『正義論』はそうした仕方での開発や成長を想定するものではないし、戦後の豊かなアメリカだけでのみ可能だったストーリーでもない。かりに持続可能な開発目標を達成できるとすれば、将来世代への貯蓄原理を賄うことは十分に可能だと考えられる。[20]

本節の議論をまとめよう。『正義論』が例外的な経済成長を前提しているとの批判は説得力に欠けるし、現実での福祉政治の後退も『正義論』の意義を否定するものとまではいえない。財産所有のデモクラシーの延長線上にある社会構想はなお有効なものたりうるだろう。もっとも以上の議論は穏やかな成長に依拠したものであるので、人新生の正義論としては楽観的なシナリオといえるかもしれない。次節ではゼロ成長にまつわる議論を考察する。

四 〈成長《グロウス》の神義論〉／〈差異《ディファレンス》の神義論〉

本節では『正義論』での経済成長の想定についてのもうひとつの批判への応答を試みる。

B：『正義論』は経済成長を前提にしており、これからの世代間正義論（ひいては分配的正義論）には役に立たない。

ロールズの基底的な思考様式の形成を辿る思想史研究において、S・アイヒはこの論点に触れているが、フォレスタと同じく否定的な判断を下している。すなわち、『正義論』の世代間正義論はそれが書かれた例外的な成長の時代を背景としており、まさしく公刊された時点で時代遅れになっていた。(21) さらに、このことに関連する二つの主張を彼は提起している。第一に、ロールズ思想のそもそもの前提に「成長」があること。第二に、『正義論』以降のロールズはミルの定常状態（stationary state）に好意的に言及するようになるが、これはいわば弥縫策であって説得力に欠けること。

本節では、これら両方に対して代替的な解釈を示すことで、『正義論』が必ずしも成長に立脚するものでないことの論証を試みる。すなわち、第一に、ロールズ思想の基底をなすのは「成長」ではなく「差異」であること。第二に、ロールズによる定常状態（ミルの思想）の参照には一貫性と妥当性が認められること。これらの解釈が妥当だとすれば、批判Bにも応答することができると考えられる。

第一の論点の考察にうつろう。アイヒはそれを〈成長の神義論〉（theodicy of growth）として定式化する。ロールズの基底的な思考様式を一種の世俗化された神義論に見立てることは、以前に私も試みたことがあり、この点で私たちの解釈に大きな隔たりはない。若きロールズは深いキリスト教信仰を抱いていたが、従軍経験を経て、戦後まもなく棄教する。彼の思考様式には、しかし、かたちを変えた信仰の残存ないし継続がさまざまに認められる。

「神義論の正義論への転換」というテーマは思想史上でもしばしばみられる。たとえばそれは、リスボン大震災の衝撃をうけてカントやルソーが取り組んだ問題でもあった。一八世紀の時代精神との類似性を見出す点でも私たちのロールズ解釈は共通するが、私が「悪」の問題やカッシーラーによるルソー研究に注目するのに対して、アイヒは市場メカニズムの発見や富の肯定という新たな政治経済秩序の誕生に焦点を合わせている。(22)

彼によれば、ロールズの〈成長の神義論〉の背景をなす新たな政治経済秩序こそ、ブレトン・ウッズ体制にほかならない。たしかにこの体制下でアメリカをはじめとする西側諸国は安定した経済成長を享受した。そうした時代の気分を体現するものとして、一九五八年のJ・ガルブレイス『ゆたかな社会』がある。本書の第七章「不平等」では、経済成長によって、かつて模倣や競争を促したような嫉み（envy）は減少するだろうとされるが、『正義論』の世代間正義論での楽観的な想定は、こうした社会状況と親和的だとされる[23]。

だが、まさしく『正義論』公刊と同時にニクソン・ショックが起こり、この体制は崩壊した。それゆえ、ロールズ理論はその完成とともに没落が始まっていたというのがアイヒの見立てとなる。これはフォレスタの批判と同趣旨である。成長の想定についての再批判は第三節ですでにおこなったので、以下では〈成長の神義論〉という解釈枠組みへの批判を試みたい。

まず、この枠組みがどれほどロールズ内在的なものといえるかという問題がある。たしかにロールズが成長を肯定していたのは間違いない。さらに、一九六四年の未公刊手稿「政治哲学は死んだのか」（Is Political Philosophy Dead?）では、これからの政治哲学の課題は、たんに自由や平等の構想を分節化するだけではなく、「ゆたかで世俗的なコミュニティにおける社会生活に意味をあたえること」だという、興味深い主張がされているとのことだ[24]。

しかし、ロールズの関心はもちろん成長だけにとどまるものではない。とりわけ〈神義論〉という宗教的な含みを強くもつタームを用いるにもかかわらず、彼が念頭においていた悪《イービル》の問題への取り組みが素通りされているのは、〈成長の神義論〉の大きな欠落である。あえていえば、アイヒの定式化に対応するもの――繁栄をもたらす新たな政治経済秩序を弁証する思想――があるとすれば、特定タイプのリバタリアニズムやネオリベラリズムが相当するだろう[25]。

さらに、ロールズの基底をなす思考様式を捉えようとすれば、『正義論』のみならず、他の論考をも整合的に解釈可能な枠組みこそが有効だと考えられる。とくに彼は、後期著作においては、理にかなった多元性の事実との和解を重要な理論的課題としてあげていた。私が提出した〈差異の神義論〉（theocicy of difference）というテーゼはそうした問題をも意識したものである[26]。本論では〈差異の神義論〉の内実については詳述しないが、成長《グロウス》ではなく差異《ディファレンス》に注目することが人新生の正義論にとって意義をもつことはのちに論じたい。

第二の論点の検討にうつろう。これは定常状態への支持についてのものだった。ロールズは、八〇年代半ば――後期思想への転換期――に執筆した『公正としての正義　再説』や『政治哲学史講義』「ミル講義」において、『経済学原理』での定常状態論を肯定的に参照している。「われわれが、（実質）資本蓄積がなされなくなる、正義にかなった定常状態にある社会というミルの観念を排除したいと思っていないことは確かである。財産所有のデモクラシーはこの可能性を考慮に入れてしかるべきである」[27]。いまやロールズは、ゼロ成長のシナリオをありうる選択肢として受けとめている。

アイヒからすれば、これは多大な経済成長を想定していたはずの『正義論』からの路線変更だが、彼はそこに端的な断絶をみる。後期ロールズによる定常状態論への支持はつまるところ弥縫策にすぎない[28]。のみならず、この変更は『正義論』の道徳心理学と緊張関係に立つ。なぜならそれは、ゆたかな社会の到来を背景とする、嫉妬心の低下を想定していたはずだからである。だが成長がおわるなら、楽観的な想定もまた説得力を失うだろう。

しかし、このアイヒの解釈はどれほど妥当だろうか。以下では応答として二点を示したい。第一に、ロールズによるミルへの評価は『正義論』の時点ですでに看取できること。第二に、経済成長がとまったとしても、それは嫉妬心に決定的な悪影響を及ぼすものではないこと。

『正義論』は功利主義批判で有名だが、本書においてすらミルの道徳心理学は好意的に参照されている。第七六節「相対的安定性の問題」では、『功利主義』での「各人が他の人びととの一体感（unity with others）を持つような人間精神の状態」という主張が注目されている（TJ §76. 439＝六五六）。文明が進歩するにつれて、人びとは他者の不平等への配慮を深める。これは功利原理というよりも格差原理に親和的な欲求だとロールズは解釈する。「人びとの達成目標がすべての人に対して受け入れ可能な仕方で調和している、完全に正義にかなった社会（a perfectly just society）は、正義の原理によって表現されている相互性《レシプロシティ》という考えにつきしたがう社会になるだろうということを、ミルは直観的に認識しているように思われる」（TJ §76. 439＝六五七）。

もっとも、ロールズが『功利主義』を少なくとも五〇年代初頭から読みこんでいたのはたしかだが、『経済学原理』の定常状態論をいつから摂取したのかについては、現時点では確たる資料上の裏づけがない。ただし、単純な経済成長を肯定し、またそれによってあらゆる嫉みが消滅するような社会への——ミルも共有していただろう——違和感は、『正義論』でも明確に表明されている。[29]

「全員が自分たちの完璧な善を達成しうる社会、もしくは各自の要求が衝突しあうことなく全員の欲望が（調和的な活動計画へと強制せずとも）整合するという社会は、ある意味で正義を超越している（beyond justice）。その社会は〈正と正義の原理〉への訴えかけが必要となる誘因を除去している。これがどれほど望ましい社会であったとしても、そうした理想を説く主張に私は関心がない」（TJ §43, 249＝三七七）

この箇所に付された注で「マルクスが構想した完全な共産主義の社会」が念頭におかれているのはきわめて興味深い。財の希少性と限られた利他心は「正義の情況」の客観的条件だったが、マルクスがその超克を否定しない（あるいは目的とする）のに対して、ミルはその改善にとどまろうとする。ロールズはそのように両者を解釈する。[30] 彼のシンパシーは後者にある。

二つの引用にある「完全に正義にかなった社会」と「正義を超越している社会」の対比は、〈差異の神義論〉と〈成長の神義論〉のそれに敷衍可能かもしれない。つまり、アイヒの解釈とは異なり、『正義論』は際限なき成長や道徳のラディカルな変化を寿ぐものではなく、あくまでも現代の正義の情況のもとでの穏やかな改善を志向するものだ。この点で『正義論』は、明示的に参照してはいないが、定常状態に親和的な側面をすでに備えていたといえるだろう。[31]

つづいて、嫉み＝嫉妬心への対処を検討したい。この問題は第八一節「嫉みと平等」で考察される。この厄介な情動を助長させる機制として、三点が指摘されている。①当人の自尊心の低下。②自尊心の低下が社会環境によってもたらされたにちがいないという意識。③恵まれた人への劣等感ならびにそれが反転した敵意。放置されるとすれば、嫉みはたしかに社会に悪影響を及ぼすだろう。では、どのように対処すべきなのか。

基本的なアイデアは、〈相互比較しない諸集団〉を分散化させることにある。それぞれが異なる評価軸をもつこうしたグループに人びとが多元的に帰属することによって、嫉みの助長を押しとどめることができる。というのも、特定の評価軸では劣るとしても、自分が価値ある存在だと実感できる何らかの活動にたずさわれるとすれば、自尊心は保持されるだろうからである。「したがって必要であるのは、各人が所属しておりかつ当人の目的を追求する努力が仲間たちによって確証・肯定されていることが分かるような、利害関心が共有されたコミュニティが少なくともひとつは各人にとって存在せねばならない、ということにつきる」（TJ §67. 388= 五八〇）。

これは相応の説得力をもつ考えだと思われるが、実のところアイヒは、嫉みの問題を論じているにもかかわらず、この〈相互比較しない諸集団〉の議論を参照していない。このことは『正義論』の道徳心理学の解釈としては相当な手落ちだと思われる。ロールズの考える嫉みへの治癒策は、経済成長というよりも、善の構想の多元化に基づくものである。さらにいえば、かりに多大な経済成長があったとしても、際限なき資本主義の拡張というかたちをとるなら、むしろそれは嫉みを助長させるものとなるだろう。

成長は望ましいものだが、多様性を縮減するなら本末転倒である。視点をかえていえば、価値の多元化をつうじた嫉みの対処は、際限のない成長を必要とするものではない。もちろん、社会の生活水準が一定程度にまで発展し、多種多様なコミュニティが形成されるためには、成長が欠かせない。しかし、ひとたび一定の水準が達成されるとすれば、むしろ重要になってくるのは、過度の経済発展や価値の一元化が収奪や疎外を伴うことへの懸念だと思われる[32]。おそらくそれは、ミルとロールズが共有する問題関心であった。『正義論』は際限なき成長《グロウス》ではなく、穏やかになった正義の情況のもとで可能となる差異《ディファレンス》を肯定する。

晩年の一九九八年、ロールズはP・パリースと『万民の法』にまつわる書簡を交わしているが、そこでもこのスタンスは一貫して強調されている。まずロールズは、たんなる経済成長をめざすグローバリゼーションやトリクルダウンの考えを、それがもたらすのは「ある種の意味のない消費主義にまみれた市民社会」だろうとして批判する。そのうえで、定常状態にあらためて肯定的に言及することで手紙を締めくくっている。「こうした〔定常状態の〕時代が実際に到来するのかについて、私は空想を抱いてはいません。すぐには到来しないことは確実でしょう。ですが、それはなお可能なものであり、それゆえ私が〈現実主義的ユートピア〉とよぶもののうちに居場所をもつのです」（強調原文）[33]。

五　なぜ将来世代を配慮するのか？

以上の議論が妥当だとすれば、ロールズが経済成長を暗黙裡に想定していたのはたしかだが、それは穏当なものであり、人新世においても『正義論』での理論枠組みはなお有効な指針を提供するものだと考えられる。ただし、これまでの議論は批判への応答という点で消極的なものであったが、本節では積極的な主張を打ち出すことを試みたい。

冒頭で触れた千葉の分類に立ち返れば、人新生の喫緊の課題である気候変動については、①持続可能な発展、②定常型経済、③脱成長という三つの立場があった。このうち、第二節での考察は①と、第三節での考察は②と、それぞれ適合すると考えられる。③については評価が難しいところだが、〈正義の情況〉の抜本的見直しを強いられるようなハードケースを別とすれば、現在の規範的政治理論の枠組みはなお有効だと思われる。

三つの立場はいずれも興味深いものだ。「現時点ではとくに、これら多様な路線やアプローチ間の対論、そして連携と協働が求められているのではないだろうか[34]」。このような千葉の認識に私も同意したい。私自身の選好は①＞②＞③だが、どの立場が妥当性をもつかについての検討は、実証研究をはじめきわめて多くの考察事項を必要とするだろう。

ところで、気候変動に着目する理論家は、後期ロールズのタームでいう包括的教説（世界観）に依拠する傾向がある。たとえば、②定常型経済のデイリーはプロテスタントとしての信仰を前面に押し出しているし、③脱成長のラトゥーシュはE・ブロッホのユートピア論をはじめさまざまなラディカルな見解を参照している[35]。もちろん、包括的教説に接近すること自体は問題ではない。しかし、そのことが神々の闘争を招くことのないよう、対抗を協働に転じる考案も講じられなければならないだろう。

そこで本論文では、特定の立場を選ぶのではなく、いずれであっても共有可能な論拠を見出すことに焦点を合わせたい。端的にいえば、それは「将来世代の存続を願うことへの動機づけ」にかかわるものだ。三つの立場には違いがあるとしても、この点については多くを共有しているはずである。気候変動をめぐってはこれからもさまざまな議論が交わされるだろうが、動機づけの側面で重なり合うコンセンサスがあることは、人新生の正義論にとって有益だと考えられる。

さて、おそらくあと百年もすれば、現在生きている人間の大多数は姿を消しているだろう。にもかかわらず、私たちの大半は自分たちがいなくなった後の世界について無関心ではないはずだ。それはなぜか。どのような理由がそこには潜んでいるのか。この問題を考察したのが、S・シェフラーの『なぜ将来世代を配慮するのか』（*Why Worry About Future Generations?*）である。[36]まさにそれは、気候変動への配慮に先立つ、より根底的な問いに照準しようとするものだ（WW 12-15）。最初に、彼の問題意識や立論の特徴について、三点を補足しておきたい。

第一に、パーフィット以来の人口問題や倫理にフォーカスした、狭義の道徳理論に依拠するタイプの世代間正義論から、シェフラーが距離をとろうとしている点である。パーフィットは未来世代への善行（beneficence）の観点からさまざまな議論を展開している。重要な貢献であるのは疑いないが、よくもわるくもそれは、不偏的観察者の視点からの考察をベースとする。対してシェフラーは、私たちがすでにもっているはずの多様な評価資源（evaluative resources）に注目し、それらを四つの理由に分節化するアプローチをとる。

第二に、第一点とも関連するが、功利主義批判という側面がある。功利主義に基本的に拠るパーフィットが探究する「理論X」は、もしみつかるなら「将来世代に対してなすべきこと」を示すものとなる。だがそれは「なぜ私たちは将来世代を配慮すべきなのか」を十分に教えてくれるものではない。動機づけの問題は、シェフラーのデビュー作（『功利主義の拒絶』）以来の関心だが、本書においてもそれは継続している。以下でみるように、彼が提示する「愛」や「相互性」という理由づけのネーミングには、功利主義との対比の意図も込められている。[37]

第三に、『なぜ将来世代を配慮するのか』ではロールズの世代間正義論そのものはさほど参照されていないが、シェフラーのアプローチ自体はすぐれてロールズ的である。ある意味で、現代の規範理論研究者の少なからずは広義のロールジアンといえるかもしれない。だが彼は、道徳心理学の問題をふまえた概念分析や論拠の展開に意識的である点で、こういってよければ、正統派のロールジアンである。[38]それゆえ、ロールズ理論に親和的な仕方で組み立てられているシェフラーの考察は、本論文にとって意義深いものだと考えられる。

本論に移ろう。シェフラーは、将来世代を配慮する理由として四点をあげている。①利害関心（interest）、②愛（love）、③価値づけ（valuation/valuing）、④相互性（reciprocity）。相互に重なるところもあるが、①と②、③と④、二つの組み合わせがひとまず区別されている。これらは一般的なタームだが、以下でみていくように、独自の含みも込められている。

まずは前者のペアからみていきたい。シェフラーは、利害関心と愛という理由を検討するにあたり「人類の不妊シナリオ」という思考実験からはじめている（WW 41-42）。このシナリオによれば、なぜか妊娠する人がまったくいなくなり、子どもの誕生が二五年ほど途絶えている。これからも改善の見込みはなく、あと百年もすれば人類は滅亡する。

こうしたことが起これば、人びとは大きな憂鬱と悲嘆を感じるだろうが、それはなぜか。このシナリオにおいて、すでに生きている人びとは大過なく寿命を迎えると想定されており、さらにいえば、後続世代を気遣う必要が消えたので一種の蕩尽を行ってもよい。生活水準自体はむしろ高いかもしれない。だとしても、近い将来に人類が滅亡するという事実は、それ固有のネガティブな影響を私たちに及ぼす。

まず考えられるのは「長期的で目的志向的な構造をもつ共同活動」が意味を失うということだ（WW 44）。たとえば、ガンの治療法の研究や世界中での幼児教育の普及といったプロジェクトは、人類がまもなく消滅するとしたらほとんど重要なものではなくなる。そこまで分かりやすい例でないとしても、私たちの活動の多くは同様の特徴をそなえている。

一般化していえば「価値ある生」（value-laden lives）が可能であるために、私たちは通時的次元の想定を必要とする。「だとすれば、将来世代の存続をたしかなものにしようと試みる私たちの理由は、究極的には私たちがみずからを配慮することから導かれる、純粋に自己利益な理由だということになるように思われる」（WW 53）。このようにして、私たちは将来世代の存続に「利害関心」の理由をもつ。

ただしシェフラーが付言しているように、自分たちの価値ある生に関係ないとすれば、将来世代の存続への配慮が消えさるわけではない。私たちは、たとえみずからの人生に関わりあいをもたないとしても――未来になればなるほどこのことは当てはまる――将来世代の存続それ自体を望むところがあるはずだからだ。世界それ自体の存続に向けられたこの理由が「愛」である。

利害関心と愛の関係について簡単にまとめれば、愛の方が基底的である。とりわけ、自分の利害を離れて世界そのものに向けられた愛は、人類愛ともよばれる（WW 62）。対して、将来世代の存続（の想定）が自分の価値ある生に関わってくる場合、その度合いが高まるにつれて、私たちは利害関心の理由をもつといえるだろう。

価値づけと相互性のペアにうつろう。この二つの理由づけは、利害関心や愛とまったく別物ではないが、別の角度から「なぜ将来世代を配慮するのか」を考察することから導かれる。私たちは「人類の不妊シナリオ」に狼狽するだろうが、その理由は、自分の活動が意味を失うこと（利害関心）や、人類の運命が破滅を迎えること（愛）に限定されない。そうではなく、いわば両者の中間にあるような理由を想定できる。

すなわち、私たちは、自分たちが価値を与えるものあるいは価値あるもの（valuable things）の破壊について無関心ではいられない（WW 68-70）。何か価値あるものを価値づける営みが、過去から継受され・未来へと存続していくこと。私たちはやはりこのことについても関心をもっている。これが「価値づけ」の理由である。文化や芸術、そして伝統に対する態度や気質は、価値づけを体現するものといえるだろう。

最後に「相互性」の理由がある。これは一見したところ奇妙に思われるかもしれない。なぜなら、相互性とは、複数の行為者間で成立するたがいに受け入れ可能な条件や利益を意味するが、現在世代と未来世代の間にそうした関係性は生じないと考えられるからである。そもそも両者は同時に存在しない。また、現在世代から未来世代に因果的な影響を及ぼすことはできるが、その逆は不可能である。この意味でも両者はきわめて非対称的である。

シェフラーが提起するのは、そうした一般的な相互性とは異なる、評価上の相互性（evaluative reciprocity）である。次のようなケースを考えてみよう。あなたには親友がいたが、二人とも寿命を迎えたあとに産まれた親友の玄孫のひとりが、世界Aではノーベル賞の受賞者になったが、世界Bでは大量殺人犯になった。この場合、誰もが世界Aの方が望ましいと考えるだろう。またそれに応じて、あなたと親友の人生の意味づけも変わってくるだろう。つまり、私たちは未来の人びとに情動面で依存（emotionally dependent）してもいる。(39)

この考えを敷衍するなら、私たちの生が充実したものであるためには、将来世代の生もまた充実したものである（と、私たちが誠実に想定できる）ことが重要になってくる。「将来世代の存続の見通しは、私たちが価値ある生を送ることができるための、前提条件であるとともに、それに寄与するものでもある」（WW 73）。ここからも明らかなように「将来世代の存続」とは、たんなる存続を意味しない。それは一定程度の豊かな生をともなうものでなければならない。さらにそこでは、たんなる物質的な豊かさのみならず、価値づけの実践が受け継がれることも重要になる。

まとめよう。「人類の不妊シナリオ」の思考実験が明らかにするのは「人類の開花繁栄に資するという条件のもとで（under conditions conducive to human flourishing）人類の諸世代の連なりが無限の未来に向かって伸びるべきという強い想い」を、私たちはもっているはずだ、ということだといえる（WW 63）。そしてこれは、未来世代への不偏的な関心事というよりも、私たちがすでにもっているはずのさまざまな愛着と結びついたものである。

そのような評価資源を、利害関心、愛、価値づけ、相互性という四つの理由に分節化したシェフラーの試みは、大筋において説得的であり、人新生の正義論にとって示唆的なものだといえる。とりわけ、規範理論において見過ごされがちである動機づけに注目したことの意味は大きい。気候変動を配慮する三つの異なった立場の協働のための理論枠組みとしても有効だろう。

とはいえ、シェフラーの議論にはさまざまな疑問が提起されうる。たとえば、四つの理由の関係性は必ずしも明確でないし、場合によっては対立するようにも思われる（「愛」と「価値づけ」が対立するのではという論点にはのちに触れたい）。それから、個々の理由づけについての論証を問いただすこともできる。ただし以下では、私が個人的にもっとも関心を惹かれた点への考察に焦点を合わせたい。それは、将来世代を気遣う理由が、保守的な気質（conservative disposition）とかかわりをもつという主張である。

これは政治的ではなく文化的な意味での保守と関連するものだ（シェフラーは政治的にはリベラルな平等主義者である）。私たちは、不偏的・中立的な観点からより高く評価されるだろうものよりも、既存の価値あるものに愛着をいだく。かりに慣れ親しんだものを破壊すれば価値の一層の増大がもたらされるとしても、少なからぬ人はためらいを覚えるだろう。これはとくに価値づけの理由に明らかである。

　さらにシェフラーは、この意味での保守的な気質が創造性と矛盾しないとする。むしろ、芸術家が従来の伝統や作品の延長線上にのみ、あるいは技能の習熟の上でのみ独創的な作品を生み出せるように、価値づけの実践が時代をこえて受け継がれてこそ、新しい何かがこの世界にもたらされる。「人類の未来に適用されるものとして言いかえるならば、保守的気質とは人間の創造性と革新の繁栄が継続するのをたしかなものとする気質なのである」（WW 119）。

　こうしたある種の保守主義への評価はシェフラーの専売特許ではない。森政稔によれば、七〇年代以降、成長の限界への認識とともに左派の運動にそうしたコミットが認められるようになる。そのなかには「オールタナティヴな文明を求める急進性と、自然と共生することが可能な人間の共同性を保存しようとする意味での保守性の結びつき」すらあった[40]。①持続可能な発展、②定常型経済、③脱成長という三つの立場は、こうしたニューレフトの思想を引き継ぐものでもあるだろう。以下のシェフラーの言明は、この半世紀余りの時代の精神にひそむ気質ならびにその意義をうまく定式化したものだと思われる。「私の見解を（表面的にのみ逆説的に響く仕方で）述べればこうなる。人間性《ヒューマニティ》の未来ならびに未来の諸世代の繁栄にたいする私たちの配慮の多くは、――今現在に存在し、過去に担われてきた価値にのみ直接適用される――保守的気質にこそ依拠している」（WW 122 強調原文）。

　これを「未来のための保守主義」あるいは「将来世代のための保守的気質」とよべるかもしれない。第二節の終わりでみたバリーの世代間正義論にも一面で通じるが、これらは、たんに物質的な資源の枯渇だけではなく、価値づけ《バリュイング》の資源の枯渇をも配慮する。この保守的気質は、「何が望ましい未来かを思考する時間を与えず、ただ資本主義的競争の推進力によってそれを実現しようとする」ポスト・ヒューマン的世界への志向を押しとどめるものである[41]。

　現在の私たちの保守的気質は将来世代の存続への配慮にとって欠かせない。これもまた人新生の正義論にとって示唆的な洞察だと思われる。ただし、二点の問題を指摘しておきたい。

　第一に、何が残すに値する価値あるものか、という問題がある。つまり、価値づけや保守的な気質の重要性について形式的にはコンセンサスが得られたとしても、具体的にはどのようなものが価値あるものかを決めることは簡単ではない。さらに、時代がすすむにつれて価値づけ自体の基準も変化していくと考えられる。いわば、理にかなった多元性の事実は、同時代的のみならず通時代的にも存在する。後者はより困難な問題だと考えられる。

ただし、何を残すべきではないか、という共通悪に注目するならばある程度の見通しはえられる。とくに、将来世代の可能性や選択肢を著しく毀損するリスクに満ちたツケを残すことには、厳しい制約が課せられるべきだ。成長が頭打ちになった時代においてこそ、「ロック的但書」――共有物として他者にも充分かつ善きものが残されていること(enough and as good left in common for others)――を、時代をこえた信託《トラスト》を意識しつつ、シリアスに受けとめ直すことが必要だろう。

第二に、愛と価値づけが対立する問題が考えられる。詳細は伏せるが、漫画版『風の谷のナウシカ』のラストで、主人公ナウシカは(作品世界での真相を知る)墓所の番人から人類の未来に関するきわめて重要な取引をもちかけられるが、これを拒絶する。本稿のタームでいえば、それは未来世代の存続の可能性を高めるが、価値づけを壊すものであったからだ。だが見方によれば、ナウシカの選択は既存の価値づけを重視するあまり未来世代の存続を軽視したともいえる。彼女と墓所の番人のどちらがより人類愛をもっていたのか、というのは難問である。パーフィットなら番人からの取引に応じていたかもしれない。ここには愛と価値づけのジレンマがある。

もっともこれはハードケースである。将来世代に決定的な負の遺産を残さないことはきわめて重要だが、未来について過度に悲観主義的になる必要はない。新たなブレイクスルーによって、現時点では行き詰まりにみえた難問が未来では対処可能になるというケースは、理にかなった仕方で想定可能である。ナウシカの応答の要点も、未来世代のことを現在の私たちがすべて語りうる・決定しうるという遠近法的倒錯やヒュブリスを拒絶することにあったように思われる。つまり重要なのは、単純なユートピアニズムではなく、未来世代が独自の仕方で価値づけを行えるよう資源を残しておくことである。愛とはおそらく、一方的に押しつけることではなく、隔たりを前提にした継続への願いなのだから。

最後に、『なぜ将来世代を配慮するのか』が、H・アーレントの思考を想起させるものであることを付言しておきたい。シェフラーはアーレントに言及していないが、基本的な着想は彼女のいう「世界への愛」や「永遠と対比される不死」に通じるところがある。またアーレントは、永続性と耐久性をそなえた世界において「始まり」が可能になるとしたが、これは保守的な気質をめぐるシェフラーの考察に接合可能だと考えられる[42]。

人間の活動が生態系を左右するようになった地質時代、つまり人新生において、人間の条件を再帰的に保守することはますますアクチュアルな課題となるだろう。アーレントの主張は論争的な包括的教説であるかもしれない。だがそこにはたしかにヴィジョンが示されている。そして「人びとの動機づけから切り離された純粋な概念分析[43]」のみならず「萌芽的なヴィジョンを共有可能な理由《リーズン》に変換すること」もまた、規範理論の重要な任務のひとつだと私は考える。

まさしくそれは『正義論』が課題とした試みでもあった。その結尾で語られる原初状態のヴィジョンは、将来世代への配慮という問題にあらためて結ぶとき、さらなる考察を要求するような、意味深長な響きを依然としてもつように思われる[44]。

> 「すべての人をひとつに合体・融合してしまうことなく、人びとを別個独立した存在として承認することを通じて、この〔原初状態の〕観点は私たちが——時代をともにせず数多の世代に属している人びとの間でさえ——不偏・公平な立場に立つことを可能にする。したがって、この視座から社会における私たちの境遇を眺めることは、それを永遠の相の下に（sub specie aeternitatis）了解する業に等しい。すなわち、人間の状況をあらゆる社会的視点からのみならず、あらゆる時間的観点からも凝視することを意味する。永遠性の視座は現世を超えた場所からの眺望でもなければ、ある超越的存在者の観点でもない。むしろ、この世界の内部にあって理性的な人びとが採用しうる特定の思考と感情の一形態なのである」（TJ §87, 514＝七七三—七七四頁　強調は引用者）

六　結論と課題

本論文では「人新世の正義論の考察において『正義論』はまだ有効なものたりえるか」という問いを設定した。第二節では、フォレスタの『正義の影で』での世代間正義論をめぐるロールズ批判を確認した。第三節と第四節では「『正義論』が（例外的な）経済成長を前提しているゆえに、これからの正義論には役に立たない」というフォレスタとアイヒの批判に対して、代替的な解釈を示すことで応答を試みた。『正義論』を成長ではなく差異の観点から読み解くことができる・すべきだし、だとすればその枠組みの多くはなお有効である、というのが要点である。第五節では、気候変動をめぐる複数の立場が共有できる積極的な議論として、シェフラーの論考を参考に、なぜ将来世代を気遣うのかという問題を考察した。彼による四つの理由づけの分節化や保守的な気質への注目は、大筋において説得的であり、人新世の正義論に貢献をなすものだと考えられる。またそれは、人びとの動機づけに注目する点で『正義論』の道徳心理学の問いを引き継ぐものでもあった。

もちろん論じ残されたことも多い。三点の補足ないし課題を記して結びとしたい。第一に、私は『正義の影で』による『正義論』批判の意義を否定するつもりはない。たしかに本作は論争の書であり、そのスタイルが前面に出されるあまり、説得力に欠けたりスィーピングに思われたりする部分も少なくない。成長をめぐる議論はそのひとつである。だが、フォレスタの問題提起――『正義論』は現状変革を閉ざす影をもたらしたのではないか――は有効であり、さらなる応答や考察が求められている。もっとも私の考えでは、必要なのは『正義論』を完全に過去のものにすることではなく、新たな問題に照らしてエラボレイトすること、つまり書き直すことである。

第二に、本稿では『正義論』が必ずしも経済成長を前提していなかったことや、ロールズによるミルの定常状態論への評価には整合性がみられることを示したが、そこから導きうる社会像や制度編成については詳しく述べることができなかった。ロールズが擁護するリベラル・デモクラシーは「ソーシャル」の要素も強く含むが、現実社会ではそうした理念が後退して久しい。ロールズも言及している「リベラルな社会主義」という可能性を（部分的に）認めるリベラリズムの再検討が必要だと考えられる。ただしそれは、現状の根本的な変革というよりも穏当な改善を目指すもの、マルクスではなくミルの系譜を継ぐ試みになるだろう。

第三に、シェフラーの『なぜ将来世代を配慮するのか』にかかわる課題がある。シェフラーの議論は有益なものだが、完全に説得的な答えを与えているわけではない。むしろその意義は「なぜ将来世代を気遣うのか」という問いを独自の視点から提出したことにある。第五節では、保守的な気質ならびに価値づけの内実や、愛と価値づけの対立可能性という論点を提起したが、これらはより詳しく論じられるべき問題といえるだろう。従来の世代間正義論は資源や人口の問題に焦点を合わせるものであったが、シェフラーの議論を参照すると、世代間にまたがる動機づけや世代間寛容論といった争点もまた浮かびあがる。これらの検討は今後の課題としたい。

以下の著作には略語を用い、本文中の括弧内に参照箇所を組み込む。なお以下のものに限らず、既存の訳に一部手を加えたものもある。

【IS】K. Forrester, *In the Shadow of Justice: Postwar Liberalism and the Remaking of Political Philosophy*, Princeton University Press, 2019.

【TJ】J. Rawls, *A Theory of Justice*, Revised Edition, Harvard University Press, 1999（川本隆史・福間聡・神島裕子訳『正義論：改訂版』紀伊國屋書店、二〇一〇年）.

【WW】S. Scheffler, *Why Worry About Future Generations?*, Oxford University Press, 2018.

（1）千葉眞『資本主義・デモクラシー・エコロジー——危機の時代の「突破口」を求めて』筑摩書房、二〇二二年、二七八—二〇六。

（2）ハーマン・E・デイリー『持続可能な発展の経済学』新田功・藏本忍・大森正之訳、みすず書房、二〇〇五年。

（3）セルジュ・ラトゥーシュ『脱成長』中野佳裕訳、白水社、二〇二〇年。

（4）エコ・マルクス主義も脱成長論の重要な立場だとされる。千葉『資本主義・デモクラシー・エコロジー』三〇五—三〇六。

（5）J. S. Dryzek and J. Pickering, *The Politics of the Anthropocene*, Oxford University Press, 2019: ヘンリー・シュー「生計用排出と奢侈的排出」宇佐美誠編著『気候正義——地球温暖化に立ち向かう規範理論』勁草書房、二〇一九年、三—三二。邦語文献だと、気候正義では宇佐美誠編著『気候正義』、人口問題では松元雅和・井上彰編著『人口問題の正義論』世界思想社、二〇一九年が、それぞれ先駆的な研究である。

（6）道徳心理学は『正義論』第三部の主題であり、ロールズ本人はもっとも関心を寄せていたテーマだが、あまり注目されることはなかった。『正義の影で』においても、若きロールズの思想形成を辿った第一章「正義の作成」では少し扱われるものの、その後は基本的に無視されている。『正義論』の受容過程を考えれば不当ではないが、きわめて幅広い論点を扱った本書におけるこの欠落は、何事かを物語るものであるだろう。

（7）『正義論』の第一部と第二部はそれぞれ正義にかなったルールと制度を考察するものだが、この問いは、第三部のそれ――なぜ正義に従うことは善いことでもあるのか――に対応する。

（8）それゆえ、貯蓄原理は格差原理を制約する。貯蓄原理は移行期に必要とされるものだが、この点では『万民の法』における援助義務に類推的である。

（9）Samuel Moyn, *Not Enough: Human Rights in an Unequal World*, Harvard University Press, 2018: 147. モインもまた、『正義論』が戦後の国際秩序（とりわけ経済面のそれ）に現状維持バイアスの悪影響を及ぼしたのではないか、という批判を提起している。

（10）デレク・パーフィット『理由と人格』森村進訳、勁草書房、一九九八年、第十六―十七章。

（11）『正義の影で』では、ロールズの流れを汲むリベラルな理論家のみならず、対抗しようとしたコミュニタリアンまで、ほぼおしなべて批判対象とされている。ロールズの賛同者も批判者も道徳の問いに焦点を合わせることでは同根であり、それゆえ「政治的支配、集団的エージェンシー、制度上の権力メカニズム」といった重要な問題を看過しがちだったからである（ISJ 268）。そうしたなか、グローバル正義論をテーマにした第五章での扱いも含め、逸れグレイハウンドのようなバリーは例外的に好意的な評価を受けている（ISJ 159-166）。ちなみにオニールの議論は飢饉に対する人口政策にまつわるものである。

（12）B. Barry, "Justice between Generations," in P. M. S. Hacker and J. Raz（eds.）, *Law, Morality, and Society: Essays in Honour of H. L. A. Hart*, Oxford University Press, 1977: 268-84.

（13）B. Barry, "Circumstances of Justice and Future Generations," in R. I. Sikora and B. Barry（eds.）, *Obligations to Future Generations*, White Horse Press, 1978: 204-48.

（14）Cについていえば、思考実験を用いること自体は規範理論にとって有益だと私は考えている。第五節では思考実験を用いたシェフラーの考察を好意的にとりあげたい。

（15）H. D. Kugelberg, “In the Shadow of Justice: Postwar Liberalism and the Remaking of Political Philosophy,” *Jurisprudence* 11, 2020: 325-334, esp. 330-331.

（16）齋藤純一・田中将人『ジョン・ロールズ――社会正義の探求者』中央公論新社、二〇二一年、八三―八六、一一五―一一八。ロールズ本人は「福祉国家」という言葉を積極的に用いていないが、本論文でのそれは、財産所有のデモクラシーに親和的なものを意図している。社会民主主義レジームのような制度編成を念頭においてもらえれば結構である。

（17）両構想の対比的な性格については、齋藤・田中『ジョン・ロールズ』七三―七七。S・フリーマンは、ロールズの関係論的平等主義は財産所有のデモクラシーに結びつくが、ドゥオーキンの運の平等主義は福祉国家型資本主義に親和的だとしている。Samuel Freeman, *Liberalism and Distributive Justice*, Oxford University Press, 2018, 44-45, 144. 付言すれば、運の平等主義にもさまざまな構想があり、現状変革を強く志向するものもある。A. Inoue, “In the Shadow of Justice: Postwar Liberalism and the Remaking of Political Philosophy,” *Journal of The History of Philosophy* 59, 2021: 527-528.

（18）田中拓道『リベラルとは何か――17世紀の自由主義から現代日本まで』中央公論新社、二〇二〇年、第四章。

（19）Kugelberg, “In the Shadow of Justice,” 331-333.

（20）もっとも、気候変動の影響がそこまで顕在化していない現状でさえ、巨額の財政赤字というかたちで将来世代への負担が課されていることは大きな問題である。

（21）Stefan Eich, “The Theodicy of Growth: John Rawls, Political Economy, and Reasonable Faith,” *Modern Intellectual History* 18, 2021: 984-1009, esp. 986, 1000-1001.

（22）田中将人『ロールズの政治哲学――差異の神義論＝正義論』風行社、二〇一七年、一九―二二; Eich, “The Theodicy of Growth,” 985-986.

（23）ジョン・ガルブレイス『ゆたかな社会　決定版』鈴木晋太郎訳、岩波書店、二〇〇六年; Eich, “The Theodicy of Growth,” 988, 999-1000.

（24）Eich, “The Theodicy of Growth,” 989.

（25）G・ガウス、J・トマーシー、J・ブレナンといった「アリゾナ学派」の理論家には、現状維持性の打破と経済成長への強いコミットにおいて、そうした性格が認められる。John Tomasi, *Free Market Fairness*, Princeton University Press, 2012, 165. アリゾナ学派には相当にアバウトな側面も見受けられるが、より洗練化された試みとしては、「幸福の神義論」の観点から独自の成長論的自由主義を発展させている、以下の構想が注目に値する。橋本努『帝国の条件――自由を育む秩序の原理』弘文堂、二〇〇七年、一九七―二〇八。

（26）田中『ロールズの政治哲学』三二、二八七―二九九。

（27）ジョン・ロールズ『公正としての正義 再説』エリン・ケリー編、田中成明・亀本洋・平井亮輔訳、二〇二〇年、§49.2, 三一五。

（28）Eich, "The Theodicy of Growth," 989. フォレスタも同様の批判をしている。ISJ 200-203.

（29）福澤諭吉のいう「怨望」のようなまったくネガティブな情動とは異なり、嫉みのなかには正当化可能なものもあるとされる。「嫉み以外の感情をある人に期待することが非合理であるような情況にあって、嫉みが自尊の喪失に対する反作用である場合、それは申し訳の立つ（許される）感情であると私は言いたい」（TJ §80, 468＝七〇〇）。

（30）ミルの功利主義が「公正としての正義」にきわめて近いという肯定的評価と、マルクスの正義論が正義を超越した社会を想定しているという否定的評価は、両者への講義でも受け継がれている。ジョン・ロールズ『ロールズ 政治哲学史講義』サミュエル・フリーマン編、齋藤純一ほか訳、岩波書店、二〇二〇年、五三四、六四五。マルクスの理想社会では「公正としての正義」が成立しえないことについては、坂本達哉『社会思想の歴史――マキアヴェリからロールズまで』名古屋大学出版会、二〇一四年、三二九。

（31）フリーマンは、ミルとロールズの制度構想や道徳心理学に通常思われているよりも強い親近性があることを指摘している。Freeman, *Liberalism and Distributive Justice*, 45-50.

（32）「貧困は、金銭をもたないことにあるのではない。金銭を必要とする生活の中で、金銭を持たないことにある。貨幣からの疎外の以前に、貨幣への疎外がある。この二重の疎外が貧困の概念である」。見田宗介『現代社会の理論――情報化・消費化社会の現在と未来』岩波書店、一九九六年、一〇四―一〇五（強調原文）。

（33）J. Rawls and P. Parijs, "Three Letters on *The Law of Peoples* and the European Union," *Revue de Philosophie Économique* 18, 2003: 7-20.

（34）千葉『資本主義・デモクラシー・エコロジー』二四三。

（35）千葉『資本主義・デモクラシー・エコロジー』一九八、二〇四。

（36）オックスフォードでの上廣講義（Uehiro Lectures）に基づく本作は、二〇一四年の『死と後世』での議論を発展させたものである。Samuel Scheffler, Niko Kolodny (ed.) *Death and the Afterlife*, Oxford University Press, 2014. タナー・レクチャーに基づく

後者では他の論者との質疑応答も含まれているが、これについては以下も参照のこと。森村進「未来世代に配慮すべきもう一つの理由」宇佐美誠編著『気候正義』八七―一〇九。

(37) 付言すれば、私はパーフィットの議論や功利主義が世代間正義論にとって重要なことを否定するつもりはまったくない。正義にかなったルールや制度を検討する場合、それらは考察の土台となるだろう。だが同時に、道徳心理学(動機づけ)の問題については別のアプローチが必要になるとも考えている。

(38) この特徴は上述の二点にも見出されるが、二〇一〇年の『平等と伝統』ではより顕著である。本書の第一章は、T・M・スキャンロンへの論集に寄せられた「価値づけ」という論文だが、以下でみるように、将来世代を気遣う理由のひとつとして援用される。Samuel Scheffler, *Equality and Tradition: Questions of Value in Moral and Political Theory*, Oxford University Press, 2010, 15-40.

(39) こうした想定は、道徳哲学上で細かな議論の余地があるかもしれないが、本稿では立ち入らない。さまざまな幸福論の立場と特徴を比較検討したものとして、森村進『幸福とは何か――思考実験で学ぶ倫理学入門』筑摩書房、二〇一八年。

(40) 森政稔『戦後「社会科学」の思想――丸山眞男から新保守主義まで』NHK出版、二〇二〇年、二三六。

(41) 森政稔『戦後「社会科学」の思想』二三八。

(42) ハンナ・アーレント『活動的生』森一郎訳、みすず書房、二〇一五年。また、以下のJ・ラズの論考にも、シェフラーの主張に通じるものが見出される。ジョセフ・ラズ『価値があるとはどのようなことか』森村進・奥野久美恵訳、ちくま学芸文庫、二〇二二年。

(43) シェフラーはこのような方法を価値論(axiology)アプローチとよび、それだけでは人びとが抱く愛着を捉えきれないとして批判している(WW 87-104)。

(44) これは『正義論』が包括的なヴィジョンを述べた箇所のひとつである。もっともアーレントの用語法を踏まえるなら、永遠(eternity)ではなく不死(immortality)の方が適切だろう。

魚のまなざす海
――多種間の政治と人間であること

●――福永真弓

一　魚が泳ぐ海――人間以外のものたちへの／からのまなざし

人間は、その体内に住み着いた腸内細菌叢、呼吸する空気を提供してくれる植物群や藻類、食べ物になってくれる動植物、直接的な利害も関心も互いにないけれども同じ居住空間に住み着く生きものたち、生きる土台を物理的に提供してくれる土、水、空気など、自己とその他の生きものやモノとの、偶然性の高い絡まり合いの中で生きている。住まうことや食べることにまつわる素朴な日常的実感は、人間もまた生態系の一部であることをわたしたちに教えてくれる。そして人間であることの境界を、他の生きものやモノとのせめぎ合いが形づくる。

しかし同時に、人間は、地球史の内側に住みながら、地球史ごと人間存在の歴史を俯瞰的に観察し、自分たちごと統治の対象にする。認識、存在、制度を介して人間と自然を切断し、自然の経済と人間の経済を切り離し、自然科学を人文社会科学から切り離してきた。そして世界に独立自存する人間と、科学技術の対象となる魂のない自然が描かれてきた。

人新世はこうした近代的人間の抱えてきた矛盾がその歴史的蓄積ごと露わとなった時代だ。地球システム科学の進展は、人間が生きる環境条件を維持することがもはや難しい、部分的に「地球の限界」を超えた状況にあることを明らかにした（Rockström et al. 2009; Steffen et al. 2015）。わたしたちが暮らすのは、人工物と自然が相手を生み出し合い、絡み合う混淆体としての物質的かつ社会的自然（Castree and Braun 2001）の広がる地球だ。すなわち、地球システム内部にまで人間の新しく物事を始める力が入り込んだ、これまでの安定した完新世の地球システムとは異なる、不確実性とリスクの増した未知の地球システムだ。

人間活動の拡大が「地球の限界」を超えようとも地球は一つしかない。エコロジー危機と社会不安・社会問題が重なった「新気候体制」（ラトゥール 2017=2019）の中、わたしたちはどう生きのびる技を生み出すのか。現実に走る火星プロジェクトのように、外延を広げること／地球を改変し続けることを目指すのか。それとも、有限ある地に再び着地する術を、「脱領土化」し「エココスモポリタニズム」（Heise 2008）のもとで模索しようとするのか。

このような人新世の危機のナラティブは、ヒトという種としての対応を呼びかける。そして、ヒト種として他種とどう生きるかを問う。ナラティブに共通するのは、グローバリゼーション的思考の問題性を批判し、惑星的思考を人類が持つべきであることを強調することだ。ただし、どこにどのように向かうかについては全く異なるビジョンが含まれる。宇宙開発技術ともなる培養肉など分子や細胞レベルで素材を再編する科学技術を延長し、惑星の物質代謝の負担軽減とそこから離脱する「宇宙の生活様式」がビジョンとして描かれる一方で（cf. ecological modernization）、近代後の荒れ地の中で、再び地上に棲み直すためのオルタナティブな「土壌（soil）・堆肥（compost）の生活様式」が探索される（cf. 藤原 2019）。「土壌・堆肥」と言っても、ポストコロニアルのように、グローバリゼーションの中で差異化された土着のオルタナティブが召喚されるのではない。生産ではなく発生システムと相互依存を柱とする「土壌」に棲み直すことが主張される（Haraway 2016; ラトゥール 2017=2019）。どちらにおいても、惑星資源の蕩尽的消費の跡地で、人間の居住地を確保するために、他種に関する表象と、他種とヒト種の相互依存的な関係性の把握、それらを用いた多種間の政治の方法論が模索されている。同時に、概念、モノ、情報、仮想空間、人間を含む生きものたちなど、多様なアクターの集合体として社会を記述するアクターネットワーク論[1]や、マルチスピーシーズ・エスノグラフィ（Kirksey and Helmreich 2010; 近藤 2022; 近藤・吉田 2021）など、多種間の政治を模索し、共に生きるために世界を記述する試みも盛んになっている。

人新世という時代認識を踏まえ、活発化しているこれらの議論と問題関心を共有しつつ、本論は、魚の棲まう海をめぐる現実の人間と他の生きものたちの関わりを描写することから、人間という種と、人間以外のものたちとの間の政治の可能性を問うてみよう。多種の間の関係性の描写とその間の政治を考えてみることは、どちらの型の惑星的思考に与する場合にも、それらに抗いながら居場所で棲まう方法を探る場合にも、どちらにも必要になる。

一九七〇年代から盛んになった環境哲学は、ながらく、自然とは何か、人間は自然を壊さないようにどう振る舞うべきかを問いの中心にしてきた。しかし現在において問われているのは、有限性のある地球で、それぞれの世界を制作し生きる他の生きものたちとどのような世界を制作し生きるのか、ということだ。人間もまた、自己家畜化を絶え間なく繰り返し、ゲノム科学の発展により自らの生の偶然性を遺伝子レベルでデザインし、コントロールすることが可能な存在となった。いわば生物学的な人間という所与のものであったはずの存在基盤も揺らぐ中、歴史的に関わりながら、人間存在のありように寄与してきた地球システムという基盤も変容している。こうした二つの基盤の変容を前に、人間はこれからどのような存在でありうるのか。他の種も、ヒトという種も、どのような世界に生き、種であり続けうるのか。

これらの問いは、抽象的な種のまま模索することの出来ない問いでもある。抽象的な種の政治は全体主義に陥りやすい[2]。惑星的思考が全体主義に陥らないためには[3]、多元的な世界を生きるもの達の具体的な姿から連帯可能性を探り、連帯の中に見いだす惑星の輪郭を手探りする過程が必要である。

惑星的思考という言葉が現れる前から、土台となる環境の変化には、生きものも、水や風も既に応答し始めている。その隣に棲まう人間達も変化に応答し始めている。惑星的思考の一部が地球システム科学という強い科学を背景に、モデリングによる規範と支配的な言説を形成し始めている一方で、変容する生きものからの応答に耳を澄ませながら、人間例外主義的な枠から退去し、多種間の政治を試みる人びととの実践は始まっている。それは、海の連続性、生きものと人びとが歴史的に蓄積しながらつくってきた存在とその豊かさの継続性、そしてシンボリックな世界観の継承性をもつ世界をつくろうとする試みでもある。

本論ではまず、人新世における種というナラティブについてまず簡単に確認しておこう。その後、異なる魚との付き合いを通して、人びとが人間という種の複雑さと厄介さを確認しながら、多種の間で生きていく術とそのための場所としての海をつくろうとする現場から、多種の政治の萌芽を見いだしてみたい。とりわけ、漁師たちの言葉から、多種との政治の中でしか私たちはその種になれないという認識が経験的にもたらされる様子を追いかけよう。そして最後に、他種との種的境界の認識から、「その種になる/歴史的にその種であり続けている」多種間の倫理についての気づきと実践を促す、日常経験の記述の可能性について論じてみたい。

二 惑星的思考と多種の政治

1 種というナラティブ

人新世を提唱し、広げてきたP・クルッツェンら地球システム科学派人新世論者は、人間を「種」というカテゴリのもとで一元的に表現し、地球危機に対抗する集合体として人類全体をまとめあげようとしてきた。そして、人間存在より前に始まり、人間がいなくなった後も活動を続けるだろう地球史と人間の歴史を融合し、ヒトという「種」を地球史に再定位してきた(4)。そのナラティブは(5)、人間例外主義に対する科学的反証を片手に、人類を、地質的力を構成し地球史に干渉しうる対等のプレイヤーとして語る(6)。そして、西洋の自然主義的想像力のもと、地球と社会を工学的に融合させ(cf. 情報科学と生命現象、金融物理システムと生態系サービス、地球工学と気象システム)、地球内部のシステムを操作可能なものとみなして干渉し、統治・管理を試みる(7)。

人新世という時代意識を共有しながらも、人文社会科学者たちは、抽象化されたヒト種というナラティブを警戒してきた。近現代を通じて、ヒト種というナラティブは、帝国、資本主義、グローバリゼーションの思考様式とその「人類学的機械」（アガンベン 2002=2004: 29-30）の動作を支えてきたからだ。非人間化、動物化、モノ化、劣等化を人間以外の生きもの及び人間内部にも仕掛けて収奪可能な自然領域やモノを生み出し、「人間」とその領域から対象をはじき出して、「人間」とその他の自然的なるものを区別してきたのである（金森 2012）。

科学技術史・環境史家のC・ボヌイユとJ・フレソズは、地球システム科学派人新世論者(8)のナラティブが遂行的であること、人類のためにという大きな目標が、ジオ政治や地―権力を強化することに注意を促す。そして、「種」という語り口が、ヒト一般を等しく罪人かつ同じ義務をもつ地球市民とみなし、人種、ジェンダー、社会階級に基づく不均衡性や不衡平性を捨象すると指摘する。マルクス主義、フェミニズム理論、ポストコロニアル思想などが多様性と尊厳の平等性を強調しながら解体してきた普遍主義的人間像もまた、科学から捨象される（ボヌイユとフレソズ 2016=2018: 70-88）。

種という語り口は「人類学的機械」の再作動ではないのか。この疑念を別の角度から問い続けてきたのがエコマルクス主義だ。エコマルクス主義は、人新世より「資本新世（Moore 2016; 2017）」という言葉がふさわしいと主張してきた。それというのも、地球と人間という巨大な焦点からは、人間内部のヒエラルキーや格差を増大させ、社会・自然に自己破壊的な力を向けてきた資本主義という運動装置が隠蔽されるからだ。

また、抽象的なヒトを語るナラティブは、地球システム科学と自然主義的想像力に基づく解決のビジョンの中立性を不問に付し、他のビジョン・方法の選択可能性を見えなくしてしまう。より深刻なのは、下からのオルタナティブな政治・社会実験(9)の想像力を抑圧し、それらの運動や主張を政治的に無力化することだ。人間以外の生きものや環境の知識を蓄え、工業化や消費主義化に抗い、環境破壊を止めてきた無数の歴史的・現在進行的な営み（社会運動、エスニックな、あるいは伝統的な価値、世界観や生活様式）は数多く存在してきた。種という人新世論者たちのナラティブは、こうした環境破壊を「抑制（inhibition）」してきた営みを政治的に無力化し、人間活動の拡大と加速を促す「脱抑制」の機能を果たしてしまうのだ（ボヌイユとフレソズ 2016=2018: 345）。

2　人間例外主義を問い直す

ヒト種というナラティブが支配的言説となることを警戒しつつ、気候変動が日常のリスク要因となった現代社会をいかに生きるのか。惑星的思考の必要性を提唱する論者達は、人間中心主義的な地球[10]の把握と理解から脱することを説く。そして、人間以外の生きものやモノたちとの応答なくして人間は糧を得られず存在しえない、という相互依存性から出直すこと、地球に棲み直すことを主張する。

例えば、惑星的思考の論客の一角をなす、歴史学者のD・チャクラバルティは、ヒト種という概念が関係論的であることを強調し、政治を人間が相互依存する他種の生きものやモノたち、人間以外の存在のために開く時が来たと主張する。「惑星的環境危機のもとでは、政治と正義の思想を、生きているものと生きていないものの両方を含む非人間的なものへと拡大することが要請される」(Chakrabarty 2021: 13)。

こうした議論は、一九七〇～八〇年代の環境哲学において試みられてきた脱人間中心主義の議論を彷彿とさせる。確かに、学問、政策形成などの政治実践、そして環境正義運動など社会運動においても、自然の内在的価値をはじめ、生命中心主義、生態系中心主義、ソーシャルエコロジー、土地倫理、ディープエコロジー、エコフェミニズム、動物倫理学・自然の権利論等が再訪され、現代的に再編・展開され始めている。動物のための政治に関して言えば[11]、動物の権利論の立場を採用したシティズンシップ論の動物への拡張[12]、種内部の模範原理に基づく潜在能力の保障[13]といったアイディアも出されている。しかしながら、気をつけなければならないのは、こうした思想哲学が想定としてきた以上の社会自然の中に私たちは生きているということだ。そして、そもそも種という区分は他者との関係に依存するものであり、その生物の存在論的様相は、ポストヒューマン的現実を生きる人間との関わりの中でさらに動的な関係論の中にあるということだ。

惑星的思考の別の一角をなすB・ラトゥールと思想的影響を互いに及ぼしてきたフェミニズム科学思想家のD・ハラウェイの思想は、分野をまたぎ、関係論的種という思考の源泉となってきた。ハラウェイは人間の生を成り立たせ、同時に人間によって生を成り立たせられている生きものたちを「重要かつ意味ある他者」、「伴侶種」と総称する。科学技術によって生まれた実験室のES細胞から米、蜂、体内の腸内細菌叢、ペット、野生のキノコ、オオカミまで、私たちは生物学的に差異を持って生まれ、歴史的な相互関係の積み重ねのもと、関係性の中で特異的な種的・個体としての存在に共に「なる（becoming）」（Haraway 2003）。人間も科学技術の進展に伴い、自らが生み出した人工物と混じり合って身体・感覚を拡張しながら、他者および他者を構成している関係性ごとと自己が縺れ合う「世界制作のゲーム」（Haraway 2008: 19）に参加し、共に互いを創る（sympoiesis）（Haraway 2016）。

ハラウェイと共鳴しつつ、人新世という跡地の中で他種と「生きる術（arts of living）」を模索する人類学者のアナ・チンは次のように指摘する。種は、ともすれば確固としたカテゴリの内側で自己完結的に自己組織的に進化をなしえる静的不変性をもつものとみなされがちである。しかし、生物学の蓄積が示すように、進化もまた、多種との関係性の中で種としての精緻化がおこる「種という実践」でしかない。こうした関わりで保持されてきた、種としての「人間の本性とは種間の関係である」とさえ言える（Tsing 2012）。問題は、人間だけがこうした関係性から一方的に独立しうるという人間例外主義なのだ。

人間例外主義からの脱却を目指し、種間の関係性の民族誌的描写から人とそれ以外の他者の関係性に光をあてるマルチスピーシーズ論は、こうした複数種の関係性を人間の間の／他種との政治交渉や意志決定過程にどのように持ち込むか（近藤、吉田編 2021）、その手法を模索し始めている。いかなる種の実践が行われているのか。その実践を踏まえた上で、人間以外のものたちとの政治はいかに可能か。人間例外主義から脱するための問いだ。

本論はこうした問いの必要性を共有しつつ、次項から少しローカルな環境記述に潜ってみたい。荒廃し変わりゆく大洋と沿岸の様相を、接する魚との関係性を通じて歴史的に把握しながら、グローバルな環境政治や資本主義との狭間で「魚とうまく付き合える居場所」をつくる。そのような多種の政治を試みる人びとについて描写してみよう。

三　魚のまなざす海——多種間の政治

1　空間認識の多重性と行き交う魚たち

本項ではサケおよびその周囲の生きものたちと岩手県宮古市田老町の沿岸の人びととの関わりを踏まえながら、多種間の政治の可能性について議論しよう。[14] はじめに、この沿岸の人びととの魚に対する認識と空間認識の複数性について簡単に把握しておきたい。

三陸沿岸は昔から、豊穣な漁場として知られてきた。近世中期から商人資本が入り、サケやアワビ、コンブなどが支える商品経済が形成されてきた。他方、陸の延長線上には明治漁業法[15]以降も、近世までの慣習をもとに地先入会漁業権（二野瓶 1962）が設定され、戦後も長く共有資源の管理が行われてきた。[16] 田老町においても、今でもその区域はほぼ踏襲され、岸浜漁や養殖を行う区域になっている。天然のワカメ、コンブ、アワビ、ホヤ、ウニ、タコ、ナメタカレイなどの地付き資源の岸浜漁が集落の生活を支えてきた。とりわけ天然ワカメやコンブ拾いは、戦後においても、稼ぎ手が女性や高齢者である世帯にとって貴重な収入源であり、その加工場も近隣地域社会に働き口を提供してきた。

人びとの空間認識は、こうした歴史と連続しながら、岸辺と生きものが訪れる回遊路に向けられてきた。磯場を漁場にする漁師たちの中には、海底をまるで地上の景色を語るように詳細に把握し、語ることが出来る人もいる。そのような人はアワビが好む水の味（その知見によれば海の中にも陸上と同じく台地があり、湧水があり、川が流れる）まで把握していて、どこの湧水に魚の稚魚が群れているかも、詳細に知っている。岸浜漁に出る人は、大体の海底の地形と特徴、そこにいる生きものたちの生態、それらが何を好み、どうすれば居着いて増えてくれるのかを経験的に知っていて、上手い人は経験の蓄積を周囲からの伝聞や別様の知識と照合し、広域の状況も含めて把握し、常に磯と魚の把握の仕方を補強している。

近世において、地先領域とそこに棲まうものたち、訪れるものたちは、その地先集団の共有資源だった。訪れるものの大きさに関係なく、鯨が宮古湾に漂着したときは、近世の湾の人びとは自分の領域に鯨を寄せようと苦心した。残存する歴史資料で確認できる限り、近世半ばには既にサケの生態の他、その回遊路や行動形態も細かく把握されていた。面白いのは、サケやマグロのような回遊魚について、人びとは魚の行動と暦を熟知し、地先を超えて魚道を地先と同様に入会化し、あるいは周囲の地先集団と交渉して共同管理してきたということだ。地先空間は、訪れる魚の生態にあわせて延長されてきたのである。[17]

こうした、生態学的関係性に埋め込まれた地先の空間認識に、別様の空間認識が加わるのは、近代になって鉄板の動力船が加わってからだ。岩手県では大正期に動力船の導入が一気に進んだ。宮古港には、遠目の沿岸から、遠くは水平線のあたりまで出港して戻ってくる船が寄港し、製氷所ができた。一九三〇年代後半には、宮古湾はサンマ、カツオやイカ漁のために沖合にでる船の一大寄港地となっていた。沖合のサケも延縄や流し網漁船の対象となった。港の整備は水産加工の産業化を進めると共に、ベニヤ板などの輸入木材加工、田老の銅精錬を行う化学工場も操業を始めた。

漁師たちの沖合まで広がった空間認識は、行き来する船や出入りする船員達、加工された魚たちが漁村に並ぶ景観を共有することで、地元の人びとの認識にも埋め込まれていった。「沖まで行って、ウチから見える水平線の向こう側から父ちゃんが獲ってきたイカたち」が家の近くの道路に拓かれて並ぶのを見ながら学校に通い、別の家の父ちゃんに獲られてきたカツオが、加工場で、よその母ちゃんたちの手で鰹節になる匂いを嗅ぎ、イワシ加工がハマで行われるのを手伝い、トラックから落ちたサンマが道路を散乱するので拾っておかずにした。船員さん達が入る銭湯が街のあちこちに増え、港湾近くには色町ができ、見てはいけないものをぶら下げて歩く大人たちがいる場所から、子どもは追い出された。

こうした沿岸・沖合漁業の興隆はある認識に支えられていた。沖合で漁船が捕ってくる魚は「無主物（res nullius）」であり、才覚と技術をまかなう財力、覚悟があれば、漁場ごと占有することができるという認識だ。特に、沖合で獲られた魚は、資源管理や周囲の村落との関係性から漁獲を制限されてきたハマや沿岸の魚とは異なる所有感覚を持てる魚たちだった。各船は競って沖合の漁場を取り合い、魚の群れを占有しようと試みた。

さらに戦後になると、ここに公海という「無主地（terra nullius）」が接続する。戦後すぐ、人びとは食い扶持を求めて沿岸に殺到した。沿岸・沖合漁業は瞬く間に魚を取り尽くし、漁業経営は危機に陥った。GHQの天然資源局は苦境を見かねて一九五一年に漁業人口・漁船の制限と資源保護等の提案を提言したが、日本政府は、マッカーサーラインの撤廃に動き、一九五二年に撤廃されると、「沿岸から沖合へ、沖合から遠洋へ」というスローガンと共に、北はオホーツク海まで、南はミクロネシアまで漁場を瞬く間に広げていった。

マグロも悪いわけではないんだけど、ケイソン[18]に比べると全然話にならなかったね。行ったのは、カロリンとかマーシャルとか、あっちの方です。北緯一〇度、東経一五〇度あたりです。本当はもう一〇度ほど北だとメバチが獲れて良いんですが、そこに行くには時間もかかるし燃料もかかるし。それと風が強くて貿易風て言ったんだけれども、八mか一〇mの東北東の風がしょっちゅう吹いているの。それで船が進まなくなる。うるさいの。それが、北緯一〇度から六度か七度行ったらベタっと風が弱くなるの。（中略）とにかく、獲んないと船主に顔向けできない[19]。

こう語るBさんは、一九二九年に田老で生まれた。一九六一年から田老町漁協の自営遠洋船の船頭を務めた。中学を出て定置網漁船にしばらく乗った後、一九五〇年に船員手帳を取得した。通信士としてサンマの棒受けや近海トロール船に乗って択捉沖まで出かける沖合漁業に従事した後、遠洋船に乗るようになった。一九五二年以降、北洋の母船団式サケマス漁が一気に花開き、一大産業となった。他にスケソウダラ、カニ、ニシンなどが漁獲対象となった。日魯、日本水産など巨大な資本力をもつ水産会社が北洋でしのぎを削った。ケイソンに乗れば一年で土地が買え、二年で家が建つ、と言われるほど、遠洋は儲かる船だった。北洋を専業にしていた船もあったが、漁協の自営や中小規模の資本力の船は、春の彼岸からのサケマス、秋からの南洋マグロ漁を周年でこなしていた。

遠洋は沖合よりさらにきつい海だった。北洋でも南洋でも、風が、操業と操業を終えて無事に帰るまでに最も気をつけなければいけない存在だった。波も怖いが、それを呼ぶ風はもっと怖い。Bさんは操業に出るたびに魚、風、波を注意深く観察し、メモを残した。「他所様の海には、他所様の作法がある」のだ。そのうち、緯度経度と時期を聞けば、そこにどんな風が吹くか、波がどのようか、そしてどんな魚が行き交うのかが瞬時に思い浮かぶようになった。[20] メバチはきっと、こう来る。「そんな魚の気持ちすら、わかっきになんもんね」[21]。

Bさんら遠洋漁業者が捕ってきた魚は、大企業である水産会社のサプライチェーンに乗り、日本の食卓に「少し高い大衆魚」として根づいていった。北洋漁業のサケマスの中ではとりわけベニザケが、南洋漁業では言うまでもなくマグロ類が食卓に乗るようになった。折しも冷凍技術とコールドチェーン開発が進み、それまで海の魚といえば、干し魚だった山間部でもマグロの刺身が日常の商品になった。また、ベニザケはその肉質が塩蔵に向く。在来のシロザケより脂がのり、色味も赤い。市場でも、そして遠洋漁業基地の街でも非常に好まれ、塩鮭そのものを想起させる魚にすらなった。[22] 北洋漁業の斜陽と共にベニザケは北米からの輸入にルートが限られるようになったが、それでも変わらず輸入され、コンビニの棚にも並び続けている。遠洋漁業は、資本力のある企業が牽引し、スーパーと結びついて手頃な魚を食卓に届け、食の形を作ってきた。

田老はBさんのような沖合・遠洋漁業の乗り手を数多く輩出した街だった。和歌山にも、北海道にも、つてを辿って修行に出て、稼ぎ手になった。三陸沿岸では、「田老の乗り手は腕が良く、稼ぐ」と好まれた。家族や親戚の誰かしら、集落の誰かしらがこうした沖合・遠洋漁業、定置や延縄などの沿岸漁業に従事し、日々の岸浜漁に出ていたから、沿岸、沖合、遠洋の空間認識は、そうした人びととの思い出や行事、景観などを介して重層的に街の中で共有されていた。船に乗らない人も、街の風景の一部から、沿岸から遠洋まで含むように拡張された、豊漁を祝う祭りや神事などの民俗行事や学校行事[23]を介して、食卓にのる魚や風景の中の魚たちを介して、空間認識と意味の体系を共有してきた。

2　沿岸への回帰と「つくる」漁業

遠洋漁業が接続した「無主地」の海は、実際の所、一九五二年の時点で北太平洋の西半分に限られていた。一九四五年のトルーマン宣言以降、サケマス資源はその資源が産卵に戻る母川のある国に資源の管轄権があるという母川国主義が浸透した。一九五〇年代に入ると、サケマス資源の資源評価研究が進み、回遊路や分布が明らかにされ、母川国以外の船がそのサケマスを獲ることが一層強く批判されるようになった。一九五二年の日米加条約、一九五六年の日ソ漁業条約はこうした背景のもとに結ばれ、北洋漁業は国際的な資源管理の網の中に入った。

公海における漁業制限は、実のところ、第二次世界大戦後の領海拡大・資源獲得競争と海洋秩序の混沌化をにらみ、一九五八年の国連主催の第一次海洋法会議を皮切りとした海洋政治再構築の一環でもあった。一九六七年の国連総会ではマルタのバルド代表が「人類の共同財産である海底資源の共同管理」の必要性を訴えた。国際政治における途上国の発言力は高まり、バルド代表の提案を引き受ける形で一九七三年に始まった第三次海洋法会議では、二〇〇海里経済水域が議論となり決定された。公海は各国の経済水域分狭まった（平沢 1978）。

もっとも、既に一九五〇年代半ばにはソ連との漁業交渉は困難を極めていた。少しでも交渉を有利にしたい漁民は日本政府に対し、ソ連側が求めていた、日本国内のサケ資源保護政策（公害や港湾・河川の工業利用による生息地減少や環境悪化、明治期から続く人工ふ化放流事業の量的拡大）の拡充を求めた。こうした漁業交渉をめぐる国際政治を反映し、一九六〇年代には人工ふ化放流事業の大規模な拡大が実現した。沿岸の「サケをつくる」漁業の始まりである。サケマス資源は、無主物をひたすら獲る時代から、慣れ親しんだ沿岸のサケを育てる時代に入った。各国の二〇〇海里の設置はこうした動きを決定的なものにした。

そして、公海のサケマスも無主物ではなくなった。第三次海洋法会議の結果採択された国連海洋法（一九八二年採択、一九九四年発効）は母川国主義を明確に定め、一九九三年に発効した北太平洋における遡河性魚類の系群の保存に関する条約は、公海でのサケマス漁を一切禁止した。日本は一九九二年から自国の経済水域と、ロシアの経済水域でのみサケマス漁を操業している。

田老町漁協はBさんが船頭をつとめた遠洋漁船を経営しながら、養殖ワカメの実験を一九六五年に始め、一九六七年にはサケの人工ふ化放流事業の実験を始めた。田老町の沿岸は宮古湾に入るサケたちの通り道で、定置網はそのサケを長く狙ってきた。しかし、田老町の川にはサケは戻ってこなくなって久しかった。サケ資源がいなくなったのは、戦前から操業が続いていた田老鉱山の悪水が長内川に流れてきたためだと認識されていた。

外洋に出かけるのではなく、地元を食わせるにいい資源を地元でつくる。例えばサケのような、田老町漁協の共同資源事業をつくることは、当時の漁協の悲願だった。長く漁協職員を務めてきたCさんは、不安定で海難事故の多い漁船漁業だけではない、組合員の生活が安定する漁協の事業を始めたいと考えていた。だが、一度鉱山で荒廃した場所に再びサケ資源を取り戻せるのかは、まったくわからないと思っていた。内心では、放流実験を始めた人たちに対して、「何を無駄なことをやってるんだろうこの人達は」、と思っていた。漁協は、鉱山が完全に閉鎖された一九七一年、田老川でサケの放流事業を本格的に始めた。同年、漁協は遠洋船を売却し、遠洋漁業から完全に撤退した。漁船を売却したお金で、藻類・貝類の養殖、人工ふ化放流事業、定置網にこれまで以上の投資を始めた。一九七四年には自営のワカメ加工を始め、一九七七年には放流した田老川に一万四〇〇〇尾のサケが戻った。定置網の水揚げも格段に上がった。一九八〇年代には資源を沿岸でつくり、利用することが形になった[24]。良いときのサケ定置網の水揚げは年間一〇億に届いた。サケは再生の物語になり、新しい漁協の礎である養殖の拡充につながったとCさんは振り返る[25]。

しかし、今やこうしたサケの物語は過去の物語になりつつある。田老町漁協のDさんは、地域の漁業者が専業漁業者で食っていくなら、もはやサケはいい資源ではないと言う。新しい時代の礎とCさんが言った、養殖事業の担当者だ。


そのうちね、母川ごとにサケの権利があるんです、ということになって、海の上に線がありますよと。二〇〇海里ができて、あのときみんなやられたみたいに、待ってるソ連に捕まりますよと。（……中略）そんで今度は、稀少なみんなのお魚ですよ、と。前はみんなの魚だから早い者勝ち。で、今度はみんなのものだから獲ってはダメだと。そうなると、うちのを増やすしかないよね。昔から戻ってきてくれる、うちの川のサケたちにまた戻ってもらうしかない。線をこえて、ちゃんと育って、自分で戻ってきてくれるんだから。（……中略）ヤマトク組合長やオヤジたちにはそういう見方が、地域で食えるもんをつくるっていう頭が、あったんだってことなんですよ。じぇ、うちでもやんねばなんねえって。まだ鉱山動いていたときだったから、思い切った案だった。（……中略）でも、たぶん、また転機が来た。オレはワカメ、コンブなんだなと思っているんです。サケの重要度は下がっている。特にこの地域ではね。(26)

Dさんはサケをやりたくて一九九六年に漁協に入ったが、すぐに専業漁業者にとってはワカメやコンブの方が重要であることに気づいた。田老はコンブ養殖の南限にあたる。外洋に面した田老の海は、質の良いワカメを育むには絶好の場所だ。Dさんが漁協に入った頃、折しも、サケ資源の安定性が崩れ始めていた。サケをはじめ、漁船漁業は装備にお金がかかり、しかも獲れなくなった。ワカメやコンブの養殖は、自前で加工施設をもっていて、出荷先も自前で確保できているし、生産も安定する。田老の養殖施設は、上段にワカメ、下段にコンブを養殖する併用方式を用いているから、同じ空間で両方作れる。「驚くような高収入はないが収入が激減することもなく」、安定した収入を得るという点でも優れていた。(27)サケのように、輸入される別のサケマスと張り合ったり、輸出先の国外市場の状況によって需給が乱高下したりすることもない。(28)

また、ワカメとコンブは危機に強いという経験からの実感もある。二〇一一年の東日本大震災後、被災して収入の道が途絶えた貝類の養殖漁業者の多くは、上手くいけば翌年には収入になるワカメ・コンブに一時期転換した。漁協は残った船を組合で共有し、船も養殖施設もすべて組合が資金を出して復旧し、組合員に貸与することを約束し、専業業者のグループをつくって養殖を再開した。藻類は漁業者の生活をしっかり安定して支えられる。Dさんはそれが藻類養殖の良いところだと言う。そして、高齢化や生産人口の減少、養殖のための真崎の海を汚す人間活動がないなど、「人間側の事情とワカメ・コンブの事情の折り合いが、うまくついている」のが、今の田老の状況なのではないかと述べる。(29)

もっとも、Dさんは「ワカメ・コンブの事情」を把握するのに時間も手間も惜しまず、ドローンでも水中カメラでも思いついたことは何でもやりながらワカメやコンブにとっての環境を調べるし、ワカメとコンブ、同じ場にいるアワビやウニの育ち具合、性質も含めて「事情」の中身を知ろうとする。サッパ船を出して周囲の魚を釣りながら潮流や水流の強さも見て、栄養塩の状態も観察している。実はこうしたことは、同じ田老漁協で定置網の大謀をしていたDさんの父親Eさんが、定置網の場所決めや網の形を設計するために行っていたことの現代版だ。そのことを私がDさんに伝えると、Dさんは「じぇっ」と黙り込み、ため息をついて言った。「まあ、あの人と一緒のことをしてるんなら、まあ、間違ってはないんだろうな…、ということにしておきます」[30]。Dさん自身は、忙しくてろくにかまわれなかったEさんよりも、岸浜漁に出かける周囲の大人達や、養殖に携わる漁業者、漁協の技術者たちから見よう見まねで教わったことが自分の行動にあると解釈してきた。

しかし実のところ、二人はそっくり同じことをしている。Eさんはよく、「魚も波も理屈があって、人間の理屈はそこには合わない。相手方の理屈を上手く利用して、人間の勝手をいっしょに聞いてもらえるところに定置網を置く」と言う[31]。Dさんはコンブの事情を把握し、養殖施設の大きさや手間暇のかけられ方、出荷したい時期など、人間側の勝手をコンブに聞いてもらう方法を探し、少しでも良い種苗生産を目指す。二人とも、人間とそれ以外の種が、お互い利用し合えるポイントを探しているのだ。そして魚や藻類と交渉しようとする態度は、確かにDさんが言うように、岸浜漁の達人や、養殖の礎を築いてきた漁協の技術者たちに共通している。振り返れば、遠洋のBさんだって、メバチの理屈がわかるよう、必死で見知らぬ海の風と波と魚を覚えようとしてきた。

こうした人びとは、複数の生きものたちやその生きものたちが生きる条件に自分たち人間が依存していることをよくわかっている。ウニもアワビも、それぞれ好む場所があり、条件がある。それは人間が動かせない条件の場合が多い。好む海藻、岩の具合、水深など、複数の要因が重なった条件の塊だからだ。おまけに条件自体、人間がやりとりできる近場にない場合も多い。昔から、大洋から岸辺に寄ってくるものであるサケは、ハマの人間がどうしようもない不確実性をもった資源だった。人工ふ化放流事業で一時期その不確実性が統治できるかと期待した時期もあったが、Eさんが言うように、波には波の理屈、プランクトンにはプランクトンの理屈、魚には魚の理屈があり、湾を一歩出た先にある、外洋で生きるサケの理屈は、人間の理屈には合わない。サケは外洋の波や温度や、プランクトンや、他のサケマスの理屈や、外敵の理屈をすり抜けたり利用したりして沿岸にやってくる。そうしたわからないものの理屈だらけの中で生きる資源に、人間は依存しているのだ。

養殖の時代になってもそれは変わらない。母藻からとった遊走子（胞子）からコンブの種苗をつくる作業は、まず遊走子を種苗糸に着生させ、そして雌雄別の配偶体へと生長、植え付けることが出来る「芽」の状態まで成熟させるという過程で進む。海では半年近くかかる時空間を、一ヶ月強に短縮する。その間中、世話をするDさんを含めたスタッフはつきっきりだ。細菌が入り込まないように防疫し、温度、培養液、刺激の与え方、遊走子と配偶体の異なる多様な理屈と都合を聞き取り続ける。

できあがった種苗をロープに挟み、養殖施設に固定した後は、コンブがどう波の理屈と折り合えるかをつぶさに観察しなければならない。陸からの栄養塩は十分か。波はどうか。波が強すぎないか。Dさんがコンブのために、どうやって外洋からの波が沿岸の地形とぶつかり、真崎の海を満たすのかを気にしているように、父親のEさんはサケが集団でのってくる波が外洋から沿岸近くにどう接近してくるのかを気にしてきた。

二人の空間認識は、生きものを囲む多重の、その生きものの発生のための連帯のネットワークに乗り、外洋に到達する。そして、田老で最も古い漁港の小湊があり、養殖の拠点ともなっている真崎の海に、生きものの理屈を辿って意識が戻ってくる。真崎の海は、DさんとEさんが口をそろえて、「世界で一番きれいだ」と愛着を語る場所だ。Eさんの定置網漁は小湊から出発し、寝泊まりした番屋はここにあった。岸浜漁の場として、多くの漁業者が船から十数メートル下がきれいに見える海をのぞき込み、海底の様子を記憶し、アワビやウニをとってきた場所でもある。遠洋漁業を経験したBさんも、「ここでダメな人は遠洋でもダメだった」と振り返る。小湊の定置網で丁稚奉公をしていたBさんは、漁師としての基本的な感覚をたたき込まれる場でもあったと振り返る。Cさんは歴史的に陸との交易の場でもあったのだと、郷土史家として史料を片手に小湊の重要さを地域で広めてきた。

田老の人びとが民話の中で桃源郷を重ねてきた象徴的な海岸は、その海に居着くもの、訪れるもの、それらが必要とする生きものとモノの関係性、集合的な知識、愛着などを内部に折り畳んでいる。せめぎ合う生きもののなかで、Eさんはいつも考えてきた。

「それは誰の理屈か、オレの理屈は何か、なんで理屈が違うと思うのか。」[32]
人間とは何かもまた、この場所でせめぎ合われてきたのだ。

3 多種間の政治に身を置くということ

政策においては、「沿岸から沖合へ、沖合から遠洋へ」、とひたすら拡大してきたように言われる空間認識は、実際の所、基底に地元の海を保ち続けてきた。生活実践のレベルでは、日々のおかず取りから、ハマ遊び、岸浜漁に至るまで、真崎の海が象徴的な場所であるように、棲まうもの、居着くもの、訪れるものの入り交じる地元の海が、常に人びとの意識にあった。

こうした生きものやものとの関わりの中で、いかように「オレの理屈」、すなわち人間の理屈が見いだされていくのか。環境政治学者のJ・ドライゼクとJ・ピッカリングなら、自己のあり方を変えるこの様子を、生態学的再帰性と呼んだかもしれない（Dryzek and Pickering 2017: Pickering 2019）。だが、田老の人びとが見せる主体性は、彼らが主張するよりはるかに多孔的で、主客は想像力を介して頻繁に混じり合う。

それは誰の理屈か、とサッパ船の波間でEさんが問う時、Dさんがコンブの遊走子の理屈を見いだそうとするとき、はたまた遠洋の先で、Cさんが他所様の海の風や波と向き合いながら、メバチの気持ちになった気がするとき、人びとはその何ものかの存在が現れる関係性の中に、自分の身も埋めている。そして、相手のいる内部から自分も相手がつながる世界を理解しようとする。生物学者J・ユクスキュルが見いだしたように、確かに生きものはその固有の身体で固有の環境に生きているかもしれないが、その世界はわたしたちのつくる世界の一部でもあり、一緒に更新できる。人間の行動が他者に対して暴力的になるのは、その接続から他者の世界を破壊するからだ。田老の漁師たちが持っているのは、そうした多種の間から世界を繋げてみる作法であり、その作法のもとで、お互いの理屈が相乗りできる場を作り出すことだ。ゆえに陸から出る水は生きものにとって良い水でなければならず、砂浜と磯場は互いの理屈と利益が循環できる場でなければならない。アワビにいい磯場は人間に良い磯場だが、それが他の生きものにいいかどうかはバランス次第だ。だから、田老町はかつて原発を拒絶した。決定的な破壊要因になるかもしれない原発はいらなかった。[33]

そして、この場での種差とは、互いの優位性を意味しない。何をなしえるかは、その生きものの特徴ではあるし、それを最大限に生かして生きものは自分の理屈をつくり、他者の理屈と相乗りできるかどうかの幅も決まる。だが、例えば人間がサケに対して、コンブに対して優位なわけではない。互いの理屈が相容れなければ、その場から生きものは退出するだけだ。あるいは暴力的にその存在を奪われてしまうだけだ。養殖であっても、人工ふ化放流であっても、野生であっても同じである。サケは人から去り、コンブもいなくなる。ゆえに、わからない相手の理屈と自分の理屈が折り合うポイントを、わからないなりに手探りで探すのが、お互いが世界を接続し続ける作法になる。それが田老の漁師たちにとっての、この場でヒト種であるという種の実践なのだ。互いの継承性もここに生まれる。

田老の漁師たちが実践する多種間の政治は、サケやコンブに内在的価値があるかどうか、生きる願望を感じたり苦痛を感じたりするかどうか、あるいは人間社会から市民権を承認されるかどうか、はたまたその種としての規範にふさわしい潜在能力がみたされているかどうか、などに依拠していない。彼らが依拠するのは、もっとシンプルな「存在と現れの一致」する世界が保持できているかどうかだ。H・アーレントが近代が喪失した根源的な世界として描写した、複数性と相互性の世界に近い（Arendt 1981: 19-20; 千葉 1996: 38-39）。そしてそれは、水俣の世界を描いた石牟礼道子による次の描写と重なる世界でもある。

……さきほど申しましたような「昔の人たち」と魂が行き来しているような、そういう世界の人間のありようは、人権という言葉では、くくれないのですね。人間一人を取り出してくるのに便利なようでございますけれども、〝人権〟ではどうも出生の奥の世界が見えてまいりません。近代主義のこちら側しか。文化人類学や歴史学や社会学などに、いろいろ把握されようとしている人間の歴史というのがございます。ほとんど無文字の意識世界、と云っても無知という意味ではさらさらなく、智恵や人格のおさまり方が、知識人とはちがう深みを持った世界ですが、そういう中にいる人々にとって世界というのは、ご先祖さまや「人さま方」の魂が呼びかけ合っているところではないでしょうか。その魂にこたえながら生きている現世が、世界というものではないでしょうか。昔このあたりにいた魂が、生きている者たちに、形影相伴うようなかたちでふっと出てくる。そういう時に、あたりの景色も意味を持ってくる。そんなコスモスが生活の場でありました。まだ生まれない世界も死んでゆく先も、そこにつながっていて、別の云い方をすればそういう世界からの形見が、自分というものではないか。そういう人間がここに生きていたという存在証明を水俣の被害民らは欲しているのだと思います。（石牟礼 1996: 196-197）

石牟礼の描写は示唆に富む。生きものや他のものとのせめぎ合いは、今現在の時空間の中だけでのせめぎ合いではない。そのせめぎ合いはいつも、かつてその場に棲まっていた、そしてこの先に棲まうかもしれないものたちがふっと現れるような場で起こっている。わたしたちの喫緊の課題は、複数性と相互性を支えるこの基盤となる世界を、どうやって今の言葉で表現し、人間の間で、そして人間以外の生きものや他のものたちの間での政治と、正義の形をつくっていくのか、ということだ。

プラグマティックに、現在の法制度や概念枠組みの延長から人間以外の生きものや他のものたちに対する、具体的な承認の方法と正義の実現は必要だ。だが同時に考えておくべきことは、こうした描写を介して露わになる、人間と生きものの種という実践と、その存在論的探求の立体的な履歴と探求の方法論に、私たちがいつでも自分の世界を介して触れていることだろう。

四　まとめにかえて

田老の人びとが複数種と駆け引きをしながら、藻類の安定生産を手探りしている傍らで、海洋は現在、新しい資源開発と空間利用をめぐる新しい時代に入っている。二〇二一年からは「国連海洋科学の一〇年」が始まり、今年の二月にはワン・オーシャン・サミットが開催された。背景には、青い革命と呼ばれる養殖の急速な発展や再生可能エネルギー開発、各国の領海をまたがる海洋保護区の設置等、空間利用の増加と競合が激しくなったことがある。また、新しい資源として、環境ＤＮＡから生物やその群集を研究するメタゲノミクスも発展し、海は有用遺伝資源開発の場として注目されるようになった。惑星システムにおける海洋の役割と海洋生態系も含んだ生態系サービスの再生と保持、限界のないものとして利用されてきた海の希釈・浄化・再生機能の回復など、海洋には、ますます多様な期待と開発を欲望するまなざしが向けられている。

惑星的思考は、海洋をどう変えうるのだろうか。振り返れば、海洋は岸辺の生活圏から想像される具体的な表象から、さらに抽象化されて無主地となり、誰もが獲得する機会と可能性のある地球上の白紙領域に書き換えられてきた。それは、その場に生きていた人々の世界を消し去る暴力的行為でもあり、その世界ごと暮らす人々を誰かのために資源化する行為でもあった。惑星的思考は海洋ごと、惑星をこうした白紙領域に脱色しないだろうか。

脱色しないための試みに、私たちは記録という作業を置くことが出来る。私たちは複数の記録を残すことができる。芸術でも、文学でも、政治の言葉でも、民族誌でも。そうした記録の中では、白紙にされてきた空間が白紙などではないことを示せるし、私たちはそうして世界を記述してきた。その中では、生きものや物質、挙げ句の果てには私たちが抽象化してこしらえた海やら凪やらといった概念さえ、その物理的な所在と意味を一緒に私たちの前に提示しながら、まるで魂を宿したかのように動き回り、せめぎ合う。

身体はローカル性しかもちえない。しかしその限界は私たちに、そこにいる生きものやものたちのただ中に身を埋めざるをえないという自由をもたらす。そしてその自由は私たちを、別の世界に自分の世界を接続しながら生きるという、開かれた存在にしてくれる。そしてそこから記述は出来る。科学とは切り離されてきた諸学問が、惑星的思考に対して果たすべき仕事はきっとここにあるだろう。

「君の理屈は何だい」。ローカルな環境記述は、そう問いかける面白さももたらしてくれるだろう。それこそが、惑星的思考の始まりではないかと私は思う。

［引用文献］

Agamben, G. *L'aperto : l'uomo e l'animale*. Torino : Bollati Boringhieri, 2002.（岡田温司・多賀健太郎訳『開かれ：人間と動物』平凡社、二〇〇四。）

Arendt, H. *The Human Condition*. Chicago: University of Chicago Press, 1958.（志水速雄訳『人間の条件』筑摩書房、一九九四。底本は中央公論社、一九七三。）

Arendt, H. *The Life of the Mind*. 1st Harves. San Diego, New York. London: A Harvest Book, Harcourt, Inc. 1981.

Bonneuil, C. "The Geological Turn: Narratives of the Anthropocene." In Hamilton, C., Bonneuil, C., and F. Gemenne eds. *The Anthropocene and the Global Environmental Crisis: Rethinking Modernity in a New Epoch*. New York: Routledge. 2015: 17-31.

Bonneuil, C. and Fressoz, J. B. *L'événement Anthropocène: la terre, l'histoire et nous*. Paris: Le Seuil, 2016.（野坂しおり訳『人新世とは何か：地球と人類の時代の思想史』青土社、二〇一八。）

Castree, N., and B. Braun. *Social Nature: Theory, Practice, and Politics*. Oxford: Blackwell Publishing Ltd., 2001.

Chakrabarty, D. "The Climate of History: Four Theses." *Ciritical Inquiry* 35（2）, 2009: 197–222.

Chakrabarty, D. *The Climate of History in a Planetary Age*. Chicago: University of Chicago Press, 2021.

千葉眞『アーレントと現代：自由の政治とその展望』岩波書店、一九九六。

Donaldson, S. and Kymlicka, W. *Zoopolis: a political theory of animal rights*. Oxford and New York: Oxford University Press, 2011.（青木人志、成廣孝監訳『人と動物の政治共同体：「動物の権利」の政治理論』尚学社、二〇一六。）

Dryzek, J. S., and J. Pickering. "Deliberation as a Catalyst for Reflexive Environmental Governance." *Ecological Economics*. 131（2017）, p. 353–60. doi: 10.1016/j.ecolecon.2016.09.011.

藤原辰史『分解の哲学：腐敗と発酵をめぐる思考』青土社、二〇一九。

羽原又吉『日本漁業経済史　上巻』岩波書店、一九五二。

Haraway, D. J. *The Companion Species Manifesto: Dogs, People, and Significant Otherness*. Chicago: Prickly Paradigm Press, 2003.

Haraway, D. J. *When Species Meet*. Minneapolis and London: University of Minnesota Press, 2008.

Haraway, D. J. *Staying with the Trouble: Making Kin in the Chthulucene*. Durham and London: Duke University Press, 2016.

Heise, U. K. *Sense of Place and Sense of Planet: The Environmental Imagination of the Global*. 1st ed. Oxford, New York: Oxford

University Press, 2008.
平沢豊『二百カイリ時代と日本漁業：その変革と再生の道』北斗書房、一九七八。
石牟礼道子『形見の声：母層としての風土』筑摩書房、一九九六。
金森修『動物に魂はあるのか：生命を見つめる哲学』中公新書、二〇一二。
Kirksey, S. E., and S. Helmreich."The Emergence of Multispecies Ethnography." *Cultural Anthropology* 25（4）, 2010, p. 545–76. doi: 10.1111/J.1548-1360.2010.01069.X.
近藤祉秋「マルチスピーシーズとは何か?」『思想』一一八二号、二〇二二：七—二六頁。
近藤祉秋、吉田真理子編『食う、食われる、食いあう：マルチスピーシーズ民族誌の思考』青土社、二〇二一。
Latour, B. *Où atterrir? : comment s'orienter en politique*. Paris: La Découverte, 2017.（川村久美子訳『地球に降り立つ：新気候体制を生き抜くための政治』新評論、二〇一九）
Moore, J. W. *Anthropocene or Capitalocene? : Nature, History, and the Crisis of Capitalism*. PM Press, 2016.
Moore, J. W. "The Capitalocene, Part I: On the Nature and Origins of Our Ecological Crisis." *Journal of Peasant Studies* 44（3）, 2017, p. 594–630. doi: 10.1080/03066150.2016.1235036.
二野瓶徳夫『漁業構造の史的展開』御茶の水書房、一九六二。
Nussbaum, M. C. *Frontiers of justice: disability, nationality, species membership*. Cambridge: Belknap Press of Harvard University Press.（神島祐子訳『正義のフロンティア：障碍者・外国人・動物という境界を越えて』法政大学出版局、二〇一二。）
Pickering, J. "Ecological Reflexivity: Characterising an Elusive Virtue for Governance in the Anthropocene." *Environmental Politics* 28（7）, 2019, p. 1145–66. doi: 10 1080/09644016.2018.1487148.
Rockström, J. et al. "A Safe Operating Space for Humanity." *Nature* 461（7263）, 2009, p.472–75. doi: 10.1038/461472a.
Spivak, G. C. *Death of a discipline*. New York: Columbia University Press, 2003.（上村忠男、鈴木聡訳『ある学問の死：惑星思考の比較文学へ』みすず書房、二〇〇四。）
Steffen, Wi., Broadgate, W., Deutsch, L., Gaffney, O., and C. Ludwig. "The Trajectory of the Anthropocene: The Great Acceleration." *Anthropocene Review* 2（1）, 2015, p. 81–98. doi: 10.1177/2053019614564785.
田老の漁り火聞き書き研究会『漁り火を継ぐ：戦後田老の漁業史』文化印刷、二〇二一。

Tsing, A. "Unruly Edges: Mushrooms as Companion Species for Donna Haraway." *Environmental Humanities* 1（2012）, p. 141–54.
Twine, R. "Revealing the "Animal-Industrial Complex" – A Concept & Method for Critical Animal Studies?" *Journal for Critical Animal Studies* 10（1）, 2012, p. 5–39.
Wadiwel, D. J. *The war against animals*. Leiden and Boston: Brill and Rodopi, 2015.（井上太一訳『現代思想からの動物論：戦争・主権・生政治』人文書院。）

（1）アクターネットセオリー。フランスの人類学者B・ラトゥールは惑星的思考の発信者としてグローバルな影響力を持つ。
（2）エコファシズムの履歴を考えれば理解しやすいだろう。
（3）私は、「宇宙の生活様式」「土壌・堆肥の生活様式」、どちらのビジョンの惑星的思考も、全体主義に滑り落ちやすいと考える。前者は、加速主義、科学技術的楽観主義、宇宙にまでテリトリを拡大する資本主義と親和性が高く、全体に応分の負担を要求しながら、弱者にリスクを集中させ、特定の集団が利益を占有する状況を深化・拡大する傾向がある。他方、後者には、郷愁的かつ懐古主義的で、回避しようとしているはずのジェンダー格差、コロニアリズム、ナショナリズムの資源を再生産する懸念がある。こうした全体主義への滑り落ちを防ぐ手立てをさらに考えなければならないとしても、惑星的思考は、気候正義や環境正義運動などに見られるように、強制のない同意や共感から生じる連帯の新しい形や、現在の市場型経済とは異なり自然の経済を柱とする新しい経済の探索を生じさせてもいる。そこには、跡地に棲まうための実践を支えるこの思考の可能性があるだろうと考える。
（4）人文社会科学では、G・スピヴァクによるplanetarity（スピヴァク2003=2004）、U・K・ハイザによるsense of planet（Heise 2008）、D・チャクラバルティによるplanetary（Chakrabarty 2009, 2021）、B・ラトゥールによるGaia および terrestrial という言葉で（ラトゥール 2017=2019）表現されている。脱人間中心主義をはかり、それまでの自然／文化、人間／自然などの二項対立的な思考や、グローバリゼーション（無制限に広がる近代の延長としての）的思考・その関係性から脱するための惑星的思考であることが共通している。
（5）C・ボヌイユは、人新世の大きなナラティブを四つに分類している。①主流をなす近代化の延長であり、人間中心主義的な自然主義ナラティブ。②自然と社会の二分法がもはや使えない一体型の社会自然について論じるポスト自然ナラティブ。③成長から崩壊を経て再組織されるという生態系の過程を人類も経験すると考え、脱成長や小規模のオルタナティブな生活様式を実践するエコカタストロフィスト・ナラティブ。そして、④エコマルクス主義の立場から、人新世をもたらした要因を資本主義に求め、資本主義および世界システムの解体と物質代謝の再生を目指すエコマルクス主義者ナラティブである（Bonneuil 2015）。

（6）地球システム上、人類は他の生物と関わり合っているが（人間例外主義に対する科学的反証）、進化の過程で獲得した生物学的特徴や能力、歴史が示す他種とは異なる特異性から、人類は他種と異なる（古典的な人間例外主義）という相反する主張が同じ地平で語られる。ナラティブの中で、人類が他種と異なる特徴としてよく挙がるのは、脳と身体の比率、言語と制度による時空間を超えた知識蓄積と社会的学習、環境への干渉能力などである。近代を脱することを試みるために近代を加速させ、人間が例外でないことを主張しながら人間を例外化する矛盾がナラティブにはある。

（7）人新世をもたらした主要原因として近代を批判しつつ、近代を加速し貫徹することに解決の糸口を見いだそうとする態度も共通している。資本主義に対しても同様に加速させようとするエコモダニストは、技術楽観主義のもと、イノベーションによる社会変革により経済成長を維持し、科学技術により人間活動を地球から切り離すことで自然を保全することを目指す。そのビジョンは田園都市や緑の後背地、そして宇宙的建造物で満たされている。http://www.ecomodernism.org/（二〇二二年五月一日最終確認）

（8）日本語訳では人間中心主義者になっているが、anthropocénologues が原文である。anthropocentrism（人間中心主義）と誤解されるので、原文に即して人新世論者とする。

（9）時代を超えて変容しつつ日常的に継続されてきた民俗的でローカルな世界把握と知識・実践、近代化への反発や環境の異変への気づきから別なる世界の想像力を発揮してきたロマン主義、自然の経済・物質代謝・エントロピーについて語ってきた自然科学や社会科学、反公害運動、労働運動、先住民族運動、脱成長論などがあげられている。

（10）ラトゥールはローカル（郷愁、同質的民族性、非真正的な真正性などが特徴で排他・閉塞的）とテレストリアル（地質学的・惑星的時空間の中で人類を養ってきた、人間が帰属願望を抱くべき土地）、チャクラバルティは地球（globe）と惑星と表現する。どちらにも共通しているのは、応答する他者としての惑星の表現である（Chakrabarty 2021; ラトゥール 2017=2019）。

（11）近年における動物に関する議論の活発化は、「動物的転回」とも呼ばれる。動物倫理学の問題提起にもかかわらず、とりわけ「動物複合産業体」（Twine 2012）は消費主義のもと拡大し続け苦痛や殺生を増大させてきた。食肉生産のための資源・空間利用が気候変動の要因だという指摘も後押しし、人間と動物の関係が人類史の形成要因であり、ドライブとなってきた歴史（支配・被支配、植民地主義、収奪的経済システム）も省みられたことがこの転回を支えてきた（ワディウェル 2017=2019）。「存在論的転回」（2010～）、ポストヒューマニズム、新物質主義、V・プラムウッドらのエコフェミニズム、障害者研究などとの交差も大きな特徴である。

(12) W・キムリッカとS・ドナルドソンは、「〜されない」権利に加えて、「〜してもらう」権利を家畜に市民権、野生動物に主権、境界動物には居住権を承認するよう提案する。境界動物とは同じ空間に棲んでいるが人間とは互いに関心を持たない動物のこと（キムリッカ&ドナルドソン 2011=2016）。

(13) M・ヌスバウムは、潜在能力アプローチを動物に応用している。個体はその属する「種」に典型的な在り方と仕方で繁栄する。よって正義は、属する種の標準的な構成員のために定義された潜在能力のセットを、個体ができるだけ達成できるよう求めることで実現される。種に属する個体が繁栄するために典型的に必要なものとは何か（種の模範，the species norm）、それをいかに充たせるかが焦点になる（ヌスバウム 2006=2012）。

(14) 本稿の記述全般については、二〇〇八〜二〇一九年にわたるフィールドワーク調査およびその成果の一部である拙著『サケをつくる人びと：水産増殖と資源再生』（2019，東京大学出版会）、およびその後も継続して行っている宮古市田老町での地つき資源および海藻養殖に関するフィールドワークに基づいている。またフィールドワーク調査の一環として、田老町の漁業史について漁師たちの語りからまとめた『漁り火を継ぐ：戦後田老の漁業史』（田老の漁り火聞き書き研究会編 2021）にも依拠している。

(15) 明治政府が一八七五年に海面公有制を打ち出した時、漁師人口が増え、乱獲による生産増が幕末から続いていた岩手県では、県が独自に従来の地先集団の権利を保障して漁場管理を義務づけ、漁業人口と漁獲量の制限を行った。宮古でも有力な地元の商人が漁業組合の再編と権益の集中化を行い、元々の地先集団との間の争いが一時期激化した。詳細は（福永 2019）。

(16) 二〇一八年の漁業法の改正は、養殖などが行われる区画漁業権の免許の優先順位を見直すものである。

(17) 特に注がない場合、サケはシロザケ（*o. keta*）のこと。

(18) ケイソンとは鮭鱒の音読みである。

(19) 一九五六年頃、一〇〇トン未満のマグロ専用漁船に乗っていた頃のこと。二〇一七年一月二二日 一九二九年生まれの船頭Bさんへのインタビューから。当時は春の彼岸からは択捉までの北洋でサケ、マス、メヌケ、スケソウダラ、タラバなどを狙い、秋からは南洋でマグロ類を狙うという周年操業をしていた。

(20) Bさんが聞き取りに備えて作ってくださったメモには、たくさんの緯度経度が記してあった。ためしに筆者が一つ差すと、Bさんは「ああ、そこの海域の風はしつこい風でね、波もその分きついから、網を入れるならもう二度、いや三度上がった方が良い。そのぐらいならメバチに追いつける」と、すらすらと答えた。もっとも、本当のメモは二〇一一年三月一一日に自宅が津波で流されたときに流れてしまい、後に思い出しながら再び書いてくださったものなので、ご本人曰く、「もっといっぱいリストはあった」。

(21)二〇一七年一月二二日のインタビューから。

(22)例えば、一九七〇年代に全国に先駆けてギンザケの養殖を始めた宮城県石巻市も、かつて遠洋の海だったことから、ベニザケが塩鮭として定着していた。ギンザケの養殖業者は今でも、そのベニザケの塩鮭イメージになかなか勝てないことに苦心している。

(23)海難事故で亡くなった人への供養、神楽や民俗芸能、魚の供養塔(魚霊塔)など多様にある。

(24)本論では本筋ではないので言及していないが、かつてその高さと規模で田老の防浪堤は、戦前の昭和三陸大津波の翌年(1934)から建設が始まり、一九七九年に工事が完了した。この事業は、漁業が安心してできる区域をつくることが重要な目的だった。

(25)Cさんは一九四〇年生まれ(故人)。漁協の金庫番として、組合員たちに頼られてきた。2014/2/5のインタビューより。

(26)四〇代、田老町漁協で増養殖をとりまとめている。父親は定置網の名大謀として知られている。2016/08/01インタビューより。年齢はインタビュー当時。

(27)同上、内容は以下にまとめられている(田老の漁り火聞き書き研究会 2021)。

(28)サケがグローバル・コモディティの「サーモン」として勝負しなければならない状況は、とりわけ一九八〇年代にノルウェー産の刺身で食べられる養殖サーモンが日本市場に流入してから強くなった。もともと塩鮭としては、シロザケは戦後北洋漁業で獲られたベニザケと比較されてきたが、刺身という領域ではシロザケは勝負できない。また、資源増産の結果、国内での市場ではなく海外の市場にシロザケの切り身が出されるようになったことも、グローバル市場での影響を強く受ける要因になっている。ちなみに、昨今、シロザケの不漁と消費ニーズの高まりを受け、各地で試みられているご当地サーモンの場合、もっと直接的にグローバルマーケット用にスケールメリットを満たすようつくられたチリ産ギンザケやトラウトサーモン(ニジマス)、ノルウェー産アトランティックサーモンとの競争に国内市場でさらされる。

(29)2016/08/01インタビューより。

(30)2017/1/22、フィールドノートより。

(31)電話口でも同様の内容をよく繰り返す、思い入れのある言葉である。この言葉自体は2017/02/05のフィールドノートより。

(32)この「誰」は生きものや波などの人間以外のものも含む。

(33)一九七六年に摂待地区に原子力発電建設する話が持ち上がったが、田老漁協は協力申込を拒否した。

フランスにおけるアーレントの受容
——全体主義論をめぐるアロン、ルフォール、タッサンの解釈を中心に

和田昌也

一 フランスにおけるアーレントの受容とその特徴

近年、フランス政治哲学におけるハンナ・アーレントの重要性がにわかに注目を集めるようになってきた。「フレンチ・アーレント」と称されるまでに、積極的に受容されてきたことが指摘されている(1)。複数性、始まり、権力、活動など、従来の政治哲学の諸概念を捉えなおし、新たな政治像を提示してきたアーレントの議論が、現代フランス政治哲学、とりわけラディカル・デモクラシーの理論構築において、大きな役割を果たしてきたことが知られるようになってきたのである(2)。

とはいえ、フランスにおけるアーレント受容は、デモクラシー論の文脈にもっぱら限定して行われてきたわけではない。むしろ、フランス政治哲学が置かれてきた固有の知的状況とその都度の問題関心の在り様によって、アーレントへの関心は変遷し、様々な解釈が生み出されてきたのであり、そのうちに、いまのデモクラシー論への影響も含まれるだろうが、それのみではないことは踏まえておかれねばならないだろう。

では、具体的に、その受容史の特徴はいかなるものと言えるだろうか(3)。この点に関しては、フランスの研究者によって幾度かその研究蓄積を振り返る試みが為されてきた(4)。なかでも、その特徴として、最も指摘されることの多いもの

は、フランスにおけるアーレント受容の「遅れ」である。その外形的特徴について、ここではまず確認しておきたい。マルク・ル・ニによれば、それはおおよそ三つの点から指摘できる。(5)

第一に、著作全体の見通しの悪さが指摘される。例えばドイツではピーパー社がアーレントの主要著書の刊行を一手に担っているのに対し、フランスにおいては、複数の出版社にまたがってアーレントの作品が刊行されており、一種の「パズル」の如き状況が存在してきた。実際、ガリマール社からは、アーレントの主著『全体主義の起原』、『人間の条件』、『革命について』を中心に、他の重要な論稿をも収めた、二巻から成る重厚な作品集が出されたかと思えば、こちらは現在進行形でもあるが、アーレントの著作からテーマを取り出して小著を中心に次々に刊行しているケースもある。(6)前者の場合は、研究者はいざ知らず、一般の読者にとっては少々親しみがたい点は否めず、後者の場合は、逆に一般の読者を新たに生み出すものであり、またその多様な出版形態は関心の高さの表れともいえるだろうが、裏を返せば、アーレントがいかなる文脈で書いたものなのかについて、やはりある程度まとまった形で知ることが、より理解を深めるものであるとすれば、いささか迂遠なものとなってしまっているといえるかもしれない。

第二に、翻訳の問題である。フランスで最初に翻訳されたのはアーレントの『人間の条件』(英語版原著:一九五八年)であり、アメリカでの出版から三年後の一九六一年と意外に早いのだが、次いで『イェルサレムのアイヒマン』(英語版原著:一九六三年)が一九六六年、その後、七〇年代に入ってからは、ようやくにして『全体主義の起原』(英語版原著:一九五一年)の翻訳が開始されることとなる。(7)しかし、彼によれば、当初より、「権威authority」を「権力pouvoir」、「本性nature」を「文化culture」と訳出するなど、ながらく確かな翻訳が為されなかった。(8)その状況は、アーレントへの関心が一挙に高まる八〇年代に入っても同様であったという。それがどれほど素直なアーレント理解を阻むものだったか証明しうるものでもないであろうし、また、そもそも翻訳は解釈と切り離せず、唯一確かな翻訳など想定しがたいものだが、それでも著者の意図を汲んだものである必要があることは言わずもがなであろう。いわんや、「伝統の糸が断ち切れた」と診断し、旧来の用語のなかに区別を打ち立てるとともに、別の意味を再発見しようとするアーレントの独特の言い回しの翻訳には特有の困難が伴うのには疑問の余地がなく、研究の進展とともに漸進するものに違いない。結局、アーレント研究者マルティーヌ・レイボヴィッチやピエール・ブーレッツらの本格的な訳業による状況の改善は、二〇〇〇年代を待たなければならなかった。

第三に、最も重要な要因であるが、全体主義をめぐる議論状況である。なかでもアーレントによるナチズムとスターリニズムの同一視の議論が、冷戦構造を背に、フランスの知識人もまた二分されてきたなかで、強く作用することになる。すなわち、一方のリベラルの側は、「リベラル・デモクラシーの理想の名のもと、共産主義を批判するために」アーレントのテーゼを擁護し、他方、マルクス主義の側からは黙殺されるか、存在を知らずに済まされてきたために、結果として、「新自由主義的発想を有する反共主義の系譜に位置づけられてきた」とル・ニは指摘する。[9]「分析的というよりは論争的[10]」な用いられ方をしてきたと歴史家エンツォ・トラヴェルソが指摘する「全体主義」なる語の命運に、アーレントの著作もまた、左右され、フランスには「遅れてやってきた[11]」といえるのである。

このような特徴的な状況を背景に、フランスのアーレント受容は為されてきた。たしかに、いまのル・ニの指摘にあったような、著作の刊行形態や翻訳の難、そして、他国においても程度の差こそあれ同様の影響は認められようが、[12]左右のイデオロギーの根強い時代背景によってアーレント、とりわけその全体主義論の受容が滞ってきたという事実は、フランスにおけるその受容史の主たる特徴として広く認められるところであろう。しかし、まだその受容史の試みにおいて、実際にアーレントの全体主義論がいかなる仕方で解釈され、それがいかなる解釈の変遷をみせてきたかを描き出す試みはまだ為されていない。したがって、本稿は、アーレントの全体主義論をめぐる解釈や視座がどのように変遷し、展開してきたかを、大づかみにであれ、明らかにすることを目的とする。具体的にはレイモン・アロン、クロード・ルフォール、エティエンヌ・タッサンの三者のアーレントの解釈を考察し、その特質と変遷の様を浮かび上がらせたい。[13]

冒頭で、「フレンチ・アーレント」と称されるほど、戦後フランス政治哲学において、アーレント思想が果たした役割が大きいことに言及した。たしかに、今日、ジャック・ランシエール[14]やエティエンヌ・バリバール[15]らの著作を紐解けば、それが現在進行形でさえあることも確認されよう。しかし、その「役割」とは具体的に何であったかを精確に辿りなおそうと試みようとも、「アーレントのみがそうである」と断じることの無理は当然の如く存在し、その意味で「地下水脈」であったと評し、バランスをとるのが適切であるには違いない。[16] それでも、本稿では、その一端を、活動や複数性概念が色濃く反映されたいわゆるラディカル・デモクラシーの諸モデルのなか、いわばその答えの部分にではなく、「全体主義」をめぐるアーレント論の問いのなかに、探ることを狙いとする。かつてベンハビブは、著名なアーレント研究書において、著者の思想を知るには、著者の問いを知ることがまずもって重要であると説いたが、[17] それは、アーレントにとってとりもなおさず全体主義であり、[18] ここで検討する三人のフランスの解釈者はアーレントの全体主義論のなかに同じ問いを見出そうとする。しかし、その問いを同じくするはずの者たちが、実はアーレント自身の問いでもある「全体主義」をどう理解するか、より正確には、その問いをどう問うかが、彼らの答えの部分を分けてくることになるのである。仮に、「フレンチ・アーレント」なるものが存するとすれば、まずなにより、アーレントが時代と切り結んだ全体主義をめぐる問いのなかにであろう。時代状況に翻弄されながらも進展してきたフランスにおけるアーレント研究史の一断面、その「解釈のポリティクス」[19] を描き出す試みを通じて、私たちが時代とどのように向き合い、アーレントをどう読むか、そのよすがとなるものを探ってみたい。

二　自由主義者アーレント——反共の時代におけるアロンによる導入

レイモン・アロンは、フランスにおけるアーレントを語るに際し、二重の意味で、彼女をフランスに初めて「導入」した人物として、重要な位置を占めている。

まずは、伝記的事実に照らせば、アーレントがパリへ避難するのを助けたのは、アロンその人であったことが指摘されなければならないだろう。[20] 彼女がコジェーブや、コイレ、ヴァールらと知り合うきっかけをもたらしたのは、ベルリン留学時代にアーレントと知り合っていたアロンであった。[21] そして、アーレントとアロンはその後も継続的に交流を重ねていくことになる。[22]

つぎに、より重要なことだが、アーレントの著作を最初に紹介した人物でもあった点である。具体的には、フランスではアーレントの主たる作品の翻訳は、七〇年代と八〇年代を待たねばならなかったのはすでに述べたとおりであるが、『全体主義の起原』とともにアーレントの名をフランス思想界にいち早く紹介したのがアロンであった。一九五四年、『クリティック』誌にアロンは、『全体主義の起原』を考察した論稿「全体主義の本質L'essense du totalitarisme」[23]を投稿するのだが、それがフランスにおけるアーレント受容の開始を告げるものとなる。

本節では、一九五〇年代、全体主義概念が定式化されるとともに世界的に一挙に普及することになる「黄金期l'âge d'or」[24]に、しかし、フランスにおいては全体主義の語自体が広がりをなかなかみせない知的状況にあって[25]、アロンがいかなる仕方でアーレントの議論を解釈したかに焦点をあてることとする。実際、アロンはその論稿を、一定の留保をつけながらも、アーレントの『全体主義の起原』を「重要な書物」であり、「読者は次第に分析の手腕とその鋭敏さに魅了されるだろう」と評するところから筆を起こしている。アロンはアーレントの全体主義論の何を具体的に評価しようとし、フランス思想界に導入しようとしたのか。その眼目はどこに存するのだろうか。

1　アロンによるアーレント解釈の二つの要点

議論の過度の単純化を恐れずに挙げれば、アロンによるアーレント受容の要点は二つに絞られよう。

第一に、アロンがアーレントの議論を肯定するのは、「本質を把握することが重要となるような、歴史に先例のないレジーム」としての「全体主義」という理解である[26]。これが意味するのは二つの事柄である。まず、レジームに関してである。全体主義を理解するに際し、たとえば、官僚制の肥大化、国家元首による独占的権力掌握、秘密警察の勢力拡大等々、それらの現象は全体主義体制のなかに看取しうるものだと言えるが、アロン曰く、それらはいずれも「全体主義の特性originalité」を規定するには不十分なものである[27]。もとより、アロンのみるところ、全体主義は「代表制や多党制の抑圧、任意の集団や人物による権力の掌握といったひとつの要因からは定義し得ないもの[28]」なのである。そのように通常の理解を阻むものを、しかし、現象の多様に目を奪われることなく、その背後に存するものの洞察によって、なにがそれらを可能にしたかを捉えようとする必要がある、とアロンは強調している。ただし、その論稿内で定義なく用いられているため、アロンにとってのレジームの理解を補うべく、同時期の議論から借りるとすれば、アロンがレジームの語によって意味するところ、それは、「権力闘争」[29]として規定されるものではなく、また「人間本性nature humaine」によって特徴づけられるものでもなく、「制度institution」[30]であり、「社会全体に対する特異な部門secteur から構成され」、「その部門は、社会全体を操作する特殊な性質を含み持つ」[31]ものだと理解されるべきものとされる[32]。

続いて、今の点を規定するものでもあるが、「本質」において捉えるという観点である。全体主義を合理、非合理いずれの観点からも捉えることには限界がある、とアロンは言う。戦争遂行の過程で、特定の人種を大量に輸送し、強制収容する点に非合理性が極まる一方で、絶滅自体がナチスの戦争の目的であった点からすれば、合理的なものでもあったと言えるかもしれない[33]。また、ソ連における農業の集産化は農民たちの抵抗に遭い、非合理な企てとなったが、彼らを収容し、強制労働に従事させることができるようになったという点においては、合理的なものでもあったかもしれない[34]。しかし、これらの皮相なプラグマティックな解釈では全体主義の現象を把握することができないとして、合理性の如何にかかずらう解釈を退け、アロンは、全体主義にみられる特徴的な現象の背後に共通するものを「レジーム」として剔出するとともに、それを規定するものを「本質」において見出そうとするアーレントの立論に沿おうとする。

第二に、アロンがアーレントに賛意を示すのは、モンテスキューに依拠した全体主義理解である。すなわち、アーレントが全体主義を「イデオロギー」と「テロル」によって定義した議論にアロンは注意を促し、それがモンテスキューに倣ったものであることに着目している[35]。実際、アーレントは、一九五三年のその論稿において、統治の本性を「それ（統治―補足筆者）をかくかくのごときものであらしめるもの」、一方の統治の原理を「それ（統治―補足筆者）を動かしめるもの[36]」と、モンテスキューの『法の精神』より定義を引いている。それに基づけば、君主制の本性は合法的統治、その原理は名誉、共和制の本性は立憲的統治、その原理は美徳、専制の本性は法なき支配、その原理は恐怖と理解されるが、全体主義はといえば、その本性はテロル、原理はイデオロギーとして定義されるとアーレントは主張している[37]。

アロンはその定義にしたがって、「世界観的 cosmic であれ歴史的であれ、人間の意志に優位する法を主張するイデオロギー、そして、個人を孤立へと貶める実践」からなる「レジーム」[38]として全体主義を捉えつつ、アーレントがドイツとソ連に現れた時代の新たなレジームの特質を把握しているとみている。

2　アロンによるアーレントの全体主義論への留保

その論稿において、なるほど、アロンは決してアーレントの議論を手放しで称賛しているわけではない。歴史学や社会学の方法が混在していることや全体主義が社会的経済的所与から説明されていないことなど、留保は一定存在する。[39]さらに言えば、さきほどの点に関するが、論稿の最後でアロンは、アーレントが「イデオロギーとテロル」（一九五三年）のなかで、奇しくも、全体主義を「原理を持たない」と指摘していると受け取り、「原理を持たないレジームはレジームではない」[40]と、アーレントの全体主義論の説明図式に矛盾が存すると主張するに至っている。その批判がまったくあたらない読み違えであるのは、同じく「イデオロギーとテロル」のなかでアーレントが明確に全体主義の原理と本性を各々指摘している点に明らかなのだが、[41]それでもこのようなアロンのアーレント受容は、自身にとって、有益なものとなったのも否定しようのないことのようである。事実、アロンの最初期の全体主義論「民主主義国家と全体主義国家 États démocratiques et états totalitaires」（一九三九年）においては、全体主義を「新興エリートの指導者からなる国家体制 constitution」[42]として捉えていたものの、件のアーレント論の少しのち、一九五七年から五八年にかけてのソルボンヌでの講義をもとにした『民主主義と全体主義 Démocratie et totalitarisme』（一九六五年）においては、むしろ、モンテスキューのレジーム論に立脚して議論を展開するなど、アーレントの影響をそこに見出すのは難くない。[43]

しかし、アロンによるこのアーレントの導入は、やはり幾つかの点で問題があると言わざるを得ないだろう。例えば、当然、出版事情や時代的制約の存在はあるものの、いまやアーレントを語るうえで欠かせない「はじまり」の議論がアウグスティヌスを通じて展開されていることにはいささかも触れられていないことは指摘せざるを得ないだろう。また、アロンは確かにアーレントの一つの力点でもあったモンテスキュー譲りの説明図式に焦点を当てはしたものの、ネストー・カプドヴィラが問題視するように、全体主義をレジームの観点にもっぱら還元してしまい、その他の観点、例えば社会の観点から問うことがなかったことに鑑みれば[44]、幾分かアーレントの全体主義論の単純化の誹りを免れ得ないだろう。その結果として、アーレントがナチズムとスターリニズムを同列に置く反共主義的自由主義者として映じてしまうことの弊は長く残存することになる。『全体主義の起原』の第三部「全体主義」の翻訳がフランスで為される一九七二年までの間、唯一の案内役としてこの論稿は存在し続けることになる[45]。それを払拭する解釈は、クロード・ルフォールによるものを待たなければならないのである。

三　民主主義者アーレント――ルフォールによる、全体的支配に抗する政治像

フランスにおいてアーレント研究が本格的に開始されるのは、一九八〇年代に入ってからである。著書の翻訳に関しては、『精神の生活』が一九八一年と一九八二年に、『ラーエル・ファルンハーゲン』が一九八六年と徐々に進展するとともに、研究も次第に行われるようになり、アーレント受容が加速する時代と言えよう[46]。

この時期のアーレント受容の特徴のひとつは、『エスプリ』誌が一九八〇年に、『現象学研究』誌が一九八五年に、『カイエ・デュ・グリフ』誌が一九八六年に、と雑誌が立て続けに特集号を組み始め、人々のアーレントへの関心が一挙に高まるところに認められるだろう[47]。アンドレ・エネグレンによる、フランスにおける最初のまとまったアーレント研究が一九八四年に世に出されていることもその証左となろう[48]。

しかし、翻訳の進展や資料面の整備などとはむしろ無関係に、フランスにおけるアーレント受容が活発に為され、進展していったことは指摘しておかねばならないだろう。その所以は、「全体主義」が時代の問題として浮上したことに求められるのである。とりわけ、ソルジェーニーツィン『収容所群島』の世界に先駆けたフランスでの出版を契機としたフランス知識人の「反全体主義的転回[49]」の最中で、全体主義の語が「使い古され[50]」、それが何を意味するのか判然としなくなったまさにその時代に、「時代を再び切り開くこと réouvrir le temps[51]」を企てるルフォールの意識的な試みに

おいて、アーレントがひとつ、重要な役割を果たすことになるのである。

1　ルフォールによるアーレントの全体主義論への視座の転換

実際、アーレントの著作との出会いについてルフォールは次のように述べている。「七〇年代後半にこの偉大な作品（『全体主義の起原』―補足筆者）を読み、賞賛の念で満たされたとともに、考え方が非常に近しいことを感じた[52]」と彼は述懐しているのだが、アーレントに示唆を受けつつ展開されることになる「ルフォールの全体主義の考察が、ユニークな民主主義論へと彼自身を導くことになる[53]」のである。

では、具体的に、ルフォールはアーレントの全体主義論をいかなる仕方で捉えることになるのか。全体主義の問題は、アロンにとってそうであったように、レジーム論に限定しうるものではない。結論を先取りすれば、それは、むしろ、ルフォールにとって、「全体的支配domination totale」として正確に把握されるべきものであり、全体主義をどう理解するかという問題、それは、ルフォールにとってとりもなおさず、「全体的支配が何によって構成されているか[54]」を理解することに存するものとされる。

ルフォールは実際、一九八五年の論稿「ハンナ・アーレントと政治的なものの問い[55]」において、アーレントの議論に即して、全体主義を次の四つの点から理解することを試みている。すなわち、第一に、全体主義は「法、経済、科学、教育が等しく政治に関するものとして立ち現れてくる」ものであり、また唯一存在する党がそれぞれの領域に侵入し、指示命令を下すものであること[56]。第二に、あらゆるものが「公的なものpubliques」として現れてくること。第三に、専制の通常の理解との混同を分かつものとして、実定法の代わりに「歴史Histoire」や「生Vie」という絶対的な運動の「法」が与えられること。第四に、「過去」を白紙にし、「新たな人間」の創造に傾倒する政体であること[57]。ルフォールは、これら四つの破壊、すなわち、政治・公的生活・法・活動の土台の破壊を通じて、社会の外部ではなく内部から完遂するのが全体的支配であると指摘する。要するに、全体主義は、それらの人間の政治社会の構成要素の「否定négation[58]」によって出来するものである。

そこから、ルフォールは次のように全体的支配の突きつける問いを捉え返していく。「ハンナ・アーレントによるナチズムとスターリニズムの両方のバージョンにおける全体主義のこのような解釈は、政治の理論をそこから練り上げることを要請している[59]」のではないか、と。ルフォールはさらに続けて、とどのつまり、「アーレントは、全体主義のイメージの裏返しとして政治を構想した[60]」と言えるのではないかと説くのである。

2 全体主義論から民主主義論へ

ルフォールのみるところ、たしかに、アーレントの古代ギリシアのポリス、近代のアメリカとフランスにおける革命、そして一九一七年のロシア、一九五六年のハンガリー双方における労働者評議会の参照は、アーレントの政治の特徴が最もよく表れたものと言えよう。すなわち「空間espace」、人が互いに対等なものとして承認し議論する「共同世界monde commun」の創出がそれである。しかし、ルフォールは再度、アーレントの全体的支配の議論に鑑み、そのような政治がいかにして可能となるか、結局のところ、「説明しえないものinexplicable」だと言う。すなわち、アーレントにとって「政治はいわば実在し且つしないものである[61]」。しかし、ルフォールは、ナチズムとスターリニズム双方に共通して存在したのは「民主主義への憎悪la haine de la démocratie」であったといい、アーレントが人間の複数性の再興を企てたのだとすれば、そのような政治の現象の可能性を分かつもの、すなわち「政治的なもの」の洞察、すなわち、「権力と法と知の軸を区別しつつ、また、社会的分割、抗争、習慣や意見の多様性を受け入れる[62]」制度の考察が必要であると、アーレントの全体主義論から一つの方向性を導き出すのである。具体的には、彼にとっての民主主義とは、同時期の別の論稿の言葉を借りれば、誰も占有し得ない「空虚な場lieu vide」であり、むしろ、その成否は、「抗争の制度化institutionalisation du conflit[63]」にかかっているのである。そこにおいてのみ、全体主義の出来を未然に防ぎつつ、アーレントのいう人間の複数性やルフォールの民主主義が現象しうるのである。

ルフォールは、以上のように、アーレントの全体主義論を、とりわけナチズムとスターリニズムの異同という時代を二分してきた議論から解放し、問いを転回されることを大胆にも企てたのであった。たしかに、エティエンヌ・バリバールが巧みにも指摘するように、アーレントにとって全体主義のイデオロギーが永続的な「運動」をもたらす点を問題視するのに対し、むしろルフォールはイデオロギーが「不動化 immobilisation」として作用する点を問うなど、全体主義解釈の方向性が異なっているところも存在する。[64] また、このようなルフォールによるアーレントの独特の受容は、彼のアーレントの議論の援用の度合いとは裏腹に、彼自身によってその後、あまり深められることがなかった点も事実である。とはいえ、全体主義と民主主義を節合するとともに、政治的なものの問いを確立した、ルフォールによるアーレント解釈の斬新な試みは、本節の冒頭でも引用したように、エネグレンら当時のアーレント研究書の関心がまだそのナチズムとスターリニズムの異同の問題の範疇に留まっていた点を考慮すれば、特筆に値すると考えられる。そして、フィリップ・レイノーが指摘するように、一九八〇年代初頭よりフランスで翻訳されるようになったアーレントの著作が、一種の成功を得ることになるのがデモクラシー論の文脈であったとすれば、アーレント自身、皮肉なことにデモクラシーを論じることがほとんどなかったにもかかわらず、イデオロギーに翻弄されてきたその受容史において、その功績はやはりルフォールによるところのものだと言っても過言ではないだろう。[65]

四　世界主義者《コスモポリタン》アーレント——タッサンによる無世界化に抗する思想の剔抉

冷戦構造が崩壊し、ジャック・タミニオーによるハイデガーとアーレントの哲学の異同を解明するものやマルティーヌ・レイボヴィッチによるアーレントの「ユダヤ性」など、本格的なアーレント研究[66]が陸続と登場するとともに、問われるべきテーマも多様化する一九九〇年代に、アーレント研究者として出発したエティエンヌ・タッサンがその研究に着手する初期に取り組むのがやはり全体主義の問題である。タッサンは、今一度、アーレントが全体主義の問題に直面した際に問いたかったものとはなんであったかを問い直そうと試みることになる。

1　全体主義論を「理解」すること

その試みの特筆すべきところは、「ハンナ・アーレントと全体主義の特異性[67]」論文で丹念に追ったように、アーレントの全体主義の問題は、「無世界性acosmisme」に見出されるべきだという点を明らかにしているところであろう。それは、アロンにみられた本質把握としての記述的モデルの探求ではない。また、ルフォールのように社会的分割の否定によってのみ把握されるものでもない。タッサンは次のように主張している。「全体主義システムの分析は、アーレントの考え方においては、世界疎外によって特徴づけられる近代の文脈における人間の条件の理解と決して切り離されるべきものではない[68]」。

では、具体的に、アーレントの全体主義論における「無世界性」の問題は何を問うものとして把握されるべきなのであろうか。それに際し、タッサンは幾つかの誤解を解消する作業を遂行することになる。

まず、タッサンは、「全体主義の起原についての説明がない」などといったアーレントの全体主義論に向けられてきた多くの批判[69]に答えるように、彼女の「理解compréhension」と「説明explication」の区別を強調する。アーレントにとって「説明」が「現象の客観的原因」を解き明かすものであったとすれば、「理解」とは、「それによって、絶え間ない変化や変動のなかで私たちがリアリティと折り合い、それと和解しようとする、すなわち世界のなかで安らおうとする終わりのない活動[70]」を意味する。この観点に立脚すれば、「全体主義」が「私たちの思考のカテゴリーや判断の規準を破壊したもの[71]」である以上、過去の出来事からの演繹、説明の形態ではなく、そのような世界に向き合い、折り合いをつけるための「理解」が試みられなければならないことになる。

続いて、「イデオロギー」と『テロル』をそれぞれ「原理」と「本性」と単純に規定することの誤りについて指摘している。タッサン曰く、「アーレントは全体主義の本質が存在するという原理から出発しているわけではない[72]」。たしかに、アーレントにとって、モンテスキューによって定義されたレジームの類型論は全体主義の特異性を理解することを可能にするものであるが[73]、より正確を期せば、イデオロギーもテロルも、そのままでは全体主義の本性と原理を表すものではないことを理解しなければならない、とタッサンは説くのである。

なぜ、タッサンはそのように理解しようとするのだろうか。通常の解釈を転覆させるような指摘にも映じ、込み入った議論を展開しているようだが、約めて言えば、タッサンの議論は、次のようなことを意味している。一方の、全体主義の本性としてのテロルについてだが、「運動の法の実現化としてのテロルは人間を自然と歴史のプロセスに押し込む[74]」がゆえに「全体的支配の本性」であると規定する点に関しては正しい、と彼は述べている。

しかし、他方のイデオロギーはと言えば、事情が異なってくるのである。モンテスキューが共和制に美徳、君主制に名誉をそれぞれ活動の原理として位置づけたが、それは「公的・政治的な行為」がそれによって測られるべき尺度であって[75]、その意味において、「イデオロギーは活動の「原理」と呼ばれるべきではない[76]」とタッサンは強調する。というのも、全体主義の支配のもとにあっては「活動すること l'agir 自体が取り除かれている[77]」からである。

むしろ、タッサンは、アーレントの「統治の本質と原理—活動のではなく運動の not of action, but of motion —[78]」という言に細心の注意を払って、アーレントが全体主義理解のなかに、「運動」と「活動」の二つの区別を導入している事実を明るみに出そうとするのである。「徳や名誉や恐怖のような、人間の行為の領域から採用されていた行為を導く原理は、テロルによって実行される運動を本質とする政治体を動かすためには必要とされない[79]」。したがって、「イデオロギー」は、全体的支配、全体主義的運動の「原理」—繰り返せば、その本性はテロル—でこそあれ、全体主義における「活動」のそれではないことに留意しなければならないのである。

2　全体主義における「活動」の原理について

では、全体主義における活動の「原理」とは何を指すものであろうか。しかし、これは絶望的なまでの問いを投げかけているように思える。なぜなら、全体主義はテロルによって「世界の破壊と人間の破壊」を遂行するからである。換言すれば、人間の世界に「無世界性」をもたらすからである[80]。

だが、とタッサンは次のように説く。全体主義的支配は「世界のモノへの無関心」によって特徴づけられるが[81]、そのような「全体主義の無世界性」は、歴史や自然などに具現されたイデオロギーのような「世界を超越したところ hors-monde」でのみ可能な世界への無関心に他ならない。反対に、「世界の拒否 récusasion は、世界のなかにおいて *dans* le monde は不可能である」（イタリック―タッサン）、と。そしてそこから、最終的にタッサンは、「人々の世界の出現は、政治の原理によってであ」ると説きつつ、「全体主義の特異性」が「ヒトラー、スターリン両者の体制の消滅によってはまだ終止符を打たれていない現代の無世界性 acosmisme moderne に存すること」[82]を強調するに至るのである。全体主義における活動の原理とは、畢竟、「無世界化」の趨勢にあって、世界への無関心を克服し、共同世界を出現させることに見出すことができるものを指す。要すれば、タッサンのみるところ、全体主義の趨勢下における活動の原理とは、アーレントにとって「世界への愛 amor mundi」[83]に他ならないものである。

タッサンはアーレントの全体主義論の問いを以上のように問い直し、思想的立場の如何によらず、また、イデオロギーの色眼鏡に曇らされず、「理解すること」をフランスの読者に促すとともに、アーレントの政治哲学において真に問われるべきは、そのような無世界化の趨勢をしかと認識し、いかに「世界」を再創造しうるか、という点にあることを強調したのであった。そして、その後、タッサンは、無世界化をもたらす政治に抗する「世界 - 政治 cosmo-politique」[84]の構想へとアーレントとともに歩みだすことになる。具体的に述べれば、それは、国民国家やナショナリズムとの対比でしばしば捉えられる世界政府やコスモポリタニズムの構想とは一線を画するものである[85]。むしろ、タッサンは、人間の共同世界、複数の人間の間の領域の破壊を問題視し、その間主観的な領域としての「世界」の創造の実践として「政治」を捉えなおすとともに、全体主義による世界の破壊の問題から、グローバル化による世界の破壊の問題へと、その趨勢のうちに、根本問題の連続性を見出しながら、世界を打ち立てることとの意義の探求へと向かうことになる。実際、晩年の論稿「グローバル化時代の人間の条件」では、次のように述べてられている。「政治において、まず問われるべきは、人間や生ではなく、何よりも世界、経験的世界 monde vécu 、共同世界である。それは、他者とともに抗争を介し共有される世界、複数の世界に分割された世界である。それなくしては、この生は実存することの尊厳へと高められず、他者と共に活動することも他者に抗して活動することもまた、その居場所や意味の地平を見つけられないのである」[86]。それは相変わらず、無世界化の趨勢のなかで世界を創造するという極端に困難な課題であるが、全体主義の時代経験を踏まえれば、喫緊のものであるには違いないであろう。

五　おわりに——全体的支配の継続のなかで問いを反復するために

本稿は、フランスにおけるアーレント受容の歴史を、とりわけ全体主義論に限定し、その解釈の変遷に着目しながら、それぞれの時代に特徴的な解釈を打ち出したアロン、ルフォール、タッサンの議論によって再構成することを試みた。

その狙いは、主として次の点に存した。それは、近年「フレンチ・アーレント」なる語が表すように、フランスでのアーレント受容は活発であり、特にラディカル・デモクラシーの文脈において、アーレントの議論が耳目を引くようになっているが、そのような像が提起される手前で、アーレントがフランスにおいていかなる受容をされてきたか、その大まかなものであれ、辿っておく必要があると思われたからである。

本稿で扱ったルフォールがその場合の重要な人物の一人と言えるだろうが、それでもアロンとタッサンと違わず、アーレントの全体主義論を問うところから重要な議論を各々引き出し、出発していることは確認されたとおりである。つまり、フランスにおけるアーレント受容の遅れも活発な受容もまた同じく全体主義の問いをめぐって為されてきたものであると言っても決して過言ではないだろう。

仮にラディカル・デモクラシーの議論が既存のデモクラシー、とりわけ代表制における包括性、十分な参加の可能性などの諸問題との対峙として理解されるとすれば[87]、とりわけルフォールやタッサンに明らかなように、全体主義との対峙を通じて展開されたアーレントの議論は、人間社会の構成要素、さらには、より根源的な「世界の破壊」[88]の次元を深く、そして広く問うたものとして、明確に区別され理解されるべきものであり、そのような問いの次元の存在が忘却されては、アーレントを真に「理解」することに繋がらないと言えるかもしれない。

実際、アーレントはギュンター・ガウスとのインタビューで次のような問題意識を明らかにしている。「「労働」と「消費」ということについてですが、それが非常に重要なのは、そこにおいて再び世界喪失という現象が浮き彫りになると考えられるからです。世界がどう見えるかということがもはや関心をもたれなくなるのです」(89)。アーレントの観察する同時代の労働社会の問題と、その全体主義の分析がいかに節合しうるか、ここでは詳論の余地はないが、全体主義が政治制度としては過去のものとなったにせよ、それが投げかける根深い問題、いわば「世界の破壊」をもたらす全体的支配の継続の問題は依然として、アーレントの著作を読解するうえで避けられないものであり、以上のような「全体主義」をめぐるフランスにおけるアーレントの受容の歴史もまた、なおも再解釈を遂行するにあたって、政治の困難、その不可能性から政治を問い直すという重要な手掛かりを残しているのではないだろうか。

※引用箇所の訳文は、基本的には翻訳を参照したが、文脈に応じ、適宜変更した。

（1）Christopher Holman, Martin Breaugh, Rachel Magnusson, Paul Mazzocchi, and Devin Penner, "Introduction: Radical Democracy and Twentieth-Century French Thought", in *Thinking Radical Democracy: The Return to Politics in Post-war France*,（eds.）Martin Breaugh et al., University of Toronto Press, 2015, p. 22

（2）その一方で、フランスでのアーレント自身の活動も、母国ドイツや亡命後のアメリカでのそれに比して顧みられることは稀であるが、興味深いものが多い。その流れと特徴について、人的交流と知的影響関係に限定し、少し触れておきたい。一九四三年、国会議事堂放火事件を機に母国を離れたアーレントがまず向かうのがパリであったが、そこで、ユダヤの子供たちを支援する団体「アリーヤ・デ・ジューヌAlyah des jeunes」の一員として従事した。パリに到着後しばらくの後、フランス語を習得した彼女は、その団体が発行する新聞「ユダヤ新聞*Le journal juif*」に記事をフランス語で執筆するまでになる。それらは、現在、『ユダヤ論集』（Hannah Arendt, *The Jewish Writings*,（eds.）Jerome Kohn and Ron H. Feldman, Schocken Books, 2007［ハンナ・アーレント『ユダヤ論集』山田正行ほか訳、みすず書房、二〇一三年］）に収められている。

当然のことながら、フランス語を習得したことで、当地での思想的影響関係も生じてくる。例を挙げれば、アーレントの最初の夫ギュンター・シュテルンとともに、高等研究院でのアレクサンドル・コジェーブのゼミに出席し、そこでジャン゠ポール・サルトルやアレクサンドル・コイレらと出会ったと言われているほか、ジャン・ヴァール、アルベール・カミュなどとも交流があったことは、アーレントの書簡（たとえば、*Hannah Arendt/ Heinrich Blücher : Briefe 1936-1968*, Piper, 1996［大島かおり・初見基訳『アーレント＝ブリュッヒャー往復書簡：1936-1968』みすず書房、二〇一四年〕でも明かされているとおりである。

また、アーレントの著作への具体的影響に関しては、シュテルンの友人であったエマニュエル・レヴィナスが一九三四年に『エスプリ』誌に投稿した論稿「ヒトラー主義哲学に関する考察」（Emmanuel Levinas, *Quelques réflexions sur la philosophie de l'hitlérisme*, suivi d'un essai de Miguel Abensour, Payot & Rivages, 1997）において、「人間の本質はもはや自由のうちにではなく、鎖に繋がれていることのうちに存するのではないか」と絶望的なまでの問いを投げかけたように、その用語こそ用いられてはいないものの、そこで展開されたエティエンヌ・ド・ラ・ボエシのいわゆる「自発的隷従」論に基づく分析から示唆を受けるとともに、人々が全体主義を受容するに至った思想的背景を探る必要性を知るに至ったとの指摘も為されている（Laure Adler, *Dans les pas de Hannah Arendt*, Gallimard, 2005, pp. 136-137）。加えて、一九五四年の論稿「近年のヨーロッパ哲学思想における政治への関心」（Hannah Arendt, "Concern With Politics in Recent European Philosophical Thought", in Hannah Arendt, *Essays in Understanding: 1930 - 1954*, (ed.) Jerome Kohn, Harcourt, 1994〔ハンナ・アーレント『アーレント政治思想集成 2―理解と政治』齋藤純一・山田正行・矢野久美子訳、みすず書房、二〇〇二年〕）で展開されたフランス実存哲学との対峙、とりわけ、彼ら実存哲学者が政治への伝統的な観照的態度を払拭する点を評価しつつも、哲学的問いをひとしく「活動への跳躍jump into action」によって解消しようとする彼らの共通した試みを論難する作業は、自らの「新しい政治哲学new political philosophy」の彫琢の過程において、逆説的ながら、ひとつの重要な役割を果たしたと言うこともできるだろう。さらに付言すれば、『全体主義の起原』初版の一九五一年からドイツ語版の五五年、英語版第二版の五八年の間に位置する『カール・マルクスと西欧政治哲学の伝統 *Karl Marx and the Tradition of Western Political Thought*』（大月書店、二〇〇二年）の研究がひとつ結実する要因となったのが、一九四九―五〇年、なかんずく五二年のパリの滞在期間における、フランス国会図書館での、マルクス関連、労働関連の著作へ集中的な取り組みであったことが、アーレントの書簡等の資料によって窺い知ることができ、また実際、『人間の条件』、とりわけ労働章などでは、当時の最新の労働論やマルクス論に接し、そこから着想を得つつ、批判的に摂取した様子が、注釈に色濃く刻まれていることも理解されるのである。

このように、フランスでのアーレントの活動とそれが彼女に及ぼした影響に関しては、決して小さくない（Olivier Mongin, « Hannah Arendt à Paris (1933-1941) », *Esprit*, n° 273 (2001), pp. 311-315）。彼女の思想形成過程における役割の分析対象としては資料的乏しさという圧倒的困難はありながらも、それぞれが重要な意味をもっているであろうことは想像に難くない。それらの含意を引き出す試みは別に期したい。

（3）簡潔にして要を得た紹介は、渡名喜庸哲・柿並良佑「フランス」（日本アーレント研究会編『アーレント読本』法政大学出版局、二〇二〇年、三二一―三三四頁）を参照のこと。

（4）Olivier Mongin, « La réception d'Arendt en France », dans *Ontologie et politique : Acte du Colloque Hannah Arendt*, (eds.) Miguel Abensour et al., Éditions Tierce, 1989; Michelle-Irene Brudny-de Launay, « Préface », dans Hannah Arendt, *La nature du totalitarisme*, (trad.) Michelle-Irene Brudny-de Launay, Payot, 2006, p. 7-32; Marc Le Ny, « Introduction à l'oeuvre de Hannah Arendt », dans Marc Le Ny, *Hannah Arendt: le temps politique des hommes. Le temps comme dimension de la phénoménologie existentielle et politique*, L'Harmattan, 2013, p. 15-42. フランス哲学、とりわけ現象学研究におけるアーレント受容の紹介については次を参照。高橋哲哉「海外事情：ハンナ・アーレントと現象学―フランスの一動向」、『現象学年報』、第十巻、一九九四年、一〇五―一一五頁。

（5）M. Le Ny, *op. cit.*, p. 15-23. 以下の記述はそれに従う。

（6）前者の例としては、『全体主義の起原』と『イェルサレムのアイヒマン』や、『人間の条件』と『革命について』をそれぞれ中心に集成されたものがある。Hannah Arendt, *Les Origines du totalitarisme, suivi de Eichmann à Jérusalem*, (trad.) Pierre Bouretz et al., Gallimard, 2002; Hannah Arendt, *L'humaine condition*, (trad.) Philippe Raynaud et al., Gallimard, 2012. 後者の例としては、アイヒマンをめぐるアーレントとヤスパースの書簡の集成や「全体主義の本性について」（一九五四年）と「宗教と政治」（一九五三年）をまとめたものなど、バリエーション豊かに刊行されている。Hannah Arendt et Karl Jaspers, *À propos de l'affaire Eichmann*, (trad.) Olivier Mannoni et al., L'Herne, 2021; Hannah Arendt, *La nature du totalitarisme: Suivi de : Religion et politique*, (trad.) Michelle-irene Brudny, Éditions Payot & Rivages, 2018.

（7）ヤング゠ブルーエルは、「フランスではまったくうまくいかなかった。コネクションをもつたくさんの友人の努力にもかかわらず、不首尾だったのである」と述べ、『全体主義の起原』の出版社探しが長らく難航していたことを指摘している（Elisabeth Young-Bruehl, *Hannah Arendt : For Love of the World*, Yale University Press, 2004, p. 281［エリザベス・ヤング゠ブルーエル『ハンナ・アーレント：〈世界への愛〉の物語』大島かおりほか訳、みすず書房、二〇二一年、四一八頁］）。さらに言えば、前述の第一の点にも重なるが、『全体主義の起原』は、まず『全体主義体制 *Le Système totalitaire*』が一九七二年にスイユ社より、次いで、『反ユダヤ主義』が一九七三年に今度はカルマン・レヴィ社より翻訳が出版され、その後しばらく経って、『帝国主義』は一九八二年のファイヤール社から、と時期も出版社も異なって刊行されたという特殊な経緯がある。また、フランスのインテレクチュアル・ヒストリーを専門とするマイケル＝スコット・クリストファーソンは、七二年の『全体主義体制』の翻訳の刊行がスイユ社内部で、内容が曖昧であることと全体主義の語自体が問題を孕んだものである点から根強い反発が存したことを、その訳者ジャック・ジュリヤールへのインタビューによって、明らかにしている（Michael Scott Christofferson, *French Intellectuals Against the Left: The Antitotalitarian Moment of the 1970s*, Berghahn Books, 2005, p. 25, note 58）。

（8）ル・ニ自身、それらの箇所を指摘しておらず、該当部分について確認できなかったが、一九六七年に翻訳された『革命について』の仏語訳（Hannah Arendt, *Essai sur la révolution*, (trad.) M. Chrestien, Gallimard, 1967）についてのアンドレ・エネグレンの次の指摘にもここで併せて触れておく。「誤りや省略によってそのフランス語訳がほとんど信頼できないものとなっていることは嘆かわしいことである。例えば、配慮le souci（care）を「憤怒rage」（p. 412）、評議会の新しさを形容する「ユニークなl'étrange（weird）」を「不安にさせるinquietante」（p. 368）、また、同一の文章内における支配と権威の明らかな対比にもかかわらず、英語の「支配rule」を「権威autorité」（p. 39）にそれぞれ変容させている」（André Enegrén, « Révolution et fondation », *Esprit*, n° 42, 1980, p. 46-65, p. 46, note 1）。

（9）M. Le Ny, *op. cit.*, p. 18.

（10）Enzo Traverso, *Le totalitarisme, Le XXe siècle en débat*, Éditions du Seuil, 2001, p. 107.

（11）James D. Ingram, "The Politics of Claude Lefort's Political: Between Liberalism and Radical Democracy", in *Thesis Eleven*, no. 87, 2006, pp. 33-50, p. 45.

（12）母国ドイツにおけるアーレントの受容に関しては、Wolfgang Heuer, « « Exercer une influence, moi ? » Hannah Arendt en Allemagne : histoire d'un rapprochement difficile », (trad.) Martine Leibovici, *Tumultes*, n° 30 (2008), p. 15-28が詳しい。本稿でも後に触れるが、フランス同様、ドイツにおいても知識人の間で社会主義の影響が長らく続くなど、幾つかの要因が重なって、活発なアーレント受容は九〇年代を待たねばならない。

（13）この三者を取り上げる理由は、以下の三つの節で詳らかにしていくが、この三者の関係についても少しく触れておきたい。まず、アロンは、ルフォールの博士論文（Claude Lefort, *Le Travail de l'œuvre Machiavel*, Gallimard, 1972）の指導教官であり、その後ルフォールはレイモン・アロン政治研究センターのメンバーともなるなど、師弟関係に留まらない一定の影響関係は有していたとみることができるが、その一方で、ルフォールによれば、フランソワ・フュレやピエール・マナンなど、よりアロンに近しい立場で思索を展開してきた者たちとは距離をとるなど、一定の緊張関係も認められるところでもある（Claude Lefort, *Le temps présent*, Belin, 2007, p. 963）。他方、ルフォールとタッサンに関しては、直接的な交流というよりは思想的影響関係が認められるところである。実際、タッサンは、ルフォールの政治哲学の根幹に存する「原初的分割division originaire」や「抗争性conflictualité」の考え方がデモクラシーについて思考するうえで極めて重要なものであることを強調し（Étienne Tassin, « De la division », *Raison publique*, n° 23, 2018, p. 55-74）、また、自身のアーレント論（Étienne Tassin, *Le trésor perdu : Hannah Arendt : l'intelligence de l'action politique*, Payot, 1999）にも援用するなど、その影響は明白に認められるところである。とはいえ、本稿は、それらの点を踏まえながらも、フランスにおけるアーレント研究史を各々画することになった解釈に着目し、その意義を引き出すことに力点を置くこととする。

（14）Jacques Rancière, *La mésentente : politique et philosophie*, Galilée, 1995（ジャック・ランシエール『不和あるいは了解なき了解：政治の哲学は可能か』松葉祥一・大森秀臣・藤江成夫訳、インスクリプト、二〇〇五年）.

（15）Étienne Balibar, *La proposition de l'égaliberté : Essais politiques 1989-2009*, Presses universitaires de France, 2010.

（16）Ch. Holman, *op. cit.*, p. 29, note 41.

（17）Seyla Benhabib, *The Reluctant Modernism of Hannah Arendt*, Rowman & Littlefield Publishers, 2003, p. xlviii.

（18）とはいえ、それが唯一のものだというわけでは勿論ないし、例えば、アーレントの全体主義の経験以前の博士論文「アウグスティヌスの愛の概念」のテーマが、「自己・他者・世界」をめぐる問いを準備し、彼女の思想形成において重要な位置を占めているということはすでに明らかにされているとおりである。森川輝一『〈始まり〉のアーレント』、岩波書店、二〇一〇年；Stephan Kampowski, *Arendt, Augustine, and the New Beginning: The Action Theory and Moral Thought of Hannah Arendt in the Light of Her Dissertation on St. Augustine*, Wm. B. Eerdmans Publishing, 2008.

（19）川崎修「アレントを導入する」、『ハンナ・アレントの政治理論：アレント論集Ⅰ』岩波書店、二〇一〇年、二五二頁。

（20）Raymond Aron, *Mémoires*, Bouquins, 2010, p. 241.

（21）E. Young-Bruehl, *op. cit.*, p. 104（前掲書、一四八頁）.

（22）L. Adler, *op. cit.*, p. 160.

（23）Raymond Aron, « L'essence du totalitarisme », *Critique*, vol. 10, n° 80, 1954. ただし、本稿では、後に再録されたRaymond Aron, « L'essence du totalitarisme », dans *Machiavel et les tyrannies modernes*, Éditions de Fallois, 1993, p. 195-213を参照することとする。

（24）Enzo Traverso, « Le totalitarisme. Histoire et apories d'un concept », *L'Homme et la société*, n° 129（1998）, p. 97-111, p. 102.
（25）M. S. Christofferson, *op. cit.*, p. 16.
（26）R. Aron « L'essence du totalitarisme », *op. cit.*, p. 203.
（27）*Ibid.*, p. 204.
（28）*Ibid.*
（29）Raymond Aron, *Penser la liberté, penser la démocratie*, Gallimard, 2005, p. 1247.
（30）*Ibid.*, p. 1254.
（31）*Ibid.*, p. 1251.
（32）アロンのレジーム理解に関する更なる考察については、次を参照。Alar Scott, "Raymond Aron's political sociology of regime and party", *Journal of Classical Sociology*, vol. 11, no. 2, 2011, pp. 155–171.
（33）R. Aron, « L'essence du totalitarisme », *op. cit.*, p. 203.
（34）*Ibid.*
（35）ちなみに、アロンが参照するのは一九五一年に英語で出版された『全体主義の起原』初版であるが、次いで五三年に公刊され、第二版以降、最も重要な最終章に位置づけられることとなる「イデオロギーとテロル」も、彼自身言及しているとおり、併せて解釈している（*Ibid.*, p. 209）。
（36）Hannah Arendt, *Elemente und Ursprünge totaler Herrschaft*, Piper, 1991, S. 954（ハンナ・アーレント『全体主義の起原３』大久保和郎・大島通義・大島かおり訳、みすず書房、一九七四年、二七七頁）.
（37）*Ebd.*, S. 954, S. 968（同上、二八四頁）.
（38）R. Aron, « L'essence du totalitarisme », *op. cit.*, p. 210.
（39）*Ibid.*, p. 203.
（40）*Ibid.*, p. 210.
（41）H. Arendt, *Elemente und Ursprünge totaler Herrschaft*, *op. cit.*, S. 961-962（前掲書、二八三—二八四頁）.
（42）R. Aron, *Penser la liberté, penser la démocratie*, *op. cit.*, p. 57.
（43）M-I. Launay, *op. cit.*, p. 19.

（44）Nestor Capdevila, « Totalitarisme, idéologie et démocratie », *Actuel Marx*, n° 33, 2003, p. 167-187, p. 174.

（45）Iain Stewart, *Raymond Aron and Liberal Thought in the Twentieth Century*, Cambridge University Press, 2020, p. 113, note 142.

（46）本稿では、フランス政治哲学の同時代の動向まで十分に視野に入れることができないが、日本でも政治哲学や市民社会論の興隆に影響のあったレオ・シュトラウスやジョン・ロールズ、ユルゲン・ハーバーマスらのフランスでの受容がいかなるものであったかについて、少しく触れておきたい。

まず、アーレントと対立関係にあったが、レオ・シュトラウスに関しては、『僭主政治について』（英語版原著：一九四八年）と『自然権と歴史』（英語版原著：一九五三年）がフランスではともに一九五四年に翻訳されるなど、比較的早くから「哲学史家」として知られてきたが、シュトラウスに関する最初の本格的な特集が雑誌『形而上学と道徳 *Revue de la Metaphysique et la morale*』において一九八九年に組まれ、その後、『政治哲学とは何か』（英語版原著：一九五九年）が一九九二年に訳出されるなど、より広く注目を集めるようになっていったとの指摘がある（David R. Lachterman, "Strauss Read from France", *The Review of Politics*, vol. 53, issue 1, 1991, pp. 224-245）。

次に、英米圏に限らず日本でも大きな影響力を及ぼしたジョン・ロールズのフランスでの受容に関しては、当初よりノージックやハイエクらとともに、新自由主義者の陣営に位置づけられるなど、受容の遅れが指摘されるところであり、実際、主著『正義論』（原著：一九七一年）は一九八七年に翻訳されている（Bernard Manin, « Tristesse de la social-démocratie ? La réception de John Rawls en France », *Esprit*, n° 136-137, 1988, p. 95-101）。

また、ユルゲン・ハーバーマスに関しては、七〇年代のフランスにおいて、フランクフルト学派への注目の高まりとともに、受容が開始され、その後、『コミュニケーション的行為の理論』（原著：一九八一年）が一九八七年、『公共性の構造転換』（原著：一九六二年）が一九九二年と、主著が次第に翻訳されるとともに、フーコーやデリダとの論争を繰り広げることで、より広く知られるようになったとみることができる（Isabelle Aubert, « La réception de Habermas en langue française. Entre épines et lauriers », *Le philosophoire*, n° 50, 2018, p. 53-82）。このような知的布置を踏まえたより包括的な考察は本稿の域を超えるものであるが、政治哲学やデモクラシー論への関心の高まりの在り方を考えれば、強い関心を引くものでもあるため、今後の課題としたい。

（47）M. Le Ny, *op. cit.*, p. 20.

（48）André Enegrén, *La pensée politique de Hannah Arendt*, Press Universitaire de France, 1984.

(49) M. S. Christofferson, *op. cit.*; François Cusset, *La décennie. Le grand cauchemar des années 1980*, La découverte, 2008.

(50) Claude Lefort, *L'invention démocratique : Les limites de la domination totalitaire*, Fayard, 1981, p. 159（クロード・ルフォール『民主主義の発明：全体主義の限界』渡名喜庸哲・太田悠介・平田周・赤羽悠訳、岩波書店、二〇一七年、一三五頁）.

(51) Claude Mouchard, « Siècle ouvert » dans C. Lefort, *Le temps présent*, *op. cit.*, p. 5-27, p. 5; Claude Lefort, « Hannah Arendt : Antisémitisme et génocide des juifs », dans C. Lefort, *Le temps présent*, *op. cit.*, p. 505-528, p. 510-511.

(52) Claude Lefort, "Thinking with and against Hannah Arendt", in *Social Research*, vol. 69, no. 2, 2002, pp. 447-459, p. 447.

(53) Bernard Flynn, "Foreward", in *Claude Lefort: Thinker of the Political*, (ed.) Martin Plot, Palgrave Macmillan, 2013, p. vii.

(54) Claude Lefort, « Pensée politique et histoire : Entretien avec Perre Pachet, Claude Mouchard, Claude Habib, Pierre Manent », dans C. Lefort, *Le temps présent*, *op. cit.*, p. 833-867, p. 842-843.

(55) Claude Lefort, « Hannah Arendt et la question du politique », dans *Essays sur le politique : XIXe-XXe siècles*, Éditions du Seuil, 1986.

(56) *Ibid.*, p. 68.

(57) *Ibid.*, p. 69.

(58) *Ibid.*, p. 69.

(59) *Ibid.*, p. 71.

(60) *Ibid.*

(61) *Ibid.*, p. 77.

(62) *Ibid.*, p. 78. また、ルフォールのこの定義を踏襲するものとしては、宇野重規『政治哲学へ：現代フランスとの対話』東京大学出版会、二〇一九年を参照。

(63) C. Lefort, « Hannah Arendt et la question du politique », *op. cit.*, p. 28.

(64) Michael Foessel et Justine Lacroix, « Le concept de totalitarisme est-il encore pertinent ?: Entretien avec Étienne Balibar, Jean-Claude Monod et Myriam Revault d'Allonnes», *Esprit*, n° 451, 2019, p. 83-98.

(65) Michaël Foessel, Édouard Jourdain, « État, représentation, démocratie. Que faire de la philosophie politique ? », *Esprit*, n° 383, 2012, p. 185-199, p. 192.

(66) Jacques Taminiaux, *La fille de Thrace et le penseur professionnel: Arendt et Heidegger*, Payot, 1992; Martine Leibovici, *Hannah Arendt, une Juive : expérience, politique et histoire*, Desclée de Brouwer, 1998.
(67) Étienne Tassin, « Hannah Arendt et la spécificité du totalitarisme », *Revue Française d'Histoire des Idées Politiques*, n° 6, 1997, p. 367-388.
(68) *Ibid.*
(69) Bernard Crick, "On Rereading *The Origins of Totalitarianism*", in *Social Research*, vol. 44, no. 1, 1977, pp. 106-126.
(70) H. Arendt, *Essays in Understanding*, *op. cit.*, pp. 307-308（前掲書、一二二頁）.
(71) *Ibid.*, p. 321（同上、一四〇頁）.
(72) É. Tassin, « Hannah Arendt et la spécificité du totalitarisme », *op. cit.*, p. 381.
(73) *Ibid.*, p. 382.
(74) *Ibid.*, p. 383.
(75) H. Arendt, *Elemente und Ursprünge totaler Herrschaft*, *op. cit.*, S. 959（前掲書、二八二頁）.
(76) É. Tassin, « Hannah Arendt et la spécificité du totalitarisme », *op. cit.*, p. 384
(77) *Ibid.*
(78) H. Arendt, *Essays in Understanding*, *op. cit.*, p. 344（前掲書、一六七頁）.
(79) *Ibid.*, p. 348（同上、一七二頁）.
(80) É. Tassin, « Hannah Arendt et la spécificité du totalitarisme », *op. cit.*, p. 387
(81) *Ibid.*
(82) *Ibid.*, p. 388.
(83) ついでに述べれば、当該論稿において、その後のフランスにおけるアーレント研究の基本書として広く読まれるようになるタッサンの主著と言うべき『失われた宝：政治的活動の叡智』（E. Tassin, *Le trésor perdu*, *op. cit.*）は、この時点では『世界への愛：活動の現象学 *Amor Mundi. Phénoménologie de l'action*』と題するものとして記されている（p. 387, note 42）。
(84) É. Tassin, *Le trésor perdu*, *op. cit.* ; Étienne Tassin, *Un monde commun : pour une cosmo-politique des conflits*, Seuil, 2003. また、タッサンが「世界-政治 cosmo-politique」を理論化しようとし始める同時期に、同じくアーレント研究者でもあるセイラ・ベ

ンハビブが「コスモポリタニズム」を、やはり、アーレントの議論も援用しつつ、説き始めている。その際にベンハビブが強調するのは、コスモポリタニズムが依拠すべき「規範 norme」である点は、付言しておいてもよいかもしれない。Seyla Benhabib, *Another Cosmopolitanism*, Oxford University Press, 2006.

（85）タッサンの当概念と、伝統的な「コスモポリタニズム」との違いは、Étienne Balibar, « Différences dans la cosmopolique », *Tumultes*, n° 55, 2020, p. 133-146を参照。

（86）Étienne Tassin, « La Condition humaine au Temps de la Globalisation », *Journal of International Philosophy*, n° 2, 2013, p. 202-210, p. 206.

（87）Ch. Holman et. al., *op. cit.*, p. 6.

（88）É. Tassin, « Hannah Arendt et la spécificité du totalitarisme », *op. cit.*, p. 388.

（89）H. Arendt, *Essays in Understanding*, *op. cit.*, p. 20（前掲書、三〇頁）.

［謝辞］本稿は、二〇二二年度第二十九回政治思想学会研究大会自由論題報告の内容をもとに執筆したものです。当日、来場され、ご質問いただいた皆様にこの場を借りてお礼申し上げます。また、本稿の査読を務めてくださった二人の先生方にも感謝いたします。賜った数々のご指摘の全てを反映できたと言えるか覚束ないですが、少しでも改良されたところがあるとすれば、それらの恩によるところであることは言うまでもありません。どうもありがとうございました。

デモクラシーと自律

小林卓人

序論

近年の規範的デモクラシー理論では、政治的意思決定手続きとしてのデモクラシーが、エピストクラシー（知者による支配）やロトクラシー（籤による支配）といった代替案と比べて規範的により望ましいと言えるか否か、またどのような理由によってそのように言えるか、が大きな争点の一つとなっている。デモクラシーへの代替案の提示は、主にデモクラシーの機能不全への懸念を動機としている。例えばエピストクラシー支持者は、デモクラシーが「無知で、非合理的で、かつ道徳的に理にかなっていない」人々による認識的に信頼できない政治的意思決定システムである可能性に懸念を抱く[1]。ロトクラシー支持者は、投票に基づく選挙が、市民の利害関心に対する政府の応答性を保障するメカニズムとしては不適切であると懸念する[2]。こうした懸念に対して、デモクラシーの擁護者たちは、道具的または非道具的な根拠からデモクラシーを正当化する方途を探求している[3]。

本稿では、以上の問題状況に照らして、デモクラシーの非道具的正当化論、とりわけ自律（autonomy）――自己決定ないし自己統治――の理想に訴えかける複数の議論を批判的に検討する。その上で本稿は、既存の主要な議論がいずれも失敗することを主張する。序論では、この主題を扱うべき理由を示すことで、本稿の意義を明らかにしたい。

まず、デモクラシーの非道具的正当化論に着目する理由を説明しよう。道具的正当化論は、基本的権利の充足や分配的正義の実現などの良い政治的帰結に因果的に寄与する傾向性からデモクラシーを評価する[4]。しかし、こうした正当化論が与えるデモクラシーの支持理由は、偶然的なものでしかない。良い帰結の実現においてデモクラシーよりも優れた政治的手続きがあるならば、その政治的手続きを追求すべしとする結論を、道具的正当化論は妨げないからである。例えば、被治者の正統な利害関心を尊重し、その最適な充足を実現する非民主的な政治的手続きがあるとしよう――典型的な仮想事例としては、「慈恵的独裁制」が挙げられる。直観的には、デモクラシーは、良い帰結の実現度合いにかかわらず、このような理想的な独裁制が有さない何らかの価値をも有していると思われるかもしれない。この直観を有する者は、慈恵的独裁制との比較においてデモクラシーが独特に有しうる非道具的価値の内実を明らかにすることの重要性を認めるだろう。

次に、デモクラシーの非道具的正当化論の中でも、なぜ自律に基づく議論に着目するのかを説明しよう。先行研究では、非道具的正当化論として「政治的判断の平等な尊重」、「非支配としての自由」、「社会的平等」といった価値に基づくものが検討されている[5]。なぜ、それらに加えて、自律に基づく議論を改めて検討する必要があるのか。

二つの理由を提示しよう。第一に、自律を自己決定や自己統治と言い換えることができるとすれば、デモクラシーは各人の自律にとって必要であるため価値を有するのだ、という直観は広く共有されているように思われる[6]。歴史上でも、例えば「代表なくして課税なし」のスローガンに見られるように、自身を拘束する法が自身の手によって、あるいは自身が選出した代表者の手によって作成されたものでないことは、それ自体が異論を招くことである、という直観がしばしば表明されてきたように思われる。この直観が強固な規範理論的基礎を与えられうるか否かの検討は、デモクラシーの価値への理解を深化させるために必要である。第二に、自律概念についての先行研究では、自律の構想が複数存在し、それらの規範的含意が異なりうることが指摘されている。例えば、自らの選択による自己決定としての「人格的自律」と、正しい理由に基づく自己統治としての「道徳的自律」とでは、行為や制度への規範的含意は異なりうる[7]。自律構想が多元的である以上、デモクラシーの正当化に対する各構想の規範的含意を改めて明確にする必要がある。

以上の理由から、本稿は自律に基づくデモクラシーの非道具的正当化論の成否を検討する。本稿の構成は以下の通りである。第一節では、デモクラシーを正当化するということの意味、および非道具的正当化論の成功要件を提示する。第二・三節では、自律の理想を「著者性としての自律」と「アカウンタビリティとしての自律」に大別した上で、各理想に基づくデモクラシーの非道具的正当化論が失敗する理由を明らかにする。（この区別は前段落で言及した「人格的自律」と「道徳的自律」の区別に概ね対応するが、著者性とアカウンタビリティという語はデモクラシー理論における先行研究の要点の明確化に資するため、本稿ではこれらの語を用いる。）

一　デモクラシーの正当化に関する予備考察

1　民主的／非民主的な政治的手続きの定義

本稿はデモクラシーを、政治的決定を作成するための手続き（以下、政治的手続き）の一類型として理解する。政治的手続きは意思決定手続き（decision-making procedure）の一種である。本稿では、単に「手続き」と述べた場合には後者の意思決定手続き一般を指し、前者を指す場合には厳密に「政治的」と形容する。

政治的決定という語で、本稿は諸個人の法的立場（法的請求権やそれに相関する義務、法的権能やそれに対する従属性など）を変化させる決定や、公共財供給に関わる決定を主に意味する。[8] そのような決定は、二つのカテゴリーに大別される。一つは公共政策であり、法や政省令など、しばしば国家の強制力を背景として実施される実質的決定を指す。もう一つは公職者任用であり、誰が公共政策を作成するかについての決定を指す。また、J・ハーバーマスに倣い、これらの決定を作成するための政治的手続きを、二つの過程からなるものとして理解することが有益である。一つは、法をはじめとする諸決定の正当化理由を検討するための熟議ないし討議が行われる意見形成過程である。もう一つは、政策案や公職者任用への賛否の態度決定を行うための投票等が行われる意志形成過程である。[9]

本稿はデモクラシーの正当化を相対的正当化——非民主的な政治的手続きよりも追求されるべき政治的手続きとして示すこと——として理解する。この試みは、単に民主的な政治的手続きの一定の（pro tanto）利点を示すだけの絶対的正当化とは異なるし、それよりも重要である。ある側面Aについてデモクラシーが何らかの望ましさを有しており、その意味でデモクラシーは絶対的に正当化されるが、Aについて非民主的な政治的手続きの方がデモクラシーよりも優れており、その意味でデモクラシーは相対的には正当化されないとしよう。その場合、少なくともAに着目する限り、私たちは「デモクラシーを追求すべきである」という当為的結論には到達しない。絶対的正当化は相対的正当化の結論を引き出すための議論の一段階としては重要かもしれないが、相対的正当化よりは重要ではない。

もちろん、相対的正当化においては、デモクラシーが非民主的な政治的手続きからどのように区別されるべきかという問いに答える必要がある。本稿は以下の区別の方法を提案する。[10] デモクラシーと非民主的な政治的手続きとの差異は、それぞれが採用する政治的分配原理——政治的手続きを構成する諸権利の分配を統御する原理——の差異に存する。そのような諸権利として、本稿は以下の二種類を念頭に置く。第一は、政治的決定に対して、意志形成過程において意志的（*voluntary*）影響——当人の選好やそれに基づく選択に厳密に依存する影響——を行使する機会を個人に保障する諸権利である。典型的には、これは公職選挙や国民投票での投票権を含む。第二は、第一の種類の影響をどのように行使するかについての他の諸個人の選択に対して、意見形成過程において理性的（*rational*）影響——合理的説得による影響——を行使する機会を個人に保障する諸権利である。典型的には、これは政治的言論や結社の自由を含む。単純化のため、本稿は政治的手続きを構成する諸権利の範例として、意志的影響機会を保障するものとしては投票権に、理性的影響機会を保障するものとしては言論の自由に、それぞれ焦点を当てて議論を進める。

以上をまとめるならば、デモクラシーと非民主的な政治的手続きは、それらが投票権と言論の自由に代表される政治的諸権利をどのように分配するかによって区別される。この理解に基づき、本稿の目的に照らして、デモクラシーを以下のように定義したい。

デモクラシー：政治的意思決定の重要な段階（国民投票や選挙等の特に基本的な意志形成過程や、アジェンダに関する理解および政治的決定に関する選好とその正当化理由が形成される意見形成過程）[11]において、当該社会の（少なくとも成人した）全成員に対し、少なくとも投票権と言論の自由のいずれも十分かつ平等に保障することを要請する政治的分配原理を採用する政治的手続き[12]。

この定義において、「十分」とは、政治的諸権利が一定の閾値以上の水準で与えられることを要請するものである。「平等」とは、異なる成員が与えられる政治的諸権利が重要な意味において等しいことを要請するものである。非民主的手続きは、この「十分かつ平等」の政治的分配原理を満たさない政治的手続きとして定義される。例えばロトクラシーは、公職者任用において誰にも投票権を与えないため、十分性条件を満たさない。また、エピストクラシーは、投票権の不平等分配を許容するため、平等条件を満たさない。したがって、いずれも非民主的な政治的手続きに含まれる。

以上の定義について、二つの懸念に応答しよう。第一に、この定義は限定的すぎると思われるかもしれない。例えば、ロトクラシーを非民主的とすることは、ロトクラシーが選挙民主政に対する代替的民主政構想として提案されていることを踏まえると、奇妙に思われるだろう[13]。しかし、ここでの定義はデモクラシー概念の分析ではなく、あくまで政治的手続きの相対的正当化に資する約定的（stipulative）定義の導入を目的としていることに留意されたい。選挙での一人一票を保障する政治的手続きと、その保障を否定する政治的手続きとの差異を定義の上で明確化することは、そのような約定的定義を提示する仕方としては理に適っている。前者のような政治的手続きこそがデモクラシーである、という概念的主張の提示は本稿の目的ではない。

第二に、本稿はデモクラシーの定義的要件に自律の要素を含めないことで「自律に基づくデモクラシーの非道具的正当化は失敗する」という結論を先取りしてはいないか、という懸念がありうる。例えば、D・エストランドはデモクラシーを「法や政策に従属する人々自身による、それら法や政策の実際の集合的な権威づけ」と定義しており、この定義は集合的自律をデモクラシーの定義的要件に含めているように見える[14]。なぜ、こうした定義を採用しないのか。二点応答しよう。第一に、デモクラシーの定義が自律の要素を含まないとしても、そのことは、自律に基づくデモクラシーの非道具的正当化が不可能であることを論理的には含意しない。そのような含意を有し、論点先取に陥るのは、例えば「デモクラシーとは自律に基づく非道具的な正当化をなし得ない政治的手続きである」など、自律に基づく正当化を明白に拒絶する定義のみである。第二に、エストランドの定義は、特定の政治的手続きの記述的定義というよりは、政治的手続きに関する希求（aspiration）を表しているに過ぎないという問題を抱えている。この定義は、政治的手続きのどのような制度的特徴を指し示しているのかが明確でなく、相対的正当化に関する議論において有用でないように思われる。[15] 本稿の定義は、政治的諸権利の分配に着目することで制度の記述的定義を提供する点で、エストランドの定義よりも有用である。

2 非道具的正当化論の成功要件

前項では、デモクラシーの正当化を非民主的な政治的手続きに対する相対的正当化として理解した上で、デモクラシーの定義を提示した。本項では、デモクラシーを非道具的に正当化することの意味を示した上で、そのような正当化論の成功要件を提示する。

まず、非道具的正当化を定義しよう。道具的正当化が良い帰結の実現に対する因果的寄与の傾向性をもってデモクラシーを価値づけるのに対して、非道具的正当化はそうした因果的寄与とは異なる価値づけを行う。本稿ではそうした価値づけの一類型として、デモクラシーの「構成的（constitutive）」価値を示す試みに着目する。[16] このような試みは、デモクラシーを、それ自体からは論理的に独立した何らかの規範的価値――本稿の関心では、自律という価値――が十全に尊重・実現された社会の構成要素として価値づける。

この意味での非道具的正当化論には、三つの成功要件があるように思われる。第一の要件は十全性である。前項での定義から明らかなように、デモクラシーの相対的正当化論が成功するためには、それは少なくとも投票権および言論の自由が社会の全成員に対し十分かつ平等に保障されるべき理由を提示する必要がある。いずれかの権利しか保障しないような政治的手続き、あるいはそれらの十分かつ平等な保障から逸脱するような政治的手続きをも正当化できてしまう議論は、デモクラシーの相対的正当化論としては失敗する。

第二の要件は正当化論自体の規範的なもっともらしさである。もし正当化論がデモクラシーの価値を説明するものとして何らかの理想に言及するならば、その理想およびそれに基づくデモクラシーの価値の説明自体が規範的に見てもっともらしいものでなければならない。類推として、銃の所持を合法化すべきである、という結論を支えるために以下の議論が提示されたと想像しよう。「銃を所持する普遍的かつ平等な権利は良い、なぜならその権利は全員が他者を銃撃で脅したり害したりすることを可能にするからだ。」この議論の明らかな問題は、全員が他者を銃撃で脅したり害したりできる世界を理想として提示し、その理想から銃の所持権の価値を説明している点である。明らかに、そのような世界は、それ自体では規範的に見てもっともらしくない。このように、何らかの理想に基づく制度的権利の価値の説明自体が規範的に見てもっともらしくないならば、正当化論は失敗する。

第三の要件は、自律の実現をデモクラシーの運用の単なる帰結としてではなく、デモクラシーの運用自体によって構成される事柄として示すことである。例えば、政治参加以外にも、個人の自律は様々な社会経済的文脈（労働市場や教育や婚姻等）における自由や機会の保障の程度に依存しうる。しかしここで、デモクラシーはそれらの文脈における自由や機会の保障に寄与することで自律を実現するため価値を有するのだ、と論じられたとしよう。この議論は、自律の価値に言及してはいるものの、道具的正当化論にとどまる。自律に基づくデモクラシーの非道具的正当化論は、デモクラシーがもたらす帰結における自律の実現を示すのではなく、デモクラシーと自律との構成的関係を示す必要がある。[17]

以上をまとめよう。デモクラシーの非道具的正当化論は、（一）少なくとも投票権および言論の自由が社会の全成員に対し十分かつ平等に保障されるべき理由を示す必要がある。さらに、（二）規範的に見てもっともらしい理想からそのような保障の価値を説明し、かつ、（三）道具的正当化論に転化してしまわないような仕方で、それを行う必要がある。

二　著者性としての自律

本節では、次の議論を批判的に吟味する――デモクラシーが非道具的価値を有するのは、社会の全成員が著者性（authorship）としての自律を享受することに対して、それが構成的に寄与するためである。この議論は、以下の二つの異なる仕方で解釈されうる。

一　〈自己著者性に基づく議論〉：デモクラシーは、社会の各成員が、個人として、自己著者性（self-authorship）としての自律を享受することに対して構成的に寄与するため、非道具的価値を有する。

二　〈共同著者性に基づく議論〉：デモクラシーは、社会の各成員が、共同著者性（joint-authorship）としての自律を享受することに対して構成的に寄与するため、非道具的価値を有する。

本節では、いずれの議論もデモクラシーの非道具的正当化に失敗すると論じる。

1　個人の自己著者性

自己著者性の理想は、単純化するならば、自分に関わることは自分で決める、という自己決定の理想として述べられうる。[18]この理想に基づくデモクラシーの非道具的正当化論は、近年J・L・ウィルソンによって注意深く展開された。まずはその議論の概形を本稿なりに再構成したい（各前提の意味は以下で詳述する）。

〈自己著者性に基づく議論〉

一　各人は自己著者性としての自律への道徳的請求権を有する。つまり各人は、彼女／彼に重要な仕方で影響するいかなる決定についても、当該決定の著者として見なされ、かつ処遇されることに対して道徳的請求権を有する[19]。

二　ある決定に関するある人の自己著者性が成立するには、適切な考慮が必要である。すなわち、その決定を作成する手続きにおいて、その人は決定に対し意志的および理性的な影響を行使する機会を与えられなければならない。

三　（一と二より、）各人は、自己著者性への道徳的請求権から派生する仕方で、彼女／彼に重要な仕方で影響する決定を作成する手続きにおいて、決定に対し意志的および理性的な影響を行使する機会への道徳的請求権を有する。

四　ある国家の政治的手続きが生み出す決定は、当該国家の管轄下に生きる全ての人に重要な仕方で影響する。

五　（三と四より、）ある国家の管轄下に生きる各人は、当該国家の政治的手続きにおいて、決定に対し意志的および理性的な影響を行使する機会への道徳的請求権を有する。（結論）

以上に概形を示した議論について、いくつか明確化のための問いに答えておこう。第一の問いは、ある決定がある人に「重要な仕方で影響する」ことが何を意味しており、なぜそのような決定は自律にとって問題になるのか、というものである。この問いについて、ウィルソンの議論に従い、決定がある人に影響する二つの重要な仕方を確認する。

第一に、ある決定は、ある人の意志を方向づける。つまり、当人の行為の費用や便益を設定／変化させることで、「当人の選択の射程を形成する」[20]。なぜこの事実は当人の自律にとって問題なのか。ウィルソンによれば、それは決定による意志の方向づけが当人の「自己の方向づけ、つまり、他者の類似の請求権と両立できる限りで、自身の選択を決定し、自身の生き方を形成すること」への推定的な脅威だからである[21]。当人が自己の方向づけを十全に享受するには、「一階の自律」、つまり所与の行為の選択肢集合から自身の行為を自由に選択できることだけでは十分ではなく、「二階の自律」、つまり自身の選択肢集合自体、またはより広く自身の行為の文脈を自ら定義できることもまた必要である[22]。

第二に、ある決定は、ある人の行為についての当人の道徳的責任を形成する。すなわち、当人が選択を期待されるところの行為の選択肢集合や文脈をある決定がひとたび形作ったならば、当人はその文脈においてその集合から自ら選択した行為について、道徳的責任を問われる。例えば、異性愛主義的な婚姻制度が一連の政治的（非）決定によって維持されているとき、婚姻関係を結ぶという選択は、差別的な（そして潜在的に不正な）婚姻制度から便益を享受することについての当人の道徳的責任および非難可能性を生じさせうる。このことが問題なのは、自律的行為者として、私たちは「自身の責任のあり方を形作る」機会に対して請求権を有すると思われるからである。[23] 婚姻制度の例に即してそのような請求権を描くならば、次のようになるかもしれない。人々は、婚姻関係を結ぶという選択により非難可能性が生じることを回避するため、現行の（不正と思しき）婚姻制度に修正を迫るような決定に影響を与える機会に対して自律基底的な請求権を有する、と。

このように、決定がある人に影響する二つの仕方——意志の方向づけと道徳的責任の形成——は、自己著者性としての自律に対する推定的な脅威であるため、この意味での自律を十全に尊重されることへの道徳的請求権を生じさせる。ここで、第二の問いが生じる。ある決定について、ある人が「自己著者」であるためには何が必要なのか。

〈自己著者性に基づく議論〉は以下のように回答する。ある人が、どのように行為するか、行為の費用便益をどのように形成されるか、選択した行為についてどのような道徳的責任を問われるか、などのイシューについて自己著者性を尊重されるには、これらのイシューは（少なくとも部分的に）当人の熟慮と決心により決せられる必要がある。例えば、人物Aがいかなるキャリアを追求するか、どのように余暇を過ごすか、誰かからのプロポーズを受け入れるか否か、といったイシューは、Aの熟慮と決心次第でなければならない。

〈自己著者性に基づく議論〉の前提二は、以上の考えを表している。この前提によれば、ある個人の自己著者性は適切な考慮——ウィルソンの理解では、「決定がどのようなものであるべきかについての当該個人の判断に対して、「その判断の内容如何を問わず」他者が熟慮において積極的に応答すること」——を要請する。[24] 本稿の用語でこのことが意味するのは、ある決定によって重要な仕方で影響される人が自己著者性としての自律を享受するには、当該決定に対し意志的および理性的影響を行使する機会を当人が与えられる必要がある、ということである。これらの機会を享受することは、各人にとって、自己著者性としての自律を享受することの構成要素である、ということになる。

以上の見解は、少なくとも非政治的文脈を考えてみると非常にもっともらしく映る。例えば、Aのキャリア選択がA次第であることの重要性は、Aの福利を長期的に最大化する手段として、道具的には説明し尽くされないように思われる。決定がA次第であることの価値は、少なくとも部分的には、Aの自律の構成要素として非道具的に説明されうる。

また、この価値は制約的なものでさえありうる。つまり、重要な仕方でAに影響する決定の作成においてAの自己著者性を尊重すべしとする要請は、仮にAの自己著者性を無視することに道具的価値があるとしても、その価値を覆滅しうる。例えば、法的かつ道徳的に許容可能だが競争性の高いキャリア（プロスポーツ選手など）にAが魅力を感じているとしよう。しかしAは才能や訓練を欠いており、そのキャリアの追求に成功する客観的な見込みがないとしよう。Aが追求するキャリアを他者が代わりに決定すれば、Aが自己決定する場合に比べて、Aの福利は長期的に改善するかもしれない。しかしそれでも、他者による決定は（Aの同意がない限り）正当化されないように思われる。つまり、Aがどのキャリアを追求するかというイシューについてA自身が最終的発言権を有する意思決定手続きは、単に非道具的価値を有するのみではない。その価値は、このイシューについてAが最終的発言権を有さない手続きの実施を禁じるような性質をも有する。もちろん、Aは他者が言うことに耳を傾けるべきであり、他者からの理性的影響を無視すべきではないかもしれないが、最終的には決定はAの意志的影響に依存しなければならない[25]。

以上、〈自己著者性に基づく議論〉を再構成し、その内容を明確化した。もし前提一と二が真ならば、前提三が導かれる。また、「重要な仕方での影響」の意味が明らかになったいま、前提四を疑う余地はおよそ見当たらないように思われる。というのも、第一節1項で定義したところの政治的決定は、明らかに多様な仕方で個人の意志を方向づけたり、道徳的責任を形成したりするからである。さて、この議論を通じて、デモクラシー――社会の全成員に対する政治的諸権利の十分かつ平等な保障――は、政治的決定に服する各人の自己著者性の構成要素として正当化されるだろうか。

この問いに対する本稿の回答は否定的だが、本稿が採用しない異論をここで確認しておきたい。それは、投票において一票が結果を左右することはほぼありえないため、一票を有することは各人の自律の享受において重要な要素ではない、という異論である。[26] しかし、この異論は、ある人の自律を、当人が選択を通じて帰結を変化させる程度において多かれ少なかれ「促進（promote）」されるものとして想定しているように思われる。そうだとすれば、この異論は〈自己著者性に基づく議論〉の要点を見過ごしているかもしれない。というのも、この議論においては、自律は促進されるものというよりは「尊重（respect）」されるべきものとして捉えられているからである。自律を促進しうる複数の側面のうち、促進への寄与の度合いが小さい側面（ここでは政治的影響機会の行使）は考慮せずともよい、という見方は、この議論に対して十分に好意的ではないかもしれない。

この異論とは異なり、次項で展開する本稿の異論は、ある人に政治的影響機会を付与することが、その人の自律を尊重する仕方として規範的にもっともらしいかどうかを問題とする。本稿はこの問題に対して否定的な見解を示すことで、〈自己著者性に基づく議論〉の諸前提のうち、特に前提一を退けることを試みたい。

2　他者支配的権力の異論

本項では、〈自己著者性に基づく議論〉の前提一への異論を示す。この異論が成功すれば、〈自己著者性に基づく議論〉が健全でないこと、またそれがデモクラシー正当化論における規範的なもっともらしさの要件（第一節2項）を充足しないことが明らかとなる。

まず、異論の概要を示そう。〈自己著者性に基づく議論〉の前提一は、ある決定から重要な仕方で影響を受ける人は当該決定の著者としてみなされ、処遇されることに対して道徳的請求権を有する、という主張に例外を設けていない。しかし、この主張は一般的に真だろうか。特に、当人が著者としてみなされ、処遇されることが他者に対する当人の支配的権力（*ruling power*）の行使――つまり、単に他者に影響を及ぼすだけでなく、他者の身体や行為者性を侵害したり、選択状況を大きく変化させたりする行為の遂行――を含意する場合にも、それは真だろうか。目下の異論によれば、答えは否である。各人の自律のためという理由では、他者支配的権力を行使する機会への各人の道徳的請求権は確立されない。さらに、政治的権利は国家がふるう政治的権力へのシェアなのだから、それはすなわち他者をも含む社会の全成員に対して行使される支配的権力へのシェアである。よって、各人の自律のためという理由では、政治的権利への各人の道徳的請求権は確立されない。

この異論は、政治的道具主義者として知られる哲学者たちによってしばしば提示されてきた。例えばJ・S・ミルによれば、「…人は誰も、他者に対して権力を行使する権利を（純粋に法律的な意味を別とすれば）持つことはできない。〔中略〕ところが、選挙人としてであれ代表としてであれ、政治的な役割を果たすということは、他者に対する権力行使なのである」[27]。R・アーネソンによれば、「どのような権利を基本的権利、つまりそれ自体のために充足することが重要であるような権利と見なすにせよ、他者の人生に権力を行使する『権利』ないしそのような権利とされるものは、基本的権利に含まれるべきではない」[28]。彼らの見解の細部は異なるが、要点は共通している。すなわち、政治的権力へのシェアは、他者支配的権力へのシェアであるため、何らかの適切な仕方で正当化されない限り、推定的に不正である（「推定的」の意味については、文末注21を参照）。

では、他者支配的権力の推定的不正性を克服しうる適切な正当化論とはいかなる類のものだろうか。政治的権力に着目する前に、この問題に一般的に取り組んでみよう。正当化論を適切なものとするための、二つの制約が考えられる。

第一の、弱い制約によれば、他者支配的権力はそれ自体のためには——つまり、内在的には——正当化されてはならない。例えば、子に対する親の権力、あるいは被告に対する裁判官の権力は、その権力自体に価値があるという理由では正当化されないだろう。したがって、他者支配的権力の正当化論は、派生的正当化、すなわちその権力から論理的に独立した規範的理想に訴求する正当化でなければならない。ただし、目下のところ、この第一の制約は脇に置いてよい。なぜなら、〈自己著者性に基づく議論〉は、自律の価値に訴えかけることで、政治的権力の派生的正当化を試みているからである。

第二の、より強い制約は、他者支配的権力の派生的正当化を要請するにとどまらない。D・ヴィーホフによれば、そのような権力の正当化理由が派生してくるところの規範的理想の種類に対して、一層の制約がかかる。彼によれば、そのような規範的理想は、「ある人が他者を支配すること」を核心とするようなものであってはならない[29]。なぜなら、そのような仕方で他者への権力を価値づけることは、その権力をふるわれるところの他者を道徳的に独立した人格として――つまり、彼女／彼自身がそれぞれに特別な責任を負う人生を有する人格として――尊重することと相容れないからである[30]。

類推として、Aが意図的にBの身体に同意なく触れる――身体的侵襲としての他者支配的権力を行使する――ことがどのような理由によって正当化されうるかを考えてみよう。第一に、弱い制約が示唆するように、Bへの身体的接触自体にAが関心を抱いているとしても、その関心は正当化に何ら寄与しないだろう。第二に、強い制約もまた適切であるように思われる。例えば、Bの身体に触れることはAの人生計画の重要な一部であり、その追求はAの自律的な生の構成要素である、とAが主張すると仮定しよう。この主張によるBへの身体的接触の正当化は、たしかに派生的正当化ではある。しかし、仮にここでのAの主張が（Aの人生計画の自己理解としては）真だとしても、それは正当化に寄与しないように思われる。なぜならこの場合、Aが自律的に追求しようと企てている人生計画自体が、Bへの身体的接触を構成要素としてしまっているからである。よって、他者支配的権力については、内在的正当化と一部の派生的正当化は、適切な正当化ではない。つまり、Bの身体への接触が接触それ自体のために、あるいはBへの身体的接触を核心的要素として含むAの自律的な生のために正当化されうるとしたら、それはBがB自身の身体と行為者性に対して特別な関係と責任を有する道徳的に独立した人格であることの端的な否定であろう[31]。（この事例における適切な正当化根拠の例としては、AやBや第三者を交通事故の危機から救出するために身体的接触が不可欠である、などの根拠が挙げられうる。）

以上の類推から引き出せる重要な論点は、ある人の自律――自身の行為の選択状況や選択肢集合、およびそこから何を選択するかを自ら決定できること――と他者の道徳的独立――自身への支配的権力の行使を不適切な理由で正当化されないこと――とが衝突する場合、後者は前者よりも規範的重みをもつように思われる、という点である。すなわち、いかなる個人も、他の個人の道徳的独立を尊重しない仕方で自律を享受してはならない。もしこの主張が偽だとしたら、先述の事例におけるBに対するAの身体的接触は、単にAの自律的な生の追求のために正当化されうる、という反直観的含意が生じるだろう。

さて、政治的権力に立ち戻り、以上の論点を〈自己著者性に基づく議論〉への異論として再構成するならば、異論の内容は以下のようになる。政治的権力の行使は、人々の身体や行為者性への侵害や、人々の選択状況の大幅な変化を含む。例えば、公的な警察行為や処罰の法的根拠を定義する政治的決定は、捜査や逮捕、罰金や懲役など、人々の身体や行為者性を侵害しうる行為や制度が許容される条件を定める。また、社会経済的な分配政策（課税や社会保障等）を実施、改定、または廃止する政治的決定は、人々の行為の費用便益を含む選択状況を大幅に変化させ、時には人生の見通しをも変化させうる。以上の例を踏まえるならば、政治的決定に影響を与える機会は、全てではなくともほとんどの場合、まさに政治的決定を介して行使される他者支配的権力へのシェアを享受する機会であると言える。よって、ある人が政治的権力へのシェアを有することは、道徳的に独立した人格としての被治者への尊重と緊張し、推定的に不正である。さらに、このシェアが当人の自己著者性としての自律の構成要素であると論じても、その不正性は解消されない。なぜなら、とりわけ政治的意思決定という文脈では、決定への影響機会を享受することによる当人の自己著者性の享受は、他者への支配的権力へのシェアの行使を核心とするからである。

以上の異論は、〈自己著者性に基づく議論〉の前提一に疑問を投げかける。なぜなら、この異論が正しいならば、同前提に反して、他者支配的権力の行使に関わる決定については、各人の自己著者性への道徳的請求権が直ちに確立されるとは言えないからである。

他者支配的権力の異論の強みを示すため、三つの想定される応答を検討したい。第一に、共和主義理論家が論じるように、民主的に制御された政治的決定は必ずしも「支配」とは言えない、という応答がありうる[32]。しかしこの応答は、以下の「不可能性問題」を解決する必要がある。すなわち、政府による政治的決定の実施を制御できるほどに実効的な力を有する民主的集団や機関が存在する場合、その集団や機関自体が、それらと異なる政治的選好を有しうる市民への選択干渉能力を有するため、個々の市民は結局のところ支配を回避できない[33]。この問題が解決される見通しが示されない限り、民主的制御によって「支配」を緩和ないし除去しうるという応答は有効ではない。

第二に、J・チョウによる以下の応答がある。政治的権力へのシェアの正当化における自律への訴求は、「諸個人が自身を支配することはそれ自体で良い」という考えにのみ依拠しており、個人が他者を支配するという考えには依拠しないため、強い制約を侵害しない[34]。実のところ、他者支配的権力の異論を精緻に分析したヴィーホフ自身も、チョウと同様の考えから、この異論は自律への訴求に対しては適用されないと示唆している[35]。

しかし、他者支配的権力の異論はこの応答に対して頑強である。チョウやヴィーホフの見立てに反し、自律に基づく政治的権力へのシェアの価値づけは他者の道徳的独立と緊張する。なぜなら、社会の全成員に影響する公共的諸制度に関わる政治的意思決定においては、決定に服する全員の利害関心が密接に絡み合っているからである[36]。そのため、政治的意思決定の文脈において自分自身への支配に寄与することは、自身の利害関心と密接に絡み合った利害関心を有する全ての人々への支配に寄与することを含意する。このように、政治的文脈において、他者支配性が自己支配の単なる副次的効果ではなく、その構成要素であることは強調に値する。例えば、Aが逆進的な税の税率引き上げを支持するために政治的権利を行使するとき、Aは単に自身が服する税制に影響を与えることで自己支配しようとしているだけだと言い張るかもしれない。しかし、Aの自己支配は、逆進税から不利を被りうる人々への支配をも含意する。より一般的に言えば、政治的決定への影響を行使する者は、いかに微少な影響だとしても、それが他者の人生を左右しうる決定への影響であるという事実を否定できない。自らの政治参加がそれ自体では他者の人生に全く関わらないという考えは、政治という営みについての端的な無理解を表すだろう[37]。

第三に、以下の応答が提示されるかもしれない。他者支配的権力の異論は、全員が政治的権力への平等なシェアを有するならば克服されうる。というのも、この場合、全員が自身の道徳的独立と引き換えに、個人の自己著者性としての自律に対する自身の道徳的請求権への尊重を受けることができるからである。この平等な自律こそ、少なくとも投票権と言論の自由を平等に保障するデモクラシーが構成するものなのではないか[38]。

この応答には二つの問題点がある。第一に、この応答は政治的影響機会のみならず、明白に不正なものを含め、他のいかなる機会についても成立しうる。小林卓人は、この問題を「不正な平等分配の問題」として定式化している。例えば、他者の身体に同意なく触れる法的権利の確立は推定的な道徳的不正であるように思われるが、この不正性は全員がこの権利を平等に保障されたところで軽減されるわけではない。「このような権利を保障する制度は、それ自体が不正な社会の構成要素」でありうる。[39] 同様に、他者支配的権力の異論が述べるように、自律に基づく政治的権利の価値づけ自体が不正ならば、平等な自律に基づいて平等な政治的権利を価値づけたところで、その不正性は軽減されない。

第二に、この応答は道徳的独立と平等な自律、いずれの理想がより規範的に優越するかという問題について、論点先取に陥る。先述したように、ある人の自律と他の人の道徳的独立とが衝突するとき、通常は後者がより重みづけられるべきだと考えるのが理に適っているように思われる。そうだとしたら、各人は、自己著者性としての自律を他者と等しく享受できるとしても、なぜそのために適切に正当化されていない他者の権力行使に身を委ね、道徳的独立を侵害されるよう要請されるのだろうか。より重要でない理想を他者と等しく享受するために、より重要な理想の享受を放棄させられるべき理由は明らかではない。

以上の議論が正しいならば、〈自己著者性に基づく議論〉は失敗する。

3　諸個人の共同著者性

前項までは、個人の自己著者性の理想からデモクラシーを非道具的に正当化することの困難を指摘した。では、一個人ではなく諸個人の共同著者性の理想に基づく議論は成功するだろうか。このような議論はD・ジェイコブやA・ラヴェット、J・ズールによって展開されているが、本項では、この議論も成功しないと論じる。

まず、共同著者性（joint authorship）の理想を説明しよう。ある集団を構成する諸個人を想像してほしい。共同著者性の理想によれば、当該個人らが共同で何を行うかというイシューについての決定が、当該個人らの熟議と決心次第である程度に応じて、当該個人らは当該のイシューについて共同著者性を享受する。

この理想について、二点に留意されたい。第一は、この理想は個々の人格から遊離した単一の集合的行為者——例えば「人民（the People）」——による自己決定の可能性と価値を述べているのではなく、あくまで集団に属する個々人が、関連するイシューについて共同著者性を享受しうる可能性とその価値を述べている、という点である。[40]（ただし、この点は必ずしも、個々の人格から遊離した集合的行為者による自己決定なるものが不可能であるということを意味してはいない。個々の自然人の妥当な道徳的請求権とはどのようなものかを明らかにするのが、目下検討している議論の要点である。）

第二に、個々人が享受する共同著者性は、前項で批判したような単なる自己著者性とも異なり、他の個人と共に何らかの行為を共に遂行し、何らかのプロジェクトを共に追求する共同意図（joint intention）を成立させることでのみ享受されうる。ラヴェットとズールの例を用いるならば、AとBが家屋を特定の色に塗るという共同意図を相互表明し、そうすることで形成された当の共同意図を一定の協調行動を通じて実行した場合にのみ、AとBは家屋を何色に塗るかというイシューについて共同著者性を享受したことになる。[41]

以上の共同著者性の理想に基づき、〈共同著者性に基づく議論〉は以下のように展開される。[42] 少なくとも理想的には、デモクラシーのみが、社会の全成員が諸々の政治的イシューについて共同著者となることを可能にする。なぜなら、デモクラシーは各イシューにおいて採られるべき政治的決定指針についての各成員の意図表明を平等に可能にするが、非民主的な政治的手続きでは、意図表明の平等な機会を与えられない市民が一定数いるからである。一部の人々の意図表明を不可能とする手続きは、その人々が加わるような共同意図を形成することができない。よって、いかなる非民主的な政治的手続きも、社会の成員たちの共同意図の形成に失敗する。

しかし、以上の議論には三つの欠陥がある。第一に、政治的意思決定において、なぜ各人は共同著者性の享受に対して道徳的請求権を有するのか、という根本的な問いへの回答が与えられていない。〈自己著者性に基づく議論〉と同様に、目下の議論に対しても、他者支配的権力の異論は提示されうる。ある人が政治的決定の共同著者になることは、社会の全成員に対する権力行使の共同著者になることである。このことがどのようにして当の成員たちの道徳的独立と両立しうるのかが説明されなければならない。それが説明されない限り、〈共同著者性に基づく議論〉は、デモクラシー正当化論の第二の要件——規範的なもっともらしさ——を満たすことに失敗する。

以上の第一の問題は、全ての政治的決定が全員の共同意図により作成された場合には解消されるかもしれない。しかしここで、第二の問題が浮上する。すなわち、〈共同著者性に基づく議論〉が不合意と強制の事実に対してどのように応答しうるかが明らかでない。例えば、A、B、Cの三人が共に家屋に色を塗ろうとしているが、どの色を塗るかについて解消しがたい不合意に至ったと仮定しよう。この場合、どの方針を採用するにせよ、全体の方針は、十全な意味において三人の共同意図に基づいているとは言えない。

もちろん、家屋の彩色の仮想事例では、このことは道徳的にさして重大な問題ではないかもしれない。なぜなら、A、B、Cの各々には、採用された色を塗りたくないので家屋の共同彩色をやめ、他の二人との関係を断つ、という選択肢も残されているからである。しかし対照的に、政治的意思決定の文脈を考えてみよう。この文脈では、様々な政治的イシューについて、(一) どのような価値を実現するために、(二) どのような政策を策定すべきか、また (三) 誰が政策を策定・実施する任を引き受けるべきか、といったイシューについて、広範な不合意が存在する中で、社会の全成員を拘束する決定を下さなければならないのが常態である。J・ウォルドロンは、これを「政治の情況」として描く[43]。

この場合、どの個人や集団の見解を採用するにせよ、全体の政治的決定は、十全な意味において社会の全成員の共同意図に基づいているとは言えない。例えば、政治的手続きが何らかの多数決規則を用いる場合、絶対/相対多数者の選好する政治的決定は、少数者をも含む全員の共同意図に基づいているとは言えない。もちろん、デモクラシーにおける各市民には、意見形成過程や次期選挙への参加により、自身の選好や判断を修正したり、自身の現在の選好や判断を保持しつつ将来的に多数派に属したりする可能性が残されてはいる[44]。しかし、このように共同著者性としての自律を享受しうる可能性を残すことは、そのような自律の保障にはならない——例えば、一部の市民が長期的に少数派のポジションに置かれ続ける可能性は排除されていない。さらに、家屋の彩色の文脈とは異なり、政治の文脈においては、このことは道徳的に重大な問題である。なぜなら、政治的決定の影響下から離脱するという選択肢は、国家の管轄下を容易に離脱しうるだけの財や機会を有するごく一部の人々を除き、通常は社会の成員たちにとって実効的でないからである。

この第二の異論に対して、以下のような応答があるかもしれない。複数個人の共同意図が成立するために必要なのは、共同で行う事柄(家屋の色や政治的決定)の内容について全員が合意することではない。むしろ必要なのは、共同のプロジェクトを何らかの仕方で推進すること自体の価値を全員が受容することである。つまり、家屋の彩色というプロジェクト、あるいは単一の制度体系による政治社会の運営というプロジェクトを成立させることの価値を各成員が受容しており、かつ受容／拒絶の態度の表明機会が各成員に保障されているならば、そのプロジェクトを推進する共同意図は成立しうるのだ、と(45)。

しかし、この応答に対しては、以下の第三の異論が成立する（この異論は福家佑亮によって説得的に展開されている(46)）。この応答に則るならば、政治的意思決定を通じて市民たちの共同意図が実現できるか否か――市民たちが共同著者性としての自律を享受できるか否か――は、政治的手続きが民主的か否かには依存しない。むしろそれは、どのような政治的手続きであれ、それによる政治社会の運営を市民が受容するか否かにのみ依存する。もちろん、第三節で詳述するように、実施される政治的決定への異論の表明機会はたしかに保障されるべきである。しかし、それは必ずしも民主的な政治的諸権利の分配（例えば、投票権の十分かつ平等な分配）を要請しない。市民たちがロトクラシーによる政治社会の運営を受容するならば、ロトクラシーは共同著者性の実現に資するし、市民たちがエピストクラシーによる政治社会の運営を受容するならば、エピストクラシーは共同著者性の実現に資する。もし、この異論が正しく、〈共同著者性に基づく議論〉が非民主的な政治的手続きをも正当化できてしまうならば、この議論はデモクラシー正当化論の要件のうち、第一の十全性要件の充足に失敗する。

三　アカウンタビリティとしての自律

本節では、もう一つの自律構想として、本稿がアカウンタビリティとしての自律と呼ぶ理想に着目し、それに基づくデモクラシーの非道具的正当化論の成否を検討する。単純化して述べるならば、アカウンタビリティとしての自律の理想は、良き理由に基づく自己統治の理想と言い換えられうる(47)。以下では、この理想を公共的な理由の往還によるアカウンタビリティとして詳述するR・フォアストの議論を再構成し、それに基づく民主的諸制度の正当化論を批判的に吟味する。本稿の批判的主張は、端的に言えば、この議論も非民主的な政治的手続きを正当化してしまう場合がありうる、というものである。

1 フォアストの道徳的／政治的自律構想

フォアストによれば、自律的な人格は「自身の行為理由を理解しており、理由を尋ねられれば『応答』でき、そのため［中略］自身と他者の双方に対して、自身についてアカウンタブルな行為者である。つまり、彼女ら／彼らは自らの行為を理に適った仕方で説明し、かつ正当化できる」[48]。この意味での自律は、著者性としての自律のように自己志向的ではない。むしろそれは、自身の行為に関する説明・正当化理由を明示化する義務ないし責務を含意している。そのような理由にアクセスすることへの請求権は、本人のみならず他者もまた有する。本稿では、この自律構想をアカウンタビリティとしての自律と呼ぶ。

フォアストは、この自律構想を核心として、道徳と正義に関する見解を多岐に渡り展開しているが、ここではとりわけ政治的自律――すなわち、「ある人が、集団の一員として、法について応答可能である（responsible）」[49]こと――に関する彼の見解に焦点を当てる。

〈アカウンタビリティに基づく議論〉の出発点は、各人は「正当化に対する実質的な個人の道徳的権利」を有する、という主張である[50]。フォアストの道徳的構築主義によれば、道徳的に重要ないかなる行為ないし制度も、それにより影響される全ての個人に対して、理由の往還を通じて正当化されるべきである。その正当化は一定の制約を満たすことでのみ成功する。一つは相互性（reciprocity）であり、これは（一）自身が他者に対して提示する要求が他者から自身に対して提示されたとき、それを拒絶してはならないこと、および（二）自身の価値や利害関心を他者に投射したり、他者が共有していない真理についての主張を他者に押し付けたりしないこと、を意味する。もう一つは一般性（generality）であり、これは（法など）基本的諸規範の支持理由が、当該規範により影響される全ての個人にとって共有可能であることを意味する[51]。これらの制約を満たす正当化理由に基づいて行為することが、人格の道徳的自律を構成する[52]。各人は互いがこの意味で道徳的に自律することに対して請求権を有し、また自身が道徳的に自律する義務を有する。

この道徳的自律の構想をモデルとして、フォアストは政治的自律の構想を提示する。道徳の内容を人々が共同で構築する理由往還手続きが正当化の相互性および一般性を根本的要請とするのと同様に、社会秩序を構築する手続きも、これらを根本的要請とする。フォアストによれば、「相互的かつ一般的正当化の原理は、法の著者としての市民たちの『公共的正当化』の手続きに移入されなければならない。〔中略〕こうした正当化手続きの参加者として、および自ら生み出した結果について応答可能な政治的共同体の成員として、市民たちは政治的に自律する」(53)。そのため、フォアストの見解においては、各人は市民として単に政治的自律を享受するのではなく、より重要なことに、既存の社会秩序の相互的・一般的正当化可能性を吟味し、それが正当化不可能であることが明らかとなった場合には、相互的・一般的に正当化可能な秩序再編を目指す義務を互いに負い合っている。

以上の政治的自律の構想に基づき、フォアストは以下のように結論づける。

> 個人の自由が正統な法により保障されるためには、正統な法は一般性と相互性という基準により正当化される必要があり、そしてさらに、法に従う全員の要求および議論が十全に提示され、考慮される民主的法生成の手続きが必要である。〔中略〕それは、〔政治過程に参加する〕平等な権利と機会の形式的かつ実質的存在を含意する。〔中略〕政治的権力の民主的な制度化と行使がなければ、政治的自由は可能ではないだろう(54)。

以上の議論の魅力は、正当化への権利という（特に熟議デモクラシーの諸理論が想定してきたであろう）明らかな道徳的重要性を有する基礎の上に展開されている点にある。しかし、問題は、フォアストの議論によって、単に十全に熟議的であるのみならず、（本稿が定義する意味において）民主的でもあるような立法手続きが要請される、という結論が導出されるか否かである。次項では、この問いに対して否定的な回答を提示したい。

2　非民主的な政治的手続きと正当化理由の往還

本項では以下のことを主張する。二種類の政治的影響、すなわち意志的影響と理性的影響との間の区別をひとたび明確にしたならば、明白に非民主的であるような政治的手続きの下でも相互的かつ一般的な正当化の要請が満たされうることが明らかとなる。以下では、このことの説明を通じて、フォアストのデモクラシー正当化論が、十全性および道具的正当化への転化の回避という二つの基準において失敗することを論じる。

まず、意志的／理性的な政治的影響の区別（第一節1項）を、より詳細に確認しよう。一方で、ある人がある政治的決定について意志的な（*voluntary*）政治的影響を享受するのは、当人が明示した選択ないし判断が、それ自体で、当人の選好する選択肢に向けて決定を動かす程度においてである。他方で、ある人がある政治的決定について理性的な（*rational*）政治的影響を享受するのは、当人の合理的説得によって、決定に対して当人の選好通りに意志的な政治的影響を行使するよう、他の個人を動機づけることに成功する程度においてである。したがって、政治的手続きは、単なる「政治的影響への機会」という単一の機会を直接分配するわけではない。むしろ、異なる種類の政治的影響機会を、諸々のフォーマルな政治的諸権利（投票権、言論の自由、結社の自由、政治的情報へのアクセス権など）や、それら諸権利の実効的行使に資するインフォーマルな手段や実質的機会（所得や富、余暇など）といった形で分配するのである。

この理由から、第一節2項で述べた十全性要件が重要になる。アカウンタビリティとしての自律に基づくデモクラシーの非道具的正当化論は、意志的・理性的な政治的影響機会の双方を十分かつ平等に保障すべきことを示す必要がある。この議論が、いずれかの影響機会を十分かつ平等には保障しない政治的手続きをも正当化できてしまう場合、この議論はデモクラシーの正当化論としては失敗する。本稿は、まさにフォアストの議論はその失敗に陥る、と主張する。具体的には、フォアストの議論は理性的な政治的影響機会（典型的には言論の自由）の十分かつ平等な保障の要請を導出できるが、意志的な政治的影響機会（典型的には投票権）の十分かつ平等な保障の要請は導出できない。というのも、意志的な政治的影響の行使は、それ自体では政治的決定の正当化理由の付与には無関係だからである。

この論点を理解するため、次の問いを考えてみよう。正当化への権利が全員にとって充足されうるには、どのような政治的行為を遂行する機会が全員のために保障されるべきだろうか。もちろん、正当化理由の往還という理性的過程に関連する行為こそが、この問いへの回答となるはずである。そのような行為とは、例えば政治的情報の公開請求、請願、公聴会開催、行政訴訟、ミニ・パブリックスへの参加、あるいはよりインフォーマルな「日常会話」を市民仲間たちと行うこと、などだろう。これらの行為への機会を政治的言論や結社の自由といった政治的権利によって保障することは、個別の公共政策や公職者のパフォーマンスについて、是非の理由を明らかにしていくために必要であろう。したがって、理性的な政治的影響を行使する手段があることは、政治的決定の正当化において不可欠である。もし、アカウンタビリティに基づく議論が理性的な政治的影響機会の十分かつ平等な保障のみを支持する議論ならば、本稿はその議論の成功をさしあたり疑わない。

しかし、意志的な政治的影響については、〈アカウンタビリティに基づく議論〉を疑う余地がある。以下、やはり範例として投票権に着目して議論を進めたい。ある政策案や候補者に投票することは、それ自体では、政治的正当化への各人の権利を充足するためには必要でもないし、効果的でもないように思われる。というのも、熟議に基づく政治における投票とは、合意が存在しない中でも政治的決定を何かしら下す必要があるという実践上の圧力のもとで、政治的熟議を中断して行われることだからである。このように決定を合意ではなく暫定的な意志に委ねることは、プラグマティックな実践であり、それ自体では政治的決定の正当化理由の往還という過程の構成要素ではない。

もちろん、この見方には異論があるだろう。例えばハーバーマスは、「多数派の下した決定は継続されるべき議論のひとつの区切りにすぎず、いわば討議による意見形成の暫定的な結論にすぎないという点で、多数決規則は真理の探求との内的な関連を有する」と述べる(55)。もしそうならば、結局のところ、意志的影響機会の保障は正当化理由の往還という実践において不可欠だということになるかもしれない。しかし、この主張の意味は判然としない。例えば、「真理の探求との内的な関連」というフレーズは、多数者がある政治的決定を選択したという事実がそれ自体で当該決定の正当化理由を構成する、ということを意味するのだろうか。もしそうならば、この主張は偽であるように思われる。なぜなら、多数者が見解Xを支持しているという事実が見解Xの正当化理由になる、という見解は、端的なバンドワゴンの誤謬だからである。

したがって、投票は本来的には正当化実践を構成する行為ではないように思われる。さらに、この理由のため、投票権の十分性または平等性を欠く明白に非民主的な政治的手続きの一部は、諸個人の正当化への道徳的請求権を充足するために十分かつ効果的でありうる。つまり、〈アカウンタビリティに基づく議論〉が正当化しうる政治的手続きのなかには、意志的な政治的影響機会を十分かつ平等には保障しないものが含まれうる。以下では、一つの思考実験を通じてこの可能性を示したい。

本稿が正当化の諮問階層制と呼ぶ仮想的な政治体制を考えてみよう[56]。これは一種のエピストクラシー的な政治体制である。一方でこの体制は、意志形成過程において、デモスの中でも特に有能とされる一部の人々（諮問する寡頭）に、他者よりも大きな意志的な政治的影響機会――公職選挙や国民投票における投票権――を付与する。他方でこの体制は、政治的言論や結社等の自由を、諮問する寡頭だけでなく社会の全成員に対して十全に保障することで、最高度に包摂的かつ平等主義的な意見形成過程を制度化する。以上を制度的背景として、諮問する寡頭たちは、常に公共的熟議を参照し、その内容を注意深く吟味し、どのような政治的決定が最も強固な相互的・一般的正当化根拠を与えられているかを検討する。その上で、選挙や議会において、最も強固な正当化根拠を有すると自身が考える決定に真摯に投票し、採用された決定の正当化根拠を公衆に向けて改めて説明する。寡頭以外の人々は、（投票権を除けば）決定に対して理由に基づく不服を表明する公式の手段をも保障されており、寡頭は不服に対し自らの決定を理由に基づいて擁護する法的義務を負う。その義務が果たされたか否かは、当該決定を支持していない党派の寡頭たちを十分に包摂した審議機関において逐一チェックされる。

さて、以上の体制において、意志的な政治的影響機会の不平等な保障のために、全員の正当化への権利の充足が必然的に失敗するか否かと問うならば、答えは否であるように思われる。この政治体制は、政治的正当化のために市民が必要とする理由往還のための制度的条件を確立している。もしこの主張が正しければ、諮問階層制はアカウンタビリティとしての自律を保障しうるため、〈アカウンタビリティに基づく議論〉は諮問階層制の正当化にも成功しうる。したがって、この議論は十全性の基準において失敗する。

以上の主張に対しては、諮問階層制は結局のところアカウンタビリティとしての自律の保障に失敗するはずだ、という異論があるかもしれない。この異論は以下のようなものである。市民たちの政治的正当化への権利が実効的に充足されるためには、市民たちは自身の異議に対して代表者や投票者が耳を傾けるよう十分な動機を与える必要があるが、諮問する寡頭がそのような動機を与えられるメカニズムは存在しない。なぜなら、諮問する寡頭は、非‐寡頭の声を無視したとしても、自身がより多く有する政治的権力へのシェアを失うリスクを負わないからである。対照的に、デモクラシーにおいては、法に従属する人々の異議に耳を傾けないことは、票や権力の喪失という帰結を招きうる。

しかし、この異論に対しては二つの応答が可能である。第一に、正当化の諮問階層制は慈恵的なものとして描写されており、諮問する寡頭は、非‐寡頭の声に耳を傾ける十分な動機を有しうるものとして想定されている。この動機は、例えば、正当化の道徳的重要性を強調する安定した社会的慣行の存在や、その重要性を認める個々の寡頭の内的な道徳的動機といったメカニズムに基づくものとして想定されうる。こうした動機づけのメカニズムが不可能でない限り――つまり、正当化の諮問階層制における動機づけのメカニズムが実現される見込みが低いとしても、それが実現される可能性があるならば――、慈恵性の想定は有効であると思われる。

第二に、仮に異論を受け入れ、政治的決定の正当化への合理的動機づけにおいてデモクラシーが正当化の諮問階層制よりも実効的であると仮定しよう。そうだとしても、その場合には、〈アカウンタビリティに基づく議論〉は、もはや自律の理想に基づいてデモクラシーを非道具的に正当化する議論ではなくなるように思われる。というのも、この議論は、デモクラシーの正当化根拠を、市民や公職者が個々の政治的決定を相互的かつ一般的に正当化する動機を得ることを容易にすることに見出すからである。これは道具的な正当化論であり、デモクラシーと自律との構成的関係を示すものではない。したがって、このように解釈された場合、〈アカウンタビリティに基づく議論〉は、正当化の第三の要件――道具的正当化への転化を回避すること――に失敗する。

まとめよう。〈アカウンタビリティに基づく議論〉は、民主的権利とされてきた諸権利の中でも、言論や結社の自由といった、理性的な政治的影響機会に関わる諸権利の十分かつ平等な保障を正当化するための議論としては成功するかもしれない。しかし、第一節で導入したデモクラシーと非民主的な政治的手続きとの区別の方法を所与とするならば、このことはデモクラシーの非道具的正当化としては不十分である。もし、本項で論じたように、〈アカウンタビリティに基づく議論〉が、投票権をはじめとする、意志的な政治的影響機会に関わる諸権利を十分かつ平等には保障しないような非民主的な政治的手続きをも正当化しうるならば、それはデモクラシーの非道具的正当化論としては失敗する。

とはいえ、アカウンタビリティとしての自律を重視する理論家の一部は、以上の「失敗」を自身の理論の欠陥とは考えないかもしれない。フォアストをはじめ、デモクラシーの集計的構想よりも熟議的構想を支持する観点からは、投票権をはじめ、意志的な政治的影響機会やその分配の規範的重要性を全く認めないことも可能ではある。しかし、熟議的構想の支持者が意志的な政治的影響機会とその分配の重要性をそのようにラディカルに否定するか否かは、現在の研究動向からは明確でない。本項の異論は、デモクラシーの熟議的構想を採る理論に対して一般的には有効ではない可能性があるが、少なくとも、民主的熟議と民主的投票の併用を支持する標準的なデモクラシー構想に対しては有効である。

結論

本稿では、自律概念の二つの構想――自己／共同著者性としての自律、およびアカウンタビリティとしての自律――に着目し、各構想からデモクラシーの非道具的正当化論が引き出されうるかを検討した。本稿の結論は、いずれの構想からもそのような議論は引き出されない、というものである。一方の自己／共同著者性としての自律は、非政治的文脈での各人の自己決定や共同意図の形成の非道具的価値を説明しうるが、ひとたび政治的意思決定の文脈に目を向けるならば、政治的権力が他者支配的権力であるという事実や、政治の情況を構成する不合意と強制の事実などのために、同様の説明を提供できない。他方のアカウンタビリティとしての自律は、政治的決定の正当化根拠を問い返すための機会を、言論や結社の自由等で保障することを要請しうる。しかし、この自律構想は、意志的な政治的影響機会――例えば選挙や国民投票において投票する権利――を保障すべき理由を提供できないため、非民主的な政治的手続きの正当化可能性を排除できない。

もちろん、以上の結論は、デモクラシーの非道具的な価値づけや正当化が不可能であるということまでは意味しない。序論で述べたように、デモクラシーの非道具的正当化論には他の類型もある。一例は、小林や福家によって近年紹介された、社会的平等（social equality）の理想に基づく非道具的正当化論である。[57] この理想は、奴隷制やカースト制のような、社会的ヒエラルキーの関係を確立する制度に異議を唱え、社会の全成員が互いに社会的平等者としての関係に立つことを希求するものである。この理想に基づき、政治的諸権利の平等な分配を、対等な社会関係の構成要素として支持する議論がある。[58] 筆者はこの見解がより有望であると考えるが、その吟味は別稿にて行いたい。

デモクラシーの正当化根拠を追究するにあたっては、こうした議論をはじめ、他の様々な正当化論の候補を各個吟味し、それぞれのもっともらしさを批判的に検討することが必要である。本稿を、そのような試みにおける一つのステップとして理解されたい。

（1）Brennan, J., *Against Democracy*, Princeton University Press, 2016（ジェイソン・ブレナン『アゲインスト・デモクラシー』井上彰・小林卓人・辻悠佑・福島弦・福原正人・福家佑亮訳、勁草書房、二〇二二年）.

（2）Guerrero, A. A., "Against Elections: The Lottocratic Alternative", in *Philosophy & Public Affairs*, vol. 42, no. 2, 2014; 山口晃人「ロトクラシー――籤に基づく代表制民主主義の検討」、『政治思想研究』第二〇号、二〇二〇年。

（3）小林卓人「政治的決定手続きの価値――非道具主義・道具主義・両立主義の再構成と吟味」、『政治思想研究』第十九号、二〇一九年；田畑真一「正統な権威としてのデモクラシー――認識的価値と平等からのデモクラシー擁護論の検討」、『政治思想研究』第二一号、二〇二一年。

（4）内田智「現代デモクラシー論における熟議の認知的価値――政治における『理由づけ』の機能とその意義をめぐる再検討」、

『政治思想研究』第一九号、二〇一九年：坂井亮太『民主主義を数理で擁護する――認識的デモクラシー論のモデル分析の方法』勁草書房、二〇二二年。

（5）小林「政治的決定手続きの価値」：福家佑亮「デモクラシーを支えるもの」、『実践哲学研究』第四二号、二〇一九年：福家佑亮「民主政と恣意性」、『実践哲学研究』第四四号、二〇二一年。

（6）政治理論におけるこの直観の表明として、例えば、松尾隆佑「ステークホールディング論の史的展開と批判的再構成」、『政治思想研究』第一五号、二〇一五年、三八〇頁を参照。

（7）石山将仁「理に適ったケア関係と二つの自律」、『政治思想研究』第一九号、二〇一九年。

（8）W・N・ホーフェルドの法的概念図式を参照。Hohfeld, W. N., *Fundamental Legal Conceptions as Applied in Judicial Reasoning*, (eds.) D. Campbell and P. Thomas, Routledge, 2001. これらの法的概念を「法的立場（legal positions）」と総称する用語法は、Kramer, M. H., "Rights without Trimmings", in *A Debate over Rights: Philosophical Enquiries*, (eds.) M. H. Kramer, N. E. Simmonds, and H. Steiner, Oxford University Press, 1998, p. 7による。

（9）これらの語の簡潔な整理として、以下を参照。齋藤純一「ハーバーマス――正統化の危機／正統化の根拠」、『岩波講座　政治哲学5　理性の両義性』齋藤純一編、岩波書店、二〇一四年、一八〇頁。ハーバーマス自身による端的な定義の発見は困難だが、意見形成・意志形成の諸過程からなる政治的意思決定の「二回路モデル」を説明する箇所として、以下を参照。Habermas, J., *Between Facts and Norms: Contributions to a Discourse Theory of Law and Democracy*, (trans.) W. Rehg, The MIT Press, 1996, Ch. 7（ユルゲン・ハーバーマス『事実性と妥当性：法と民主的法治国家の討議理論にかんする研究（下）』河上倫逸・耳野健二訳、未來社、二〇〇三年、第七章）.

（10）小林「政治的決定手続きの価値」、二四一頁を参考にした。しかし、小林は「投票や公職立候補の権利」といった意志形成過程に関わる権利に主に着目するのに対し、本稿は言論の自由に代表される意見形成過程に関わる権利をも被分配項に含める。

（11）意見形成が行われうる局面は幅広い。例えばMansbridge, J., "Everyday Talk in the Deliberative System", in *Deliberative Politics: Essays on Democracy and Disagreement*, (ed.) S. Macedo, Oxford University Press, 1999は、「日常会話」をも政治的熟議の一形態と捉える。

（12）田畑「正統な権威としてのデモクラシー」、一〇頁における定義を踏襲している。

（13）Cf. 山口「ロトクラシー」。

（14）Estlund, D., *Democratic Authority: A Philosophical Framework*, Princeton University Press, 2008, p. 38.

（15）ただしエストランドは、著書の随所において、自身が提示したデモクラシー定義には厳密には依拠しないことで、相対的正当化についての理解可能な議論を展開している。例えば、ミルの複数投票制を批判する彼の議論（Estlund, *Democratic Authority*, Ch. 11）は、事実上は平等な投票権を備えた制度としてのデモクラシー定義に則って行われている。

（16）構成的価値の定義としては、例えばRaz, J., *The Morality of Freedom*, Oxford University Press, 1986, p. 200における「構成的善（constituent goods）」の定義を参照。

（17）もちろん、自律の価値に基づく政治的帰結の評価は重要である。例えば分配的正義論の文脈における研究として、阿部崇史「活動内在的運と活動外在的運：自律基底的運の平等主義と選択的運／厳然たる運の区分」『法哲学年報二〇一九』、二〇一九年を参照。

（18）この理想は様々な語で言い表される。J・ラズはこれを「人格的自律」と呼び（Raz, *The Morality of Freedom*, p. 369; cf. 石山「理に適ったケア関係」、三五〇頁）、D・イーノックはこれを「主権としての自律」と呼ぶ（Enoch, D., “Autonomy as Non-Alienation, Autonomy as Sovereignty, and Politics”, in *Journal of Political Philosophy*, vol. 30, no. 2, 2022, p. 144）。

（19）請求権概念については、福島弦「これからの「正統性」の話をしよう――国家の規範的正統性の概念分析」『政治思想研究』第二二号、二〇二二年、二七六―七頁を参照。

（20）Wilson, J. L., “An Autonomy-Based Argument for Democracy”, in *Oxford Studies in Political Philosophy*, vol. 7, (eds.) D. Sobel, P. Vallentyne, and S. Wall, Oxford University Press, 2021, p. 214.

（21）Wilson, “An Autonomy-Based Argument”, pp. 203-4. 本稿は「推定的（presumptive）」の語を、「その見解を覆滅する十分な理由がない限りでは」という標準的な意味において用いる。この意味での推定性は、例えば、被告を有罪とみなすべき十分な理由がない限り被告を無罪とみなすことを要請する推定無罪原則に表れている。

（22）Wilson, “An Autonomy-Based Argument”, p. 207.

（23）Wilson, “An Autonomy-Based Argument”, p. 216.

（24）Wilson, J. L., “Making the All-Affected Principle Safe for Democracy”, in *Philosophy & Public Affairs*, vol. 50, no. 2, 2022, p. 172; Wilson, “An Autonomy-Based Argument”, p. 206.

（25）Enoch, “Autonomy as Non-Alienation, Autonomy as Sovereignty, and Politics”, pp. 144, 149.

（26）Bengston, A., and Lippert-Rasmussen, K., “Why the All-Affected Principle Is Groundless”, in *Journal of Moral Philosophy*, vol. 18, issue 6, 2021, pp. 579–82.
（27）Mill, J. S., *On Liberty and Other Essays*,（eds.）J. Gray, Oxford University Press, 1991, pp. 353–4（J・S・ミル『代議制統治論』関口正司訳、岩波書店、二〇一九年、一八五頁）.
（28）Arneson, R., “Debate: Defending the Purely Instrumental Account of Democratic Legitimacy”, in *Journal of Political Philosophy*, vol. 11, no. 1, 2003, pp. 124–5.
（29）Viehoff, D., “The Truth in Political Instrumentalism”, in *Proceedings of the Aristotelian Society*, vol. CXVII, part 3, 2017, p. 281.
（30）Viehoff, “The Truth in Political Instrumentalism”, p. 284.
（31）Viehoff, “The Truth in Political Instrumentalism”, p. 286.
（32）Cf. Pettit, P., *On the People's Terms: A Republican Theory and Model of Democracy*, Cambridge University Press, 2012. 本項の「支配（ruling）」概念（身体や行為者性の侵害や制約）は、制御されざる選択干渉能力を指す「支配（domination）」概念とは異なるが、本文では議論のため、後者の解消は前者の不正性を緩和するに十分である、と譲歩的に想定する。
（33）Cf. Simpson, T. W., “The Impossibility of Republican Freedom”, in *Philosophy & Public Affairs*, vol. 45, no. 1, 2017, p. 34; 福家佑亮「共和主義的自由の消極的自由への還元可能性について」『法と哲学』第八号、二〇二二年、一九九―二〇五頁。
（34）Chow, J. K., “On Political Instrumentalism and the Justification of Democracy: Reply to Viehoff”, in *Proceedings of the Aristotelian Society*, Vol. CXVIII, Part 3, 2018, p. 392.
（35）Viehoff, “The Truth in Political Instrumentalism”, pp. 290–1.
（36）チョウ自身、各人は集団の一員として自律を享受できるという論点を提示するために、この事実を強調している（Chow, “On Political Instrumentalism”, p. 394）。
（37）さらなる問題として、N・コロドニーは以下を指摘する。Aの自己支配が他者への権力行使を含意してはいないと（議論のために）仮定しても、少なくとも他者はAが自己支配を享受するための政治的活動の道具として利用される（Kolodny, N., “Rule Over None I: What Justifies Democracy?”, in *Philosophy & Public Affairs*, vol. 42, no. 3, 2014, p. 216）。例えば、Aが逆進税率の引き上げを支持して自己支配を享受することが、その税率から不利を被る人々への支配を含意してはいないとしても、Aはなお自身の自己支配の活動が生じさせる社会経済的コストの担い手としてその人々を利用することになる。

（38）ウィルソンはこの見解を採っている。「…異論は、一方的な［意志の］方向づけと［規範的責任の］形成に対して向けられている」（Wilson, "All-Affected Principle", p. 173）。
（39）小林「政治的決定手続きの価値」、二五〇―一頁。
（40）Jacob, D., "Every Vote Counts: Equality, Autonomy, and the Moral Value of Democratic Decision-Making", in *Res Publica*, vol. 21, issue 1, 2015, p. 70.
（41）Lovett, A., and Zuehl, J., "The Possibility of Democratic Autonomy", in *Philosophy & Public Affairs*, vol. 50, no. 4, 2022, p. 477.
（42）Lovett and Zuehl, "The Possibility", pp. 484–5; cf. Lovett, A., "Democratic Autonomy and the Shortcomings of Citizens", in *Journal of Moral Philosophy*, vol. 18, issue 4, 2020, pp. 13–4.
（43）Waldron, J., *Law and Disagreement*, Oxford University Press, 1999, pp. 102–3.
（44）Lovett and Zuehl, "The Possibility", pp. 488–9.
（45）Lafont, C., *Democracy without Shortcuts: A Participatory Conception of Deliberative Democracy*, Oxford University Press, 2020, p. 27; Stilz, A. "The Value of Self-Determination", in *Oxford Studies in Political Philosophy*, vol. 2,（eds.）D. Sobel, P. Vallentyne, and S. Wall, Oxford University Press, 2016, p. 107.
（46）福家佑亮「デモクラシーの哲学的基礎づけについて」、博士学位申請論文（京都大学）、二〇二〇年、一三八―九頁。
（47）この意味での自律は、「人格的自律」と対比される、カント由来の「道徳的自律」に類するものとして理解してよい。Cf. 石山「理に適ったケア関係」、三四七―八頁。
（48）Forst, R., *The Right to Justification: Elements of a Constructivist Theory of Justice*,（trans.）J. Flynn, Columbia University Press, 2012, p. 129.
（49）Forst, *The Right to Justification*, p. 135.
（50）Forst, *The Right to Justification*, p. 5.
（51）Forst, *The Right to Justification*, pp. 5–6.
（52）Forst, *The Right to Justification*, p. 129.
（53）Forst, *The Right to Justification*, p. 135.
（54）Forst, *The Right to Justification*, pp. 135–6.

（55）Habermas, *Between Facts and Norms*, p. 179（ユルゲン・ハーバーマス『事実性と妥当性：法と民主的法治国家の討議理論にかんする研究（上）』河上倫逸・耳野健二訳、未來社、二〇〇二年、二一三頁）.

（56）諮問階層制については以下を参照。Rawls, J., *The Law of Peoples*, Harvard University Press, 1999, §§8-9, especially at pp. 71-2（ジョン・ロールズ『万民の法』中山竜一訳、岩波書店、二〇〇六年、第Ⅱ部八―九節、特に一〇三―五頁）. ただし、本文で描写する政治体制は、あくまで公共的に正当化された政治的決定を志向するものである。それは、ロールズが描く「良識ある諮問階層制」と異なり、必ずしも正義の共通善的観念を志向しない。

（57）小林「政治的決定手続きの価値」；福家「デモクラシーを支えるもの」。

（58）Kolodny, N., "Rule Over None II: Social Equality and the Justification of Democracy", in *Philosophy & Public Affairs*, vol. 42, no. 4, 2014. E・アンダーソンやC・ロストボールは、社会的平等の要素ないし根拠として、自己決定が可能な対等な自律的人格としての諸個人の道徳的地位に言及し、それを尊重するための制度としてデモクラシーを正当化することを試みる（Anderson, E., "What Is the Point of Equality?", in *Ethics*, vol. 109, no. 2, 1999, p. 313; Rostbøll, C. F., "The Non-Instrumental Value of Democracy: The Freedom Argument", in *Constellations*, vol. 22, no. 2, 2015）。もし、自身に関わる全ての決定に対する意志的影響機会を要請する類の自律が社会的平等の必要条件ないし根拠ならば、社会的平等に基づく議論も本論文が展開した異論を招くことになる。ただし、そのような自律が社会的平等に必要か否かは論争的である。少なくとも、コロドニーの社会的平等構想は、自律の役割を選好形成における非強制性の保障に限定しており、上述のような強い意味での自律を必要としない（Kolodny, "Rule Over None II", pp. 287, 310）。

〔謝辞〕二名の匿名査読者をはじめ、本稿の草稿に貴重なコメントを下さった全ての方に、記して御礼申し上げます。特に、文章によるコメント、または関連草稿への研究指導上のコメントを下さった石田柊、石山将仁、井上彰、小川亮、齋藤純一、田畑真一、福原正人、福家佑亮、發田颯虎、谷澤正嗣、山口晃人の各氏（敬称略）に感謝申し上げます。なお本稿は、早稲田大学特定課題（課題番号：2020C-538、2021C-411、2022C-583）の助成を受けた研究成果の一部です。

［政治思想学会研究奨励賞受賞論文］

ジャン・ボダンの主権論とその理論的基礎

秋元真吾

序

政治思想史上、ジャン・ボダン（一五二九／三〇―九六年）は、宗教内乱の動乱の只中、主著『国家論』（一五七六年）において近代的な主権概念を確立した人物として知られる。フランクリンの古典的研究の影響下で膾炙した通説的見解によれば、ボダンはサン・バルテルミの虐殺（一五七二年）を契機に、はじめて主権の基軸を立法権に据え、これに絶対性を附与する立場に転向したと理解される。かかる転向が想定される所以は、ボダンが前著『歴史を容易に理解するための方法』（一五六六年、以下『方法』）では、未だ君主の立法権に対する伝統的な諸制約を認めており、しかも主権の根幹を立法権ではなく官職創設権に見出していたことにある。つまり、ボダンは虐殺以降、いわゆるモナルコマキ（暴君への抵抗を説いた一連のユグノーの論者）の主張の先鋭化を目の当たりにし、遂に『国家論』で絶対主義の理論家となるに至ったという訳である。(1) しかし、この種の見解が彼の主権論を精確に捉えるものかは疑問の余地が残る。というのも、『方法』は『国家論』から逆照射された関心に従ってしか読まれず、ボダンが何を目的にこの著作ではじめて主権論を公にしたのかは問われないからである。前提の精確な理解抜きに「転向」云々は語り得ないにも拘らず。

なるほど『方法』は容易な書物ではない。学術言語ラテン語で執筆されており、主題も心身論や普遍史、記憶のロキーloci、風土論、主権論、正義論といった具合に、当時の学問潮流と逐一密接に係わる。その内容の複雑さゆえ、『方法』は多くの場合、ごく表面的にしか扱われてこなかった。しかし、われわれは学術的性格の強いこの著作にこそ取り組み、ボダンの政治思想に新たな光を投げかけることを試みる。まず注目すべきは、ボダン自身が高等法院調査部長ジャン・テシエに宛てた献辞にて、『方法』を統治階層――高等法院の行政官magistratus[2]を筆頭とする実務家――に読まれるべきものとして執筆したと明言することである［MET: *ij-*ij v (66), **aij (76-8)］。つまり、これまで十分に顧慮されてこなかったことではあるが、高等法院付き弁護士たるボダンはこの著作を通じて、宗教内乱の小康状態の只中（一五六三―六七年）、王国の統治階層に「何か」をもたらすことを企図した。この「何か」を明らかにするためには、ボダンが『方法』でなぜ上記の主題を取り上げ、いかにそれらを自家薬籠中の物とし、そして何のために統治階層に提供することを試みたのかを問わねばならない。その一環として、本稿はかかる作業の主権論に係わる部分を扱う。まず予め、本稿が近年の政治思想史研究においていかなる位置を占めるのかを確認しておきたい。

　研究史上、『方法』は伝統的に哲学史研究者が取り上げる対象であり[3]、政治思想史研究者の主たる関心の埒外に置かれてきた。彼らがその主権論を独立した研究対象として扱い始めたのはようやく近年のことである。代表例はリーの研究である[4]。リーは、ボダンが主権を理論化するに際し、ローマ法学上の命令権imperium論に多くを負ったというよく知られた事実を掘り下げる。彼によれば、ボダンは十六世紀の法学者が命令権論に導入した「権利」とその「行使」という私法に由来する区別を発展させ、主権を「至高の命令権summum imperium」と理論化した。この理論に従えば、主権は分割不能かつ譲渡不能な権能（命令権）として主権者に帰属し、主権者が任命する行政官はその定める法律の範囲内でのみ権能の行使を担う存在となる。行政官には権能それ自体は帰属しないため、法律の定める任務に関してはこれを新たに第三者に委譲し得ない。かくしてリーは、ボダンが主権者と行政官との間に現代風に言う「プリンシパル・エージェント関係」を設定し、行政官に対して法律の一義的な執行を担わせようとしたと見る[5]。しかし、リーの研究も限界を内包する。彼は、ボダンが以上の理論を以てローマの主権の所在を民会（あるいは「人民」）に同定し、人民主権論の先駆者となったことを強調する。何となれば、後述のタックの研究に触れ、ボダンの主権論にとっての民会論の重要性までも示唆する。それにも拘らず、リーはボダンの主権論を扱うに、あくまでローマ法学に固執し、民会論、あるいはローマ国制論には立ち入らない。事実、ボダンにおけるローマ民主政体論を扱う段になると、ローマの人民主権は「非民主的な」統治制度と結び付けられたとして、議論を主権論から統治論に横滑りさせてしまう。[6] とはいえ、研究史上、ボダンが主権論を彫琢するに際して同時代のローマ国制論を意識していたことは看過されてはこなかった。近年の研究においてタックは、ボダンの『方法』における主権論の有力なソースとして古事学者ニコラ・ド・グルッシー（一五一〇—七二年）の『ローマの民会論』（一五五五年）を挙げる。その根拠は、グルッシーがボダンに先立って当時圧倒的に流布していたポリュビオス流の混合政体論を排し、ローマの民会に単一の権力の源泉を措定したことに求められる。[7] しかし、かかる理解の同一性だけが根拠となる訳ではない。マッカイグは一歩進んで、ボダンが明示的にグルッシーやその論争相手カルロ・シゴーニオ（一五二二／二三—八四年）を批判することから、彼ら古事学者のローマ国制に関する著作こそが『方法』における主権論の重要な前提であったと主張する。[8] たしかに民会は共和政ローマにおいて政務官への命令権附与や立法（法律案の承認）を担う機関であった。従って、ボダンがローマ法学における命令権論のみならず、民会に関する同時代の古事学者の議論をも消化して主権論を練り上げていったと考えるのは故なきことではない。

しかし、研究史上、民会（またはローマ国制）への着目が彼の主権論にいかなる帰結をもたらしたのかについては十分に明らかにされてきたとは言い難い。その理由の一つは、ボダンの同時代のローマ国制論がまさに古事学者に担われてきたことに求められる。彼らの議論は新しく校訂されたテクスト、さらには碑文や古銭といった史料に依拠して古代ローマの政治制度を再構築するもので、ローマ法学の議論とは別の意味で非常にテクニカルである。[9] その議論の複雑さや専門の相違から、研究史においてはローマ法学の議論と古事学者の動向とは別々に扱われるのを常としてきた。より根本的な理由は、リーのような研究者によってさえ、ボダンが法学者の議論の延長で主権を公権力（刑事裁判権）の源泉と構想したことが十分に理解されず、行政官による公権力行使とこれに対抗的な民会——あるいは主権者たる「人民」——への上訴システムとの関係が深化させられてこなかったことにある。つまり、ローマ法解釈の問題と民会、延いてはローマ国制の問題が理論的に架橋されず、ボダンにおいてはローマ国制論こそがその主権論の理論的範型となっていることが理解されてこなかった。

本稿の目的は、ボダンの主権論の基礎となる諸層を当時の法学者と古事学者双方の議論に辿ることで、その理論的基礎の一端を明らかにし、ボダンが何に負いながら何をどのように積み上げて主権論を作り上げ、それを『方法』を通じて統治階層に提供しようと試みたのかを示すことにある。そのために、本稿ではまず、彼がトゥールーズ大学法学部で知的形成過程にあった一五五〇年代に着目し、この時期に法学者がいかに命令権を刑事裁判権に純化していったのかを明らかにする。次に、これがグルッシーやシゴーニオといった古事学者のローマ国制論にどのように連続し得たかを論じる（第一節：知的脈絡）。以上の作業を経てのち、ボダンの『方法』の分析に取り掛かる。ボダンが法学者の議論の延長で主権を刑事裁判権の源泉と定義したことを確認し、続いて、彼が古事学者の成果を摂取しつつ、独自のローマ国制理解から主権論の基礎を抽出したことを論じる。かくして、ボダンが統治階層に提示しようとした理論がいかなるものであったのかを明らかにする（第二節：ボダンと共和政ローマ）。

一　知的脈絡

ボダンは一五五〇年頃からトゥールーズ大学で法学を学んだ。[10]当時のトゥールーズ大学は、フランスにおける法学教育の重要拠点の一つであり、人文主義に影響を受けた法学者を数多く輩出していた。ここでボダンは法学研究に従事する傍ら、「儀仗兵Hallebardier」という資格で正教授の講座を補完する講義を行う。ボダン自身が『国家論』の序文で「トゥールーズにおいてローマ法を教えた」と述懐するのはこの意味においてである。[11]それゆえ、研究史上は、恐らくこの時期にボダンが『命令権論*De imperio*』や『司法権論*De iurisdictione*』といった、現在は失われてしまった著作を執筆した――少なくともその構想に着手した――とされる。[12]本節ではまず、彼がトゥールーズに到着した頃に行われていた学問的な論争に着目する。というのも、この論争の主題は命令権であり、ボダンを主権論の構想へと誘ったと考えられるからである。次に、ボダンがこの論争の延長で古事学者によるローマ国制論に関心を持ち、それが彼にとって重要な国制理解を提供するものであったことを確認する。

1　一五四〇年代及び五〇年代における論争――命令権の純化

一六世紀のフランスでは人文主義法学が花開いたと言われる。これは、大雑把に言えば、バルトリスト（後期注釈学派の法学者）がローマ法文のテクストから離れ、大胆な解釈を展開して現実の諸問題に対処し、法文テクスト以上に註釈を重視したことへの批判から生じた学問潮流である。彼らのラテン語もまた古典の用法からかけ離れ、混乱の極みにあるように見えた。ゆえに、人文主義法学者はローマ法文の文言の背後にある概念の典拠を古典古代の様々なテクストに探って各文言の意味の純化に励み、返す刀で自らの言語体系を再構築する作業に着手した。[13] 命令権の語もかかる批判作業の対象たるを免れなかった。バルトリストが中世イタリア都市国家の自律性を裏打ちするためにローマ法文上の命令権に独自の飛躍を与えていたからである。この語の解釈史はかくして政治思想の実験場の様相を呈する。しかし、ここではこれには立ち入らず、ボダンとの関係で一五四五年以降に起こった論争にのみ着目する。[14] 主役はアントワーヌ・ド・グーヴェイア（一五一〇―六六年）である。

彼の名は一五四〇年代にはフランス王国中に知れ渡っていた。当時一世を風靡した論争にて、ピエール・ラムス（一五一五―七二年）を論駁し、その批判からアリストテレス哲学を擁護したためである。グーヴェイアはその後、トゥールーズに赴き、法学研究に従事する。まず関心を有したのは『学説彙纂』中の命令権に関するウルピアヌスの断片（D. 2. 1. 3）であった。彼はトゥールーズ大学の法学者ジャン・ド・コラス（一五一五―七二年）から、「（この断片について）多くの者が船出しては座礁してきたと聞いた」にも拘らず、これに挑戦する。論争は一五四五年に当該断片に関する解釈を公にしたのちに起こった。[15] より厳密には、一五四七年にブールジュ大教授のフランソワ・ル・ドゥアラン（一五〇九―五九年）が類似の見解を示したことに対し、[16] 同大教授のエギネール・バロン（一四九五―一五五〇年）が司法権について扱った著作（一五四八年）で暗黙裡に彼らの見解を批判したことに端を発した。[17] グーヴェイアは、ボダンがトゥールーズに到着した頃、同地で『司法権論二巻：法学者エギネール・バロン反駁』（一五五一年）を刊行する。ここでは、ボダンが少なくとも当該著作を読み込んでいたことが明らかであるため、[18]この著作を分析の対象とする。

グーヴェイアはこの著作の第一巻でバロンによる司法権の扱いが論理的に破綻していることを示し、第二巻で自らの見解を詳らかにする。彼は『学説彙纂』第二巻第一章の断片すべてを扱うが、ここではD. 2, 1, 3に関する議論のみを検討する。この議論を見れば、彼がいかに命令権を刑事裁判権に彫琢し直し、いかに「人民」にその源泉を措定したかが十分に明らかになるからである。まずはウルピアヌスの断片を確認しておきたい。グーヴェイアによれば、当時、「この法文以上に学識ある人々の才知を苛んできたものはない」[DI: 46]。


命令権Imperiumは純粋merumであるか混成mixtumであるかのいずれかである。純粋命令権は、罪人を裁くための剣の権能を有することを指す。これは権力potestasとも呼ばれる。混成命令権には司法権iurisdictioが内在しており、資産占有を与えることを本旨とする。司法権とは判事を附与する権限のことである。[D. 2, 1, 3]

グーヴェイアはまず「純粋命令権」を定義する。彼によれば、これは「重大かつ残忍な刑罰権」、即ち「強制権coercitio」を意味する[DI: 46]。「重大かつ残忍な」という形容詞が付く所以は、純粋命令権が「剣の権能」、即ち生殺与奪権だけに関わる訳ではなく、死刑を頂点とする「重大かつ残忍な」刑罰を科すことを正当化する権能ということにある(cf. D. 1, 21, 1, 1 ; D. 1, 16, 11 ; D. 1, 16, 6 pr)。この意味で純粋命令権は司法権を行使するために必要となる「下級の強制権modica coercitio」(D. 1, 21, 5, 1)と区別される[DI: 46]。なぜならこの断片(D. 2, 1, 3)が示すように、純粋命令権は混成命令権とは異なり、司法権の存在を前提としないからである[DI: 47]。また、司法権といかなる関係も有さないということは、すぐ後に見るように、この権能が譲渡し得ないことを帰結する(D. 1, 21, 1)[DI: 48]。

次に、グーヴェイアはローマ法文以外の史料も駆使しつつ、どの政務官が純粋命令権を行使し得たかを論じる。ここでは典拠の詳細には立ち入らず、彼が想定する政務官を見るに留める。彼によれば、まず独裁官がかかる権能を行使し得た。執政官も同様ではあったが死刑は宣告し得なかった。法務官については反対意見があることを承知しつつ、純粋命令権を行使し得なかったとする。対して、ローマ市総督は執政官同様、生殺与奪権以外の刑罰権は行使し得た。政務官はローマ市内では生殺与奪権を行使し得なかったからである。翻って、属州統治に関わった上級政務官は生殺与奪権をも含め、完全な権能を行使し得た［DI: 48-52］。

ここで注目すべきは、グーヴェイアは、純粋命令権がこれらすべての政務官に「固有のもの」として帰属していた訳ではないと考えることである。彼は問う。「しかし主たる疑問は、これら政務官が刑事事件をpublicas quaestiones審理するに際し、果たして純粋命令権を有していたと言えるのかということである。私の見るところ、そうは言えない」［DI: 52］。彼が持ち出す論拠は、まず、ローマでの刑事訴訟が純粋命令権の行使を必ずしも前提にしていなかったことを示すものである。曰く、第一に、ローマでは刑事事件に関するすべての法律が身体への強制権行使corporis coercitioを規定していた訳ではなく、科料付きの名誉剥奪を規定していた場合もある［DI: 52］。つまり、刑事事件は純粋命令権ではなく、混成命令権（下級の強制権）で十分であった場合もある。第二に、法務官もまた犯罪者に対して「重大かつ残忍な刑罰権」を発動する訳ではないが、しかしキケローの著作の随所で見られるように、刑事訴訟を担当していたことは明らかである［DI: 52］。以上から、ローマの上級政務官が刑事訴訟を指揮するに際し、純粋命令権の保持は前提とされていなかったことが帰結される。

続く論拠は、政務官が純粋命令権をそもそも「有していた」訳ではないことを示すものである。グーヴェイアは、当時よく知られていたアンドレーア・アルチャート（一四九二―一五五〇年）以来の区別に従い、権利の「所有」とその「行使」とを峻別する。[19] 論拠付けの基本線は、純粋命令権が法律に依拠していたことである。

第三に、裁判官は、刑事事件を審理するにあたって、被告人が法律違反を犯したin legem commisisse と思われるか否かを宣告しただけであり、有罪判決を受けた者に科される刑罰は裁判官の命令によってではなくnon iudicis iussu、法律――これに基づいて裁判官が立てられたのだが――の命令に従ってlegis imperio決定された。ゆえに、「警士よ、法律に従って行為せよlictor lege agere」と言われた。［DI: 52］

かくして政務官は刑事訴訟に関する限り、法律の命令の執行者に過ぎなかったとされる。つまり、上級政務官が純粋命令権を行使したというとき、それが指示するのは、あくまで彼らが法律に則って事案を判断し、「重大かつ残忍な」刑罰を科す決定を下したということである。然るに、グーヴェイアによれば法律とは即ち人民の命令である。よって政務官が法律に基づいて下す判決は人民のそれである。曰く、「最後に、これらの判決iudiciaはこれを下す政務官に属するものでなく、人民に属するpopuliものであった。ゆえに、公的判決iudicia publicaとも呼ばれた」[DI: 52]。ここで、公publicumの語が人民populusに出来することが想定されていることは言を俟たない[DI: 53]。無論、グーヴェイアは以上の見解の典拠を示すことを怠らない。

ここから以下のことが帰結された。即ち、刑事訴訟において裁判官には法律の命令と規定によりlegis imperio, et praescripto定められたこと以外は何ら固有の事柄はないということである。キケローが『クルエンティウス弁護』で書くように。[DI: 53]

キケローはこの弁論において、刑事事件は「法律の命令と規定によってlegum imperio et praescripto」指揮されねばならないと主張する[*Pro Clu.* 147]。国家においては法律こそが身体に対する精神の如き位置を占めるため、政務官は「法律の下僕legum ministri」でなければならない[*Pro Clu.* 146]。グーヴェイアはここから、純粋命令権は法律制定者たる人民に留保されており、政務官はその行使のみを担うという原則を引き出す。人民に留保されている以上、政務官はこの権能を譲渡し得ない(cf. D. 1. 21. 1)[DI: 54]。法律によってのみ、即ち人民の決定によってのみ、市民の身体への「重大かつ残忍な刑罰」は許容される。

グーヴェイアはウルピアヌス法文中の「純粋命令権」の語を論じるに際し、共和末のキケローのテクストに従って命令権の意味をかく純化していく。彼の見るところ、この作業を通じてこそ『学説彙纂』第二巻第一章の他の法文は整合的に解釈される。しかし、ここでは彼の法文解釈にはこれ以上は立ち入らない。重要なのは、彼が命令権を刑事裁判権と捉え、その源泉に法律（人民の決定）を措定したこと、他方で「人民」の語が何を指示するのか――キケローを読む以上熟知しているのは疑いないが――は明示しないことである。しかし、事ここに至れば、彼の読者がその内実たる民会に関心を有したとしても何ら驚きはない(20)。

彼の読者であったボダンは、かくして命令権論の延長において民会の役割に関心を抱いたと思われる。しかし、果たして主権を論じるためにわざわざ民会にまで遡る必要があるのだろうか。事実、「序」で見たようにリーによれば、ボダンにとって主権者から行政官に委託される命令権は法律によって統制されており、かつそれゆえに譲渡不能なものであった。この限りでは、彼の主権論はグーヴェイアの理論と凡そ大差ないようにも思われる。しかし、ボダンの主権論は法学者による命令権論の枠内に収まるものではない。むしろ、以下で詳述するように、ローマの国制への見通しが彼の理論を独自のものへと昇華させていく。このことを理解するためには、予め、世紀半ば以降のローマ国制論の展開を検討する必要がある。

2　一五五〇年代及び六〇年代におけるローマ国制論

グーヴェイアの『司法権論』の出版後も命令権に関する論争は続いた。バロン自身は一五五〇年に世を去るが、その弟子のエドワード・ヘンリソンがグーヴェイアの批判に対する『バロン擁護』を一五五五年に出版したためである(21)。この論争は当時の法学者の耳目を引いたと思われ、事実、当該主題はしばしば取り上げられることになる。しかし、ここで注目したいのは、この反駁文書の出版と同年にグルッシーの『ローマの民会論』が刊行されたことである。ボダンが命令権に関する論争に関心を有していた以上、当該書籍もまた彼の興味を惹いたことは想像に難くない。事実、『ローマの民会論』は人民による政務官への命令権附与のシステムを主題の一つとする。法学者が踏み込まなかった問題が俎上に載るのである。

グルッシーは修辞学者であり、厳密な意味での古事学者ではない。彼にとっては、ウァッローの如き事物の全体性は追究対象ではなく、碑文や古銭のような物的徴表も顧慮されない。彼の民会論の典拠はもっぱら当時校訂されたテクストである。それにも拘らず、『ローマの民会論』は同時代の古事学者の関心を惹くに十分な革新性を有していた。はじめて民会という政治制度を体系的に叙述したからである。しかし、グルッシーはなぜ民会に関心を抱いたのだろうか。その理由は、彼には学識者に膾炙していたポリュビオス流の混合政体論が正しいとは思われなかったからである。彼は『ローマの民会論』の冒頭で次のように語る。

> ローマは、自由な政体を維持していた間は（ポリュビオスが教えるように）三つの政体、即ち王政、貴族政、民主政から成り立っていた。しかし、私には民主政が遥かに重きをなしていたように思われる。というのも、たとえある種の王権が執政官の命令権に、最良の人々の卓越性がいわば元老院の権力のうちに認められたとしても、しかし、国家の命令権や威厳はすべて人民の下にpenes populumあったと言ってもおかしくないほど、人民の権威はすべての政務官や元老院を遥かに凌駕していたからである。[DcR: 3r]

つまり、グルッシーは共和政ローマを混合政体ではなく民主政体と見做すからこそ民会に着目する。この引用に続けて曰く、「その論拠になり得るのは人民抗告であろう。なぜなら、この制度は人民の権能が政務官のそれよりも大きくなければ存在し得なかったからである」[DcR: 3r]。人民抗告とは、市民に政務官の強制権coercitio行使に対抗して人民への上訴を可能ならしめた制度である。然らばたしかに、人民は政務官より上位に位置するように見える。グルッシーはさらに言葉を継ぐ。「政務官が市民集会contioに登壇する際、［命令権の象徴たる］儀鉞fascesを降ろす習慣もまた人民の威厳が政務官のそれを上回ったことを示す」[DcR: 3r]。しかし、民会の優越は政務官との関係に限定されない。

市民の生命、都市での自由や権利は、人民による審判だけにかかっていた。法律を発布すること、宣戦し講和を為すこと、同盟を締結し解消すること、条約を締結すること、これらすべては人民の権能ただそれだけに依った。最も重要なのは、国家における有徳な行為への褒章の授与であった。いかなる者であれ、たとえ誰の目にも官職や栄誉に浴することが明らかであっても、人民の同意なくしては［それらを得ることは］できなかった。［DcR: 3r］

これらの事項は、言うまでもなく、グルッシーが古典テクストのうちローマの民会制度に関わる部分を分析した結果として導き出したものである。彼の民会叙述は「人民」全体が顕現する機関としての民会――ケントゥリア民会、トリブス民会、クーリア民会――に割かれ、事実、民会召集の事由として右の事項、とりわけ官職の附与や法律の制定が検討される。(22)

ここで注目すべきは、しかし、制度叙述の詳細ではなく、かかるローマ国制理解が即座に反響を得たことである。『ローマの民会論』の刊行から僅か三年後、古事学者オノフリオ・パンヴィニオ（一五二九―六八年）は、『ローマ国制註解』（一五五八年）でグルッシーの以上の文言を凡そ丸々引き写し、王政廃止後のローマが民主政体となった旨を伝える。(23)グルッシーの著作は時宜を得たものであった。というのも、まさに世紀半ば以降、新しい世代の古事学者がローマの政治制度の体系的叙述に着手し始めたからである。その基盤にはある種の政治思想または国制理解が据えられた。(24)ボダンは彼らの熱心な読者であり、同時代の古事学的傾向を批判しつつも、主権を理論化するに際してグルッシーの理解をより洗練された形で用いる。しかし、古事学者のローマ国制理解はこれに限定される訳ではなかった。

シゴーニオの『古代ローマ市民権論』（初版一五六〇年）は、古代ローマ市民にはいかなる権利があり、凡そ何が為し得たのかを詳らかにする著作である。ここでも政治制度――市民権――の体系的な叙述が追究されるが、叙述の根幹に据えられるローマ国制観には強固な哲学的基盤が与えられる。マッカイグが明らかにするように、シゴーニオはヴェネツィアでの講義（一五五三―五四年）でアリストテレスの政治理論に取り組み、これが次いで出版された『執政官・凱旋式表註解』（一五五六年）や『古代ローマ市民権論』の基底を為した。(25)彼の制度理解は、あらゆる叙述の基点が主権ではなく市民権に設定されるという意味においてボダンとは逆を往くものであり、後述のように、ボダンがとりわけ批判的な視線を向けたのも彼の著作であると言える。

シゴーニオはアリストテレスの定義に則り「市民ciuis」とは「国家ciuitasと呼ばれる政治社会の一部」であり［*Pol.* 1274b 41］、この「国家の組成ciuitatis descriptio」が「国制respublica」であるとする［DaicR: 1］。後者については、とりわけボダンとの関連で重要になるため、敢えて確認すると、たしかにアリストテレスは『政治学』第三巻で「国制 πολιτεία とは、国家に住まう者の τῶν τὴν πόλιν οἰκούντων ある組成 τάξις τις である」と述べる［*Pol.* 1274b 38］。また、後述のように、「国制」を「様々な行政官の組成」とも定義し［*Pol.* 1278b 9-10］、市民を行政官職に就任し得る者に一致させる。[26] さて、シゴーニオはかかる定義に依拠して、市民に関する言明はすべて国制 πολιτεία / respublica と関係すると考え、まずはアリストテレス流の善き三政体と悪しき三政体を概観し、その後、キケローの『国家について』でスキピオが称揚した穏健混合政体 reipublicae temperatio［*De leg.* 3. 12］が最良の国制であるとする。しかし、シゴーニオの主眼はあくまで政体論との関係でローマ市民を定義すること、言い換えれば、最良の国制であったときのローマ「市民」、あるいはその集合体たる「国家 πόλις / civitas」を定義することにある。

そこで、彼はアウグスティヌスが伝えるキケローの国制理解［*De civ. Dei.* 2, 21］に従ってローマの政体変動を確認し、どのように穏健混合政体が成立したのかを明らかにしようと試みる。ローマでは、王、次に僭主、それから少数のパトリキの一派が権力を掌握した。だが、「この一派は平民に対しあらゆる官職への道を断ち、統治をするにあまりに無力であったため、結局、都市における騒擾を鎮圧し得たのは、平民に対して官職や、国制に関与するあらゆる機会が開かれたときであった」［DaicR: 2］。以上の描写はしかし、キケローの叙述とは——当時その『国家について』が逸失していた以上当然だが——様相を異にする。なぜなら、シゴーニオの視線は常に平民に向けられ、キケローが最良と評した国制が築かれるのは、平民がパトリキに対して完全な権利の平等を達成したときに同定されるからである。

> われわれは、国制respublicasが互いに異なり、堕落した形態から善き形態に取って代わられることを見た。しかし私が見るに、ローマの国制は絶えず変化していたにも拘らず、国家civitas［＝市民団］は二つ以上の形態を持たなかった。そのうちの一つは、一者あるいは少数者が権力を握っていたときのもので、他方は多数者が権力を握って

いたときのものである。というのも、王やパトリキが支配していたときは、平民は顕職から排除されていたのに対し、人民が権力を握るや rerum potiente populo、平民は容易に顕職をたっぷりと得ることができるようになったからである。それゆえ、前者では職人や労働者が市民に数えられなかったのに対し、後者では彼らも完全な市民権を optimum ius ciuitatis 獲得したのだった。われわれは本書で完全な市民権を持つローマ市民を検討するのだから、ローマ市民を定義するにあたって、最初の、王やパトリキが支配していたときの国家は顧慮しないことにする。われわれは、タレンティウム人との戦争の後、顕職における平等が平民との間で最大限に maxime 達成された国家から、皇帝が欲望のままに統治するために国家を変えたとき以前に議論のすべてを割く。[DaicR: 2-3]

よって、シゴーニオの見るところ、キケローのいう最良の国制（穏健混合政体）とは、市民団としての国家 civitas が一者や少数者ではなく人民全体に拓かれた状態を指す。彼が考慮するのは、政体の混合というよりもむしろ、平民（プレーブス plebs）がパトリキと同等の政治的権利（「完全な市民権」）を獲得し、両身分間に「均衡」が訪れたという事実である。しかし、彼はなぜこの状態の始点を「タレンティウム人との戦争の後」（前二七二年以降）に据えるのだろうか。というのも、平民にとって「顕職における」平等は、これ以前から既に認められていたからである。シゴーニオ自身、『執政官・凱旋式表註解』で最初の平民の執政官就任（前三六七年）を明確に記録する。[27] なぜこれより遥か後の時点を始点にするのであろうか。

ここでシゴーニオが念頭に置くのは、ホルテンシウス法の制定（前二八七年）とローマのイタリア半島における支配権確立（前二七二年）だと思われる。事実、彼は『執政官・凱旋式表註解』で明示的にホルテンシウス法と「タレンティウム人との戦争」を結び付ける。

このこと［＝平民会決議がローマ市民すべてを拘束すること］もまた、ヤニクルムの丘への離脱行為 secessione の後、ホルテンシウス法によって実現した。かくも衡平な法律によって国制は穏健になり temperata rep.、平民があらゆる事柄に関して政治社会に統合されplebe omnium rerum in societatem vocata、また、イタリアの大部分が支配下に置かれたので、タレンティウム人やピュロス王との戦争が遂行された(28)。

つまり、シゴーニオによれば、平民の騒擾の結果としてホルテンシウス法が制定されると、平民にも立法権が認められる。かくして穏健混合政体が完成し、ローマはイタリア半島南部に残る独立都市国家との戦争に乗り出すことが可能になった。そうであれば、先に見た『古代ローマ市民権論』の表現は、平民の顕職就任を指示する訳ではないことは明白である。「顕職における平等が平民との間で最大限に達成された」とは即ち、平民の政務官主導で平民が立法権を行使し得るようになったことを指す。平民が「完全な市民権」を行使し得るようになったのである。事実、シゴーニオはこの観点から『古代ローマ市民権論』でも「タレンティウム人との戦争」とホルテンシウス法との結び付きに触れる。

> 法律Legesと呼ばれるのは、執政官あるいは独裁官や中間王のような他のパトリキの政務官の提案により、人民全体populus vniuersusがケントゥリア民会で――ここからケントゥリア法とも呼ばれるのだが――命ずる法案のことである。平民会決議Plebiscitaとは、フェストゥスが言うように[Fest. 372L]、平民がトリブス民会で、パトリキを除きsine patriciis、平民の政務官主催で、護民官の提案に基づいて承認するものである。独裁官クイントゥス・ホルテンシウスによってタレンティウム人との戦争の少し前に提出された法律が成立した後は、平民が決定したことがローマ市民すべてを拘束するほどの効力を持つに至った。[DaicR: 34]

彼は、かくして、パトリキを主軸とする立法機関としてのケントゥリア民会と平民を主軸とする立法機関としての平民会(=トリブス民会)とを対置し、平民はホルテンシウス法制定以降、パトリキ同様に自らの政務官によってその立法に拘束力を持たせ得るようになったと見る。ここに、身分の相違による権利の不平等は解消する。しかも、タレンティウムを征服して僅か後、ローマはイタリア半島支配を完成させる。シゴーニオがこの時点以降のローマ市民権に叙述の基礎を据えるならば、それは、『古代ローマ市民権論』をその姉妹本『古代イタリア権論』と同時に構想した彼の意に適う。なぜなら、この時点を始点とすることでローマ市民とイタリア半島の被征服民の市民権を、その相違を含め、体系的に叙述し得るようになるからである。

しかし、かかるシゴーニオの平民会決議に関する見解は困難な問題を内包する。トリブス民会と平民会の同一性に関する問題である。もし彼のようにトリブス民会を平民会と同定し、パトリキを排除するなら、そこに人民全体は現前しない。少なくとも、グルッシーの理解に立てばそうである。なぜなら、グルッシーは人民の形式的一体性に着目し、パトリキと平民の両身分の参加を「民会」の要件とするからである［cf. Gell. 15. 27. 4］。これをトリブス民会にも言うため、彼はリウィウスの伝えるウォレロ伝承［Liv. 2. 56-58］ではなく、ディオニュシオスの伝える特異な同伝承［D. H. 9. 41. 1-5］を採用し、前四四三年の平民の騒擾を経て、ホルテンシウス法の遥か以前から護民官が鳥占も元老院の先議もなく自律的にこの民会を主催し得るようになったと見る。以降、平民の政務官はパトリキの政務官同様に民会を召集し得、パトリキの参加も排除されなかった。ゆえに、グルッシーにとってはこの時点からトリブス民会は de iure には極めて「民主的な」民会であった。しかし、彼は de facto には数で圧倒する平民が影響力を持ったためにパトリキは参加を忌避したとする［DcR: 92r］。事実上は平民会の如き機関になったと言うのである。グルッシーはトリブス民会と平民会の同一性の問題をかく処理する。結果、彼にとっては、ケントゥリア民会——階級による投票の重み付けがある民会——だけが真正な民会となる。人民全体を対象にする「法律」はここでしか定立されない。他方、シゴーニオはトリブス民会と平民会を同一と見做す［DaicR: 122］。そうであればしかし、この合議体の決定は全体性を欠いた偏頗なものとはならないのか。否、パトリキはケントゥリア民会で騎士身分と結託することで過半数を達成し得るほど多くの票を持つ以上、平民はこれに対抗的に平民会（トリブス民会）で立法権力を有さねばならない。シゴーニオは、常に平民がパトリキと同等の権利を持つことを重視する。だからこそ、ホルテンシウス法は権利の平等と均衡を達成したものとして高く評価される。彼はいわば、平民を動力源とする「ローマのデモクラシー」を叙述の基礎に据えるのである。

ボダンの主権論にとって以上の民会理解は重要な布石となる。彼は、グルッシー同様に人民の形式的一体性に着目しつつも、シゴーニオの市民権理解の背後にある政治理論を批判し、自由の基点を市民権よりむしろ主権に見い出すことで自らの理論を構築していくからである。

二　ボダンと共和政ローマ

古事学者の著作への着目は、当時の法学者にとって自明なことではなかった。事実、法学者フランソワ・ボードゥアン（一五二〇―七三年）は、一五六一年に出版された著作にてシゴーニオの姉妹本を称賛しつつ、次のように不満を漏らす。「自らをローマ法の解釈者で、その博士だと鼻にかける多くの者たちはこのジャンルを平然と軽蔑している」(29)。この証言に照らせば、ボダンが当時、古事学者の成果を真剣に検討したことは異例であったと言える。しかし、それゆえにこそ、彼は命令権に関する法学者の議論から出発しつつ、古事学者が着手し始めたローマ国制というジャンルに取り組み、そこから主権を定義し得た。しかもそれは、一五六二年からパリ高等法院付き弁護士として実務家の道を歩み始め、統治階層に接近していったボダンにより、あらゆる国家に適用し得る一般理論にまで昇華させられる。本節ではまず、彼が『方法』で法学者の議論の延長において主権の理論化に取り組んだことを確認し、次に、ローマ国制を検討する中でその理論をどのように発展させたかを見る。

1　ボダンの主権論（一）――命令権論の延長

ボダンが主権の観念を明確にするのは『方法』の第六章「諸国家のstatusについてDe statu Rerumpublicarum」である。ここでstatusとは国家の基幹部分――とりわけ主権――を指す。事実、ボダンによれば、「主権にこそ国家のstatusの本質が存する」[MET: 199（388）]。

では、主権とは何か。ボダンはその内実として五つの権限を列挙する。これは一見、グルッシーが論拠として提示した事項と相当程度共通するように見えるが、彼の列挙は法学・政治学の一般理論を定立する目的からローマに限定されない射程と洗練を与えられる。

アリストテレスやポリュビオス、ディオニュシオス、さらにまた法学者の議論を互いに、そして諸国家の歴史すべてと比較したところ、私には国家の根幹summam Reipublicaeは以下の五つの部分にあると思われた。第一の、そして主たるものは、行政官職を創設し、それぞれの役務を定義すること。第二に、法律を制定し廃止すること。第三に、宣戦し講和を為すこと。第四に、あらゆる行政官［による審理］からの最終抗告審となることin extrema prouocatione ab omnibus magistratibus。最後に、法律がいかなる寛容も仁慈の余地も残していない場合の、生殺与奪の権利。［MET: 200（388）］

ここでいう「国家の根幹」とは主権を指示する。なぜなら、ボダンは別の箇所でこれと同様の仕方で主権summum imperiumが以上の五つに集約されると述べるからである［MET: 181（356-8）］。ところで、グーヴェイアの命令権論を概観したわれわれには、これらの権限が法学者の議論だけからは導出され得ないことは明らかである。事実、法学者の議論では命令権は必ずしも戦争や抗告prouocatioとは結び付けられない。ここでボダンが述べるように、主権の内実は、法学者の議論に加えて、アリストテレスの議論を批判的に検討し、歴史家の書物を通じて――わけてもローマ史家の制度叙述を軸に――各国の制度を比較検討した成果である。つまり、哲学的な考察と歴史的なそれがこの五つの権限の列挙の背景に控える。

ボダンにとっては、第一の権限、即ち官職を創設し、その職務を定義する権限は国家機構全体を支える屋台骨である。なぜなら、彼にとって「国家Respublicaとは、市民と行政官との組成civium ac magistratuum descriptio」だからである［MET: 200（388）］。かかる定義に見られるのは、彼自身が明示するように、アリストテレスによる国家πόλις［＝civitas］の定義への、そしてこれを用いるシゴーニオを含む同時代人への批判である［MET: 179（354）］。

アリストテレスは『政治学』で「国家πόλιςを市民の集合体πολιτῶν πλῆθός」［*Pol.* 1274b 41］と呼び、「市民」を「審議権または司法権に参与し得る者」［1275b 18-9］と定義した。しかし、ボダンによればかかる定義は不十分である。定義とは普遍的・一般的な射程を有すべきものにも拘らず、これら定義は民主政体、否、ペリクレス期のアテーナイにしか適用し得ないものだからである。事実、例えば、アントニヌス勅令以降のローマの市民権拡大は説明し得ない［MET: 179（354）］。しかし、この批判にも拘らず、ボダンは「国家」を定義するためにアリストテレスに依拠し続け、その国制 πολιτεία の定義に着目する。但し、彼はシゴーニオとは異なる仕方でその定義を参照する。アリストテレスによれば、「国制 πολιτεία とは様々な行政官の τῶν ἄλλων ἀρχῶν ——特に至高の権力をすべてに対して持つ行政官の μάλιστα τῆς κυρίας πάντων ——組成 τάξις のことである」［*Pol.* 1278b 9-10］。この定義は、キケローが『法律について』で「統治 πολίτευμα」［*Pol.* 1278b 7-11］に目を向けるときに採用するものである［*De leg.* 3. 12］。ボダンは——当時のある潮流に従ってキケローの思想を換骨奪胎し[30]——キケロー同様、国家 Respublica を行政官の組成 magistratuum descriptio、即ち命令権保有者の組成と見做した。ボダンにとっては、後者による「統治」が πόλις の存立条件となる。

事実、ボダンによれば、行政官（命令権保有者）を欠く人の集合体は無秩序 ἀναρχία である。曰く、このとき群衆はポリスも法律も欠く ἀπόλιδες καὶ ἀθέμιστοι［Hom. *Il.* 9. 63］。法律及びそれに従って命令権を行使する権力主体たる行政官なくしては、人の集合体はそもそも πόλις［= civitas］たり得ない［MET: 180-1（356）］。彼にとっては、πολιτεία が πόλις に先立つ。シゴーニオのように前者の変転にも拘らず後者が一定の形態を保つとは考えない。だからこそ、ボダンは主権に関する議論を展開するに際し、「行政官」と、その権力（即ち命令権）との関係で「市民」とを定義する。彼にとっては両者は一体ではない。紙幅の都合、本稿ではボダンの市民権論は扱い得ないため、市民の定義が命令権の保護 imperii tutela に浴する者であるということ［MET: 183（360）］、つまり、ある国家の領域内に生を受け、命令権に従うことを認めた者（厳密には明示的にそれに反対しない者）を指示するということを確認し［MET: 190（372）］、彼はこの観点から恰もシゴーニオを批判するかの如く、イタリア半島から属州までのローマ市民権を説明するということだけを指摘しておく［MET: 184-5（362-6）］。彼にとっては、後述のように、主権が存するからこそ市民及びその自由が存立する。以上を確認したうえで、次に、上述の議論との関連からボダンが行政官をいかに理解するかを検討する。

ボダンは行政官について論じるに際し、法学者としての立場を堅持し、ローマ法学における命令権論に依拠する。まず、「行政官職 magistratus の語は、命令権 imperium か権力 potestas を指示する」と言う（cf. D. 50. 16. 215）。より厳密には、「行政官 magistratus とは公的な命令権を imperii publicam partem 有する者のことである」[MET: 195（380-2）]。ここで彼が「公的」と言うのは、家長の命令権 patrium imperium や主人の命令権 herile imperium といった「私的」なそれと区別するためである。とはいえ、公務 munera publica を担うすべての者に行政官の名が冠される訳ではない [MET: 195（382）]。公的な命令権とは、グーヴェイアのような法学者が論じてきたように刑事裁判権を指示し、その行使主体にのみ係わる。

> ウァッロー [*Ant. Rer. hum.* 21（= Gell. 13. 12. 6）] やウルピアヌスの伝える原則によれば、命令権行使の最小部分は、それに抵抗する者を逮捕することに in comprehensione ある。ここから、命令権を欠く者は人身捕縛権を欠くということが帰結される。それゆえ、凡そどの国家においても逮捕することは、どれほど低位の行政官にでも——たとえ召喚する権利 ius vocandi を欠いたとしても——認められている。[MET: 195-6（382）]

つまり、ボダンもまた命令権を刑事裁判権と理解する。その程度は逮捕を最小として徐々に増していく。曰く、まず逮捕の上位に来るのが被告を召喚し vocare、罰金を科す mulctare 権限である。これは、ボダンによれば司法権 iurisdictio を円滑ならしめるために存する。次に、召喚や科料より上位に来るものとして笞刑を科す権限 uerberum potestas、さらに拷問を科す権限 quaestio が挙げられる。最大のものは「剣の権利」、即ち死刑を科す権限である。ボダンは、法学者がこれを伝統的に「純粋命令権」（D. 2. 1. 3）に一致させてきたことを認めつつ、留保を附す。その保持者は法律（主権者の決定）に従って死刑を宣告しているに過ぎず、決して主権を行使している訳ではない、と。生殺与奪権を法律に反して contra leges 行使し得るのはあくまで主権者に限られる [MET: 196（382）]。事実、すぐ後に見るように、行政官は刑事罰を科すに際して常に法律の統制下に置かれる。行政官とは、あくまでもその範囲で、命じ imperare、執行する

exequi 者のことである［MET: 196（384）］。

では、主権者と行政官とは厳密にはどのような関係に立つのだろうか。ボダンは、中世来の法学者の議論の延長に身を置きつつ、この関係を明らかにしていく。冒頭で確認したように、リーのような研究者はここに関心を集中させてきた。本稿ではそれゆえ詳細には立ち入らないが、しかしこの議論はボダンの主権論にとって基幹的であるため、主権者の決定（法律）と行政官の命令権行使との関係に係わる部分だけを確認しておきたい。普遍法ius universale に関心を持つボダンの理論はローマに限定されず、広く一般的な射程を持つ[31]。

> 普遍法には二つの条項がある。法律lex と衡平aequitas である。これらに、法律に規定された行為権限legis actio と行政官の義務magistratus officium とが付随する。法律は法律に規定された行為権限に、衡平は行政官の義務に関連する。これこそ、パピニアヌスやウルピアヌス、かの古の法学者たちが欲したことである。即ち、行政官は法律に基づいて割り当てられた事柄は第三者に委譲し得ず、ただ裸の、法律に規定された行為権限をnudam legis actionem 有するだけで、よって、これは行政官に固有というより法律それ自体に固有であるということ。他方、衡平に仮託されている事柄は自らの権利によってpro suo iure 委譲し得るということ。例えば、刑事訴訟を指揮する法務官や裁判官は（これはパピニアヌスが提示する例だが［D. 1. 21. 1 pr.］）、第三者に命令権を委譲し得なかった。また、法を宣言するに際しin iudicando、法律の苛烈さを減じたり温和さを加えたりすることはできず、たった一言、否、たった一文字だけで判決を言い渡した。「A」や「C」、「N. L」、つまり「無罪とするabsoluo」、「有罪とするcondemno」または「裁判不能non liquet」というように。これは市民の名誉や生死、要するにその命運が人の判断ではなく法律の決定にのみ依拠するようにするためであった。［MET: 202（392-4）］

ここでのボダンの独創は、「行政官の義務」――即ち衡平を民事訴訟において実現するという行政官固有の義務［MET: 202（394）］――ではなく、「法律に規定された行為権限」にある。というのも、たしかに既にグーヴェイアのような法学者によって刑事訴訟における行政官の命令権行使が法律に基づくべきことが確立されていたとはいえ、しかし、ボダン自身が誇るように、未だ誰も行政官がかく命令権を行使して刑事罰を科す根拠を「法律に規定された行為権限」に同定し、これを「行政官の義務」（所有権と類比される）と対になるものとは捉えてこなかったからである〔MET: 201-2 (392)〕。ここでボダンが「法律訴訟legis actio」という太古の訴訟形態を――未だガイウスの『法学提要』発見以前で謎めいた制度であったがため――理解せず、特殊な権限と解していることは言を俟たない。しかし、われわれにはボダンによる定式化こそが重要である。彼によれば、この権限は主権者から行政官への寄託物res commodata類似のものである〔MET: 203 (394)〕。つまり、受寄者が寄託物を第三者に再寄託し得ず、何らの変化を加えることも許されないのと同様[32]、行政官は法律を通じて主権者から仮託されたこの権限を第三者に委譲し得ず、また、法律の命令に対していかなる恣意も働かせ得ない。ボダンはかかる定式を以て自らの見解を詳らかにしていく。

以上から明らかであるのは、法務官が刑事裁判を指揮するとき、純粋命令権も剣の権能も有さず、裸の執行及び法律に規定された行為権限だけをnudam executionem et legis actionem 有したということである。恰も警士――これにブルートゥスは「警士よ、法律に従って為せlictor, lege age」と命じた――と同様であるかの如く。〔MET: 203 (394)〕

よって、法務官はたしかにグーヴェイアが述べたように純粋命令権を有さない。しかし、では、何に基づいて法律の命令を執行していたのか。ボダンによれば、法務官は刑事司法分野では「法律が規定する行為権限」を有し、これを――寄託物を扱うような制限付きで――行使した。法務官が民事司法分野では「行政官の義務」に基づき、衡平に訴え、自らの権限を自由に委譲し得たことと対を為す。もちろん、以上のボダンの議論はローマの法務官のみを対象とする訳ではない。普遍法の枠内で扱われる以上、あらゆる国家の行政官を対象とする。

なお、ボダンによれば、この議論は軍事行動に係わる命令権行使にも当てはまる。彼の見るところ、ローマで執政官は軍隊を受け取ると行政官の権利に基づきiure magistratus、自己の判断で戦争を遂行することができた。しかし、人民の命令なくしては宣戦も講和も成し得なかった。宣戦や講和は、主権者たる人民に固有の権利だったからである[MET: 204（396）]。

2　ボダンの主権論（二）——ローマの人民主権論

ボダンの行政官に関する議論は、グーヴェイアのような法学者の立論の延長上、主権者とそのエージェントたる行政官との関係を問うものであり、ゆえに、主権の五つの項目のうち抗告provocatioは扱われない。この制度はローマ国制を論ずる文脈でようやく現れる。ここでは、ボダンが抗告（主権の第四項目）を梃子に主権論をいかに発展させたかを検討する。

まずはテクストに従い、ボダンが「ローマのstatus［国家の基幹部分］についてDe statu Romanorum」と題された節で、主権の五つの権能をローマ国制にいかに当てはめていくかを確認したい。彼はグルッシー同様、ローマはポリュビオスやキケロー流の混合政体ではないと理解する。共和元年から民主政体であった。

> 王を都市から追放するや、ブルートゥスは人民にad populum命令権に関する最初の法律prima lex de imperioを提出した。毎年、執政官が人民によって選出されるようにするために。リウィウス［Liv. 1, 60, 4 ; 2, 7, 1］とディオニュシオス［D. H. 4, 75, 2］がこのように伝える。ここから、執政官の命令権が人民によって与えられねばならなかったことは明白である。[MET: 208（402）]

ボダンの引証する典拠を確認すれば明らかなように、ここでは人民の名においてケントゥリア民会が想定されている。ここで人民は官職保有者を選出し（主権の第一項目）、立法を行った（第二項目）。ゆえに人民が主権者であることは明白だとされる。しかし、恰も自らの理論を実証するかの如く、ボダンは主権者の他の権限もまたローマの人民に存したことを確認していく。彼によれば、人民が宣戦と講和の権利（第三項目）を有したことを示す事例は枚挙に暇がない［D. H. 4. 20. 3-4；Liv. 4. 30］［MET: 210（404）］。さらに、共和元年に人民は他の重要な法律——人民抗告に係わる法律（第四項目）——をも制定していた。かくしてボダンは、ポリュビオス流の混合政体論を否定するために、グルッシーと同じ論拠——人民抗告——に辿り着く。それが、たとえボダンの場合には主権というあらゆる国家に適用可能な一般概念に鋳造され直しているとしても。次のように言う。

> 以上は、ローマが民主政体であったと判断するための論拠として十分かもしれない。しかし、ブルートゥスの同僚プブリウス・ヴァレリウスによって他の法律も提出されていた。リウィウスはこれを「ローマにおける自由の最大の防壁」と呼ぶ［Liv. 3. 55. 4］。なぜなら、この法律の第一項では、あらゆる行政官に対抗して自由に人民に抗告することができる ad populum libere prouocaretur と規定されているからである。第二項では、いかなる政務官も抗告に従わずにローマ市民を鞭打ち、殺害し、あるいは科料を徴収すること勿れとされる。次に、何者も——死刑となる危険を冒して——人民に拠らずに命令権を保持すること勿れとされる。以上はリウィウス［Liv. 2. 8. 2］、ディオニュシオス［D. H. 5. 19. 4］、ウァレリウス［Val. Max. 4. 1. 1］、プルタルコス［Pl. *Popl.* 11. 3］、ポンポニウス［D. 1. 16］が一致して伝えることである。この抗告に関する法律は度々破られたため、三度も同じ氏族によって提出された。つまり、プブリウス・ウァレリウス、ルキウス・ウァレリウス［Liv. 3. 55. 4］、そしてマルクス・ウァレリウス［Liv. 10. 9. 3］によって。［MET: 209-10（404）］

ボダンにとって三度提出されたウァレリウス法は真正であり[33]、ゆえに人民抗告の制度は共和政樹立以来、絶えず存在したことになる。しかも、ローマ人はウァレリウス法が破られる度にそれを補完する法律を制定してきた。彼によれば、ポルキウス法によって市民への身体刑が禁じられ［Liv. 10. 9. 5；Cic. *Rab. Perd.* 4. 12-13］、さらにその百年後に提案されたセンプロニウス法ではウァレリウス法違反者が反逆罪 perduellio に問われると規定された［Cic. *Cat.* 4. 5；*Rab Perd.*

4. 12-13］［MET: 210（404-6）］。つまり、ローマでは主権者たる人民が、たとえヴァレリウス法が度々遵守されなかったとしても、人民抗告の制度を補強する制度を繰り返し立法によって創出し、政務官による命令権の濫用を阻止しようと試みてきた。かくして、ボダンにとってローマで人民に主権が存したということは――あるいは主権者に抗告の最終的な名宛人となる権限があるということは――主権者が政務官の恣意的な命令権行使から市民（即ち「命令権の保護に浴する者」）の「自由の最大の防壁」であったことを意味する。抗告の制度は、すぐ後に見るように、主権者の制定する法律が字義通りに貫徹することを下支えする重要な役割を与えられる。

主権の第五項目たる生殺与奪権も、無論、ローマでは人民に留保されていた［MET: 210（404）］。従って、人民が主権の要素をすべて有したことになる。注目すべきは、ボダンが市民の身体の自由を徹底して主権者の判断に係らしめることである。市民の生命が終局的に主権者の判断に依拠する以上、政務官による死刑宣告も覆され得ることになる。第五項目は抗告と対になる規定と言える。こうして、かくも人民が重要な諸権能を有したのだから、ポリュビオスの混合政体論は支持し得ないとされる［MET: 210（406）］。

しかし、興味深いのは、すべての要素が出揃っているかに見えるにも拘らず、ボダンが共和元年にローマの「人民」主権が完成したとは考えないことである。彼によれば、王の追放と共和政の樹立はローマにおける主権の確立の第一歩に過ぎない。なぜなら、「パトリキが命令権を独占しており、人民とは名ばかりであったpopulare nomen inane erat」ためである［MET: 233（438）］。ボダンによれば、ローマでも他の国家と同様、有力者とそうでない者――即ちパトリキと平民――の身分闘争があり、有力者は法律に従うことを拒んだ。

> 王を都市から追放したのち、執政官は自らの命令権imperiumや権力potestasが法律によって制限されることを一切許容しなかった。かつてもいまも変わりなく、有力者とそうでない者たちとの間には多くの帝国を破滅へと導いてきたかの大きな諍いがある。有力者は自分たちの恣意で命令し、法律に束縛されないことをlegibus solui望み、そうでない者たちはすべての人が平等にaequabili iure法律に拘束されることを望んだからである。［MET: 236（442）］

パトリキの執政官が法律に従わずに命令権を行使したならば、人民主権、即ち人民の制定する法律の支配は確立していなかったことになる。だからこそ人民主権は「名ばかり」であった。ボダンによれば——恰もマキャヴェッリが「発見」したように——ローマの民主政の完成のためには護民官の登場が不可欠であった[34]。

護民官とは何か。ボダンはプルタルコス［*Quae. Rom.* 81, 283B］に依拠しつつ、護民官とは、独裁官が立てられた際でも職位を失わず、政務官の命令権行使に異議申し立てintercessioを行い、市民に援助を提供したcives iuuabant政務官であると考える［MET: 211（406）］。紀元前五世紀に平民の身分闘争を経てこの平民の政務官が設立されて以来、すべての政務官の命令権行使はいついかなるときでも異議申し立ての対象となった。ボダンは、護民官の権力が執政官の権力——ポリュビオスはこれを王権に比する——を凌駕したとまで主張する［MET: 214（412）］。彼にとってはこの護民官の拒否権こそ、パトリキの政務官による命令権の濫用を掣肘し、人民抗告provocatio ad populumを実効的ならしめた制度である。なぜなら、この平民の政務官の訴えを以て、人民はようやく民会でパトリキの政務官の命令権行使が法律に則っているかを確認し得るようになったからである。ゆえに、護民官は人民が主権者として自らの命令（法律）を全市民に平等に貫徹させるために不可欠な存在であった。だからこそ、ボダンは護民官に主権の神髄imperij arcanumがあったと言う［MET: 211（406）］。護民官がローマにおける人民主権（法律の支配）を実体化したからである。

護民官はさらなる進展をもたらした。ボダンによれば、平民の代弁者たるこの政務官はパトリキの牙城たる元老院における先議（民会への法案提出に先立つ審議）に介入していった。ウァレリウス・マクシムスの記述に従って［Val. Max. 2, 2, 7］、次のように述べる。

元老院が権力を乱用しないように護民官にはあらゆる元老院決議に反対することが許された。それゆえ、元老院が開催されたとき、護民官たちは元老院議事堂の入り口に待った。そして、護民官の承認の証である「T」の文字が書かれない限り、元老院決議は承認されなかった。後の時代には、元老院に入廷することが許された。［MET: 206（400）］

かくして、護民官が平民の代弁者として法案審議過程に介入した結果、民会で制定される法律は実質的にも全市民を平等に拘束するものとなる。ここでわれわれは、ボダンが既に立法主権の成立条件を探りつつあることに気付く。というのも、彼がグルッシー同様、人民の形式的一体性（パトリキと平民の民会への参加）を重視してケントゥリア民会を真正の民会と見做しつつも、この民会がいかに両身分を超越して法律を制定したのかを探るのを見るからである。ボダンはこの主題を身分闘争を材料に深化させていく。曰く、ケントゥリア民会で「人民は恰も裁判官や仲裁者であるかの如くveluti iudex et arbiter、パトリキと平民の諍いを鎮めた」［MET: 212-3（408）］。しかし、ボダンはシゴーニオのように身分闘争をケントゥリア民会と平民会（トリブス民会）の対立に還元しない。彼はこれを元老院（パトリキ）と平民会（平民）による立法権の奪い合いの過程と考え、主権が遂には「人民」（ケントゥリア民会）から「平民」（平民会）に移ることで決着したと理解する。予め次の結論を確認しておきたい。

われわれは、あるいは人民にpopulo、即ち五つの階級に（なぜなら第六階級はケントゥリア民会において何ら役割を果たさなかったから）、あるいは平民にplebi、即ち三五のトリブスに区別なく割り当てられた、パトリキを除く全市民に、主権を割り当てるのだから、ローマが民主政体であったことは明白である。［MET: 214（410）］

さて、ボダンの理解では、人民はホルテンシウス法制定に至る三度の平民の騒擾でも裁判官の如くケントゥリア民会にて立ち現れ、パトリキ（元老院）と平民（平民会）の諍いを裁定した。

元老院が平民を抑圧しようとしたとき、あるいは平民が元老院に対して立ち上がったとき、騒擾を解決する唯一の方法は、執政官が、または独裁官が任命され、人民に何を欲するのか諮問することであった。このことは三度の平民の離脱行為secessionibus plebisの際、即ちパトリキが平民会決議を、平民が元老院決議を拒否するというかくも激しく長きに渡る闘争の際に見られた。事実、執政官ルキウス・ウァレリウスとマルクス・ホラティウスは、ディオニュシオスが述べるように［D. H. 11. 35］、人民を召集するとpopulo conuocato、法案をケントゥリア民会に提出し、平民会決議が元老院を拘束するよう定めた。直ちに騒擾は止んだ。しかし、徐々に、元老院が平民会決議に従わなくなる。護民官は怒り、元老院に対して拒否権を発動する。再び一一〇年後、クイントゥス・フィロが独裁官に任命され、同様の法案、即ち平民会決議が人民の命じるかの如くac si populus iussisset法律と同等の効力を持つようにという法案を人民にad populum 提出した。彼はこれに以下の条項を附与することを怠らなかった。つまり、元老院への諮問なくして法律legesがケントゥリア民会で人民にad populum 提出されることがないように、と［Liv. 3. 12. 5］。［MET: 213（408-10）］

かくして、この段階では、「法律」を制定するための条件がかろうじて維持された。しかし、この配慮はホルテンシウス法の制定に至って消滅する。ボダンは次のように続ける。

それにも拘らず、諸法案は元老院に諮ることなく平民にad plebem 提出され、しかもパトリキには耐え難い形で成立させられたため、平民会決議はしばしば破られた。事ここに至って、独裁官クイントゥス・ホルテンシウスは、五〇年後にまた同様の法案を人民にad populum 提出する［Gai. 1. 3 : Plin. *Hist. Nat.* 16. 10. 37 : Gell. 15. 27. 4 : Liv. *Per.* 11］。しかし、ここでローマの主権は穢される。なぜなら、平民つまり最下層の群衆にplebi, hoc est infimae multitudini 法律を制定することが許されてしまったからである。恰も人民それ自体が命ずるかの如くac si populus ipse iussisset、市民の全体を拘束するという形で。さらに、平民はあらゆる政務官——執政官や法務官、監察官を除く——や神祇官を任命する権限まで得た。その上、刑事訴訟——死罪に係わるものを除く——に関する権限を獲得し、はたまた人民によって決定された戦争を終結させ、人民によって与えられた命令権を延長させることまでできるようになった。遂には、平民は、護民官に煽動されて他の権限をも奪取し、しばしば自ら開戦の決定を行った。スルピキウス提案やマニリウス提案、ガビニウス提案――これらを護民官は父祖の慣習に反して平民に ad plebem 提出した――が示すように。さらには、神聖不可侵の法律にも拘らず、閥族派すべてに亡命を命じた。

[MET: 213-4 (410)]

要するに、ボダンによれば主権者たる「人民」（ケントゥリア民会）はホルテンシウス法を制定することで制度的に自死した。これを皮切りに「平民」（平民会）が主権者たる権限を簒奪していき、ローマを破滅へと導いていくからである。しかし、彼によれば、それにも拘らず、ローマは民主政体であり続ける。かつてのローマの人民の姿はそこにはないとしても。

以上の結果、恰も人民から平民にa populo ad plebem、つまり民主政から衆愚政にa Democratia ad Ochrocratiam に陥るように、主権は人民の取るに足りない残り粕の手にfecem populi落ちていった。それはまさに、グラックス兄弟、次にリウィウス・ドルスス、さらにその後、サトゥルニウスとプブリウス・スルピキウスが護民官として、それぞれの血で都市を穢した時のことであった。[MET: 214 (410)]

護民官の登場に至る平民による平準化要求は人民抗告を帰結し、従って、ローマの人民主権（法律の支配）を完成させる重要な意味を持った。しかし、ボダンは平民の闘争の行く末を称賛する訳ではない。シゴーニオにとっての「ローマのデモクラシー」の完成時点は、ボダンにとっては政体の堕落の開始地点である。ホルテンシウス法は、主権を「全体」から「多数」へと移行させる致命的な一撃を加えたからである。たしかに主権は未だ民主政体のそれである。しかし、ボダンの見るところ、主権はもはや党派の首領が専横するものでしかなく、その制定する法律は両身分の同意の上に成り立つものではない。ローマは内乱に陥り、国家は破滅へと突き進む。

結語

ボダンは、法学者による命令権の刑事裁判権への純化を手掛かりにしつつ、その実態を共和政ローマの制度運用に探ることで、主権（「至高の命令権」）を国家内部における自由の窮極的基盤と構想した。彼にとって主権者とは行政官に公権力を寄託して人的集団内部における不正を匡す存在であると同時に、最終審級として行政官の命令権の濫用から市民の身体の自由を保障する存在でもある。かくしてわれわれは、ボダンの主権論の基底に、主権が立法権として絶対的な性格を持つかといった類の議論からは導出され得ない、公法学者としての省察があることを見る。しかも、この主権論は一般理論にまで昇華された。事実、ボダンは『方法』の第六章にてローマ国制を論じた後、ここから抽出した主権をあらゆる国家に見出していく。主権は古代の諸国家にも、「新大陸」の民族の諸国家にも、無論、フランス王国にも存する。どこであれ自生的権力関係は生じ、何らかの制度群（国家 πολιτεία / Respublica）が形を成すからである。しかし、ボダンは法学者の枠組みには収まらない。「統治」の重要性に至り、これが主権の存立条件――法律の支配を貫徹させるための社会の対抗関係からの超越――にとって枢要であることを見抜く。ここでは、彼の理論がフランス王国の統治にいかなる含意を持ったのか、その見通しを示すことを以て結語とする。

実は、われわれはかかる統治の重要性を介して『方法』の企図するところを垣間見ることができる。なぜなら「序」で見たように、この著作は高等法院の構成員を主たる名宛人とするところ、ボダンの主権論は彼らの「イデオロギー」に介入するものだからである。中世末以降、高等法院の諮問官は、法律（王の命令）の登記やその適用の場面で「良心」に訴えることで、法律（王の命令）に対抗し、その内容を精査する制度的権限を持つことを誇ってきた[35]。ボダンの理論はこの「良心」に部分的に沈黙を強い、刑事司法における法律（王の命令）の貫徹を要請する。無論、彼の理論が新奇であった訳ではない。厳密には、既に一部の諮問官に共有されていた理解に理論的支柱を与えたに過ぎない[36]。とはいえ、その理論は政治的に重要な意味を有した。何しろ高等法院は宗教内乱の小康状態の只中、大法官ロピタル主導の寛容王令の登記及び適用を阻害していたからである。ボダンの理論は彼らに対し、宗派対立に加担せず、ただ法律（寛容王令）の執行者たることを求める。主権の超越性を侵害しないように――。われわれの見るところ、『国家論』はこの延長で理解されねばならない。その立脚点は常に統治階層の一部と共有され、ボダンの主権論はロピタル失脚後、いわゆる「ポリティーク派」の理論的支柱となり、内乱の帰趨それ自体に係わってくるからである。[37]

【凡例】

・ボダンの『歴史を容易に理解するための方法』は、Jean Bodin, *Methodus ad facilem historiarum cognitionem*, Paris, Martinus Juvenis, 1566 に拠る（Gallica [gallica.bnf.fr] で参照可能 [notice: Z-7825]）。現在では S. Miglietti による校訂版も用いられる（*Methodus ad facilem historiarum cognitionem*, S. Miglietti (a cura di), Edizioni della Normale, 2013）。本文中では後者の頁数を括弧に入れ、[MET：頁数（Miglietti 版頁数）] と略記する。

・グーヴェイアの『司法権論』は Antoine de Gouveia, *De iurisdictione Libri II: adversus Eguinarium Baronem Iureconsultum ad Petrum Castellanum Episcopum Matisconensem et magnum Galliae Eleemosynarium*, Toulouse, Johannes Molinerius, 1551 を用い、[DI：頁数] と略記する。

・グルッシーの『ローマの民会論』は Nicolas de Grouchy, *De comitiis Romanorum libri III*, Paris, Michaël Vascosanus, 1555 を用いる。[DcR：頁数] と略記。

・シゴーニオの『古代ローマ市民権論』は Carlo Sigonio, *De antiquo iure ciuium Romanorum libri II*, Venise, Jordanus Ziletus, 1560 を用いる。[DaicR：頁数] と略記。

（1）かかる見解は J. H. Franklin *Jean Bodin and the Rise of Absolutist Theory*, C.U.P., 1973 を嚆矢とし、D. Lee の言葉を借りればボダンの政治思想の「正統派教義」となっている（*Popular Sovereignty in Early Modern Constitutional Thought*, O.U.P., 2016, p. 162）。モナルコマキとの関係は、さしあたり J. H. M. Salmon, « Bodin and Monarchomachs » in *Bodin: Verhandlungen der internationalen Bodin Tagung in München*, H. Denzer (ed.), Beck, 1973, pp. 359-78 を参照。フランスでも J.-F. Spitz のような

論者がFranklin の解釈の延長上——遥かにバランスが取れテクストに忠実ではあるが——ボダンの主権論を扱う（*Bodin et la souveraineté*, P.U.F., 1998）。

本邦におけるボダン研究にもFranklin 以降の通説的見解と同種の傾向を看取し得る。佐々木毅『主権・抵抗権・寛容——ジャン・ボダンの国家哲学』（岩波書店、一九七三年）は、ボダンの主権論を扱うに際し、彼の主権論と統治論とを峻別し、『方法』には未だ両者を混在させる理想統治論があるのに対し、『国家論』では立法主権論が統治論と区別され、いわゆる制限主権論は後者の枠組みで処理されたとする（九〇—一頁）。佐々木によれば、これは「巨大な転換」であり、『国家論』では『方法』でかつて目指された人事権（＝官職創設権）を中心とする「統治機構の絶対的支配」ではなく、立法権を基軸とした「全社会の権力的統制」が関心の的になったとされる（一〇三頁）。同種の見解は、ボダンの知的遍歴の評伝の形式を採る清末尊大『ジャン・ボダンと危機の時代のフランス』（木鐸社、一九九〇年）にも見られる。清末は、佐々木とは異なり『方法』で展開される諸議論を扱うが、政治思想に関する限りは、佐々木同様、『方法』を「立法主権論の入口」に立つ著作と見做す。つまり、ボダンは同著で立法主権論を展開しつつも、幾多の制度的拘束——神法・自然法や王国基本法（サリカ法）、即位の宣誓、わけても高等法院の権威の尊重——を重視するため、立法主権論は完全な形では確立されていなかったというのである（一一六—九頁）。『国家論』の独創は「不可分の立法主権論を確立」し、「主権論と正しい統治論との区別を明瞭にする」ことにあった（一八三頁）。川出良枝もまた比較的近年の研究でこの通説的見解を踏襲する（「ボダン——主権論と政体論」小野紀明ほか編集代表『岩波講座政治哲学Ｉ　主権と自由』岩波書店、二〇一四年、九七—一二二頁）。事実、川出は、『方法』を主たる研究対象とする訳ではないものの、研究史を整理する文脈で、この著作が伝統的な「制限君主政論の圏内」にあることを前提とし、『国家論』における主権の絶対性をいかに捉え得るかを論じる。

（2）本文中で、magistratus の語はローマ史に関わる限り慣例に則り「政務官」と訳す。より広い意味で用いる際には「行政官」とする。

（3）とりわけM.-D. Couzinet, *Méthode et histoire à la Renaissance. Une lecture de la* Methodus ad facilem historiarum cognitionem *de Jean Bodin*, Vrin, 1997を参照。ボダンの「方法」の独自性がars historicae ではなくars memoriae とラミスムとの関連から分析される。しかし、ボダンによるかかる「方法」の転用と政治理論との関連は未だ明らかにされていない。

（4）Lee, *op. cit.*, esp. pp. 159-224（『方法』に関してはpp. 159-86）。

（5）*Ibid.* pp. 175-86. 但し初期近代の命令権に関するLee の議論は目新しい訳ではない。M. P. Gilmore, *Argument from Roman*

Law in Political Thought 1200-1600, Russel and Russel, 1967［1941］が先鞭を付けており（Bodinについてはpp. 93-113）、例えばL. Mannori, « Per una 'preistoria' della funzione amministrativa. Cultura giuridica e attività dei pubblici apparati nell'età del tardo diritto comune », *Quaderni Fiorentini*, vol. 19, 1990, pp. 323-504（Bodin, pp. 381-92）等によって敷衍されている。Leeの貢献はボダンの研究史上で命令権論を扱うことで、『方法』と『国家論』を架橋し、Franklin以来の通説的見解を批判したことにある。なお命令権を扱いつつボダンの主権論をマキャヴェッリの護民官論との関連から考察したものにS. Akimoto, « La juridicisation de la politique chez Bodin, héritier de Machiavel », *Revue des sciences philosophiques et théologiques*, vol. 102, no. 2, 2018, pp. 235-49がある。

（6）Lee, *op. cit.*, p. 221（see also p. 180, n. 103）.

（7）R. Tuck, *The Sleeping Sovereign: The Invention of Modern Democracy*, C.U.P., 2016, pp. 27-8.

（8）W. McCuaig, *Carlo Sigonio The Changing World of the Late Renaissance*, P.U.P., 1989, p. 175. 但し、古事学者の著作と『方法』の関係は十分には精査されない（『方法』についてはpp. 224-38）。

（9）古事学またはその知的伝統としてのantiquarianismについてはA. Momiglianoの研究を参照。十六世紀の古事学の動向についてはJ.-L. FerraryやW. Stenhouseの諸研究を見よ。

（10）M.-D. Couzinet, « Note biographique sur Jean Bodin », in *Jean Bodin. Nature, histoire, droit et politique*, Y.-Ch. Zarka（éd.）, P.U.F., 1996, pp. 233-44（esp. pp. 237-8）.

（11）J. Bodin, *Les Six Livres de la République*（1583）, Aalen, 1977, Ep., [sig. a vij].

（12）Cf. J. Moreau-Reibel, *Jean Bodin et le droit public comparé dans ses rapports avec la philosophie de l'histoire*, Vrin, 1933, pp. 24-7.

（13）人文主義法学はヴァッラによる中世法学者のラテン語批判に始まることは周知の通りである。この潮流に関する近年の研究は枚挙に暇がない。最新のものは*Humanisme juridique. Aspect d'un phénomène intellectuel européen*, X. Prévost et L.-A. Sanchi（dir.）, Classiques Garnier, 2022. 但し、人文主義法学と古事学との関係は未だ十分には深められていない。

（14）中世来の命令権論に関しては、さしあたりGilmoreやMannoriの研究を参照。グーヴェイアの参戦した論争に関してはGilmore, *op. cit.*, pp. 76-85; Mannori, *art. cit.*, pp. 367-9を参照。Leeはこの論争には触れずDouarenの命令権論のみを敷衍する（*op. cit.*, pp. 108-10）。

（15）A. de Gouveia, *Ad Leg. III. D. de Iurisdictione omnium Iudicum, ad Ioannem Corasum*, in *Opera iuridica, philologica, philosophia*, Rotterdam, H. Beman, 1776, pp. 3A-6B. コラスの証言はp. [2].

（16）F. Le Douaren, *Disputationum anniuersariarum liber primus*, Lyon, S. Gryphius, 1547, ff. 128-32（Cap. LIII, « Quid sit Iurisdictio, quidque Imperium tam merum, quam mixtum »）.

（17）É. Baron, *Variarum quaestionum publice tractatarum, ad Digesta iuris civilis : De iurisdictione*, Lyon, S. Gryphius, 1548. これに対する応答としてA. Laetus [= F. Le Douaren], *De iurisdictione et imperio. Apologia Franc. Duareni iureconsulti, aduersus Eguinarium Baronem iureconsultum*, Paris, G. Morelius, 1549.

（18）Cf. J. Bodin, *République, op. cit.*, liv. III, ch. 2, p. 373.

（19）Cf. Gilmore, *op. cit.*, pp. 48-57; L. Mannori, *art. cit.*, pp. 359-64; D. Lee, *op. cit.*, pp. 98-108.

（20）「人民」への着目はすでにF. Le Douaren, *Disputationum..., op. cit.*, f. 130に見られる。

（21）E. Henryson, *Pro E. Barone adversus A. Goveanum de iurisdictione libri II*, Paris, V. Sertenas, 1555.

（22）彼の民会論についてはMcCuaig, *op. cit.*, pp. 174-223を参照。

（23）O. Panvinio, *Reipublicae Romanae commentariorum libri III*, Venise, V. Valgrisius, 1558, f. 302.

（24）古事学者Paolo Manuzioのローマ国制理解、あるいはより広くその政治思想についてはJ.-L. Ferrary, « Rome et Venise dans la pensée politique et chez les antiquaires du XVIe siècle : à propos des *Antiquitates Romanae* de Paul Manuce », in *Comptes rendus des séances de l'Académie des Inscriptions et Belles-Lettres*, 141e année, No. 2, 1997, pp. 491-514を参照。

（25）McCuaig, *op. cit.*, p. 129.

（26）シゴーニオは、しかし、アリストテレスの定義とは異なり、市民を住所domicilium、トリブス、官職就任権を有する者と定義する [DaicR: 4]。

（27）C. Sigonio, *In Fasti consulares ac triumphos Romanos commentarius*, Venise, P. Manutius, 1556, f. 29r.

（28）*Ibid.* f. [4]. Cf. McCuaig, *op. cit.*, pp. 130-3.

（29）F. Baudouin, *De institutione historiae universae, et eius cum iurisprudentia coniunctione*, προλεγομένον *libri II*, Paris, A. Wechlus, 1561, p. 112.

（30）これについては詳述し得ない。キケローのrecta ratio（＝φρόνησις）の理解が鍵になる。なお、Cic. *De leg.* 3, 12のソースの同定についてはE. Lepore, *Il princeps ciceroniano e gli ideali politici della tarda repubblica*, Nella sede dell'istituto, 1954, pp. 285-6.

（31）ボダンの『方法』は普遍法研究の副産物である［MET: *ij r（66）］。

（32）Bodin, *Exposé du droit universel*（*Juris universi distributio*）, L. Jerphagnon（tr.）, P.U.F., 1985, p. 40 : « Commodatum, est creditum ad tempus, ut idem reddatur ».

（33）最初の二つのleges Valeriaeはダブレットとされる。Cf. A. Magdelain, « De la coercition capitale du magistrat supérieur au tribunal du peuple », *Jus imperium auctoritas. Études de droit romain*, École française de Rome, 2015［1990］, pp. 541-7.

（34）Akimoto, *art., cit.* マキャヴェッリの「発見」については、福田有広「共和主義」、『デモクラシーの政治学』福田有広・谷口将紀編、東京大学出版会、二〇〇二年、三七―五三頁。

（35）さしあたり以下の研究を参照。M.-F. Renoux-Zagamé, « "Royaume de la loi" : équité et rigueur du droit selon la doctrine des parlements de la monarchie », *Histoire de la justice*, 11, 1998, pp. 35-60 ; Ead., *Du droit de Dieu au droit de l'homme*, P.U.F., 2003, pp. 212-43.

（36）さしあたりJ. Bodin, *République, op. cit.*, liv. III, ch. 4, pp. 419-20を参照。

（37）『国家論』は主権論に限らず『方法』と内容的共通性を多く有するが、引用史料は大きく異なり、より多岐に渡る。中世法学の註釈すら引かれるが、これは高等法院で蓄積された「法学」の所産である（cf. J. Krynen, « Note sur Bodin, la souveraineté, les juristes médiévaux », *Pouvoir et liberté. Études offertes à Jacques Mourgeon*, Bruylant, 1998, pp. 53-66）。冒頭で見たような『国家論』の理解に満足しないならば、問われるべきは、これら引用論拠が『方法』で示された理論的骨格にいかなる肉付けを与えたのか（あるいはいかなる変更を要請したのか）、また、王権に敵対的な勢力の持ち出す論拠をいかに掣肘するものだったのか等々であろう。

〔政治思想学会研究奨励賞受賞論文〕

ギリシアへの陶酔
――ジョージ・グロートとジョン・スチュアート・ミルのアテナイの民主政論

村田　陽

一　問いの所在

一九世紀英国の哲学的急進派（以下、急進派）は、ジェレミー・ベンサムの功利主義を基礎とした知的・実践的な活動を通じて、個人の幸福と自由を可能にする民主的な国制を模索した。ところが、ヴィクトリア期の初期には「民衆統治は自滅することをアテナイは示した」という歴史的事例に基づく格言が流布していた[1]。アリストファネスの『騎士』が風刺した市民の「気まぐれさ」は、民主政反対論者の格好のモチーフとして度々援用された。急進派で歴史家のジョージ・グロート（一七九四―一八七一）は、『ギリシア史』（一八四六―五六年、全一二巻）において「哲学的歴史」に基づいた歴史を描き出すことで、この歪みの修正に挑んだ。さらに、ジョン・スチュアート・ミル（一八〇六―七三）は同書を高く評価した書評を一八四六年から一八五三年にかけて計七回公表した。米仏の革命、さらに一九世紀に入ってからの二度にわたるフランスでの革命を目撃した英国では、民主政の是非が問われた。さらに、国内の政治改革の気運の高まりを一背景としながら、自由主義と民主主義の両立可能性が模索された世紀の中頃に、アテナイの歴史は急進派によって再検討された。

アレクサンダー・ベインは、グロートと同様にミルが「ギリシアに陶酔していた人物（Greece-intoxicated man）[2]」であったと評した。ミルは、父ジェイムズ・ミルより受けた英才教育の過程で、幼少期から古典語を学んだことを次のように回想する――「父と共に読解を続けたラテン語とギリシア語の書物は、語学のためだけではなく、その思想のためにも学ぶ価値のあるものが主であった」[3]。ミルに内在化した古典古代の思想的価値は、一八三〇年代中頃におけるプラトンの対話篇の英訳の公刊、本稿の主たる分析対象であるグロート『ギリシア史』の書評、グロートの古代哲学に関する評論から主に看取される[4]。一八五三年にミルは、グロートの『ギリシア史』に関する七回目の書評を『エディンバラ・レビュー』に寄稿し、ギリシアのなかでも後世に多大な影響と功績を残したのはアテナイであると明言する。「法的権威の確立」、「党派的な暴力の不在」、「自由もしくは天才」を育む特徴、「生命と財産」の保護、「高度な知性あるいは独創的な功績」の条件を成す「精神の平穏」といった進歩的な諸要素がアテナイの民主政には点在しており、それゆえ、アテナイは優れていたとミルは理解する（Mill, GH [III], 315-6）。本稿は、このような急進派による古代民主政評価について、彼らの論敵であるトーリーのウィリアム・ミトフォード（一七四四―一八二七）との対比を通じて、グロートとミルがアテナイに読み取った「国制の道徳」を解明する。

古典古代とミルの密接な関連は、ウルビナティの研究が包括的かつ理論的に検証している。彼女は、ミルの古典古代論が彼の近代民主主義論への貢献を示す鍵となると捉え、バーリンの自由概念やスキナーとペティットによる共和主義的自由とは異なるミルの政治的自由の観念を明らかにし、その理論的特色を熟議民主主義論に位置づけた。しかし、アテナイのポリスに近代性を付与した役割を総じてミルに帰す彼女の解釈は[5]、ターナーによるヴィクトリア期の古典古代論の思想史研究で明らかにされたグロートの意義を弱める[6]。ウルビナティの研究以後、ミル研究においては、『ギリシア史』の書評論文と主要著作との繋がりに注視することで、ミルが古代アテナイの「古典的共和主義」を「理想モデル」とし、それを近代社会に適用することを目指したと捉える理論研究[7]や、グロート『ギリシア史』の読解が教育、社会、政治に関するミルの改革論を支えたとするテクスト分析[8]が登場した。だが、いずれの研究も二人の急進派の立場からギリシア史を再構成する部分が不十分であり、ターナーの研究もミルのグロート解釈にはさほど踏み込んではいない。

グロート研究は近年進展がみられる部分[9]であり、ケアステッドは『ギリシア史』の記述を古代史の知見を生かしながら丹念に分析している。同研究は、グロートの歴史叙述がアテナイの民主政に対する歴史的偏見を覆し、自由民主主義の理論家ミルに活力を与えた点において「革命的なもの」であったと評することで、ウルナビティの研究よりもグロートの役割を強調する(10)。しかし、そもそもなぜ功利主義者が、歴史に着目したのかという根本的な問いは残されたままであり、前述のいずれの研究においても、保守のギリシア史への反駁という政治的目的が強調された。ところが、ベンサム、グロート、ミル親子の歴史論を明らかにしたバレルの政治思想史研究では、彼らが過去から現在に対する意義を抽出することに否定的であったと論じられている。バレルは思想家ごとの多様なアプローチを強調するが、全体として急進派は、「功利主義的、急進主義的、あるいは自由主義的な歴史哲学を、それぞれの過去に対応する展望に単純に当てはめることで、〔自らの立場に〕歴史的正当性の輝きを付け加えようとしたわけではない」と主張する(11)。

以上の先行研究から導き出される本稿の主題――急進派によるギリシアの民主政論――には、三つの目的がある。第一に、なぜミルとグロートが歴史学を自らの思想的課題としたのかを検討することである（二・四）。両者の歴史学に対する関心からは、保守への反論という単純な政治的意図には還元されない「哲学的歴史」「歴史の科学」を志向する側面が示される。ただし、本稿はバレルのように、自らの政治的意図を歴史に投影することに急進派が徹底して抑制的であったとは結論づけない。なぜなら、保守と急進派のギリシア史叙述を比較してみると、保守に反してグロートとミルが民主政と自由の両立可能性を強調したことが明示されるからである。ここに第二の目的がある。ターナーとケアステッドはグロートのテクストをミトフォードの叙述に基づいて分析したが、「ミトフォード‐グロート‐ミル」の三者の歴史認識をギリシア史の盛衰という時系列的展開から十分に検討していない。よって、一次資料の分析により三者の政治的意図を明らかにする（三・四）。そして第三の目的では、グロートとミルが強調した「国制の道徳（constitutional morality）」の比較により、両者のいずれがアテナイに近代性を付与したのかというウルビナティの研究以後問われる争点を扱う。本稿では、両者は「古代人の復活」を企図しなかったが、グロートと異なりミルは、国制の道徳に市民と統治者の双方から検討を重ねたことが示される（四）。

二　ヴィクトリア朝におけるギリシア史をめぐる保守と急進派の対立

1　英国の混合政体とアテナイの民主政

ギリシア史、とりわけアテナイを扱った歴史書は、一八世紀後半から一九世紀前半にかけて英国で刊行が続いた。その多くが、米仏の革命と国内の議会改革という文脈のなかで、アテナイの民主政をいかに評価するべきかという実践的問題を含んでいた。一八二〇年代から三〇年代にかけて、議会改革への関心の高まりと共に近代的民主政の是非が検討された。アメリカ合衆国をめぐる議論は、英国の政治・社会改革に反発した保守的なトーリー、アメリカを理想的な改革モデルとして好意的に受け止めた急進派、そして両者の中道路線を採用したホイッグの間で展開された(12)。このアメリカ論と同時期にギリシア史をめぐる論争が上記の三つの陣営によって展開されたことは注目に値する。他方、一九世紀中期に差し掛かる頃には、政治的イデオロギーと一定の距離を置くことを目的とした科学的な歴史学の探究がドイツや英国で登場した。グロートとミルは、これらの民主政評価と歴史的方法論に対する問題意識をそれぞれ独自の形で共有しながらアテナイの歴史を論じた。まずは両者がアテナイに着目するに至るまでの古代史の特色を概観することで、論争上の図式を提示する(13)。

一八世紀の英国では、エドワード・ギボンの『ローマ帝国衰亡史』（一七七六―八八年）に代表されるように、ローマ史への着目が顕著であった。ローマ史を題材とする一八世紀の古代史受容は、ローマの発展と衰退という「腐敗の循環」を提示した。しかし、コリーニらが検討するように、このような循環論的な観念は一九世紀イングランドでは次第に影をひそめていく。その背景には、急進派が企図した政治改革の一定の帰結――選挙権の拡大や世論の役割が重視されること――が、支配者層と非支配者層の間の腐敗を抑制するであろうとの楽観的な見通しが立ったことがある。結果として「奢侈」およびそれによる公共的徳の腐敗に対する一八世紀的批判はその意味を失った」が、続いて、選挙権拡大に伴うデマゴーグによる煽動的な民主政治がもたらす新たな腐敗が問題化した(14)。他方、一八世紀中頃から末期にかけて、民主政批判を表明した保守的なアテナイ史が刊行された。E・W・モンターギュは『古代共和国の盛衰に関する考察』（一七五九年）を刊行し、アテナイに生じた「奢侈」「軟弱性」「腐敗」といった危険を描き出し、現在の英国に民主政を適用することの問題点を示した。モンターギュは、アテナイが崩壊した要因にデマゴーグの民衆扇動を挙げ、ギリシアの諸国家の盛衰論を通じて名誉革命後の国制の正当化を試みた。(15) さらに、古典研究を介して近代の政治的諸課題に取り組んだ歴史家でスコットランド出身のジョン・ギリーズは、『古代ギリシア史』（一七八七年）の冒頭で国王へ向けた献辞を捧げ、ギリシア史が民主政の「危険な乱れを暴露し、僭主たちの専制を糾弾する」と述べた。加えて、共和政（民主政）の「不治の悪」を描き出すことで、「世襲王の合法的支配と十分に制限された君主政の安定した働き」によって自由がもたらされるとギリーズは宣言した。(16) 彼は民主政に専制や放縦に陥る危険を察知し、制限君主政を支持した。以上の知的文脈のなかで、ミトフォードはフランス革命勃発前の一七八四年に『ギリシア史』第一巻を刊行した。

ミトフォードは、オックスフォード大学でブラックストーンの英国法と国制に関する講義に出席、のちにフランスを旅行した際に、英国の国制や古代共和政における権力均衡論を称賛したフランスの政治思想に触れた。英国へ帰国後はサウス・ハンプシャーで軍職を務め、その折にギボンと出会い、彼に『ギリシア史』の執筆を勧められた。(17) 同書の執筆と刊行が続く一七八五年から一八一八年にかけて、ミトフォードはトーリー党所属の庶民院議員に三度選出され、計二一年間の公務に就いた。『ギリシア史』を通じて民主政の危険性を暴露し、イングランド国制の擁護を試みたミトフォードは、アテナイの民主政の成立とその内実を混合政体の解体過程として論じた。ソロン以降の改革を否定し、僭主や征服王の利点を明らかにし、ソフィストへの攻撃を通じてデマゴーグのクレオンを痛烈に批判した。(18) これは、急進派に対する寓意的な批判ですらあった。(19) しかし注意すべきは、同書はホイッグと急進派から非難されることになるが、ミトフォード自身は民主政を合法的支配として認めていた部分にある。ギリシアの君主政から共和政への移行を論じた部分では、ギリシアの政体を合法的支配と暴力による非合法的の区別に基づいた六分類が提示された。彼は、前者を君主政、寡頭政、貴族政、民主政に位置づけ、専制・簒奪の政府もしくは専制の寡頭政を後者に区分した。ギリシアの国制は合法的支配であったため、専制的な絶対王政は樹立されておらず、近代の英国人が考えるように、王権は被治者の利益のために一人の人間が有する尊厳と権威の法的優位性に基づいていた（Mitford, HOG, 1, 184）。

2　ミトフォード『ギリシア史』への反駁

反民主政論を試みたミトフォードの『ギリシア史』は、ヴィクトリア朝において最も影響力を有する議論となった[20]。多様な党派の読者を獲得した同書は、一九世紀中頃に史料批判に基づくサールウォールの研究が登場するまでの間、影響力を維持した。すなわち、英国において「アテナイの国制をめぐる論争は、ミトフォードが設定したパラメータから逃れることは困難であった」[21]。ミトフォード『ギリシア史』の刊行後、トーリー、ホイッグ、急進派の各機関紙において同書をめぐる論争が展開された[22]。『エディンバラ・レビュー』では、一八〇八年に「ギリシアの共和国の物語が反共和国的な偏見を多く有する人物によって語られたこと」に対する落胆が表明された一方、これまでのギリシア史の著作よりも明瞭な歴史が叙述されており、ミトフォードと政治的に対立する人々に対しても同書を読む意義が記された[23]。ホイッグのトーマス・マコーレーは、一八二四年に『クオータリー・レビュー』でミトフォードの『ギリシア史』は「歴史であるのか、それとも政党のパンフレットなのか」と問いかけた。マコーレーは、著者自らの政治的偏見を歴史学に反映させたことではなく、民主政がアテナイで何を達成したのかを見抜くことができなかった部分にミトフォードの問題点があると論じた[24]。対してミルは、保守系の機関紙『クオータリー・レヴュー』が「アメリカの共和国と共にアテナイの共和国を批判する」ことに長年徹してきたと述べ、「私たちが手にしているもっとも詳細なギリシア史（ミトフォード『ギリシア史』）には全文にわたって反ジャコバン的精神が浸透している」と理解した[25]。

一八二六年にグロートは、『ウエストミンスター・レビュー』にH・F・クリントン『ギリシア年表』（一八二四年）の評論を投稿し、その誌面の大半を使ってミトフォード『ギリシア史』を批評した。およそ二〇年後にグロートの『ギリシア史』の刊行が始まるが、本評論からは、彼の急進派としての民主政解釈と歴史学に対する問題意識を知ることができる。前者については、本評論の刊行に先立って、一八二一年にグロートはベンサムの『議会改革計画』（一八一七年）の擁護を行なっているが、そのなかでベンサムの改革論に賛同する形で、秘密投票、選挙の頻度を増やすこと（毎年選挙）、普通選挙権を彼は支持した。さらに、民主的な諸制度を設立するためには、義務の感覚と公共生活に対する愛着が不可欠であることを指摘し、グロートがのちのクリントン評論と『ギリシア史』で着目した制度と市民の性格の関連性をすでに認識していた部分は注目に値する。[26] クリントン評論は、少数者が権力を掌握する制限君主政擁護がミトフォードの歴史で表明されていることを問題視する。[27] ミトフォードは、ギリシア史を通じて「社会のメカニズム」を解明し、「人間本性の原理を見出す」という関心が希薄であり、「イングランドにおいて支配的な利害に極めて好意的」な見解を描き出した。[28] 対してグロートは、古代の民主政が特定の統治機構による権力の独占を解体し、「少数の富者の邪悪な利益」に対抗する試みが「個人の才能」の発展を可能にしたと論じる。ギリシアの民主政に対して「我々は躊躇することなく、決定的に揺るぎない優位性を有していたと宣言することができる」。もちろん、「善き統治」としてのギリシアの諸制度には欠点や不十分さはあったが、「寡頭政と君主政は、いかなる保障も与えず、悪政に静かに服従する人民を保持することのみを目的としていた[29]」。

ミトフォードの政治的立場がギリシア史の叙述に影響を与えたことは、歴史学の方法論的課題を浮き彫りにした。当時のギリシア史に関する一次資料の乏しさは、歴史家に特定の事実から幅広い推論を行うことを求めた。その結果、多様な事実の関連性は著者自らが補わなければならない側面が多く、特にギリシア史には書き手の偏見が傑出しているとグロートは理解する。ミトフォードは、ホメロス、ヘロドトス、トゥキュディデスなどの歴史書を根拠として『ギリシア史』を執筆したが、このような文学的特徴を有した著作に基づく叙述には、歴史的事実の解釈に曖昧さや書き手の偏見を生じさせる可能性がある。[30] 証拠となり得る資料の不足は、著述家に対して「疑わしいことやせいぜい可能性があること」を記述させたり、叙述の興味深さを増大させたりしようとする強い誘惑を生み出す。グロートは、資料的限界のなかで、ミトフォードは自らの推論と史実とを区別することができず、さらにこのことを読者に十分に警告することなく歴史を描き出してしまったことが問題であると指摘する。[31] とりわけフランス革命後に公刊された部分において、ミトフォードの政治的偏向が顕著であるとグロートは論じた。[32] このような偏りを排除するためには、人間本性と経験の法則に則した哲学と史実という二つの研究視点を歴史家が徹底して保持しなければならない。そうすることによってのみ、

ギリシア史が「慎重かつ忠実に書き直される」ことになるだろうとグロートは予見し、この予見を自ら実行した。(33)

3 「哲学的歴史」に基づくギリシア史の刷新

グロートは一八二六年のミトフォード批判から『ギリシア史』刊行までの間、第一次選挙法制定直後の一八三二年から四一年にかけて国会議員を務める傍らで、歴史書の執筆に取り組んだ。その過程でグロートは、ジェイムズ・ミルの『英国領インド史』の読解を通じて、歴史と哲学を同時に探究する歴史叙述に影響を受けた。一方、初期のミトフォード批判の時点で既に認識していたドイツ歴史学の摂取をさらに進めることで、方法論の再検討を進めた。(34) バルトホルト・ゲオルク・ニーブール（Barthold Georg Niebuhr）の『ローマ史』（一八一一―三二年）を読解し、ニーブールの叙述には歴史的事実の探求のみならず、大衆の心情に対する共感が同書に含まれていたとグロートは理解した。(35) 彼は、ドイツ歴史学の助けを得ることで、ミトフォードのギリシア史観に特徴的であった過度な党派性を書き換えながら、ギリシア社会の全体像を描き出すことを目標とした。他方、グロート『ギリシア史』が完成する以前に、トーリー的解釈に基づくギリシア史の問題点を明らかにし、党派的ではない歴史叙述を試みた著作としてコノプ・サールウォール（Connop Thirlwall）の研究が特筆される。サールウォールは、グロートと同時期にチャーター・ハウスで学んだ司祭・歴史家であり、ニーブール『ローマ史』の英訳にも携わった。グロートはミトフォードによるギリシア解釈を覆した先駆的な著作として、サールウォールの『ギリシア史』（一八三五年―四七年）を自由な精神に基づく批判的歴史として肯定的に評価した（Grote, HOG, I, iv）。同書の刊行後、ミトフォードの『ギリシア史』は影響力を失うことになる。

グロートと同じくミルは、保守の歴史叙述における政治的な偏りと方法論上の問題を認識した。父ミルはミトフォード『ギリシア史』を読解する息子に対して、「本書の著者のトーリー党的な偏見と、彼〔ミトフォード〕が専制者を弁護し民主的な諸制度を非難した事実の歪曲に警戒するように」と助言し、子ミルは同書とは反対の意見を持つようになった。(36) さらに一八四〇年代半ばになると、歴史の科学に対するミルの洞察が看取される。例えば、『論理学体系』第六篇では、「思慮深い精査」を通じて、歴史から社会の経験法則を解明し、これらの法則と人間本性の法則とを演繹的に結びつける必要を説いた[37]。そこで彼が着目したのは、オーギュスト・コントの歴史学である。コントは、進歩の条件を解明する社会動学と社会における安定性の条件を解明する社会静学を区別し、統治形態と文明の状態との間にある「必然的な相互関係」を示す一般的原理を導き出した[38]。ミルは、このコントの議論に触発されることで、「思索能力の状態」という人間の知性が社会の進歩と安定を左右することを論じた[39]。ただし、「知識の進歩」や「人類の意見の変化」は極めて漸進的にみられる現象であるため、知的要因が社会状態を決定する要因たり得ることを明らかにするためには、「過去の全体」を考慮に入れなければならない。しかし英国では、歴史が一科学としては未発達であり、「普遍史の事実を理論によって結びつけることが真に科学的な思想家の目的となった」段階にある[40]。

ミルの歴史学に対する洞察が彼の政治思想に与えた影響を指摘する川名やバレルの重要な先行研究がある一方[41]、本稿の目的に即してこの部分を再検討しておきたい。『論理学体系』第一版を出版した翌年の一八四四年（この年はグロート『ギリシア史』の最初の書評論文が刊行される二年前にあたる）、ミルは「ミシュレのフランス史」で歴史研究の発展を三段階に分けて考察した。第一段階は、著者自身が生きている現在の基準に照らし合わせて過去を描き出す歴史であり、ミトフォードがそうであったように、トーリーの著者がギリシアを題材とするのであれば、「アテナイ的なものはすべて批判されなければならない」。第二段階では、第一段階でみられた過度な現代的視点は抑制され、可能なかぎり過去を基準点として過去の「生き生きとした姿」を描き出す試みがみられる。この段階では、過去の全体的な理解をもたらす想像力が求められ、この能力はカーライルとニーブールが有している。そして、第三段階において歴史は、一定の因果関係の「網目」のなかで捉えられ、「原因と結果の漸進的な連鎖」として理解される。このような歴史をミルは「歴史の科学」「歴史的哲学」と呼び、第二段階から第三段階への進展例として近代フランスの歴史学を取り上げた。とりわけフランソワ・ギゾーは、フランスを歴史の模範としつつも、社会条件とその変化に関するヨーロッパ的な普遍史を描き出した人物としてミルが好評価した[42]。

では、次節で扱うグロートはどの段階に位置づけられるのか。ミルの解釈によれば、ニーブールが確立した一次史料への着目はグロートに継承され、グロート『ギリシア史』は「歴史批判（historical criticism）」を探究する特徴がある。

この特徴は、歴史叙述においてグロート自身が関心をもっていた政治的見解に基づかない分析をも可能にしたとミルは理解する。加えてミルは、サールウォールに「哲学的歴史」の要素が不足していたことを問題視した。すなわち、客観的な歴史叙述においてサールウォールは優れていたが、人間の内面性を歴史的展開に位置づける部分は欠けていたとミルは捉えたのである。対して、忠実に歴史を記述し、読み手が知的・道徳的な判断の助けとなる過去を学ぶことができるような歴史学がグロートの利点であった（Mill, GH [II], 328-30）。よって、ニーブールの手法を用いて、民主政の盛衰史に内在化された国制の道徳作用を明らかにしたグロートの歴史学は、第二段階と第三段階の中間にあるといえる。この点は四―4にて再検討する。

三　アテナイの国制改革史

1　アテナイの民主政史のはじまり――その枠組みと萌芽

グロートは、「哲学的歴史」に基づいてミトフォードの歴史叙述の書き換えとその方法論の転換を目的に『ギリシア史』を刊行した。両者は共にミケーネ時代から古典期に民主政の盛衰を読み取り、グロートはミトフォードの設定した歴史的争点への反論を試みた。本稿では、ここにミルのギリシア史評価を加えることで保守と急進派の比較を行う。グロートとミルのアテナイ評価はおおよそ一致をみせるが、国制の道徳と代議制論に両者の違いが示される。まず本節では、両者が批判したミトフォードのギリシア民主政史の枠組みをふまえたうえで、急進派の着眼点をアテナイの歴史的展開に沿って検討する。(43)

グロート『ギリシア史』は、ギリシアの偉大さが傑出した時代の「萌芽、成熟、衰退、そして死」を描き出したとミルは評する。具体的には、前古典期のソロンの改革（前五九四年）から古典期の始まりのマラトンの戦い（前四九〇年）までを民主政の「準備期間」とし、これ以降からカイロネイアの戦いまでの約一五〇年間がその「成熟期間」にあたる。特にミルは、古典期の歴史を通じてグロートがギリシアの「政治的・集団的な生活と社会的実存の形態に関する際立ったいくつかの特徴」を明確にした部分に着目する。さらに、この時期に「人類は静止しているのか、それとも進歩しているのかという問題」が提起される。一般的に人間本性は静止的な傾向にあるが、クレイステネス以降の進歩はギリシアが「自由と知的陶冶」の源流であることを示し、この歴史における進歩の過程をミルは読み解いた（Mill, GH [II], 313）。ただし、ミトフォードとグロートは、ホメロスの叙事詩によって語り継がれたミケーネ時代から前古典期までのギリシア史も古典期以前の研究として扱っていた。ミルもこの点に言及しており、三者はこの時期に民主政的な諸要素の萌芽をみた（Ibid., 297-8）。

ミトフォードはホメロスによって描かれたギリシア神話とトロイア戦争期に、単一政体としての「純粋な共和政〔多数支配の民主政〕」や「一人の人間による絶対的支配〔単数支配の君主政〕」とは明確に区別される、世襲に基づく制限君主政が採用されていたと解釈する。ホメロスの叙事詩の時代ですら完全な君主政は創設されておらず、ソロン以降の国制改革によって政府が混合政体に転換した様相を描き出すことがミトフォードの特徴である。つまり、ミケーネ時代からすでに無制限の王権が不在であったため、この時期に「民主政の活力ある諸原則」が存在していたとミトフォードは捉える（Mitford, HOG, 1, 181-2）。

他方でグロートは、近代的な用語に基づいて「人民主権とは対照的な神権」がホメロスの時代的特色であると理解する。この英雄時代の統治では、「支配的な権力は王にあり」、貴族や民衆の立法的・政治的機能は比較的狭い範囲に制限されていた。執政権は「ある種の宗教的感情」に支配され、この感情に不正や欠陥が伴っていたとしても、支配者は自らに対する「対抗意識を排除し」、「人民の服従を確かなものにする」傾向があった（Grote, HOG, 3, 5-6）。グロートは、君主政が中世と近代ヨーロッパで広く採用されていた歴史を念頭におきながら、ギリシア神話の英雄的な王に対する民衆の感情は次第に「無関心」を伴いはじめ、さらに僭主政下では王への「決定的な反感」が生じ、民主政の台頭によって王権は死滅したと論じる。ギリシアの共同体を「管理者のいない狂人」として描写したミトフォードの叙述を批判的に捉えたグロートは、ギリシア人の本性の「最も高貴で賢明な部分」から導出される「卓越した徳」が王権への憎悪を生み出し、権力者を含む全ての人々にとって普遍的な法的拘束力の必要性を認識させたと分析する。さらに彼は、近代ヨーロッパの君主政を「風俗、習慣、歴史的教訓の一定の影響力のもとで作用する代表制の国制」に位置づけた（Ibid., 11-2）。

ミルによると、ホメロスの物語において個人の義務に関する感情は、神々や王、身近な人々との間で形成された。他方、歴史上のミケーネ時代には、すでに王権と共に評議会やアゴラが設置されており、ミルは、グロートが共和政（民主政）の特色をホメロスの時代から発掘したことに着目する。グロートは君主政を消極的に評価したが、この時代にすでに「公的な発話」が採用されていたことは、ペリクレスの時代に至るまでの言論の力の漸進的発展を可能した。その後に登場する弁論家のみならず、プラトンの哲学的思索やアリストテレスの体系的諸学問もこのような対話術の芽生えに由来するとグロートは主張し、この指摘をミルは重視した（Mill, GH [I], 297; Grote, HOG, 3, 77-8）。急進派たちは、宗教権力に基づく王権政治を拒絶したが、神話の世界に点在した民主政の萌芽を読み取ったのである。

2 民主政の「準備期問」――ソロンの改革をめぐる統治機構論

しかし、三者それぞれが民主政の確立に決定打を与えたと考えたのは、ミケーネ時代後である。グロートは、ミトフォードと同様にソロンの改革から民主政の成立期を検討した。両者の統治機構に関する理解は次のように整理される。ミトフォードがソロンに民主政の誕生と混合政体の衰退の始まりをみたのに対し、グロートはクレイステネスに民主政の根本的な起源を看取し、ペリクレスによって混合政体がほぼ消滅したことで民主政が完成したと捉える（Grote, HOG, 3, 128; Mill, GH [II], 327）。前六二一年、ドラコンによって平民の市民は貴族と共に政治・司法の領域への関与が認められた。だが、下層市民は貴族や富裕層に不満を抱き、両者の対立が危機的状況に陥った前五九四年、貴族と平民双方からの期待を受けたソロンは、政治的実権を掌握するアルコンとなり国制改革に着手した[44]。以下、この改革で導入された民主政的諸要素についてミトフォードとグロートの見解を比較する。

当時アテナイの周辺地アッティカの中小農民は困窮に瀕し、なかには富裕者に土地を借りて隷属的に耕作を行う「六分の一」（ヘクテーモロイ）がいた。彼らは利息である収穫の六分の一を富裕者に支払わなければ、家族ともども奴隷身分に没落させられる。戦時に重装歩兵としての従軍が定められていた自由農民が不安定な状況に置かれることは、国防力の低下にも繋がる。そこでソロンは、「重荷おろし」（セイサクテイア）によって平民を隷従から解放した。グロートは、ソロンが奴隷となった債務者の苦痛への補償を行うために「重荷おろし」を制定したと理解する。無論、優れた法のもとでの契約の尊重は、社会的に極めて重要であるが、近代ヨーロッパでは、普遍的立法とその法を支える感情に基づいて、人間の身体や子供を奴隷化する契約を全て禁じている（Grote, HOG, 3, 104-6.）。この身分制改革は平民の不安をある程度除去したが、ソロンは経済的・軍事的に台頭しつつある彼らの意向を政治に反映させ、諸階級間の対立を緩和するために財産級政治（テイモクラテイア）をも導入し、出自を重視する旧来の身分制ではない財力に基づく政治参加の規則を提示した。

さらにソロンは、貴族政期から運用されていたアレオパゴス評議会に加え、テイモクラテイアの四等級から各百人ずつ代表者が選出される四百人評議会を設置した。アルコン経験者たちが終身任期で評議員に就く当該評議会は、貴族政的な集団統治の特徴を有した[45]。ミトフォードによると、旧来のアレオパゴス評議会と新設の四百人評議会は、民会への出席権と平等な投票権を付与された無産者級を含む全市民の参加によって成り立つ民会との均衡を生み出す機関である。民主政には「荒れ狂う」特徴があり、その弊害や不便さを未然に防ぐために、ソロンは「権力均衡」の制度を確立したとミトフォードは捉える。ところが、委任統治に基づく代表制的要素をもったアレオパゴス評議会と四百人評議会が、民主的勢力の弊害を制御することはできなかった。なぜなら、ソロンは「自由なアテナイ人が等しく投票権と発言権」を認められた民会に「最高権力」を付与したからである（Mitford, HOG, 1, 271, 278）。ミトフォードは、無産階級を「権力を適切に行使する能力が最も低い者たち」と批判し、彼らに民会での「無制限の権力」をソロンが与えた部分に、権力均衡の崩壊に繋がる危険を察知する。無産階級は「他の全階級よりも数が多い」ため、団結することで彼らは全能になる。その後の民主的改革でも明らかなように、無産者級は「自らの快楽と堕落」のために国制を破壊する（Ibid., 278）。絶対的な主権を無責任な「大衆」に付与したことが、ソロンの権力均衡原則の欠点であり、結果的にアテナイの政府は「人民の手中にある暴君」へと変容した（Ibid., 3, 7-8）。すなわち、ミトフォードは、ソロンによる財産級政治を民主政の誕生とみなし、民衆に対する最高の政治的権力の付与を極めて批判的に捉えた。

グロートは、四百人評議会が民会に一定の制約を課していたものの、民会に統治者の執政責任を追及する権限が付与されていたため、ソロンは「のちに続く民主政」の種を蒔いたと評価する。だが、グロートがペリクレスの時代に特に傑出したと捉えた国制を支える「民主政の感情」、すなわち「国制の道徳」は、この時点では不十分であった。前時代と比較して国制上の貴族政的性格は弱体化の兆しをみせたが、ソロンは「国家の本質的な権力を寡頭政の手に委ねていた」ため、ペイシストラトスに代表される専制政治の誕生を防ぐことはできなかった（Grote, HOG, 3, 126-8; Ibid., 4, 29-30）。よって、グロートは、ミトフォードが混合政体の均衡を保つ要素とみなした新旧の評議会に残存した寡頭政的特徴を問題視した。

ただしミトフォードは、一般的で科学的な法理論をソロンが確立し、近代法学の源流がローマ法ではなくソロンの立法改革にあると評価した。イングランド国制の優れた原理は、「私的な善が公的な善を構成する」ための自由な統治を基礎づけた部分にある。しかし、古代の共和国は、近代的な大きな政府を運営できるほどのメカニズムを獲得しなかった。政府は、国家を構成する多様な諸階級を調和させ、富者と貧者の双方に適用される平等な正義を確立しなければならない。個人の権利保護と公権力の維持を通じて、既存の秩序を支える一般的な私的利益に根ざした統治が「公共精神」の源となるとミトフォードは論じる。ところが、ソロン以降のアテナイやスパルタなどのギリシア諸国家では、「私的な善とは異なり、しばしば対立し合う理想的な公共善」が国制の原理として働き、その結果、派閥抗争が生じた（Mitford, HOG, 3, 5-6, 28-9）。事実、アテナイの貴族と民衆の対立はソロンの改革後に激化した。このような抗争を治めるために登場したのが僭主たちであった。

身分制を背景とした党派的な争いは、アテナイに僭主政支配をもたらした。グロートは僭主ペイシストラトスを「同胞を強制下におく自国の専制君主」と表現したが、興味深いことに、ミトフォードはギリシアの僭主たちを民主政によって生じた不均衡を克服した政治家として描き出している（Grote HOG, 3, 11-2）。現在の研究上、ペイシストラトスの治世は「穏和で合法的」だったと評される一方、僭主政に特有の「独裁的性格」があったともいわれる。(46) ミトフォードによると、ギリシアで使われていた「僭主（Tyrant）」は、近代で使用される専制君主とニュアンスは異なる。近代的な僭主・専制君主は「多かれ少なかれ、国の法律が禁じている権力の簒奪者」であり、権力を獲得し維持するために頻繁に過激な行為を行い、時として残虐な罪を犯す統治者である。他方、古典古代の僭主は、「何らかの手段で同胞に対する主権を獲得した共和国の市民、あるいは行政府の唯一の指揮官」を意味し、ギリシアの僭主の多くが「並外れた徳」を有し、法の下で自らの権力を行使することで被治者に有利な統治を行なった。ギリシアの僭主たちは「簒奪者」であったが、民衆のなかに僭主・簒奪者への支持がなければ彼らは統治者となり得ない。不安定な秩序に対抗するために、合法的に支配者を簒奪することで僭主は誕生したのである（Mitford, HOG, 1, 292-3）。

3　クレイステネスと国制の道徳

前五一〇年にアテナイの僭主政は終焉し、民主政確立への「決定的な一歩」をもたらしたクレイステネスが登場した。(47) 前五〇八年にクレイステネスは十部族制と陶片追放制度を導入した。従来の四部族制に代わる、地域的区分と構成員の職種・階層の多様性を考慮した十部族制は、激化した政治抗争を緩和するために設立された。さらに、十部族制を支える行政単位デーモス（区）が従来の村落を基礎として一三九に区画されたことで、市民資格が定められた。旧来の四部族や血縁的原理により組織されていたフラトリア（兄弟団）が政治的な役割を失い、デーモスは地縁的原理に基づいて国制への参加を規定した。四部族から十部族への転換は、グロートによると、アテナイ人を数的、地域的、政治的に平等に区分された「一つの均質な全体」に再構成した。擬似血縁集団的なフラトリアの残存は、家族的・宗教的な集団を完全に解体しなかったが、十部族制の導入は特殊で地域的な利害関心を抑制し、共同体全体の統治を可能にしたとグロートは評価する。アテナイでは「不穏な地域の諸派閥」が制限され、クレイステネスは国制の「極めて重大な修正」を行なった（Grote, HOG, 4, 59-62）。

ミトフォードが党派対立に伴う混乱や権力腐敗の問題解決策を僭主政に見出したのに対し、グロートは「国制の道徳」を市民の内面に創出することが政治的課題への処方箋になると主張した。統治者の道徳ではなく、市民の道徳に力点を置いた議論がグロートの特色であり、ここに後述するミルとの相違がある（四―3）。グロートによると、国制の道徳とは、国制に最大限の畏敬の念をもち、そのもとで行為する権威的な人々への服従を強化しながらも、同時に、人々を開かれた言論と明確な法的統制に従うことを習慣づけ、権威者の公的な行動に対して制限のない監視を行うことで生み出される道徳的性格を意味する。すなわち、党派的な抗争下でも、全市民が国制に対する信頼を示し、権力を際限なく監視する「自由と自制」を維持することで国制の道徳を共同体に流布させることが、「自由と平和を同時に実現する政府の必須条件」である。クレイステネスは「平等で、民衆的で、包括的な」改革の精神によって市民全体が国制に愛着を抱くことを初めて目指した。グロートは、政治的抗争下で市民の積極的な判断を仰ぐことを可能にする諸制度を導入し、国制の道徳に基づく公共生活を整えようとしたクレイステネスを支持した（Grote, HOG, 4, 81-3）。

ミルもグロートの見解に同意する。「制限なき民主政」、自由、民衆の精神を形成したソロンとクレイステネスの諸制度はグロートによって明らかにされた[48]。加えてミルは、これらの制度に内在化された「政治教育の方向性」が国制の道徳を形成したと捉える。この道徳は、アテナイの諸制度を通じて、市民が公的・私的問題を扱うための知的・道徳的能力を育てる習慣に支えられる。具体的には、ポリスでの「制限のない公開性と譴責と言論の自由」の保障、官職に就く者に対する責任、裁判官は籤により指名される近代の陪審員に類似した制度、富や出自によって政治参加の権利が定められていなかった点が挙げられる[49]。ミルは、ギリシアの民主政が「市民はその内面において、熱心で各人が支持可能な愛着を政体に抱くことができ、公的かつ私的な行動への活力を生み出す」優位性を保持していたと論じるグロートの説明を引用し、寡頭政では市民に「受動的な黙従と服従をせいぜい望むことしかできない」と論じる（Mill, GH [II], 324-5; Grote, HOG, 11, 104-5）。

アテナイの制度的特徴についてグロートは、ペイシストラトスの執政期に形骸化した民会の開催とその手続きをクレイステネスが補強したことで、ソロンの改革では生じなかった「愛国的で高潔な衝動」が新たに出現したと論じる（Grote, HOG, 4, 67）。自由な民会は、市民に「話し手と聞き手の両方の義務を果たす」訓練の機会を提供し、政治的影響力の実感を彼らに与え、「自らの安全と幸福を大多数の投票と同一視」することを可能にした。ソロンの改革を民主政の起源とみなす保守に対して、グロートは、クレイステネスによる民会の再調整に「言論の自由」と「法の平等」の尊重とコモンウェルス全体の不可分性の誕生をみる。

　陶片追放はクレイステネスが導入した優れた制度であるとグロートは捉える。本制度の導入時期には諸説あるが、有力者間の対立激化を背景として、クレイステネスが僭主の台頭を抑制するために設置したといわれる[50]。グロートによると、陶片追放の主要な目的は「単なる党派的な反感とは区別される熟慮された公的感情の表現」であり、秘密投票によって投じられた陶片は、「偽りのない独立した感情の表明」として明確に数え上げられ、強制や買収の危険を回避可能であった。彼は、本制度の実施が評議会と民会での事前審議を通じた正当性を担保する手続きに基づいており、例外的な措置として用いられていたことにも注目する。さらに、この手続き上の法的正当性が有力者の行動を事前に抑制する効果をもたらしたとグロートは指摘する。陶片追放は、「力による打倒」なしにアテナイの民主政を成長させ、有力者たちの間にも十全な「国制の道徳」を抱かせた（Grote, HOG, 4, 84-6）。

　対してミトフォードは、陶片追放が「民主政的な嫉妬」の道具として「民衆の情念を私的な目的に利用」する方法を生み出し、優れた能力や人格の優位性を抑圧したと論じる。本制度の対象となった「高名な市民」は、過度な影響力を防ぐために追放された。そのため、有力者は自らが排斥の対象とならぬよう民衆を取り込む施策に追われる。その代表例としてミトフォードはキモンを非難する（Mitford, HOG, 1, 423-4）。キモンは他者の妬みから身を守り、自らの党派を守るために、自身の庭園と果樹園を近隣のアテナイ人に解放し彼らに農作物を提供した。追放を危惧し「選挙のための絶え間ない準備」に徹したキモンは、イングランドとは異なる選挙活動に従事したとミトフォードは評する（Ibid., 550-1）。この制度は、自らの地位を確立するために民衆と向き合うことを求める。よって、陶片追放は民衆の支持獲得の必要を生み出し、ペイシストラトスの僭主政でみられた君主の知恵、穏当さ、既存の政治制度と法への尊重を欠いた「民主的専制」を出現させたとミトフォードは批判した（Ibid., 562-3）[51]。

　ただし、グロートは陶片追放を全面的に肯定していない。彼は喜劇作家プラトーンを参照しながら、アテナイで最後の陶片追放の対象となったヒュペルボロスのような「危険性の低い人物に対して共和国の安全銃〔陶片追放〕」が使用された追放例は、「偉大な政治的儀式の堕落（prostitution）」として非難されたと論じる（Grote, HOG, 4, 78）。ヒュペルボロスの追放の策略を目論んだニキアスとアルキビアデスは、「時代遅れとなりつつある」同制度を利用した。民主政の保護という排斥の当初の目的から逸脱し、政治的責任の追及から逃れるためにこの制度を乱用することは不適切である（Ibid., 87）[52]。グロートは、陶片追放を統治者となり得る可能性のある者たちに国制の道徳を根付かせる手段として解釈したが、この道徳が政治家と市民の双方に対して十分な機能を果たすのは次の時代である。

四　国制の道徳のアテナイにおける盛衰とその近代的再建

1　自由な民主政の確立——ペリクレスと国制の道徳

ミルは「アテナイの民主政の実の創始者」にクレイステネスの名を挙げ、その国制上の完成をペリクレスの治世に位置づける[53]。グロートによると、クレイステネスは市民による権力の部分的監視・抑制を確立したが、立法と司法の最終的な決定・判断の権限が貴族に残されていた部分に「堕落的、恣意的、抑圧的な取引」の可能性がある。加えて、終身のアレオパゴス評議員は問責の機会が皆無であり、腐敗の危険はさらに高いとする（Grote, HOG, 5, 208-10）。同評議会の解体を通じてこのような課題を改善したエフィアルテスとペリクレスは、僅かな裁判権を除くすべての政治的実権を評議会から剥奪し、その権限を民主的諸機関——民会、民衆裁判所、五百人評議会——に分け与えた。エフィアルテスの改革とも呼ばれるこの出来事がアテナイに「完全民主政《ラディカル・デモクラシー》」を生み出した[54]。グロートはこの権力の移譲が「革命」をもたらしたと表現し、その重要性を強調する（Grote, HOG, 5, 211-3）。

例えばグロートは、民衆裁判所に実権が移ったことで、「混じり気のない公正な正義」を確実にする直接的恩恵と、市民一般を改善し教育する間接的恩恵が生じたと論じる。「高貴な職務の遂行」を求める民衆裁判は、その裁判に関与する下層市民や貧者に対しても尊厳の感情を与え、「愛国的な共感」を呼び起こし、「諸個人の精神的能力」を行使する機会の提供は自発的な精神活動を促進した（Ibid., 244-5.）。ペリクレスは買収防止のために陪審へ日当の支払いを定めたが、「民衆的で多数の有給」の陪審員がアテナイの司法・立法過程に直接関与が可能になったことで、アテナイの民主政は「到達点」に達した（Ibid., 236）。

グロートとミルは、この時期に国制の道徳が十分に根付いたことによって自由が開花したと捉え、ペリクレスの民主政を称賛した。ミルによるとペリクレスは、富に恵まれた貴族でありながらも「原理と行動は徹底した民主主義者」で、大衆迎合的な政治術を用いることなく、自らの優れた資質によって地位を獲得した人物である。ペリクレスの「気高い精神と実践的な叡智」は市民を大いに教育した[55]。グロートとミルは、ペリクレスの葬送演説を通じて国制の道徳と自由との結びつきを強調する。ミルはこの演説を引用しながら、アテナイには「安寧な生活、社会的不寛容からの自由、教養ある趣味の快楽、公的問題への活発な関心と活動的な参加」が根付いたと論じる（Mill, GH [II], 317, 319）。両者が着目した同演説では、アテナイ人が「自由に公事に」携わっていたこと、「悪意をもって私事に干渉すること」はなく、法に基づく行動が徹底されていた様子が伝えられている[56]。

他方、ペリクレスは「諸君は日ごとにアテナイの力を実際に体験し、それを心から愛するようにならねばならない」とアテナイの戦士たちを鼓舞する愛国心に満ちた演説を残した。グロートはこの一節を引用し、「古典古代の社会と近代社会との比較において、しばしばあまりにも無差別になされる主張」、すなわち古代において個人は国家のもとで犠牲となり、近代においてのみ個人の自由は擁護されるという見解への反論を試みる。ペリクレスが力説した愛国心は本質的に重要である一方、それは決して「独占的な支配」や「あらゆる民主政の活動を奪い去ること」を意味しない[57]。アテナイでは公と私を不正から保護する法と制裁が機能し、人間的な強い欲求は個々に豊かで多彩であり、娯楽や私的な趣味の多様性は個人間の互恵的関係を生み出した（Grote, HOG, 4, 410-1）。同様にミルは、「古代の共和国では、国家の空想上の善のために個人の自由が徹底的に犠牲になる」という通説に対して、他者危害原理を根拠に反論した。アテナイの市民生活では公共の利益に関する義務が最も重視された一方、「個人の行動のうち自分自身に関わる部分について世論は干渉しなかった」(Mill, GH [II], 319)。アテナイの近代的自由は、次のグロートの言葉からも示される。

彼〔ペリクレス〕がアテナイの思想と行動の自由について強調するのは、たんに法による過度の拘束からの自由のみならず、人と人との間の実質的な不寛容からの自由や、趣味や探求における個々の反対者に対する多数者の専制からの自由であり、当時の知的発展が主に依存していた国民性の一つの特徴を露わにする点で、大いに注目に値する。(……)アテナイでは、他のギリシアのどこよりも忠実に守られているといっても過言ではない法の範囲内で、個人の衝動や趣味、奇抜ささえも、他の国家のように隣人や公衆の不寛容さの目印にならず、寛容に受け容れられていた(Grote, HOG, 5, 412-3)[58]。

近代のいかなる統治機構も「社会的異論」への寛容や個人の自発性を尊重する傾向はみられず、むしろ近代国家は、世論の不寛容さによって個人の性格を特定の型にはめる傾向があることをグロートは危惧する。世論から逸脱すれば「憎悪もしくは嘲笑の対象」になるが、アテナイでは法の範囲内で個人の自由な生き方は抑圧されることなく、むしろ推奨されていた(Grote, HOG, 5, 412-3)。ここにミルは「社会道徳の重要な問題」を発見する。世論に従う傾向の強い近代の平凡な社会では、独創的な人々は嫉妬や不信の対象となり、共通の意見、感情、行動を押し付けられるため、結局のところ社会を支える「天才」が育つ土壌は奪われ、天才は自らの痕跡を残すことなく死滅する(Mill, GH [II], 320-1)。ミルは、個性が社会の礎となるという『自由論』を想起させる記述を残しながら、公共への参加という民主政の原理と「消極的自由」が共存していた部分に基づいて、ペリクレスのアテナイに最大の賛辞を送った。

2　アテナイの民主政の衰退

ミトフォードは、ソロンの改革からペリクレスまでの民主政を反混合政体の成立過程として非難したが、ペリクレスの死後の前四二九年頃から台頭したデマゴーグたちの実権争いを最も攻撃した(Mitford, HOG, 3, 23-4)[59]。このような抗争下のアテナイは、最終的にフィリッポス二世のもとで国力を増強したマケドニアに征服され、ポリスの歴史は一応の終焉を迎えた[60]。ミトフォードは、この征服によってギリシアの諸国家が不安定な状態を離脱したとし、フィリッポス二世を「自由民の民衆王」と好意的に表現した。古代史上はじめてギリシアは「統一された幸福な国家」となり、「互いの抑圧や妨害から個人と自身の財産を守り抜き、他国からの攻撃に対抗する力」を有した（Mitford, HOG, 5, 621）。ただし、ミトフォードは民主政の代替として権威主義的な統治を擁護したわけではない。彼は、諸権力の均衡と調和に基づくイングランドの混合政体擁護に徹した結果、国内の僭主による合法的支配と外国の王による征服を認めることで、純粋民主政を否定した。

急進派はアテナイの衰退・敗北をいかに読み解いたのか。グロートによると、ペロポネソス戦争の前夜、アテナイの市民はトゥキュディデス『歴史』で表現された愛国心と活動的精神に満ち溢れていた――「アテナイ人は進取の気性を持って工夫に富み、計画の遂行に強い行動力」をもってあたり、「国のためにはわが身を我とも思わず挺し、国のためとあらば事の遂行にあたって、その目的を決して他人事として扱わない」。さらに、アテナイ人は「彼らは労苦も危険さえも厭わず、このすべてに生涯を賭けてはげみ、終始発展に追われて現在を楽しむ暇さえもたない[61]」。これらの引用句は、グロートがフィリッポス二世の侵略を阻止するために「最も必要でありながら、最も欠如していた」特徴に挙げた部分である。マケドニアの王が即位する直前の市民は、「静穏で家庭的で洗練されて」おり、民主政に愛着をもち、日々の義務を遂行していた。しかし、知的・政治的・文化的・経済的な活力は衰えていた。自らの生活を全て放棄して外国での軍務に就くことは、危険が目前に迫らないと耐えられないと市民は考えた。外国の王に勝利するためには、生命、財産、快適な生活を投げ捨てて国制を守り抜かなければならなかったが、この活力は失われていたとグロートは指摘する。市民は「ギリシアとアテナイの自由」を守るために自己犠牲を発揮できず、「自由、尊厳、安全」を喪失した（Grote, HOG, 11, 824, n. 1）。グロートは、国制の道徳における自国を防衛する市民的徳を強調するが、この点に関してミルは明確に言及せず、マケドニアによる征服の要因は公共精神と道徳的活力の著しい低下にあると分析する。ギリシアは「広い地域で自由な制度」を達成することができなかったため、自らの「自由、徳、そして民族としての存在意義」

を失った（Mill, GH [II], 312, 314）。

3　近代における国制の道徳の再建

以上のギリシア史の結末に対する三者の理解には異同がある。ミトフォードは国家的統一の礎を民衆のみに求めることには不安定さが伴うと捉えたが、グロートは国制の道徳の衰退、特に自己犠牲を伴う市民的徳の欠如にアテナイの民主政衰退の要因をみる。他方、ミルは国制の道徳上の市民の公共精神と道徳的活力の減退を民主政終焉の原因とする。ただしミルは、一連の『ギリシア史』書評論文の刊行後に出版された『代議制統治論』（一八六一年）において、ギリシアを一つのモデルとしながら統治機構と国制の道徳の関連に言及した。先行研究では、公共精神を育む近代的市民の性格と国制の道徳を類推する傾向が強いが、本稿では、統治者の側の道徳としてもミルがこの点を検討していたことを示す[62]。

ミルによると、理想上の最善の統治形態とは、社会全体や各市民に主権が付与されており、「地方や国の公的な役割を自ら直接に果たすことで統治体制に実際に参加するよう少なくとも時折は求められる」統治である。構成員の知的、道徳的、活動的能力を統治体制がいかに促進し、これらの諸能力の改善もしくは劣化が統治体制にいかなる影響を与えるのかが『代議制統治論』を貫く包括的な問いとして設定される[63]。統治形態と性格の関係は、民主政的統治の優位性を検討する問題であり、この点について「活動的性格」と「受動的性格」に分類された「一般的性格類型」をミルは比較する。前者は、悪弊と戦い、「環境を自分に屈服させようと努力する性格」で、知的・実践的な卓越を生み出し、活動的性格に基づく個々の構成員の利益の増大化を促す習慣や行為は少なからず「社会全体の進歩」に寄与する[64]。後者は悪弊に耐え、「環境に屈服する性格」であり、概ねミルは市民の活動的性格に代議制を補完する要素をみている。

このような国制を支える活動的能力や性格は、アテナイの民主政をモデルとした「実践的訓練」と代議制統治の範囲内での「公共精神の学校（school of public spirit）」によって陶冶されるとミルは主張する。前者は、市民が私的な生活を送りながらも、公共の仕事に一時的に参加する訓練を通じて市民の公的な能力と性格の形成を行う。この点についてミルは、「古代の社会体制や道徳観念」には欠陥があったと留保しながらも、「民衆裁判所と民会の慣行は、平均的なアテナイ市民の知的水準を、古代近代を問わず多数者集団の模範例として存在している水準をはるかに超えたところまで引き上げた」ことがグロートによって論証されたと述べる。アテナイの全市民は民主政的制度を介した「公的教育」を受けており、その頻度、継続性、扱う問題の種類において、近代の陪審員や教区の役職を通じた訓練よりも優れていた。実践的訓練は、各人に自らが公共の一部であることを知らせ、公共の利益と個人の利益の一致を実感させる。この「公共精神の学校」を介して、各人は社会的義務を理解し、公的道徳と私的道徳の双方を育むことができる。(65)

以上の議論は、ミルがグロートの『ギリシア史』から学んだ古代の市民的精神の陶冶を代議制に適用させた一例である。ところが、グロートとミルのより明確な相違は、両者の想定した国制の道徳の担い手に示される。『代議制統治論』では、国制の道徳（しばしば政治道徳（political morality）とも表現）とは、国制上の明文化された法・規則ではなく、不文律として代議制統治の働きを支える道徳として論じられている。例えば、国制の法において、たとえ国王が議会の決定に抗うことが可能であるとしても、英国の国制の道徳がこのような権限を無効としているように、実質的な権力は国家の民衆的部分にあるため、英国は代議制を採用しているといえる。そして、支配権力は自らの誤りを防止するために、国民に直接的責任を負わない被統治者に対して権力を委ねている。この予防策は、アテナイの国制やアメリカ合衆国にみられ、前述した支配者を抑制する陶片追放がギリシアにおけるこの例に該当するといえるだろう。(66)さらに、ミルは国制の道徳を「代議制統治の倫理」とも呼ぶことで、代表者の責務の問題を取り上げている。純粋民主政など抑制均衡の機能をもたない政体やこの機能が不完全な統治形態の場合、国制の道徳が唯一権力の濫用を抑止する砦となる。(67)よって、ミルは国制の道徳を市民的徳に限定せず、政治運営における統治の道徳として強調した。対して、三―3で述べた通り、グロートは、陶片追放によって有力政治家の権力濫用が間接的に抑止される部分に統治者の国制の道徳を限定している。

4　帰結としての近代擁護

本稿の第一の目的である歴史学の位置づけは、国制の道徳に関する前述の比較に加えて、グロートとミルの政治思想上の相違を理解する手がかりとなり得るだろう。この点に関して、両者が古代人と近代人のいずれを擁護したのか（第三の問い）、さらに古代史の基礎を成す急進派の哲学的歴史・科学的歴史という方法論上の問い（二―3で分析した第二の問い）に立ち返ることで考察する。第三の問いについて、両者はアテナイの民主政を現代に復活させようとする過度な政治的意図は有していなかったことが特筆される。グロートは、古代と近代の社会状態の相違を認識しており、国制の道徳は「稀で難解な感情」であり、アテナイの民主政を支えていた感情の「確立と流布」には困難が生じることも理解していた（Grote, HOG, 6, 154, 157）。ただし、本稿の二―2で言及したように、グロートの議会改革論がベンサム主義を継承しつつも、性格と制度の関係に言及した部分が特徴的であったことは、彼が『ギリシア史』完成以前に近代政治論を展開していた側面として留意すべきである。

対してミルは、市民の国制道徳を育成する実践的訓練は魅力的である一方、アテナイ型の訓練は近代社会にとって現実的ではないと判断し、「一つの小さな町よりも大きな社会では、公共の業務の何かごく小さな部分に全員が直接に参加することは不可能だから、完全な統治体制の理想型は、代議制でなければならない」と捉える[68]。さらに、ミルは時代比較を行う場合、「英雄たちや哲学者たちの道徳的観念ではなく、有徳な行動として一般的に受け入れられている尺度」に着目すべきだと述べる。この尺度に基づいて、古代アテナイと近代英国を比べることで、ギリシアの自由国家において強力であった公的義務の観念が近代では色褪せてきたことを指摘する。他方、政治的・社会的組織については、近代（あるいは少なくとも一部の近代）の方がギリシアよりも全面的に優れているとみなす。なぜなら、近代人は広範な領域下で自由な制度を創設し、奴隷制に依らず繁栄を獲得したからである（Mill, GH [II], 314）。

しばしばグロートの『ギリシア史』は奴隷制の問題を無視する傾向があるともいわれるが[69]、ミルとミトフォードがアテナイの公共生活を支えた奴隷制を厳しく批判したことは、両者が近代人の側を選択した一要因を説明する。ポリスが栄えた時期の共和国ギリシアを論じる場合、近代ヨーロッパの主要国とは明確に区別される二つの特徴に留意しなければならないとミトフォードは強調した。第一に領土の狭さであり、第二に普遍的に奴隷制が採用され、自由民の人口が少なかった点である。ホメロスの時代以降、奴隷は時代を追うごとに増加の一途を辿ったため、政治的弊害が生じた。それは、人口の大部分が「国のあらゆる利益から排除」されており、自由民の間ですら、奴隷を多く所有する富者とそうではない貧者の間で互恵的な関係が築き上げられることはさほどないという問題である（Mitford, HOG, 1, 182）。対してミルは、奴隷のみならず女性が公的領域から排除されたことを問題視し、古代から近代にかけて女性の境遇に改善がみられない点も批判した（Mill, GH［II］, 314-5）。

ケアステッドは、近代の代議制擁護に帰結したミルにある種の「後退」を読み取るが、[70]本稿では、むしろ近代人の立場を選んだミルの洞察は、単なる民主政評価に限定されない側面があることを歴史学の観点から考察しておきたい。つまり、ギリシア史を通じてグロートは古代の歴史的特殊性を明らかにしたが、この点から、ミルがグロートを歴史学の第三段階に位置づけなかったことが示唆される。古代と比較して近代は、その後の無数の歴史的展開とその修正過程によって位置づけられることをグロートが認識していた点をバレルは指摘しており、まさに歴史の第三段階という普遍史をグロートがギリシア史で描くことができなかった制約を示している。[71]ミル自身、『論理学体系』第六篇の第五版（一八六二年）で新たに付け加えた「歴史の科学についての追加的解説」（第一一章）において、グロートの明らかにした「ギリシア史の流れは全体として、その後の文明の運命全体を展開させた事象」であるが、「ある一個人の性格の良し悪しに依存する」事例であるとも捉える。ギリシアの歴史は人類を大きく転換させたものの、それは一度のみの特殊な現象にすぎない。[72]ミルは、第三段階の歴史学において過去の現象から社会状態の一般法則を導き出すことを一目的とした。グロートは、ニーブールの歴史学の第二段階（過去の基準から過去の全体像を描き出す歴史学）を踏襲した。ただし、ギリシア史という限定的事例のなかで、進歩と安定の原則を国制の道徳という制度を支える人間の性格から着目した点において、第三段階に接近した哲学的歴史であったため、ミルはグロートの『ギリシア史』を重視した。すなわち、ギリシア人は「政治的自由の創始者であり、近代ヨーロッパにとっての偉大な模範であり、その源であったことに変わりはない」とミルは結論づけた（Mill, GH［I］, 273）。

五　結び

グロートは『ギリシア史』の刊行後から一八六〇年代にかけて、プラトンなどのギリシア哲学史研究を進めた。他方、ミルは『代議制統治論』を中心に市民の公共精神と統治者による政治運営を支える国制の道徳を近代的に再解釈した。本稿の三と四において分析したギリシア史の盛衰論をめぐる議論からは、本稿の第二の問いであるアテナイの民主政評価に関するトーリーと急進派の歴史叙述上の対立・相違が、自由と民主政の接続点をペリクレスの治世に見出す部分に明示的で表れていることが示された。ただし、両者は近代人の立場から「ギリシアに陶酔」したのであり、古代を近代社会に完全に適用させることは双方とも認めなかった。ただし、ミルの国制の道徳に関する指摘は、グロートよりもアテナイの近代的転換を試みる特徴があった。第一の目的である歴史学の位置づけに関して、両者は過去の援用という保守の態度には批判的であり、グロートはドイツの歴史主義を摂取し、ミルはさらにフランスの歴史論を精査することで、客観的な歴史や歴史科学への洞察を深めた。その結果、グロートの『ギリシア史』はミルの提起した歴史学の第三段階に至ることはなかったが、第二と第三の目的を通じて考察したように、バレルの解釈ほど両者のギリシア史評価は非政治的特色を帯びたものではなかった。

最後に付け加えるべき争点として、グロートとミルの相違には、本稿で大々的に扱うことのできなかったフランス自由主義思想の知的文脈との関連性があることを指摘しておきたい。受動的性格に陥った私的な個人が公共への関心を抱き、公的な思考能力を育てる「公共精神の学校」の役割をミルが発見した背景には、トクヴィルの『アメリカのデモクラシー』の影響があることを小田川は検討している。本稿の結論は、一八三〇年代中頃から四〇年頃にかけてのミルのトクヴィル受容を決して看過するものではない。むしろ、ミルがアテナイの民主政論の近代的適用において「公共精神の学校」を考案した点に着目することは、ミルとトクヴィルの思想的関係に新たな補助線を引くことになるだろう。小田川はミルとトクヴィルの違いがミルの商業文明論にあったことを分析しており、本稿で取り上げたミルのギリシア史解釈は、彼の文明論あるいはギゾーの文明史解釈との関連で再考の余地がある。(73)

ミルは古代の民主政を近代にそのまま復活させることを拒絶したが、自由な討論と社会的寛容というアテナイの気風に、代議制で生じる課題、すなわち多数者の専制を回避させる鍵を読み取った可能性も残される。本稿で描き出した急進派たちの歴史的対話は、「ギリシアへの陶酔」に限定されず、功利主義者たちの直面した時代の課題――民主政論、歴史学、文明論――を解き明かす手がかりを提供するだろう。

ジョン・スチュアート・ミルの著作は *Collected Works of John Stuart Mill*, 33 vols.,（eds.）F. E. L. Priestley and J. M. Robson, University of Toronto Press, 1963-1991 に依る（CW と略記する）。また、以下の文献は本文および文末註において次の略号を用いて表記する。

Mitford, HOG: Mitford, W. *The History of Greece*, 5 vols., T. Cadell and W. Davies, 1818（1784-1810）. ※略号の後に巻数と頁数を示す。

Grote, HOG: Grote, G. *A History of Greece*, A New Edition, 12 vols., John Murray, 1869（1846-1856）. ※略号の後に巻数と頁数を示す。

Mill, GH [I]: Mill, J. S. "Grote's History of Greece [I]"（*Edinburgh Review*, 1846）, in CW, vol. 11. ※略号の後に頁数を示す。

Mill, GH [II]: John Stuart Mill, "Grote's History of Greece [II]"（*Edinburgh Review*, 1853）, in CW, vol. 11. ※略号の後に頁数を示す。

（1）Collini, S., D. Winch and J. Burrow, *That Noble Science of Politics: A Study in Nineteenth-Century Intellectual History*, Cambridge University Press, 1983, pp. 187-8（S・コリーニ、D・ウィンチ、J・バロウ『かの高貴なる政治の科学――一九世紀知性史研究』永井義雄・坂本達哉・井上義朗訳、ミネルヴァ書房、二〇〇五年、一五九―六〇頁）.

（2）Bain, A., *John Stuart Mill: A Criticism with Personal Recollections*, Longmans, Green & Company, 1882, p. 94（A・ベイン『J・S・ミル評伝』山下重一・矢島杜夫訳、御茶の水書房、一九九三年、一一八頁）.

（3）Mill, J. S. *Autobiography*, in CW, vol. 1, pp. 22-5（J・S・ミル『評註ミル自伝』山下重一訳註、御茶の水書房、二〇〇三年、

四八頁）.

（4）ミルのグロート『ギリシア史』の書評は、一八四六年と一八五三年に『エディンバラ・レビュー』で二編（GH［I］・GH［II］）、『スペクテーター』で五編の計七編刊行された。基本的にミルは『ギリシア史』刊行に併せて第一巻から第一一巻まで順当に扱っているが、GH［II］は書評対象の第九巻から第一一巻以外のテーマ（アテナイの民主政論）への言及が散見される部分に特色がある。なお、本稿の範囲外ではあるが、一連の書評にはアテナイとスパルタの比較、ソフィストやデマゴーグの解釈、海洋帝国論などの論点が含まれている。

（5）Urbinati, N., *Mill on Democracy: From the Athenian Polis to Representative Government*, The University of Chicago Press, 2002, pp. 1-2, 5.

（6）Turner, F. M., *The Greek Heritage in Victorian Britain*, Yale University Press, 1981, pp. 213, 233.

（7）Demetriou, K. N., "The Spirit of Athens: George Grote and John Stuart Mill on Classical Republicanism", in *John Stuart Mill: A British Socrates*, (eds.) K. N. Demetriou and A. Loizides, Palgrave, 2013, p. 192.

（8）Loizides, A., *John Stuart Mill's Platonic Heritage: Happiness through Character*, Lexington Books, 2013, p. 65.

（9）Demetriou, K. N., (ed.) *Brill's Companion to George Grote and the Classical Tradition*, Brill, 2014はその代表例だが、本稿では同書に所収されたケアステッド論文を取り上げる（Kierstead, J., "Grote's Athens: The Character of Democracy", in *Brill's Companion to George Grote and the Classical Tradition*, (ed.) K. N. Demetriou, Brill, 2014）。国内の先駆的なグロート研究として、大久保正健「ジョージ・グロートのソクラテス論」、『イギリス哲学研究』二〇巻、一九九七年が挙げられる。

（10）Kierstead, "Grote's Athens", p. 205.

（11）Barrell, C., *History and Historiography in Classical Utilitarianism, 1800–1865*, Cambridge University Press, 2021, pp. 7-8, 225.

（12）川名雄一郎『社会体の生理学——J・S・ミルと商業社会の科学』京都大学学術出版会、二〇一二年、四二頁。

（13）以下の概観は、ヴィクトリア期の古代史受容とその評価を包括的に検討したターナーとロバーツの研究に基づく（Turner, *The Greek Heritage in Victorian Britain*, pp. 189-92; Roberts, J. T., *Athens on Trial: The Antidemocratic Tradition in Western Thought*, Princeton University Press, 1994, pp. 200-3）。深貝保則「ヴィクトリア期の時代思潮における中世主義と古典主義」、『ヴィクトリア時代の思潮とJ・S・ミル——文芸・宗教・倫理・経済』有江大介編、三和書籍、二〇一三年は、本稿の知的文脈がより包括的に論証されており有益である。

(14) Collini et al., *That Noble Science of Politics*, pp. 188-92（一六一―四頁）.
(15) Montagu, E. W., *Reflections on the Rise and Fall of Ancient Republicks*, Millar, 1760, p. 375.
(16) Turner, *The Greek Heritage in Victorian Britain*, p. 189; Gillies, J., *The History of Ancient Greece, Its Colonies, and Conquests*, 4 vols., T. Cadell and W. Davies, 1820, vol. 1, p. iii.
(17) Turner, *The Greek Heritage in Victorian Britain*, p. 193; Roberts, *Athens on Trial*, pp. 203-4.
(18) ミルは、グロートが「ソフィストたちがよく言われているような愚者や浪費家ではなかったこと」を示し、彼らの正体を初めて明確にしたと評価した（Mill, GH［II］, pp. 328-9）。
(19) Sparshott, F. E., "Introduction", in CW, vol. 11, p. xxviii.
(20) Turner, *The Greek Heritage in Victorian Britain*, p. 192.
(21) Ibid., pp. 204, 211.
(22) 機関紙上における論争の詳細はロバーツを参照（Roberts, *Athens on Trial*, pp. 231-8）。
(23) Anon., "Mitford's History of Greece", *Edinburgh Review*, vol. 12, no. 24 (July 1808), pp. 491, 517.
(24) Macaulay, T. B., "On Mitford's History of Greece", *Knight's Quarterly Magazine*, vol. 3, no. 2 (November 1824), p. 299.
(25) Mill, J. S., "Sedgwick's Discourse", (*London Review*, April 1835), in CW, vol. 10, p. 45（ジョン・スチュアート・ミル「セジウィックの論説」『功利主義論集』川名雄一郎・山本圭一郎訳、京都大学学術出版会、二〇一〇年、二四頁）.
(26) Grote, G., *Statement of the Question of Parliamentary Reform*, Baldwin, Cradock, and Joy, 1821, pp. 52, 89-91, 111-2, 116-9, 135. Cf. Loizides, A., "James Mill and George Grote: A Benthamite Defence of "Theoretic Reform"", in *Brill's Companion to George Grote and the Classical Tradition*, (ed.) K. N. Demetriou, Brill, 2014; Murata, M., "John Stuart Mill and Political Reform: Responses to Bentham and Grote", *Revue d'études benthamiennes*, vol. 16, 2019.
(27) Grote, G., "Clinton's Fasti Hellenici: The Civil and Liberty Chronology of Greece", *Westminster Review*, vol. 5 (April 1826), p. 282.
(28) Ibid., p. 331.
(29) Ibid., p. 293.
(30) Irwin, T. H., "Mill and the Classical world", in *The Cambridge Companion to Mill*, (ed.) John Skorupski, Cambridge University

Press, 1998, p. 427.

（31）Grote, "Clinton's Fasti Hellenici", p. 307.

（32）Ibid., p. 286. ロバーツは、革命後に出版された巻でミトフォードが自らの歴史叙述は革命の影響下にないことを示そうとしたと分析する（Roberts, *Athens on Trial*, p. 205）。

（33）Grote, "Clinton's Fasti Hellenici", pp. 280-1, 331.

（34）Ibid., p. 281, Cf. Barrell, *History and Historiography in Classical Utilitarianism*, p. 94.

（35）Ibid., p. 97.

（36）Mill, *Autobiography*, pp. 14-5（四二―三頁）.

（37）Mill, J. S., *A System of Logic: Ratiocinative and Inductive*, in CW, vol. 8, p. 916（J・S・ミル『論理学体系4』江口聡・佐々木憲介編訳、京都大学学術出版会、二〇二〇年、二九〇頁）.

（38）Ibid., pp. 918-9（同書、二九二―五頁）.

（39）Ibid., pp. 926-8（同書、三〇五―六頁）.

（40）Ibid., pp. 917, 930（同書、二九一、三一〇頁）.

（41）バレルはミルの歴史科学が彼の政治思想を解き明かす「鍵」となり得る可能性を指摘し（Barrell, *History and Historiography in Classical Utilitarianism*, p. 118）、川名は一八二〇年代後半から一八四〇年代以降のミルの歴史論・歴史知識論の変化が、「かなりの程度、彼の政治思想の発展を反映したものであった」と論じる（川名『社会体の生理学』一八七頁）。

（42）Mill, J. S., "Michelet's History of France", (*Edinburgh Review*, January 1844) in CW, vol. 22, pp. 223-8.

（43）以下、古代ギリシア史とアテナイの民主政に関する歴史研究として、伊藤貞夫『古代ギリシアの歴史――ポリスの興隆と衰退』講談社学術文庫、二〇〇四年ならびに橋場弦『民主主義の源流――古代アテネの実験』講談社学術文庫、二〇一六年を参照した。本稿は保守と急進派の史実上の正確さや現代の研究上から指摘され得る「誤り」については立ち入らない。

（44）伊藤『古代ギリシアの歴史』一六五―八頁。

（45）同書、一六二―四頁。

（46）同書、一八〇―五頁。

（47）以下、クレイステネスによる改革については同書、一八五―九一頁に依る。

（48）Mill, J. S., "Grote's History of Greece [2]"（*Spectator*, June 1847）in CW, vol. 24, p. 1088.
（49）Mill, J. S., "Grote's History of Greece [5]"（*Spectator*, March 1850）in CW, vol. 25, p. 1161.
（50）伊藤『古代ギリシアの歴史』一九一―二頁。
（51）Turner, *The Greek Heritage in Victorian Britain*, pp. 200-1.
（52）グロートの陶片追放論は、合理的かつ慎重に論じられた一方、追放の正当性や有用性を立証していないとの指摘もある（Ibid., p. 228）。
（53）Mill, "Grote's History of Greece [2]", p. 1086.
（54）橋場『民主主義の源流』六九―七二頁。
（55）Mill, J. S., "Grote's History of Greece [3]",（*Spectator*, March 1849）, in CW, vol. 25, p. 1123.
（56）トゥキュディデス『歴史（上）』小西晴雄訳、ちくま学芸文庫、二〇一三年、一五四―五頁（二：三七）。Cf. Mill, GH [II], p. 318; Mill, J. S., "Grote's History of Greece [4]"（*Spectator*, March 1849）, in CW, vol. 25, p. 1129; Grote, HOG, 5, p. 407.
（57）トゥキュディデス『歴史（上）』一五九頁（二：四三）。
（58）Cf. Mill, GH [II], p. 319; Mill, "Grote's History of Greece [4]", pp. 1129-30.
（59）グロートとミルは、ミトフォードが非難したクレオンを肯定的に捉え、保守によって称賛されていた世襲貴族ニキアスを否定した（Mill, GH [II], pp. 331-2）。
（60）橋場『民主主義の源流』二四六―七頁。
（61）トゥキュディデス『歴史（上）』六四―五頁（一：七〇）。
（62）Barrell, *History and Historiography in Classical Utilitarianism*, pp. 111-3; Demetriou, "The Spirit of Athens", pp. 189-90; Kierstead, "Grote's Athens", pp. 203-5.
（63）Mill, J. S., *Considerations on Representative Government*, in CW, vol. 19, pp. 403-4（J・S・ミル『代議制統治論』関口正司訳、岩波書店、二〇一九年、五〇頁）。
（64）Ibid., pp. 406-7（五五―六頁）。
（65）Ibid., pp. 411-2（六二―四頁）。
（66）Ibid., pp. 422-3（八一―二頁）。

（67）Ibid., pp. 504-6（二一一―三頁）.

（68）Ibid., p. 412（六四頁）。いわゆる「共通善」の形成・維持・発展に各人が参加することをミルは重視したが、ここで『自由論』における自由主義者ミルとの整合性が問われる。関口はこの点について、「ミルの考えでは、個人的な行為領域でその人間の善それ自体のために陶冶を強制することは不当であった。だが、その人間に社会の一員としてなすべき仕事を課し、それを介して社会の存立にとって不可欠な精神的資質の陶冶を促進するよう要求することは、自由原理に反することではなかった」と議論している（関口正司『自由と陶冶――J・S・ミルとマス・デモクラシー』みすず書房、一九八九年、四四三―五頁）。ミルの自由原理をネオ・ローマ的な自由に類似した「服従からの自由」を提唱した研究としてUrbinati, *Mill on Democracy* があり、ミルの自由原理の再検討は今後の課題として残されている。

（69）Carr, E. H., *What is History?* Penguin Classics, 2018, p. 32.

（70）Kierstead, "Grote's Athens", p. 205.

（71）Barrell, *History and Historiography in Classical Utilitarianism*, pp. 109, 144.

（72）Mill, *A System of Logic*, p. 942（三三〇頁）.

（73）小田川大典「J・S・ミルと共和主義」、『共和主義の思想空間――シヴィック・ヒューマニズムの可能性』名古屋大学出版会、二〇〇三年、一四四―五〇頁。

【謝辞】本稿は第二九回政治思想学会研究大会「自由論題報告」での報告原稿に大幅な加筆・修正を施したものである。本報告に対する示唆を与えてくださった方々に心より御礼申し上げる。また、本稿の査読者の方々より頂いた大変貴重なご意見に深く感謝申し上げる。

＊本稿は科学研究費補助金（20K13416/22J01183）による研究成果の一部である。

〔政治思想学会研究奨励賞受賞論文〕

福音派による「建国の父祖」の政治的利用
――フランシス・シェーファーの世俗主義批判

相川裕亮

一　はじめに

二〇二二年六月、人工妊娠中絶を女性の権利として認めたロー対ウェイド判決（*Roe v. Wade*）が覆された。[1]これは進歩派にとってショッキングな出来事であった。すでに半世紀も前に確立された「世俗的」権利が、突然奪われたかのようであった。日本にもこのニュースはすぐに伝わり、大々的に報じられた。[2]ロー判決が覆されたことは、これまでの、そして今後のさらなる「バックラッシュ」の象徴的出来事と見なされたのであった。

逆に言えば、これは「保守派」の政治的悲願の達成でもあった。その中心にいるのが、「福音派（evangelicals）」と呼ばれる保守的なプロテスタントである。福音派は、冷戦期アメリカの宗教界でプレゼンスを獲得し、近年では党派政治でも存在感を見せている。一九八〇年大統領選挙において、「モラル・マジョリティ（Moral Majority）」を組織した南部バプティストの牧師ジェリー・ファルウェルがロナルド・レーガン候補を支援した。その時以来、政治勢力・圧力団体としての「キリスト教右派（Christian Right）」は党派政治に影響力を持ち続けている。その例として、パット・ロバートソンが創設し、一九九〇年代に幅広く活動した「キリスト教連合（Christian Coalition）」を挙げることができるだろう。

しかし、このように大きな政治的影響力を有しているにもかかわらず、福音派はこれまで思想分析の対象というよりは、説明を要する「現象」として、社会学的分析の対象であった。例えば、社会学の分野では、ロバート・ベラーが一九六七年に「アメリカの市民宗教」という論文を書き、アメリカの思想家たちに宗教を語ることの必要性を自覚させた。[3]また社会学者たちは「世俗化」論の再考を始めた。ピーター・バーガーは一九七九年の著作で世俗化と多元主義を結び付けて論じ、ホセ・カサノヴァは一九九四年の著作で脱私事化を論じる際にモラル・マジョリティを分析対象にした。[4]これらアカデミックな議論と異なり、福音派の多くは「世俗化」や「世俗主義」をキリスト教価値の喪失であると素朴に理解した。それゆえ福音派の議論や運動は知的なものと見なされなかったと言える。

もちろんこれは、福音派が他の政治グループや論争と切り離されて理解されてきたという意味ではない。福音派は保守主義陣営の一員と見なされてきた。佐々木毅は福音派をミルトン・フリードマンやダニエル・ベル、アーヴィング・クリストルらの反リベラル派と並べて論じ、井上弘貴は福音派を社会の世俗化と伝統的価値の衰退に強い危機感を抱く「社会的保守」に分類した。[5]また、福音派と党派政治の関係も論じられてきた。飯山雅史は福音派が政党制にどのような影響を与えたのかを分析したし、[6]中山俊宏は宗教保守派が政治参加する際にどのような組織や制度を用いたかを明らかにした。[7]加えて、福音派が個別の政策を論じる際、どのように聖書や神学を用いているのかも分析の対象となってきた。マーク・アムスタッツや松本佐保はイスラエルへの対応を含めた外交政策を論じ、上坂昇は人工妊娠中絶や同性婚、公教育における進化論をめぐる論争を分析した。[8]

しかし、こうした優れた研究も、福音派を政治的イデオロギーや選挙戦略の次元でとりあつかっており、その指導的地位にある人物を真剣な思想分析の対象とはしてこなかった。その結果として、福音派が世俗化を否定する際、単に聖書を持ち出すのではなく、アメリカの伝統や政治構造を知的リソースとして用いている側面が見落とされてきた。

本稿は、同時代のアメリカ社会の問題と知的に格闘したフランシス・シェーファー（Francis Schaeffer, 一九一二―一九八四）を取り上げ、現代アメリカの宗教ナショナリズムの一側面を描き出したい。以下の議論を先取りするならば、彼はトマス・ジェファソンや政教分離、権力分立といった、福音派ではないアメリカ国民も共有できる材料を用いて、それを同時代の世俗主義批判に向ける形で再編したのである。[9]もちろん、福音派は一枚岩ではない。しかし、それでもなお、シェーファーの分析を通じて本稿で明らかにしたいことは、宗教的保守主義が単に時代錯誤の主張を繰り返していたわけではないこと、そして、歴史を解釈し直すことで政治論議に参加するという政治思想家の伝統的な手法を採用していたということである。すなわち、シェーファーはひとりの政治思想家であった、ということである。

そのシェーファーはペンシルヴァニア州に生まれ、ファンダメンタリスト（fundamentalist）と呼ばれる保守的なキリスト教徒の伝道組織によって渡欧した。(10)「シェルター」を意味するフランス語を冠した「ラブリ（L'Abri）」というコミュニティをスイスで設立し、若者向けに哲学や神学のセミナーを彼は開催した。しかし、アメリカのキリスト教文化の衰退、世俗化がヨーロッパに滞在するシェーファーに危機感を抱かせた。アメリカ国内で講演・文筆・映像制作などの活動を通して、ファンダメンタリストの一派である福音派に政治に関わる意義をシェーファーは説いていった。その影響力は大きく、ピューリッツァー賞受賞ジャーナリストのフランシス・フィッツジェラルドから「キリスト教右派の思想家」とシェーファーは評された。(11)また、シェーファーの著作はファルウェルに大きな影響を与えたと言われている。(12)このようなシェーファー思想を実際に分析し、先行研究や法学の知見を用いて評価することも本稿の目的である。

本稿は次のように議論を進める。第二節では議論の背景を描写する。まず、シェーファー以前の福音派が冷戦の文脈でどのように行動したのかを概観する。次に、シェーファーの議論の背景を探るため、キリスト教徒が「建国の父祖」をどのように理解してきたのかを見る。続けてシェーファーの父祖理解に関する先行研究を概観する。以上を踏まえ、第三節では、シェーファーの『クリスチャン・マニフェスト』（一九八一年）を分析する。『共産党宣言』と『ヒューマニスト・マニフェスト』を意識した同書は、連邦政府を支配している世俗主義者に対して反乱を起こすよう、福音派に訴えかけた［CM: 415］。世俗化とそれを推進するエリートを批判し、また福音派を政治動員する際、どのように「建国の父祖」をシェーファーは利用したのか。合衆国の政治制度と抵抗権とに関する記述に注目しつつ、それを明らかにしたい。

二　時代背景

1　福音派の政治化

冷戦は「米ソの権力政治と生活様式をめぐる二重の闘争」[13]であった。アメリカの「生活様式」はキリスト教と深く結びついていたと言える。ドワイト・アイゼンハワー政権によって打ち立てられた「神の下の国家（one Nation under God）」アメリカという政治文化がそれである。[14]その道程に協力したのが福音派の指導者ビリー・グラハムである。グラハムは国内で大伝道集会を開催し、リベラル派やローマ・カトリックを含めて宗教ナショナリズムを鼓舞した。また、政権は一九五四年に「神の下の国家」という言葉を忠誠の誓いに挿入した。同年には「我々は神を信じる（In God We Trust）」という言葉が貨幣や切手に刻まれ、一九五六年にアメリカの多様性を示す「多からなる一つ（E pluribus unum）」[15]と並ぶ国璽となった。

しかし、一九六〇年代以降、この政治文化は連邦司法からの挑戦を受けた。一九六二年のエンゲル対ヴィターレ判決（*Engel v. Vitale*）では、公立学校での祈りを義務付けた州法が違憲と判断された。一九七一年のグリーン対コナリー判決（*Green v. Connally*）では、人種差別を行う教育機関への免税特権が廃止された。その際、主な対象となったのがボブ・ジョーンズ大学などのファンダメンタリストの教育機関であった。しかし、福音派が政治化した最大の契機は人工妊娠中絶に関する二つの判断である。一九七三年のロー対ウェイド判決とドウ対ボルトン判決（*Doe v. Bolton*）において、人工妊娠中絶が女性のプライバシーの権利として認められたのである。[16]

保守的なキリスト教徒は、リベラルで多様な価値観を促進する時代をアメリカにおける「世俗化」の進行と見なした。実際、公立校での祈りを禁じたエンゲル判決をグラハムら保守的なキリスト教徒は敵視した。[17]また、人工妊娠中絶を聖書や生命の倫理に反すると彼らは批判した。この問題に当初から関わっていたのは保守的なカトリック勢力である。スティーヴン・ミラーによれば、福音派を代表する南部バプティスト連盟も当初は条件付きで中絶を擁護していた。[18]しかし、保守的なプロテスタントも論争に徐々に加わり、中絶の合法化は保守的なキリスト教徒全体の問題となった。そこで重要だったのが、シェーファーの「共戦国（co-belligerency）」という概念である。この概念によって、保守的なプロテスタントは中絶問題に関してカトリックと共闘することが可能となった。こうして福音派が保守主義の論陣に加わり、アメリカの社会や文化の是非をめぐる「文化戦争」の戦火はアメリカ中に広がったのである。この「文化戦争」という用語は、宗教社会学者ロバート・ウスノウやジェイムズ・ハンターによって提示されたが、パット・ブキャナンが一九九二年の共和党党大会で言及したように、政治的語彙となって行った[19]。

実際の党派政治において、一九七六年大統領選挙で福音派が支援したのは、民主党のジミー・カーターであった[20]。首都ワシントンの「汚い」権力政治と無縁のジョージアの州知事であり、選挙戦で自身が「ボーン・アゲイン」、すなわち生まれ変わったキリスト教徒であるとカーターが謳ったためである。カーターを風刺した有名なポスターは、イエスのような髭を生やしたカーターとともに「J・Cはアメリカを救える（J.C. Can Save America!）」と訴えていた。もちろん「J・C」はジミー・カーターだけでなく、ジーザス・クライストを示唆するものである。しかし、福音派はカーターに失望した[21]。南部バプティストに属して日曜学校で教え、知事時代にグラハムの伝道集会を支援したカーターであったが、民主党員であり、政治的にリベラルな人物であった。ロー判決を覆す努力もせず、グリーン判決を支持したカーターは、福音派の怒りを買ったのである。

カーターに失望した指導者の一人がジェリー・ファルウェルであった。同時代の世俗化とそれを防げない民主党にファルウェルは苛立ちを覚えていた。ファルウェルが問題視したのは、「状況如何によっては、神が常に正しいとは限らない、私たちが正しいということもあり得る[22]」という同時代人の態度である。厳密に見れば、これは世俗化と相対主義を混同した雑な議論であり、アカデミックなものではなかった。概して、保守的なキリスト教徒の言う「世俗化」は、バーガーらの理論とは程遠く、アメリカ社会がキリスト教の価値観を失っていったことを嘆くものである。そこではリベラルな思想が多文化主義や文化多元主義といった新しい思想[23]、相対主義と区別されることなく批判の対象となることもあった[24]。しかし、ファルウェルと同じ感情を抱いた多くの福音派は、一九八〇年の大統領選挙でレーガン共和党候補に期待したのである。

ファルウェルとレーガンの同盟以来、保守的なキリスト教徒が共和党の重要な票田となり、共和党の保守化は加速していった。ファルウェルを思想的に支えたのは、シェーファーその人である。[25] シェーファーの議論の特徴は、キリスト教の伝統とアメリカの「政治制度」を同時代の世俗主義者が歪曲していると説くものであった。次に、このアメリカの「政治制度」を作ったと言われる人々に関する議論を概観する。

2 「建国の父祖」とは誰か

いわゆる「建国の父祖（founding fathers）」とは誰を指すのか。R・B・バーンスタインによれば、一九一六年共和党の全国大会でウォレン・ハーディング上院議員が「建国の父祖」という言葉を使ったという記録が残っている。[26]「建国の父祖」が、一七七六年に独立宣言に署名した者たちと、一七八七年に憲法を制定した者たちという二つのグループからなるとバーンスタインは述べる。ベンジャミン・フランクリン、ジョージ・ワシントン、ジョン・アダムズ、トマス・ジェファソン、ジョン・ジェイ、ジェイムズ・マディソン、アレグザンダー・ハミルトンの名がそこでは挙げられている。

しかし、彼らは思想的に多様であり、「建国の父祖」と一括りすることはできない。第一に、連邦政府の権限や権利章典をめぐる論争が当初から繰り広げられていた。第二に、ハミルトン財務長官とジェファソン国務長官の対立がワシントン政権内にあった。[27] 連邦政府が強力なリーダーシップを発揮し、アメリカの経済を牽引することをハミルトンは望んだが、連邦政府が権限を拡大することにジェファソンは反対し、より分権的な政府を望んだのである。また建国の父祖の思想を解釈するにあたって、第三に、彼らの継承した思想が共和主義かロック的な自由主義かという論争が絶えない。[28] 第四に、独立宣言と憲法を比較すると、後者の保守性が指摘されてきた。ロバート・ダールは憲法が「民主的」かどうかを論じたし、シェルドン・ウォリンは憲法と『ザ・フェデラリスト』に「管理化」と「統一」の契機を見出した。[29]

以上のように、「建国の父祖」たちは思想的に多様であったと言える。しかし、多くのアメリカの論者たちは自らの議論を正当化するために父祖の威光を利用した。キリスト教徒たちも例外ではない。マサチューセッツ湾植民地総督ウィンスロップに倣い、レーガンが「丘の上の町（city upon a hill）」を語ったように、[30]アメリカにおける宗教ナショナリズムはいわゆるピルグリム父祖などを想起させる。しかし、そこで終わりではない。多くのキリスト教徒は、ジェイムズタウンやピューリタン、あるいは大覚醒と呼ばれた信仰復興にアメリカの宗教的起源を求めつつ、さらに、そこで蒔かれたキリスト教の種がアメリカ合衆国の誕生という出来事で花開いたと解釈した。ジョン・フィアはこの歴史の語り方を「キリスト教ホイッグ史観」と呼び、少なくない論者がこの歴史観の下にあると指摘している。[31]

合衆国にキリスト教的要素を読み込む宗教ナショナリズムは、一九世紀初期から生じていた。[32]一八〇〇年前後に出版されたデイヴィッド・ラムゼイやマーシー・ウォレンらの著作はアメリカの独立を「摂理」と解した。また、南北戦争から世紀転換期にかけて、憲法とキリスト教を結び付ける試みがなされた。合衆国憲法に神への言及がないことを批判し、その背後にフランス革命と啓蒙思想の影響を見た南部の牧師もいたという。[33]南部連合では「我らの守護者である神とともに（Deo Vindice）」というフレーズが事実上の国璽となり、憲法前文に「全能の神（Almighty God）」の文字が入られた。また、一八六四年に組織された「全国改革協会（National Reform Association）」は南北戦争後に憲法修正を幾度も試みた。

二〇世紀初頭、プロテスタントは進化論や聖書批評をめぐって分裂するも、宗教ナショナリズムは存続した。保守派は聖書に忠実であるという意味を込めて「ファンダメンタリスト」を名乗り、神学的リベラル派と対立した。[34]しかし、第一次大戦に際して、両者の言説には愛国主義が満ち溢れていたと言える。保守派のビリー・サンデーは皇帝と聖書批評を結び付けてドイツを攻撃した。リベラル派のハリー・フォスディックらも、ドイツを罰するという神の計画をウィルソン大統領の中立政策が損ねるとして政権を批判した。[35]第二次大戦後、アメリカで「神の下の国家」という政治文化が形成されたことは前項で見た通りである。保守派とリベラル派の敵は共産主義や世俗主義、カトリックであった。また、ファンダメンタリストから分派した福音派は「アメリカ福音派協会（National Association of Evangelicals）」を一九四三年に設立し、一九四七年と一九五四年にキリスト教修正条項を熱烈に支持した。

以上の宗教ナショナリズムの中で、建国の父祖を敬虔なキリスト教徒と見立てる試みがなされた。その最初期の例は、アングリカンの牧師メイソン・ウィームズの『ワシントンの生涯』（初版一八〇〇年）である。[36] ワシントンが父の桜の木を切った寓話やキャベツ文字のエピソード、独立戦争中に英軍に追われ窮地に陥ったワシントンがバレーフォージ渓谷で祈りを捧げたという逸話をこの伝記は世に広めた。[37] 本稿にとって重要なのは、この伝記の中で、キリスト教共和国を打ち立てた「福音主義的政治家」としてワシントンが描かれていることである。キャベツ文字を用いて摂理と偶然について父から教えられた後、ワシントンが回心を経験したというのである。同じ試みは南北戦争前の時代にも見られる。バプティストの牧師ジョン・F・ビグロウからワシントンは「第二のモーセ」と呼ばれた。[38]

二〇世紀にも、シェーファーをヨーロッパに送り出したカール・マッキンタイアが同様の主張をしている。[39] 反共主義者であるマッキンタイアは、父祖を資本主義者かつ敬虔なキリスト教徒と見なした。マッキンタイア見るところ、憲法や権利章典、独立宣言における「奪いがたい天賦の権利」[40] にキリスト教的な考え方が現れている。また、シェーファーよりやや早く活躍したグラハムも建国の父祖を敬虔なキリスト教徒と見なした。ピルグリム父祖以来の「キリスト教国」アメリカを信じていたグラハムは、上述のワシントンの祈りのエピソードや、フランクリンが憲法制定会議で祈りを求めたエピソードを語った。[41] また、ジェファソンが罪や救済を信じているともグラハムは考えていた。建国の父祖に対する理神論や合理主義的キリスト教の影響をグラハムが見落としているとマイケル・ロングは指摘する。フランクリンはイエスの神性を疑っていたし、ワシントンは「God」ではなく「Higher Cause」、「Supreme Dispenser of all Good」、「Governor of the Universe」という言葉を好んだし、ジェファソンが出版した聖書註解は奇跡・黙示・復活などに言及しなかった。[42] ロングの指摘を踏まえると、シェーファーの同時代人であるマッキンタイアやグラハムの父祖理解は一面的なものであったと言えよう。

とはいえ、一九七五年のアメリカ合衆国建国二〇〇周年記念行事は、アメリカ国民の目を父祖に向けた。「特定の選別された公的価値や制度や過程が、行政府の管理指導のもとに製作され再生産された」[43] とウォリンに評されたこの行事は、宗教ナショナリズムをも刺激した。[44] ファルウェルは、すべての父祖がキリスト教徒ではないと留保しつつも、聖書の原理に導かれた父祖がアメリカをキリスト教国として打ち立てたと主張した。

概観してきたように、アメリカ合衆国をキリスト教国家と見なし、その根拠として建国の父祖を「敬虔な」キリスト教徒と見立てる営みは、一八世紀から連綿と続いてきた。建国の父祖の信仰をめぐる論争は今日も続いている。影響力のある福音派として二〇〇五年の『タイム』が名を挙げた著述家デイヴィッド・バートンは、ジェファソンを敬虔なキリスト教徒として描いた(45)。また、一九九〇年代に空前のヒットを飛ばした小説『レフト・ビハインド』シリーズの著者ティム・ラヘイは、ワシントンがイエスを救世主として受け入れたと主張した(46)。他方、同じく『タイム』誌によって影響力のある福音派と見なされた歴史家マーク・ノールは、建国の父祖の宗教性を慎重に見極めることを主張し、『キリスト教のアメリカを探して』（一九八三年(47)）を執筆した。この著作はシェーファーとの論争の末に書かれたものである。では、シェーファーその人は父祖をどう理解していたのか。彼の経歴と先行研究を見たい。

3 シェーファーと福音派歴史家との論争

シェーファーは、ラブリでの講義や書籍、映像作品を通して自身の議論を世に問うた。初期の『理性からの逃走』（一九六八年）では、トマス・アクィナスからルネサンスの人文主義者、啓蒙主義者、実存主義者、同時代の世俗主義者を取り上げ、恩寵と自然、自由と自然、宗教と理性を対置する思考法をシェーファーは批判した(48)。また、『それでは如何に生きるべきか』（一九七六年）、『人類に何がおこったのか』（一九七九年）という映像作品が息子フランキーの協力を得て製作された。この二つの映像作品を書籍化した二点に加え、『クリスチャン・マニフェスト』（一九八一年）がシェーファーの後期三部作と見なされている。

映画や文筆活動のためにシェーファーは注目され、同時代から既に分析の対象となった。例えば、一九八二年一一月の『ニューズウィーク』誌に掲載されたケネス・ウッドワードの記事は、後述するシェーファーと歴史家との論争を引き起こした(49)。またシェーファーを語る上で、妻イーデスや息子フランキーの著作が参照されることが多い(50)。日本語圏においても、シェーファーに対する関心は高く、上記の『理性からの逃走』や『それでは如何に生きるべきか(51)』は、比較的早い時期に邦訳が刊行された[52]。本稿が重視するのは、アードマン出版社の「宗教者の伝記」シリーズとして刊行されたバリー・ハンキンズの研究（二〇〇八年）である。なぜなら、シェーファーの建国の父祖理解をハンキンズが論じているためである。

ハンキンズは、二つのエピソードを用いてシェーファーの建国の父祖理解を描いている。一つは『クリスチャン・マニフェスト』の記述とそれが書かれた背景である[53]。シェーファーの建国の父祖理解には、キリスト教再建主義（Christian Reconstructionism）のR・J・ラッシュドゥーニーの影響が見出せる。再建主義者はアメリカに神権政治を敷こうと試み、旧約聖書の法がアメリカ社会に適用されるべきだと説く。例えば、偶像崇拝を犯した者や同性愛者は、旧約聖書に照らし合わせて死刑に処されるべきだと主張される。シェーファー自身はラッシュドゥーニーと距離を置いていた。ラッシュドゥーニーが神権政治を志向したことを含む思想的な違いがその理由である。しかし、息子フランキーを通して出会った法曹ジョン・ホワイトヘッドが両者を架橋した。ラッシュドゥーニーの教会に通ったことがあるホワイトヘッドは、シェーファーが『クリスチャン・マニフェスト』を書く際にアシスタントを務めた。同書には、ホワイトヘッドの著作に依拠しつつ同時代の司法権の肥大を批判している箇所がある［CM: 434］。

ハンキンズが描くもう一つのエピソードは、シェーファーと歴史学者の論争である[54]。米キリスト教史研究の泰斗であるジョージ・マースデンやマーク・ノールは、シェーファーの伝道者としての活動を好意的に捉えていた。また、シェーファーが芸術や概念史を論じ、世俗主義を批判したこともある程度評価されていた。しかし、ノールらは『クリスチャン・マニフェスト』の記述を懸念し、それがキリスト教右派に利用される可能性があるとシェーファーに忠告した。キリスト教右派は信仰と愛国心を混淆しており、そのような政治的急進派に与してはいけないと。とくにノールは、父祖に関する歴史的証拠を挙げつつ、シェーファーの歴史観を修正しようと試みた。ジェファソンの理神論的傾向を踏まえつつも、シェーファーが父祖にキリスト教の影響を過度に読み込んだためである。キリスト教の「学者」は歴史的事実を捻じ曲げてはならないし、アカデミックな領域で信頼を勝ち取るべきであるとノールらは主張し、歴史研究の十分なトレーニングを受けていないホワイトヘッドの調査に基づいた『クリスチャン・マニフェスト』を批判した。たしかにシェーファーは博士の学位を持っていなかったし、その哲学や芸術に関する知識の多くがラブリを訪れた学生とのディスカッションで得たものだった。しかし、シェーファーは多くの保守的なキリスト教徒から知的な指導者と見なされており、息子フランキーは父が「学者」ではないと否定されたことに憤り、ノールらに激しく反論した。両陣営の論争は書簡を通して続き、ノールはマースデンらとともに、建国の父祖の宗教性を論じた『キリスト教のアメリカを探して』を上梓した。

以上のように、シェーファーの建国の父祖理解を明らかにすることに対してハンキンズは重要な貢献をした。実際、フィッツジェラルドやフィア、ミラーといった既に言及した論者も、この論点についてはハンキンズに依拠している。本稿ではハンキンズの語るエピソードを踏まえて、シェーファーの建国の父祖理解がどのような文脈・意図で行われたものなのかを明らかにしたい。

以下では、世俗主義者やヒューマニストと呼ばれるエリートたちを、建国の父祖の権威を借りてシェーファーが批判したことを見る。分析するのは、『クリスチャン・マニフェスト』である。その内容は次のようなものである［CM: 489-90］。ヒューマニストは打算によって国家に従うが、キリスト教徒は堕罪後の世界に神から与えられたという理由で国家に従う。しかし、シェーファー見るところ、同時代のアメリカ合衆国はヒューマニズムに汚染され、服従してはならない状態にある。専制に抵抗しなければいけない。抵抗権の思想は、スコットランド宗教改革の指導者ジョン・ノックス、一七世紀スコットランド長老派サミュエル・ラザフォード、そしてジョン・ロックを経て建国の父祖に継承された。独立宣言が人間の「奪いがたい天賦の権利」を掲げ、かつ抵抗の「権利」と「義務」を謳ったように、世俗的エリートの支配する連邦政府に対して今まさに抵抗しようではないか。シェーファーはこう訴えるのである。

シェーファーが注目するのは、独立宣言の起草者にして、アメリカ政教分離の思想的源流であるトマス・ジェファソン、ニュージャージー大学（現プリンストン大学）学長を務め、独立宣言に署名した唯一の牧師であるジョン・ウィザースプーンである。シェーファーがどのような文脈で父祖に言及しているのか、まずアメリカの「政治制度」の基盤に関する議論、次いで抵抗権論について見る。その上で、シェーファーの議論を評価したい。

三　シェーファーの建国の父祖理解

1　合衆国の政治制度の基盤

アメリカ合衆国の政治制度がキリスト教に基づいて設計されたとシェーファーは主張した。とはいえ、ラッシュドゥーニーやファルウェルと異なり、シェーファーは神権政治を望んではいなかった。『クリスチャン・マニフェスト』の中でモラル・マジョリティを擁護しつつも、ファルウェルの神権政治への志向をシェーファーは問題視していた［CM: 485-6］(55)。シェーファーにとって神権政治は旧約聖書の出来事であり、「王であるキリストが再臨するまで教会と国家を結びつける根拠は新約聖書にない」。だが、歴史上のキリスト教徒たちは神権政治を打ち立てようと試みてきた。ローマ皇帝コンスタンティヌス、テオドシウスの下でキリスト教が「国教」となり、「国家への忠誠とキリストへの忠誠との混淆、愛国心とキリスト教徒であることの混淆」が生じてしまった。「我々は国家と神の国を取り違えてはならない。「我々はキリスト教を国旗で包むべきではない」とシェーファーは主張する。その際、シェーファーが強調したのは、アメリカ流の政教分離である。

アメリカ合衆国の政教分離は、政治と宗教の分離ではなく、国家と教会の分離である。憲法修正第一条は「合衆国議会は、国教を樹立する法律もしくは自由な宗教活動を禁止する（…）法律を制定してはならない(56)」と規定しており、信教の自由を保障し、同時に国教会を設立することを禁じている。この修正条項に解釈を与えたのが第三代大統領ジェファソンであった。ジェファソンは「宗教は人とその神との間だけのことがら」であると述べ、憲法修正第一条を「教会と国家の間の分離の壁をつくる(57)」ものと解釈した。このジェファソンの「壁」こそが、アメリカ流の政教分離である。ただし、この国家と教会の「壁」の解釈をめぐる論争は今日も続いている。例えば、十字架を飾り付けたクリスマスツリーを公共の場所に置いてもいいのかという論争が二〇一六年に生じた(58)。後述するが、この問題を提起した「アメリカ自由人権協会（American Civil Liberties Union：ACLU）」は、シェーファーの論敵の一つである。

シェーファーにとって修正第一条の目的は、第一に、強力な宗教集団が他集団の宗教的実践に干渉することを防止し、第二に、政治権力が信教の自由を脅かすことを阻止することであった［CM: 433］。前者に関して、建国の父祖の一人ジェイムズ・マディソンの「人々は一つのセクトが優位になり、あるいは二つのセクトが結びついて、他者に服従を強制する宗教を打ち立てることを恐れている」(59)という議論に依拠しつつ、すべての宗教集団が実践を保障されるべきだとシェーファーは断言する。しかし、世俗的なメディアと世俗的なエリートが教会を黙らせるために政教分離を濫用しており、修正第一条の第二の目的が阻まれているとシェーファーは嘆く。

この世俗的なエリートが信奉していたのがヒューマニズムであった。「人間をすべての物事の中心に置くことであり、人間をすべての物事の尺度にすること」であるヒューマニズムの推進者として、政府高官や知識人が批判される［CM: 426, 461］(60)。保守派の論客ジョン・ガルブレイスやダニエル・ベルに言及しつつ、キリスト教の影響力が失われつつある中で「テクノクラートのエリート」がメディアを利用して「社会的操作」を行っているとシェーファーは指摘する。その代表例が、政教分離を悪用してキリスト教徒を黙らせることであった。

> 今日、アメリカでは、政教分離が教会を黙らせるために使われている。キリスト教徒が問題について発言すると、ヒューマニストの国家とメディアは、政教分離がある以上、キリスト教徒やすべての宗教が発言することを禁じられていると騒ぎ立てる。今日のこの概念の使われ方は、本来の意図（original intent）とは全く逆になっている。歴史に根ざしていない。現代の政教分離の概念は、宗教を国家から完全に分離するための議論（argument for a total separation of religion from the state）である。この教義を受け入れた結果、市民政府における影響力としての宗教が取り除かれることになる。［CM: 434］

修正第一条の「本来の意図」を世俗主義者が曲解しているというのである。

シェーファーにとっての修正第一条の「本来の意図」はジェファソン流の政教分離である。それゆえ同時代に神権政治を打ち立てる可能性が否定される。しかし、神権政治が否定されても、「キリスト教のコンセンサスに基づいてアメリカ合衆国が建国された」ことや「ユダヤ・キリスト教の原則を今日の我々が政府に関して活用すべき」であることは否定されない［CM: 486］。後述するように、神権政治を否定した宗教改革者の思想をジェファソンが継承しているとシェーファーは考えており、アメリカ流の政教分離もキリスト教的価値に基づくものと捉えていた。アメリカの「政治制度」の基盤にキリスト教の影響をシェーファーは見出すのである。

ユダヤ・キリスト教の原則は政治制度や法に対する考え方にも現れているという。［CM: 435］。シェーファーは法の基礎が宗教であると述べ、一八世紀のイギリスの法学者ウィリアム・ブラックストンと父祖の関係を次のように説明する。ブラックストンは法の基礎が「自然と啓示」であると考えていた。独立宣言が発せられる頃までにブラックストンの『イングランド法釈義』は一三植民地で回覧されており、父祖たちはブラックストンの法理解から影響を受けていた。[61] ジョン・アダムズのような父祖が道徳と法をキリスト教的に理解しており、ジャクソニアン・デモクラシーに反対したジョゼフ・ストーリー最高裁判事らがこの伝統を踏襲したとシェーファーは指摘する。[62]

さらに、一七世紀のスコットランド長老派牧師サミュエル・ラザフォードの『法と王（*Lex Rex*）』が、同じく長老派のウィザースプーンに影響を与えていたとシェーファーは言う［CM: 431, 473］。シェーファーにとってラザフォードは重要な人物であり、『クリスチャン・マニフェスト』の冒頭には「サミュエル・ラザフォードの『法と王』は私たちの時代の重要な指標である」［CM: 415］とある。

まず、「*Lex rex* は法が王であることを意味する」、「法は神の法に基づく」とシェーファーは述べ、ラザフォードについての議論を次のように展開する［CM: 431, 473-4］[63]。全ての人間は法の下にあると主張することでラザフォードは王権神授説を否定したが、その国家観はキリスト教に基づいていた。「ローマの信徒への手紙」一三章から国家の権威が神に由来すると説く一方、神の法に矛盾する国家の行為は「不正」であり、「専制」の行いであるとラザフォードは考えていた。神に反する不正で専制的な国家に抵抗する「道徳的義務」を市民は持つ。シェーファーが注目しているのは、国家の統治構造（governing structure of the country）を支配者が破壊することをラザフォードが問題視していたことである。アメリカの政治制度を打ち立てた建国の父祖とスコットランド国制を基にイングランドの宗教政策に抵抗した宗教改革者とを、シェーファーはパラレルに論じているのである。(64)

ここで、宗教改革者の政治権力理解をシェーファーがどのように解釈しているのかに触れたい。『クリスチャン・マニフェスト』は反抗の書であり、後述するように宗教改革者の抵抗権が論じられる一方、その国家観が詳述されることはない。ここでは『それでは如何に生きるべきか』の説明を取り上げる。(65) シェーファーによれば、第一に、宗教改革者は聖書の価値基準に従ったために、多数決原理に安易に陥らず、多数の暴政や少数者による専制を防ぎ得た。第二に、「抑制と均衡」という考え方に宗教改革者は貢献した。宗教改革以前にも抑制と均衡の思考法はあった。ポリュビオスの混合政体論にそれが見出せるかもしれないとシェーファーも述べる。しかし、シェーファーはその混合政体をエリート的なものと解し、その政体循環論を採用したマキャヴェッリの『君主論』を批判する。シェーファーが宗教改革者を評価するのは、人間の堕落を前提とし、とくに権力を持つ人間に対する抑制と均衡が必要だと彼らが説いたためである。その例として、聖餐式の回数について、ジュネーヴの牧師たちの意思にカルヴァンが従ったことが挙げられている。この宗教改革的な抑制と均衡の思考法がスイスやアメリカに流入したとシェーファーは見る。スイスでは立法と行政がベルン、司法がローザンヌに置かれることで権力が地理的に分離されており、アメリカではホワイトハウス・議会・最高裁が互いを監視しているという。

この第二の点がシェーファーにとってとくに重要であった。アメリカの政治制度に特徴的な抑制と均衡の考え方は宗教改革に遡ることができ、ラザフォードの議論が同じく長老派であったウィザースプーンに受け継がれた。そして、別のルートを通ってジェファソンにもそれは継承された。シェーファーはこのように解釈したのである。では、『クリスチャン・マニフェスト』に戻ろう。

ジェファソンも「法と王」の考えを継承していたとシェーファーは断定する［CM: 432］。シェーファーは、ジェファソンが理神論者であり、福音派の想像するような敬虔なキリスト教徒ではないことを受け入れる。(66) しかし、ジョン・

る。ロックは「法と王」をジェファソンが受容したとシェーファーは考えた。それゆえ、次のように議論が進められる。ロックは「法と王を世俗化した」が、ジェファソンがそれを受け入れることで宗教改革的な思考法がアメリカに流れ込み、独立宣言で「奪いがたい天賦の権利」という文言が用いられるに至った[67]。この不可譲の権利を与えた主体が神であり、政治権力ではないとジェファソンは認識していた。それゆえ、建国の父祖に従うのであれば、国家や政府が人々の「奪いがたい天賦の権利」に変更を加えたり、取り上げたりすることはできない。さらに、シェーファーは「我々は神を信じる」という文言や議会のチャプレン、感謝祭の例を引き、父祖が「ユダヤ・キリスト教的思考」を保持しており、アメリカがキリスト教に基づいていると強調するのである。

しかし、この伝統は危機に瀕している[CM: 436-7]。アメリカが「物質主義的、ヒューマニズム的、偶然的世界観(materialistic, humanistic, chance world view)」に乗っ取られつつあるとシェーファーは警告する。今日のロースクールでは学生がブラックストンを学ぶことなく、「社会学的法(sociological law)」がアメリカ社会に広まってしまっている。この類の法は「確固たる基盤を持たず、ある集団がある時点において社会学的に何が良いかを決め、恣意的に決めたものが法として成立するような法」と定義される。それを体現するのが二〇世紀初頭の最高裁判事であり、哲学としてのプラグマティズムの実践者であったオリバー・ホームズであった。たしかに、ホームズの真理観は「何が正しく何が間違っているかということは、私たちの生活をたまたま取り囲んでいる状況の関数である、ということにすぎなかった[68]」と表現される。法がロジックではなく経験に基づくというホームズの言説が進化論と結びついたとき、法が人間中心となり、多数決原理に容易に陥ってしまうとシェーファーは批判するのである。

この社会学的法は、ジェファソンの「奪いがたい天賦の権利」と憲法の原則から外れてしまっている[CM: 437-40]。世俗主義者は高次の法を知らず、プラグマティックに物事を決めてしまう。また彼らは民意に反して立法してしまう。このような物質主義的で偶然性を強調する考え方が宗教改革的な政府の形態や自由を脅かしているとシェーファーは批判する。

この文脈で、「多元主義」の意味の変遷が語られる[CM: 440-1]。シェーファーによれば、かつて「多元主義」は、建国期と比べたとき、宗教改革由来のキリスト教がアメリカで支配的ではないことを意味した。おそらく東欧や南欧、アジアからの移民を念頭に置き、一八四八年以降の移民が宗教改革の考え方を身に付けていなかったことにシェーファーはその理由を求める。この用法の下では「すべての宗教のための信教の自由（general religious freedom）」が前提とされるため、キリスト教も自由市場で信者を獲得すべく努力すべきと説かれる。しかし、「多元主義」の新しい定義の出現と同時に、ユダヤ・キリスト教的コンセンサスが衰退し始めた。今や「多元主義」は、「各人の好み次第（personal preference）」を、そして「すべてが受け入れられること（everything is acceptable）」を意味するようになった。そこに善悪はなく、ただ個人の好み・選択の問題があるだけである。シェーファーが批判するのは客観的な基準が拒否され、すべてが個人の選好に還元されることである。安楽死やマリファナを人々が受け入れる点に彼はこの傾向を見出す。前節で見たファルウェルと同様、シェーファーは多元主義を相対主義などと混同してしまっている。しかし、彼が多元主義を自分の都合の良いように解釈し、説得の道具としていた可能性も否定できない。シェーファーの思想家としての側面がここに現れていると言えよう。

　シェーファーは多元主義を法の適用にも見出す［CM: 441-2］。最高裁が中絶を合憲と判断したことを「恣意的な社会学的法」の適用と見なし、判断が「状況倫理」に基づいているとシェーファーは批判する。しかし、キリスト教徒、とくにキリスト教徒の法曹に向けてまだ諦めてはいけないとシェーファーは訴えかける。なぜなら今日のアメリカ社会は「人間中心主義の文化（humanistic culture）」に染まりつつあるが、「我々は幸運にも完全な人間中心主義の文化の中にいるわけではない」。それでも、社会学的法の推進者である世俗主義者とその協賛者であるリベラル派の神学者の暴走を止めなければいけないとシェーファーは言う。最大の問題は最高裁判所であった。

> 法律、とくに裁判所は、この完全に人間中心主義的な考え方を国民全体に強制する手段である（…）一九七三年当時、アメリカ人の大半が中絶に反対していたことは明らかなようだが、最高裁の中絶判決は五〇州すべての中絶法を無効とした。それは問題とはならなかった。最高裁は恣意的に中絶を合法とし、一夜にして州法を覆し、アメリ

カ人の思考に中絶が合法であるだけでなく、倫理的であることを強いたのである。エリートである彼らは、その判決が法的にも医学的にも恣意的であるにもかかわらず、こうして自分たちの意志を多数派に押し付けたのである。このように、法律と裁判所は、完全に世俗的な概念を国民に押し付けるための手段となったのである。[CM: 442]

ヒューマニストをその考え方だけでなく、連邦政府の権力を濫用するという点でもシェーファーは批判するのである。ここに人工妊娠中絶をめぐる論争が、女性の権利や家族の価値をめぐるものであるだけでなく、連邦政府の権限をめぐるものでもあることが分かる。

次に、これらの専制に抵抗する方法としてシェーファーが提示するものを見たい。

2 抵抗の論理

罪深き人間が国家に従うのは神の命であるとシェーファーは述べる［CM: 467-77］。国家の義務は悪を罰することで正義を体現し、社会の善を守ることである。しかし、国家が逆のことを行い、ある閾値(*bottom line*)を超えた場合、キリスト教徒は国家に抵抗する権利を得ると同時に義務が課される。その初期の例として宗教改革者ジョン・ノックスが挙げられているが、ここでも重要なのはラザフォードである。不正国家に対する人々の抵抗をラザフォードは正当化し、抵抗の担い手として下位の為政者に期待する。この抵抗権論が父祖に継承されたと論じられる。シェーファーによれば、ウィザースプーンはラザフォードの考えを直接継承したが、ほかの父祖はそれをロック経由で受容した。いわゆる「不可譲の権利」、「同意による政府」、「権力分立」、「革命権」の四つをである。政治権力が人々の権利を侵害するときには、人民が専制に抵抗する権利と義務を持つ。ロックがそう主張したとシェーファーは解した。

専制に直面しても現代人は逃げることは叶わず、抵抗するしか選択肢はないとシェーファーは述べる［CM: 478］。イングランド王の専制から逃げおうせる土地をピルグリム父祖は発見したが、現代にそのような空間はない。抵抗すべき場と手段をシェーファーは例示する。まず、中絶に使われる税金に対する抵抗である。例えば、連邦政府の助成金が中絶に使われることを禁じたハイド修正条項[69]をシェーファーは評価した。

次なる抵抗すべき場は公教育である［CM: 479-80］。シェーファーの敵はＡＣＬＵである。ＡＣＬＵが裁判所に働きかけたことで、公立学校で創造論を教えることを認めたアーカンザス州法が無効化された[70]。シェーファー見るところ、ＡＣＬＵの政教分離理解は「憲法修正第一条の本来の意図と建国の父祖たちの総意」とは異なり、「ヒューマニストの支配」の産物である。このＡＣＬＵ版の政教分離も問題であったが、三権分立という抑制と均衡の原則をこの組織が破ったことも問題であった。ＡＣＬＵの行動が「適切に選出された州の立法者の「主権者」の権限を破壊する」というのである。ＡＣＬＵが裁判所を利用して「アーカンザス州政府の多数派」に自身の見解を強制している。「市民的自由」の名を冠しているＡＣＬＵは、選挙に拠らない司法部を用いて選挙に拠る立法部を無効化している。これこそ専制であるとシェーファーは断定する。建国の父祖はこの事例を専制と呼び、ボストン茶会事件のような抵抗行動をするだろうというのである。これはアーカンザスという州レベルの例であるが、連邦レベルにおいても同じ例が散見するとシェーファーは言う。

さらに、ＡＣＬＵはソ連と同等のものとして語られる［CM: 480-1］。ソ連政府は、シェーファー言うところの国家宗教である「物質主義的、ヒューマニズム的、偶然的世界観」を国民に強制している。この世界観は「競合するすべての世界観をシャットダウンするような排他主義」であり、「閉じたシステム」である。アメリカの世俗的エリートはソ連のように、公立校で生徒たちが「物質主義的、ヒューマニズム的、偶然的世界観」を学ぶようルール化し、さらにはそれを私立学校にまで拡大しようとしている。この世俗的エリートが連邦権力を用いて自らの世界観を人々に強制することも父祖の「本来の意図」に反する。シェーファーはマディソンの威光に再び訴えかける。『ザ・フェデラリスト』四五篇には、「憲法案によって連邦政府に委託された権限は、数が少なく限定されてもいる。州政府に残されている権限は、数も多くしかも無限定である」[71]とある。憲法制定をめぐる論争の中で、権力の肥大に対する忌避感から連邦の権限は制約されることになった。連邦制という抑制と均衡の原則が父祖に由来するとシェーファーは述べ、世俗的エリートがそれを歪めていると批判するのである。

加えて、合衆国の連邦制を自身が二三年住んだスイスの連邦制とシェーファーは比較する［CM: 434, 481］。スイスの州（カントン）は連邦権力の拡大に抵抗し、「州政府と連邦政府の間にある抑制と均衡とが政府の自由のために機能してきた」[72]。しかし、アメリカの連邦制は上手くいっていない。それは父祖の本来の意図をヒューマニストが捻じ曲げているためである。人間中心主義の国家観を宗教改革の分権的な国家観と比較し、「ヒューマニストの世界観は必然的に国家主義の方向に進む」とシェーファーは述べる。この典型的な事例としてソ連とナポレオンのフランスが挙げられている。これらの体制は「神を政府の上に位置付けたアメリカ革命によって生じたものと正反対である」。フランス革命はキリスト教の基礎を欠いたがために、ナポレオンによる「権威的支配」に陥ってしまった。対照的に、建国の父祖たちは宗教と公共善の深い関係を理解していた[73]。その上で、「もし合衆国が宗教改革の原点に戻ろうとするならば、それは連邦政府の権限の範囲を厳しく制限することを意味するだろう」とシェーファーは結論付けるのである。

概観してきたように、世俗的エリートが司法を用いて立法部を無力化し、自らの世界観を人々に押し付け、連邦権力を用いてそれを州にまで広げようとすることをシェーファーは批判した。その際にシェーファーが依拠したものこそ父祖の威光であった。次に、シェーファーのこの議論の是非について考察する。

3　シェーファーの父祖理解に対する考察

世俗的エリートを批判する際、宗教改革の伝統をジェファソンとウィザースプーンが継承したとシェーファーは主張し、その父祖たちの「本来の意図」を強調した。順に見ていこう。

第二節で触れたように、ジェファソンはイエスの道徳性を高く評価しつつも、その神性を否定した。彼が編纂した二冊の聖書註解には、復活を含めた超自然的な現象が取り除かれた形で、イエスの行動が描かれている。福音書の書き手がイエスの倫理性に超自然的なものを混入したことをジェファソンは嘆いたという[74]。また、ニューイングランドの聖職者たちは彼の信仰を危険視し、大統領選挙の際にはジェファソンのアメリカは無神論国家になってしまうと攻撃した[75]。ジェファソンが制定に尽力したヴァジニア信教自由法が、すべての宗教者に自由を保障したためである。

シェーファーの主張は、ジェファソンの理神論的傾向を踏まえた上で、ロックを経由して宗教改革やラザフォードの思想をジェファソンが継承したというものだった。[76] 他方、ノールら福音派歴史家は、ジェファソンら父祖がむしろ啓蒙から影響を受けていたと指摘する。[77] その主張に対して、父祖が明示的に聖書に言及していなくても、彼らの発言や文章には聖書的なエッセンスが見て取れるとシェーファーはノールらに反駁した。しかし、ジェファソンはむしろ聖書の権威から逃れようとしていたとして、ノールたちは再反論した。歴史家たちの議論を考慮すると、シェーファーのジェファソン理解には問題があったと言える。

では、ウィザースプーンはどうか。同じ長老派牧師であるラザフォードからウィザースプーンへの思想的継承をシェーファーは強調する。しかし、ノール見るところ、ウィザースプーンに対するラザフォードの影響はほとんど認められず、むしろスコットランド啓蒙の影響が顕著である。[78] たしかに、スコットランドでは、ウィザースプーンは『ウェストミンスター信仰告白』の重要性を説き、スコットランド啓蒙に批判的なグループに属していた。しかし、合衆国では、ウィザースプーンはフランシス・ハッチソンの道徳哲学を教えていたのである。[79]

ノールの指摘の中でシェーファーにとって致命的だったのは、恩寵と自然を対置する思考法をウィザースプーンが採用していたということである。恩寵と自然、宗教と理性を対置する思考法をシェーファーは初期から批判してきた。政治がキリスト教の価値観から離れ、独自の論理で回る。シェーファーにとってこれが問題であった。しかし、ノールの批判によれば、シェーファーの頼みの綱であるウィザースプーンもまた、啓示の観点からではなく自然と理性の観点からのみ政治を論じていた。[80] 父祖たちが政治と宗教を分け、かつ信仰をプライベートなものと考えた点で、宗教改革よりもフランス革命に彼らの思考が近かったとノールは結論付けた。これはシェーファーの米仏革命の理解とは対極なものと言えよう。

加えて、この二元論的な考え方に今日の福音派も陥っているとノールは指摘する。[81] 今日の福音派が信仰を私事化し、政治的伝統をキリスト教の観点から反省することができないと。教義を軽視して過度に回心などの経験を強調する福音派をシェーファー自身も批判してきた。しかし、ノール見るところ、シェーファーも同じ問題を抱えている。建国の父祖にキリスト教の影響を読み込んで理想化した結果、シェーファーがアメリカの政治制度を批判的に検証できなくなっているというのである。

以上のような歴史家からの批判に加えて、世俗主義者を批判する際にシェーファーが用いた「本来の意図」という論法も問題を含んでいる。「本来の意図」を強調する批判法は、同時代の保守的な法思想にも共有されていた。「原意主義(originalism)」と呼ばれる法思想・法哲学は、憲法制定者たちの本来の意図が重視されるべきであり、裁判官が憲法の意味を変更してはならないと主張する。保守的な法曹団体フェデラリスト協会（Federalist Society）やレーガンが最高裁判事に指名したアントニン・スカリアなどにこの法思想は見て取れる(82)。しかし、歴史家たちは原意主義を次のように批判してきた(83)。原意主義は、第一に、歴史的なエビデンスを十分に持っておらず、第二に、当時と今日の文脈の相違を見誤り、第三に、制定者たちの想定を超えて憲法が作用したことを軽視する。この原意主義への批判はシェーファーにも当てはまるだろう。

また、建国の父祖に先立つ宗教改革者をシェーファーは理想化し、同時代の世俗主義者に対置させているが、この点も今日的な議論に堪えない。第一に、宗教改革の指導者を人文主義との対比でシェーファーは描いているが、宗教改革も人文主義の影響を受けていた。シェーファーの議論はヤーコブ・ブルクハルトに依拠しているが(84)、イタリア・ルネサンスを近代意識の誕生と見なすブルクハルトの解釈は批判を受けている(85)。第二に、宗教改革者が政教分離を強調しているとシェーファーは述べているが、むしろ指導者たちが神権政治、少なくともカルヴァン主義の確立を目指したとしてマースデンはシェーファーの見解を退けた(86)。

これらの批判を考慮すると、父祖への言及はシェーファーの議論の説得力を弱めてしまう。たしかに、フィアの言うキリスト教ホイッグ史観においても父祖は重要な位置を占める。とはいえ、宗教改革の思想をジェファソンやウィザースプーンが継承していないとすれば、彼らに言及する必要はない。アメリカの「政治制度」ではなく、むしろトクヴィルのようにアメリカの「社会」や「慣習」などを論じる選択肢もシェーファーにはあったはずである(87)。なぜ、あえて父祖の威光にシェーファーは訴えたのだろうか。そのヒントをハンキンズの議論に見たい。

ハンキンズはシェーファーの戦略を重視する。[88] シェーファーは、神権政治をめぐる意見の差異を棚上げしてファルウェルに協力し、建国の父祖理解を据え置いてマースデンらに助力を要請した。福音派を動員し、世俗主義者を批判して文化戦争に勝利することがシェーファーにとって第一の目的であったと言える。この目的の前には思想上の差異は小さなことであり、シェーファーは目的達成のために戦略的に行動したとハンキンズは解釈した。過去を冷静に解釈して欲しいと福音派に訴えかけたノールらと対照的である。

ハンキンズの指摘を踏まえると、シェーファーが父祖に言及した理由も戦略的なものと言えるかもしれない。つまり、論敵を効果的に批判するための戦略である。シェーファーの父祖理解や多元主義などの議論は精緻なものとは言い難い。しかし、シェーファーの批判が世俗的エリートの嫌う類のものであった可能性がある。一九六〇、七〇年代のエリートは多様な価値観の共存を求めていた。とすれば、宗教ナショナリズムに基づく保守主義者の主張は、価値観の一つであるキリスト教を過度に重視し、多様な価値観の共存を阻むものである。その意味で、自らの主張と政策が聖書やキリスト教の伝統に反するというタイプの批判は、世俗的エリートにとって余り効果的ではなかった。むしろ、世俗的エリートに対する効果的であった批判は、多様な価値観の共存を促進するために彼らが依拠した独立宣言や憲法、建国の父祖といったアメリカの伝統に訴えかけるタイプのものである。シェーファーが父祖を利用した大きな理由は、世俗的エリートを効果的に批判し得る議論を構築するためだったと言えるのではないか。だからこそ、シェーファーは賢明にも、中央集権主義者であるハミルトンに言及しない。おそらく、シェーファーは、父祖の思想の多様性を認識した上で、ジェファソンやマディソンといった権力分立論を重視する民主共和派に言及したのだろう。[89] 歴史や概念を解釈・構築し、自らの目的のために利用する。シェーファーはひとりの政治思想家だったと言えるのではないだろうか。

四　おわりに

本稿は、フランシス・シェーファーを題材にして、現代アメリカ保守主義における宗教ナショナリズムの一側面を描いてきた。それは「建国の父祖」の威光に訴えることで、同時代の世俗的なエリートが合衆国の「政治制度」を曲解していると主張するものであった。

第二節では議論の背景を見た。一九六〇、七〇年代に最高裁がアメリカ社会をよりリベラルな方向へ向けたが、それに反発する形でモラル・マジョリティなどの圧力団体が党派政治の舞台に登場した。福音派の指導者は、アメリカがキリスト教的価値に基づいて建国されたと主張し、同時代のエリートたちがそれを捻じ曲げていると主張したのである。その際、父祖が敬虔なキリスト教徒であるとマッキンタイアやグラハム、ファルウェルは素朴に考えてしまった。それは建国初期から続くキリスト教ナショナリズムの系譜に位置付けられる。ハンキンズの研究によれば、父祖に対するキリスト教の影響をシェーファーも強調し、マーステンやノールら歴史家と論争を繰り広げた。

第三節では、シェーファーの『クリスチャン・マニフェスト』に見える建国の父祖利用を見た。政教分離や司法部、連邦権力を同時代の世俗的エリートが濫用し、建国の父祖の「本来の意図」を歪曲しているとシェーファーは批判した。シェーファーの議論は、宗教改革やラザフォードの思想をウィザースプーンやジェファソンが直接・間接的に継承していると主張したり、同時代の多元主義を相対主義と混同するなど、精緻なものではなかった。しかし、言及するべき父祖を選定した上で、シェーファーが自身の議論を展開していったことは、世俗的エリートを批判し、福音派の政治動員を進める上で有効な手立てであったと言える。

シェーファーの『クリスチャン・マニフェスト』は、*The Complete Works of Francis A. Schaeffer: A Christian Worldview*, Volume 5: A Christian View of the West. Crossway, 1982を用いた。なお本文中で［CM: 頁数］と明記した。

（1）Adam Liptak, "In 6-to-3 Ruling, Supreme Court Ends Nearly 50 Years of Abortion Rights," *The New York Times*, June 24, 2022.

（2）「「中絶禁止」米最高裁が容認　七三年の憲法判断覆す」『朝日新聞』、二〇二二年六月二五日。

(3) R・N・ベラー『社会変革と宗教倫理』河合秀和訳、未來社、一九七三年、三四三―三七五頁。
(4) ピーター・L・バーガー『退屈させずに世界を説明する方法――バーガー社会学自伝』森下伸也訳、新曜社、二〇一五年、一二八―一二九頁、ホセ・カサノヴァ『近代世界の公共宗教』津城寛文訳、筑摩書房、二〇二一年、二八五―三四九頁。
(5) 佐々木毅『アメリカの保守とリベラル』講談社、一九九三年、五三―六三頁、井上弘貴『アメリカ保守主義の思想史』青土社、二〇二〇年、一五一―一五五頁。
(6) 飯山雅史『アメリカ福音派の変容と政治――一九六〇年代からの政党再編成』名古屋大学出版会、二〇一三年。
(7) 中山俊宏『アメリカン・イデオロギー――保守主義運動と政治的分断』勁草書房、二〇一三年、一三九―一六〇頁。
(8) 上坂昇『神の国アメリカの論理――宗教右派によるイスラエル支援、中絶・同性結婚の否認』明石書店、二〇〇八年、マーク・R・アムスタッツ『エヴァンジェリカルズ――アメリカ外交を動かすキリスト教福音主義』加藤万里子訳、太田出版、二〇一四年、松本佐保『熱狂する「神の国」アメリカ――大統領とキリスト教』文藝春秋、二〇一六年。
(9) 建国期に多くの女性が活躍したのは周知のとおりである。福音派の男性が建国の「父祖」に言及する傾向があるのは、「男性的」な彼らの信仰に要因があるのかもしれない。この点、森本あんり『アメリカ的理念の身体――寛容と良心・政教分離・信教の自由をめぐる歴史的実験の軌跡』創文社、二〇一二年、とくに「キリスト教の女性化と二〇世紀的反動としての男性化」を参照のこと。
(10) Barry Hankins, *Francis Schaeffer and The Shaping of Evangelical America*, Eerdmans Publishing Company, 2008, pp. 28-43.
(11) Frances Fitzgerald, *The Evangelicals: The Struggle to Shape America*, Simon & Schuster, 2017, pp. 337-63.
(12) Daniel K. Williams, *God's Own Party: The Making of the Christian Right*, Oxford University Press, 2010, pp. 155-6.
(13) 佐々木卓也『冷戦――アメリカの民主主義的生活様式を守る戦い』有斐閣、二〇一一年、五頁。
(14) 「神の下の国家」アメリカという政治文化は以下を参照のこと。相川裕亮『ビリー・グラハムと「神の下の国家」アメリカ――福音伝道者の政治性』新教出版社、二〇二二年。
(15) ただし「多からなる一つ」の捉え方は一つではない。南川文里『アメリカ多文化社会論――「多からなる一」の系譜と現在［新版］』法律文化社、二〇二二年、一―四頁。
(16) 荻野美穂『中絶論争とアメリカ社会――身体をめぐる戦争』岩波書店、二〇一二年、三五―八八頁。
(17) エドウィン・S・ガウスタッド『アメリカの政教分離――植民地時代から今日まで』大西直樹訳、みすず書房、二〇〇七年、八四―八五頁。

(18) Steven P. Miller, *The Age of Evangelicalism: America's Born-Again Years*, Oxford University Press, 2014, pp. 52-5.

(19) Miller, *The Age of Evangelicalism*, pp. 91-4.

(20) Miller, *The Age of Evangelicalism*, pp. 40-9.

(21) John Fea, *Was America Founded as a Christian Nation?: A Historical Introduction*, Revised Edition, Westminster John Knox Press, 2016, p. 54; Williams, *God's Own Party*, pp. 143-56.

(22) 中山俊宏「政治を保守化させたテレビ宣教師――ジェリー・ファルウェルとモラル・マジョリティ」古矢旬編『史料で読むアメリカ文化史［五］アメリカ的価値観の変容　一九六〇年代―二〇世紀末』東京大学出版会、二〇〇六年、三二八頁。

(23)（文化）多元主義と多文化主義はともに同化への圧力を批判するが、後者は前者が自明視する公私分類、自由・民主主義の「普遍」性に疑問を投げかけ、その背後に西洋中心主義を看取して批判する。藤本龍児『アメリカの公共宗教――多元社会における精神性』ＮＨＫ出版、二〇〇九年、一八九―一九三頁。

(24) Miller, *The Age of Evangelicalism*, p. 71.

(25) Fea, *Was America Founded as a Christian Nation?*, p. 55; Miller, *The Age of Evangelicalism*, p. 53.

(26) R. B. Bernstein, *The Founding Fathers: A Very Short Introduction*, Oxford University Press, 2015, pp. 1-4.

(27) 中野勝郎『アメリカ連邦体制の確立――ハミルトンと共和政』東京大学出版会、一九九三年、一二八―一五四頁。

(28) 鰐淵秀一「ポスト共和主義パラダイム期のアメリカ革命史研究」『立教アメリカン・スタディーズ』四二号、二〇二〇年、一〇一―一二〇頁。

(29) ロバート・A・ダール『アメリカ憲法は民主的か』杉田敦訳、岩波書店、二〇〇三年、シェルドン・S・ウォリン『アメリカ憲法の呪縛』千葉眞ほか訳、みすず書房、二〇〇六年、一六二―一七六頁。

(30) Fea, *Was America Founded as a Christian Nation?*, p. 56.

(31) Fea, *Was America Founded as a Christian Nation?*, pp. 65-8.

(32) Fea, *Was America Founded as a Christian Nation?*, pp. 8-9, 12-21, 22-5.

(33) 北部においても、リンカーン大統領の死をイエスの贖罪とパラレルに語る論者もいた。栗林輝夫『アメリカ大統領の信仰と政治――ワシントンからオバマまで』キリスト新聞社、二〇〇九年、八四―八九頁。

（34）この論争は、青木保憲『アメリカ福音派の歴史――聖書信仰にみるアメリカ人のアイデンティティ』明石書店、二〇一二年、とくに「ファンダメンタリズム論争」を参照のこと。

（35）Fea, *Was America Founded as a Christian Nation?*, pp. 29-40, 44. 森本あんり『反知性主義――アメリカが生んだ「熱病」の正体』新潮社、二〇一五年、二五〇―二五二頁。

（36）Fea, *Was America Founded as a Christian Nation?*, pp. 11-2, 172.

（37）桜の木やキャベツ文字のエピソードは一八〇六年の第五版、祈りのエピソードは第六版が初出である。山田史郎「本の行商とワシントン伝――メイソン・L・ウィームズと建国期の書」『同志社アメリカ研究』三〇号、一九九四年、一一―一二頁。

（38）Fea, *Was America Founded as a Christian Nation?*, pp. 13-4.

（39）Markku Ruotsila, *Fighting Fundamentalist: Carl McIntire and the Politicization of American Fundamentalism*, Oxford University Press, 2016, pp. 65-7, 70-1.

（40）斎藤眞訳「独立宣言」高木八尺ほか編『人権宣言集』岩波書店、一九五七年、一一四頁。

（41）Michael G. Long, *Billy Graham and the Beloved Community: America's Evangelist and the Dream of Martin Luther King, Jr.*, Palgrave Macmillan, 2006, pp. 63-4; William Martin, *A Prophet with Honor: The Billy Graham Story*, Updated Edition, Zondervan, 2018, p. 167.

（42）以下の著作でも、ワシントンやジェファソンの啓蒙主義者の側面が強調されている。リチャード・V・ピラード、ロバート・D・リンダー『アメリカの市民宗教と大統領』堀内一史ほか訳、麗澤大学出版会、二〇〇三年、八八―九五頁、栗林『アメリカ大統領の信仰と政治』三一―三九、五一―六六頁、ジョン・ミーチャム『トマス・ジェファソン――権力の技法［下］』森本奈理訳、白水社、二〇二〇年、二八七―二九〇頁。

（43）ウォリン『アメリカ憲法の呪縛』一〇九頁。

（44）Fea, *Was America Founded as a Christian Nation?*, p. 55.

（45）佐藤清子「現代合衆国における歴史認識と信教の自由理解――キリスト教国論をめぐって」『東京大学宗教学年報』三四巻、二〇一七年、四五―六〇頁。

（46）Fea, *Was America Founded as a Christian Nation?*, pp. 68-9.

（47）Mark A. Noll, Nathan O. Hatch, and George M. Marsden, *The Search for Christian America*, Crossway Books, 1983.

(48) Francis A. Schaeffer, *Escape from Reason*, Inter-Varsity Fellowship, 1968（有賀寿訳『理性からの逃走』いのちのことば社、一九七一年）.
(49) Hankins, *Francis Schaeffer*, pp. 210-2.
(50) Edith Schaeffer, *The Tapestry: The Life and Times of Francis and Edith Schaeffer*, Word Books, 1981; Frank Schaeffer, *Crazy for God: How I Grew Up as One of the Elect, Helped Found the Religious Right, and Lived to Take All* (*or Almost All*) *of It Back*, Da Capo Press, 2008.
(51) Francis Schaeffer, *How Should We Then Live?* in *The Complete Works of Francis A. Schaeffer: A Christian Worldview*, Volume 5: A Christian View of the West, Crossway, 1982（稲垣久和訳『それでは如何に生きるべきか——西洋文化と思想の興亡』いのちのことば社、一九七九年）.
(52) シェーファーだけでなく、妻イーデスの著作の邦訳もある。イーデス・シェーファー『ラブリ——神がスイスのアルプスでしてくださった記録』島田法子訳、いのちのことば社、一九七七年。
(53) Hankins, *Francis Schaeffer*, pp. 193-6; Michael J. McVicar, *Christian Reconstruction: R. J. Rushdoony and American Religious Conservatism*, The University of North Carolina Press, 2015, pp. 210-3.
(54) Hankins, *Francis Schaeffer*, pp. 42-3, 211, 216-9, 223.
(55) Hankins, *Francis Schaeffer*, pp. 201-4.
(56) 土井真一訳「アメリカ合衆国憲法」高橋和之編『世界憲法集〔新版〕』岩波書店、二〇一二年、七三頁。
(57) Thomas Jefferson "To the Danbury Baptist Association," in Barbara B. Oberg ed., *The Papers of Thomas Jefferson*, Volume 36: 1 December 1801 to 3 March 1802, Princeton University Press, 2009, p. 258.
(58) Liam Stack, "How the 'War on Christmas' Controversy Was Created," *The New York Times*, December 19, 2016（https://www.nytimes.com/2016/12/19/us/war-on-christmas-controversy.html）（二〇二二年八月五日参照）.
(59) *Annals of Congress*, 1st Cong., 1st sess., 758.
(60) Schaeffer, *How Should We Then Live?*, pp. 224-5, 229-44（二二二—二二三、二二六—二四三頁）.
(61) ハミルトンに対するブラックストンの影響についてシェーファーは触れていない。ハミルトン解釈については以下を参照のこと。上村剛「ブリテン国制解釈の権力分立論的変奏の一断面——ハミルトンのドゥロルム受容」『政治思想研究』一八号、二〇一八年、一八九―一九一頁。

(62) 独立宣言や州憲法、判例、法学教育にブラックストンの影響は見て取れる。ストーリーが教鞭をとったハーヴァードの法科大学院は『法釈義』を教科書とした。大内孝「ブラックストンと「アメリカ法形成期」考 序」『法学』七二巻三号、二〇〇八年、三九七―四〇六頁。

(63) Schaeffer, *How Should We Then Live?*, pp. 137-9（一〇七―一〇八頁）.

(64) ラザフォードは、自然権思想・旧約聖書の事例に加えてスコットランド国制から抵抗権を正当化した。小島望「サミュエル・ラザフォードにおけるネーション――『法と王』を中心に」『明治大学社会科学研究所紀要』五二巻二号、二〇一四年、二五一頁。

(65) Schaeffer, *How Should We Then Live?*, pp. 139-41（一〇八―一一二頁）; Schaeffer, *A Christian Manifesto*, pp. 427-8, 495.

(66) シェーファーの考えによれば、ジェファソンを含めた建国の父祖の多くは、イエスを通して神に至った人間という意味ではキリスト教徒とは言えないが、キリスト教文化の中で生きていた人間であった。Schaeffer, *How Should We Then Live?*, p. 139（一〇八頁）.

(67) ロックの「キリスト教性」は以下を参照のこと。古田拓也『ロバート・フィルマーの政治思想――ロックが否定した王権神授説』岩波書店、二〇一八年、一四七―一五二頁。

(68) ルイ・メナンド『メタフィジカル・クラブ――米国一〇〇年の精神史』野口良平ほか訳、みすず書房、二〇一一年、六六―六七頁。

(69) ハイド修正条項については以下を参照のこと。荻野『中絶論争とアメリカ社会』一〇二―一〇三頁。

(70) この論争でACLU側に与したのがマースデンであり、アーカンザス州法に対するシェーファーの理解を彼は批判した。Hankins, *Francis Schaeffer*, p. 209.

(71) A・ハミルトン、J・マディソン、J・ジェイ『ザ・フェデラリスト』斎藤眞・中野勝郎訳、岩波書店、一九九九年、一九八―一九九頁。

(72) ただしスイスは州や地域によって制度は異なるし、スイスの自治体が連邦と州に対して強い自立性を持っていることも重要である。黒澤隆文「近現代スイスの自治史――連邦制と直接民主制の観点から」『社会経済史学』七五巻二号、二〇〇九年、五六―六〇頁。

(73) この時代の保守主義者はアメリカ革命の擁護者であり、アレント的なアメリカ革命観をアーヴィング・クリストルは継承していた。佐々木『アメリカの保守とリベラル』六八―六九頁。

(74) Fea, *Was America Founded as a Christian Nation?*, pp. 206-8.

(75) 栗林『アメリカ大統領の信仰と政治』五一―五五頁。

(76) ジェファソンのロック受容という論点もシェーファーのような単純な理解はできない。大森雄太郎『アメリカ革命とジョン・ロック』慶應義塾大学出版会、二〇〇五年、二一二―二一八頁。

(77) Hankins, *Francis Schaeffer*, pp. 212-3.

(78) Hankins, *Francis Schaeffer*, pp. 211-7; Noll, Hatch, and Marsden, *The Search for Christian America*, pp. 92, 141-2.

(79) Fea, *Was America Founded as a Christian Nation?*, pp. 229-33. また、田中秀夫は、ウィザースプーンが影響を受けたものの一つとしてラザフォードを挙げつつ、抵抗権論に関するロックやハッチソンからの影響を強調している。田中秀夫『アメリカ啓蒙の群像――スコットランド啓蒙の影の下で 一七二三―一八〇一』名古屋大学出版会、二〇一二年、三〇七―三〇八、三五〇頁。

(80) 宗教と哲学を区別しつつも啓示と理性の相互補完性をウィザースプーンは強調し、ハッチソン的な道徳感覚を良心と結び付けて理解していた。シェーファーはこの点を重視していたのかもしれない。梅津順一「アメリカ啓蒙と宗教――ジョン・ウィザースプーンの場合」『聖学院大学論叢』一六巻二号、二〇〇四年、一六一―一九頁。

(81) Hankins, *Francis Schaeffer*, p. 217.

(82) カーミット・ルーズヴェルトⅢ世『司法積極主義の神話――アメリカ最高裁判決の新たな理解』大沢秀介訳、慶應義塾大学出版会、二〇一一年、四七頁。

(83) Bernstein, *The Founding Fathers*, pp. 113-4.

(84) Schaeffer, *Escape from Reason*, p. 27（三三頁）; Schaeffer, *How Should We Then Live?*, pp. 133-4（九八頁）.

(85) A・E・マクグラス『宗教改革の知的な諸起源』矢内義顕ほか訳、教文館、二〇二〇年、五一頁。

(86) Hankins, *Francis Schaeffer*, p. 209.

(87) キリスト教右派と距離を取りつつ、宗教を道徳の源泉であるとトクヴィルのように論じた研究者もいた。例えば、ロバート・ベラー、ピーター・バーガー、ジェイムズ・ハンターらの名が挙げられる。Miller, *The Age of Evangelicalism*, pp. 88-94.

(88) Hankins, *Francis Schaeffer*, pp. 210, 216.

(89) もちろん、ジェファソンとマディソンの間にも思想的な相違があった。例えば、執行権やその基盤としての人民の問題、憲法の安定性などをめぐり両者は意見を異にしていた。詳しくは、Jeremy D. Bailey, *James Madison and Constitutional Imperfection*, Cambridge University Press, 2015、とくにChapter 6を参照のこと。

＊本稿執筆の際、遠藤寛文氏には資料についてご教示いただき、上村剛・古田拓也の両氏にはコメントをいただいた。感謝申し上げる。なお、本稿はＪＳＰＳ若手研究（課題番号22K13332）の助成を受けた成果の一部である。

〔政治思想学会研究奨励賞受賞論文〕

一九六〇年代カナダにおけるチャールズ・テイラー
――「承認の政治」の源流としての「左派ナショナリズム」

高橋侑生

本稿は、一九六〇年代カナダの政治状況を文脈として、チャールズ・テイラー（一九三一―）の政治思想を検討する。同時期のテイラーは、一方で、一九六一年に創設されたカナダ新民主党（New Democratic Party、以下NDP）の執行部において活躍し、他方で、NDPのケベック州支部（Nouveau Parti démocratique du Québec、以下NPDQ）を確立するために奔走した。そこで本稿は、NDP／NPDQの歴史を再構築することで、テイラーの思考の文脈を明らかにする。それによって、一九六〇年代におけるテイラーの政治思想を「左派ナショナリズム（left nationalism）」の一構想として特徴づける。

テイラー自身が「左派ナショナリズム」という概念を用いていないにもかかわらず、本稿が同概念を使用するのは、彼の思想が、一九六〇年代のNDP／NPDQという文脈のうちで精緻化されたことを示すためである。NDPは、労働者と農民を支持基盤とし、公正な経済発展や充実した社会保障の実施を訴える社会民主主義政党である。新興の「NDPに政治的機会と課題を与えた」のは、「戦後社会の危機、すなわち脱植民地化、アメリカにおける公民権運動とベトナム反戦運動、ケベックと英語系カナダにおけるナショナリズムの再燃と強化」であった［Blocker, 2019: 35］。その点、初期のNDP／NPDQにおいては、「左派」であることの意味が「ナショナリズム」との関係において問われざるを得なかった。(1) テイラーの思考もまた、こうした文脈のうちにあった。以下で詳述するように、NDPの「第一の政策コンサルタント」［Gonick, 1969: 41］であったテイラーは、党のプログラムを執筆する中で、連邦レベルの左派勢力の構築とカナダの経済的ナショナリズムの実現とを密接不可分な課題とする独自のナショナリズム論を展開していくこととなる。

こうした文脈の精査を通じて強調したいのは、「承認の政治」論文（一九九二年）によって広く知られることとなった非対称的連邦制という憲法的なヴィジョンが[2]、彼独自の「左派ナショナリズム」構想のうちに位置づけられていたということである。少なくとも一九六〇年代のテイラーにとって、文化的な承認をめぐる思考は、社会民主主義の可能性をめぐる思考と切り離すことはできなかった。本稿は、こうした視座を提示することによって、テイラーの政治思想を、承認や和解という観点からだけではなく、対立や分極化という観点から読み解いていくことの重要性を示す。

一　問題の所存

テイラーの「承認の政治」論文は、ジョン・ロールズ『正義論』（一九七一年）以降のリベラルな政治哲学に対する理論的オルタナティブとして受容されてきた。それによれば、ロールズ主義的なリベラリズムの焦点が、個人的な諸権利と経済的な「再配分」にあるのに対して、テイラーは、集合的な生、とりわけ、文化的な共同体の「承認」を主題化したとされる。こうした再配分／承認という図式は、ともすると、経済／文化という図式へと一般化される。問題は、こうした通念的な図式がテイラー解釈に持ち込まれる時、彼の承認論の背後にある社会経済的な問題関心が看過されるということである。つまり、テイラーが、一貫して、資本主義の病理を問う「社会主義的な知識人」［Taylor, 1980: 70］であったということが忘却されるのである。例えば、ナンシー・フレイザーとアクセル・ホネットの論争のうちに、そうしたテイラー解釈の誘惑を看取することができる。両者は、アプローチは異なれども、文化的イシューに限定された承認論を理論的に拡張すべきだと考える点で一致するが、その際、テイラーの「承認の政治」は乗り越えられるべき狭隘な承認論として言及される［フレイザー・ホネット、二〇一二年、一三一―四頁］。あるいは、カトリーナ・フォレスターは、『正義論』以降の政治哲学のパラダイムとの対比において、テイラーが集合的な生を主題化したことを評価する一方で、文化的な共同体が特権化されたことによって、政治的変革のための集合的な行為主体をめぐる議論が制約されてしまったと批判している［Forrester, 2019: 259-262］。

しかし、テイラーの「承認の政治」が、社会経済的な問題関心を欠いているという理解は適切ではない。というのも、非対称的連邦制を通じた二文化社会の実現という彼のヴィジョン(3)は、一九六〇年代カナダの政治状況を文脈として精緻化されたからである。テイラーは、同時期において、ＮＤＰの方針策定に関与し、文化を横断した左派勢力の連合を主導的に構想していた。同党の「主要な関心事は、政治的議論を、言語、セクショナリズム、ナショナリズムといったイシューから、富裕層と貧困層、経済的権力を持つ者と持たざる者の分断へと移すことであった」［Morton, 1977: 7］のであり、テイラーの課題も、ケベック州の承認問題と連邦レベルの経済問題とを架橋することにあった(4)。確かに、彼の社会経済的な問題関心を「承認の政治」論文だけから読み取ることは困難である。テイラーの政治思想における経済／文化という問題領域間の絡み合いを明らかにするためには、歴史的な文脈を踏まえつつ、彼の論攷を広く参照する必要がある。

そこで本稿は、一九六〇年代カナダにおけるＮＤＰ／ＮＰＤＱが直面した政治状況を再構築し、それを文脈として、同時期におけるテイラーの論攷を検討する。こうした試みは、テイラーの政治思想研究のみならず、カナダ政治史研究にも一定の貢献をなすものである。なお、先行研究において、ＮＤＰにおけるテイラーの活動の仔細に注目し、それと彼の論攷を広く関連づける試みは存在しない(5)。そもそも、一九六〇年代の論攷の殆どが参照されてこなかった。これは、テイラーの政治思想が、一九八〇年代以降のアカデミックな文脈を念頭に、ロールズ主義的なリベラリズムのオルタナティブとして受容されてきたことと無関係ではない(6)。そのため、一九六〇年代に注目する本稿は、従来とは異なる仕方でテイラーの政治思想を読み解いていくための視座を提供しうる。結論を先取りすることになるが、本稿が示唆するのは、テイラーの政治思想を、グローバルな資本主義の論理に対抗する政治的主体の可能性をめぐるものとして解釈していく可能性である。

本稿の構成は以下の通りである。第二節は、主に一九六一年から一九六四年を対象とする。まず、ＮＤＰ創設の歴史的文脈を確認し、テイラーが同党の意義をどのように考えていたかを検討する。また、NPDQが直面した課題を検討することで、テイラーが、ケベック州で引き受けた役割を明らかにする。第三節は、主に一九六五年から一九七〇年を対象とする。まず、テイラーがNDPの政策方針として精緻化した「左派ナショナリズム」構想を検討し、カナダが抱える経済問題とケベック州の承認問題とが関連づけられた仕方を明らかにする。また、NDP内部に生じた「左派ナショナリズム」をめぐる対立を参照し、テイラーの政治的立場を明確化する。第四節において、本稿全体のまとめを行う。

二　テイラーとカナダ新民主党――連邦レベルにおける左派政党の確立に向けて

1　NDPの創設とその文脈

NDPは、CCF（協同連邦党：Co-operative Commonwealth Federation）が再編されることによって、一九六一年に創設された。そこでまず、カナダ連邦政治の状況に注目して、CCFがNDPに再編されるに至った経緯を確認する。

一九六一年のカナダ連邦政治においては、進歩保守党が下院の過半数を占め、ジョン・ディーフェンベーカーが首相を務めていた。彼は、一九五七年連邦総選挙で当時のルイ・サンローラン首相が率いる自由党を下し、一九五八年連邦総選挙で二六三議席のうち二〇八議席を獲得するという圧倒的勝利を収めた［Sayers, 2017］。ディーフェンベーカーは、「一つのカナダ（one Canada）」といったポピュリズム的なレトリックを駆使したことで知られるが、その背景には、ハーバート・ノーマンの自殺などに起因する対米感情の悪化があった。これに始まり、ディーフェンベーカー時代は、キューバ危機におけるNORAD問題やボマークミサイルの核弾頭受け入れ問題など、外交・軍事政策における加米間の軋轢によって特徴づけられる［櫻田、二〇〇六年、三章］。自由党のレスター・ピアソンは、一九六二年連邦総選挙に敗北したものの、核弾頭の受け入れを宣言するなど明確な対米協調の姿勢を示すことによって、一九六三年連邦総選挙において政権奪還に成功した。本稿にとって重要なのは、こうした過程において、とりわけ英語系カナダ人のあいだで、アメリカに対するカナダの外交・軍事的従属、あるいは、その背後にある経済的従属が問題視されるようになったということである。こうした状況下で創設されたNDPの政策方針は、このカナダ・ナショナリズムによって大きく影響されることになる。

NDPがCCFから再編されるに至った最大の要因は、ディーフェンベーカーが旋風を巻き起こした一九五八年連邦総選挙において大敗を喫したことにある。そもそも、CCFとは、連邦下院内において自由党と距離をおく左派議員(所謂「ジンジャー・グループ」)を中心に設立された政党である。CCF設立の目的は、各地域における労働運動と農民運動の連携、および、地域を超えた諸運動の連携の実現によって、エスタブリッシュメントに対抗しうる左派勢力を構築・強化することである[Morton, 1977: Ch. 1]。同党の指導者たちは社会的福音の影響下にあり、党綱領『レジャイナ宣言』(一九三四年)において「CCFの政府は、資本主義を廃絶し、社会化された完全なプログラムを実行に移すまで満足することはない」[Cross, 1973: 23]と主張しつつ、共産主義者を徹底的に排除することで一貫していた。CCFが最も支持を集めたのは第二次世界大戦中である。その要因として、連邦レベルにおける経済計画という展望に現実感があったことや戦後社会保障への要求の高まりが挙げられる[Blocker, 2019: 35]。とりわけ、一九四四年からサスカチュワン州の政権(T・C・ダグラス首相)を担当し、進歩的な社会保障政策を展開したことは、その後のカナダの福祉政策に大きな財産を残した。だが、戦後の豊かさと冷戦下における社会主義への疑念を前に、党勢は伸びなかった。そこで一九五六年には、党代表M・J・コールドウェルと党首デイヴィッド・ルイスの主導により『ウィニペグ宣言』を採択し、混合経済の明示的な肯定と戦後社会への適応を宣言することで、ブレイクスルーが図られた。だが、その直後に行われたのが上述の一九五八年総選挙である。そこでCCFは八議席しか獲得することができず、コールドウェルも落選した。綱領の変更だけで党勢が上向くことはないにしても、この結果は根本的な組織改編を迫るものであった。人員と資金を必要とする戦後の連邦総選挙を戦うには、連邦レベルの支持基盤を確保し、党組織を強化する必要があったのである。そこでCCFは、一九五六年に創設されたナショナルな労働組合センターであるCLC(Canadian Labour Congress)と連携し、強固な組織的基盤をもった大衆政党へと再編されることとなった[7]。そして、一九六一年に行われた創設大会（七月三一日から八月四日）においてＮＤＰが正式に誕生することとなる。党代表[8]には、サスカチュワン州首相を辞任したダグラスが選出された。

２　テイラーにとってのＮＤＰの意義

テイラーは、一九六一年にオックスフォード留学から帰国し、同年に開催されたＮＤＰ創設大会に新党クラブの代表として参加した。この帰国のタイミングは「僥倖」であったという［Redhead, 2002: 47］。ここで疑問が生じる。この参加を契機として、テイラーが一九六〇年代を通じて同党にコミットすることになったのはなぜなのか。

テイラーは、「国家と政党政治」論文（一九六二年）において、Ｃ・Ｂ・マクファーソンの『カナダ政治の階級分析――アルバータの民主主義』（一九五三年）を参照しつつ、カナダにおける既存の二大政党制の問題を次のように論じる。

> その政党制は、ナショナルな統一に向かう傾向があり、あるいはむしろ、人々に真の分断を忘れさせることによって、見せかけに過ぎない統一を形成する傾向がある。というのも、言うまでもなく、ブローカーの役割を果たす政党は、支持を求める諸集団の間にある差異を忘れさせる程度において、効果的だからである。〔…〕諸政党は分断を避けるだけでなく、決定されるべき問題を隠す傾向さえある。［Taylor, 1962: 117］

二大政党は、市場におけるブローカーのように、支持者を可能な限り広く集めることに徹する。それによって、社会的な分断は調停され、将来的な支持層となりうる少数派にも一定の保護が提供される。マクファーソンのいう「政治の市場理論」の観点においては、このようにして二大政党制は規範的に擁護されるだろう。しかし、そうした政治についての経済学的理論によって、統治は単なる調停に過ぎないと思わされ、それが社会の運命を決定することでもあるということを忘れさせられてきたために、重大な欠点を美徳と取り違えてきたにすぎない。〔むしろ〕民主主義における政党の主たる役割は、社会の運命の解釈者であることであり、有権者が政府の活動に介入し、その時々の重要な問題を決定するための媒介者であることなのである。民主主義の観点からいえば、政党の主要なタスクは、有権者に選択肢を提示することである。[Taylor, 1962: 120]

一方で、議会制民主主義は、「断絶、過激主義、暴力よりも、調停、節度、説得によって、主張が推し進められるような枠組を創り出す」という点で重要である[Taylor, 1962: 120]。他方で、社会が進歩するためには、コンセンサスの装いを打破し、現状維持か改革かという根本的な選択がなされねばならない。テイラーは、そうした選択のためには、「階級間の緊張」に依拠した左派政党が不可欠だと説く[Taylor, 1962: 121]。彼は、こうした観点から、NDPというプロジェクトには、カナダ政治の未来にとって重要な意義があると考えたのである。

とはいえ、小選挙区制の下、第三政党が選択肢となることは容易でない。NDPが直面した最初の試練は、一九六二年と一九六三年に連続して行われた連邦総選挙である。NDPの獲得議席数はそれぞれ一九と一八であり、二五議席を獲得したCCF時代の一九五七年連邦総選挙を下回ったばかりか、社会信用党の台頭により第四党に転落した[Sayers, 2017]。テイラー自身も、Mount Royal 選挙区から二度出馬し、いずれも落選した。こうした失敗の結果、一九六三年八月にサスカチュワン州レジャイナで開催されたNDP第二回連邦党大会には不満が渦巻いていた。NDPの創設に意味はあったのか。党組織の官僚化と政策方針の穏健化を受け入れてまで、CLCとの提携を進める必要はあったのか。奇しくも三十年前に「資本主義の廃絶」を掲げる『レジャイナ宣言』が採択された地において、往年の活動家たちのあいだにはCCF復活の動きもあった。だが、テイラーにとって、党内におけるこうした動向はNDPの価値を切り下げるものであった。そこで、彼は、下院議員コリン・キャメロンとともに「原則と目的」声明を起草し、巧みな言葉選びで、活動家たちの不満に応答しつつ、CCFへの回帰を牽制したのである[Morton, 1977: 44-5]。この声明の表現については、ＮＤＰがＣＣＦから進歩していない証左だという党内右派からの批判もあったが、これにテイラーは激しく反発している［Taylor, 1963］。ＮＤＰの価値は、適切なプログラムを提示することを通じて、選挙結果を追求することにある。声明の言葉尻を捕らえて、ＮＤＰとＣＣＦの同一性を云々することは無意味である。論じるべきは、二回の連邦総選挙において、「党とそのプログラムに共感している有権者の多くに、カナダ政治における従来の選択肢の外に投票し、「票を無駄にする」ことができるということを納得させられなかった」ということである［Taylor, 1963: 150］。テイラーは、「時代に必要なプログラムは何か、そして、それをどう伝えるか」ということについてこそ、知恵を絞るべきだと主張する［Taylor, 1963: 151］。そして、彼自身、ＮＤＰの執行部において、「時代に必要なプログラム」を定式化するために尽力していくこととなる。

３　ＮＤＰにおけるテイラーの役割

ＮＤＰにおいてテイラーが担うことになった役割は、執行部における政策提言に留まらない。地域意識が強いカナダにおいて、「時代に必要なプログラムをどう伝えるか」という課題は各州の支部が引き受けねばならない。テイラーもまた、出身地であるケベック州の支部（ＮＰＤＱ）において積極的に活動した。それ故、ＮＤＰにおける彼の役割を理解するためには、ケベック州におけるＮＤＰの活動に着目することが不可欠となる。

ＮＤＰにとってケベック州は鬼門である。当時、ケベック州に割り当てられた議席数は、下院総議席の四分の一を超えていた［Sayers, 2017］。これは、ＮＤＰが政権を狙うためには、同州における議席獲得が不可欠だということを意味する。しかし問題は、ＣＣＦが同州に支持基盤を構築できていないということにあった。その要因は、次の二点に整理することができる。第一に、ケベック州内においては、ＣＣＦに対する理解が進まなかった。ＣＣＦは、プロテスタント的な色彩をもつ英語圏の諸運動から構成されており、同州のフランス語系カナダ人にとっては疎遠なものであった。さらに、一九四〇年代前半まで、カトリック教会の有力者が、ＣＣＦとの関わりについての警告と非難を公然と行っていたことも大きく影響した［Oliver and Taylor, 1991: 143］。第二に、ＣＣＦの側においても、ケベック州への理解が不十分であった。党内部には、フランス語系カナダ人に対する偏見が根深く残っていた［Sarra-Bournet, 1986: 11］。また、連邦レベルでの経済コントロールを重視する中央集権的な志向が強く、ケベック州の要求は偏狭なものとして捉えられる傾向にあった［Erickson and Laycock, 2015: 64］。かくして、ＮＤＰはＣＣＦ時代のこうしたディスアドバンテージを覆し、ケベック州内に新たな支持基盤を構築しなくてはならなかったのである。実際、「新党が創設された理由の一つは、カナダの民主的な左派に、ＣＣＦが育たなかったケベックに根を下ろす機会を与えることであった」［Oliver and Taylor, 1991: 142］。

その点、ＮＤＰ創設大会にＦＴＱ（Fédération des travailleurs et travailleuses du Québec）の代表団が大挙して参加した時には、新党の前途に光明が見出された［Oliver and Taylor, 1991: 144-5］。大会は、党規約における「national」という語を、「federal」や「Canadian」という語に置き換えるなど、ケベック州からの参加者を熱烈に歓迎した。そして、その要求を積極的に受け入れる形で、「二つのネイション」の平等性の実現を新党のプログラムに書き込んだのである［Cross, 1973: 39-40］。本稿にとって、ＮＤＰが、創設の時点において、「フランス語系カナダ人のナショナルなアイデンティティを保障する」［Cross, 1973: 39］と宣言したことは重要である。というのも、テイラーによる非対称的連邦制の擁護は、こうしたＮＤＰ創設時の方針を支持し、具体化することを意味していたからである。

もっとも、こうした「エキサイティングな約束にもかかわらず、ケベック州は、新しい党にとってまだ砂漠のようなところであった」［Morton, 1977: 36］。選挙を有利に戦うだけの安定した組織と財政基盤を備えたケベック支部なるものが、突如として現れることはない。実際、一九六二・一九六三年の連邦総選挙は「臨時評議会」によって運営されていた［Lamoureux, 1985: Ch. 11］。それ故、選挙後のＮＤＰは、強固なケベック支部を設立することを喫緊の課題としていた。それは、州政治において一定の存在感を発揮し、連邦／州レベルにおいて相乗的に支持者を拡大できるような支部でなければならない。

しかし、ＮＤＰは、こうした支部の設立に失敗した。そこには二つの要因があった［Oliver and Taylor, 1991: 145-6］。第一に、二回の連邦総選挙が短期間に行われたことによって、人的・財政的な資源が枯渇したこと。そして、第二に、ケベック・ナショナリズムが分離主義的な方向に伸展したことである。第二の要因がより重要である。ケベック・ナショナリズムは、一九六〇年の州議会選挙でジャン・ルサージ率いるケベック自由党が勝利し、「静かな革命」と呼ばれる産業・教育政策の近代化が急速に進行する中において拡大した[9]。それは、とりわけフランス語系カナダ人に対する英語系カナダ人の経済的優位性の打破を課題として、ケベック州政府の権限拡張を要求する。その要求には様々な程度があるが、「共通しているのは、連邦レベルの政府とその仕組みに対して無関心であり、あるいは、敵意にも発展しうるということ」であった [Taylor, 1964a: 7]。

こうしたケベック・ナショナリズムが、NPDQ（NDPケベック支部）設立にも大きく影響した。NDPが連邦／州レベルで政権を目指す政党である以上、党組織におけるNPDQの地位は、未来のあるべきケベック州の地位を反映したものでなければならない。その点、臨時評議会には、既に、連邦党との連携を重視する連邦主義者とより広範な自律性を主張するナショナリストとの対立が潜在していた [Lamoureux, 1985: 139-143]。そして、選挙後の一九六三年七月に開催された「方向性会議（Congrès d Orientation）」において、両者の分裂が決定的となる [Taylor, 1964a: 8]。同会議では、ナショナリストが過半数を占め、州政治のための組織がNDPと分離されることとなったのである。同年十一月には、CCFケベック支部元代表のミシェル・シャルトランを代表として、PSQ（Parti socialiste du Québec）が設立され、NDPとは限定的な協力関係を築くことが宣言された[10]。結果として、NDPのケベック州における活動領域は連邦選挙に制約され、支持層を拡大する機会は大きく失われた。同時に、NPDQを構成する人的リソースも大いに奪われ、常設組織の確立は一九六五年までずれ込むこととなる。

この間、テイラーは、一貫した連邦主義者として、ケベック州の左派をNDPに引き留めるべく努力していた。例えば、第二回連邦党大会（一九六三年八月）においては、連邦党首マイケル・オリバーと共に、英語系カナダとフランス語系カナダという「二つのネイション」の平等性を再確認するよう訴え、非対称的連邦制に関するより柔軟な構想への支持を確保している [Morton, 1977: 45]。

そもそも、テイラーは、なぜ連邦主義を支持するのか。NDPがケベック州における支持を必要としているのは上述の通りである。ここでは、それとは逆に、ケベック州の左派がＮＤＰを必要としている理由が問題となる。

テイラーは、ケベック・ナショナリストに見られる「包括的思考（la pensée globale）」を批判する［Taylor, 1964b］。確かに、フランス語系カナダ人の社会経済的な苦境を解決する上で、連邦政府に対するケベック州の権限要求には必要不可欠なものが多くある。しかし、「こうした要求が、ナショナリストの願望というよりも、状況の必要性から生じている」ということが重要である［Taylor, 1964a: 8］。社会経済的な苦境は、必ずしも、州政府の政治的自律性を高めさえすれば解決するという訳ではない。

> （マルクス主義的な意味での）経済的疎外は、その原因――それは、一般的であり、ナショナルな疎外がない場所にも存在する――についても、その解決法についても、ナショナルな疎外に由来するものではない。〔…〕ここで二つの異なる現象を扱っていることを認識すべきである。ケベックのイデオローグが、全てを同じ見出しの下に置き、単一の解決策によって全てを解決しようとするのは、言葉の混同によるものに他ならない。［Taylor, 1964b: 17］

全ての問題を解決する唯一の策があるという「包括的思考」は、具体的な問題認識と適切な解決策の定式化を妨げる。包括的な解決策として独立に訴えるナショナリストは、「独立の編成に長い時間がかかり、その間、我々の眼前にある真に重要な問題のほとんどすべてを解決できない」というリスクを全く考慮しておらず、安易に「連邦レベルにおけるあらゆる効果的な選挙行為から自らを切り離す」ことになりかねない［Taylor, 1964b: 12-3］。また、その行き着く先は「全体主義」であり、「民主主義を破壊し、盲目的なテロリズムを行うこと」を正当化するに至るだろう［Taylor, 1964b: 21］[(11)]。ケベック州の左派がフランス語系カナダ人の社会経済的な苦境を真剣に解決したいのならば、むしろ、連邦政府とケベック州政府の権限のバランスを柔軟かつ協調的に調整するための制度を作り出すことの方が喫緊の課題である。かくして、テイラーは、ケベック州の左派に対して、連邦政治における代弁者、つまりＮＤＰと連携することが不可欠だと説くのである。

本節の議論をまとめたい。テイラーは、フランス語系の連邦主義者として、連邦政党たるＮＤＰとケベック州の左派を架橋するという役割を担うこととなった。一方で、連邦レベルにおいては、創設大会で示された方針を具体化し、「憲法問題の解決策を見出すという仕事」を引き受け、「そのバイリンガルな哲学的才覚が厳しく試されることになった」[Morton, 1977: 59]。他方で、ケベック州内においては、分離主義者を牽制しつつ、ＮＰＤＱの常設組織を確立するために奔走することとなったのである。その点、テイラーの「承認の政治」の端緒は、一九六一年のＮＤＰ創設大会にあると言って良い。「階級間の緊張」に根ざし、公正な経済発展や充実した社会保障の実現を目指すＮＤＰにとって、党勢を拡大するためにも、「二つのネイション」の平等性を実現するという公約は不可欠であった。それはどのように具体化されるべきか。経済／文化という問題領域が不可避的に交差するＮＤＰの言説空間において、テイラーは、一方が他方に還元されないことを強調しつつ、その交点において思考したのである。次節で検討するように、テイラーは、一九六〇年代後半の政治状況を背景に、こうした思考を「左派ナショナリズム」構想として理論化することとなる。

三　テイラーの「左派ナショナリズム」——カナダの経済的な独立とケベック州の承認

1　テイラーの「左派ナショナリズム」とは何か

一九六〇年代後半のカナダは、英語系カナダ人の間においても、ナショナリズムが高揚した時代であった。ピアソン政権下においてはナショナルなイベントが連続した（例えば、一九六五年の国旗制定、一九六七年のモントリオール万国博覧会）。しばしば、こうしたカナダ・ナショナリズムはアメリカの影響力に対する強い懸念を伴っていた。その背景の一つは、外交・軍事政策における加米間の軋轢である。首相がピアソンに代わっても、そうした軋轢が払拭された訳ではない［櫻田、二〇〇六年、四章］。更に、公民権運動やベトナム反戦運動によって触発された道徳的な対米批判によって、とりわけ学生のうちに、カナダの対米独立、あるいは「存続（survival）」への問題関心が拡大した。

こうした問題関心の拡大に影響を与えたのが、ジョージ・グラントの『ネイションへの哀歌』(一九六五年)である。同書は、トーリー的な保守主義の立場から、カナダの独自性の維持がもはや不可能だと主張する。その不可能性は、連邦総選挙におけるディーフェンベーカーの敗北のうちに明確になった。もっともグラントにとって、その敗北は歴史的必然である。アメリカを中心とした産業技術文明は、個人の無制限な自由を要求する。その拡大を前に、カナダであれどこであれ、もはや保守主義は持ちこたえられない。「我々の時代における保守主義の不可能性は、カナダの不可能性である」[Grant, 2005: 67]。

こうしたグラントの議論は若き知識人を大いに触発した。テイラーも例外ではない。実際、一九六〇年代における一連のナショナリズム論は、グラントに応答することから始まっている[Taylor, 1965a: 10-1]。テイラーは、グラントに抗い、依然としてカナダ・ナショナリズムが可能であると主張する。そして、そうした主張を、NDPの成功と関連づける。カナダの経済的な対米独立の可能性は、カナダにおける左派政党の確立にかかっているというのである。そこで以下では、一九六〇年代後半におけるテイラーの論説を横断的に参照し、「左派ナショナリズム」と特徴づけられるべき構想の内実を検討する。そして、その構想のうちにおいて非対称的連邦制が擁護された仕方を明らかにしたい。

テイラーは、一見、オーソドックスな経済的ナショナリズムを展開する。曰く、アメリカによるカナダの支配という「問題の核心は、結局、経済的なものである」[Taylor, 1967: 7]。カナダの政治的自律性は、ブランチ・プラント経済、そして、それに起因する貿易の対米依存と赤字によって損なわれている。ブランチ・プラント経済とは、関税を回避しようとしたアメリカ企業がカナダ国内に支社と工場を次々と設立したことによって生み出された経済構造をいう。この構造においては、カナダの子会社がアメリカの親会社の意向に拘束されるだけでなく、不必要かつ不利な取引を強いられ、対米依存と赤字が慢性化する。更に、創造的な研究活動が親会社に独占されることで、国際的に競争力のある産業がカナダ国内に育たない。それ故、テイラーは、カナダの対米独立は、経済構造を改革し、ブランチ・プラント経済を打破できるか否かにかかっているという。改革のために次の三つの政策が提案される[Taylor, 1966a: 14-5; 1967: 9]。第一に、海外借入金に占める直接投資の割合を減らすこと。第二に、親会社との取引の情報公開を子会社に対して求めること。そして第三に、カナダ開発基金を設立し、公的な経済計画において投資をコントロールすることによって、国内に充実した研究環境と起業家精神を養うこと。こうした政策を通じた経済的な対米独立は、NDPの目標でなければならない。というのも、公正な経済発展や充実した社会保障といった政策を実現するためには、アメリカ企業によって設定・制約された政治的優先順位に挑戦することが必要だからである。

こうした主張に対しては、二つの問いが提起される。第一に、分離主義的なケベック・ナショナリズムに対する彼の批判は、彼の擁護するカナダ・ナショナリズムに対しても等しく適用されるのではないか。第二に、カナダの経済的な対米独立は、どういった政治的主体によって実現するのか。

第一の問いについて、テイラーは、次のように、カナダ・ナショナリズムとケベック・ナショナリズムとを区別する。

ナショナリズムは、ネイションの生活に参加し、そこから生じるもの全てに絶対的な価値を置き、これを正誤の判定基準とするような情緒的な感情（the visceral emotion）のことを意味しうる。近代世界は、この種のナショナリズムが生み出した残骸で埋め尽くされている。〔…〕しかし、我々がこうした情緒的なタイプのカナダ・ナショナリズムに魅了されるという想像はファンタジックである。我々はあまりにも多様である。カナダを構成する諸文化、あるいは「諸ネイション」だけが、この種の感情を生み出すだけの一体性を有している。〔…〕しかし、ナショナリズムにはもう一つの種類がある（実際には、いくつもの種類があるが）。それは、ある人々が共に行動する（do together）ことの重要性や、その集合的成果と共通目標（common goals）の重要性の感覚に依拠するのである。［Taylor, 1967: 4］

実現可能なカナダ・ナショナリズムは、独断的な真正性の主張に転化するような「情緒的な」ナショナリズムではなく、何らかの「共通目標」の追求を核心とした「未来志向の（prospective）」ナショナリズムであり、擁護可能である［Taylor, 1966a: 12; 1967: 4-5］。そして、その「共通目標」によって、カナダの対米独立の追求はポジティブに正当化されうる。そうした「共通目標」の候補は三つある［Taylor, 1965a: 13-4; 1966a: 13; 1967: 5］。第一に、カナダ国内の各地域を複合的かつ公正に発展させること、第二に、二文化社会を実現すること、第三に、途上国との連携を通じて平和的な外交を行うことである。注目したいのは第二の目標である。ここにおいては、二文化社会の実現が、経済的ナショナリズムを正当化する理念として位置づけられている。

第二の問いについてはどうだろうか。既存の二大政党は、カナダの経済的独立を追求する政治的主体たりえない[Taylor, 1966a: 15; 1967: 10-1]。それらは、強力な経済政策を展開するだけの政治的基盤をもっているようにも思える。しかし、両者が連邦レベルで支持されているのは、ブローカー的な調整能力の故であり、問題解決能力があるからという訳ではない。そして、自由党にしろ、進歩保守党にしろ、そのブローカー的能力を民間企業からの資金援助によって確保している以上、結局のところ、アメリカとの経済的統合を進める「大陸主義者（continentalist）」以外の何者にもなりえない。

それ故、カナダの経済的な対米独立を実現する政治的主体は、非エリートに支持基盤を有し、ビジネス・エリートの設定した政治的優先順位に挑戦することを目標とする左派政党でしかありえない。だが「改革のための強固な政治的基盤をもつ改革政党が、カナダ全域で統一したことは一度もない。私〔=テイラー〕の分析が正しければ、カナダに経済的独立をもたらすような政策が消えてしまったのは、こうした汎カナダ的な左派同盟の不在が原因である」[Taylor, 1966a: 15]。そして、こうした左派連合を構築することこそ、NDPの存在意義に他ならない。かくして、テイラーの構想する経済的ナショナリズムは、NDPの媒介を不可欠とする「左派」ナショナリズムとして精緻化される。

新しいカナダを構築することは可能なのか？　あるいは同じことだが、国中の左派を団結させることは可能なのだろうか？〔…〕カナダの左派には、農民と労働者の間、英語圏とフランス語圏の間という二つの大きな亀裂がある。NDPは一つ目の亀裂を埋めることに成功した。〔…〕そして、ケベック州でのこの政党の台頭は、二つ目の希望を私たちに与えている。[Taylor, 1965a: 14（傍点執筆者）]

ここにおいては、非対称的連邦制を通じた二文化社会の実現が、左派連合を構築するための条件として位置づけられる。また同時に、地域横断的な左派連合が、両文化の間に「共通目標」を与え、二文化社会を安定化するとされる。テイラーの「左派ナショナリズム」構想においては、「〔二文化間の〕統一と〔対米独立という〕ナショナリズムの問題は分離不可能な仕方で絡み合っている。そして、両者は、社会経済的な線に沿ったカナダ政治の分極化（polarization）と結びついているのである」[Taylor, 1967: 11]。一九六〇年代は、そうした「分極化」のための、したがって、カナダが経済的な対米独立を追求し、社会民主主義的な政策を展開していくための最後のチャンスである。政治学者ガッド・ホロウィッツによるインタビューにおいて、「カナダ政治あるいはカナダ社会のうちに、左右の分極化に向かうサインはあるのか？」と問われたテイラーは次のように述べる。

> フランス語系カナダが、その思想や伝統的な見解を大幅に修正しようとしている今、〔英語系とフランス語系との〕結びつきを生み出すことができるのは、この瞬間しかないのです。フランス語系カナダにおける思想の革命が、徹底的に内向きのナショナリスト的な方向に向かうならば、おそらくカナダの終焉となるでしょうし、カナダの存続の希望の終焉となることは確かです。しかし、〔…〕五年後には手遅れでしょうが、それが可能だというサインはあるのです。[Taylor, 1966b: 13（傍点執筆者）]

まとめよう。テイラーは、カナダ・ナショナリズムという問題圏においてＮＤＰの政策方針を定式化する。ＮＤＰにおける左派連合の構築なくして、カナダの経済的な対米独立はあり得ないし、経済的な対米独立がなければ、公正な経済発展や充実した社会保障の実施可能性は大きく制約される。そして、彼の非対称的連邦制というヴィジョンは、こうした「左派ナショナリズム」構想のうちに位置づけられていた。そのヴィジョンは、経済的な対米独立を正当化する理念であると同時に、ＮＤＰにおける左派連合の構築のための条件なのである。また、そうした左派連合の構築が、二文化間の和解を促進するだろう。

このように、テイラーは、経済／文化という問題領域を横断した構想を精緻化した。彼は、この構想をＮＤＰのプログラムに反映させるべく積極的に活動する。そして、一九六九年、「左派ナショナリズム」をめぐる激しい党内対立に巻き込まれることになる。

２　テイラーと『ワッフル宣言』――「左派ナショナリズム」をめぐる対立

一九六三年の連邦総選挙後におけるＮＤＰは、一九六四年四月のサスカチュワン州議会選挙によって追い打ちをかけられることとなる。公的医療保険導入に対する医師のストライキの余波を受けて、一九四四年以来の政権を失ったのである。だが、一九六四年後半、幾つかの予備選挙に勝利したことで、ＮＤＰは立ち直り始める [Morton, 1977: Ch. 4]。ケベック州においても進展があった。一九六五年三月にＮＰＤＱの常設組織が正式に設立されることとなったのである [Lamoureux, 1985: Ch. 12]。代表に就任したロベール・クリシュは、一九六三年以来ＮＰＤＱを率いてきた弁護士であり、「ケベック州民に党のメッセージを〔…〕後にも先にもないほどの力で伝えることができる」人物であった [Oliver and Taylor, 1991: 147-8; cf. Taylor, 1980]。クリシュの影響力を背景に、一九六五年七月の第三回連邦党大会においては、ケベック州が連邦において「特別の地位（special status）」を有していることが承認され [NDP, 1976: 90]、連邦政府と州政府とが共同で経済計画に関与するスキームも受け入れられた [Morton, 1977: 60; cf. Taylor, 1965c]。そして、一九六五年の連邦総選挙において、ＮＰＤＱは、議席を確保できなかったものの、全国平均に匹敵する得票率を獲得した [Sarra-Bournet, 1986: 12]。ＮＤＰ全体としても、前評判を覆し、三議席とはいえ議席数を伸ばした。その後、一九六六年のマニトバ州議会選挙、ブリティッシュ・コロンビア州議会選挙、一九六七年のオンタリオ州議会選挙においても議席数を伸ばしたことによって、次の連邦総選挙への期待は否応なしに高まっていった。

テイラーは、一九六五年の連邦総選挙にMount Royal選挙区から出馬したが、後の首相ピエール・トルドーに敗れた。とはいえ、一九六六年には、ＮＤＰ副党首に就任し、名実ともにＮＤＰ執行部の中心人物となる [Redhead, 2002: 48]。副党首テイラーは、自らの「左派ナショナリズム」構想への理解を党内に広げるために、積極的に活動した。例えば、テイラーは、カール・ポランニーの娘であるカリ・ポランニー・レーヴィットに、国外からの直接投資問題を研究するよう依頼している［Levitt, 1970: xix］。また、一九六六年から六七年には、テイラー、レーヴィット、トロント大学の経済学者メル・ワトキンスを論者として、対米経済問題をめぐるＮＤＰの政策セミナーが開催された［Blocker, 2019: 130-1］。そして、一九六七年の第四回連邦党大会においては、ブランチ・プラント経済にかんする声明が採択され［Morton, 1977: 76］、ケベック州の「特別な地位」を支持するというポジション・ペーパーも採択されたのである［Oliver and Taylor, 1991: 148］。

かくして、ＮＤＰは一九六八年の連邦総選挙を迎える。選挙戦において、ＮＤＰは『外国所有とカナダの産業構造』報告書（通称『ワトキンス報告書』）を支持し、経済的ナショナリズムの観点から二大政党に論戦を仕掛けることとなる。同報告書は、自由党ウォルター・ゴードン枢密院議長によって設置されたタスクフォース（座長：ワトキンス）の成果であり、カナダにおける多国籍企業の問題と解決策を提示するものであった。(12) だが、『ワトキンス報告書』がＮＤＰの有効な武器になったとは言い難い。それは、経済的ナショナリズムが有権者に広く浸透していなかったからでもあるが、むしろ、一九六八年のカナダが所謂「トルドーマニア」の只中にあったからといった方が良いだろう。ピアソン首相の退任によって誕生した新首相トルドーが、古い政治に風穴を開ける若い知的な政治家として登場し、旋風を巻き起こしていたのである。ケベック・ナショナリズムが過激化する中において、彼のパーソナリティは、分離主義に厳しく対処するフランス語系カナダ人であるという点で際立っていた。そして、ケベック・ナショナリズムという論点においてＮＤＰは守勢に入らざるをえなかった。テイラーが分離主義者を牽制しつつ、連邦レベルの左派連合を構築するために擁護してきた非対称的連邦制の構想が、分離主義者への軟弱な譲歩として攻撃されることとなったのである［Morton, 1977: 83］。結果、ＮＤＰは一議席増に留まり、事前の期待は決定的に裏切られることとなる。そして、ＮＰＤＱにとっては、テイラーが出馬したDollard選挙区を含めて、重点的にキャンペーンを行った選挙区で議席を獲得できなかったこと、とりわけ、代表のクリシュが落選し、引退に追い込まれたことは、取返しのつかない大きな打撃となった［Oliver and Taylor, 1991: 149］。

ＮＤＰは再び失意に沈んだ。こうした状況において生み出されたのが、『独立した社会主義的カナダのための宣言』（通称『ワッフル宣言』）である。『ワッフル宣言』は、『報告書』の作成過程において左傾化したワトキンスを中心に、ＮＤＰのラディカル化を望む若きニュー・レフトたちによって起草された。[13] その内容は、左派勢力の伸展によってのみ、カナダの経済的独立を達成することができると論じる点で、テイラーの主張と重なり合う。だが、『ワッフル宣言』のアクセントは、むしろ、議会外における運動の中心性、ＣＣＦへの回帰を思わせる社会主義的なヴィジョン、アメリカ帝国主義に対する批判、分離主義的なケベック・ナショナリズムへの共感といった主張に置かれている。

新民主党は、根本的な社会変化に寄与する運動の、議会的な翼（parliamentary wing）として理解されねばならない。〔…〕資本主義は、カナダ国民全体の利益のために、社会主義、ナショナルな投資計画、生産手段の公的所有に置き換えられなければならない。〔…〕統一されたカナダは、アメリカ帝国主義の現実に対抗する成功した戦略を追求する上で、極めて重要である。ケベックの歴史と願望は、「二つのネイション、一つの闘争」という共通の認識から新しい紐帯が生まれるという確信のもとに、十分に表現、実現されることが認められなければならない。[Cross, 1974: 43-4]

こうした主張は、公民権運動やベトナム反戦運動に触発された道徳的な対米批判、そして、連邦総選挙に失敗し続けるＮＤＰへの不満を背景に支持を集めていく。そして、その支持者（以下ワフラー）は、一九六九年十月に開催される第五回連邦党大会における採択を目指して、運動を開始したのである。

第五回連邦党大会は、かつてないほど紛糾した大会となった。まず各委員会レベルにおいて主流派とワフラーとが対立した。テイラーも、ケベック委員会において、ワフラーの主張を退け、非対称的連邦制を擁護するために論陣を張った [Jones, 1969: 10; Newman, 1969: 12]。勿論、党大会のクライマックスは『ワッフル宣言』の採決であった。テイラーは、『ワッフル宣言』に対抗して、デイヴィッド・ルイスと共に『統合され独立したカナダのために』（通称『マシュマロ決議』）を起草し、これを提出する〔Morton, 1977: 94〕。そして、ＴＶで全国放送された討論会を経て、最終的に『マシュマロ決議』が四九九票対二六八票で採択されることとなる。

テイラーは『ワッフル宣言』の何を問題にしたのか。彼は、後に撤回したとはいえ、一度は同宣言に署名をしており〔Morton, 1977: 93; Blocker, 2019: 153〕、「左派ナショナリズム」の主唱者として、若きニュー・レフトたちの主張に一定の共感をもっていたのである。(14) だが、テイラーは、彼らの主張が、アメリカに対する批判を軸としていることに同意することができなかった。

> 私が考える大会の大いにポジティブな成果は、『ワッフル宣言』のおかげで、私が最も重要だと考える政策、つまりカナダの経済的独立に関する政策を劇的に表現できたことである。カナダ国民に緊急に伝えなければならないことがあるとすれば、それはこの政策なのである。〔…〕ニュー・レフトに影響された多くの人々がＮＤＹ（＝ＮＤＰ青年部）や党に参加すること〔…〕は、アメリカをモデルとした純粋な疎外の政治からの脱却を意味する。〔…〕しかし、他方で、アメリカへの執着がかなり残っている。このことによって、「反米主義」という問題にかんして、これまでで最も不毛な党内論争がもたらされるかもしれない。〔Taylor, 1969: 6-7（傍点執筆者）〕

上述の通り、テイラーの「未来志向の」ナショナリズムにとって重要なのは、カナダ独自の「共通目標」を中心に、文化的な分断を超えて左派が連合することである。その点、アメリカに対する道徳的批判は、経済的な対米独立を正当化する「共通目標」にはなりえない。また、そうした批判の観点からケベック・ナショナリズムとの連帯を訴えることは、アメリカの影響下にある既存の連邦制に対する敵意と分離主義を煽るだけである――それは、ケベック州における社会経済的な諸問題の解決を遅らせるということを意味する。テイラーがワフラーに求めるのは、カナダの「共通目標」を具体化し、それへの支持を広く集めるために党内で、そして、選挙区において努力することなのである。

一九六九年のテイラーはワフラーとの融和の可能性を信じている。しかし、ワフラーは、その主張をよりラディカル化させつつ、独自の党内勢力として活動することを選択する。そして、一九七二年にオンタリオ州党執行部による解散要求を受けてワフラーがＮＤＰから離脱するまで、党内の対立は深刻化することとなる［Morton, 1977: Ch. 7］。

３　テイラーと一九七〇年——社会民主主義の問い直しへ

一九七〇年、テイラーは単著『政治のパターン』を公刊する。[15] その内容は、彼の「左派ナショナリズム」構想の総括と言って良い［Taylor, 1970a］。コンセンサスの装いを打破する「分極化の政治（politics of polarization）」なしには、アメリカ資本の力に支えられたビジネス・エリートに挑戦することも、ブランチ・プラント経済の問題を解決することもできない。それは、公正な経済発展や充実した社会保障を諦めるということを意味する。一方、「分極化の政治」は、ナショナルな「共通目標」を掲げ、二文化を横断した左派勢力の連合を必要とする。非対称的連邦制の実現は、そうした「共通目標」の一つでもある。同書においては、こうした「左派ナショナリズム」構想、すなわち、左派連合の構築による政治的分極化と二文化社会の実現というＮＤＰのプログラムが、「対話社会（dialogue society）」の構想として特徴づけ直されている。

本稿が示してきたように、こうした構想は一九六〇年代カナダの政治状況を文脈として精緻化されたものである。最後に注目したいのは、その一貫性というよりも、『政治のパターン』に見られる新たなニュアンスである。同書は、一九六〇年代末の経験、つまり、一九六八年の連邦総選挙におけるトルドーマニアと、『ワッフル宣言』を背後から支えている学生反乱とによって状況づけられている。テイラーの思索は、両者の狭間において、政治参加の源泉と社会民主主義の問い直しへと向かい始めるのである。

テイラーは、トルドーマニアと学生反乱のうちに、政治参加の不適切な形態を見て取る［Taylor, 1970a: Ch. 5］。一方で、トルドーは、社会改革に参加したいという市民の願望を引き受けたが、それが可能となったのは、具体的なプログラムを提示せずに、古い政治との決別というイメージを提示したからにすぎない。また、彼自身が改革を志向しているとしても、自由党内においては、経済構造の変革に着手することはできず、せいぜいスタイルや感性の変化を表現できるに留まる。結局、トルドーの勝利によって「カナダにおけるコンセンサスの政治が勝利した」のである［Taylor, 1970a: 二］。他方で、学生の反乱が社会の変化をもたらすこともない。確かに、政治・経済的なシステムに対する批判的な感受性は評価されるべきである。しかし、既存のシステムを全面的に拒絶・転覆することで新しい社会を生み出すことができるという信念は、「ＧＮＰの上昇が全人類の問題を解決すると考える人々のユートピア主義と瓜二つである」［Taylor, 1970a: 63］。

上述の通り、議会を通じた改革の擁護は一九六〇年代を一貫している。だが、注目すべきは、トルドーマニアと学生反乱を巡る考察において、市民の政治参加のあり方が、その源泉から問題とされているということである。

> 何らかのより広い意味ある生に接触したいという願望は、〔トルドーマニアに見られるような〕参加の何らかのマジカルな幻想として、あるいは、〔学生たちの反抗に典型的であるような〕閉ざされた社会の全体的な意味の統合されたウェブを再構築する試みとして、政治的領域に参入してくる限り、民主化のニーズと一致しない。〔…〕より有意義な民主主義は、さもなければ挑戦されないままであった権力の次元を論争に持ち込むであろう、分極化の政治を要請する。［Taylor, 1970a: 127（傍点執筆者）］

テイラーが強調するのは、「何らかのより広く、より十全で、より有意味な生に接触することへの普遍的な人間的願望の観点からのみ理解されうる政治の重要な次元がある」［Taylor, 1970a: 103］ということである。こうした「願望」は、トルドーマニアとしても、学生反乱としても表出しうる。「分極化の政治」がこうした「願望」に依拠しなければならない以上、その分析・理解が深められなければ、「コンセンサスの政治」と過激な政治運動との間で、ＮＤＰはいつまでも立ち往生することになるだろう。

ケベック州をめぐる一九七〇年の政治状況によって、こうした課題の緊急性は増大した。一九六八年にＰＳＱが解散したことによって、ＮＰＤＱは、一九七〇年四月の州議会選挙に候補者を立てた。この選挙のインパクトは、ＮＰＤＱ

が議席を獲得できなかったということよりも、一九六八年に創設された独立主義政党ＰＱ（Parti Québécois）が七議席を獲得したということにあった。ケベック・ナショナリズムは明らかに新たなフェイズに入りつつあったのである。そして、半年後、ＦＬＱ（Front de Libération du Québec）がケベック州副首相のピエール・ラポルトを誘拐・殺害し、いわゆる十月危機が起きる。トルドー首相は戦時措置法を発動し、強力な警察権を解放した。これは、ＮＤＰの主流派を困難な立場に追い込むこととなる――分離主義とＦＬＱのテロを支持する訳にはいかないが、戦時措置法という過剰な統制・介入にも反対しなくてはいけない［Cf. Taylor, 1970b］。そのような中、ワフラーは、ＰＱとの連携をちらつかせつつ、分離主義への支持を表明する［Smart, 1990: 198-9］。一九七一年二月には、ＮＰＤＱが、レイモン・ラリベルテ新代表の下、分離主義的なナショナリストによって占められ、ワフラーとの同盟を宣言することとなる［Morton, 1977: 121］。かくして、一九六〇年代のテイラーが構想してきた非対称的連邦制、そして地域横断的な左派連合の可能性は、トルドーの中央集権的な統治と過激化する政治運動との間で、急速に閉ざされていくように思われた。テイラー自身、ＮＤＰの副党首を退き、一九七二年の連邦総選挙に出馬しないという重要な決断を下す［Redhead, 2002: 55］。

だが、テイラーがＮＤＰを支える重要な知識人であることに変わりはない。変わったのは状況である。状況の変化に合わせて、彼の仕事は、「左派ナショナリズム」構想をＮＤＰの政策方針として提示することから、過激な政治運動が支持される論理を批判しつつ、社会民主主義の源泉と可能性を問い直すことへと移行していくのである［Taylor, 1971; 1974］。

四　おわりに

一九七一年のＮＤＰ第六回連邦党大会において、デイヴィッド・ルイスが、ワフラーの中心人物であるジェイムズ・ラクサーとの競争に勝利し、二代目の党代表に選出される。この代表選に至るまで、当のルイスを含めたＮＤＰの主流派は、テイラーを、ダグラスの後継者にと考えていた［Blocker, 2019: 236］。だが、党代表となるためには、ケベック州外の安全な選挙区から連邦選挙に出馬することが必要となる。テイラーがこれを受け入れることはなかった。彼は、NDP執行部のみならず、ケベック州において活動することにこだわったのである。一九七〇年以降も、テイラーは、分離主義的なケベック・ナショナリズムを牽制しつつ、創設大会以来の基本方針である非対称的連邦制の実現を擁護し続ける――第六回連邦党大会においては、ワフラーに対抗して連邦主義を擁護しつつ、トルドーの戦時措置法を非難する決議を起草した［Smart, 1990: 200］。ここまで明らかにしてきたように、彼にとって、非対称的連邦制は、NDPを中心とした文化横断的な左派連合を構築するための、そして、アメリカ企業によるカナダ支配に挑戦し、公正な経済発展や充実した社会保障を実現するための前提条件であった。そして、そうした左派連合の構築を通じてこそ、二文化間の対話と和解が促進されるとテイラーは考えたのである。本稿は、こうしたテイラーの思想を、独自の「左派ナショナリズム」として特徴づけ、一九六〇年代のNDP／NPDQという文脈のうちに位置づけてきた。

こうした観点からすれば、テイラーの承認論は、「社会経済的な線に沿ったカナダ政治の分極化」をめぐる主張と深く絡み合ったものとして理解されねばならない。彼の「左派ナショナリズム」構想は、経済／文化という問題領域が一方に還元されないことを前提に、双方に対して統合的にアプローチするものである。[16] また、フォレスターの批判（第一節）にもかかわらず、連邦政党たるNDPの行く末を常に案じていたテイラーの思考が、文化的な共同体の位相を超えて、変革のための集合的な行為主体の構築にまで及んでいることは言うまでもない。

集合的行為（collective action）という考えがあれば、平等とは、人々の生の機会を均等にする〔…〕ための行為によって、常に作り出されつつあるものになります。それは、人々が出発するベースラインを確立することに留まらない。むしろ、均等化を目指した集合的行為の継続的なプロセスなのです。［Taylor, 1966b: 15］

文化的共同体が社会経済的な勢力によって相対化されると想定されている点は、テイラーの承認論を読み解く上で重要である。

上述した通り、一九七〇年代以降、テイラーの理論化の力点は、「左派ナショナリズム」構想の定式化から、社会民主主義の源泉と可能性の問い直しへと移行していく[17]。その点、重要なのは、テイラーの政治思想形成史において画期となる『ヘーゲル』(一九七五年)が、カナダにおいて書かれているという事実である。彼は、一九七六年にオックスフォード大学に赴任するまで、マギル大学においてラディカルな政治運動に惹かれる学生たちと対面していたのであり、また、ワフラーとの対立が傷を残しているNDPの執行部において依然として活動していた[Redhead, 2002: 55]。テイラーのヘーゲル論は、こうした環境のうちで展開されたのであり、本稿が明らかにしてきた一九六〇年代の思考の延長線上に位置づけられねばならない。『ヘーゲル』において、テイラーは、現代の抗議の源泉を、ロマン主義ないし「表現主義(expressivism)」に結び付けつつ、ヘーゲル＝マルクス的な和解の実現不可能性を論じる。そして、必要なのは、ヘーゲルのいう「絶対的自由」を要求することなしに、状況のうちにおいて「表現主義的な抗議」を継続していくことだとする[Taylor, 1975: Ch. 20]。テイフーは、理論化の力点が変化しても、政治的対立を創出するための「状況づけられた」政治を擁護する点においては一貫している。一九七〇年代のカナダ政治を文脈としてテイラーの思想がどのように深化したのかについては、別稿にて詳細に検討したい。

いずれにせよ、本稿は、テイラーの政治思想を、承認や和解という観点を超えて、対立や分極化という観点から読み解いていく可能性を示し、そのための基本的な視座を提供するものである。彼が思考した歴史的文脈を踏まえることによって、ロールズ主義的なリベラリズムとの対照に拘束されない読解が可能になる。そして、そうした読解によってこそ、グローバルな資本主義の論理に対抗する政治的主体の可能性をめぐるテイラーの思索を焦点化し、彼の政治思想のアクチュアリティを明らかにすることができるように思える。

【謝辞】 啓発的かつ有益なコメントを下さった匿名査読者のお二方に感謝致します。

（1）本稿では、一九六〇年代カナダにおける「左派ナショナリズム」をめぐる諸言説を整理するに至っておらず、今後の課題としたい。差し当たり、Chiarello, 2020を参照。もっとも、同研究は、一九六〇年代の経済的なナショナリズムを広く「ニュー・ナショナリズム（new nationalism）」と整理した上で、『ワッフル宣言』の支持者を中心に「左派ナショナリズム」を定義する [Chiarello, 2020: Ch. 1]。その場合、テイラーのナショナリズム論は、サイ・ゴニックの言う「トロント・スター゠ウォルター・ゴードン゠エイブラハム・ロットステイン枢軸」[Gonick, 1970: 5] の側に位置づけられることとなる [Chiarello, 2020: Ch. 1-2]。だが、本稿は、テイラーが両者の間で微妙な位置取りを試みていること [Taylor, 1974]、および、彼のナショナリズム論におけるＮＤＰの重要性を踏まえれば、それを「左派ナショナリズム」と特徴づけた方が、彼の思考の文脈が明確になると考える。この場合、「左派」という語を、厳密に定義することはできないが、連邦政治において自由党よりも左に位置しているというＮＤＰの自己意識を捉えていると言うことはできる。もっとも、テイラー自身が述べているように、カナダ政治における「左派」の意味は、常に論争的である [Redhead, 2002: 48]。カナダにおける経済的ナショナリズムについては、Azzi, 2007を参照。

（2）「非対称的連邦制（asymmetrical federalism）」とは、州によって政治的権限が異なる連邦制をいう。カナダにおいて非対称的連邦制の可能性が問題となるのは、ネイションを構成原理とするケベック州と、地方自治のための単位としての性格が強い他州とが並存するからである [荒木、二〇一六年、九―一二頁]。テイラー自身、憲法問題をめぐるＮＤＰの基本方針を非対称的連邦制として特徴づけている [Oliver and Taylor, 1991: 141]。

（3）「承認の政治」論文には三つの主題がある [Taylor, 1992]。第一に、現代政治における承認要求に関する思想史的説明、第二に、リベラリズム批判と非対称的連邦制の擁護、第三に、異文化の評価可能性をめぐる考察である。いずれも重要であるが、本稿がテイラーの「承認の政治」と言う時、基本的に第二の主題を念頭においている。テイラーの非対称的連邦制の擁護を現代政治理論として分析した研究として、松元、二〇〇七年を参照。

（4）この時期におけるテイラーの社会経済的な問題関心は、一九五〇年代イギリスにおけるニュー・レフトとしての活動の延長線上にある。差し当たり、Foks, 2018を参照。

（5）一九六〇年代のテイラーを主題化した先駆的な研究として、梅川、二〇一五年を参照。同論文は『政治のパターン』の分析を中心に、同時期におけるテイラーの思想を体系的に整理する。これに対して、本稿は、テイラーの政治思想形成をＮＤＰ／ＮＰＤＱの歴史に着目して解明するという方法を採用する。注（15）も参照。

（6）「承認の政治」論文の直接的な文脈は、一九八〇年代カナダにおける憲法論争である。憲法という主題からして、同論文をロールズ主義的なリベラリズムに対するオルタナティブとして整理することは容易であったように思える。こうした文脈を前提に一九六〇年代の諸論攷が読まれる時、テイラーの社会経済的な問題関心は後景に退き、文化的な問題関心の一貫性が強調される。例えば、Redhead, 2002、高田、二〇一四年を参照。

（7）CLCは、CCL（Canadian Congress of Labour）とTLC（Trade and Labour Congress of Canada）の合同により創設された。既にCCLはCCFの支持を表明していたが、内部紛争から支持基盤として脆弱であった［Morton, 1977: 18］。また、CLCは、創設にルイスが深く関わっており、当初からCCFとの連携を視野にいれていた。カナダにおける労働運動の歴史と政治的影響力については、新川、二〇〇九年を参照。

（8）NDPの執行部には代表（leader）と党首（president）が存在する。代表は基本的に連邦下院議員が務め、党の顔として活動するのに対して、党首は主として執行部の中心となり、党内の運営を主宰する。したがって、テイラーが一九六六年から一九七一年まで務めた副党首（vice president）とは、NDPのナンバー二を意味しないことに注意が必要である。

（9）ケベック・ナショナリズムとカナダにおける憲法論争の展開については、荒木、二〇一五年を参照。テイラー自身が、ケベック・ナショナリズムを中産階級中心の現象として詳細に分析した論攷として、Taylor, 1965b を参照。

（10）PSQは、ケベック分離主義に全面的にコミットすることを拒否したため、支持を失い、消滅していく［Taylor, 1964a: 8］。PSQの消滅以降も、NDPは、ケベック州支部による自律性要求に一貫して悩まされることとなる。ケベック州におけるNDPの歴史については、Erickson and Laycock, 2015を参照。

（11）テイラーは、分離主義的なケベック・ナショナリズムを強く批判するが、ケベック・ナショナリズムそれ自体を否定している訳ではない。先行研究は、こうした厳しい批判に注目し、テイラーによるケベック・ナショナリズム論を一九七五年までと一九七九年からとに区別する［Gagnon, 2015］。だが、ケベック・ナショナリズムが「未来志向の」カナダ・ナショナリズムによって媒介されるべきだというテイラーの一貫した主張に注目すれば、両者を明確に区別することはできないように思える。いずれにせよ、ケベック・ナショナリズムの論じ方の変化は、彼のカナダ・ナショナリズム論との関係において解明されねばならない。これについては、今後の課題としたい。

（12）ゴードンは、ピアソン首相の重要な支援者であると同時に、一九五〇年代半ばから、アメリカによるカナダ経済の支配に対する問題提起を行ってきた。もっとも、財務大臣時代（一九六三年）に、肝煎りの政策であるカナダ企業買収税の導入に失敗したことからも示唆されるように、彼の経済的ナショナリズムがカナダの政財界で広く支持されていた訳ではない。実際、その苦境は、タスクフォースの座長をＮＤＰの支持者であるワトキンスに依頼したことにも看取できる。ゴードンとワトキンスの経歴、および、両者の関係については、Azzi, 2021を参照。

（13）「ワッフル」という呼称は、「ぐらつく（waffle）ならば、右より、左にぐらついた方が良い」という起草者の軽口から生まれた［Azzi, 2021: 84］。ワトキンスの左傾化については、Watkins, 1972、『ワッフル宣言』の起草過程とニュー・レフト運動との関係性については、Blocker, 2019、第五回連邦党大会以降におけるワフラーの思想展開については、Chiarello, 2020を参照。

（14）テイラーの主張にはワフラーからも一定の共感が示されている［Gonick, 1969: 42］。実際、彼が起草した『統合されたカナダ』声明は、ＮＤＰの主流に近いとはいえ、以前の党の政策よりかなり左側に振れていた」［Morton, 1977: 95］。ある意味、テイラーは『ワッフル宣言』を梃子にして、自身の「左派ナショナリズム」構想をＮＤＰのプログラムのうちに落とし込むことができたと言える。

（15）同書の分析として、梅川、二〇一五年を参照。梅川は、テイラーの行政基金論がもつ中央集権的な性格と、政治参加論における開かれた対話の擁護との間にある矛盾を指摘する。こうした矛盾は、州の自律性が強いカナダにおいて社会民主主義を標榜する連邦政党であるＮＤＰ固有のジレンマを反映していると言える。もっとも、本稿の視座からすれば、社会民主主義的なプロジェクトと「対話社会」の構想との矛盾ではなく、連関が重要である。テイラーにとっては、一方で、カナダ開発基金を始めとする社会民主主義的な政策を実現するためにも文化を横断した左右の分極化が必要であり、他方で、そうした分極化によってこそ、経済的・社会的弱者の代弁者が確立され、文化間の対話も促進される［Taylor, 1966b: 12-3; 1970: Ch. 6］。連邦レベルにおける左派政党を確立することなしに「対話社会」の実現はあり得ないのである。

（16）第一節において言及したフレイザー／ホネット論争の観点からすれば、テイラーの立場は、フレイザーのアプローチに近いといえる。もっとも、テイラーの見解を同論争に単純に当てはめることはできない。テイラーとフレイザーの承認論の相違については、例えば、Zurn, 2003を参照。

（17）もっとも、カナダの経済的な対米独立についての問題関心は、少なくとも一九九〇年代後半まで存在している。例えばテイラーは、ＮＡＦＴＡの締結によってブランチ・プラント経済の問題が失われたことを認めつつ、依然として、ナショナルな経済計画の可能性を追求しなければならないと述べる［Redhead, 2002: 50-1］。また、テイラーは一貫したＮＤＰの支持者であり、カナダ政治の分極化を支持し続けている［Taylor, 2016］。

［参考文献］

Azzi, S., 2007, "Foreign Investment and the Paradox of Economic Nationalism", in *Canadas of the Mind*, (eds.) N. Hillmer et al., McGill-Queen's University Press.

—— 2021, "The Nationalist of 1968 and the Search for Canadian Independence", in *1968 in Canada: A Year and Its Legacies*, (eds.) M. K. Hawes, et al., Canadian Museum of History and University of Ottawa Press.

Blocker, D. G., 2019, '*To Waffle to the Left': The Waffle, the New Democratic Party, and Canada's New Left during the Long Sixties*, Thesis（Ph.D.）. http://ir.lib.uwo.ca/etd/6554（参照 2022/12/23）

Chiarello, M. C., 2020, *The Course and Canon of Left Nationalism in English Canada, 1968-1979*, Thesis（Ph.D.）. https://curve.carleton.ca/c0115ff1-5795-408a-8fa1-28d3633f97d8（参照 2022/12/23）

Cross, M. S.（ed.）, 1974, *The Decline and Fall of a Good Idea: CCF-NDP Manifestoes 1932-1969*, New Hogtown Press.

Erickson, L., and D. Laycock, 2015, "The NDP and Quebec", in *Reviving Social Democracy: The Near Death and Surprising Rise of the Federal NDP*,（eds.）D. Laycock et al., UBC Press.

Foks, F., 2018, "The Sociological Imagination of the British New Left: 'Culture' and the 'Managerial Society'", in *Modern Intellectual History*, vol. 15, no. 3.

Forrester, K., 2019, *In the Shadow of Justice: Postwar Liberalism and the Remaking of Political Philosophy*, Princeton University Press.

Gagnon, B., 2015, "Charles Taylor: écrits sur la nation et le nationalisme au Québec", in *Bulletin d'histoire politique*, vol. 23, no. 3.

Gonick, C. W., 1969, "Taylor's Socialism for 1970's: A Comment", in *Canadian Dimension*, vol. 5, no. 8.

——1970, "Liberal-izing Continentalism", in *Canadian Dimension*, vol. 7, no. 4.

Grant, G., 2005, *Lament for a Nation: The Defeat of Canadian Nationalism*, McGill-Queen's University Press.

Jones, Frank, 1969, "Stay out of Quebec affairs, Taylor tells young radicals", in *Toronto Daily Star*,（October 30, 1969）.

Lamoureux, A., 1985, *Le NDP et le Québec: 1958-1985*, Editions du Parc.

Levitt, Kari, 1970, *Silent Surrender*, Macmillan of Canada.

Morton, D., 1977, *NDP: Social Democracy in Canada*, Hakkert.

New Democratic Party, 1976, *New Democratic Policies, 1961-1976*, Mutual Press.

Newman, Roger, 1969, “Radicals lose in Quebec policy change bid”, in *The Globe and Mail*, (October 30, 1969).

Oliver, M., and Ch. Taylor, 1991, “Québec”, in *Our Canada*, (ed.) L. Heaps, James Lorimer and Company.

Redhead, M., 2002, *Charles Taylor: Thinking and Living Deep Diversity*, Rowman & Littlefield.

Sayers, A. M., 2017, *Canadian Elections Database*. http://canadianelectionsdatabase.ca（参照 2022/12/23）

Sarra-Bournet, M., 1986, “The CCF-NDP in Quebec: The Lessons of History”, in *Canadian Parliamentary Review*, vol. 9, no. 3.

Smart, P., 1990, “The Waffle and Quebec”, in *Studies in Political Economy: A Socialist Review*, vol. 32, no. 1.

Taylor, Ch., 1962, “L’État et les Partis Politiques”, in *Le Rôle De l’État*, (ed.) A. Raynauld, Institut Canadien des Affaires Publiques.

——1963, “Regina Revisited: Reply to Walter Young”, in *Canadian Forum*, (Oct, 1963).

——1964a, “Left Splits in Quebec”, in *Canadian Dimension*, vol. 1, no. 7.

——1964b, “La Révolution Futile: Ou, les Avatars de la Pensée Globale”, in *Cité Libre* (Août/Sept, 1964).

——1965a, “Batir un Nouveau Canada”, in *Cité Libre*, (Août, 1965).

——1965b, “Nationalism and the Political Intelligentsia: A Case Study”, in *Queen’s Quarterly*, vol. 72, no. 1.

——1965c, “La Planification Fédérale-Provinciale”, in *Cité Libre*, (Avr, 1965).

——1966a, “Alternatives to Continentalism”, in *Canadian Dimension*, vol. 3, no. 5.

——1966b, “The End of Ideology or a New (Class) Politics?: A Dialogue between Gad Horowitz and Charles Taylor”, in *Canadian Dimension*, vol. 4, no. 1.

——1967, “Nationalism and Independence”, in *Canadian Dimension*, vol. 4, no. 3.

——1969, “The ‘America’ Issue”, in *Canadian Dimension*, vol. 6, no. 6.

——1970a, *The Pattern of Politics*, McClelland and Stewart.

——1970b, “Behind the Kidnappings: Alienation Too Profound for the System”, in *Canadian Dimension*, vol. 7, no. 5.

——1971, “The Agony of Economic Man”, in *Essays on the Left: Essays in Honour of T. C. Douglas*, (ed.) L. LaPierre, McClelland and Stewart.

——1974, “The Canadian Dilemma”, in *Canadian Forum*, (May-June, 1974).

——1975, *Hegel*, Cambridge University Press.
——1980, "Leader du NDP-Québec", in *Robert Cliché*, (ed.) A. Rouleau, Quinze.
——1992, "The Politics of Recognition", in *Multiculturalism and 'The Politics of Recognition'*, (ed.) A. Gutmann, Princeton University Press.
——2016, "Why the NDP Needs to Keep Mulcair's Hand on the Tiller", in *The Globe and Mail*, (March 23, 2016). https://www.theglobeandmail.com/opinion/why-the-NDP-needs-to-keep-mulcairs-hand-on-the-tiller/article29342754/（参照 2022/12/12）
Watkins, M., 1972, "Learning to Move Left", in *This Magazine*, vol. 6, no. 1.
Zurn, C. F., 2003, "Identity or Status? Struggles over 'Recognition' in Fraser, Honneth, and Taylor", in *Constellations*, vol. 10, no. 4.
荒木 隆人、二〇一五年、『カナダ連邦政治とケベック政治闘争』、法律文化社
梅川 佳子、二〇一五年、「テイラーの政治参加論と行政的基金論の矛盾：カナダ政治と新民主党（1961-1971）」、『法政論集』第二六四号
櫻田 大造、二〇〇六年、『カナダ・アメリカ関係史：加米首脳会談、1948-2005』、明石書店
新川 敏光、二〇〇九年、「カナダの労働運動と第四の道：もう一つの自由主義レジーム」『労働と福祉国家の可能性』新川敏光・篠田徹編、ミネルヴァ書房
高田 宏史、二〇一四年、「テイラー：コミュニタリアニズムと多元主義の「あいだ」」、『政治哲学5：理性の両義性』齋藤純一編、岩波書店
フレイザー、ナンシー／アクセル・ホネット、二〇一二年、『再配分か承認か？：政治・哲学論争』加藤泰史監訳、法政大学出版局
松元 雅和、二〇〇七年、『リベラルな多文化主義』、慶應義塾大学出版会

［政治思想学会研究奨励賞受賞論文］

現代資本主義における正統化の問題

――ハーバーマスによる資本主義の危機分析を再考する

成田大起

はじめに

資本主義社会の問題点を批判的に検討し、その変革可能性を問うことは、政治理論が取り組む課題の一つである。二〇〇八年の金融危機以降も広がり続ける格差や雇用の不安定化は、そうした理論上の要請をとりわけ強めている。例えばトマ・ピケティによって明らかにされた資本主義の構造的な不平等への傾向は、生産手段の分配や国際的な課税など、資本主義に対抗的な制度論の考察を促している(1)。更に、金融資本や経済エリートの持つ政治的影響力が増大し、それによってリベラル・デモクラシーが「危機」に陥っていることも指摘されている(2)。また「新自由主義」の規範的理念がリベラル・デモクラシーに代わって密かに社会的、政治的影響力を持つようになった背景も、批判的に分析されている(3)。このように、多くの政治理論研究が現代のグローバル化した金融資本主義社会の問題点を示し、それをどう克服するかを考察している。

本稿では、資本主義社会の変革可能性を検討するために、ユルゲン・ハーバーマスの政治理論、とりわけ『後期資本主義における正統化の問題』（以下、『正統化の問題』と略）で提示された「正統化の危機」という議論に着目する。そして本稿の目標は、一九七三年に書かれた正統化の危機の議論を、現代資本主義の状況に合わせて現代化することである。

それではなぜ、ハーバーマスの政治理論が資本主義社会を分析する上で有用なのか。他の政治理論と比べた時、彼の理論の特徴は、経済システム、行政・政治システム、社会文化システム（生活世界）の連関の中で資本主義社会の変動を捉えようとする所にある。『正統化の問題』は、経済システムを行政的に制御する戦後福祉国家の形成を背景に、これまでマルクス主義によって経済に限定して論じられてきた危機（恐慌）の概念を、政治的な正統化の問題へと置き換えて分析した。これによってハーバーマスの理論は、経済システムの変革を、官僚制、デモクラシーの制度と実践、文化的価値秩序の動態と関係づけて論じることができる。各システムの連関から危機を考察するという問題構成は、デモクラシーによる資本主義の再編可能性を論じると同時に、その行き詰りの原因を分析し批判する上で、未だ有益である。

ただし、現代のグローバル化した金融資本主義において、経済システムを制御できる福祉国家を前提とした『正統化の危機』の議論は、時代状況に即したものになっていない。これに対し本稿は、各システムの連関から危機を考察する『正統化の危機』の問題構成を維持しつつ、危機発生のシナリオを現代化することを試みる。これによって、現代のグローバルな金融資本主義において、デモクラシーによる資本主義社会の変革がどのような条件で可能になるのかを議論する。

本稿では、正統化の危機を現代化するために、主にヴォルフガング・シュトレーク、アクセル・ホネット、ナンシー・フレイザーに着目する。この三者を取り上げる理由は、彼／女らが明示的に現代資本主義の文脈をふまえ、『正統化の問題』に対案を提示しているからである。しかし、ハーバーマスの理論枠組みから言えば、シュトレークはもっぱら経済システムの動向に、ホネットは社会文化システムにおける価値評価の変化に、フレイザーは政治システムにおける正統化の問題に焦点を当てている。つまり、三者は現代の資本主義社会を各システムの連関から捉えようとしているわけではない(4)。また、近年のハーバーマスも現代資本主義社会に対応した政治理論を提示しているが、危機分析を行っているわけではない。そこで本稿は、三者の議論とハーバーマスの論考を結びつけることで、現代資本主義における正統化の危機について考察する。

更に本稿では、デモクラシーによる資本主義の再編が行き詰っている状況を打破するための、社会批判のあり方を考察する。ハーバーマスは、『正統化の問題』において資本主義の再編可能性を示したのに対し、一九八一年の『コミュニケイション的行為の理論』(以下、『行為の理論』と略)において、その再編を封じ込めてしまう「植民地化」の現象を批判している。現代においても、格差や不平等が広がっているにもかかわらず、資本主義社会が正統化しえないという危機意識や変革を求める声は広がっているとは言えない。デモクラシーによる資本主義の再編が行き詰まり、そもそも危機を語ることが可能かどうかも疑問視されつつある。(5) そこで本稿では、植民地化を現代の状況に即して解釈することで、資本主義社会の変革に資する批判の可能性をも検討する。

本稿の研究史的意義は次の三点である。第一に、ハーバーマスは『正統化の問題』以後、正統化の危機を明確には主題化しなくなる。これに対し本稿は、『正統化の問題』の問題構成から『ヨーロッパ憲法論』等で展開される近年の国境横断的なデモクラシー論を見る。(6) これによって、ハーバーマスが現代のグローバル化した金融資本主義の危機をどう論じることができるかを検討する。第二に、本稿が取り上げる論者たちを中心に、近年危機概念への関心が再び高まっている(C: Introduction)。(7) 本稿はハーバーマスの危機分析を他の論者との対比を通じて発展させることで、「批判的」な政治理論による資本主義分析を再検討する。第三に、資本主義経済をめぐるハーバーマス研究では、植民地化テーゼの再検討が進んでいる。(8) 本稿では、『正統化の問題』との関係で植民地化を捉えることで、人びとが資本主義社会の正統化を取り下げて変革に向かうための社会批判の可能性を考察する。

本稿の射程として、正統化の危機の現代化や、植民地化現象の現代的解釈は、ハーバーマスの同時代診断的な資本主義分析に限定したものであることを補足しておきたい。本稿は、各システムの連関から危機を捉える『正統化の問題』の問題構成、システムと生活世界の関係から社会の進化やコミュニケーションの歪みを捉える『行為の理論』の枠組み、形式語用論と討議理論に基づく社会批判の規範的基礎といった、ハーバーマスにおける理論の根幹部分の修正には踏み込まない。シュトレーク、ホネット、フレイザーは、ハーバーマスの理論の根幹部分を批判している側面がある。これに対し本稿は、現代資本主義に関する三者の議論をハーバーマスの理論枠組みに包摂する形で理解し、彼の同時代診断を再考することを試みる。また本稿の危機分析は、例えばドイツ、日本、アメリカの個々の文脈ごとに論じるのではなく、先進デモクラシー諸国を対象とした同時代診断を目標とする。これはハーバーマスが『正統化の問題』で取った立場である。個別の社会についての分析は、経験的研究に委ねることとしたい[9]。

以下ではまず、『正統化の問題』においてハーバーマスがどのように正統化の危機を論じたか、そして『行為の理論』において資本主義再編の行き詰まりをどのように批判したかを確認する（一）。次に、現代の資本主義を分析しつつハーバーマスに対案を提示するシュトレーク、ホネット、フレイザーの議論をそれぞれ検討する（二）。その上で、世界社会をめぐるハーバーマスの近年の議論から、彼がどのように現代資本主義における正統化の問題を論じうるか、そしてその同時代診断としての限界がどこにあるかを考察する（三）。最後に、ハーバーマスの議論を他の論者たちによって補う形で、現代資本主義における正統化の危機を再定式化した上で、資本主義再編の行き詰まりを打破するための、社会批判の可能性について論じる（四）。

一　ハーバーマスによる正統化の危機と社会批判

ハーバーマスは『正統化の問題』において、自由放任政策に支えられた自由主義的資本主義から、第二次大戦後の「国家によって規制された資本主義」への転換を説明し、資本主義の変革を迫る危機の傾向性がどのように変化したかを論じている[10]。ハーバーマスにとって「危機（Krise）」とは、社会システムの中で技術的に解決困難な問題（例えば、不況や財政赤字）が生じた結果、人びとの間で資本主義社会が耐え難いという意識が高まり、社会制度の解体と再編が求められる状況を意味する（LiS：13-14／一七―一八）。危機は、最終的に社会統合の問題、すなわち「規範的合意の基礎が損なわれている状態」となって現れ、新たに正統化された規範や制度を確立する運動へと結びついていく。

自由主義的資本主義は、本来的に不安定で、体制変動に向けた傾向性を有していた。資本主義市場は、自らの労働力を売る以外の生活手段を持たない賃労働者と、賃労働者から剰余価値を吸い上げる生産手段の所有者とのあいだの権力関係を制度化する。そうした階級間の権力関係は、市場における等価交換の公平性や、法的に自由な労働契約といった

「ブルジョワ・イデオロギー」によって正統化されていた（LiS：38／四七）。この状況を支えていたのが、生産手段の私的所有を保障し、市場を保護することに自己の活動を制限する自由主義国家である。しかし自由主義的資本主義は、経済法則にしたがって好況、恐慌、不況という景気循環を引き起こし、それは人々には破産や失業という目に見える経済危機として経験される。そうなると、これまでイデオロギー的に正統化されていた権力関係が主題化され、階級闘争や革命という形で社会統合が脅かされる。自由主義的資本主義は、経済危機を抑えて社会を再統合することができなかったため、制度的再編を余儀なくされたのである（LiS：48／六〇）。

これに対し、第二次大戦後に形成された社会（福祉）国家は、行政システムの「制御能力」を拡大させることで、社会を再統合することを可能にした。その戦略とは、国家が経済危機を引き受け、景気循環の中で生じる破産や失業を封じ込めることである。これによって、資本主義社会の社会統合は、経済から政治の問題へと置き換えられる。国家に規制された資本主義において、危機とは単なる恐慌ではなく、資本主義社会の制度的な再編を求める市民たちの政治的要求として、すなわち「正統化の危機」として描かれることになる。それでは経済危機はどのように正統化の危機へと置き換えられたのだろうか。

社会国家は、単に自由権を保障するだけでなく、通貨を安定させ、技術の進歩を組織化することで経済成長を積極的に促進する機能と、社会福祉や労働組合の権利を保障することで労働者の地位を改善する機能を担うようになる。そうなると、経済危機は行政システムによって制御されうるものになる。行政システムは、労働生産性を向上させて景気循環を制御するために、例えば教育制度を拡張し、技術を発展させ、経済成長を促進するという「総合的な計画」を立てる（LiS：53／六六）。経済成長は、公共事業を推進して雇用を確保し、社会福祉を充実させ、労働者の利益に配慮することを可能にする。その一方で行政システムは、利益を私的に蓄積する個別資本の競合する要請を調整する必要もある。例えば特定の産業を保護して破産を防ぐこと、金融政策を実施し投資機会を創出すること、国際交渉によって貿易収支を均衡させることも総合的な計画に組み込まれる。こうした様々な、時に矛盾した要求の全てに答えることができないと、行政システムの「合理性の不足」が、主に財政危機として浮上する（LiS：89／一一三）。

行政の合理的な制御能力が不十分だとしても、市民たちは直ちに制度の再編を求めるわけではない。行政システムが福祉の給付を通じて「金銭、労働から解放された時間、安全」を市民たちに補償し、政治システムが「大衆の忠誠」とエリートへの喝采という形で正統化を取り付けることに成功する間は、正統化の危機は生じない（LiS：55／六九―七〇）。この「形式的」な大衆デモクラシーが、政治に対して受動的な市民たちの私生活主義に支えられるならば、社会統合が脅かされることはない。大衆デモクラシーは、エリート間で行われる労使交渉や社会政策によって賃労働者が被る不利益を補償し、資本の利益と労働者の利益との妥協形成によって大衆の関心を政治から私生活に向けさせる。

しかし、国家によって規制された資本主義が依然として生産手段の私的所有という資本主義経済の特徴を維持し、「普遍化することのできない利益のために生産を社会化する」という矛盾を抱えたままであること、このことを市民たちが疑問視する時に正統化の危機は生じる（LiS：68／八七）。すなわち、経済成長のために私的資本の蓄積を促進しつつ、資本蓄積が労働者に及ぼす弊害を緩和するという社会国家の矛盾を市民たちが暴いた時に、国家によって規制された資本主義の社会統合は脅かされるのである。

ハーバーマスによると、正統化の危機が発生する条件は、社会文化システム（生活世界）における「動機づけの危機」と呼ばれる現象が生じた時である。動機づけの危機とは、私生活主義というメンタリティが崩壊し、大衆の忠誠や喝采によって正統化を取り付けることができなくなる状況である。私生活主義は、プロテスタンティズムの倫理とブルジョワ・イデオロギーに由来する旧来の生活形式であり、キャリアへの志向や家族への志向によって、形式的な大衆デモクラシーを支えている（LiS：106／一三六）。こうした宗教的、文化的伝統と結びついた生活形式は、行政システムが社会の総合的な計画を実行するにつれて揺らいでくる。なぜなら、学校や家族などの私的領域が行政システムによって管理されるにつれて、伝統が持つ自明性が疑われ、政治化されるようになるからである。一旦揺らいだ伝統の妥当性は、権威を主張するだけでは維持することはできず、討議による理性的な意思形成によって精査される（LiS：124-125／一六一―一六二）。社会国家が拡大すると、それにあわせて伝統が解体し、討議による意見、意思形成が活発化する。

したがって、私生活主義が解体して動機づけの危機が生じると、市民たちがより「実質的」な、討議による意思形成に基づくデモクラシーを求めるようになる（LiS：70／八九）。つまり、何が正統な決定であるかどうかを、その都度「普遍化可能性」という基準に照らして議論する社会参加の形式が、生活世界に浸透してくる。正統化の危機は、大衆デモクラシーから討議的なデモクラシーへの移行によって、市民たちが行政システムの計画を問題化することで発生する。これによって、経済成長のために行政システムが行う個別資本の優遇や、更には自由主義的資本主義から引き継がれた階級間の権力関係（剰余価値の私的取得に伴う賃労働者の地位）などが、普遍化可能性という基準に従って問い直されるようになる（LiS：130／一六九）。ハーバーマスは、討議的なデモクラシーによる資本主義社会の再編こそが、経済危機を国家が引き受けたことの最終的な帰結であり、将来起こりうる変革の方向性だと考えたのである。

もちろん、正統化の危機について仮説は必然的なものではなく、経験的に確かめられるしかない。『正統化の問題』では、変革が生じる可能性について、あくまで希望的な予測に留まっている[11]。その後の『行為の理論』でも、労働者の利益に配慮する社会国家の正統化が大衆デモクラシーによって取りつけられるという『正統化の問題』の時代診断が引き継がれている[12]。だが『行為の理論』では、社会国家の拡大が討議的なデモクラシーの活性化に結びつくのではなく、むしろ討議的なデモクラシーを不活性化させる現象が扱われる。つまり、デモクラシーによる資本主義の変革可能性を分析することから、変革が行き詰まる現象を批判することに焦点があてられる。ここでの議論は危機分析とは直接関係はしないが、第四節において社会批判のあり方を検討する上で重要になるため、参照しておきたい。社会批判の対象となるのは、討議的なデモクラシーを封じ込める資本主義の側からの逆襲であり、いわゆる「生活世界の植民地化」の現象である。

生活世界が行政システムによって管理されたとしても、必ず伝統が主題化されて討議による意見形成が活性化するわけではない。もう一つの可能性は、システムによる生活世界の徹底した管理と支配、すなわち植民地化である。植民地化は、生活形式の「官僚制化」と「貨幣化」によって、これまで伝統が担っていた私生活主義をテクノクラシー的に維持しようとする現象である[13]。社会国家は、労働者に金銭を給付することによって、資本主義社会が公共圏において脱正統化されることを妨げようとする。その結果、生活世界ではコミュニケーションや討議ではなく、金銭や権力を媒介とした目的合理的で戦略的な態度が主流な行為様式になる。コミュニケーションを行う市民、家族、共同体のメンバーという役割よりも、金銭取引の相手である福祉受給者、納税者、被雇用者、消費者という役割がますます社会的に重要になるからである。こうして、生活世界の行為様式が金銭を通じた戦略的行為に置き換わり、それが官僚制によって組織化されるにつれて、討議的なデモクラシーを活性化させる余地は衰退していく(14)。

国家に規制された資本主義は、自由主義的資本主義と同じく階級間の権力関係を維持しているため、普遍化可能性という基準に照らして妥当性を主張することができない。このことは、経済危機と階級闘争という形ではなく、正統化の危機という形で問題化され、討議的なデモクラシーによって克服される対象となる。資本主義はこれに対し、行政システムのテクノクラシーを通じて生活世界のコミュニケーションを歪めることで、この動きを封じ込めようとする。資本主義とデモクラシーの間には「解消しがたい緊張関係」が存在する(15)。資本主義は正統化の要求を可能な限り回避して資本の蓄積を目指すのに対し、デモクラシーは討議による意見、意思形成を通じて生産を社会的にコントロールしようとするからである。

資本主義社会をより普遍化可能なものに再編しようとする可能性、つまり正統化の危機が生じる可能性は、植民地化を批判する公共圏の力にかかっている(16)。社会批判は、討議による意思形成を、金銭を通じた戦略的行為に置き換えようとする、そうしたシステムの作用を問題化するのである。ハーバーマスは批判の担い手として、官僚制の強化に反対する学生運動、平和運動、環境保護運動、パターナリスティックな給付に反対する女性解放運動、サブカルチャーや消費者運動による貨幣化への抵抗などを挙げている(17)。正統化の危機は、公共圏における社会批判によって植民地化を防いだ時に、資本主義社会のデモクラティックな再編という形で現れるのである。それでは以上で見た一九七〇―八〇年代の社会状況は、実際にその後どのような経緯を辿ったのだろうか。一旦ハーバーマスを離れ、彼の仮説に投げかけられた対案を検討したい。

二　ハーバーマスへの対案としての現代資本主義の分析

この節では、現代資本主義の文脈から、『正統化の問題』の危機分析に投げかけられた三つの対案を検討する。これらの対案は、それぞれ現代のグローバル化した金融資本主義を背景にして、経済システムの権力を分析するシュトレーク、社会文化システムにおける価値評価の変化を分析するホネット、政治システムにおける正統化のあり方を分析するフレイザーに分類される。

1　シュトレークによる金融資本主義の経済分析

ヴォルフガング・シュトレークは『時間かせぎの資本主義』（二〇一三年）において、ハーバーマスの後を引き継ぐ形で、国家に規制された資本主義が一九七〇年代以降に辿った道を再構成した上で、ハーバーマスが予想できなかった金融資本の権力獲得という問題を分析している。

シュトレークの説明によれば、欧米の福祉国家は既に七〇年代において、一方で経済成長のための総合的な計画を立てて市民たちの給付の要求に応えること、他方で個別資本が求める投資機会の創出や産業発展の要求に応えることを両立させるための財源を持ち合わせていなかった。そのために欧米諸国は、インフレ、公的債務、民間債務の規制緩和という三つの財政政策を採用することで時間をかせぎ、財政危機（合理性の不足）が生じるのを遅らせてきた。

第一に、七〇年代のインフレ政策は、既に成長率が低迷する状況下で、労働組合の賃上げ要求に従うと失業率が増加するという懸念から実行された。経済成長の代替案としての貨幣供給の増加は、労働者の要求に一時的に応える手段となった。しかし、インフレによって引き起こされた「成長」は、実体経済を反映したものではないため、投資の抑制を招き、結局は成長が鈍化する結果となった（GZ：61-62／五九―六一）。

第二の手段は、八〇年代の公的債務の増大である。これまでの通貨政策を規律してインフレを克服すると、今度は失業率が悪化するという結果を招いた。そのために国家は、社会保障に支出するための資金を公的債務によって調達しようとした。その際国家は、購買力を失った自国民だけでなく、海外の金融機関に国債を売ることで、資金を調達しようとした。しかし次第に公的債務が増大し、政府の債務返済能力に疑問を抱くようになった投資家たちは、緊縮財政と支出削減を国家に求めるようになる。ここで国家は、市民の要求よりも投資家の要求を優先する新自由主義政策を採用し、支出削減の対象を社会保障に定めることとなった（GZ：65-68／六三―六五）。

緊縮財政と支出削減を行うと、需要が減少し、経済成長は停滞してしまう。そこで九〇年代にとられた第三の戦略は、民間金融セクターの規制緩和によって市民や企業が自己借入を行う機会を増やすことである。例えばかつて市民たちに住宅を供給するために国家が行っていた公共事業は、自己責任で借入できる住宅ローンに置き換えられた。借金による一時的な購買力獲得は、金融部門を中心とした成長という形で利益をもたらしたが、二〇〇八年に多くの金融機関が破綻することで、その幻想も打ち砕かれた（GZ：68-72／六六―六八）。

その後現在に至るまで、各国はこの「金融危機」に対処すべく、金融機関に公的援助を行い、代わりに再び公的債務を増大させ、ますます多くの社会福祉を削減することを余儀なくされている。これを主導したのはＩＭＦや世界銀行といった国際ガヴァナンス組織であり、それらは国家財政の破綻を避け、金融市場を安定させるために、緊縮財政による財政赤字の改善目標を各国に課してきた（GZ：133／一三三）。これによって、国家はもっぱら中央銀行の権限を強化し、自国債の購入や通貨の規律を行うことで、金融危機を回避するための時間かせぎをしているのが現状である。

こうした七〇年代以降の欧米社会が辿った道筋は、『正統化の問題』でのハーバーマスの想定に反し、経済システムの中で行為する金融資本が、自ら国家に働きかける主体となったことを意味する（GZ：24／二七）。経済システムは、行政によって制御される客体ではなく、政治システムに対して主体的に対抗権力を行使できるようになった[18]。金融資本は第一に、自分たちの利益にならないならば、投資を差し控えるか資本を外国に移転することで、失業や低成長を引き起こすと国家を脅すことができる（GZ：49／五〇）。そして第二に、金融資本は公的債務の所有者であることによって、返済を命じる契約上の権限を通じて、支払い能力にかかわる国家の財政政策に間接的に影響力を行使することができる

（GZ：117／一二〇）。

こうした金融資本による権力の獲得は、八〇年代の新自由主義的改革のもとで可能になった。国債売却のための金融市場の自由化は、経済システムが行政システムによる制御から逃れる道を作り出したのである。金融資本は、いったん領域国家に係留された行政システムから逃れると、グローバルな市場で活動するようになり、民主的アカウンタビリティを負わない国際的ガヴァナンス組織と連携して国家に影響力を行使できるようになる。金融資本はそうした組織とともに、これまたアカウンタビリティを負わない各国の中央銀行を通じて、エリートたちによる密室での取り決めによって各国の金融政策に影響を及ぼすことができる（GZ：96／一〇二）。こうして金融資本は、金融市場の規制緩和と共に格差をますます拡大し、富を占有することに成功している。[19]

それでは、正統化の危機と討議的なデモクラシーによる資本主義の再編という可能性はどうなったのか。デモクラティックな意思形成を通じて国家に働きかける市民と、私的利益を求めて国家に働きかける金融資本は、国家に対するコントロールをめぐって競争関係にある。シュトレークの見立てでは、金融資本はこの競争に勝利し、市場の決定は一種の運命として甘受すべきものであり、「他に選択肢はない」という政治的諦念を市民たちに抱かせることに成功した（GZ：89／九六）。そして金融資本は、政治的エリートたちに負債の返済や赤字財政の改善を「公共の利益」として認識させることに成功した（GZ：127／一二八）。こうした権力の獲得によって、市民たちの側から正統化を求め、討議的なデモクラシーによって資本主義を問題化するという可能性は封じ込められたのである。

このようにシュトレークは、行政システムが資本をコントロールできるという『正統化の問題』での前提が崩れていった経緯を指摘した。もっとも彼は、国家に対するコントロールをめぐって資本の側が勝利を収めた理由や、一連の「時間かせぎ」に対して市民たちが正統化を取り下げることをせず、かえって新自由主義政策を支持してしまった理由を十分分析しているわけではない。[20] この問題に対し、文化的な価値評価の変容を分析することで応答しようと試みたのが、アクセル・ホネットである。

2　ホネットによる新自由主義の承認関係

ホネットは、近代の資本主義社会に埋め込まれた様々な承認の規範を分析する。その中でも人びとの経済活動に関わるのは、自らの労働が社会的に価値ある貢献として評価されるべきであるという規範である。「相互的な価値評価という形で公正かつ適切に社会のあらゆる成員の個人的業績を顧慮せよ」という要請として、この原理は「業績原理」とも言われる。[21] 個人の能力や業績の価値評価は、身分制秩序から解放された近代初期では、「経済的に自立した市民階級の男性」の活動を基準に行われてきた。だがそれに対し、労働者や女性が「承認をめぐる闘争」を起こし、より公正な価値評価を要求した。すなわち、能力や業績が公正に評価されるために必要な「平等な初期条件」の要求や、様々な評価のバイアスを取り除き、現実の社会貢献に従って報酬を得るべきであるという要求が、人々の規範的期待として定着したのである（IiW：98／一〇四）。

ホネットは、承認関係の点からハーバーマスの言う私生活主義の変化を分析する。戦後から七〇年代に至る福祉国家のもとでは、所得と余暇時間が向上し、そしてサービス産業が拡大することによって上昇機会が増大した。こうした一連の豊かさの向上は、ライフスタイルの多元化をもたらした。とりわけ生活必需品以外の「余剰な文化的生産物」を購入する消費行動は、余暇の過ごし方と奢侈品の所有を通じたアイデンティティの安定化を可能にする。仕事によって得られた報酬をもとに様々な消費財を購入し、自分のライフスタイルを確立するという「実験的」で選択的な自己実現のあり方が、この時期に定着したのである。欧米社会における宗教的、文化的な伝統が解体した主な要因は、ハーバーマスの言うように行政サービスの拡大によって伝統が主題化されたことにあるのではなく、公平な業績評価と消費財をもとにしたアイデンティティ形成という「新しい個人主義」の理念の定着にある（IiW：212／二三六）。

ホネットによれば、この新しい個人主義は行政システムに抵抗して討議的なデモクラシーを組織化するのではなく、むしろ労働のあり方を変革し、資本主義経済と親和的な業績評価の承認形式を発展させることに寄与した。労働は、単調な作業ではなく、「新しい個人主義」に適した自己実現の欲求を満たすように改革され、クリエイティヴで柔軟性をもった労働者が自主的に運営するプロジェクトとして理解されるようになる。新自由主義的改革と並行して発展したのは、「価値のある人材とは、個人的な高い適応性と幅のある柔軟性をもって新しいプロジェクトに関わることができ、すぐれたネットワーク能力を自由に操ることができる人物」であるという評価基準である（IiW：230／二五七）。積極的に評価され、承認される労働者とは、ホネットが「創造的な起業家」あるいは「労働力経営者（Arbeitskraftunternehmer）」と呼ぶ人間である。すなわち、コミュニケーション能力を中心とした様々なスキルを磨き、自己責任のもとで柔軟に起業や転職を繰り返しながら、労働を通じて自己実現を達成する人間である。これによって業績評価は、起業家的人物が行う価値創造を参照軸として考えられるようになったのである。

現代資本主義は、金融資本の自由化と福祉国家の解体に向かう新自由主義的改革の正統化を取りつけるべく、文化的動機づけの資源を得ることに成功した。格差が広がり生活条件が悪化したとしても、人々は討議的なデモクラシーを組織して資本主義社会の権力関係に対抗するのではなく、むしろそれを甘受し、さらに市場に対する規制緩和を積極的に支持した。その理由は、労働者にとって、新自由主義的改革は自由な生き方を促進するものとして捉えられたからである。自己資金を投入してスキルを磨き、様々なプロジェクト運営に柔軟に携わるという起業家の活動は、あらゆる人生設計を自己責任のもとで引き受ける自由な生き方として評価された。それによって、資本主義市場による不利益を補償してきた「責任共同体」としての福祉国家のイメージは、自己責任言説によって掘り崩されたのである（IiW：241／二六九）。

ホネットの議論は、近年ウェンディ・ブラウンが「人的資本」への主体化と呼ぶ、新自由主義的理性の作用についての分析を先取りしている。人的資本としての主体は、常に市場での競争力を維持するよう日々自己投資を行い、企業や国家の「運用資産」としての信用格付けを高めようとする主体である[22]。経済的合理性を全面的に内面化した人的資本にとって、家庭や教育といった日常生活から、マスメディアや電子メディアなどを通じた公共圏までのあらゆる場面が、自身の市場価値を高めるアピールの場として認識される。デモクラシーは、競争優位性を高めるためにステークホルダーが協力しあう技術的な経営の場とみなされ、政治的平等や公的自律の権利には価値が見出されなくなる。新自由主義的理性の支配によって、主体は自由な権利の主体ではなく、国家の経済政策や金融政策に適合し、それに失敗した際には安全を保障されることのない、経済的な責任主体（ホモ・エコノミクス）となったのである。[23]

こうした自己責任言説は、格差や生活条件の悪化を私的な事柄として脱政治化し、資本主義社会を変えようとする危機意識が公共的に広がるのを妨げる。起業家的人物を模範とする業績評価や人的資本の主体化は、私生活主義を再生することで動機づけの危機が生じるのを防ぎ、そして正統化の危機が生じるのを防いだのである。このように新自由主義的政策の正統化が取りつけられると、グローバルな金融資本は影響力を増すことになる。では、行き詰まりとも言うべき新自由主義の現状をどのように変えうるのか。現代における正統化の問題を分析しているのがナンシー・フレイザーである。

3　フレイザーによる「正統化の危機」の再定式化

ナンシー・フレイザーは近年、ハーバーマスに対抗しながら、現代の金融資本主義における危機を様々な角度から論じようとしてきた。[24] 彼女の議論は第一に、福祉の給付と行政のパターナリズムが論点であった七〇年代における正統化の問題を、ジェンダー、人種、エコロジー等の論点とを結びつけて論じている。つまり、資本主義社会の正統化の取り付け／取り下げは、フェミニズム、ポスト・コロニアリズム、環境保護運動などの議論を踏まえて再構築することが必要である。そして彼女は第二に、近年のポピュリズム現象を新たな正統化の危機として捉えることができるかどうかを検討している。金融資本によって長い間封じ込められてきた大衆の不満は、ポピュリズム運動という形で爆発するに至ったのである。以下ではこの二点を中心に見ていきたい。

まずフレイザーはハーバーマスの危機分析に対し、正統化の主体が福祉の給付対象となる労働者として一面的に描かれている点を批判する。[25]『正統化の問題』は、時代の制約からマルクス主義の影響を強く受けていたため、正統化の主体が労働者であることを素朴に前提できた。これに対し、現代では資本主義社会に異議申し立てする複数の主体を想定できる。そうした主体を特定するために、フレイザーは経済システムという前景と、経済システムが資本を蓄積するのを可能にするための背景である「社会的再生産」、「自然」、「政体（polity）」という三つの制度領域との関係を考察する。前景と背景のそれぞれの制度的な境界において、現代では様々な社会運動が異議申し立てを行い、資本主義社会の正統化が問われることになる。

社会的再生産は、家族や市民社会のアソシエーションから構成され、子供の社会化や社会的意味の形成を行う領域である（C：31-32）。社会的再生産の領域で行われる行為は、多くの場合、ジェンダー化された形で制度化されてきた。この領域では、資本蓄積の背後で性別役割分業を女性に強制してきたことを暴露するフェミニズム運動が、正統化の主体となる（C：85-86）。

次に自然は、資本が再生産コストを支払うことなく、生産性を向上させるために無償で獲得できる資源である（C：35）。第二次大戦後の欧米社会では、二酸化炭素排出量の増加と産業廃棄物汚染の深刻化から、環境保護団体を中心に反対運動が起こった。現代でも、温暖化を受けた気候変動と生態系の危機の原因が資本蓄積にあることが暴露されるにつれ、資本主義は自然との関係で自らを正統化することが難しくなっている。

最後に政体は、行政システムから国際組織に至る国内、国際上の公的権力の総体を意味する。フレイザーが特に着目するのは、中心部の国家が周辺部の主体の労働を「収奪」することで資本主義が発展してきたという歴史的経緯である。中心部の労働者の搾取は、リベラルな権利すら保障されない植民地住民の強制労働によって緩和されてきた背景がある。「搾取される労働者」と「収奪される主体」という社会的地位の相違は、肌の色の相違によって記号化され、今日に至るまで人種化された収奪の構造的支配は継続している（C：102-108）。この領域では、人種的な支配からの解放を目指す反人種主義運動が、正統化の主体となる。

経済システムが資本蓄積を可能とする背景領域に着目することで、正統化の危機は新たな角度から分析される。つまり正統化の危機は、ハーバーマスが考慮していたような行政システムの計画と管理をめぐる闘争だけでなく、格差の是正を求める闘争、ジェンダー間の不平等の是正を求める闘争、環境保護を求める闘争、人種的に構造化された収奪の是正を求める闘争の複合的な現象として再定式化される。[26] 労働者たちだけでなく、これまで資本の蓄積過程の背後で支配されてきた者たちの複数の声が資本主義社会の変革を要求した時、正統化の危機が生じたと言える。フレイザーはハーバーマスの危機分析に、資本主義社会で不正義を被っている複数の主体を組み込んだのである。

フレイザーは正統化の問題をこのように理解することで、大衆の不満が近年ポピュリズム現象という形で現れた理由を分析している。彼女によると、金融資本は、フェミニズム、多文化主義、環境保護運動、LGBTQ＋、反人種差別主義による解放運動と巧みに連携することで、正統化の危機が生じるのを回避してきた。すなわち、包摂を目指す承認の政治と、多様性の理念を売りにするグローバル資本とが結びついた「進歩的新自由主義」が、八〇年代から九〇年代にかけて政治的なヘゲモニーを握ったのである（C：200）[27]。例えばハリウッドやシリコンバレーの巨大資本は、女性、非白人、性的マイノリティのエリートを積極的に登用し、進歩的な立場をとる左派政党と手を結んで新自由主義政策の支持をとりつけてきた。

先にホネットが論じた承認の価値地平の変化を考慮すれば、包摂を目指す承認の政治とグローバル資本とが連携することのできた事態はより分かりやすくなる。つまり、グローバル資本は能力主義言説を巧みに利用し、マイノリティの中でも起業家的な特性を身につけた者を「包摂」することで、新自由主義政策の正統化を取りつけてきた。フレイザーの分析では、グローバルな金融資本主義社会は、実際は多数の非エリート層の参画を拒んできたにもかかわらず、表面的な「多様性と包摂」によって正統化の危機を避けることができたのである。

近年欧米各国で勢力を増している反動的なポピュリズムは、生活条件が悪化した多数派非エリート層に訴えることで、多様性の理念と新自由主義とを同時に拒否しようとする運動であり、金融市場の命令に支配されている国家に対する正統化の危機の現れと言える（C：195）[28]。グローバルな金融機関によるデモクラシーの空洞化、そしてますます広がる格差と生活条件の悪化についに耐えきれなくなった大衆は、ポピュリズムにその怒りの捌け口を見出すことになった。反動的ポピュリズムは、金融資本とともに富を占有するエリートと、「包摂すべき他者」とされている移民や女性への敵対性を、排他的なエスノナショナリズムへと結集させる。

しかしフレイザーによると、反動的ポピュリズムは国民国家の強化を目指すが、それによってグローバルな金融資本を制御することができなくなる。政権を握った後のトランプに代表されるように、エスノナショナリズムは国内のエリートには反発しても、その背後にあるグローバルな市場や金融機関に対抗するという理念を掲げないため、そうした機関による新自由主義政策への要求に屈してしまうからである（C：197-198）。結局、新自由主義を覆すことができなかった反動的ポピュリズムは、グローバルな金融資本主義という不満の原因から目を背け、大衆の怒りをより一層移民やマイノリティへと歪め、方向づけることで支持をとりつけている。ポピュリズムの政治は、進歩的新自由主義の正統化を取り下げるという意味においては正統化の危機である。しかし反動的ポピュリズムは、資本主義社会の再編に向かうのではなく、ナショナリズムに依拠した社会統合に回帰する点で、グローバル化した金融資本主義の再編を求める正統化の危機にはなりえないのである。

したがってフレイザーの分析からすると、現代資本主義における正統化の危機、つまり格差、ジェンダー間の不平等、環境破壊、人種的支配を克服しようとするデモクラティックな再編の運動は、現在のところ起こっていない。反動的ポピュリズムは「進歩的新自由主義」の正統化を取り下げた運動であったものの、グローバルな金融資本主義の再編に向かうことはなかった。言い換えるならば、新自由主義政策を支えた起業家的な生き方や人的資本の理念までも揺るがすような、資本主義社会の動機づけの危機が起きたわけではないのである。相変わらずの正統化の危機の行き詰まりとも言うべき現状をどのように打破するべきなのか。この点は最終節で検討する。

三　近年のハーバーマスによる資本主義論

前節では、シュトレーク、ホネット、フレイザーの議論に沿って、七〇年代にハーバーマスによって描かれた資本主義社会の危機の可能性が、その後の数十年の間にどのように裏切られたのかを明らかにした。本節ではハーバーマスによる世界社会論を参照することで、彼が現代資本主義における正統化の危機をどのように論じうるかを検討し、その同時代診断としての限界を明らかにする。先に言うと、彼はシュトレークが提起した金融資本の権力獲得という問題に対してのみ、トランスナショナルなデモクラシー論によって応答を試みている。

『事実性と妥当性』（一九九二年）におけるデモクラシー論から『ヨーロッパ憲法論』（二〇一一年）における多次元的な世界社会論に至るまで、資本主義的市場経済をデモクラシーによって再編していくという『正統化の問題』での主張は一貫している。市場経済は、近代における学習過程の成果であり、高度に複雑な経済取引を処理する能力を持った独自のシステムである。それゆえ市場を廃止して伝統的な共同社会に回帰するか、市場を国有化して行政システムに取り込むことは現実的ではない。そして社会国家は、官僚制によって生活世界を植民地化する形で介入しないよう、デモクラシーによって馴致されなくてはならない。ハーバーマスが掲げるデモクラシーの理念とは、市民たちの熟議と包摂に基づく公共圏での意見形成と自己立法手続きによって、行政システムと経済システムを社会的にコントロールすることである。[29]

しかし、金融資本の権力獲得という問題を受け、ハーバーマスは超国家的な世界社会を論じるようになる。ハーバーマスの理論枠組みからすれば、シュトレークが提起したこの問題は、経済システムにおいて利潤追求の命法に従う金融資本が、自身の利益のために貨幣を政治権力に変換し、行政システムに影響力を行使する現象である。[30]その結果、グローバル化した金融市場を調整するIMFなどの国際機関は、制度化された正統化手続きを欠いたまま、グローバル市場において競争力を維持せよという命令を各国に押しつけることができる。[31]この現象に対し、ナショナルな行政システムの力では、グローバル市場が引き起こす景気循環をコントロールし、国内成長を十分に促すことはもはやできなくなったのである。

シュトレークとの間で行われた論争において、ハーバーマスはシュトレークの議論を大筋で受けいれながらも、国家がグローバルな金融市場を制御する能力を持ったシステムでありうるかどうかで対立した。シュトレークはナショナルな国家を強化することでかつての社会国家に回帰すべきと論じるのに対し、ハーバーマスは国家がグローバルな金融市場を制御することは現実的でないと主張する。グローバルな金融資本に対抗するためには、グローバルな経済システムを制御する能力を持った行政組織が必要になる。それが可能なのは、トランスナショナルな行政組織と交渉システム以外にはない[32]。また他方で、国民国家を廃止して「世界国家」に向かうことも、ナショナルな国家の強化と同じく、現実的な選択肢ではない。したがってハーバーマスの対案は、トランスナショナルな行政組織を立憲化し、各国市民の視点、世界市民の視点、あるいはEU市民の視点などを代表する、多次元的なデモクラティックな正統化の回路を制度化していくことである[33]。

以上の議論によって、『正統化の問題』で論じられた「正統化の危機」の条件はどのように変化したのだろうか。まず経済システムの制御問題は、トランスナショナルな行政システムの次元に移される。例えばEUは、欧州委員会、欧州中央銀行、欧州金融安定化機構等の組織を持つことで、グローバルな金融市場をある程度制御する能力を持った組織となっている[34]。しかし、各国首脳、政治家、国際組織のエリートたちは、金融市場の命令に屈服し、自分たちに都合の良いように新自由主義政策を実現している。ここには「テクノクラシー」の支配と、金融資本とエリートの支配をコントロールできない「デモクラシーの欠損」がある（zVE：48／七一）。

それゆえ正統化の危機は、現在の資本主義社会が耐え難いという意識が人びとの間で広まり、市民の利益より金融資本の利益を優先させているトランスナショナルな行政組織をコントロールするための、正統化の回路を作る運動として現れなくてはならない。資本主義のデモクラティックな再編とは、トランスナショナルなデモクラシーの導入である。新自由主義政策によって福祉国家を解体し、雇用を不安定化し、貧困や格差を拡大させた金融資本とエリートたちへの不満が、国境横断的な自己立法のための制度形成に向かう必要がある。

しかし、ハーバーマスの見立てでは、資本主義社会の再編を要求する正統化の危機は、今のところ生じていない。その理由は、「連帯」の不在にある。『正統化の問題』で論じられたように、正統化の危機が生じる条件は、生活世界や公共圏において討議を活気づける「動機づけの危機」が生じることであった。現代においてそうした条件は、ナショナルな統合を超えて、トランスナショナルな連帯を「政治的に作り上げること」である[35]。連帯は、困った時には自分の利益を犠牲にしてでも互いに援助を期待できる信頼関係を意味する。そうした信頼関係を築くには、トランスナショナルに開かれた公共圏やマスメディアにおけるコミュニケーションを通じて、政治文化が共有されることが必要となる（zVE：

78／一二四)。だがそうしたコミュニケーションは、現在のところ生まれていないのである[36]。

近年のハーバーマスは、世界社会論を展開することでシュトレークの問題提起に応えている。その議論は、彼自身は主題化していないものの、新たな形で正統化の問題を論じたものと理解できる。しかし、ホネットやフレイザーの議論をふまえるならば、ハーバーマスの議論には、現代資本主義社会の時代診断を行う上で、二つの問題点を指摘できる。

第一に、正統化の危機が生じない原因を、連帯の不在以外にも求めることができる。現在の資本主義社会が耐え難いという意識が人びとの間で広まっていることを、ハーバーマス自身が指摘している（zVE：102／一六一）。そうだとしたら、人びとの不満や怒りの矛先が、なぜテクノクラシーや金融資本に向けられることがないのか、そしてその代わりにどこに向かっているのかという点を掘り下げることが必要であろう。この点を解明する上で、「進歩的新自由主義」とそれに対抗するポピュリズムの台頭というフレイザーの説明は一定程度有効であろう。

第二に、デモクラティックな変革を妨げる要因として、ホネットが指摘する通り、資本主義社会が耐え難いとしても、それを自己責任として引き受けてしまうような社会文化的メカニズムを指摘することができる。そうだとすれば、デモクラシーや連帯の欠損を指摘するだけでなく、その背景にある社会文化的な要因を批判的に分析することが必要になる。『正統化の問題』の問題構成に従うならば、グローバルな金融資本主義の再編に向かうには、起業家的な業績評価や人的資本の理念を問題化する形で「動機づけの危機」が起きなければならない。そして『行為の理論』の枠組みに従うならば、そうした問題化を防ごうとする社会文化的メカニズムを、社会批判によって打破することが必要である。

四　現代資本主義における正統化の問題と社会批判の可能性

以上をふまえ、本節ではまず『正統化の問題』の問題構成に立ち戻り、これまでの議論、とりわけフレイザーの同時代診断をふまえ、正統化の危機発生のシナリオを再定式化する。その上で、デモクラシーによる資本主義再編の行き詰りを批判するために、とりわけホネットの洞察に依拠しながら、ハーバーマスが『行為の理論』で示した植民地化テーゼを現代的に解釈することを試みる。

1　現代資本主義における正統化の問題

これまでの議論から、『正統化の問題』で提示された正統化の危機分析は、どのように修正されうるか。第一に『正統化の問題』では、ナショナルな行政システムが経済システムを制御する能力を持つことが前提とされていた。その上で、行政システムが福祉国家的な計画を十分遂行することができない時、「合理性の不足」が現れるとされた。しかし現代では、ナショナルな行政システムは、新自由主義政策を要求するグローバル金融資本の影響力に対処することができない。それゆえ近年のハーバーマスは、経済システムの制御問題を、トランスナショナルな行政システムの次元で考察している。もっともトランスナショナルな行政システムも、政治エリートたちが金融資本の権力の影響下にあることで、経済システムを制御することが困難な状況にある。現代において合理性の不足は、政治主導で経済をコントロールできないことを意味する。この意味での合理性の不足は、社会国家の総合的な計画を断念してもなお、恒常的な現象となっていると言える。

第二に『正統化の問題』では、マルクス主義の影響から、正統化の主体となるのは労働者であるとされた。労働者たちは、普遍化可能性という基準に従って、生産手段の私的所有や社会的剰余の分配を討議的なデモクラシーによって問い直すとされた。だがフレイザーの指摘によれば、現代資本主義の正統化を行う主体は、労働者だけでなく、フェミニズム、反人種差別主義運動、エコロジー運動の主体たちが含まれる。資本主義社会は、ジェンダー役割分業の強制、中心部と周辺部の構造的格差、自然への環境破壊を通じて、普遍化可能ではない支配を強要してきたことが明らかになってきた。したがって正統化の危機は、これらの主体たちがグローバルな金融資本主義を変革すべく、国境横断的なデモクラシーを制度化し、エリートたちに対抗してトランスナショナルな行政システムをコントロールする形で起こりうる。

第三に、『正統化の問題』では、正統化の危機が生じる条件は、社会文化システムにおいて伝統的な私生活主義が解体し、討議による意思形成が活性化する「動機づけの危機」が生じることであった。だがホネットが指摘するように、この可能性は新しい個人主義の文化が広がることで、封じ込められた。市民たちは討議的デモクラシーを活性化させるどころか、新自由主義政策を積極的に支持し、資本主義社会を正統化した。グローバル金融資本はこの文化を利用して、女性、非白人、マイノリティのエリートを「承認」する進歩的新自由主義によって、正統化の危機の発生を防いできた。それゆえ現代において動機づけの危機は、起業家的な業績評価や人的資本の理念を問い直す運動として理解されなければならない。

動機づけの危機が生じないならば、現状が耐え難いという労働者たちの意識は歪んだ形で、つまり排他的なエスノナショナリズムに支えられたポピュリズムとして現れる。それは資本主義社会の再編に向かうのではなく、女性、非白人、マイノリティの攻撃に向かうことで、資本主義の支配を被ってきた主体たちを分断する。ハーバーマスにとって、グローバル化した金融資本主義を再編するデモクラシーに不可欠の条件は、国境横断的な連帯であった。ポピュリズムによる分断がデモクラシーの障害となっているならば、連帯はそうした分断を解消すること、すなわち、資本主義経済の構造的な支配を被ってきた労働者、女性、非白人、マイノリティ、環境運動の担い手たちのコミュニケーション的な結合として理解されなくてはならない。

2 植民地化批判の現代的解釈に向けて

もっともこうした危機発生のシナリオは、グローバル化した金融資本主義の現状を鑑みれば、実現可能性に乏しいと言える。資本主義社会の正統化を取り下げるきっかけとなる動機づけの危機は、現実には封じ込められている。こうした事態に対抗するために、『行為の理論』のハーバーマスは、変革の行き詰まりをもたらす社会文化的メカニズムとして、植民地化の現象を分析していた。そこで、以下では現代資本主義の文脈に即して植民地化を解釈し、現状に抗する社会批判の可能性を探りたい。

既に第二節で見たように、植民地化とは、金銭や権力を媒介とした目的合理的で戦略的な行為が生活世界の主流な行為様式になることで、コミュニケーションが歪められ、討議による意思形成が不活性化する現象を意味する。七〇—八〇年代の文脈において、植民地化が発生する一つの要因は、金銭を給付する福祉国家と官僚制の拡大にあるとされた。しかし現代では、新自由主義政策によって福祉国家が解体に向かっているにもかかわらず、「デモクラシーの欠損」が生じている。そのため、植民地化テーゼの具体的内容は、現代の時代状況に即して解釈し直す余地がある。

ここで手がかりになるのは、八〇年代以後の価値評価の変化によって、人びとが自発的に資本主義的な生き方に適合しているというホネットの議論である。市場における価値増殖を目指すという資本主義の命令は、現代では自らの市場価値を高めるべく日々自己責任のもとでスキルを磨く、起業家的なライフスタイルによって体現されている。近年のホネットは、グローバル化した金融資本主義に親和的な生き方が、家族生活や政治生活に及ぼす影響を分析している。例えば、仕事におけるキャリア志向や競争が高まると、友人や家族を親密な他者として承認するのではなく、経済的競争力の観点から評価する傾向が高まっていく。[37]あるいは政治的公共圏において、市民たちは不平等や格差を自己責任言説によって私的な現象として捉えるようになる。そうすると、社会を改善するために政治に参加することは無意味だという政治的無関心の風潮が広がっていく。[38]

ホネットは、こうした現象を「植民地化」という言葉で分析しているわけではない。彼は承認論の観点から、資本主義社会の誤った発展を説明しようとしている。だが、自らの市場価値を高めようとする生き方の拡大は、「金融市場あるいは資本市場に特有の命法が気づかぬうちに自立化すること」とも論じられる。[39]この点で、起業家的な主体の活動が拡大する現象は、「経済成長の力学」が生活世界の記号的再生産の内部に侵入してくるという植民地化のテーゼと重なり合う。[40]

それでは、このように解釈された植民地化現象は、どのように批判されうるのか。ホネットは、かつて自己実現を促進するものと感じられたライフスタイルが、今や「外からの命令」として強制に転じたことをイデオロギー批判的に暴露している（IiW：218-219／二四三）。新自由主義的な価値評価の基準は、〈起業家や人的資本になろうとするか、それとも社会から排除されるか〉という二者択一となることで、内面化されている。資本主義社会から排除されるリスクを恐れた人びとは、承認を求めて、起業家的な特性を身につけようと努力することを強いられるのである。ホネットは、こうした順応的な形で形成される承認を、相互主観性の歪みとして捉えようとしている。

フレイザーとの共著者でもあるラーエル・イェッギは、このように内面化された生き方を、「疎外」という観点から批判している（C：134）。彼女にとって疎外とは、社会の中で自分に帰属されたアイデンティティを「我有化（Aneignung）」できないことを意味する。[41] すなわち、社会関係の中で形成されるアイデンティティを、自己との内的対話において「意のままにできない」時、自己関係は疎外されている。見通しのつかない資本主義社会の制度構造の中で、起業家や人的資本としての特性を身につけようとする人が、そうした特性を自分自身の意味ある人生の一部として「同一化」できない時、その人は我有化できないアイデンティティを生きている。[42] 新自由主義的な価値評価が生活世界を支配することは、自分自身とのコミュニケーションを妨げる点で批判されるのである。

ホネットやイェッギの議論を通じて解釈された植民地化現象は、自身の市場価値を高める生き方が生活領域に広がり、順応的な承認や疎外された自己関係が拡大する現象として理解されうる。『行為の理論』の枠組みに即して言うならば、これらの現象は、市場における競争力を維持せよという命令が生活世界を植民地化することで発生する、コミュニケーションの歪みとして批判されうる。現代資本主義を支えている生活形式を揺るがすような動機づけの危機が封じ込められているとすれば、必要なのはトランスナショナルなデモクラシーや連帯の欠損を指摘するだけでなく、そうしたコミュニケーションの歪みを批判することでもある。

おわりに

本稿は、七〇年代にハーバーマスによって論じられた資本主義の危機分析を、シュトレーク、ホネット、フレイザーによる現代資本主義の分析をふまえて、現代化することを試みた。『正統化の問題』の危機分析は、金融資本が各国に新自由主義政策を実施させる権力を獲得したこと（シュトレーク）、資本主義社会が文化的次元で正統化の危機を防ぐための動機づけの調達に成功したこと（ホネット）、資本主義の正統化を行う主体が労働者に限定されないこと（フレイザー）、という限界に直面する。これを受けて本稿は、近年のハーバーマスがトランスナショナルなデモクラシーによって正統化の問題を捉えていることをふまえ、トランスナショナルな行政システムをコントロールするために、労働者、フェミニズム運動、反人種主義運動、環境保護運動が国境横断的に連帯すること、新自由主義に親和的な生き方を揺るがす動機づけの危機が起こることを、正統化の危機発生の条件として指摘した。その上で本稿は、デモクラシーによる資本主義変革の行き詰まりを打破するために社会批判が必要であるという『行為の理論』の議論をふまえ、植民地化批判の現代的解釈を試みた。すなわち、市場における競争力を維持するように努力する生き方の拡大を、順応的な承認や疎外された自己関係というコミュニケーションの歪みとして批判しうることを示した。

最後に、今後の検討が必要な課題を述べて本稿を締めくくりたい。「はじめに」で述べたように、本稿は『正統化の問題』から『行為の理論』にかけてハーバーマスが展開した理論の根幹部分を前提として、正統化の危機発生のシナリオについての同時代診断を再検討した。しかし、現代資本主義社会の動態を捉える上で、根幹部分に踏み込んだ修正が必要かどうかを検討する必要がある。ハーバーマスは社会システム論に依拠することで、資本主義を経済システムとして描いた。これに対し、シュトレークは政治的アクターとして資本を捉え、フレイザーは経済システムとその背景領域との関係から資本主義社会を分節化し、ホネットは承認の規範的秩序として資本主義の制度領域を捉えている。彼／女らは、ハーバーマスが経済システムを規範から自由な領域として脱政治化している点を非難している(43)。金融資本と政治エリートの結託、反動的ポピュリズムのような形で現れる人々の危機意識の歪み、グローバル化した資本主義を支える生き方の内面化といった問題を捉える上で、そもそも経済をシステムとして描くことがどこまで妥当かどうかは今後検討が必要な課題である。

さらに、本稿ではデモクラシーによる資本主義再編の行き詰まりを批判するために、植民地化の現代的解釈を試みた。ここでは、社会批判の規範的基礎に関する問いには踏み込むことはなかった。ハーバーマスは、コミュニケーションの語用論的規則を再構成することで、経済成長の力学が生活世界に侵入することを批判する。これに対し、例えばホネットやイェッギは、十全な承認関係の形成や疎外なき自己関係といった基準から、市場の命令に従属的な生き方の拡大を批判している。(44) 社会批判の有効性を判断するためには、批判の規範的基礎という点からも、他の論者たちとの比較検討が必要となる。更には、理論による批判を一般市民がどのように担うことができるのかという方法論的な問いも、他の論者たちと比較する中で、掘り下げた検討が必要となるだろう。

以上の課題が残るにせよ、本稿は『正統化の問題』におけるハーバーマスの時代診断を現代化することで、資本主義経済を市民たちの手で自律的にコントロールしていくための事実的な必要条件を明らかにしてきた。このような試みは、政治理論が資本主義社会の変革可能性を考察するための一助となるものであろう。

以下の著作から引用する際は次のように略記し、本文中に頁数／邦訳の頁数を示す。

LiS：Habermas, J., *Legitimationsprobleme im Spätkapitalismus*, Suhrkamp, 1973（ユルゲン・ハーバーマス『後期資本主義における正統化の問題』山田正行・金慧訳、岩波文庫、二〇一八年）.

zVE：Habermas, J., *Zur Verfassung Europas. Ein Essay*, Suhrkamp, 2011（ユルゲン・ハーバーマス『ヨーロッパ憲法論』三島憲一・速水淑子訳、法政大学出版局、二〇一九年）.

GZ：Streeck, W., *Gekaufte Zeit. Die vertagte Krise des demokratischen Kapitalismus*, Suhrkamp, 2013（ヴォルフガング・シュトレーク『時間かせぎの資本主義—いつまで危機を先送りできるか』鈴木直訳、みすず書房、二〇一六年）.

IiW：Honneth, A., *Das Ich im Wir. Studien zur Anerkennungstheorie*, Suhrkamp, 2010（アクセル・ホネット『私たちのなかの私—承認論研究』日暮雅夫・三崎和志・出口剛司・庄司信・宮本真也訳、法政大学出版局、二〇一七年）.

C：Fraser, N. and Jaeggi, J., *Capitalism: Conversation in Critical Theory*, Polity Press, 2018.

（1）トマ・ピケティ『21世紀の資本』山形浩生・守岡桜・森本正史訳、みすず書房、二〇一五年。O'Neill, M., "Philosophy and Public Policy after Piketty", in *The Journal of Political Philosophy*, vol. 25, no. 3, 2017.

（2）コリン・クラウチ『ポスト・デモクラシー—格差拡大の政策を生む政治構造』山口二郎監修・近藤隆文訳、青灯社、二〇〇七年。ヤシャ・モンク『民主主義を救え！』吉田徹訳、岩波書店、二〇一九年。千葉眞『資本主義・デモクラシー・エコロジー—危機の時代の「突破口」を求めて』筑摩書房、二〇二一年。

（3）Biebricher, T., *The Political Theory of Neoliberalism*, Stanford University Press, 2018. Brown, W., *Undoing the Demos: Neoliberalism's Stealth Revolution*, Zone Books, 2015（ウェンディ・ブラウン『いかにして民主主義は失われていくのか―新自由主義の見えざる攻撃』中井亜佐子訳、みすず書房、二〇一七年）.

（4）この中でもフレイザーは、後ほど論じるように、ハーバーマスとは異なる視点から制度間の連関を捉えている。だが彼女は、ハーバーマスの言う社会文化システムの問題（動機づけ）には言及していない。

（5）Azmanova, A., *Capitalism on Edge: How Fighting Precarity Can Achieve Radical Change Without Crisis or Utopia*, Columbia University Press, 2020, cap. 5.

（6）ハーバーマスの政治理論研究では、公共圏における意見、意思形成の観点から『正統化の問題』から『事実性と妥当性』への展開が論じられている。齋藤純一「ハーバーマス―正統化の危機／正統化の根拠」、『理性の両義性―岩波講座 政治哲学 第五巻』小野紀明・川崎修編、岩波書店、二〇一四年。田畑真一「ハーバーマスにおける公共」、『思想』第一一三九号、二〇一九年。

（7）田村哲樹も、資本主義と民主主義の両立という観点から危機論を参照した上で、資本主義と両立（不）可能な民主主義と社会保障の制度構想を検討している。田村哲樹「資本主義と民主主義はなおも両立可能か」、『デモクラシーとセキュリティ―グローバル化時代の政治を問い直す』杉田敦編、法律文化社、二〇一八年。本稿はハーバーマスの民主主義の構想に依拠しながら、デモクラティックな社会変革が生じる条件、つまり正統化の危機の議論に焦点を当てる。

（8）Jütten, T., “Habermas and Markets”, in *Constellations*, vol. 20, no. 4, 2013. Condon, R., “Reframing Habermas's Colonization Thesis: Neoliberalism as Relinguistification”, in *European Journal of Social Theory*, vol. 24, no. 4, 2021. Verovšek, PJ., “Taking Back Control over Markets: Jürgen Habermas on the Colonization of Politics by Economics”, in *Political Studies*, Online First, 2021. 田中拓道「労働と福祉国家」、『ハーバーマスを読む』田村哲樹・加藤哲理編、ナカニシヤ出版、二〇二〇年。『正統化の問題』の現代化というテーマに着目する例外としては、以下を参照。Millstein, B., “What does a Legitimation Crisis Mean Today? Financialized Capitalism and the Crisis of Crisis Consciousness”, in *The Emergence of Illiberalism: Understanding a Global Phenomenon*, (eds.) B. Vormann and MD. Weinman, Routledge, 2021.

（9）例として、比較政治研究による以下の論考を参照。小川有美「ポストナショナルな経済危機と民主主義―ヨーロッパ政治の縮減・再生・拡散」、『民主主義に未来はあるのか?』山崎望編、法政大学出版局、二〇二二年。

（10）ハーバーマスは、クラウス・オッフェに従って、主題にもなっている「後期資本主義」を使用することもある。だが本稿では、グローバル金融資本の権力獲得という現代資本主義の特徴を踏まえて、「後期資本主義」という用語を避けることにする。現代資本主義をグローバル化した金融資本主義と呼ぶ点については、フレイザーによる区分（C：cap.2）に従っている。

（11）別の可能性としてハーバーマスは、規範に基づく社会統合を必要としないポスト・モダン的個人の誕生を、ニクラス・ルーマンのシステム論に沿って検討している（LiS：Kap.3）。

（12）Habermas, J., *Theorie des kommunikativen Handelns. Band 2: Zur Kritik der funktionalistischen Vernunft*, Suhrkamp, 1981, S. 505ff（ユルゲン・ハーバーマス『コミュニケイション的行為の理論』河上倫逸ほか訳、未來社、一九八五―一九八七年、下巻　三四三頁以下）.

（13）Ebd., S. 534（下巻　三六九頁）.

（14）Ebd., S. 480（下巻　三一六―三一七頁）.

（15）Ebd., S. 507（下巻　三四四頁）.

（16）ここでは、植民地化批判を超えて、ハーバーマスの政治理論において「批判」が一般的にどのように位置づけられているか、そして批判が社会実践とどのように関わるかという方法論的な問いが問題になる。この点については、以下を参照。成田大起「方法論としての再構成的批判―ハーバーマスの社会理論における議論枠組み」、『社会思想史研究』第四一号、二〇一七年。

（17）Habermas, J., *Theorie des kommunikativen Handelns. Bd. 2*, S. 579-580（下巻　四一五―四一六頁）.

（18）シュトレークからすれば、ハーバーマスは経済法則に従って動く「システム」として資本を捉えるため、こうした事態を理論的に捉えられない。しかしハーバーマスは、次節で述べるように、金融資本の権力獲得を自身の理論枠組みから説明している。

（19）併せて、以下も参照。Streeck, W., *How Will Capitalism End? Essays on a Failing System*, Verso, 2016, p. 20（ヴォルフガング・シュトレーク『資本主義はどう終わるのか』村澤真保呂・信友建志訳、河出書房新社、二〇一七年、三三頁）.

（20）この点は、田村哲樹も指摘している。田村「資本主義と民主主義はなおも両立可能か」、四四頁。

（21）Fraser, N. und Honneth, A., *Umverteilung oder Anerkennung? Eine politisch-philosophische Kontroverse*, Suhrkamp, 2003, S. 176（ナンシー・フレイザー、アクセル・ホネット『再配分か承認か？―政治・哲学論争』加藤泰史監訳、法政大学出版局、二〇一二年、一六八頁）.

（22）Brown, W., *Undoing the Demos*, pp. 33-34（三〇頁）.

（23）Ibid., p. 84（九二頁）.

（24）本稿では主にイェッギとの共著（C）に依拠して議論を進めるが、それはフレイザーの資本主義論が主にイェッギとの会話を通じて発展したものであると彼女自身が証言しているからである。Fraser, N., "Behind Marx's Hidden Abode: For an Expanded Conception of Capitalism", in *Critical Theory in Critical Times*, (eds.) P. Deutscher and C. Lafont, Columbia University Press, 2017 [2014], p. 158（ナンシー・フレイザー「マルクスの隠れ家の背後へ—資本主義の概念の拡張のために」竹田杏子訳、『大原社会問題研究所雑誌』第六八三、六八四号、二〇一五年、七頁）.

（25）Fraser, N., "Legitimation Crisis? On the Political Contradictions of Financialized Capitalism", in *Critical Historical Studies*, vol. 2, no. 2, 2015, pp. 171-172.

（26）Ibid., p. 174.

（27）この点について、以下の論文も参照。Fraser, N., "From Progressive Neoliberalism to Trump—and Beyond", in *American Affairs*, vol. 1, no. 4, 2017（ナンシー・フレイザー「進歩的新自由主義からトランプへ—そしてそれを越えて」小森（井上）達郎訳、『アメリカ批判理論—新自由主義への応答』マーティン・ジェイ、日暮雅夫共編、晃洋書房、二〇二一年）. フェミニズムが新自由主義と連携したというフレイザーの認識は、フェミニズム運動の主張や多様性を十分考慮できていないとして問題視されている。この点には留意する必要があるだろう。江原由美子『持続するフェミニズムのために—グローバリゼーションと「第二の近代」を生き抜く理論へ』有斐閣、二〇二二年、第四章。

（28）ポピュリズムを正統化の危機という観点から捉えようとした研究として、以下を参照。Ibsen, MF., "The Populist Conjuncture: Legitimation Crisis in the Age of Globalized Capitalism", in *Political Studies*, vol. 67, no. 3, 2019. ただし、フレイザー自身はポピュリズムによる正統化の危機を資本主義社会の危機と同一視するのを避けようとしている。

（29）Habermas, J., *Faktizität und Geltung. Beiträge zur Diskurstheorie des Rechts und des demokratishen Rechtsstaats*, Suhrkamp, 1992, S. 494（ユルゲン・ハーバーマス『事実性と妥当性—法と民主的法治国家の討議理論にかんする研究』河上倫逸・耳野健二訳、未來社、二〇〇二—二〇〇三年、下巻　一四六頁）.

（30）ハーバーマスは、こうした影響力を「社会的権力」と呼び、自身の理論枠組みの内で、経済システムの行為者が行政システムに働きかける力を捉えている。Ebd., S. 215（上巻　二〇九頁）.

（31）Habermas, J., *Die postnationale Konstellation. Politische Essays*, 1998, S. 109, 120-121.

(32) Habermas, J., *Im Sog der Technokratie. Kleine Politische Schriften XII*, Suhrkamp, 2013, S. 143（ユルゲン・ハーバーマス『デモクラシーか資本主義か―危機のなかのヨーロッパ』三島憲一編訳、岩波現代文庫、二〇一九年、十三頁）.

(33) 世界社会における複数主義的なデモクラシーの制度については、本稿では細かく検討できない。このテーマを扱った研究として、以下を参照。金慧『カントの政治哲学―自律・言論・移行』勁草書房、二〇一七年。牧野正義「グローバル化と討議理論―越境する政治とシティズンシップ」、『政治思想研究』第二一号、二〇二一年。

(34) Habermas, J., *Im Sog der Technokratie*, S. 88（六一頁）.

(35) Ebd., S. 108（八六頁）.

(36) もっともハーバーマスは、連帯の可能性を、ＥＵのような領土的に区切ることのできる地域機構に限定している。それによって、グローバルな金融資本の制御は、国連のようなスープラナショナルな組織よりは、ＥＵのような地域機構に委ねられることになる（zVE：89-90／一四四）。こうしたハーバーマスの立場を批判的に検討したものとして、以下を参照。Lafont, C., "Alternative Visions of a New Global Order: What should Cosmopolitans Hope for?", in *Ethics & Global Politics*, vol. 1, no. 1-2, 2008.

(37) Honneth, A., *Das Recht der Freiheit. Grundriß einer demokratischen Sittlichkeit*, Suhrkamp, 2011, S. 273.

(38) Ebd., S. 605.

(39) Ebd., S. 455. この点は、以下の論考でも考察されている。日暮雅夫「ホネットにおける「社会的自由」と新自由主義批判―『自由の権利』と『社会主義の理念』を中心に」、『批判的社会理論の今日的可能性』永井彰・日暮雅夫・舟場保之編、晃洋書房、二〇二二年、二〇七頁。

(40) Habermas, J., *Theorie des kommunikativen Handelns. Bd. 2*, S. 539-540（下巻　三七四頁）.

(41) Jaeggi, R., *Entfremdung. Zur Aktualität eines sozialphilosophischen Problems*, Suhrkamp, 2005, S. 62-64.

(42)『行為の理論』におけるハーバーマスも、植民地化によって「個人の生活史と集合体の生活形式とを調和」することができない社会化の障害を、疎外と呼んでいる。Habermas, J., *Theorie des kommunikativen Handelns. Bd. 2*, S. 213（下巻　四九頁）.

(43) Fraser, N., "What's Critical about Critical Theory?: The Case of Habermas and Gender", in *New German Critique*, vol. 35, 1985. Honneth, A., *Kritik der Macht. Reflexionsstufen einer kritischen Gesellschaftstheorie*, Suhrkamp, 1986（アクセル・ホネット『権力の批判―批判的社会理論の新たな地平』河上倫逸監訳、法政大学出版局、一九九二年）.

(44) Honneth, A., *Kampf um Anerkennung: Zur moralischen Grammatik sozialer Konflikte*, Suhrkamp, 1992（アクセル・ホネッ

ト『承認をめぐる闘争―社会的コンフリクトの道徳的文法』山本啓・直江清隆訳、法政大学出版局、二〇〇三年). Jaeggi, R.. *Entfremdung*, Kap. 4. ここでは、「道徳的」規範を批判の基準とするハーバーマスと、自己実現の形式的条件や合理的な生活形式といった「倫理的」内容を批判の基準とするホネット、イェッギとの違いが問題になりうる。しかし、批判の基準をどのように正当化するかという点について、三者はいずれも特定の倫理的生ないし善の構想に依拠せず、すべての近代社会の成員に対して批判の妥当性を主張するという共通性がある。この点については、別稿に譲りたい。

【謝辞】本稿は、成蹊大学政治学研究会（二〇二一年十月十四日）の研究報告に修正を加えたものである。ご指摘を頂いた方々、また個人的にご助言を頂いた田畑真一さん、そして丁寧なコメントを頂戴した二名の匿名審査員の方々に感謝申し上げます。なお本稿は、科学研究費補助金（特別研究員奨励費21J00128）による研究成果の一部である。

〔政治思想学会研究奨励賞受賞論文〕

歴史的不正義論における権原理論アプローチとその問題

辻　悠佑

一　はじめに

本稿の目的は、過去の不正を現在世代で匡正することが求められるという主張の正当化根拠として、いわゆる権原理論（entitlement theory）に依拠するアプローチを批判することにある。

不正が何らかの匡正を必要とする限り、今日に至るまで世界中で無数の不正が行われてきた歴史は、現在世代の我々に何らかの規範的含意をもたらすように思われる。過去の侵略戦争、植民地支配、奴隷制・奴隷貿易、先住民迫害などを対象に、匡正の問いは日本を含め世界中で政治的議題となっている。以上のような我々の世界の歴史的経緯と関連した規範的主張について正当性の検討を行う領域をおおまかに歴史的不正義論と呼ぶ[1]。

以上に列挙したような問題群について、匡正を支持する人々にとって権原理論は魅力的に映るだろう。詳細は次節で説明するが、権原理論とは、史的プロセスにおいて財が元の所有権者から自発的に移転されてきたかどうかで分配状況を評価する理論であり、元の所有権者の意思を無視した詐取や強奪といった不正な財の移転がなされたならば、現状の分配状況は不正で匡正されるべきだとする理論だからである[2]。これを有史以来無数の不正を経験してきた我々の世界に適用したならば、今の世界の大規模な賠償・返還請求の正当化になると思われる。例えば、奴隷制や奴隷貿易は人身の自由の侵害であり強制労働であり労働の成果の搾取なのだから、そこから生じた財の布置は正されねばならないという発想と適合する。

実のところ、権原理論は過去の不正の匡正を扱える理論として再度注目されつつある。例えば近時、現代英米政治哲学の歩みを辿った話題作において、K・フォレスターは歴史的不正義を問う議論としての権原理論に言及している。J・ロールズ以降のリベラルな平等主義的正義論の萌芽期においては、過去の不正の匡正を問う議論が存在していた。それらが採用していたのは、権原理論的な理論構成であった。ところが、平等主義的正義論の隆盛に伴い、その影に過去の不正の匡正という論点は追いやられていったというのである[3]。

歴史的不正義論の内部に目を転じると、権原理論は過去志向（backward looking）の議論に分類される。歴史的不正義論における先行研究は、通常、二つの方向性に大別される。一方で、過去の不正の内容（誰が誰をどう損なったか）に相関して、匡正政策の実現すべき状態や現在世代の人々の間の匡正請求権と履行義務が特定されるという過去志向の議論が模索されている[4]。他方で、歴史とは独立して保護・充足されるべき諸権利や機会、社会関係の平等の価値を前提に、その実現が、過去の不正の残滓として現前している社会構造などによって阻まれていることに問題を見出す、将来志向（forward looking）の議論が展開されている[5]。権原理論は、現状の正しさをこれまでの相互行為プロセスの正しさにより決めるため、過去志向の議論の典型である。

歴史的不正義論における過去志向の議論の強みは、過去に不正がなされたがゆえに匡正請求が行われ（てい）るという点を捉えていることにある。翻って将来志向の議論には、過去の不正への言及が規範的に冗長ないし余剰になるという問題がつきまとう[6]。なぜなら、過去の不正の残滓・遺産として現代社会の構造が歪んでおり不平等が再生産されているなどというときに、平等への価値づけと現時点で不平等とそれを維持する社会構造があるという事実の二つを前提にすれば、現状変革の要請は出てくるからである。平等な社会を実現することを前提に立論する将来志向の議論の枠組みにおいて、現状が過去の不正に由来するという情報がいかに特有の役割を果たすのかは明らかではない。だが、過去志向の権原理論は、過去の不正ゆえに匡正するべきなのだという議論を素直に打ち出すことができる。

しかし、過去志向の権原理論が過去の不正の匡正を正当化するということは、権原理論がもっともな匡正を処方するということを意味しない。本稿の見立てでは、権原理論は過去の不正に由来する匡正を訴えるときに頼れる理論ではない。

本稿は、権原理論に依拠した歴史的不正義へのアプローチが、非同一性問題（Non-Identity Problem）に妨げられるため過去世代の不正の匡正を現在世代で正当化できないこと、仮に非同一性問題を無視したとしても（むしろ無視するがゆえに）現実世界の歴史的経緯を踏まえると実践的な問題を生じさせてしまうことを明らかにする。非同一性問題は、現在世代が匡正を求める権利者であるということを掘り崩す。非同一性問題が生じるのは、匡正内容を特定するために過去の不正不在を仮想した世界に、現実の現在世代の特定人物が権利保持者として存在しないからである。実践的問題とは、現在世代の誰が誰に何を負っているのか、匡正内容の特定ができないことを意味する。実践的問題が生じるのは、権原理論それ自体は過去の個々の不正について無差別であるため、植民地支配や奴隷制と同時代に起きていた他の不正や、さらに遡って千年以上前の不正をも関数に、分配状況の評価および匡正が実現すべき分配の特定が行われるからである。注意してほしいのは、本稿の議論戦略が、非同一性問題が乗り越えられたか「問題」ではないと仮定しても、なおも実践的問題があるという形で、二段構えになっている点である。

ここでは検討対象として、特にA・J・シモンズとD・バットの議論を取り上げる[7]。シモンズは、かねてより一貫してロック－ノージック的権原理論の立場から議論を展開してきている。また、バットは、近年精力的に植民地支配などを念頭に国際的な賠償を正当化することを試みている論者である。また、両者は、本稿が権原理論アプローチに指摘しようとする問題に対処しようとしている。バットについてはすでに宇佐美誠が批判を加えているが、本稿ではバットの議論をより詳細に取り上げ、その批判的検討を行う[8]。特に第四節ではシモンズとバットの批判的検討を通じて、両者とも権原理論の実践的問題を回避できていないこと、実践的問題を乗り越えるための諸対応が、権原理論アプローチを取ることの言説戦略としての利点も損なってしまうことを明らかにする。

従来の平等主義的分配的正義論が、これまで行われてきた不正が現在世代にとっていかなる規範的含意を持っているのかの検討を放置してきたことは、確かかもしれない。しかし、権原理論アプローチに限定しつつも批判を加えることで、本稿は歴史的不正義論の課題が一筋縄ではいかないことを提示する。

改めて本稿の内容と射程について留保を述べておく。本稿はあくまで権原理論の歴史的不正義への適用に議論の射程を限定する。これは少なくとも三つのことを意味する。第一に、当然ながら本稿は全ての過去志向の議論を検討できるわけではない。第二に、他の匡正行為と正当化は本稿の射程外である。(9) 不正の認定プロセスや謝罪の意義を説く議論や、記憶の倫理といった賠償以外に匡正的正義の実現手段となりうる事柄の論点には触れられない。(10) 第三に、権原理論に実践上の問題が生じるということで、権原理論そのものが背理法的に論駁されたとまで述べるものでもない。あくまで、歴史的不正義の匡正は権原理論に依拠すれば問題なく正当化されるわけではない、という指摘にとどまる点が重要である。

最後に、過去世代と現在世代という用語法を説明する。本稿で用いる世代区分は、各々の人生時間が重複していないことを意味するために用いる。過去世代と将来世代は、今生きている現在世代の誰もが人生の時間を共有しなかった／することのない人々である。例えば、過去世代は現在世代の誰かが生物として存在することが確定する前に、すでにこの世を去った人々を指す。

以下、第二節では、改めて権原理論の基本的説明を行い、歴史的不正義論の文脈で期待される理由を説明する。言説戦略という点もここで説明する。第三節では、非同一性問題とそれへの権原理論の応答を検討する。第四節では、議論のために非同一性問題を権原理論が乗り越えたと仮定して、権原理論を現実世界に適用した場合に生じる実践的問題を指摘するとともに、権原理論側からの応答を検討し、実践問題への応答が権原理論アプローチとしての体を崩してしまい、言説戦略としてもうまくいかないことを論じる。

二　権原理論と歴史的不正義論

1　権原理論

本節では権原理論の概略を、その代表的な定式化を行ったR・ノージックに従って整理し、なぜそれが歴史的不正義の匡正を論じる際に有望視されるのかを確認する。それを端的に述べれば、現在の分配状況の正しさは歴史的に財の獲得と移転が正しく行われてきたかどうかに依存し、かつそのプロセスに瑕疵があった場合には現状を匡正するために再分配が要請されるという権原理論の基本的な理論的構図が、現実の世界の歴史における諸々の不正の匡正として賠償や返還を求める主張を支持すると思われるからである。

まずは、ノージックの『アナーキー・国家・ユートピア』を参照しつつ、権原理論の特徴を確認する。

権原理論の基本原理は、獲得（acquisition）、移転（transfer）、匡正（rectification）の三つからなる。獲得と移転の原理によると、現在の分配状況は、そこに至る歴史的プロセスで、人々が無主物への労働や占有などによって財を獲得し、かつその財を自発的に移転していた限りで正しい。仮にその二原理に非遵守があれば結果として生じた分配状況はどのようなものであれ不正で匡正されるべきである[11]。

財を正当な手段で入手したか否かによってその財を各人が持っていることの正しさが決まるという極めて日常的な直観に沿う形で、権原理論は定式化されている。日常的な文脈において、我々は、次のような獲得と移転を経た財の所有を正当なものとみなす。例えば、誰のものでもない天然資源、例えば木を加工することで作った加工品に対し、作成者は所有する権利を得る。また、自らの所有権の対象物を、他者の財と同意の上で交換や譲渡をすれば、他者にその権利は移り、自らも交換物への権利を得る。無主物になんらかの行為を働きかけることで獲得するか、他者からの自発的な移転を受けた財について、誰かから文句をつけられるいわれはない。しかし、所有権者の意思を無視して奪取された財については、その権利もまた元の所有者から誰かに移ったとは認められない、というわけである[12]。

他と比較した場合、権原理論の要点とは、正義に適った全体的な分配状況が特定されることによって各人の正当な取り分が特定されるのではなく、まず各人が正当に相互行為して所有物への資格を得ることから、現出した分配状況が正義に適っているということが引き出される点にある。各時点あるいは結果における厳密に平等な分配を求める原理、ロールズの格差原理のように許容される不平等を制約する原理、あるいは同一労働同一賃金のように平等からの逸脱を積極的に求めうる原理を考えよう（さしあたり被分配項は即物的にお金で考えて問題ない）。これらは、原理に適合的な分配を実現するために、断続的な再分配や人々の相互行為を規制する背景的制度を求める。[13] だが、権原理論からすれば、各人の自発的な移転の結果生じた分配状況ならば各人の意思の反映として尊重されるべきであり、独立した分配状況を実現するために再分配を強制することは権利侵害にほかならない。[14] 権原理論は、各人の獲得と移転の実際のプロセスから独立して特定される分配状況を、正しいものとして実現を求める立場とは、基本的には相容れない。

しかし、獲得と移転に不正があった場合、我々は匡正原理に従い分配状況に介入しなければならない。詐欺や強奪のように誰かが資格を有する財をその人の同意なくして移転することは、権利侵害であり許容されない。財が強奪されてもその財への資格は移転されていないので、分配状況も正義に適っていないことになる。そこで、分配状況を匡正することが求められる。何を実現すれば匡正が実現されたとすべきかについて、ノージックは次のように述べる。

この［匡正］原理は、過去の状況とそこで行われた（［獲得と移転の］二つの正義の原理と干渉を受けない権利によって定義される）不正義についての歴史的情報と、それらの不正義から現在までの実際の出来事の流れについての情報を使い、その社会の保有についての（一つまたは複数の）記述を導き出す。匡正原理は、おそらくは、もし不正が起こっていなかったら起きていたはずのことについての仮定情報の最善の評価（あるいは期待値を用いた何が起こりえたかについての確率分布）を使用する。[15]

つまりここでの匡正原理の要請とは、不正がなかったならば生じていただろう仮想的事態を実現することである。いわゆる可能世界との比較によって、現実において余計に所有している人物および剥奪状態にある人物が特定される。財が、権利をもたない人物に所有されており、本来権利を有するはずの財が剥奪されている人物もいる。後者の本来の権利保持者を特定し、財をその人へと移転することで、その不正な分配状況は匡正される。

ここで二つの点を確認しておきたい。第一に、匡正行為が実現すべき分配状況とは、あくまで史的反実仮想によって与えられるという点である。ここで史的反実仮想とは、時間的に先行する過去の時点における特定の出来事の有無を独立変数として、現在時点ではどのような世界が生じていただろうかという可能性を仮想することを指す。現実が不平等なときに、歴史的情報を無視して平等な状態を思い描くことも反実仮想だが、それは史的反実仮想ではない。

第二に、この史的反実仮想は、ノージックの先の引用からもわかるように、不正がなかったら生じていただろう確率が最も高い事態を求めることだとされる。仮に過去の一時点で不正がなかったら、というだけでは、一意に史的反実仮想の内容は定まらない。後で検討することになるが、特定の不正行為が存在しない世界はいくつも可能であり、結果として実現しえた事態も複数想定できる。そうした複数の可能性のうち、匡正原理が実現を要請するのは、不正行為がなかった場合にもっとも有り得ただろう事態である。

2　歴史的不正義論における権原理論の含意

今に至るまで世界中で不正が行われたことの現在世代に対する規範的含意を考える上で、権原理論はとても魅力的に見える。権原理論は、過去の諸不正の匡正についての権利義務を処方する理論的根拠となりそうだからだ。改めて確認すると、権原理論によるならば、歴史上の相互行為プロセスに不正があれば、そこから生じた分配状況は不正であり匡正が求められる。

このことを敷衍すれば、現在世代が生まれる前の過去世代の時点における相互行為における不正からも、やはり現在世代の財の分配状況が不正であるという評価および匡正の行為指令が導かれ、現在世代の特定の人物の権利主張も生まれるはずである。実際に我々の世界の歴史において無数の不正が行われてきたことを念頭に置き、奪われた土地・財やその他の損失についての「賠償」や「返還」を求める主張にとって、権原理論は裏付けを与える理論となりうることを意味する。例えば、奴隷が強制的に移住させられ強制労働させられ、先住民から土地が収奪されたことを踏まえると、不正な過程を経ている点で現在世代における財の分配状況がはやり不正であり匡正を必要とするということが、権原理論からは素直に出てくるはずである。不正な分配状況の匡正は、過去の不正な歴史がなければどうなっていたかを踏まえ、先住民や奴隷として連れてこられた人びとの子孫への「賠償」や「返還」という形で実行されなければならないように思われる。

しかも、権原理論に訴えることには、言説戦略上のメリットも見込める。権原理論に依拠した主張は、あくまで不正な移転の匡正として財の再分配を支持するのであり、平等な分配をそれ自体望ましいものとして実現することを求めるものではない。しかし、平等主義の求める再分配に対して否定的なリバタリアンに対しても、リバタリアンの受け入れている前提からならば、財の移転の受容を迫れる。[16] リバタリアンは、貧しい人々の状態が改善されないよりは改善されたほうがよいことだとは認めるが、そうした目的は各人の権利と両立するような形でしか行われるべきではないのであって、再分配の強制は許容されないと言うだろう。つまり自らの所有権を盾に再分配政策を拒むかもしれない。しかし、権原理論の論理構造と、歴史上無数に不正があったという事実を踏まえると、現状の財の所有状況（特に土地所有）は幅広く正義に適っていないことになる。ならば当然、匡正のための介入に対して権利を盾にはできなくなる。こうして、分配的正義論では一般にリベラルな平等主義の論敵とみなされている権原理論は、不正が累積した歴史を前提に匡正のための権利義務関係を割り当てる、有力な理論として機能するように思えてくる。

ところで権原理論が持つ規範的個人主義的要素につき、歴史的不正義の加害者被害者はネーションや人種のように集合的な性質を持つが、権原理論は集合的主体を想定できるのかという疑義が査読者から向けられた。第一に確認すべきは、なるほど集合体の名の下になされる言明も、理論的には個々人の主張の束として位置づけ可能だという点だ。序論で言及した奴隷制を例にとれば、アフリカ系が被った不正とはアフリカ系個々人の権利侵害の集計として理解でき、さらに個々人の匡正請求権の省略形としてアフリカ系の名の下になされる匡正請求も位置づけられる。第二に、個人の集計として集合体の主張を位置づける場合、集合体の道徳的地位というそれ自体説明を要する論争的問題に立ち入る必要がない。[17] 最後に、奴隷制や植民地支配の不正につき、仮に個々人の被る不正に随伴しつつ創発的特性の如く集合的次元にも独自の不正があるという理解や、より強く、個人的次元では不正はなく集合的次元のみに不正があるという理解を採っても、本稿の意義は失われない。例えばネーションAがネーションBから収奪したものを返還せよというとき、集合的主体間の行為とその帰結に対する評価や匡正は、まさに本稿が検討するところの権原理論のロジックの準用となりうるからである。

では、我々は権原理論に依拠し、匡正として賠償や返還を求めればよいのだろうか。以下では、権原理論に依拠することの難点を、二段構えで検討する。次節では非同一性問題を処理できないことを指摘する。次々節では、非同一性問題を乗り越えたと（議論のため）仮定した上でなお、権原理論を現実世界の不正に満ちた歴史に適用することから生じる実践上の問題が生じると論じる。

三　非同一性問題と権原理論アプローチの対応

1　歴史的不正義論における非同一性問題

本節では、専ら将来世代を念頭に置いた世代間正義論において知られた非同一性問題が、歴史的不正義論でも問題になることを説明し、権原理論側の対応が説得的ではないと論じる。非同一性問題は、過去世代の不正が現在世代の匡正を主張を惹起するという議論にとって、躓きの石である[18]。以下では最初に、歴史的不正義論において、現在時点における匡正に非同一性問題が理論的な限界を課すという理解が共通見解であることを説明する。その次に、権原理論に依拠する論者が用意している対応を逐次検討する。

まずは、非同一性問題を説明する[19]。一般的には、非同一性問題が問題たる所以は、先行世代によって後続世代の人物同一性（personal identity）が変わるという点にある[20]。厳密には、後続世代の人物の同一性が、極めて高確率で先行世代の行為に依存するからである。後続世代の人物同一性が確定する前の先行世代の行為の有無によって、後続世代を生む両親の組み合わせ、受精の組み合わせといった受胎条件が変わることで、現実と同一人物が生まれてくるかどうかも左右される。なお、歴史的不正義論では先行世代と後続世代はそれぞれ過去世代と現在世代に対応する。

歴史的不正義の問題で一見もっともらしく思える現在世代の匡正請求の権利主張は、非同一性問題によって掘り崩される。現在世代の人物同一性が過去世代の行為に依存するため、過去世代における事柄から現在世代の誰かが賠償されるべき損失を被ったと言えないからである。ある行為XがAさんへの危害となるのは、行為XによってAさんに状態悪化が生じているときである。Aさんが状態悪化を被ったと言うには、悪化がなんらかの状態比較を前提にしている限り、それに照らして現状のAさんに状態悪化が起こったことを判定するベースラインを用いる必要がある。このいわゆる危害のベースラインの有力候補としては、反実仮想比較モデルと前後比較モデルを考えることができる。[21] 反実仮想比較モデルでは、その状態悪化は、行為Xが行われた世界のAさんと、行為X不在の世界のAさんの状態の比較により導かれる。前後比較モデルでは、行為Xの前後におけるAさんの状態を比較して導かれる。

しかし、このどちらに依拠しても、先行世代の行為によって現在世代の特定の人物（Aさん）が状態悪化を被ったとは言えず、賠償も正当化できない。まず、前後比較モデルでは、先行世代の行為の前に後続世代のAさんは存在しなかった。また、反実仮想比較モデルでも、先行世代の行為の有無にその誕生を依存している後続世代のAさんは、先行世代の行為がなかった世界では、極めて高い確率で存在しない。その賠償が問題となるような過去世代の諸実践（例えば奴隷制や奴隷貿易）がなければ現在世代の諸人物は生まれなかっただろうからである。前後比較モデルでも反実仮想比較モデルでも、Aさんが状態悪化を被っているということが成立するには、生まれている現実のAの状態と、生まれる前や生まれてこなかった可能世界という不存在の状態と比較して、前者のほうが悪いと言わねばならないという背理に陥る。どちらのモデルに依拠しても、現在世代が生まれる前の過去の不正から現在世代は危害を被りえない。それゆえ、現在世代が生まれる前の不正一般について賠償を訴えることができなくなる。[22]

ここで、権原理論は非同一性問題を免れており有望に思われるかもしれない。[23] 比較を踏まえた現在世代の状態悪化の診断ではなく、あくまで過去の財の獲得・移転プロセスの不正によって現在世代の状況の不正を判定できるからである。だが、非同一性問題は権原理論に基づく匡正請求も妨げる。掘り崩されるのは、獲得と移転の原理による分配状況の評価ではなく、現実の人物が権原理論の匡正原理にしたがい財への権利を主張することである。獲得と移転に不正があれば、現在の分配状況も不正になるところまではよい。問題は、現実の現在世代に財の所有権があると言えない点にある。第二節で確認したように、匡正として目指すべき財の分配状況は不正不在の史的反実仮想によって特定される。匡正原理が参照する不正不在の可能世界における私やあなたの所有状況が、現実世界の私やあなたが権利を主張できる所有である。だが、過去になされた不正不在の世界線で財を持つ人々と、現実の人々は同一人物ではない。[24] 過去の不正がなかったら生じていた世界には私もあなたもまず存在しないため、現実の私やあなたが権利を主張できる財はないということになる。ゆえに、「過去世代の不正がなかったなら現実の今ここに生きる諸人物が正当にもなんらかの財の所有者であった」という命題を基礎にしては賠償請求や返還請求を支られない。

以下では、非同一性問題によって現実の現在世代の匡正請求が掘り崩される問題への対応を試みる議論を検討していく。

2 対応者説の採用

シモンズの対応は人物の同一性基準を見直すことにある。ここまでの非同一性問題の考察では、同一の精子と卵子の組み合わせという生物としての起源を、異なる可能世界における人物の同一性の基準として（少なくとも必要条件として）想定してきた。ここでシモンズは、そもそも人物同一性の基準として受胎条件を特権化せずD・ルイスのいう対応者説を採用する途もあることを指摘する。[25] その場合の要点は、私と生物学的起源を同じくする存在者が不正不在の可能世界に存在するかどうかではなく、私の対応者の有無とその状態だということになる。この対応者説によるならば、受胎条件の変化という点で生物的に同一の人物が不正不在の可能世界に存在せずとも、現実世界の私と同一の親の子供は不正不在の可能世界における対応者として同一人物なので、私の両親が私の受胎前に財産を盗まれなければ私の子供時代はもっと豊かだったということは真だということになるというのである。

しかし、生物学的起源の同一性という基準を放棄したことで、同一性の対応者説には課題が生じる。たった今考察した子供の例を踏まえると、生物学的起源以外の条件が最も類似した条件を満たす対応者を現実の同一人物と考えるものとして、シモンズの応答は解釈できる。だが、反実仮想によって得られた可能世界ならどこでも、現実の誰かと最も類似している対応者を常に同一人物とみなせることになる。[26] 生物学的な同一性は極めて厳格ではあったが同一人物か否か最終的に判断する基準があったのに対して、類似性基準は同一人物か否かを判定する非・恣意的な基準を設定できていない。この私が存在しない不正不在の世界もあるように思われるが、人物同一性の有無を判定する説得的な基準がなければ誰でもどこにも存在することになる。また、類似性基準は現実と可能世界の対応者関係を常に一対一にするとは限らない。反実仮想によって得られた可能世界の一人と現実の複数人それぞれが同程度類似しているということもありうる。過去のある事象がなければ生きていただろう一人と、現実の複数人が対応者にあるとき、現実の複数人がそれぞれ主張できる権利の中身はどう特定すべきかという問題も発生する。

類似性の対応者説を採用することで、シモンズは歴史的不正義論に権原理論を活用することで生じる非同一性問題に、新たな問題を生じさせたに過ぎないのではないだろうか。

3 史的反実仮想における確率の放棄

次に、バットが提出した史的反実仮想の修正案を検討する。修正案の要点は、史的反実仮想において確率を考えることの放棄である。[27] 植民地支配のような対象について匡正が実現を目指すべきなのは、不正行為がなかったら生じたであろう確率が最も高い可能世界ではない。代わりに参照すべきは、不正行為はなされなかったが、不正行為と類似した行為が正当な性格を備えた形でなされ、かつ同じ親が同じ子どもたちを生んだ可能世界である。[28] 例えば、AがBを誘拐して強制的に奴隷労働に従事させるという不正をしたとしよう。この場合の反実仮想は、AがBに適正待遇の出稼ぎ契約を自発的に結んでもらい、かつ両者が契約内容を遵守した場合どうなっていたかを仮想しようというのである。確かに、先行世代における不正の有無が後続世代の人物の同一性を変えるということは、必然的ではない。不正不在の場合に同じ人物が生まれる確率は、ゼロとは断言できない。それゆえ、不正不在の史的反実仮想をする際にかかる「最も高い確率」という制約を外せば、非同一性問題が生じない可能世界を参照してもよいことになる。[29]確率的にありえないことを理由に現在世代の同一人物の誕生を否定する批判に対して、そもそも史的反実仮想をする際に確率を考慮するという前提を共有しないことによって、バットは批判を無効化しようとしているのである。

こうした確率の排除は、不正行為不在の場合に最も高い確率で生じた可能世界を考えることは必ずしも道徳的に有意な反実仮想ではない、というバットの考えによる。それどころか、適切な反実仮想を、問題となっている不正の匡正毎に、その都度考えることを彼は示唆してすらいる。[30]そこで、このような史的反実仮想の修正を支持する論拠がもっともかどうかを以下で検討する必要がある。

バットのテキストにおいて確率の排除を支える論拠と解釈できるものは、次の二つの議論である。第一の議論は、私たちがもっともだと思う賠償判断を導く上で、最も確率の高い結果の反実仮想は自明の基準ではないというものである。というのも、その不在を反実仮想した場合と比較したときに被害者に現実において既存の正味利益（net benefit）が生じているような不正でも、明らかに被害者は賠償請求可能であるべきだと我々が考える事態があるからである。空港へ向かうタクシー運転手の怠慢で事故によって怪我をした乗客が、事故がなければ搭乗したはずの飛行機に乗れなかった。ところが、その飛行機は墜落した。つまり、その乗客は事故によって墜落する飛行機に乗れなかったため、結果的に死なずに済んだ。このケースでは、現実には怪我をしているのだが、反実仮想を用いると間違いなく飛行機に乗り墜落で死んでいたはずであり、その乗客は事故によって正味では状態悪化していないという判断が出てくる。しかし、そのことをもって乗客は賠償を求めることができず、タクシー運転手（あるいはタクシー会社）が賠償を免れるとは我々は考えない。このことから、最も高い確率で何が起こったかという仮想は我々が賠償を考えるときの必然的な参照先ではないとされる。[31]

二つ目の議論は、不正行為の被害者が匡正によって享受できるものには、規範的ベースラインが設定されるべきだというものである。例えばロースクールから不当に入学を拒絶された学生が、次の年や別のロースクールに入学を申し込むでもなく、すっかり落ち込んで失意のなか貧しい暮らしを送っているとしよう。[32] もしもロースクールに入れてさえいれば、法律家として成功し裕福な生活も送れていたはずだとしよう。だが、不当な入学拒絶の賠償は、法律家として成功した可能世界を基準に行われるべきではない。一方で法律家としての成功はそこに至る努力をしていない人には享受する資格が発生せず、他方で失意の生活を送っている状態の責任は、ロースクールの不当な入学拒絶だけではなく、その後の当人の振る舞いに帰せられるべきだからだ。つまりバットは、単に反実仮想するのではなく、匡正内容を特定する際に不正の被害者に何が値するかしないかを直接評価すべきだと考えているといえる。

まとめると、一つ目のタクシー事故の事例を使った議論と、二つ目のロースクールの事例を使った議論から、確率の制約を外し、同一人物の誕生を想定した史的反実仮想を採用することが正当化されるとバットは考えていると思われる。しかし、この二つの議論からは、当のバットが提案する史的反実仮想を採用しなければならないことまでは言えていない。ここまでのバットの議論は、不正がなかったら最も高い確率で生じていたであろう状態を匡正内容のベースラインとすることについては再考を迫るものかもしれない。だが、不正不在ながらも類似した行為が行われ現実と同一人物が生まれるという、バットが代替的に提案する特定の史的反実仮想を基準にして匡正を行うことについては、なんら正当化を供給していない。

この欠落はバットの議論の名宛人を考えても問題である。彼は、非同一性問題はあくまで哲学的パズルであり、例えば植民地支配の賠償のような実践的目的をもった具体的な問いを考えるときには、拘泥する必要がないと述べる。現実政治におけるそうした匡正政策への反対論は、GDPや経済成長といったメトリクスをもとに、旧植民地は植民地支配から受益しているとか、仮に奴隷貿易がなければアフリカに生まれただろう人々は、現実には奴隷貿易の歴史のおかげで不正不在の仮想世界よりも良い暮らしをしているというように、非同一性問題に依拠しない形で行われている。それゆえ、匡正政策を正当化するときにも、非同一性問題を考慮しない議論をすればよいとバットは言うのである。[33] しかし、匡正政策に対し以上の如き反対論を唱える人々は、なぜ匡正原理のベースラインを特定する手段としてほかでもないバットの史的反実仮想を採用すべきなのか、納得しないだろう。不正不在ながらも類似した行為が行われ現実と同一人物が生まれた可能世界を基準とすることは、バットが望ましいと考える匡正内容ありきで反実仮想モデルやベースラインを恣意的に設定しているだけという疑問が拭えないからである。

以上の議論を踏まえると、シモンズとバットによる非同一性問題への対処が満足の行くものかどうかは疑わしい。もっとも、非同一性問題を免れようとする試みは特に現在世代と将来世代との関係において無数に探求されており、本節で取り上げた議論以外に有効なものが存在する可能性はある。そこで次の節では、非同一性問題に対処することに成功したと議論のため好意的に仮定してもなお、対処に成功した場合にこそ、権原理論は実践的問題を生じさせると論じる。

四　実践的問題と権原理論アプローチの対応

1　権原理論を適用することで生じる実践的問題

本節では、最初に、非同一性問題によって権原理論による匡正が無効化されないと仮定した上で議論を進めると、権原理論の匡正には実践上の問題が生じることを指摘する。次に、この問題に対する権原理論側からの応答を検討し、それらが、実践的問題を解決する満足な応答になっていないか、アドホックな修正を加えた結果として権原理論アプローチを採用するメリットを失うことを指摘する。

権原理論の適用によって、過去の不正を踏まえ、現在世代における賠償や再分配を擁護する試みには、現実世界では次の実践的問題が生じる(34)。一つは、人類史を起源まで遡行した史的反実仮想に従い匡正を行うべきだという過剰な含意である。二つ目は、その仮想を行うことの認識的負荷の高さゆえに、匡正原理に従って現在世代の我々が具体的に何をすればよいのか、内容を特定できないという問題である。匡正として誰が誰に何を負っているのかを処方できないことは、規範理論が我々は何をすべきかという問いに対する回答を与えるためのものならば、重大な欠陥であると思われる。

この問題は、権原理論内部に、現在の分配状況を不正にする過去の相互行為の不正に時間的制約が設けられていないことによって生じる。権原理論によると、現在の分配状況の評価は、あくまで現在に至る歴史的プロセスに不正行為があるか否かによる。この評価方法を貫徹するならば、奴隷制、植民地支配、侵略戦争、土地収奪といった目立ったものだけではなく、それらと同時代の目立たない不正や、現在世代にとっては一見したところもはや無関係に思えるような千年や二千年前の出来事であっても、現在に至るプロセスにおける不正という点では違いがない。このことを踏まえつつ権原理論を我々の世界に適用すると、数千年に及ぶほど昔の人類史上の不正をもすべて考慮に入れた反実仮想によって得られる青写真に従い、現在世代の財の布置は匡正されるべきだということになる。植民地支配以前の分配状況もそれまでの不正を経て出現したものであるなら、植民地支配不在の史的反実仮想によって得られた分配状況も、中世の戦乱や古代の征服の事実を踏まえると正しいものとはいえない。理論上、過去の不正の存在が現在における分配状況を不正にするのならば、歴史を最も古い不正まで遡行し、その不正不在の史的反実仮想をして得られた分配状況を実現しなければならないということになる。権原理論を我々の世界に適用すると、現在世代に求められる匡正は、現在世代で議論の的になっているような歴史上の目立った不正の賠償に限られなくなる。権原理論が現在世代における匡正を惹起する過去の不正とそうでないものを区別する基準を持たないことから、匡正として求められることは、歴史的不正義と聞いたときに想像されるものを遥かに超える内容となる。

以上から、不正不在の史的反実仮想の結果を特定することには非常な困難が伴うという問題が生じてくる。だがさらに、大昔から全世界的に遍在する無数の不正行為は他の（一見）不正ではない行為の前提にもなっている点で、匡正原理の史的反実仮想をさらに困難にする。過去の一時点でのある人の不正行為は、その後の別の人々の所有の正しさにも波及してしまう。Xは正当に土地を購入して住んでいると考えているかもしれない。だが、それが仮に戦乱や入植で奪われた土地だったとしよう。その不正がなければ、後の時代にXはその土地に住むこともなく、Xがその土地に住んでから成立した無数の財の取引もなかっただろう。過去の一時点の不正は、それ以降の時代の取引に関わった人々の相互行為によって生じた分配状況にも伝染する。(35) 匡正原理の言う「不正がなければどうなっていたか」を考えるということは、そうした波及先についても考えることを含意する。時間的にも空間的にも無数に行われてきた諸々の不正がなければどうなっていたかを特定することは、その不正に後続する、それ自体は不正ではない相互行為の有無も計算に入れねばならない。要するに、権原理論が現実世界で求めるものは、あらゆる歴史上の不正がなかった場合に生じたであろう分配状況を特定し実現せよというものであるはずだが、これは人間の認識的能力を越えた課題であると同時に、個別の不正がなかった場合の分配状況とは必ずしも両立しない。

2 実践的問題への対応（1）——理論上の欠陥であることの否定

本項以降、以上のような批判に対して、権原理論が採用可能な対応を検討していき、我々が匡正として何をすべきなのかという問いに満足に答えられないこと、および、アドホックな修正によっては、権原理論の一貫性が失われ、権原理論のロジックを利用する意義すら損なわれることを示す。

まず断っておくべきは、以上のようなラディカルな含意は、権原理論を採用する理論家たちにも認識されている点で、独りよがりな本稿の言いがかりではないということである[36]。ノージック自身、過去の不正行為の「受益者や状態悪化を被った者が直接の当事者ではなく子孫の場合、事情は変わるのか……様々な不正の歴史記録版をきれいに消すには、どれ程遡らねばならないのか」と述べるように、有史以来不正が連綿と存在する現実世界に権原理論を適用した場合の含意に気がついていた[37]。

この問題に対しては、もちろん理論それ自体にとっての問題ではないと応答することもできる。H・スタイナーは、反実仮想によって実現すべき事態の記述が困難で、賠償請求権や義務を有する人やその内容を我々の能力の限界ゆえに具体的に把握できないとしても、理論上はそれら権利義務関係が存在しないことを意味しない、と述べる[38]。権原理論からすれば、誰かが不正な財の取得を歴史上したならば、現在の財の分配が不正であると同時になんらかの匡正が必要だということは、理論から引き出される含意として揺るがない。

なるほど、権原理論を前提とすれば、理論上は匡正によって実現されるべき正しい分配状況があるという主張は正しいかもしれない。だが、現在世代のおかれた事態がただ単に不正だとしかいえない点に実践的問題がある。我々の行う匡正が目指すべき事態の記述を我々に提供できないということに対する応答にはなっていないからだ。不正がなかったら生じただろう「本来そうあるべき」事態を特定しがたいこと、我々の置かれた状況がそこからどう逸脱していて、何をすればそこに近似できるかわからないことも認めている。(39) つまり、実際にどのような匡正行為が行われるべきか、現在世代の誰が誰に何を負っているのかについて、権原理論が具体的な処方を示せないという問題は解消されていない。(40)

3 実践的問題への対応（2）――権利の放棄・解消・無効化

シモンズやバットの議論には以上の問題に対する対応も見出すことができる。大別すると三つに分けられるため、以下では項を改めつつそれぞれ検討していく。第一の応答は、匡正を求める請求権が放棄されたり（abandoned）、解消されたり（dissolved）、無効化された（waived）とみなせるため、中世のような遠い過去の不正の事実から、現状の財の分配状況が不正という評価が下されたり、匡正が要請されたりすることにはならないというものである。当事者の他界によって解除されていたり、現状の財の分配状況を自ら受容していることから暗黙に無効化されていたり、匡正によって得られるものを追い求める利害関心を明らかに失っていることから暗黙に放棄されていたりするという事態を、シモンズは想定している。(41)

シモンズの応答には二点問題がある。第一に、史的反実仮想に先立って権利の放棄などが起きているとどうして判断できるのだろうか。過去の不正な財の移転について、現在世代の誰がどんな財の返還や賠償を求めることができるのかを特定するのが、史的反実仮想である。そもそも不正不在の史的反実仮想をしなければ、現在世代の誰が潜在的な匡正請求権を持っているのかも特定できず、その人の権利の放棄や無効化について条件が満たされているかもわからないはずである。現在世代の誰が潜在的権利保持者かを特定するために史的反実仮想をするならば、先に述べた実践上の問題が生じてくる。歴史を遡って史的反実仮想をすることに先立って、権利の放棄などが起きているから遠い過去の不正の匡正は求められないという判断を下すことは論点先取であり、権原理論が遠い昔の不正の事実から現状の不正判定を下し匡正を求めることから生じる問題への応答にはならない。

第二に、権利の放棄、解消、無効化の条件が、個人の意思表示を重視する既存のシモンズの議論と一貫するのかが疑わしい。権利の放棄などが暗黙に生じる条件として想定されている現状の受容の自発性や利害関心の喪失の明白性が、遠い過去の不正の匡正について成立しているとシモンズはなぜ言えるのだろうか。実は、シモンズは別のところでは権利放棄には「権利保持者の意図の明らかな印」が必要だと述べている[42]。また、国家の法に服従する義務が人々にあるのかを考える政治的責務論の文脈では、沈黙を暗黙の同意という意思表示とみなせるのは、黙っていることが同意になる選択状況に置かれていることや利用可能な異議申し立て期間と手段などが、当事者に自覚されているときだと論じていた[43]。これまでのシモンズの議論における、こうした権利保持者の自発性を認定する条件の厳格性を敷衍すれば、匡正を求める権利の放棄などについても、少なくとも権利の放棄を意味する状況に置かれていることなどが当事者に自覚されていなければならないはずである。しかし、歴史上の不正の匡正について、そうした選択状況に置かれたと自覚したうえで権利放棄や無効化を迎えた当事者が、これまでにどれほどいて、現状どの程度いるのだろうか。匡正を求める権利の放棄が生じているというシモンズの応答は、既存の自らの議論に対するアドホックな修正を前提にしなければできないだろう。

4 実践的問題への対応（3）——保守的な史的反実仮想

シモンズからの第二の応答は、史的反実仮想によって匡正内容を特定する困難を高く見積もるべきではないというものである。権原理論の匡正原理を運用するにあたって、史的反実仮想は当該個人の行動やその背景的条件について突拍子もないことを想定しない保守的（conservative）なものでよいというのである[44]。例えば、我々の日常的な発想では、ロードバイクが盗まれたときの賠償は、盗まれなかったらプロチームにスカウトされていたという仮想との比較においてではなく、ロードバイクが手元にありかつ同じような日々を過ごすという仮想との比較で考えている。歴史的不正義を踏まえた匡正原理の運用も同様でよいというのである。

しかし、この第二の応答もその場しのぎにしかならない。保守的な史的反実仮想という応答は、イージーケースを持ち出すことで史的反実仮想の問題を見かけ上逃れているにすぎない。保守的な史的反実仮想が、不正な歴史をたどった社会の分配状況をどのように匡正すべきかという問いに答えられたわけではない。ロードバイクが盗まれなければ手元にあっただろうという保守的な史的反実仮想がもっともらしく見えるのは、当該窃盗行為の背景に、各人を財産の正当な権利者とし財産を保障する政治・法制度が機能しており人々の遵守がある、という想定への依存ゆえである。むろん日常的文脈での個人行為については、マクロな制度や社会背景が不変と想定することは理に適っているかもしれない。だが、歴史的不正義論で一般的に問題になっている史的反実仮想の困難は、むしろ、ロードバイクの事例において不変だと想定したマクロな変数の有無である。個人や集団の行為選択の背景的条件をなす社会規模の事象や、植民地支配や奴隷貿易のようなグローバルな事象の有無である。[45] 歴史上のマクロな諸事象の有無について、保守的な史的反実仮想は、何が起こっていたかをどう判断するのだろうか。例えばそれは、ロードバイクの事例から類推すると、マクロな背景については不正以前と同じ状態が継続したと仮想するのだろうか。つまり、入植者は訪れることがなく、先住民社会はそれまでと変わらぬ形で現在まで続いたと想定すべきだろうか。それとも保守的な反実仮想にとって、グローバルな相互交渉の不在こそむしろ突拍子もないありえない想定であって、マクロな背景でも起こりそうな変化についてはある程度は計算に入れるのだろうか。つまり、不正はなかったが人口移動や入植活動は生じ、相互交流を通じて先住民の土地所有や社会のあり方にも少なからぬ変容を与えただろうと想定するのが保守的だろうか（前節でのバットの史的反実仮想はこちらの想定に近いと思われる）。

このように、各種変数につきどのような想定をおくことが保守的な史的反実仮想なのか、まったく不分明なのである。それゆえ、匡正原理が実現を指令する内容特定を史的反実仮想に基づき算出する困難を回避していない。保守的な反実仮想でよいというシモンズの提案は、おおまかな指針すら示すものではない。[46]

5　実践的問題への対応（4）――現在世代における匡正基準の導入

最後にバットの対応を検討する。彼は遡行の問題に対処するアイデアも提出している。彼は、時間的に遠い過去の不正の結果として匡正が求められる場合と求められない場合を区別しようとしている。それによると、現状の所有状況が不正であり匡正されるべきなのは、現状に至る歴史に不正な相互行為がありなおかつ道徳的均衡（moral equilibrium）なる状態がないときである。ここで道徳的均衡とは、現在世代において、不正の結果として他者との比較においてとりわけ得失している者がいない状態にあることをいう。[47] 過去に不正な相互行為があっても、道徳的均衡にあれば我々は今ここで匡正に悩む必要はないというのである。

当然、追加された基準たる道徳的均衡とはいかなる状態かが問題となる。バットによると道徳的均衡に至るには二つのルートがあるという。[48] 第一に、不正の影響が現在もはや深甚ではないときである。例えば、教育機会が拡充され、機会の平等などが達成されている場合、もはや人々は百年前のかつての不正の影響を受けていない。むしろ、人々の状態は直近の平等主義的政策の影響下にあるため、過去の不正によって現在世代における境遇の差異がもたらされているわけではない。このとき、過去の不正について現在世代は道徳的均衡にあるとされる。第二に、先行世代が歴史的に不正行為をお互いに働きあってきた結果として、現在当事者たちが同程度の損失を受けるか、あるいは利得を得ているときである。このような場合、互いの得失の収支はお互い様の状態にある。このときも、当事者は互いに特に得失差があるわけではないため、道徳的均衡にあるとされる。バットによると、この（少なくとも）二つの条件のどちらかが満たされていれば、過去の不正の匡正はもはや要請されない。

しかし以上の応答は満足のいくものではない。第一に、理論整合性が失われたアドホックな修正である。道徳的均衡状態にあるかどうかによって匡正の必要が左右されるということは、匡正をするかどうかが歴史プロセスではなく現在の人々の状態に左右されるという点で、権原理論からの大きな逸脱である。だが、道徳的均衡を匡正するかどうかの基準として導入すべき内在的理由は権原理論にはない。第二に、そもそも権原理論からすれば、一つ目の道徳的均衡をもたらす政策が実施されたシナリオ自体が、財の強制的な移転を伴う不正とみなされるはずである。教育機会の拡充や機会の平等が平等主義的政策によって実現されることは、なるほど過去の不正の影響を断ち切っていると言えるかもしれない。しかし、第二節で確認したように、権原理論からすれば、なんらかの所有状況の実現それ自体が分配的正義を満たすわけではない。むしろ、道徳的均衡は、過去の不正に加えて強制的再分配という新たなる不正を上書きした状態にすぎず、権原理論を前提にすれば匡正が求められるはずである。

ここで重要なのは、理論的不整合が、理論的望ましさとは別の望ましさも損なう点である。バットの応答は、道徳的均衡を接ぎ木し理論的な不整合をきたした結果、リバタリアンにも受容可能な議論を採用するという言説戦略でも失敗してしまうのである。第二節でも述べたように、バットの目論見は、通常は再分配による富の平等の実現そのものに否定的なリバタリアン的立場に対しても、匡正としてならば再分配を正当化することができるというものであった。これはリバタリアンも受け入れざるを得ない前提から再分配を導くという（T・ポッゲのそれに類似した）言説戦略といえる。実際、バットは植民地支配に対する賠償として国際的な財の移転を考えていた[49]。しかし、今指摘したように、道徳的均衡のような観念の導入と権原理論には緊張関係がある。それゆえ、匡正すべきか否かをアドホックに追加した道徳的均衡なる基準によって決めることは、整合性の理論的望ましさという点の是非を無視しても、権原理論を適用した言説戦略としての受容可能性という、バット自身の設定した望ましさにおいても欠陥を抱えるのである。

五　結論

本稿は、権原理論を適用することで歴史的不正義の匡正を正当化しようとするアプローチは、非同一性問題に直面するか、仮に理論的に非同一性問題を乗り越えたとしても、実践上の問題に直面することを明らかにしてきた。権原理論アプローチは一見したところ有望だが、必ずしも我々の実践的な関心に合致する内容を処方してくれるものではなかった。シモンズによる応答は匡正原理の要請として我々が実現すべき内容を特定する上で満足のいくものではなかった。バットは、道徳的均衡なる観念を導入することで全面的に歴史を遡行することに制約をかけ、匡正原理の要求を穏当なものにしようとした。だが、理論的不整合をもたらすアドホックな修正ゆえに、不整合が理論的に望ましくないかどうかを措いても、言説戦略として挫折した。こうして本稿は、権原理論の適用では、匡正として誰が誰に何をするべきかという実践的問題に回答を与えられないと論じてきた。

最後に、本稿の検討を踏まえた今後の課題を述べておく。まず、権原理論のように過去志向的な議論には、少なくともより一層の慎重さが求められると言えるだろう。もちろん、本稿は権原理論アプローチのみに集中し、他の有望な過去志向の議論を射程外に置いてきた。とはいえ、歴史の遡行から生じる問題は、現在世代がなすべきことを過去の関数とする過去志向の議論全般にとっても無縁ではない。一般的な形式において、過去の不正が現在の匡正請求を生じさせると論じる議論ならば、やはり遠い過去への歴史の遡行が生じないのかという問いが生じうる。過去志向の議論は、どのような条件を満たす過去の不正が現在世代内部に賠償を生じさせるのかという点を説明できなければならないだろう。

一つの方途は、過去世代の被った不正にこだわることを放棄するというものである。非同一性問題を無理に克服しようとするよりも、現在世代の匡正請求は現在世代内部の不正に求めるほうが素直ではないだろうか。そもそも不正は過去世代だけが被ったものではない。例えば、少なくとも植民地支配や人種差別的な制度は二〇世紀まで存続していた点で多くの現在世代にとっては自らの人生で被った事柄であるとともに、その匡正が未履行であることは派生的な後続不正として現在進行形で問題化できる。もっとも、過去世代の不正が現在世代にとって全く無関係かどうか、その現在世代に対する規範的有意性を無視してよいかどうかも、慎重な判断が求められる。

これらの論点は別稿の課題とせざるを得ない。少なくとも権原理論アプローチの検討を通して歴史的不正義論に課題が山積していることを明らかにできたならば、本稿の意義は十分あったと思われる。

【謝辞】二名の査読者の方にお礼申し上げる。また、本稿の一部は哲学若手研究者フォーラム、政治経済学会、政治思想学会、オンライン政治理論フォーラム、早稲田大学齋藤純一ゼミで報告したものである。コメントや質問を寄せてくれた方々に感謝する。

（1）分野の概観には次を参照せよ。Ivison, D., "Historical Injustice", in *The Oxford Handbook of Political Theory*, (eds.) J. S. Dryzek, et. al., Oxford University Press, 2016; Fabre, C., *Justice in a Changing World*, Polity, 2007, ch. 7; Spinner-Halev, J., "Historical Injustice", in *The Oxford Handbook of Political Philosophy*, (ed.) D. Estlund, Oxford University Press, 2012; Thompson, J., *Should Current Generations Make Reparation for Slavery?*, Polity, 2018; Vernon, R., *Historical Redress: Must We Pay for the Past?*, Continuum, 2012. 日本語での研究としては次がある。川瀬貴之「国民国家の集団的責任と過去の不正義の補償」『千葉大学法学論集』第二六巻、第三号、二〇一一年、一～六〇頁；川瀬貴之『リベラル・ナショナリズムの理論』法律文化社、二〇二一年；吉良貴之「戦争と責任：歴史的不正義と主体性」『「戦争と社会」という問い』野上元・佐藤文香編、岩波書店、二〇二一年。

（2）Nozick, R., *Anarchy, State, Utopia*, Basic Books, 1874, chap. 7（嶋津格訳『アナーキー・国家・ユートピア：国家の正当性とその限界』木鐸社、一九九五年）.

（3）Forrester, K., *In the Shadow of Justice: Postwar Liberalism and The Remaking of Political Philosophy*, Princeton University Press, 2019, pp. 133-137; Forrester, K., "Reparations, History and the Origins of Global Justice", in *Empire, Race and Global Justice*, (ed.) D. Bell, Cambridge University Press, 2019, p. 151; cf. Boxill, B., "The Morality of Reparation", *Social Theory and Practice*, Vol. 2, No. 1, 1972, pp. 113-123.

（4）過去志向の代表例は以下である。Boxill, B., "An Lockean Argument for Black Reparations", *Journal of Ethics*, Vol. 7, No. 1, 2003, pp. 63-91; Boxill, B., "Black Reparations", in *The Stanford Encyclopedia of Philosophy*（*Summer 2021 Edition*）, (ed.) E. N. Zalta,（URL = https://plato.stanford.edu/archives/sum2021/entries/black-reparations/）; Cohen, A. I., "Compensation for Historic Injustices: Completing the Boxill and Sher Argument", *Philosophy and Public Affairs*, Vol. 37 No. 1, 2009 pp. 81-102; Sher, G., "Transgenerational Compensation", *Philosophy and Public Affairs*, Vol. 33, No. 2, 2005, pp. 181-200; Tan, K-C., "Colonialism, Reparations and Global Justice", in *Reparations: Interdisciplinary Inquiries*, (eds.) J. Miller and R. Kumar, Oxford University Press, 2007; Valls, A., "The Libertarian case for Affirmative Action", *Social Theory and Practice*, Vol. 25, No. 2, 1999, pp. 299-323. 大まかにいうと、これらにはノージックの『アナーキー・国家・ユートピア』の第二部における権原理論というよりも、第一部で定式化された賠償の原理もしくはそれに類似した原理を措定して賠償を論じる議論もある。Cf. Nozick, *Anarchy, State, Utopia*, p. 57（邦訳九〇頁）.

（5）Lu, C., *Justice and Reconciliation in World Politics*, Cambridge University Press, 2017; Spinner-Halev, J., *Enduring Injustice*,

Cambridge University Press, 2012; Táíwò, O., *Reconsidering Reparations*, Oxford University Press, 2022; Vernon, R., "Against Restitution", *Political Studies*, Vol. 51, No. 3, 2003, pp. 542-557; Vernon, *Historical Redress*; von Platz, J. and Reidy, D. A., "The Structural Diversity of Historical Injustices", *Journal of Social Philosophy*, Vol. 37, No. 3, 2006, pp. 360-76; Waldron, J., "Superseding Historic Injustice", *Ethics*, Vol. 103, No. 1, 1992, pp. 4-28; Wenar, L., "Reparations for the Future", *Journal of Social Philosophy*, Vol. 37, No. 3, 2006, pp. 396-405; Young, I. M., *Responsibility for Justice*, Oxford University Press, 2011（岡野八代・池田直子訳『正義への責任』岩波現代文庫、二〇二二年）.

（6）この論点につき以下を参照せよ（主な批判対象は構造的不正義論による歴史的不正義へのアプローチである）。Blomfield, M., "Reparations and Egalitarianism", *Ethical Theory and Moral Practice*, Vol. 24, No. 5, 2021, pp. 1179-1181; Butt, D. "What Structural Injustice Theory Leaves Out", *Ethical Theory and Moral Practice*, Vol. 24, No. 5, 2021, pp. 1169; cf. Cohen, A. I., "Corrective vs. Distributive Justice: the Case of Apologies", *Ethical Theory and Moral Practice*, Vol. 19, No. 3, 2016, pp. 663-677.

（7）Simmons, A. J., "Historical Rights and Fair Shares", *Law and Philosophy*, Vol. 14, No. 2, 1995, pp. 149-84; Simmons, A. J., *Boundaries of Authority*, Oxford University Press, 2016; Simmons, A. J., "Rights and Territories: A Reply to Nine, Miller, and Stilz", *Politics, Philosophy and Economics*, Vol. 18, No. 4, 2019, pp. viii-xxiii; Butt, D., *Rectifying International Injustice: Principles of Compensation and Restitution Between Nations*, Oxford University Press, 2009; Butt, D., "Historical Justice in Postcolonial Contexts: Repairing Historical Wrongs and the End of Empire", in *Historical Justice and Memory*, (eds.) K. Neumann and J. Thompson, University of Wisconsin Press, 2015.

（8）宇佐美誠「グローバルな正義と歴史上の不正義」『政治経済学の規範理論』須賀晃一・齋藤純一編、勁草書房、二〇一〇年。

（9）損失の埋め合わせを超えた何事かの実現を匡正的正義は目指すべきだという議論もある。例えば、J・トンプソンは和解（reconciliation）を目標にしている（Thompson, J., *Taking Responsibility for the Past: Reparation and Historical Justice*, Polity, 2001, pp. 47-53）。ただし和解の内実や何がそれを実現するのかといった踏み込んだ考察をトンプソンは提示していない。他方、M・U・ウォーカーは匡正的正義——ウォーカーは償いの正義（reparative justice）と呼ぶ——の根本的要請を道徳的答責（moral accountablity）の関係修復におく（Walker, M. U., *Moral Repair: Reconstructing Moral Relations after Wrongdoing*, Cambridge University Press, 2007; Walker, M. U., *What is Reparative Justice?*, Marquette University Press, 2010）。ウォーカーの議論は、いわゆる分配パラダイム的な被害者の損失埋め合わせとは全く異なる形で匡正的正義の構想を展開する点で、極めて有望だと思われるが、別稿を期さざるを得ない。

（10）戦後の正義（jus post bellum）として、不正後の諸論点（賠償、返還、謝罪、記憶、処罰など）を広く概観する文献として次がある。Fabre, C., *Cosmopolitan Peace*, Oxford University Press, 2017.

（11）Nozick, *Anarchy, State, Utopia*, pp. 150-153（邦訳二五五～六〇頁）.

（12）この段落の説明は以下を参考にした。Mack, E., "Robert Nozick's Political Philosophy", in *The Stanford Encyclopedia of Philosophy*（*Summer 2022 Edition*），（ed.）E. N. Zalta,（URL = https://plato.stanford.edu/archives/sum2022/entries/nozick-political/）. なお、周知のようにノージック自身は、例えば何が権利を生じさせる獲得なのかといった各原理の詳細を完全に論じきってはいない。また、所有権に想定される干渉排除能力（Nozick, *Anarchy, State, Utopia*, pp. 30-33（邦訳 47-52頁））や、ロック的但し書きの解釈（Ibid., pp. 175-182（邦訳二九四～三〇四頁））など各論点についてはそれぞれ相当な論争があるが本稿では脇においておく（cf. Simmons, A. J., *The Lockean Theory of Rights*, Princeton University Press, 1992）。本稿の関心からすれば、もとの正当な所有者からの自発的移転を経由せずに生じた所有状況が不正である、という権原理論の性質さえ確認できればよい。

（13）ここでの比較は、次を参考に再構成した。Schmidtz, D. and Freiman, C., "Nozick", in *The Oxford Handbook of Political Philosophy*,（ed.）D. Estlund, Oxford University Press, 2012, pp. 414-417. 権原理論とロールズ正義論の対比について次も参照。Rawls, J., *Justice as Fairness: A Restatement*,（ed.）E. Kelly, Harvard University Press, 2001, pp. 414-417（田中成明ほか訳『公正としての正義 再説』岩波現代文庫、二〇二〇年、一〇四～一〇六頁）.

（14）Nozick, *Anarchy, State, Utopia*, pp. 167-174（邦訳二八一～二九二頁）.

（15）Ibid., pp. 152-153（邦訳二五九頁、大括弧内引用者補足）.

（16）Butt, *Rectifying International Injustice*, pp. 13-16; Valls, "The Libertarian case for Affirmative Action."

（17）この点につき次を参照せよ。Jones, P., "Group Rights", in *The Stanford Encyclopedia of Philosophy*（*Fall 2022 Edition*），（eds.）E. N. Zalta and U. Nodelman,（URL = https://plato.stanford.edu/archives/fall2022/entries/rights-group/）.

（18）歴史的不正義論において、この問題の存在は過去志向の議論の難点として一般的に認識されている。例えば次を参照。Fabre, *Justice in a Changing World*, pp. 142-143; Kershnar, S., *Justice for the Past*, State University of New York Press, 2004; Nuti, A., *Injustice and the Reproduction of History: Structural Inequalities, Gender and Redress*, Cambridge University Press, 2019, pp. 5-6; Spinner-Halev, *Enduring Injustice*, pp. 31-33; Vernon, "Against Restitution"; Wenar, "Reparations for the Future"; Wheeler III, S.

C., “Reparation Reconstructed”, *American Philosophical Quarterly*, Vol. 34, No. 3, 1997, pp. 301-318; 宇佐美「グローバルな正義と歴史上の不正義」。なお、非同一性問題といったときに最初に想起される名前はD・パーフィットかもしれないが、それに先立って歴史的不正義論や権原理論を検討する文脈でも非同一性問題は指摘されている。この点について次を参照。Davis, L., “Comments on Nozick's Entitlement Theory”, *Journal of Philosophy*, Vol. 73, No. 21, 1976, pp. 836-44; Morris, C. W., “Existential Limits to the Rectification of Past Wrongs”, *American Philosophical Quarterly*, Vol. 21, No. 2, 1984, pp. 175-82; Sher, G., “Ancient Wrongs and Modern Rights”, *Philosophy and Public Affairs*, Vol. 10, No. 1, 1981, pp. 3-17; Waldron, “Superseding Historic Injustice”, p. 12; cf. Parfit, D., *Reasons and Persons*, Oxford University Press（森村進訳『理由と人格：非人格性の倫理へ』勁草書房、一九八八年）.

（19）非同一性問題の概略については次を参照し再構成した。Roberts, M. A., “The Nonidentity Problem”, in *The Stanford Encyclopedia of Philosophy*（*Summer 2022 Edition*）,（ed.）E. N. Zalta,（URL = https://plato.stanford.edu/archives/sum2022/entries/nonidentity-problem/）; Meyer, L., “Intergenerational Justice”, in *The Stanford Encyclopedia of Philosophy*（*Summer 2022 Edition*）,（ed.）E. N. Zalta,（URL = https://plato.stanford.edu/archives/sum2022/entries/justice-intergenerational/）; Boonin, D., *The Non-Identity Problem and the Ethics of Future People*, Oxford University Press, 2014, ch. 1.

（20）ここで先行世代と後続世代という表現を用いているのは、過去世代と現在世代、現在世代と将来世代の双方で非同一性問題が生じることを同時に述べるためである。

（21）危害のベースラインについて次を参照。Petersen, T. S., “Being Worse Off: But in Comparison with What? On the Baseline Problem of Harm and the Harm Principle”, *Res Publica*, Vol. 20, No. 2, 2014, pp. 199-214; cf. Feinberg, J., *Harm to Others*, Oxford University Press, 1984, p. 34. 他にも危害のベースラインは考案されているが有望とはいえない（参照、宇佐美誠「非同一性問題：生命倫理・世代間正義のアポリア」『法理論をめぐる現代的諸問題：法・道徳・文化の重層性』角田猛之ほか編、晃洋書房、二〇一六年）。

（22）なお、非同一性問題を受け入れても、不正に由来する匡正請求が全て消え去るわけではない。現在世代が訴えることのできる匡正を、あくまで現在世代の同一性が確定した時点以降の危害の埋め合わせとして位置づけることもできる。当然ながら現在世代のとある人が存在するようになった時点以降の不正の有無はその人の生物としての同一性を左右しないからである。二〇世紀生まれの多くの人は二〇世紀に入ってから行われた人種差別的実践について賠償請求権を持ちうる。二〇世紀の不正を基礎にする議論として、例えば人種隔離を支えた住宅制度を根拠とするものが可能である。（Coates, T., “The Case for Reparations”, *The*

Atlantic, June 2014（URL = https://www.theatlantic.com/magazine/archive/2014/06/the-case-for-reparations/361631/、最終アクセス二〇二二年八月二九日）; Kaplan, J. and Valls, A., “Housing Discrimination as a Basis for Black Reparations”, *Public Affairs Quarterly*, Vol. 21, No. 3, 2007, pp. 255-273）。また、現在世代の人物同一性が確定した時点以降に、それ以前の時点において親が被った不正な損失の賠償が親世代に対して履行されていないことから、派生的に生じる現在世代への損失を後続不正（subsequent wrong）だと捉え、それを現在世代の匡正の根拠とする議論（Boxill, “Black Reparations,” sec. 6; Sher, “Transgenerational Compensation”; Cohen, “Compensation for Historic Injustices”）、さらに集団への愛着が自己のアイデンティティの一部をなすような人にとって、かつて当該集団に危害が加えられたことが翻って心理的危害となるという議論などがある（Herstein, O. J., “Historic Injustice, Group Membership and Harm to Individuals: Defending Claims for Historic Justice from the Non-Identity Problem”, *Harvard Blackletter Law Journal*, Vol. 25, 2009, pp. 229-276）。これらは現在世代の匡正請求を現在世代が被った不正に基礎づけているため、本稿では脇においておく。

（23）この点の明確化の必要性は査読者のコメントに負う。

（24）Davis, “Comments on Nozick's Entitlement Theory”, p. 842.

（25）Simmons, “Historical Rights and Fair Shares”, pp. 178-179 n41; Simmons, *Boundaries of Authority*, pp. 174-175 n49; cf. ルイス, D.、吉満昭宏訳『反事実的条件法』勁草書房、二〇〇七年、六五～七二頁。

（26）非同一性問題と対応者につき、野上志学『デイヴィッド・ルイスの哲学：なぜ世界は複数存在するのか』青土社、二〇二〇年、四七～五三頁、二二四～二二六頁参照。次も参照。Wrigley, A., “Harm to Future Persons: Non-Identity Problems and Counterpart Solutions”, *Ethical Theory and Moral Practices*, Vol. 15, No. 2, 2012, pp. 181-182.

（27）Butt, *Rectifying International Injustice*, pp. 108, 111, 114-115; Butt, “Historical Justice in Postcolonial Contexts”, p. 179.

（28）宇佐美は、仮に奴隷貿易が正当な賃金の合意による移民のような形だったら、どれだけ好意的に考えても現在世代に同一人物は確率的に生まれないだろうという形でバットを批判している（宇佐美「グローバルな正義と歴史上の不正義」六〇頁）。だが、本稿で確認するように、バットが史的反実仮想をする際に確率計算を無視してよいと考えている場合、その論拠まで遡って考察する必要がある。

（29）なお、非同一性問題によって掘り崩されない危害の説明を、バットは別の箇所で、別の形でも展開している（Butt, *Rectifying International Injustice*, pp. 183-188）。だが、管見ではそれらは注13でも述べた後続不正論と同じものであるため本稿では扱わない。

（30）Butt, *Rectifying International Injustice*, p. 109.
（31）Ibid., pp. 108-109.
（32）Ibid., p. 112. なおこの仮想事例をバットはG・シャーから借りている（cf. Sher, "Ancient Wrongs and Modern Rights"）。
（33）Ibid., 106-107.
（34）Nuti, *Injustice and the Reproduction of History*, pp. 15-16; Spinner-Halev, *Enduring Injustice*, ch. 2; Stilz, A., "Territorial Boundaries and History", *Politics, Philosophy and Economics*, Vol. 18, No. 4, 2019, pp. 374-385; Waldron, "Superseding Historic Injustice", pp.7-14.
（35）Waldron, "Superseding Histcric Injustice", pp. 11-12.
（36）Cf. Simmons, "Historical Rights and Fair Shares", pp. 153-156.
（37）Nozick, *Anarchy, State, Utopia*, p. 152（邦訳二五八～二五九頁）; cf. Wolff, J., *Robert Nozick: Property, Justice and the Minimal State*, Stanford University Press, 1991, pp. 115-116（森村進・森村たまき訳『ノージック：所有・正義・最小国家』勁草書房、一九九四年、一八九～一九二頁）.
（38）Steiner, H., *An Essay on Rights*, Blackwell, 1994, p. 267 n3（浅野幸治訳『権利論：レフト・リバタリアニズム宣言』新教出版社、二〇一六年、四一六～四一七頁）; cf. Simmons, *Boundaries of Authority*, pp. 130, 171; Simmons, "Rights and Territories", p. xx.
（39）過去の遡行の問題ゆえに匡正行為が実現すべき事態を完全に特定することは不可能でも、部分的な匡正は行いうるのではないかと思われるかもしれない。この応答には二つの解釈が可能だが、どちらも説得的ではない。一つ目は、記録としてわかっている不正がなければどうなっていたかを特定し、それに近似することで満足すればよいというものである。しかし、問題は当の不正の詳細な記録がないので不正の実態把握が難しいということではなく、不正不在の史的反実仮想を行う困難である。二つ目は、比較的最近の過去の不正がなかったらどうなっていたかを実現することを、部分的な匡正とみなすものである。しかし、規範的に問題なのは財がどれだけ正当な所有者の手元にあるかどうかである。権原理論を前提にすると、直近の不正行為がなかった状況を実現しても、財が所有権保持者の手元に帰っていなければ、所有状況は改善されていない。いくら盗んだ品物を前の所有者に返しても、その前の所有者もまた窃盗でその品物を入手した正当な所有者ではないなら、直近の窃盗がなかった事態を実現したところで、匡正にはならない（直近の不正がなかった状況を実現したら、偶発的にすべての財が正当な持ち主のもとに帰る可能性はありうるが、あくまで可能性である）。部分的な匡正がありうるのではという疑念は、福島弦氏と大庭大氏の指摘による。

（40）もちろん、財の正当な持ち主とその正当な取り分が特定できる場合がまったくないとは言えない。本稿が検討してきた問題は、匡正原理が史的反実仮想を用いるがゆえに生じる問題である。とするならば、権原理論の含意として獲得と移転プロセスに瑕疵がある現在の財の分配状況は根源的に不正だと評価されるというところまでは、維持してもよさそうである。そのうえで、匡正原理の代わりに、現在世代の財を不正利得返納によって共通財産へと仮想的にプールし、別の分配原理によって分配し直すという方向性も考えられる（Goodin, R. E., "Disgorging the Fruits of Historical Wrongdoing", *American Political Science Review*, Vol. 107, No. 3, 2013, pp. 478-491）。ただし、この議論は、不正な損失の埋め合わせ（侵害された所有権の救済）という意味を持たなくなるので、匡正的正義の履行とは言えなくなる。

（41）Simmons, "Rights and Territories", p. xx.

（42）Simmons, *Boundaries of Authority*, pp. 156, 164.

（43）Simmons, A. J., *Moral Principles and Political Obligations*, Princeton University Press, 1979, pp. 80-81.

（44）Simmons, "Historical Rights and Fair Shares", pp. 157-159. この点につき川瀬はシモンズの見解を支持する。川瀬「国民国家の集団的責任と過去の不正義の補償」三〜九頁；川瀬『リベラル・ナショナリズムの理論』一六七〜一六九頁。

（45）植民地支配や奴隷制など実際に告発されている不正は、そもそも相互行為の次元の不正ではなく構造や制度の問題とみるべきだが、本稿ではあくまで議論を権原理論に絞り、構造的不正義論の検討は別稿を期する。この点は以下を参照。Lu, *Justice and Reconciliation in World Politics*, ch. 4; Nuti, *Injustice and the Reproduction of History*; von Platz and Reidy, "The Structural Diversity of Historical Injustices".

（46）そもそも何かの擁護ないしは正当化を、それが（架空）事例へと回答を与えられることを示す形で行おうというのならば、採用すべき事例はイージーケースではなくハードケースであって、それにすらもっともな回答を与えられるという形を採るべきだと思われる。

（47）Butt, *Rectifying International Injustice*, p. 100. なお、ここでバットのいう道徳的均衡は反照的均衡（reflective equilibrium）と表記が似ているが、全く関係ない。

（48）Ibid., pp. 100-102.

（49）Ibid., pp. 13-16.

［政治思想学会研究奨励賞受賞論文］

性的マイノリティは政治的に代表されうるのか
――構築主義的代表の枠組みから

大場優志

一　はじめに

本稿は、性的マイノリティ(1)の事例を考察し、規範的な政治的代表の困難さを明らかにする。そして、構築主義的代表の枠組みを用いて、実践を批判的に評価すべきだと論じる。

本稿の研究背景は、第一に、政治的代表をめぐる議論が活発化し、既存の代表の在り方が問い直されていることである。代表が指す意味内容は論争的であり、近年では既存の代表制度が機能不全に陥っているという「代表制の危機」も指摘されている(2)。そのような現実政治の動向にも影響されつつ、理論的にも政治的代表は注目を集めている。二〇〇〇年代には固定的かつ選挙中心的な「標準的説明」(standard account)が批判され、「代表」を捉えなおす「代表論的転回」(representative turn)(3)、特に構築主義の観点から流動的に捉えなおす「構築主義的転回」(constructivist turn)のなかで新たな代表論が提示されている。

第二の研究背景は、抑圧が存在し、その是正措置が議論されていることである。特に、一九六〇年代から現在まで、社会の様々な人々が「抑圧されている」と訴え、その是正を求めてきた。これらの主張は、社会領域の問題を示すだけではなく、既存の政治の在り方、特に代表制度の在り方にも疑問を投げかける。多くの国々で民主化が進み、多くの人々が形式的には平等な権利を獲得してきたが、人々の間の不平等や不正義は存在し続けている。既存の代表制度がこの抑圧の問題に十分に取り組むことができないことは、政治理論でも指摘されてきた。[4] そしてその観点から、新たな政治像や新たな代表制度の構想が提起されてきた。

これらを踏まえ、本稿は以下の三つの問題意識を持つ。

第一に、抑圧された人々の代表の在り方を規範的に論じる必要性である。これまで、代表者の行為を重視する「行為する代表」[5]や、代表者の属性や議会の内部構成を重視する「描写的代表」[6]といった観点から望ましい代表について論じられてきた。特に「描写的代表」は、「行為する代表」を批判しつつ、抑圧された人々の代表について検討してきた。しかし、「描写的代表」にも、本質主義などの課題が指摘されている。本稿は、性的マイノリティの事例を踏まえつつ、政治的代表に関する既存の規範的な議論の課題を指摘する。

第二に、政治的代表における複雑な要素を分析する必要性である。近年の「代表論的転回」、特にそのなかでも「構築主義的転回」で提示された枠組みは、単純な二項関係や三項関係ではなく、より多くの要素によって代表を分析できる。本稿が論じるように、現実における政治的代表の実践を評価するためには、それらの複雑な要素を考慮しなければならない。

第三に、性的マイノリティの政治的代表を論じる必要性である。性的マイノリティの代表は、後述のように依然として政治学では理論的に十分に検討されていない。しかし、性的マイノリティは他の集団とは異なる社会的位置にあり、異なる課題を抱えうる。またこの事例の分析を通して、代表という実践につきまとう根源的な困難に焦点を当てることもできる。

以上の問題関心ゆえに、本稿は、構築主義的代表の枠組みを用いて、性的マイノリティの代表を規範的な観点から考察する。まず、抑圧された集団の代表、構築主義的代表、性的マイノリティの代表に関する先行研究を整理し、その知見と課題を指摘する。次に、性的マイノリティの集団としての特徴を説明する。そして、それらを踏まえて、「行為する代表」や「描写的代表」の枠組みの理論的な課題を指摘する。最後に、構築主義的代表の枠組みによって性的マイノリティの事例を分析し、より厳格で規範的な意味合いでの「代表」は困難であることを示す。そして、詳細な分析を通じて既存の実践を批判的に評価し、その望ましさを問いなおす必要があると指摘する。

二 先行研究整理――抑圧された人々の代表、構築主義的代表、性的マイノリティ

本稿は、抑圧に対する規範的な観点から、構築主義的代表の分析枠組みを用いて、性的マイノリティの事例を検討する。そのため、抑圧された人々の代表、構築主義的代表、性的マイノリティの代表に関する研究を整理し、取り組むべき課題を示す。

1 抑圧された人々の代表をめぐる議論とその課題――「行為する代表」と「描写的代表」

ハンナ・ピトキンによれば、代表概念には、「誰かのために行為する」(acting for) ものとしての代表と「写し出す」(stand for) 代表がある。[7]「誰かのために行為する」代表では、代表者がいかに行為するのか、被代表者の実質的な利益が実現されるのかに焦点があり、本稿では「行為する代表」と表記している。他方で、「写し出す」代表として典型的なものは「描写的代表」であり、立法府の構成がその社会全体の構成に対応することを重視する。ピトキンの議論では「行為する代表」が重視されていたが、「描写的代表」の論者からすれば、特に抑圧された人々の代表に関しては、「描写的代表」の側面なしに適切に論じることはできない。

「描写的代表」を重視する論者として、例えばアン・フィリップスが挙げられる。[8] 自由民主主義の従来の理解では、代表の適切さは有権者の意見や選好がどの程度反映されるかに依拠していた。フィリップスはそのような見方を「理念の政治」と呼ぶ。しかし、ジェンダーや人種に基づく経験の差異や政治的排除の問題を考慮すると、このような理解は不十分である。例えば、女性が政策について異なる意見や関心を持つとすれば、それらの意見や関心が男性ばかりの議会で適切に代表されるとは言い難い。それゆえ、ジェンダーや人種に基づく経験や利益を共有する代表者が議会内に存

在することを「存在の政治」と呼び、重視する。

より積極的に代表制度を変革しようとする立場として、集団代表の議論がある。[9] 例えば、アイリス・マリオン・ヤングによれば、社会的位置づけゆえに、集団構成員は「視座」を共有する。抑圧の是正や民主主義の深化のためには、それらの「視座」を代表する制度が求められる。これらの議論は既存の代表制度の在り方を規範的に問いなおし、現状の制度では何が代表されてきたのか、規範的には何が代表されるべきなのかという論点を浮上させる。例えば、既存の選挙制度は「地域的クオータ」であり、地域的ではない利益を排除してきたと指摘される。[10] また、これらの議論は新たな代表制度の実現にも寄与してきた。特にジェンダー・クオータの議論は盛んであり、実際に多くの国々で採用されている。[11]

しかし、「描写的代表」に対しては批判もある。まず、抑圧に対する是正措置が、集団が共有する本質を想定し、抑圧の固定化や集団内の差異の不可視化を招くという本質主義批判である。これは、「描写的代表」の論者が自ら投げかけ、応答を試みている問題でもあるが、[12] その応答は依然として困難である。また、制度の適用対象の論争性も指摘される。ジェンダー、人種、民族、障がいなど様々な争点のなかで、どの過少代表が特に問題なのだろうか。[13] 従来は焦点を当てられていなかった集団も抑圧されているとすれば、それらの集団についても検討する必要がある。[14] さらに、「描写的代表」が実際に抑圧された人々の利益実現を促進するのか、「行為する代表」に結びつくのかという論点もある。[15]

抑圧された人々の政治的代表に関して、「行為する代表」からの議論も「描写的代表」からの議論も課題を抱えている。近年では新たに構築主義的代表が論じられているが、その枠組みから抑圧された人々の代表を論じる研究は依然として少ない。[16] 本稿は、この課題に取り組む。

2 構築主義的代表をめぐる議論とその課題

近年の代表論によれば、従来の代表論は以下のような「標準的説明」を前提にしてきた。[17]

第一に、代表されるものや被代表者が、所与の固定的なものとみなされていた。それゆえ、代表関係として、事前に定まった人々の利益や視座を代表者が代表するという、一方向的な関係が想定されてきた。第二に、「代表者」が「被代表者」を代表する二項関係、または「代表者」が「被代表者」の「利益」を代表する三項関係として、代表が捉えられてきた。後述する「聴衆」や「作り手」といった、代表に関与する他の要素には焦点が当たっていない。第三に、既存の代表制度（選挙など）に焦点が当てられており、より広範な代表の実践が見過ごされてきた。

「代表論的転回」は、このような「標準的説明」を批判し、代表を問い直し、その概念を拡大する。[18] この立場からすれば、代表は必ずしも選挙に限定されず、より様々な形態で行われうる。加えて、代表と他の概念（例えば民主主義）との関係も問い直される。[19] そのなかでも、「構築主義的転回」は特に重要である。この議論は、「標準的説明」とは異なり、代表されるものは何か、被代表者は誰かということを、所与の固定的なものとはみなさない。それらは、代表関係のなかで内在的に構築されるのである。この議論の意義として、以下の点を指摘できる。第一に、代表されるものや被代表者が代表関係の内部で変化することを捉えられる。第二に、代表関係の構成要素や関与する行為者を追加し、分析枠組みを発展させた。第三に、従来は代表として扱われなかった広範な実践の分析も可能となった。

しかし、この構築主義的代表に対しては、「どのような代表関係が正統な代表であるのか」という問いが投げかけられてきた。[20] 代表されるものや被代表者が代表関係のなかで構築されるとすれば、実際に代表されたものが適切だったかどうかを判断する基準がなくなるのではないか。何らかの基準によって代表関係の外部から正統性を評価することがどの程度まで可能なのかについては、立場の違いがある。[21]

望ましい代表について問う重要性は、依然として指摘されている。[22] 構築主義的転回を踏まえつつ民主的正統性の評価基準を提起しようとする研究もある。[23] しかし、それらの研究は、政治システムの維持や民主主義全体にとっての望ましさという観点から民主的正統性を論じることが多い。特定の集団の視座が排除されず包摂され、その利益が考慮されるというような、特定の集団にとって望ましい代表という観点での議論は、依然として不十分である。例外的な先行研究として、エレナ・ロンカーの研究がある。[24] ロンカーは、構築主義的代表を民族的マイノリティに適用し、そのアカウンタビリティが成り立つためのシステム的な条件を提示する。ところが、この研究にも限界がある。第一に、議論の範囲がアカウンタビリティのシステム的条件に限られていることである。代表における代表者と被代表者との応答関係の重要性は言うまでもない。しかし、被代表者による異議申し立てが困難な状況や、それが観察しがたい状況であっても、既存の代表実践が規範的に望ましいか否かを他の観点からも評価することができる。本稿が示すように、その実践の構成要素を、構築主義的代表が提示した分析枠組みに当てはめることで、規範的な評価が可能となる。第二に、議論の対象が民族的マイノリティに限られていることである。同様の議論は、集団ごとの違いを考慮しつつ、他の集団にも適用されねばならない。そのため本稿は、別の集団として性的マイノリティを検討する。

3　性的マイノリティに焦点を当てる意義と先行研究の課題

そもそも性的マイノリティを代表する根拠は何なのだろうか。集団代表の議論は女性や民族的マイノリティに焦点を当てることが多かった。しかし、例えばヤングは、集団代表制の対象となる集団のリストにレズビアンとゲイを含めている[(25)]。また、三浦まりと衛藤幹子は、ジェンダー・クオータの議論を行うなかで、クオータに関する議論は性的マイノリティの代表に十分に配慮を払うべきであることにもつながると指摘する[(26)]。

これらの議論を踏まえれば、性的マイノリティの代表も考慮する必要がある。ところが、他の集団に関する研究の知見をそのまま当てはめることはできない。なぜなら、異なる集団は異なる特徴を持ち、政治的代表でも異なる状況下にあるからである。例えば、女性の場合は政治システムへの統合が十分ではないこと、民族的マイノリティの場合は政治システムからの分離が十分ではないことが問題であるとすれば、両者には異なる是正措置が求められるという[(27)]。しかしこの区分は、性的マイノリティの事例を考慮すると不明瞭となる[(28)]。女性か他のマイノリティかという二分法ではなく、集団ごとの特徴を踏まえる必要がある。

性的マイノリティは、他の集団とはどのように異なるのであろうか。女性との共通点と相違点は、以下のように指摘される[(29)]。共通点として、社会的に影響力を奪われ過少代表されていること、社会運動で市民権の向上を求められてきたことが挙げられる。相違点は、まず、その人口規模である。次に、犯罪化や汚名の有無である。さらに、性的指向の場合には当事者であることを隠しうることも相違点である。加えて、性的マイノリティの有権者の投票行動は、女性有権者とは異なっていると指摘される。例えば、性的マイノリティの有権者は、保守的な政党への投票を避ける傾向がより強く観察される[30]。また、性的マイノリティは、民族的マイノリティや人種的マイノリティとも異なる。人口の少なさは、程度の差こそあれ共通するかもしれない。しかし、地域的集中は他のマイノリティの事例と同様に扱うことはできない[31]。これらの相違点を踏まえるならば、性的マイノリティの代表について、独自に検討する必要がある。

他の集団よりも限定的だが、性的マイノリティの代表についても先行研究がある。まず、当事者である有権者の投票行動や、関連する政策決定に関する実証研究がある[32]。また、当事者である候補者に対する有権者の投票行動に関する実証研究[33]、当事者である議員が持つ影響力に関する実証的研究もある[34]。日本の事例を扱う研究として、竹田香織の論文が挙げられる[35]。これらは、性的マイノリティの選挙的代表や関連する政策変化に焦点を当て、政策実現の困難さや選挙的代表が持つ影響力を明らかにする。実証分析は同性婚やパートナーシップ制度の成否の分析にとって有意義であり、さらなる研究が待たれる。しかし、政策変化に至る前の段階や非選挙的代表での量的データの制約、コーディングによってこぼれ落ちる要素を考慮するために質的研究や理論的研究を行う必要性もある。加えて、現実政治で性的マイノリティにクオータなどの是正措置が適用される事例は希少である[36]。それゆえ、性的マイノリティを対象とした是正措置については、量的な実証研究も質的な事例研究も困難であり、理論的研究によって取り組む必要がある[37]。

次に、選挙的代表に限らず、より広い意味合いの表象／代表に関する研究として、以下の研究が挙げられる。例えば、政府や有力な集団によって「善き市民」像が言説的に構築され、性的マイノリティがそこから排除される事例が指摘されている[38]。また、擁護団体や活動家によって特定の当事者像が構築され、その当事者像に当てはまらない当事者が排除される事例も挙げられる[39]。しかし、これらの研究は現実政治を具体的に記述する側面が大きい。そのため、政治的代表の理論を深く検討するという意味で、より「理論的」な議論が必要である。

他方で、政治的代表の理論的研究においては、性的マイノリティが言及される場合であっても、その集団としての特徴は十分に検討されておらず、女性や民族的マイノリティと同様の観点から論じられてきた。しかし、集団が直面する異なった課題を明らかにするためには、その集団ごとに抱えている特徴を考慮する必要がある。特に、「ＬＧＢＴ」や「性的マイノリティ」といった呼称自体の論争性には、さらに焦点を当てる必要がある。

重要なことは、性的マイノリティの代表の検討は、代表論にも意義があるということである。「あたり前」からこぼれ落ちたものとして「性的マイノリティ」を捉えるならば、代表論にとって、必然的な包摂／排除の線引きという論点の重要性が再確認されることになる。何かを代表することは、そのたびにそこからこぼれ落ちる存在があるということである。それゆえに、「性的マイノリティ」の代表も暫定的なものでしかない。そして、この性質は、いかなる代表制度が望ましいのかという論点を検討するうえでも重要になる。以上のように、さらなる議論の必要性を踏まえたうえで、性的マイノリティの特徴の指摘へと移りたい。

三　性的マイノリティの集団としての特徴

性的マイノリティの集団としての特徴として、本稿は以下の五つを指摘する。[40] ①「人口の少なさ」、②「内的多元性」、③「抑圧と関連した不可視性」、④「当事者／非当事者の連続性」、⑤「残余カテゴリー」である。しかし、集団の性質や特徴を語ることは、本質主義のリスクを抱えている。このリスクを回避するために、本稿はヤングの理論的立場に依拠する。ヤングによれば、集団は本質を持たず、あくまでも他の集団との関係によって関係的／相対的（relative）に成り立つ。[41] 本稿が言及する「特徴」も、集団の内在的な本質ではなく、他の集団との関係的／相対的な相違点や、現状の社会構造での位置づけとして捉えられるべきである。

さらに、性的マイノリティのみに該当する要素ではないが、代表を検討する際に考慮すべき要素として、「交差性」（intersectionality）が挙げられる。これは、複数の集団への所属や抑圧の交差が生む、特有の状況を分析するための概念である。[42] 本稿で述べる性的マイノリティの特徴は、他の集団への所属とも交差し、その抑圧や政治的代表における立ち位置に関して、特有の状況を生み出している。人種、障がいの有無、宗教など、重なりうる要素は数多くあり、交差性は何重にもなりうるという点に、注意が必要である。

1　人口の少なさ

性的マイノリティの人口学的な特徴として、①「人口の少なさ」がある。性的マイノリティの人口については、いくつか調査がある。二〇一九年の大阪市民調査によれば、レズビアン、ゲイ、バイセクシュアル、トランスジェンダーのいずれかに含まれるのは合計二・七％であり、アセクシュアルを含めると合計三・三％である。(43)ただし、統計によりその人口規模は大きく異なる。例えば、電通による二〇一五年の調査によれば、ＬＧＢＴ層に該当するのは七・六％である。(44)また、現状では性的マイノリティに関する人口統計学上のデータやその検討は不十分であると指摘されている。(45)そもそも、誰が性的マイノリティに含まれるのかということ自体が、公的には特定されていない。一部の地方自治体ではパートナーシップ制度が導入されているものの、日本の戸籍や国勢調査において、性的マイノリティに含まれる人々を集計する項目はない。これは、後述する「④当事者／非当事者の連続性」とも相まって、当事者の範囲の特定を困難にしている。

2　内的多元性

性的マイノリティの特徴として、一つの集団として扱うべきか疑問視されるほど、②「内的多元性」があることも挙げられよう。集団内部にも差異が存在するということは、女性や他のマイノリティの研究でも指摘されている。しかし、性的マイノリティの場合には、その集団の基準や定義自体に複数の次元がある。

例えば、性的マイノリティは、「ＬＧＢＴ」という呼称に示されるように、複数の属性を並べた集合体として扱われることがある。「ＬＧＢＴ」という呼称によれば、レズビアン、ゲイ、バイセクシュアル、トランスジェンダーという、四つの異なる内部集団が別々にアイデンティティを持つと解釈されうる。まず、「ＬＧＢ」と「Ｔ」の間には大きな違いがある。性的マイノリティを定義する要素として、性的指向と性同一性という二つの軸が挙げられることが多いが、

「ＬＧＢ」は性的指向の軸に、「Ｔ」は性同一性の軸に関わる。この二つの軸は混同されるべきではなく、性的指向におけるマイノリティ（sexual minority）と性同一性の在り方におけるマイノリティ（gender minority）とを区別する必要があるという指摘もある。(46)

加えて、性的指向に関わる「ＬＧＢ」の間にも、大きな違いがある。例えば、レズビアンとゲイとの差異が指摘されている。交差性とも関連するが、レズビアンは女性であり同性愛者でもあるという二重のアイデンティティを持ち、それゆえに男性同性愛者のゲイとは異なる状況にある。ゲイが殺人や傷害の被害を受けやすいのに対し、レズビアンはレイプの被害に遭ったり、ポルノグラフィにおいて消費されたりしやすい。(47)また、男性と女性との間で経済的な格差がある状況では、女性同士でパートナーシップを持つレズビアンは、経済的に不利な立場にある。(48)さらに、同性愛者の擁護団体の活動のなかで、レズビアンの問題が十分に扱われてこなかったという歴史的経緯もある。(49)同性愛者、あるいは「レズビアンとゲイ」として一括りに扱うことは、そのなかのジェンダー格差を不可視化する危険がある。(50)

さらに、⑤「残余カテゴリー」の箇所で後述するように、性的マイノリティには、「ＬＧＢＴ」という四類型だけではなく、他の多くのアイデンティティが含まれうることも、②「内的多元性」の要因である。

３　抑圧と関連した不可視性

抑圧されている集団は、その抑圧ゆえに不可視化されうる。これは、女性や民族的マイノリティといった他の集団にも当てはまる。例えばヤングは、社会の支配的な意味づけ作用が被抑圧的集団を不可視化し、かつステレオタイプ化することを「文化帝国主義」と呼んだ。(51)性的マイノリティの場合にも、このような③「抑圧と関連した不可視性」は指摘されうる。

しかし、その不可視性の様態は、それぞれの集団によって異なることも指摘できる。例えば、身体的性別や人種を隠すことが比較的困難であるのに対し、性的指向は隠しうるという特徴を持つ。(52)これは、人は異性愛者であるという社会的な想定に基づいており、レズビアンとゲイ、バイセクシュアルが被っている抑圧と関連する。性的指向におけるマイノリティは、自身の性的指向を隠すことで公然の暴力や差別を回避しうるが、その反面、公的領域でも私的領域でも不可視化されるという抑圧を被る[53]。また、歴史的にも、性的マイノリティの存在自体が論争の対象となってきた。例えば、カンボジアでは、性的マイノリティは「伝統」的に存在せず、「外」から来たものと捉えられたという[54]。また、同性愛者が独自のアイデンティティを持つ存在として捉えられたのは、一九世紀の医学的言説においてであると指摘される[55]。これらを踏まえると、性的マイノリティの存在は、特定の言説によって可視化される可能性も、不可視化される可能性もある。可視化されるとしても、その言説のなかでしばしば歪められることに留意する必要がある。

以上のような、不可視性や存在をめぐる論争といった特徴は、他の特徴とも関連する。例えば、①「人口の少なさ」は不可視性を促進している要素の一つだろう。また、不可視性は、④「当事者／非当事者の連続性」という次の特徴とも関連する。当事者と非当事者を明確に区分できないことは、当事者を独自の存在と見なしうるのか、本当に存在しているのかという点について、論争を生じさせる一因ともなる。

4　当事者／非当事者の連続性

性的マイノリティの特徴として、④「当事者／非当事者の連続性」がある。これは、性的マイノリティに含まれる者とそうでない者（「性的マジョリティ」）とを区別することの困難さを指す。この特徴は、イヴ・セジウィックの議論から読み取れる[56]。セジウィックによれば、ヘテロセクシュアル／ホモセクシュアルの定義に関する見解には、矛盾した二つの立場が見られる。一つは、マイノリティ化の見解である。この見解では、ホモセクシュアルはヘテロセクシュアルとは別個の固定的なアイデンティティとして捉えられる。もう一つは、普遍化の見解である。この見解によれば、より様々なセクシュアリティの連続体の中で人々の生活が決定されるため、セクシュアリティの問題はあらゆる人にとって普遍的に存在する。そもそも、ヘテロセクシュアル／ホモセクシュアルという二項対立は所与のものではなく、ヘテロセクシャルはホモセクシュアルを包摂すると同時に排除することによって成り立っている。それゆえ、両者の関係は不安定かつ動的であり、両者を明確に区分することも困難である。

このような議論は、性的指向だけではなく、性同一性にも当てはまる。ジェンダーは（ジュディス・バトラーによれば、セックスも）社会的に構築され、常に再生産されるとともに撹乱されうる。[57] 竹村和子は、バトラーの議論に依拠しつつ、「すべての人はトランスセクシュアル」という捉え方を提起する。[58] これは、すべての人が、それぞれ「男」や「女」や「なにか別の性」の身体に移っている途上であると想定する。これを考慮すると、「性的マイノリティ」の当事者の範囲を明確に定めることは困難である。

5　残余カテゴリー

性的マイノリティの特徴として、最後に、それが⑤「残余カテゴリー」であることを指摘したい。

当該の人々の呼称としては、「ＬＧＢＴ」という呼称が近年では広く用いられている。しかし、先述したように、この呼称は性的指向と性同一性という異なる軸を一括りにするものであり、その点で問題がある。それに加えて、「ＬＧＢＴ」という四類型に含まれない、他の性的マイノリティも存在する。例えば、パンセクシュアル、アセクシュアル、恋愛的指向におけるマイノリティ、Ｘジェンダー（あるいはノンバイナリー）、クエスチョニングなどである。[59] このような人々も包摂する呼称としては、「ＬＧＢＴＱ」や「ＬＧＢＴＡ」などの呼称があるが、該当する属性を無限に追加しなければならないという問題を抱えている。その問題を回避するものとしては「ＬＧＢＴｓ」や「ＬＧＢＴ＋」などの呼称が挙げられるが、それでも「ＬＧＢＴ」の四類型が主であり、他の属性が追加的であるという印象は否めない。

この点に関して、「クイア」（queer）という概念の用いられ方を参照することは有益である。これは英語圏で性的マイノリティへの蔑称として用いられていた呼称だが、当事者の一部がこれを自ら肯定的に名乗るようになった。さらに、この概念は、性的マイノリティ内部で不可視化されてきた人々にも焦点を当てる。例えば、デ・ラウレティスは、それまでの「レズビアンとゲイ」という言説においてレズビアンが十分に表象されていないことを指摘しつつ、この問題にクイア理論は取り組むという。[60]「クイア」は「本質なきアイデンティティ」であり、「正常に対立する位置」を指し示すものである。[61] それゆえに、それが指し示す範囲は確定されない。クイア理論家は、この曖昧さや不確定性を肯定的に捉え、さまざまなカテゴリーを脱構築するものとして、この概念を理解しているのである。[62]

この側面は、堀江有里によっても論じられている。堀江によれば、「性的少数者」とは、「あたり前」とみなされている「性的多数者」からこぼれ落ちた残余カテゴリーである。[63] このように「残余カテゴリー」として捉えられるならば、性的マイノリティを完全に表象／代表することは不可能である。「ＬＧＢＴ」、あるいは「ＬＧＢＴＱ」といった呼称を用いたとしても、表象されない「残余」が存在しうるのである。

以上のように、性的マイノリティはその概念自体が論争的であり、その一部を表象／代表すると同時にその他の部分が取り残されるという根本的な特徴を持つ。この特徴は、政治的代表においても大きな問題となる。

四　標準的な代表論の適用――「行為する代表」と「描写的代表」

以上の特徴を踏まえ、以下では、政治的代表の議論を再検討したい。構築主義的代表の議論を適用する前に、ここでは「標準的説明」とされる代表論を適用する。まず、先述した性的マイノリティの特徴をそれぞれ踏まえて、性的マイノリティの政治的代表に関する先行研究を再検討し、当該の人々が直面している困難を整理する。次に、「行為する代表」の議論を検討する。性的マイノリティの先行研究のなかで、特に選挙的代表に着目していた研究は、この議論に含まれるだろう。しかし、「行為する代表」の枠組みには、性的マイノリティの代表を捉えるうえで課題がある。最後に、「描写的代表」の議論を検討する。この枠組みもまた、性的マイノリティの代表を捉えようとすると課題を抱える。特に、過少代表の是正措置は、本稿が指摘する性的マイノリティの特徴を踏まえると、さらなる検討を要する。

1　性的マイノリティの政治的代表における困難

先行研究では、性的マイノリティの代表に関して、いくつかの知見が示されている。第一に、選挙を中心とした代表制度での困難である。第二に、特定の表象／代表の構築による包摂と排除である。第一の知見は、先述した性的マイノリティの特徴の、特に①「人口の少なさ」と③「抑圧と関連した不可視性」に、第二の知見は②「内的多元性」と⑤「残余カテゴリー」に、それぞれ関わっている。以下で詳しく述べよう。

第一に、多数派主義的な代表制度では、性的マイノリティが影響力を及ぼすうえで様々な困難があるということである。この困難は、性的マイノリティの特徴から説明できる。まず、「①人口の少なさ」は、票の数が重視される選挙において、性的マイノリティの影響力を縮小させている。先行研究では、性的マイノリティに関する法案の成否について、以下の要素の影響が指摘されてきた[64]。一つは、「多数派主義」(majoritarianism) であり、政治家が選挙区民の多数派によって擁護される立場をとることである。もう一つは、「支持基盤政治」(subconstituency politics) であり、熱心な集団に政治家がアピールすることである。性的マイノリティのように、その集団構成員の人口が少ない場合、その意見が多数派の意見になることは困難で、また、その影響力も他の社会集団と比べて弱くなる。次に、抑圧の存在が性的マイノリティの影響力を制限する。抑圧されている集団は「選挙的虜囚」(electoral capture) を被る[65]。これは、その集団が有力な政党の一方 (A党とする) から拒絶されており、特定の政党 (B党とする) のみに実質的な選択肢が限られる状況である。この場合、B党はマイノリティの票が自分たちから離れることを (確実な支持を見込めるために) 恐れないため、マイノリティの利益を促進する動機を欠く。例えば、米国の福音派は排除や差別の歴史がないため「選挙的虜囚」を被らず、政党がその票を求めて競争してきた[66]。それに対して、人種的マイノリティや性的マイノリティは「選挙的虜囚」を被ってきた。さらに、性的マイノリティの場合には、「③抑圧と関連した不可視性」も問題となる。たしかに、公的に可視化されていない場合でも、状況によってはその利益が実現されることもある[67]。しかし、公的に可視化されていない場合には、政治家を行動させるインセンティブは限定的であり、そもそも性的マイノリティが何を求めているのかということも伝達が困難である。

第二に、政府によっても活動家によっても特定の表象/代表のみが構築され、その結果として、一部の人びとは包摂されるが、その他の人びとは排除されてしまうということである。この点に関しては、まず性的マイノリティの②「内的多元性」が要因として挙げられる。性的マイノリティに関する政策が行われるとしても、それは特定の内部集団に偏りうる。また、性的マイノリティを擁護する団体も、特定の内部集団のみに焦点を当て、他の内部集団の利益・意見・視座を取りこぼすことがある。加えて、⑤「残余カテゴリー」という特徴も関連する。性的マイノリティ全体を表象／代表し尽くすことはできない。常にその一部を切り取って表象／代表しつつ、その他の人々を見落とし続けることになる。

2 「行為する代表」の理論的課題

以上の議論を踏まえ、性的マイノリティの政治的代表を捉えるうえで、「行為する代表」と「描写的代表」という、代表論の「標準的説明」にどのような課題があるのかを明らかにしたい。

まず、「行為する代表」の議論を検討しよう。この議論においては、代表者の行動が代表の正統性の評価基準となっている。代表者が被代表者のために行動し、被代表者の利益が実現される場合、その代表は望ましいとされる。

この議論を性的マイノリティに適用しようとすると、以下のような理論的な課題を抱えることになる。第一に、代表者の行動に焦点を当てるがゆえの問題として、代表者の行動に至る前の段階を十分に分析できないことである。例えば、同性婚など特定の政策の発議や成立という観点のみで評価する場合には、政策に結びつかない代表の実践や、抑圧によってどのように政策実現が困難になっているのかに関する分析が困難である。また、特に性的指向におけるマイノリティの場合には当事者でありながらカミングアウトしない議員の存在も想定しうる。これらを考慮すると、代表者の行動以外の側面から代表を評価する必要性を指摘できる。

第二に、性的マイノリティをいかに捉えるかという問題がある。例えば、先行研究では、同性愛者に焦点が偏っていたことが指摘されている。これまでの実証研究は、異性愛者か同性愛者かによってカテゴリー化しがちで、バイセクシュアルやトランスジェンダーについての検討が不十分であった[68]。この点に関して、性的マイノリティの②「内的多元性」を考慮する必要性を指摘できる。また、④「当事者／非当事者の連続性」からすれば、同性愛者と異性愛者を完全に二値的に分けることは問題含みである。そして、現実政治での政策の変化を分析するとしても、どの政策が性的マイノリティの利益実現とみなせるのかという点も明らかではない。この点は、「描写的代表」の観点から指摘されている。仮に、当事者のみが意見・利益・視座を共有するとすれば、どの政策が当事者に関連するのか、どの政策決定が当事者にとって望ましいのかということを、非当事者が事前に判断することは困難である。

第三に、代表関係を比較的単純に捉えているという問題がある。「標準的説明」では代表関係は代表者と被代表者という二項関係で捉えられがちであった。この見方では、代表の構築的な側面や多様な行為者の存在を十分に捉えきれない。性的マイノリティの代表を、代表者である擁護団体と被代表者である性的マイノリティだけの関係として捉えるならば、なぜその代表が被代表者からしばしば乖離するのかということを十分に説明できない。

以上のように、「行為する代表」は、性的マイノリティの代表を捉えるうえで、理論的課題を抱えている。もちろん、性的マイノリティの利益実現における代表者の行動の重要性は言うまでもない。しかし、既存の代表制度での代表者の行動や政策変化に焦点を当てるだけでは、代表関係における当事者像の恣意的な構築や不可視化を十分に捉えることは困難である。

3 「描写的代表」の理論的課題

次に、「描写的代表」の理論的課題を指摘する。先述のように、この議論は、代表者と被代表者との類似性や、代表機関の構成と社会全体の構成との一致を正統性の評価基準とする。課題として指摘しうるのは、以下の二つである。

第一に、代表されるものの論争性である。本稿は、性的マイノリティの特徴の一つとして、②「内的多元性」を指摘した。これを踏まえると、たとえ当事者だとしても、別の内部集団の当事者の視座を代弁することは困難である。これは女性や他のマイノリティの事例でも指摘されているが、性的マイノリティの場合にはその定義自体が複数の軸を抱えており、その困難さは甚だしい。交差性を考慮するならば、この問題はさらに深刻となる。

第二に、過少代表か否かを評価することの困難さである。これは、③「抑圧と関連した不可視性」、④「当事者／非当事者の連続性」によるが、性的指向の場合には隠しうるという特徴もこの問題を困難にしている。描写的代表の議論では、特定の属性や集団所属に関して、議会での人口比と社会全体での人口比が比較される。しかし、性的マイノリティの場合、その人口や範囲の特定が難しく、どの程度過少代表されているのかを確認することが困難である。また、②「内的多元性」も考慮すると、内部集団の当事者の比率も問題となる。たとえ性的マイノリティ当事者が議会内に十分に存在するとしても、その内部構成が特定の内部集団に偏っている場合には問題視されうる。

第三に、是正のための制度構想も課題である。性的マイノリティの①「人口の少なさ」を踏まえるならば、「描写的代表」の観点からしばしば提起される是正措置には問題がある。例えば比例代表制は、議会の人口構成を社会全体の人口構成と近似させやすい代表制度である。社会全体において、ある程度の人口がある集団の場合には、この制度によって政策形成に影響力を及ぼしやすいと考えられる。しかし、小規模な集団の場合には、同じ程度の影響力を及ぼすことは困難であろう。クオータの場合にも問題がある。まず、何％のクオータを採用するのかにより、その効果は大きく異なる。また、抑圧が深刻で、その集団がクオータの対象となること自体が論争的であれば、クオータの採用自体が困難である。加えて、⑤「残余カテゴリー」という特徴も問題となる。「LGBT」がクオータの対象になった場合には、その四類型以外の性的マイノリティは包摂されないかもしれない。「性的マイノリティ」としてクオータの対象になる場合でも、誰がそこに含まれるのかという点は論争的である。

五　構築主義的代表を適用する——新たな代表論に向けて

ここまで、性的マイノリティの事例を検討し、「標準的説明」の理論的課題を指摘してきた。これらを踏まえると、「行為する代表」でも、「描写的代表」でも、その政治的代表を十分に分析することができず、また、望ましい代表の評価基準を示すことも困難である。それゆえ、本稿は、新たな議論である構築主義的代表を検討する。構築主義的代表の枠組みを適用することで、性的マイノリティの代表が抱える困難を理論的に捉えることができる。しかし、構築主義的代表にも理論的な課題がある。順を追って説明しよう。

1 構築主義的代表の枠組み

まず、構築主義的代表の枠組みを確認したい。本稿では特に、マイケル・サワードの議論とハワード・シュウェーバーの議論を参照する。

サワードによれば、代表は主張を行うダイナミックなプロセスである。標準的説明は、二項関係あるいは三項関係として代表を捉えていた。それに対し、この枠組みは、代表関係の「作り手」と、代表関係を成立させる「聴衆」を追加し、五項関係として代表を定式化する。

「主体」(subject)は、「指示対象」(referent)と関連して「客体」(object)を表す。代表関係の「作り手」(maker)はそのような主体を「聴衆」(audience)に提示する。(69)

本稿で特に着目するのは、「指示対象」「客体」「聴衆」の関係である。(70) 第一に、「指示対象」と「客体」との区別である。「指示対象」とは代表の主張が指し示す対象である。しかし、「指示対象」をそのまま提示することは不可能であるため、代表において実際に提示されるのは「客体」である。第二に、「指示対象」(大まかに「名宛人」(constituency)を指す)と「聴衆」との区別である。「名宛人」(71)は代表される者であり、代表によって構築される存在でもある。他方で「聴衆」とは、代表の主張を受け容れ、主張を権威づけ、成立させる存在である。代表を評価するうえで、両者の区別は重要である。サワードによれば、代表関係を成立させる「聴衆」が「適切な名宛人」である場合、その代表関係は民主的正統性を持つ。性的マイノリティの事例に当てはめると、この議論の重要性が明らかとなる。

しかし、性的マイノリティの事例の検討に移る前に、シュウェーバーの議論も参照する必要がある。(72) シュウェーバーによれば、サワードの議論は、代表の実践を記述することに重点があり、代表の範囲を過剰に拡大している。ところが、政治的文脈において、ある実践を代表として特定することは、必ず規範的な実質を伴う。それゆえ、代表の範囲を限定的に捉えなおし、「適切な名宛人」こそが代表を成立させると考える。シュウェーバーはここで、「擁護」（advocacy）と「代表」（representation）を区別する。「擁護」とは、「名宛人」からの承認なしに「名宛人」に関して主張することを指す。主張を受け容れる「聴衆」の範囲が「適切な名宛人」と合致しない場合でも、「名宛人」が「擁護」され、その利益が実現されることはありうる。[73]しかし、言及される「名宛人」がその主張を認めているわけでも、権威づけているわけでもない。それゆえ、その「名宛人」が「代表」されているとみなすことはできない。

このように、サワードの指す記述的な「代表」とシュウェーバーの指す規範的な「代表」では範囲が異なる。両者の議論の違いを踏まえ、本稿は以下のように呼称を統一する。「聴衆」の範囲が「適切な名宛人」の範囲と合致していない場合には、本稿はそれを「擁護的代表」（advocative representation）と表記する。他方で、「聴衆」の範囲が「適切な名宛人」の範囲と合致している場合には、「民主的代表」（democratic representation）と表記する。

2　性的マイノリティは代表されうるのか

以上の枠組みを性的マイノリティの事例に適用し、性的マイノリティはどのように代表されるのか、その代表関係の正統性をどのように評価できるのか、考察する。ここで、ストロロヴィッチとクラウダーが言及している二つの事例を考察の対象とする。一つの事例（事例①）は、米国の兵役におけるDon't ask, don't tell 政策（以降、DADTと表記する）[74]に対して、米国の公務員労働組合であるAFSCMEが提示した表象／代表についてである。二〇〇九年にAFSCMEはDADTの廃止を求めて、以下のような広告を出したという。

（DADTの下で）「我が国に奉仕し、守るために志願した、一万三〇〇〇人以上のアメリカ人が退役した……この政策は我々の国家安全保障を損なう[75]」

この広告には、白人で典型的な男性的な兵士の画像が掲載されていたという。それゆえ、ストロロヴィッチとクラウダーは、この広告は立派で伝統的・男性的・愛国的な「良いゲイ」（good gays）の包摂を促進するが、非規範的なLGBTQの人々については市民権の主張がより薄弱かもしれないと指摘している。

もう一つの事例（事例②）は、同性婚に関する事例である。[76] ストロロヴィッチとクラウダーによれば、LGBTQの擁護者たちは、同性婚を実現するため、多くの異性愛カップルと同様に単婚的で「尊敬に値する」ゲイカップル像を強調してきた。LGBTQは、「異なる」にもかかわらず公正に扱われる権利を持つのではなく、正常であり尊敬を伴うからこそ平等な扱いを受ける権利がある、と主張するのである。これには従来のステレオタイプへの対抗という動機もあったが、伝統的な家族観には抵抗しておらず、それに合致しない当事者を排除する結果にもなった。

構築主義的代表の枠組みをそれぞれの事例に適用すると、以下のように整理できる。

事例①：「広告」（主体）は、「同性愛者」（指示対象[77]）と関連して、「愛国的な白人の男性兵士の画像」（客体）を表す。「AFSCME」（作り手）は、そのような広告（主体）を「（非当事者も含む）広告視聴者」（聴衆）に提示した。

事例②：「擁護者の主張」（主体）は、「LGBTQ」（指示対象）と関連して、「伝統的な家族観と合致するLGBTQ当事者像」（客体）を表す。「擁護者」（作り手）は、そのような主張（主体）を「（非当事者も含む）社会全体の人々」（聴衆）に提示した。

以上の事例を踏まえると、以下の二つの問題点を指摘できる。第一に、「指示対象」と「客体」との乖離である。「指示対象」は、事例①では「同性愛者」を、事例②では「LGBTQ」の人々を指す。しかし、「客体」は、事例①では「愛国的な白人の男性兵士」であり、同性愛者の一部でしかない。事例②でも、「客体」は「伝統的な価値観と合致するLGBTQ当事者像」であり、それはLGBTQの人々の一部でしかない。つまり、「指示対象」と「客体」の範囲が乖離しているのである。一部の当事者のみを反映した表象／代表が、当事者全体の表象／代表とみなされる。この点は先述の性的マイノリティの「②内的多元性」とも関わる。

第二に、「聴衆」と「名宛人」との乖離である。事例①では、「聴衆」は「広告視聴者」である。この広告視聴者は、LGBTQ当事者とは限らない。むしろ、DADTの廃止を求めるというAFSCMEの意図に鑑みれば、その聴衆は主に非当事者であろうと推測できる。だからこそ、「この政策は我々の国家安全保障を損なう」という文言によって、説得を試みているのである。このように考えると、この代表の主張が受け容れられるかどうかは、非当事者も含む社会全体にかかっている。サワードが論じるように、代表の主張を受け容れ代表関係を成り立たせる行為者が「聴衆」だとすれば、この代表関係における「聴衆」は、非当事者を含む社会全体である。事例②でも同様であり、「聴衆」は「非当事者も含む社会全体の人々」であろう。ここで、先に述べた性的マイノリティの「①人口の少なさ」、「③抑圧と関連した不可視性」が重要となる。性的マイノリティは人口が少なく、言説上でも抑圧ゆえに意見や視座が不可視化されているのだと想定すれば、社会全体では影響力をあまり持たないと推測できる。むしろ、性的マジョリティの言説が影響力を持つであろう。そうだとすれば、性的マイノリティではなく、性的マジョリティにとって都合の良い表象／代表が構築されやすいと指摘できる。

以上の事例で、性的マイノリティは代表されたと言いうるのだろうか。サワードの議論によれば、代表関係は成立したとみなせる。しかし、その代表関係を成立させた「聴衆」は、「適切な名宛人」の範囲と合致しているとは言い難い。それゆえに、代表関係は成立したが、民主的正統性は認められないということになるだろう。それに対して、シュウェーバーの議論ではどうであろうか。シュウェーバーは代表関係をより狭く捉えており、「適切な名宛人」によってこそ代表関係が成立すると論じている。この議論を踏まえれば、以上の事例では代表は成立していない。ただし、「擁護」は成立していたとみなすことができるかもしれない。本稿の区分に基づくのであれば、これらの事例では、「擁護的代表」は成立したかもしれないが、「民主的代表」は成立していないことになる。

3　構築主義的代表の意義と課題

以上の検討を踏まえると、構築主義的代表の議論の意義として以下の三点を指摘しうる。

第一に、「指示対象」と「客体」との区別である。上述したように、ストロロヴィッチとクラウダーが挙げた事例では、その表象／代表は同性愛者あるいはＬＧＢＴＱ全体に関連して行われていた。しかし、代表の主張によって提示されるものは「客体」であり、当該集団の一部やその解釈でしかない。このような差異の存在は、構築主義的転回が起こる以前から指摘されていた。例えば、ヤングは、ジャック・デリダの議論を参照しながら、「差延」としての代表を論じていた[78]。とはいえ、構築主義的代表の枠組みで示された「指示対象」と「客体」との区別は、この観点をより明確に示しており、民主的正統性の評価基準として用いることができる。

第二に、「聴衆」と「名宛人」との区別である。表象／代表の「名宛人」が同性愛者あるいはＬＧＢＴＱの当事者であっても、その主張が「聴衆」（異性愛者やシスジェンダーといった人々も含む、社会全体の人々）によって成り立つという場合がある。このような「聴衆」と「名宛人」との区別は、代表関係の民主的正統性の評価基準を示している。代表関係を成立させる「聴衆」の範囲と「適切な名宛人」の範囲が合致していない場合には、その代表は民主的正統性を持つとはみなされない。この観点によって、抑圧された集団の表象／代表における、抑圧された集団と特権的な集団との権力関係を考察することができる。

第三に、「指示対象」という概念自体にも意義がある。この概念は、トマス・フォッセンによってさらに深く検討されている。フォッセンは、サワードの議論を批判的に検討しつつ、「指示対象」を形而上学的な基体（substratum）ではなく、他の在り方でも表象／代表されうるものを指し示す言語的機能と捉える[79]。つまり、代表の主張で用いられる呼称により「指示対象」の範囲は変動し、それを通じて代表される「名宛人」の範囲も変動する。性的マイノリティの事例で言えば、擁護団体や政治家は、自身が提示する代表の主張のなかで、「ＬＧＢＴ」という言葉を用いることもできるし、「ＬＧＢＴＱ」という言葉を用いることもできる。「クイア」や「性的マイノリティ」といった他の選択肢もある。

そのなかのどれを呼称として採用するかによって、代表の主張によって包摂される対象は変動する。それによって、「名宛人」は「ＬＧＢＴ」としても「クイア」としても現われうる。言語的機能としての「指示対象」と、代表という実践の外部にある実在とは区別される。この区別によって、性的マイノリティの代表において、当事者が形而上学的な固定的存在ではなく、呼称を通じていかに異なった表象／代表を与えられ、構築されるのかを捉えることができる。

他方で、構築主義的代表の枠組みには、課題も依然として存在する。本稿では、以下の二点を指摘したい。第一に、望ましい代表を実現させるための是正措置を構想するうえで、困難がある。ここまでの議論によれば、「聴衆」の範囲と「名宛人」の範囲との乖離が民主的正統性の観点から問題視されてきた。しかし、どのように両者の範囲を合致させ、「民主的代表」を実現させることができるのだろうか。この点で、性的マイノリティの事例を踏まえるならば、そのような代表制度を構想することは困難である。本稿は、性的マイノリティの集団としての特徴として、③「抑圧と関連した不可視性」、④「当事者／非当事者の連続性」を指摘した。これらの特徴を踏まえるならば、「適切な名宛人」の範囲を特定することは困難である。それゆえに、「聴衆」をその範囲と合致させることも困難であろう。

第二に、「指示対象」に関して、根源的な排除の必然性を指摘できる。これまでの議論に基づけば、代表の主張の民主的正統性を評価する場合には、「指示対象」と「客体」と「聴衆」のそれぞれの範囲の一致／不一致を批判的に評価する必要がある。しかし、それで十分というわけではない。「指示対象」として名指された人々については、その誤代表（mis-representation）を明らかにしうる。しかし、そもそも「指示対象」として名指されないが影響を受けうる人々にはどのように対応すればよいのだろうか。性的マイノリティの事例で言えば、従来の研究の同性愛者への偏りは、このような問題の事例として挙げられよう。バイセクシュアル、トランスジェンダーといった他の性的マイノリティについては、同性愛者の場合と比べると、そもそも代表の主張の対象となりにくいことが問題視されうる。「性的マイノリティ」という言葉を「指示対象」の呼称とした場合には、より多様な人々を包摂できるかもしれない。しかし、「性的マイノリティ」という概念自体が⑤「残余カテゴリー」であり、それが誤代表されるしかないことは必然的である。

六　おわりに

本稿は、性的マイノリティの政治的代表を事例として扱い、構築主義的代表の枠組みの意義と課題を明らかにした。構築主義的代表の議論は、代表関係における構築的な側面を明らかにする。また、「聴衆」「客体」「指示対象」といった区別を導入することで、代表関係をより精緻に分析することが可能になった。性的マイノリティの事例も、構築主義的代表の枠組みを用いることによって、より詳細に分析することができる。また、本稿は、構築主義的代表の枠組みが、規範的に望ましい代表の評価基準を提起していることも確認した。それは、「聴衆」「客体」「指示対象」との一致／不一致を検証することで、代表関係が民主的正統性を有しているか否かを判定するものである。しかし、構築主義的代表の枠組みには依然として課題もあった。それは、望ましい代表をどのように実現するのかという点である。

本稿の含意として、以下の二点を指摘できよう。第一に、ある代表（の主張）が実際に代表するもの／代表しないものを明らかにする必要性である。現実政治における代表の主張をそのまま受け容れるのではなく、構築主義的代表の議論が示した枠組みを用いつつ、批判的に分析を行う必要がある。特定の代表が主張されると同時に、代表されないものが常に残存している。代表されているもの／代表されていないものの線引きが常に行われているということを意識し、既存の代表の正統性を問いなおす必要がある。

第二に、集団の特徴に着目することの重要性である。本稿が論じてきたように、それぞれの集団はそれぞれ異なる特徴を抱えており、それゆえに政治的代表においても異なる状況にある。特に、抑圧による影響を考慮することは重要である。被代表者が代表の主張に対して異議申し立てできるかという点は、その被代表者が置かれている状況に依存している。代表の主張への批判が可能かどうかに注目しなければならないし、権威的な言説によって押しつぶされている他の対抗的な言説に目を向けなければならないのである。性的マイノリティに限らず、他の集団の政治的代表を分析することで、構築主義的代表の枠組みの意義と課題がさらに明らかになるであろう。

ただし、本稿には以下のような限界がある。第一に、本稿は性的マイノリティという特定の集団の観点から議論を行っていた。それゆえ、社会全体の意思決定の効率性や、他の集団との関係という観点からは、異なる議論が可能であろう。また、他の集団の場合、代表制度や代表論にはどのような課題があるのか、という点は明らかではない。第二に、本稿の議論は政治的代表がどのように行われるのかという点に限られていた。それゆえ、その代表によって政策形成や政治的決定への影響力がどの程度もたらされるのかという点については、ひとまず措いている。加えて、本稿は政治的代表の理論に焦点を当てており、既存の具体的な代表制度の検討は不十分である。第三に、本稿は、サワードが提示した枠組みのなかで、「作り手」という要素を十分に扱うことができなかった。最後に、本稿の目的は、政治的代表の課題や問題を明らかにすることであり、その解決には至っていないことも限界である。

今後の研究課題は、第一に、構築主義的代表の分析枠組みをさらに検討することである。本稿では、サワードが提示した枠組みのなかで、「指示対象」（名宛人）「客体」「聴衆」の間の区別に焦点を絞っていた。しかし、「作り手」もサワードが追加した重要な要素である。規範的に望ましい代表を実現するうえでの「作り手」の役割は、今後の研究課題である。加えて、本稿が示した「擁護的代表」は、「名宛人」と適切な関係にないという問題を抱えながらも、利益実現に寄与する場合がある。今後は「擁護的代表」の役割も検討する必要がある。

今後の課題として、第二に、望ましい代表をいかに実現できるのかという論点が挙げられる。本稿で明らかにしてきた困難にどのように取り組むのか、ということである。これは、さらに二つの論点に分けられる。一つは、民主的正統性の基準をさらに深く検討することである。性的マイノリティの事例を検討するなかで示したように、「適切な名宛人」の範囲を特定することは困難である。どのようにその範囲を特定するのか、特定が困難だとすればどのような次善の評価基準を用いればよいのか、という点は今後の課題である。もう一つは、民主的正統性の基準を満たすような代表をどのように実現するのかという点である。「描写的代表」の論者たちは、比例代表制やクオータなど、望ましい代表を実現するための制度を構想してきた。しかし、本稿で示したように、代表の構築的側面を踏まえるならば、また、性的マイノリティの事例を踏まえるならば、そのような代表制度には問題がある。とはいえ、構築主義的代表の枠組みで示されたような、「聴衆」と適切な「名宛人」の範囲の一致を、いかなる制度によって実現しうるのか、依然として研究する必要がある。この点について、本稿では答えを示すことはできない。これらの点は、今後の研究課題としたい。

【謝辞】貴重なコメントをくださった二名の匿名査読者に感謝申し上げます。

本研究は、ＪＳＴ 次世代研究者挑戦的研究プログラム JPMJSP2125 の財政支援を受けたものです。この場を借りて「東海国立大学機構融合フロンティア次世代研究事業」に御礼申し上げます。

（1）本稿では、性的指向や性同一性やその他の性の在り方を含む、セクシュアリティに関してマイノリティの立場にある人々を、「性的マイノリティ」（sexual and gender minority）と表記する。本稿がこの表記を用いるのは、「あたり前」からこぼれ落ちた残余カテゴリーとしての側面を重視するからである。以下を参照。堀江有里『レズビアン・アイデンティティーズ』洛北出版、二〇一五年、五〇頁。また、“minority”には数の少なさだけではなく、社会的に不利な立場にあるという意味合いもあるため、「少数者」との表記は避けた。

（2）例えば、以下を参照。山崎望・山本圭編『ポスト代表制の政治学――デモクラシーの危機に抗して』ナカニシヤ出版、二〇一五年。

（3）“representative turn”のなかでの非制度的な代表への視野の拡大を考慮すると、この全体的な潮流の変化は「代表論的転回」と表記するのが適切であろう。それに対し、特に制度的側面を論じる場合には「代表制論的転回」との表記が適切と思われる。この点について、以下を参照。早川誠「代表に抗する代表制――ポピュリズムの中の代表制デモクラシー」『新時代のデモクラシー（政治思想研究 第二二号）』風行社、二〇二二年。また、「代表論的転回」は「構築主義的転回」を含むより広い潮流と見なしうる。

（4）例えば、以下を参照。岡野八代『フェミニズムの政治学――ケアの倫理をグローバル社会へ』みすず書房、二〇一二年；衛藤幹子『政治学の批判的構想――ジェンダーからの接近』法政大学出版局、二〇一七年。

（5）ハンナ・ピトキンは、描写的代表などの「写し出す」代表とは対照的な概念として、「実体的代表」（substantive representation）を論じている。H. F. Pitkin, *The Concept of Representation*, Cambridge University Press, 1967（ハンナ・ピトキ

ン『代表の概念』早川誠訳、名古屋大学出版会、二〇一七年）. ピトキンは、実体的代表の探究のなかで、代表者の行為を重視する「誰かのために行為する」代表を論じている。本稿は、「実体的代表」と「誰かのために行為する」代表を大まかに類似した概念として、「行為する代表」と表記する。

(6) "descriptive representation" の翻訳には「記述的代表」もあるが、鏡のように映し出すという意味合いを重視し、本稿では「描写的代表」と表記した。Pitkin, *The Concept of Representation*（早川誠訳）. 邦訳に所収の早川誠「いくつかの訳語について」を参照。

(7) Pitkin, *The Concept of Representation*. pp. 60-61（邦訳、八一―八三頁）. 近年でも、トマス・フォッセンが、「誰かのために行為する」代表（代表者と被代表者の二項関係）と「何かを何かとして描き出す」代表（代表者が被代表者に関して特徴づける三項関係）を区別している。T. Fossen, "Constructivism and the logic of political representation," in *American Political Science Review*, vol. 113, no. 3, 2019, pp. 824-837.

(8) A. Phillips, *The Politics of Presence*, Revised Edition, Oxford University Press, 1998; A. Phillips, "Descriptive representation revisited", in *Oxford Handbook of Political Representation in Liberal Democracies*, (eds.) R. Rohrschneider and J. Thomassen, Oxford University Press, 2019. また、描写的代表については、以下の議論も参照。J. Mansbridge, "Should blacks represent blacks and women represent women? a contingent 'yes'", in *Journal of Politics*, vol. 61, no. 3, 1999.

(9) 例えば、以下を参照。I. M. Young, *Justice and the Politics of Difference*, Princeton University Press, 1990（アイリス・マリオン・ヤング『正義と差異の政治』飯田文雄・苅田真司・田村哲樹監訳、河村真実・山田祥子訳、法政大学出版局、二〇二〇年）; W. Kymlicka, *Multicultural Citizenship: A Liberal Theory of Minority Rights*, Oxford University Press, 1995, Chap. 7.

(10) スティール若希「多様な政治的アイデンティティとクオータ制の広がり――日本の事例から」早川美也子訳、『ジェンダー・クオータ――世界の女性議員はなぜ増えたのか』三浦まり・衛藤幹子編、明石書店、二〇一四年。

(11) 衛藤幹子・三浦まり「なぜクオータが必要なのか――比較研究の知見から」、『ジェンダー・クオータ』三浦まり・衛藤幹子編、明石書店、二〇一四年。

(12) 例えば、以下を参照。J. Mansbridge, "Quota problems: combating the dangers of essentialism", in *Politics & Gender*, vol. 1, no. 4, 2005.

(13) Phillips, "Descriptive representation revisited", pp. 183-184.

（14）例えば、これまでの代表政治は、女性や民族的マイノリティに焦点を当てがちであり、階級による周縁化に対処できなかったのではないか、と指摘される。Phillips, *Politics of Presence*, p. 188.

（15）例えば、以下を参照。K. Celis, and S. Childs, "The substantive representation of women: what to do with conservative claims?", in *Political Studies*, vol. 60, no. 1, 2012.

（16）女性の代表／表象での「構築」的側面を論じる研究として、以下が挙げられる。辻由希「ジェンダーと代表／表象（representation）――『月刊自由民主』と衆議院選挙公報にみる女性の政治的代表」、『年報政治学』、第六一巻第二号、二〇一〇年。しかし、構築主義的代表論ではなく、フェミニスト・ポストモダニズムという視角から分析されている。

（17）A. Rehfeld, "Towards a general theory of political representation", in *Journal of Politics*, vol. 68, no. 1, 2006. M. Saward, *The Representative Claim*, Oxford University Press, 2010; 田畑真一「代表関係の複数性――代表論における構築主義的転回の意義」、『年報政治学』、第六八巻第一号、二〇一七年、一八一―二〇二頁。

（18）S. Näsström, "Where is the representative turn going?", in *European Journal of Political Theory*, vol. 10, no. 4, 2011; M. Mottlová, "Representative turn: new way of thinking about the relationship between representation and democracy", in *Filosofický časopis*, vol. 65, 2017.

（19）D. Plotke, "Representation is democracy", in *Constellations*, vol. 4, 1997.

（20）田畑「代表関係の複数性」、一九四頁。H. Schweber, "The limits of political representation", in *American Political Science Review*, vol. 110, no. 2, 2016.

（21）Saward, *The Representative Claim*, pp. 146-147; L. Disch, "The "constructivist turn" in democratic representation: a normative dead-end?", in *Constellations*, vol. 22, no. 4, 2015, p. 462. マイケル・サワードによれば、代表関係は内在的な「聴衆」によって成立するが、政治理論家はその判断や解釈の条件を検証する二階レベルの役割を持つ。それに対し、リサ・ディッシュはより「市民の観点」を重視し、外在的な判断に否定的な立場をとる。

（22）E. Severs, and S. Dovi, "Why we need to return to the ethics of political representation", in *PS: Political Science & Politics*, vol. 51, no. 2, 2018, pp. 309-313.

（23）例えば、以下を参照。M. B. Vieira（eds.）*Reclaiming Representation: Contemporary Advances in the Theory of Political Representation*, Routledge, 2017; D. Castiglione, and J. Pollak（eds.）*Creating Political Presence: The New Politics of Democratic*

Representation, University of Chicago Press, 2019.

（24）J. Loncar, "Accountability of minority representation: methodological advancements", in *Nationalities Papers*, vol. 46, no. 2, 2018.

（25）Young, *Justice and the Politics of Difference*, p. 40（邦訳五六頁）.

（26）三浦まり・衛藤幹子「はじめに」、『ジェンダー・クオータ』三浦まり・衛藤幹子編、明石書店、二〇一四年、一三頁。また、女性の政治的代表が他のマイノリティの政治的代表の道を開くとも指摘される。衛藤幹子・三浦まり「なぜクオータが必要なのか——比較研究の知見から」、三四頁。しかし、特定のマイノリティ（例えば女性）と他のマイノリティが協力関係にあるとは限らず、その競合関係や対立関係にも留意する必要がある。

（27）E. Bjarnegård, and P. Zetterberg, "Why are representational guarantees adopted for women and minorities? comparing constituency formation and electoral quota design within countries", in *Gender Quotas and Women's Representation: New Directions in Research*, (eds.) M. L. Krook and P. Zetterberg, Routledge, 2016, pp. 21-33. この議論によれば、ナンシー・フレイザーの承認／再配分とウィル・キムリッカの自治／体系的差別は概ね一致し、民族的マイノリティは承認と自治、女性は再配分と体系的差別の議論に該当するという。以下も参照。M. Htun, "Is gender like ethnicity? the political representation of identity groups", in *Perspectives on Politics*, vol. 2, no. 3, 2004.

（28）性的マイノリティは承認の議論に該当するとみなされがちだが、体系的差別の議論にも当てはまる。また、承認をめぐる議論に該当するからといって、再配分の側面に関係しないというわけではない。以下を参照。N. Fraser, and A. Honneth, *Redistribution or Recognition? A Political-Philosophical Exchange*, Verso, 2003（ナンシー・フレイザー／アクセル・ホネット『再分配か承認か？政治・哲学論争』加藤泰史監訳、法政大学出版局、二〇一二年）.

（29）M. Tremblay (eds.), *Queering Representation: LGBTQ People and Electoral Politics in Canada*, UBC Press, 2019, pp. 11-12.

（30）A. M. L. Perrella, S. D. Brown and B. J. Kay, "Voting behaviour among the gay, lesbian, bisexual and transgendered electorate", in *Canadian Journal of Political Science/Revue canadienne de science politique*, vol. 41, no. 1, 2012.

（31）性的マイノリティにも地域的集中が見られるという指摘がある。T. Wilson, and J. Temple, "Local area estimates of Australia's sexual minority population", in *Applied Spatial Analysis and Policy*, vol. 14, no. 3, 2021. しかし、他の集団と同じメカニズムが働いているとみなすことはできない。性的マイノリティの場合は隠しうるという特徴があり、実際に人口が地域によって異なるのか疑問の余地がある。地域ごとに抑圧の度合いが異なるため、カミングアウトする当事者の割合が変動しうるし、関連する情報や知識の有無によって自認するかどうかも左右されうる。

（32）例えば、以下を参照。C. A. Smith, "Gay, straight, or questioning? sexuality and political science", in *PS: Political Science & Politics*, vol. 51, no. 2, 2011; B. G. Bishin, and C. A. Smith, "When do legislators defy popular sovereignty? testing theories of minority representation using DOMA", in *Political Research Quarterly*, vol. 66, no. 4, 2013.

（33）例えば、以下を参照。G. Magni, and A. Reynolds, "Candidate sexual orientation didn't matter (in the way you might think) in the 2015 UK general election", in *American Political Science Review*, vol. 112, no. 3, 2018.

（34）例えば、以下を参照。A. Reynolds, "Representation and rights: the impact of LGBT legislators in comparative perspective", in *American Political Science Review*, vol. 107, no. 2, 2013.

（35）竹田香織「マイノリティをめぐる政治過程――分析のための理論的考察」、『GEMC journal』第三号、二〇一〇年.

（36）ＬＧＢＴへのクオータとして、オーストラリアのQueensland Labor党が議席の五％をＬＧＢＴＱ対象としたことが挙げられる。Phillips, "Descriptive representation revisited", pp. 184. しかし、管見の限り、このような事例は他に見当たらず、希少と指摘しうる。

（37）政治理論的な研究として、米国でのＬＧＢＴＱに関する意識の変化を、「熟議システム」が機能したプロセスとして捉える議論がある。E. Barvosa, *Deliberative Democracy Now: LGBT Equality and Emergence of Large-Scale Deliberative Systems*, Cambridge University Press, 2018. しかし、この研究は熟議システム全体に焦点を置いているため、政治的代表そのものについて、さらなる検討の余地がある。

（38）小島敬裕「現代ミャンマーにおけるＬＧＢＴ権利擁護運動の展開と性的少数者の地位の変容」、『東南アジアと「ＬＧＢＴ」の政治――性的少数者をめぐって何が争われているのか』日下渉・伊賀司・青山薫・田村慶子編著、明石書店、二〇二一年；新ヶ江章友「排除される「人権」／包摂される「ダイバーシティ」――大阪市における「同性パートナーシップ宣誓制度」の制定過程から」、『東南アジアと「ＬＧＢＴ」の政治』日下渉・伊賀司・青山薫・田村慶子編著、明石書店、二〇二一年。

（39）日下渉「公共の権利、日常の尊厳、親密な悲しみ――フィリピンにおける「ＬＧＢＴ」と「バクラ」」、『東南アジアと「ＬＧＢＴ」の政治』日下渉・伊賀司・青山薫・田村慶子編著、明石書店、二〇二一年。

（40）ただし、これらの特徴の一部（例えば「内的多元性」）は、他の集団にも該当しうる。

（41）Young, *Justice and Politics of Difference*, p. 43（邦訳六一頁）.

（42）K. Crenshaw, "Demarginalizing the intersection of race and sex: a black feminist critique of antidiscrimination doctrine, feminist theory and antiracist politics", in *University of Chicago Legal Forum*, vol. 1989, no. 1, 1989, p. 140.

（43）D. Hiramori, and S. Kamano, "Asking about sexual orientation and gender identity in social surveys in Japan: findings from the Osaka city residents' survey and related preparatory studies",『人口問題研究』第七六巻第四号、二〇二〇年、四五八頁。

（44）株式会社電通「電通ダイバーシティ・ラボが「ＬＧＢＴ調査２０１５」を実施――ＬＧＢＴ市場規模を約５・９兆円と算出」、二〇一五年。

（45）釜野さおり「特集に寄せて」、『人口問題研究』第七六巻第四号、二〇二〇年、四三九―四四二頁。

（46）釜野「特集に寄せて」。

（47）竹村和子『愛について――アイデンティティと欲望の政治学』岩波書店、二〇〇二年、五〇頁。

（48）有田啓子・藤井ひろみ・堀江有里「交渉・妥協・共存する「ニーズ」――同性間パートナーシップの法的保障に関する当事者ニーズから」、『女性学年報』第二七号、二〇〇六年、九頁。

（49）河口和也『クイア・スタディーズ』岩波書店、二〇〇三年、一一―一三頁。例えば同性愛者の擁護団体であったマクシン協会は男性主義的で、その会員の多くは男性であった。

（50）T. De Lauretis, "Queer theory: lesbian and gay sexualities: an introduction", in *differences*, vol. 3, no. 2, 1991, pp. iii-xviii. 堀江『レズビアン・アイデンティティーズ』。

（51）Young, *Justice and Politics of Difference*, p. 60（邦訳八三頁）; I. M. Young, *Inclusion and Democracy*, Oxford University Press, 2000, p. 55.

（52）Tremblay,（eds.）*Queering Representation*, pp. 11-12.

（53）C. Calhoun, *Feminism, the Family, and the Politics of the Closet: Lesbian and Gay Displacement*, Oxford University Press, 2000.

（54）初鹿野直美「カンボジアの性的少数者たち――外からの影響と内から生み出される運動」、『東南アジアと「ＬＧＢＴ」の政治』日下渉・伊賀司・青山薫・田村慶子編著、明石書店、二〇二一年。

（55）J. Weeks, *Coming Out: Homosexual Politics in Britain, from the Nineteenth Century to the Present*, Quartet Books, 1977.

(56) E. K. Sedgwick, *Epistemology of the Closet*, University of California Press, 1990（イヴ・コゾフスキー・セジウィック『クローゼットの認識論——セクシュアリティの20世紀』外岡尚美訳、青土社、一九九九年）.

(57) J. Butler, *Gender Trouble: Feminism and the Subversion of Identity*, Routledge, 1990（ジュディス・バトラー『ジェンダー・トラブル——フェミニズムとアイデンティティの攪乱』竹村和子訳、青土社、一九九九年）.

(58) 竹村和子『境界を攪乱する——性・生・暴力』岩波書店、二〇一三年、五四頁。

(59) ここでは、「性的マイノリティ」に含まれうる人々を言いつくすことはできない。他にも含まれうる人々がいることに留意が必要である。

(60) De Lauretis, “Queer theory”.

(61) 河口『クイア・スタディーズ』、六三頁。

(62) ただし、「クイア」が性的マイノリティ全体とほぼ同義の呼称として用いられ、レズビアンやゲイといった個々のアイデンティティが結果的に抹消されるという危険性も指摘されている。堀江『レズビアン・アイデンティティーズ』、七八—七九頁。

(63) 堀江『レズビアン・アイデンティティーズ』、五〇頁。

(64) Bishin and Smith, “When do legislators defy popular sovereignty?”.

(65) Smith, “Gay, straight, or questioning?”.

(66) Bishin and Smith, “When do legislators defy popular sovereignty?”, p. 8.

(67) マイノリティの可視化が困難な状況であっても、議員の合理的行動によってその利益が実現することはある。例えば、日本における「性同一性障害者の性別の取扱いの特例に関する法律」の成立が挙げられる。竹田「マイノリティをめぐる政治過程」。しかし、この法律が「性同一性障害者」以外のトランスジェンダーを法律の「枠外」にしていることも指摘される。三橋順子「トランスジェンダーと法」、『クィアと法——性規範の解放／開放のために』綾部六郎・池田弘乃編著、日本評論社、二〇一九年、一五一頁。また、この法律が成立した要因の一つは、それが性別二元論や異性愛規範などのマジョリティの利益と抵触しなかったことである。マジョリティの利益と抵触する場合（竹田の議論では同性婚が挙げられている）、むしろ可視化によって反発が強まる可能性がある。

(68) Smith, “Gay, straight, or questioning?”, p. 35.

(69) Saward, *The Representative Claim*, p. 37. 以下の研究も参照して、一部修正している。Fossen, “Constructivism and the logic

of political representation", pp. 827-828. 田畑「代表関係の複数性」、一九一頁。

（70）「作り手」という要素の追加も、構築主義的代表の枠組みの意義の一つである。しかし、本稿でこの要素について十分に扱うことはできない。この点については、今後の研究課題としたい。

（71）サワードは「意図された名宛人」と「実際の名宛人」とを区別する。前者は代表の作り手が意図した人々であり、後者はその主張を自分に向けられたものと認識する人々である。Saward, *The Representative Claim*, pp. 49-51. 前者も後者も、その代表において提示された「指示対象」と範囲が一致する場合も、一致しない場合もある。例えば、代表の主張が「ＬＧＢＴ」（「指示対象」）について言及するのに対し、代表の作り手は性的マイノリティ全体（「意図された名宛人」）を意図しているが、性的マイノリティの一部は「ＬＧＢＴ」とは自認しておらず「実際の名宛人」に含まれない、という場合も想定しうる。

（72）Schweber, "The limits of political representation", pp. 389-390, 393-394.

（73）これは代理的代表（surrogate representation）と類似する。代理的代表については、以下を参照。J. Mansbridge, "Rethinking representation", in *American Political Science Review*, vol. 97, no. 4, 2003, pp. 515-528.

（74）ＤＡＤＴは、米国のクリントン政権によって採用され、一九九四年から二〇一一年まで施行された、軍隊での非異性愛者の扱いに関する政策である。これは、性的指向について周りが尋ねることだけではなく、非異性愛者が自らの性的指向を話すことも禁じていた。

（75）D. Z. Strolovitch, and C. Y. Crowder, "Respectability, anti-respectability, and intersectionality responsible representation", in *PS: Political Science & Politics*, vol. 51, no. 2, 2018, pp. 340-344, p. 342.

（76）Strolovitch and Crowder, "Respectability, anti-respectability, and intersectionality responsible representation", pp. 342-343.

（77）厳密には、ＤＡＤＴは同性愛者だけではなく、バイセクシュアルなど他の非異性愛者にも関連する。そのため、「指示対象」として「同性愛者」のみが挙げられがちであることも、批判的に検討される必要がある。この点は、本稿でも後述する。

（78）Young, *Inclusion and Democracy*, pp. 125-128.

（79）Fossen, "Constructivism and the logic of political representation", pp. 829-830.

〔政治思想学会研究奨励賞受賞論文〕

「政治哲学としての社会契約説」の誕生

――南原繁・バーリン・論理実証主義の狭間で

田渕舜也

一　はじめに

本稿の目的は、南原繁（一八八九～一九七四）の後任として東京大学の「政治学史」講座を引き継いだ福田歓一（一九二三～二〇〇七）の主著『近代政治原理成立史序説』（一九七一年）（以下、『原理』と略記）において主張された「政治哲学としての社会契約説」の誕生過程を明らかにすることである。『原理』は日本における西洋政治思想史研究の一つの到達点ともいうべき記念碑的著作であった。福田門弟の加藤節が述べるように、『原理』は「この国の近代ヨーロッパ政治思想史研究にとって、常にそこから出発すべき解釈範型としての地位を占め続けてきた」[1]。無論、加藤自身が述べるように、それは一つの出発点に過ぎないがゆえに、後に乗り越えの対象として多くの批判にさらされることになる――それは時折、「福田パラダイム」と呼ばれて批判される[2]――が、「近代」と社会契約論とを重ね合わせて理解する我々の一般常識の形成に、『原理』の果たした役割が絶大であったのは間違いない。

しかし、我々の「近代」イメージの形成に絶大な影響を与えた『原理』の誕生過程に眼を向けた研究は管見の限り存在しない。福田に関する研究ないし批判的な検討としては、先に挙げた加藤の解説の他に、関谷昇、菊池理夫、大井赤亥の諸研究および田中浩、樋口謹一、水田洋の書評が挙げられるものの、それらは南原やアイザイア・バーリンからの影響関係を含めた『原理』の誕生過程に一切論が及んでいない。[3] たしかに『原理』は一見したところ、ホッブス、ロック、ルソーの社会契約論を福田なりの視点で単にまとめただけの歴史的研究のように見える。しかし、『原理』の第二部の表題「政治哲学としての社会契約説」が暗に示しているように、同書は単なる歴史的研究を超えた、独自の「政治哲学」を打ち出そうとしていた。後に詳しく見ていくように、その「政治哲学」は、福田の恩師たる南原とイギリスで流行していた論理実証主義とに対抗する意図の下彫琢されたものであり、その意味で『原理』は社会契約説の「解釈範型」を提出しただけに留まる著作ではなく、実は一つの体系を有した「政治哲学」であったのである。

本稿は次のように展開される。これから『原理』の特に第二部「政治哲学としての社会契約説」の成立を、福田の半生を振り返りながら明らかにするが、その成立過程を論じる前に予備作業として、まずは『原理』に見られる福田の「政治哲学」の素描を通じて、その特質が何であるかを指摘する。そして、以上の予備作業の後、「政治哲学」がどのように成立したかを主に四つの視点から明らかにする。

一つめは、福田が哲学青年から政治思想史研究者となる出来事、つまり灘中学の初代校長・眞田範衛と南原という二人のカント主義者との出会いについてである。福田が新カント派であることを公言していた眞田によって哲学青年となり、そのあと南原の『国家と宗教』(一九四二年)に触れたことで、京都学派に惹かれる哲学青年から西洋政治思想史研究者へと転身することになった事情を明らかにする。

二つめは、大日本帝国の瓦解と日本国憲法の発布についてである。福田は日本国憲法の思想的淵源を探るために社会契約説の研究を開始し、助手論文の対象としてホッブスを選んだが、その研究の裡には南原の唱える「ゲマインシャフト・デモクラシー」への反発があったことを指摘する。

三つめは、オックスフォードへの留学とバーリンとの邂逅についてである。オックスフォードへの留学と当地でのバーリンとの邂逅によって、南原への対抗のために開始していた社会契約説についての歴史的研究を福田は政治哲学へと彫琢することを試みるようになった。オックスフォードでアルフレッド・エイヤーの論理実証主義とそれに沿った政治学を展開していたトーマス・ウェルドンに反発し、バーリンの示唆を得ながら南原とは異なる形の「政治哲学」を構想したことを確認する。

四つめは、六〇年安保闘争の経験についてである。福田はバーリンとの出会いのあと、福田なりの「政治哲学」を彫琢していたが、まさにその時日本は安保闘争に揺れていた。福田は学究の傍らで安保闘争に積極的に関わっていたが、その際の時論的発言には福田の「政治哲学」の成果が援用されている。福田の見るところ、GHQから天下り的に与えられた日本国憲法はようやく安保闘争によって血肉化された。つまり、福田にとって、自然発生的なデモが徐々に合流して盛り上がりを見せた安保闘争とは、「強行」採決――「強行」とはいえ合法であることに注意――を敢行した岸信介政権に対する、合法性を超えた正統性に基づいた異議申し立てであり、その意味でまさに「思想革命」とも呼ぶべき決定的な出来事であった。

本稿によって、これまで否定的に語られがちであった「福田パラダイム」が実は批判者たちですら気づかない思想史的射程を有していたことが明らかになるであろう。たとえ福田の個々の記述にアナクロニズムや誤りが含まれるとしても、「政治哲学としての社会契約説」そのものの思想史的意義は閑却されるべきではない。

二　福田パラダイムの素描――「政治哲学としての社会契約説」

これから、『原理』の「政治哲学としての社会契約説」の成立について論じていくことになるが、まずはその予備作業としてその特質について素描しよう。福田の「政治哲学としての社会契約説」は『原理』の第二部の表題をなしているが、それは第一部「道徳哲学としての近代自然法」での論述を前提としている。第一部では、歴史的解釈が比較的ストレートにホッブス、ロック、ルソーに施されている一方で、第二部はむしろそうした特定の歴史状況と社会契約説との関係性は捨象され、社会契約説に内在している論理の「原理的強化」によって、社会契約説から現代的意義が汲み取られようとしている（二一・ix）。

福田は第一部で、自然法という同一の用語を用いているがゆえに、近代自然法に包括できるように見える大陸自然法学の自然法概念と近代政治原理のそれとを範疇的に区別する。グロチウスを始点とする大陸自然法学においては、自然法が宗教や道徳から次第に切り離されて個人の内面を規制する力を失って外的な規範と化していった。そして、その外的な規範の内容にアリストテレス流の「優越による社会」(二一-二六)が「自然」に適うとして独断的にあてがわれることによって、むしろ外面化された自然法は個人から所与の秩序を問い返す視点を奪い去ってしまい、その結果、大陸自然法学派は自然法の名において所与の秩序——例えば「支配者の正義」(同上)——を肯定する「啓蒙専制政治のイデオローグ」(二一-五)へ堕していった。一方、ホッブスを嚆矢とする近代政治原理は、自然法が宗教や道徳と切り離されることがなかったため、個人の内面を規制する力を失うことなく、大陸自然法学とは違って所与の秩序を問い返す視点は個人に残され、その結果、社会契約説論者は近代民主政治の原理を順次構成していった。

つまり、大陸自然法学は「絶対性国家のたんなる内的規制原理(法治国家に向う)となり」、それが唱える「契約説は世俗的権力への服従を根拠づける解釈原理に堕するを免れない」(二一-一八)。一方で、「近代的政治秩序の構成原理としての社会契約説にあっては、存在と規範との統一の主体はもはや個人のほかにはどこにも見いだされないから、このような主体としての個人間の相互契約が社会そのものを構成する」(同上)。換言すれば、「構成原理としての社会契約説」は、構成された政治秩序に照らし合わせて不断に所与の政治体制を問い返すことが可能となる一方で、「解釈原理としての大陸自然法学」においては、政治秩序を新たに構成する能力がそもそも人間には与えられていない以上、仮に所与の政治体制を問い返す視点が残るにしても、それは所与の秩序の徹底的な転覆が前提とされておらず、その結果、所与の政治体制をただ追認することに終始してしまうのである。

そして、こうした第一部での対比を前提に、第二部において社会契約説は「政治哲学」として再構成されるが、福田は現代において「政治哲学」が置かれている状況は大変厳しいと指摘する。福田の見るところ、二〇世紀は「未だに哲学の名に値する政治哲学をもちえず、職業的政治哲学者自らその不振を認めて、かえって弁証法神学者のうちにより魅力ある思想を見出す」(二一-三五八)ような情勢にあり、「政治哲学の終焉」(二一-三五九)すら告げられている。しかし、福田はこのような情勢であっても、あえて「政治哲学としての社会契約説」を打ち出すという「言語を絶する冒険」(二

―二六〇）を敢行する。

福田は現代の政治哲学は次の四つの条件を満たさなければならないと主張する。一つめは、「人間の実践能力を認識能力と関連づけ、双方を生み出す原理としての人間を求めなければならない」。二つめは、「それは実践哲学として、人間の身体、社会、歴史を含む実践的世界を哲学的に構成しなければならない」。三つめは、「それはこの実践的世界を対象とする人間の科学に対して明確な独立性とともに、また関連をもちうるものでなければならない」。そして、最も重要なものと福田自身が強調する四つめは、「それは政治における価値を客観的に根拠付け、人間実存に規範を課するものでなければならない」（同上）。これら四つの条件を満たす政治哲学を生み出すのは福田にとっても「至難の課題であって、絶望をさえ思わせる」（同上）。しかし、福田は「文化創造の自覚的論理の課題」を果たそうとした「人間の哲学」たる社会契約説こそ、これらの四つの条件を満たすと主張する（同上）。それどころか、「構成原理としての社会契約説は、またそれのみが政治哲学の名に値」（二―二二〇）する。なぜなら、社会契約説のみが、「人間の文化形成の論理、すなわち文化形成者としての人間の自覚として、すぐれて「人間の哲学」である」（同上）からだ。

ここで言われている「人間の哲学」とは、南原が『国家と宗教』においてカント哲学に冠した言葉を援用したものである。言うまでもなく、カントは人間の認識および実践の能力を吟味することを意図していたが、南原によれば、カントの「全哲学組織を通観するとき、その中核をなすものは「人間」の概念」[4]であった。カントは認識能力と実践能力を吟味し、「必然の法則に従属する自然的存在者としての人間」と、「道徳的法則に根拠する意志の自由の主体としての人間」[5]とを区別し、後者の人間に基づく社会契約（根本契約）を導き出すに至った。

そして、ホッブス、ロック、ルソーもカントと同じように、人間の能力の吟味から社会契約説を論じており、福田が認めるように、「近代政治理論の確立」は「哲学における認識論の優位に支えられてはじめて可能に」（二―二二〇）なったのである。人間の認識ないし実践の能力の自己吟味によって、人間は自分自身によって政治秩序を構成しうることを自覚することができる。そしてその自覚をもたらす概念装置こそ、「文化創造の自覚的論理」たる社会契約説であった。

また、社会契約説を先の政治哲学の四つの条件に当てはめるならば、まず、認識論から説き起こされる社会契約説は、実践能力が認識能力と関連付けられているという意味で一つめの条件をクリアしている。また、それは人間の身体に基づいた自己保存を社会契約の根本動機とするという意味で「豊かな実践の世界をもちえて」（二―三六二）おり、二つめの条件も満たしている。さらに、社会契約説は、社会契約だけではなく政府組織の形態もその議論の射程に含まれていた。「ルソーにおいて一般意志がたんに意志の対象であるにとどまらず、同時に認識の対象であったように」（二―三六八）、ルソーにとっては一般意志が正統性の根拠であると同時に、その正統性がいかにして「歴史の具体的状況において組織的に代表されて我々に認識されるか――言うまでもなく、間接民主制は一般意志を代表するものではないとルソーは主張した――が問題であったが、それは「経験的認識をはなれていい得るものではない」（同上）。「ここに政治哲学が必然に政治科学を求める接点を見出すことができる」（同上）のであり、政府組織の形態という政治科学の問題と規範を示す社会契約とを接合する社会契約説は、三つめの条件も満たすのである。そして最後に福田が最も強調する「政治における価値を客観的に根拠付け、人間実存に規範を課するもの」という四つめの条件は、もちろんながら社会契約という概念装置を通じて人間実存に規範を課しているという意味で、満たしているのである。

　福田が述べるように、「社会契約説本来の功績は、社会法則の認識であるよりは、社会の規範的根拠の解明」（二―三六七）にある。それは、「所産としての文化への埋没から人間を解放し、文化を方法的に営まれる無限の過程とする」（二―三六四）。大陸自然法学は「所産としての文化」であるはずの身分制社会秩序を、作為の産物ではなく自然の産物とし、その結果、人間を所与の文化に埋没させてしまった。一方、社会契約説はそうした身分制社会秩序が実は作為的な文化の産物に過ぎないことを暴露し、所与の文化の埋没から人間を解放する。そしてこの解放は一回限りのものではない。文化は作為の産物であり、仮説的なものである。つまり、社会契約説は「仮説の仮説性を繰り返し確認する」（二―三六六）ための概念装置なのである。福田にとって社会契約説とは、先の政治哲学の四つの条件を満たすという意味で現代において唯一残された「政治哲学」なのであり、それと同時に、それは人間のあらゆる文化が仮説的なものであり、それゆえに改変可能であるということを人間に自覚させる「文化創造の自覚的論理」なのである。

　以上が『原理』の筋書きである。しかし、こうした素描だけから『原理』が同時代においてもった意味合いを理解することは不可能である。「戦後日本の政治学が生み出した業績の中でも、最も難解なものの一つ[6]」と評され、「荘重華麗な旧制高校弁論部的美文[7]」と揶揄されるまでに難渋で錯綜した文体と論理や「政治哲学の終焉」という時代認識などは『原理』の生成過程を追わなければ理解できない。以下では、『原理』が生成してきた過程を明らかにし、『原理』が同時代にもった意味を明らかにしよう。

三　哲学青年から政治思想史研究者へ——二人のカント主義者との出会い

福田を哲学に目覚めさせたのは南原ではなく、灘中学の校長・眞田範衛であった。福田の回想によれば、眞田は「修身」の授業を担当していたが、教科書を少し読むと同じ主題を全く異なった自分なりの哲学的観点から説明したという。その際、眞田が採っていた哲学的立場は新カント派であり、眞田自身それを公言していた。当時の福田が感銘を受けたのは次のような人間の自由の説明であった。

「僕が指を開いたらこのチョークは落ちるね。それは物理的必然だ。」と言われた上、「けれども、誰かが人を撲ったとき、それにどう反応するかは人によって違うね。それを決めるのはそれぞれの人の人格だ。そこに人間の自由がある。」（十‐二〇三）

自然法則とは異なった次元にこそ人間の自由がある、という議論は福田にとって「はじめての哲学という知的世界への導入」（同上）であった。福田は眞田が名前を挙げたヴィンデルバンドやリッケルトに興味を持ち、『哲学とは何か』や『ソクラテスについて』などを読んだという。

新カント派から哲学に目覚めた福田は、旧制一高でも哲学への傾斜をますます強めっていった。そして、当時の哲学青年にとって憧れの的であった京都学派にも興味を惹かれていく。福田自身の言葉によれば、「当時「現実」として押しつけられているものへの批判の原点を哲学に求めようとして、流行の哲学であった京都学派にも人並みの関心はもっていた[8]」。しかし、高坂正顕、西谷啓治、高山岩男、鈴木成高の座談会「世界史的立場と日本」（一九四二年）に触れることで、京都学派への興味はむしろ反発へと逆転していく。そして座談会の同年に出版され、京都学派の田邊元の批判も含まれる南原の『国家と宗教』を読むことで哲学から西洋政治思想に福田の興味の対象は変化した。福田によれば、「哲学を志しながら『国家と宗教』の一冊によって、東大法学部に進むことのできたわたくしはしあわせであった[9]」。

こうして福田は京都学派に惹かれていた哲学青年から南原に範をとる西洋政治思想史研究者へ転身したが、福田の論理と文体の「難解さ」は哲学青年時代に培っていた京都学派流の哲学の基礎教養に由来しているように思われる。福田の文体は、南原よりもむしろ京都学派のそれに近い。一例を挙げよう。

> 恐怖や慣習や伝統は、われわれの社会生活の恒常的要素として、媒介的知識に先立って、実存を規定している。社会存在としての人間は、この非合理的なものを自覚することにおいて、はじめて歴史的時間をもつであろう。（……）歴史的世界は理性的意識の実存的な根であって、それゆえに、認識と実践とにおけるその超越性にもかかわらず、人間は歴史的存在なのである。（二－三六四）

人間は歴史的存在であり、まさしく歴史が実存ないし個人の意識の前提となるという発想は言うまでもなく京都学派に近しいそれであり、そうした発想を表現する福田の文体もまた京都学派を思わせるものである[10]。しかし、哲学的な基礎教養と文体とが京都学派に類似しているにしても、福田は以上のような歴史的存在としての人間という発想に対して、むしろそうした歴史を超越していく人間の能力とその能力を遺憾なく示す社会契約説を対置しており、その意味で、京都学派とは真逆の哲学を展開しようとする。そしてこのことは半ば意識的になされているように思われる。というのも、『原理』は「序」で述べられているように、「元来すぐる大戦の間に非命に斃れた学友たちに手向ける志を以て」（二－xii）書かれたが、彼等学友が自分たちの死の意味を求めたのがまさに他ならぬ京都学派の言説であったからである。福田の京都学派への怒りを聞こう。

> 「学徒出陣」が号令されたとき、すがりつくように京都学派の言説に自分の死の意味を求めようとした同年代の学生たち、ついに帰らなかった友の俤《おもかげ》を偲んで、わたくしには、この批判の対象となった哲学者たちの無責任を憤る気持ちを今も抑えがたいのである。[11]

学友の死が、一方では社会契約説の研究に、他方では京都学派への怒りへと転嫁している。福田が戦後、社会契約説の研究に向かった動機の一つが、まさしく国家の正統性とは何であるかという問いに答えるためであったのは間違いない。京都学派の哲学からみるならば、大日本帝国は正統性を有しているがゆえに、太平洋戦争で命を投げ出すことには意味があった。しかし、福田はそのようには考えられず、むしろ戦時にあって京都学派を批判した南原の哲学こそ、自分が範を取るべきものであると考えたのである。そしてこのことは南原の『フィヒテの政治哲学』（一九五九年）へ寄せた書評からも窺える。

> 新カント派流行の跡もなく、「無の弁証法」またあえなく消えて、廃墟の上にいたずらに「哲学への不信」の叫ばれる今日、われわれは純乎として純なる哲学精神が、齢古稀に達する著者によって静かに力強く示されているのを目撃し、ここに世界に誇るべき思想の金字塔を仰ぐ。この国における思想史学がいかなる道を進み、哲学がいかなる歩みをえらぶにしても、およそ学の本道を歩む志ある限り、帰りきたって仰ぐべき道標として、本書が不朽の価値をもつことを、わたくしは信じて疑わないものである。（四－七一）

眞田に引き続いて二人目のカント主義者たる南原の背中を追って、福田は自身の政治哲学を組み上げようとした。しかし、福田は南原の政治哲学をそのまま模倣したわけではない。先に説明したように、カントに典型的に見られる、人間の認識ないし実践能力の自己吟味、そして自然法則とは異なった次元に人間の自由を見る「人間の哲学」を引き継いだ一方で、南原の唱える「ゲマインシャフト・デモクラシー」や南原政治哲学の根幹である価値哲学には仮借ない批判を加えている(12)。次節では「ゲマインシャフト・デモクラシー」への反発について、第五節では価値哲学の批判について触れる。

四　日本国憲法と社会契約説――ホッブス、ロック、ルソー

言うまでもなく、敗戦とそれに伴う日本国憲法の発布は福田が社会契約説を研究するに当たって決定的な意味をもったが、特に次の三つの事情が福田にとって重要であった。

一つめは、戦後日本の社会状況である。旧来の秩序が崩壊することで、「人間が自己保存のために手段を選ばない」（十ー二五二）状況が到来したが、このような自然状態を思わせるような状況において、まさしく自己保存という動機に導かれ、言語象徴を駆使しつつ新たな制度を作っていくという社会契約説のモデルは福田にとって魅力的であった。

二つめは、東京大学の法学協会が新憲法施行後の一九四八年に出版した『註解日本国憲法』である。同書は施行されたばかりの日本国憲法の「詳密な逐条的註解書(13)」を目指して編纂されたが、福田は同書から一つの問題意識を抱いた。つまり、コメンタールでは法治国家の枠組みを超えることができず、福田にとって、「制度を作り動かした精神、思想、エネルギーまでとらえ切れるかにはやはり疑問(14)」であったのである。福田によれば、「民主主義のほんとうの哲学的な原点を明らかにすることがどうしても必要」（十ー二五八ー二五九）なのであり、その哲学的な原点を示すものこそ社会契約説であった。

三つめは、南原による契約説によらない民主主義の可能性、つまり、「ゲマインシャフト・デモクラシー」あるいは「国民共同体論」の主張である。日本国憲法は社会契約説に基づくと福田は考えていたが、南原はそれと逆行するような議論を戦後に展開した。福田はむしろこうした南原の主張に対抗して社会契約説の意義を強調する。福田が述べるに

は、「ぼくは人間の能力の吟味のうえで、言語象徴を使って擬制をつくっていく高次の人間の能力、実践能力と認識能力を媒介しながら擬制をつくっていき、公共を作り出すというものを見ていきたい」（十−二五九）。そして、ここで興味深いのは福田がこのような人間像の典型例をピューリタニズムに見ているということである。福田によれば、ホッブスにとってピューリタニズムは社会秩序を攪乱する阻害要因でしかなかったが、ピューリタニズムの歴史上での実践を見てみると、むしろ社会秩序を自ら作り上げている一面を見ることができる。福田の言によれば、「人間個人が協力して秩序を作っていく内在的な能力を持っている、それは上から与えられた秩序ではなくて、新しい秩序をつくっていくことができるという、そういう新しい視野というものが開けなければいけない。そういう意味で、ホッブスでは片づかなかったものが、実践的に提示されていると、そういう目でピューリタニズムも見た」（十−二六〇）。

福田は助手論文の研究対象として社会契約説の始まりとしてホッブスを選び、そこからロック、ルソーへと順次展開していくものとして社会契約説を描くことになるが、後に著作集第一巻に収められることになる助手論文「ホッブスにおける近世的政治理説の形成」（一九五一年）には主に二つの先行研究からの影響が認められる。

一つめは、丸山眞男からの影響である。福田がそもそもホッブスを研究対象に選ぶ動機となったのは丸山からの影響が圧倒的に大きかった。影響の一つめは、丸山が「科学としての政治学」（一九四七年）で示したような、日本におけるドイツ系学問の圧倒的な影響力に対する反発への共感であり（十−二五一）、二つめは、ホッブスを始点とするカール・シュミットの近代像を丸山から受容したことである。権左武志が指摘しているように、丸山の処女論文「近世儒教の発展における徂徠学の特質並びにその国学との関連」（一九四〇年）および「近世日本政治思想における「自然」と「作為」」（一九四一～四二年）はシュミットからの影響が著しいが[15]、福田も丸山を通じてシュミットの影響を受けている。福田にとって特に重要だったのは、シュミットの『トマス・ホッブスの国家論におけるリヴァイアサン』（一九三八年）で示された、ホッブスを起点とする近代理解である。シュミットは同書の中で、ホッブスは中世的な既存の自然的秩序ではなく、契約によって生じる人為的な国家という見方を示しただけでなく、技術時代の原型としての国家も示したという意味で時代を先取りしたと高く評価している[16]。近代の始まりにホッブスを位置づけるシュミットの近代理解を福田は丸山から受け継ぎ、さらに丸山の提示した「自然と作為」という枠組みに沿って、福田は助手論文を仕上げた。

二つめは、ホッブスにおける自然学の影響を過小に評価するシュトラウスの批判的検討である。シュトラウスも『ホッブスの政治学』においては、シュミットと同様に近代の起点をホッブスに置いたが、ホッブスにおける政治学の究極的な基礎は自然学ではなく、自然学を利用し始める前にホッブスが既に得ていた古典古代の人間論にあるとシュトラウスは解釈した。しかし、自然学によって得られたアトム的な人間観から国家を「作為」するということに近代の根源を見る福田にとって、そうした解釈は批判的な検討の対象であった[17]。

三つめは、太田可夫が『イギリス社会哲学の成立[18]』で提示したドイツ観念論とイギリス経験論の対立という枠組みが持つ限界性の認識である。先の一つめで指摘したように、ドイツ学の圧倒的影響力への反発からイギリス経験論に進んだ福田にとってドイツ観念論とイギリス経験論とを対比する太田の研究は導きとなるものであったが、福田はこの対比では捉えられない問題に気づいた。『イギリス社会哲学の成立』への書評で、イギリス経験論をドイツ観念論と対比させるのではなく、イギリス経験論とフランス、オランダの合理論との関連の解明こそが求められていることを福田は指摘しつつ、「哲學史の研究は如何なる意味に於いて歴史的に果さるべきか[19]」と問うている。フランス、オランダの合理論との対比という視点が、後に『原理』の第一部「道徳哲学としての社会契約説」で主題的に扱われることになる大陸自然法学と社会契約説との対比を予告しているのは明らかであり、哲学史を歴史的に研究することの意味とは何か、という視点はまさしく『原理』を貫く問題意識に通じている。

こうして、ホッブス研究に端を発する福田の社会契約説研究は、南原への対抗という意図のもと構想され、「近代」という時代の認識枠組みをシュミットと丸山から受継ぎ、また、シュトラウスの反近代的解釈を論敵としつつ、後に『原理』の第一部「道徳哲学としての社会契約説」となる諸論文として一九五五年に一旦は完成する。しかし、福田は歴史的な社会契約説研究を進める中で、太田への書評で問うたような、「歴史を研究することの意味」については答えを出せずにいた。そうした状況の転機となったのが次節で述べるオックスフォードへの留学である。

五　オックスフォードへの留学――アイザイア・バーリンとの邂逅

福田は『原理』の「序」で、オックスフォード留学が『原理』に与えた影響を次のように説明している。

> オックスフォードにおける二年間は、著者にボードレイアン図書館をはじめ資料上の豊かな機会ばかりでなく、当然さまざまの衝撃をも与えて、方法や物の見方への反省を迫らずにはすまず、著者は第一部の意味を生かすためにも、全面的に相を新たにして、改めて第二部の原型を構成し、これを素描のまま南原繁先生の古稀をお祝いする論文集『政治思想における西欧と日本』に発表した。（二―x）

オックスフォードへの留学は、『原理』の第一部「道徳哲学としての近代自然法」にあたる論文を書き上げたあとのことであり、第二部「政治哲学としての社会契約説」は留学体験を下にして書かれている。そして、その留学体験がどのようなものであったかは「イギリスにおける政治学」（一九五八年）に詳しい。

福田はこの留学において、政治哲学が危機に瀕しているのを目の当たりにする。イギリスでは戦後、「事実を対象とするpolitical science」と「不回避的に価値にかかわるpolitical theory」とが区別されたが、後者のpolitical theoryは「言語分析の新哲学」、つまり、「ラッセル、ムアー、ウィトゲンシタイン［原文ママ］の先蹤を追って、ライル、エイヤー、オースティンらの呼号する「哲学の革命」たる「論理実証主義」によって破壊されようとしていたのである（四―七）。「言語の曖昧な使用に対する仮借なき批判が、倫理的諸命題を本来知識としては全く無意味な単なる感情のステイトメントに還元するに及んで、この衝撃は、まさにこの国［イギリス］の政治学にとってかつて自明の前提であった諸概念に襲いかか」（四―七―八）った。そして、福田の見るところ、論理実証主義を政治学に応用するウェルドン、マクドナルド、ヘアによって、イギリスでは遂にpolitical theoryそのものは殆ど破壊されてしまったのである。こうした傾向に対して、旧来の政治学者たちは「相対主義、敗北主義と憤る声」を上げることはできるにしても、方法論的には対抗できず、「学説史研究の精密化」（四‐八）に逃避することしかできなかった。

福田はこうした論理実証主義による政治哲学の破壊に反対する。というのも、「気負い立った分析哲学者の仕事が、伝統に対する破壊にとどまり、現に人間が一定の価値体系のもとに倫理的、政治的生活を営む事実に及び得ぬ以上、一切の偏見の排除が問題の現実的解決ではない」からである。ここで本来求められる「課題は自己の思想体系の歴史的吟味、体制の政治状況に適合した原理の創造にほかならぬ」（同上、傍点筆者）はずである。

そして、福田の見るところ、「政治哲学の終焉」の中でも「比較的ひろい期待」（同上）を集めている者こそバーリンであった。福田の評するところ、「本来哲学者であるバーリンは、言語分析の哲学の主張する概念のより明確な使用には反対しないで、その基準を論理主義から解放しようとし、むしろ政治的判断にひそむ、常識性の重要を指摘する」（四‐九）。しかし、それ以上バーリンについての情報を福田はここでは残していない。その理由は、福田にとっては未だバーリンが「如何なるtheoryを積極化するかは将来の問題」（四‐八）であったからだと考えられる。というのも、一九五八年一〇月三一日にバーリンは有名な「二つの自由概念」をチチェレ社会・政治理論講座の就任講演として行うが、福田がこの文章を書いているのはそれに約九ヶ月先立つ一九五八年一月七日であるため、当時のバーリンは少なくとも我々が今知っているような政治理論家バーリンではなかったからだ。

このようにバーリンの政治理論ないし政治哲学についての詳しい叙述はここではなされていないものの、「オクスフォードでSir Isaiah Berlinに親しくしてもらった」[20]と後に福田は語り、しかもバーリンから影響を受けたと明言している。例えば、福田はrepublicaとstatoといった政治の議論においては当然用いられる用語の時代制約性について、バーリンに教えられたと語っている[21]。しかし、バーリンが福田にとって重要だったのは、こうした政治学史上の用語の問題もさることながら、「比較的ひろい期待」（四‐八）という福田自身の言葉が暗示しているように、論理実証主義が吹き荒れる中でバーリンが政治哲学そのものの可能性を示しているように見えたからであるように思われる。そして、バーリンの指し示した政治哲学の可能性を考慮に入れて初めて、なぜ福田がrepublicaやstatoといった言葉にこだわったのか、そして社会契約説を政治哲学として描くことになったのかが理解出来るのである。

そこで、我々は当時バーリンが置かれていたイギリスの政治学の状況をまずは再構成し、次にバーリンがそれに対してどのように政治哲学の可能性を擁護したのかを確認することで、福田に与えた影響を推察しよう。

1　イギリス政治学の状況――論理実証主義の流行

福田が述べているように当時のイギリス哲学界は、論理実証主義が有力な位置を占めていた。例えば論理実証主義の代表者であったエイヤーは、価値についての命題は事実による経験的な検証が不可能であるがゆえに、価値についての判断は「道徳的な心情を表現しているにすぎない[22]」と主張した（いわゆる価値情緒説）。我々が答えることができるのは、ある行為aがある道徳的体系Tに属するかどうかという事実問題だけであり、その道徳体系Tそのものが他の道徳体系Uよりも優れたものであるかどうかは答えることができない。なぜなら、そのような問いそれ自体が事実の問題ではなく価値判断であるからである。エイヤーによれば、「事実の問題からはっきり区別された純粋な価値の問題を取り扱うようになると我々には論証の手段はなくなってしまい、それ故にこそ我々は最後には単に口ぎたないののしりの手段に頼るのみとなるのである[23]」。

そして、論理実証主義的な発想を政治学に応用したのがウェルドンの『政治の論理』（一九五三年）であった[24]。エイヤーが編集するペリカン哲学叢書の一冊として出版された同書において、ウェルドンはこれまでの政治学は三つの幻想によって悪しき「形而上学」に犯されていたと主張する。つまり、（i）本質の幻想、（ii）絶対基準の幻想、（iii）幾何学的方法の幻想である。（i）これまで政治哲学者はイデアに通じることを自身の任務としてきたが、これは本質が存在するという幻想に基づいた徒労である。というのも、例えば、「正義」という言葉は「日常使われている他の大半の語と同様（……）唯一の中核的意味をもたない[25]」。むしろ、そうした中核的意味を持たないからこそ広く役立つのである。（ii）そして、そもそもこうした言語の唯一の中核的意味を探そうとしてきたのは、ある政治体制がほかの政治体制よりも優れていると言うためには、絶対的な基準が必要だという幻想にとりつかれていたからである。しかし、このような絶対的な基準は必要ない。ガリレイもクロノメーターの設計者も理想的な絶対基準をもったことはないが、「かれらの時計を直すのに、それを必要とすると示唆したことはない[26]」。(iii)我々は幾何学的原理を一つの理想とする性向があるが、これは政治学においてはむしろ有害となる。というのも、政治学の主題は幾何学より複雑であることに加えて、政治問題に我々が取り組むとき、幾何学のように冷静にそれに取り組むことはほぼ不可能だからである[27]。そもそも幾何学は事実問題についての必然かつ普遍的真理を述べたものではなく、単なる一つの公準体系にすぎない。つまるところ、すべての領域に適用可能で、すべてを説明してくれるような唯一絶対の原理は存在しないのである。

こうして、ウェルドンは次のように結論づける。「現実の政治制度の背後に、又はそれを超えて存在するものはないし、現実の政治制度はその超越的存在の表現でも、模写でも、実現でもない[28]」。では、本質や絶対基準を主張することが現代の政治哲学者の仕事でないのだとしたら、一体どのような仕事が政治哲学者には残されているのか。ウェルドンによれば、政治哲学者の仕事とは、言葉の混乱を整理することに尽きる。そして、言葉の混乱が整理されれば、伝統的な政治哲学の問題の大半が答えられてしまう。なぜなら、「それらの問題はすべて、まぎれもなく経験上の困難を、混乱した言葉で定式化したものにすぎない[29]」からだ。つまり、政治哲学者は言葉の混乱が整理された後はお役御免なのであって、解くのは困難ではあるものの答えは存在する経験的問題に政治的問題はすべて還元される。この経験的問題を解くのに必要なのは、哲学者などではなく、「政治制度に関する著述家と政治家[30]」に過ぎない。

松元雅和が指摘するように、ここには「規範研究」ではなく、むしろ概念の「分析研究」ないし事実の「実証研究」に議論の焦点があるが[31]、それは論理実証主義的な発想を採用する以上、不回避的な帰結であったといえる。松元が言うように、「英米圏の分析的政治哲学が辿った歴史的展開の一時期に、政治哲学者は〈規範研究〉から撤退し、〈分析研究〉に専念するようになっていた[32]」のである。しかし、こうした撤退は長くは続かず、一九七一年にロールズの『正義論』が出版されると価値情緒説によって放棄されていた「規範研究」は息を吹き返して、むしろ「規範研究」が分析的政治哲学の主戦場となっていく。そして、まさしくバーリンこそ論理実証主義が未だ健在であった当時のオックスフォードにおいて、ロールズとは全く異なった形で「規範研究」を展開していた政治哲学者であった。そして、このバーリンの「規範研究」から多大な影響を受けたのが福田その人であったのである。[33] 以上、バーリンが置かれていた状況は再構成できたので、以下ではバーリンが論理実証主義にどのように対抗し、「規範研究」を展開したかを見よう。

2 バーリンと論理実証主義——政治理論（哲学）の可能性

バーリンは福田が述べるように「元来哲学者」であったが、そのキャリアを論理実証主義批判から始めている。「検証」（一九三九年）、「経験的命題と仮定的言明」（一九五〇年）と「論理的翻訳」（同年）において、バーリンは論理実証主義の前提に対して仮借ない攻撃を加えているが、ここでは最後の「論理的翻訳」からその攻撃の要点を確認しよう。[34]

バーリンによれば、直接的で、頑強で、単純であるがゆえに、真偽の判断が可能であるという経験的命題の理想は「幻想」であるが、こうした理想の追求に潜む「巨大な誤謬（gigantic fallacy）」は哲学者たちを「よく似た二つの道」に誘う。しかし、その二つの道はどちらとも「袋小路」に行き着く（CC-76）。ここで言われている二つの道をバーリンは「収縮的方法（deflationary method）」（CC-77）と「膨張的方法（inflationary method）」（CC-86）と呼んでいる。「収縮的方法」とは、唯一の真正な命題とは肯定的（affirmative）で、単一（singular）で、断言的（categorical）で、経験的（empirical）であるものだけであると考え、その他のすべての形態の命題をこうした単純な命題へと還元できると想定する方法である。この方法は、ある選ばれたモデル、例えば「アトム的な」、つまり、これ以上分析することができない頑強な命題という「プロクルステスの寝台」に様々な形態の命題を無理矢理合わせようとする（CC-82）。そしてこの無理な当て嵌めによって、現にあるはずの豊穣な意味の世界は切り詰められていき、その結果、「意味の欠如（devoid of meaning）」（CC-83）が引き起こされるのである。というのも、この方法では、現に自分の目の前にあるナニカ——テーブルそのものあるいはテーブルについてのデータ——によって検証されうる命題しか真の命題とは見なされず、過去と未来の経験も、他人の経験もすべて排除されてしまうからである（*ibid.*）。

一方、「膨張的方法」では「収縮的方法」とは逆に、このような厳しい基準は取られずにすべての命題は真正な命題だと認められる（CC-85）。しかし、この「膨張的方法」は存在者の過剰な増殖を招いてしまう。「科学的、数学的、詩的、その他様々な形で可能な連想ゲーム、ユートピア、神話的で紋章に描かれているような化け物、その他あらゆる形で論理的に一貫したフィクション」（*ibid.*）が際限なく増殖し、その膨張の過程はコントロールできなくなる。つまり、「いんちきな対象の増殖は創造者にとっても手に負えないものとなる。想像力の自由な使用は無制約に発見を意味するわけではない」（CC-86）。

こうして、「収縮的方法」も「膨張的方法」もそれぞれ袋小路に行き着くが、バーリンの見るところ、この行き詰まりには両者に共通する原因がある。つまり、「対応モデル」（CC-89）の想定である。「収縮的方法」において、良い命題とは謂わば「現実世界にフェイス・トゥ・フェイスで向き合っている」（CC-88）ものであった一方で、「膨張的方法」はすべての命題が何らかの対象を表現していると想定している（*ibid.*）。つまり、両者とも命題と現実世界とが対応していると考えているのである。

バーリンが言うように、「アルコトが真あるいは偽であると言うことは、少なくとも過去あるいは未来、つまり、此処でもなければ今でもない存在（entity）と、そのアルコトとを比較することであるが、これは言い換えると、参照している対象よりも広い領域にアルコトを関連付けることである」（CC-93）。「此処・今」という世界との対応ではなく「他の領域」、つまり他の有意味な経験と関連付けることによって、初めてアルコトの真偽を我々は判断することができる。これは森達也がまとめるように、「個々の命題を有意味性の単位としたフレーゲ、ラッセル、エイヤーらとはことなり、バーリンは所与の言語全体を有意味性の単位とする全体論（holism）の立場に立つ[35]」と要約できるであろう。

そして、バーリンは論理実証主義への批判によって辿り着いたこの全体論的発想を時間軸上に展開し、哲学・思想史研究に応用する。バーリンが指摘するように、我々は過去からの時間的・歴史的遺産を引き継いで今を生きている。従って、我々は「外部の観察者」（CC-174）ではなく、全体の一部である。そして、全体の一部であるからこそ、我々は過去の「経験の形式」（*ibid.*）を理解することができるのである。もちろん、この「経験の形式」を論理実証主義者が想定するように「検証」することは不可能である。経験の「網の目はあまりに複雑で、その諸要素はあまりに多く、少なくとも簡単には分離できない」（CC-149）。そのため、「我々は数え上げるのが文字通り不可能な糸たち――それは一般的ないし特殊な信念を含んでいる――によって編み上げられた織物全体を受け入れるのであるが、原理上、その織物全体を検証することはできない。というのも、この織物全体こそ我々が始まる場所であり、終わる場所でもあるからである」（CC‐150）。つまり、「織物全体」の外部にある「アルキメデスの点」（*ibid.*）は存在しないのである。しかし、「アルキメデスの点」が不在であるにしても、我々は歴史を「理解（Verstehen）」（CC‐168）することができる。バーリンが言うには、「この種の過去への想像力豊かな自己投影、つまり、観察者自身の概念と範疇であらざるを得ない手段によって、観察者とは異なる概念と範疇とを捉えようとする試みは、成功し始めているかどうかさえ分からないにも関わらず、断念することが許されない作業なのである」（CC‐177‐178）。

そして、バーリンは「アルキメデスの点」の不在を前提とした歴史「理解」、つまり、過去から自身とは異なった「概念と範疇」を捉えることを「哲学の目的」と見なしている。福田の留学前に行われた「哲学と信念」（一九五五年）というシンポジウムで、バーリンは次のように述べている。「哲学者たちの仕事の一つは、ある所与の論理的、形而上的、科学的教義と倫理的、政治的教義との適合性を検討することにある[36]」。そして、福田の留学後の「哲学の目的」（一九六二年）では、この意味するところが次のように再定式化されている。

哲学の仕事――しばしば困難で苦しい仕事――は、人間が思考するにさいして用いている隠れた範疇とモデル、つまり言葉やイメージやその他のシンボルの使用を取り出してこれを明るみにさらし、その不明瞭な点や矛盾する点をあらわにすることである。（……）哲学の仕事は、経験を秩序づけ記述し説明するより適切な方法を組み立てる上で障碍となるようなモデル相互間の不整合を識別することである、といってよい[37]（CC‐12）。

しかも、こうした「哲学の仕事」は「隠れた範疇とモデル」をただ暴露するというような消極的な効果しか持たないわけではない。むしろ、その暴露を通じてより多くの惨禍を避けるという積極的な効果も持つ。少し長いが、バーリンの言を聞こう。

或るモデルを機械的にであれ無意識にであれ熟慮のうえであれ、それが有効に機能しない場所に適用するところに、人間の悲惨と挫折の多くは起因する。現代において全体主義的理論家たちが、有機体モデルを政治の世界でさかんに用いたり、国家《ステイト》機構を芸術作品になぞらえたり、独裁者を霊感によって人間生活を自由に型どる者と描写したりしたことによって、どれだけ多くの苦難が惹き起こされたことか。それ以前の時代においても、子に対する父の権威という原型に倣って型どられた暗喩やモデルを、社会関係、とくに国家における支配者の臣民に対する関係や、俗人に対する聖職者の関係に誇張して適用した結果、どれほど多くの害悪とどれほど多くの幸福がもたらされたかを、一体誰が告げ得よう[38]（CC-13）。

「隠れた範疇とモデル」の暴露と、それによる惨禍の回避という「哲学の目的」こそ、論理実証主義が吹き荒れるオックスフォードで「比較的ひろい期待」（四-八）を集めていたバーリンが福田に与えた根本的な影響であるように思われる。というのも、まさしく福田が『原理』の第二部で試みたことは、社会契約説というモデルの「原理的強化」（二-ix）による歴史的抽出であり、そしてそれは神話と有機体というモデルによって正統性を得ていた大日本帝国に対する批判のために行われたことであったからである。福田は『原理』の「序」で次のように述べている。「人間の営為としての文化が巨大な既成事実として人間に対立するとき、この自覚はいかに失われやすいものであり、政治の神秘化はいかに容易に人間をさらい行くことであろう。著者はすでに過ぐる大戦において遺憾なくこの悲劇に立会って来た」（二-xii）。福田にとって、神話・有機体モデルの暴走こそ大戦の悲劇の引き金であった。大日本帝国の破産のあと、神話・有機体モデルに基づく帝国憲法に代えて社会契約説モデルに基づく日本国憲法が発布されたが、後者の社会契約説モデルのほうが神話・有機体モデルより現実に適合しているように福田には思えたに違いない。「イギリスにおける政治学」で「課題は自己の思想体系の歴史的吟味、体制の政治状況に適合した原理の創造にほかならぬ」（四-八）と論理実証主義を批判していた言葉は、以上の事情を踏まえた発言であろう。戦後日本という「体制の政治状況」、そしてそれに「適合した原理の創造」、つまり、社会契約説というモデルの「原理的強化」による創造が「思想体系の歴史的吟味」によって果たされなければならない、というのが福田の真意であったはずである。[39]

そして、こうした原理的強化によって抽出された社会契約説モデルを用いて、福田は南原の政治哲学を批判することになるが、このことはのちに『原理』の第二部に組み込まれることになる原論文が収められている『政治思想における西欧と日本（上）』の「政治哲学としての社会契約説」の末尾に付されている次のような「おことわり」から窺える。

筆者の性癖と個人的事情とによって、このドラフトをさらに圧縮して、限られた紙数のうちにさらに註を付し得るよう改稿するだけの時間を見出し得ませんでした。このために一切の註を省きながら、しかも許された紙幅をはるかに超えてしまった不始末については、南原先生と読者とに深くお詫び申し上げます。自分の立場を明らかにしないまま「フィヒテの政治哲学」に示された先生の体系に覚束ない批判を試みた筆者の負債感がこのような非常識を敢えてさせた次第です。なるべく早い機会にこのドラフトを完全な形で公表することをお約束して、御許しを仰ぎたく願っております。[40]

ここで一度時系列を整理すると、福田がオックスフォードでバーリンと出会ったのが註21で指摘した手紙を見る限り一九五七年で、以上の引用での「覚束ない批判」が意味する「フィヒテの政治哲学」についての書評（「ドイツ理想主義と現代政治哲学の問題──南原繁著『フィヒテの政治哲学』を読む」）が一九五九年に、そして「政治哲学としての社会契約説」が一九六一年に出ている。こうした時系列の整理と以上の引用から窺えるのは、先の節で検討したように、南原への対抗意識のもと歴史的な社会契約説研究を既に進めていた福田は、バーリンと出会うことで南原とは異なった形で自身の歴史的な社会契約説研究を政治哲学に彫琢できる可能性に気づき、そしてその可能性に基づいて書評で南原を批判し、最終的にその批判をより具体化すべく「政治哲学としての社会契約説」を著したということである。福田の思索の展開にバーリンが決定的な影響を及ぼし、南原に対する面と向かっての批判に際して福田を大いに勇気づけたのは間違いない。

そして、こうした南原批判と繋がっているのが、福田がバーリンから教えられたと語るrepublicaとstatoといった用語の時代制約性であった。これが福田にとって重要だったのは、statoという元来は権力機構を意味するに過ぎなかった言葉が、いつの間にか国民国家（Nation State）という言葉に変化することで、同一の民族である国民全員を国家の構成員とする人的な団体として考えられるようになったからである。日本語では同じ訳語の「国家」が当てられるにしても、「人的な団体」と「権力機構」とでは持つ意味合いが相当程度異なってくる。こうした言葉の問題を考えたとき、南原が自身の政治哲学の中心概念として用いた「価値」という超時間的な言葉を思想史に援用するのは不可能となる。福田が言うには、「ギリシャ哲学の中で、プラトンは二元論であって、存在と価値とを分けたというような説明を新カント派の学者がやってきたわけですけれども、プラトンの原典にあたってみれば、アクシオスという言葉を新カント派が使うような意味で使った例は皆無[41]であり、価値という言葉が意味を持ち始めたのは、一九世紀中葉以降に資本主義的なものの見方が浸透し、「人生で最も尊いものさえ生活経験に訴えて説明をするには価値などという言葉が大変便利になった[42]」からに過ぎない。そして、福田が結論づけるように、このようなことを「自覚しないままでこういう言葉を通時的に使うと歴史としては誠に安易なものになる[43]」ことは免れえないであろう。

ここにおいて、眞田と南原という二人の新カント主義者によって哲学に目覚めた福田は、ついに価値哲学の根幹たる価値という超時間的な概念を退けるに至った。南原の『フィヒテの政治哲学』（一九五九年）と『政治哲学序説』（一九七三年）は価値哲学に基づいて政治哲学が展開されているが、先に指摘したように南原がそこで主張している国民共同体論を福田は批判している。

南原によれば、「政治はそれ自ら文化価値たる正義に根拠し、超個人的な社会的価値の問題でなければならない。それは根本において人類の全生活の完成を内容とする文化理念につながる問題であって、文化の包括的基盤を前提とする[44]」。ここで呼び出される概念こそ、正義という文化価値を実現するための「文化の包括的基盤」たる国民共同体論であった。南原の説明によれば、「民族は個人と人類との間の紐帯であって、人類歴史の過程において、やがて克服さるべき過程ではない。それはいわば事物の永遠の秩序に属するものと称していいであろう。［改行］かような民族は必ずやそれを一つの政治的「国民」として共同の意識と自覚に結びつける」[45]。こうして、国民国家ないし国民共同体論は、価値によって聖別されることで永遠の秩序と化してしまう。

しかし、福田はむしろ国民国家が限界を迎えていることを指摘し、「主権国家を相対化し、擬制から解放された新しい枠組みが必要である」（四‐二一六）と主張する。福田によれば、国民国家は決して永遠の秩序に属するものではない。現代のエスニシティーなどの問題に「対応するには国家S〔権力機構としてのstato〕の既成概念、わけても主権のそれに固執しないことが特に必要である。その限りにおいて、国民国家についての擬制の自覚は、この困難な課題に立ち向かうための知的前提である」（四‐三〇〇）。しかし、南原の政治哲学は価値に基づいて「全体の統制と管理は国民共同体の名において、国家が確然と把持するところがなければならない」[46]と主張し、国民国家に主権が属することを自明視している。

戦時中においては、超時間的な価値に基づいた南原の政治哲学は時流に抗するだけの規範力を有していた。しかし、戦後になると、その超時間性がゆえに国民国家を永遠の秩序として固定化することになった。福田は南原の政治哲学が持ち得た規範性には深く感銘を受けながらも、その規範性を絶対的な価値に基づかせて超時間化させるのではなく、歴史に基づかせてある程度相対的なものとした。繰り返すように、「課題は自己の思想体系の歴史的吟味、体制の政治状況に適合した原理の創造にほかならぬ」のであって、どのような原理が政治状況に適合するかは時代によって異ならざるをえない。国民国家そのものがむしろ問題化していく戦後においては国民国家を聖別する南原の政治哲学はもはや適合しなくなっていった。そして、福田によれば戦後に適合する原理こそ、既存の秩序を解体しても再度秩序を組み上げることができる社会契約説という政治哲学であったのである[47]。

以上、福田がオックスフォードの留学で受けた衝撃とバーリンからの影響について明らかにすることができた。以下では、そうした福田の「政治哲学としての社会契約説」が戦後日本という特殊な環境で福田の時論的発言にどのように現れているのかを明らかにする。

六　六〇年安保闘争――正統性への問い

一九六〇年、日本は安保闘争に揺れていたが、まさにこのとき、福田は『原理』の第二部「政治哲学としての社会契約説」に当たる論文を執筆中であったと考えられる。というのも、当該論文は翌年の一九六一年に出版される『政治思想における西欧と日本』に掲載されることになるからである。つまり、当時の福田の時論的発言は「政治哲学としての社会契約説」の成果が応用されていると考えられる。

第四節で既に指摘したことであるが、福田は社会契約説の実践主体としてピューリタンを高く評価していた（十一二六〇）。しかし、もちろん日本ではピューリタン革命のような革命は起きず、人間個人が新たに秩序を一から作り上げるという歴史的経験を共有することはなかった。敗戦によって施行された日本国憲法は革命によって獲得されたものではなく、いくつかの修正が自発的に行われたとはいえ、大部分はＧＨＱという「上から与えられた秩序」であり、同時代に松下圭一が評したように「外からの革命[48]」でしかなかった。しかし、福田は一九六〇年の安保闘争を、このようなピューリタン的な経験、つまり秩序を一から作り上げていくという経験を日本国民が持つに至った、あるいは持とうとしている記念的な出来事として高く評価した。安保闘争の直後である一九六〇年八月の『中央公論』での座談会において、福田は同年五月一九日の新安保条約の強行採決以降、政治的争点が安保条約の是非から「民主主義あるいは議会政治そのものが主要な課題となった[49]」ことを指摘し、「日本の議会主義が初めて民衆のものになり、与えられた憲法が初めてかち取られた憲法になる、という意味で民主主義の最大の好機が作り出された[50]」と主張した。しかも、この安保闘争は合法性という形式を超えた正統性に対する疑義申し立てであったという点でさらに重要であった。福田が言うには、「「合法性」というあいまいな言葉で処理されていたものが、今では「合法性」ではなく、権力の正当性そのものが問われている[51]」。さらに、福田が着目するのは、この安保闘争が決して既存の組織や政党によって計画的に動員されたものではなかったという点である。同年六月の別の座談会では、福田は五月一九日の強行採決とそれに引き続く大規模なデモによって「日本のデモクラシーが肉体を獲得した(52)」と述べ、「これは巨大な思想革命(53)」とまで高く評価している。同じ座談会に出席していた石田雄の「全然組織ぎらいだった層が、自分たちで組織をつくらなければならないということで、素人ながら、新しい組織づくりの方法を自分で生み出してきたことは、非常に重要なことだ(54)」という発言に福田は次のように答えている。「そのタイミング［＝いつ岸政権の横暴を食い止めるか］の感覚が、組織を外から与えられたものとして受けとる立場から、どんな小さなグループでもいいから、みずからオルグとして動くより仕方がないということになった。つきつめれば、一人一党になったわけで、それが市民精神だ(55)」。

以上のような安保運動に対する高い評価に「政治哲学としての社会契約説」の成果が援用されているのは明らかである。特に、安保闘争は合法性ではなく正統性についての抗議であると見なしたこと、そして既存の組織に頼らずに小組織が自然発生的に生まれたことを高く評価したことは、「政治哲学としての社会契約説」を離れては考えられない。つまり、安保闘争によって日本人はピューリタンのように行動し、「上から与えられた秩序」に過ぎなかった日本国憲法を内在化し、新たな秩序を作り上げようとした。福田にとって、まさしくそれはイングランド革命に比すべき「思想革命」であり、社会契約の可能性を示していたのである。

一九六一年に「政治哲学としての社会契約説」を世に出したとき、福田の前途は明るかったであろう。確かに困難はある。しかし、安保闘争の国民的運動の盛り上がりは日本国民に「思想革命」を引き起こさせ、日本国憲法は外部から与えられたものから、自発的に勝ち取られたものとなった。だが、実際の前途は決して明るくはなかった。「思想革命」は退潮し、自発的結社の伝統は日本に根付かなかった。『福田歓一著作集』最終巻の最終論文「最近の civil society 論と政治学史の視点」（一九九八年）では日本の自発的結社の伝統の弱さを嘆きつつ、イングランド革命において体制のモデルであった自発的結社の原型が、個人の自覚的結合としてのセクトであったことを確認して稿を閉じている。そして、こうした自発的結社への望みが絶たれるのと平行して、政治制度を通じた政治の再生が言論空間の中で力を持ち始めるが、以上の事情について別稿を期せねばならない。

七　まとめ

本稿は四つの視点から、つまり、①眞田と南原という二人のカント主義者との出会い、②大日本帝国の瓦解と日本国憲法の発布、③オックスフォードへの留学とアイザイア・バーリンとの邂逅、④六〇年安保闘争の経験という視点から「政治哲学としての社会契約説」の誕生過程およびその意義を浮かび上がらせてきた。

「福田パラダイム」は太平洋戦争、日本国憲法、論理実証主義、六〇年安保闘争といった歴史的経験によって生まれ、その後の西洋政治思想史研究の解釈範型となった。しかし、もちろんながら「福田パラダイム」は乗り越えられるべき対象でもであった。特筆すべきものとして、共同体主義からは菊池理夫の、カトリック的立場からは半澤孝麿の、権力論からは杉田敦の批判が挙げられるが、紙幅の関係からこれらの批判とそれに対して予想される福田の応答について述べることは叶わない。別稿を期したい[56]。

［引用について］

『福田歓一著作集』（岩波書店）から引用する際は（巻数‐頁数）の略号を、Berlin, Isaiah, *Concepts and Categories: Philosophical Essays*, (eds.) Henry Hardy, Princeton University Press, 2013から引用する際は、（CC‐頁数）の略号を用いた。なお、四角括弧内および傍点は筆者による補足である。

（1）加藤節『政治と知識人』、岩波書店、一九九九年、一五三頁。
（2）関谷昇『近代社会契約説の原理――ホッブス、ロック、ルソー像の統一的再構成』、東京大学出版会、二〇〇三年、四頁。
（3）関谷昇『近代社会契約説の原理――ホッブス、ロック、ルソー像の統一的再構成』、東京大学出版会、二〇〇三年。菊池理夫『社会契約論を問いなおす――現代コミュニタリアニズムからの視座』、ミネルヴァ書房、二〇一八年。大井赤亥「福田歓一における戦後東アジアと内発的「国民形成」の問題」、『相関社会科学』第二〇巻、二〇一〇年。田中浩「変革期と思想」、『思想』第五七

七号、一九七二年。樋口謹一「福田歓一「近代政治原理成立史序説」」、『季刊社会思想』第二巻第二号、一九七二年。水田洋「福田歓一『近代政治原理成立史序説』」、『歴史学研究』第三九六号、一九七三年。

(4)南原繁『国家と宗教』、岩波文庫、二〇一四年、一五七頁。

(5)同上。

(6)加藤節『政治と知識人』、岩波書店、一九九九年、一七一頁。

(7)水田洋「福田歓一『近代政治原理成立史序説』」、『歴史学研究』第三九六号、一九七三年、六三頁。

(8)福田歓一「京都学派復権の動きについて——「学徒出陣」経験者の所感」、『図書』第六五二号、岩波書店、二〇〇三年、二六頁。

(9)同上、二七頁。

(10)歴史的存在としての人間という発想は京都学派一般に共通する発想であるが、最も鮮烈な一例として学徒に戦争への献身を求めた田邊の「歴史的現實」を引いておこう。「最も強く我々の規定される過去とはどんなものかと云うと、それは單に人類の世界に起こつた出来事ではなく、我々が屬してゐる種族の傳統となつて居るものである。(……)我々は我々がその中から生れ、現在そこにあり、また將來の目標を與えられて居る、そういふ種族の規定力を脱却する事は出来ない事を認めねばならない」。田邊元「歴史的現實」(一九四〇年)、『田邊元全集第八巻』、筑摩書房、一九六四年、一四〇頁。

(11)福田歓一「京都学派復権の動きについて——「学徒出陣」経験者の所感」、『図書』第六五二号、岩波書店、二〇〇三年、二八頁。

(12)価値哲学に基づいた南原の政治哲学について本稿では紙幅の関係から詳しく述べることが出来ないが、南原と同時代に価値哲学に基づいた思索を展開していた左右田喜一郎や蝋山政道と南原とを詳細に比較検討した川口雄一の以下の論文を差し当たっては参照のこと。川口雄一「南原繁の政治哲学——「価値並行論」および「理想主義的社会主義」の思想史的位置をめぐって(一)(二)」『東洋学術研究』第六〇巻第一号、同巻第二号(通巻第一八六号、一八七号)、二〇二一年。

(13)法学協会『註解日本国憲法上巻』、一九四八年、有斐閣、二頁。

(14)福田歓一「『政治学史』の周辺(下)」、『UP』第一五四号、東京大学出版会、一九八五年、一五頁。

(15)権左武志「丸山眞男の政治思想とカール・シュミット(上)」、『思想』第九〇三号、岩波書店、一九九九年、五頁。

(16)Schmitt, Carl. *Der Leviathan in der Staatslehre des Thomas Hobbes*, Hohenheim, 1982, p. 51, 119(カール・シュミット「レ

ヴィアタン――その意義と挫折」長尾龍一訳、『カール・シュミット著作集Ⅱ』、慈学社、二〇〇七年、五七、九一頁）. なお、福田は同書を助手論文の執筆に当たって丸山から借りたことを証言している（十・二五三）。

（17）Strauss, Leo, *The Political Philosophy of Hobbes*, The University of Chicago Press, 1952, p. 2-3.（レオ・シュトラウス『ホッブズの政治学』添谷育志他訳、みすず書房、一九九〇年、四頁）。なお、福田は次のようにシュトラウスを批判している。「いかに人文的な教養があったにしても、それだけでいってしまえば、ぼくも最初に関心を持った認識能力、実践能力という問題はどこかに落ちてしまう」（十・二五七）。

（18）太田可夫『イギリス社会哲学の成立』、弘文堂、一九四八年。

（19）福田歓一「太田可夫「イギリス社会哲学の成立」」、『国家学会雑誌』第六四巻二・三号、一九五〇年、一八三頁。

（20）福田歓一「『政治学史』の周辺（上）」『UP』第一五三号、東京大学出版会、一九八五年、四頁。

（21）福田歓一『政治学史』、東京大学出版会、一九八五年、iv頁。なお、福田がバーリンから歓待を受けたであろうことは一九五七年一二月五日に福田宛に出されたバーリンの手紙から窺い知ることができる。これまで出版されているバーリンの書簡集にも収められていない手紙であるので、以下に画像データを転載する（図1）。なお、この手紙はヘンリー・ハーディー博士の好意から電子メールによって画像データで頂くことができた（手紙そのものは福田の妻・良子氏からハーディー博士に提供されたものである）。記して感謝したい（二〇二二年七月二九日）。また、ここで話題に上っている翻訳とは、福田が一九五〇年一二月号の中央公論で発表した「二〇世紀の政治思想」を指していると思われる。

（22）Ayer, A. J., *Language, Truth and Logic*, Victor Gollancz, 1953, p. 107（A・J・エイヤー『言語・真理・論理』、吉田夏彦訳、ちくま学芸文庫、二〇二二年、一四八頁）.

（23）*Ibid.*, p. 111（同上、一五五頁）.

（24）もっとも、福田のようにウェルドンの政治学を論理実証主義と価値情緒説の単なる応用と見なすのは過度な単純化であることに注意が必要である。ジョナサン・ウォルフが指摘するように、ウェルドンと論理実証主

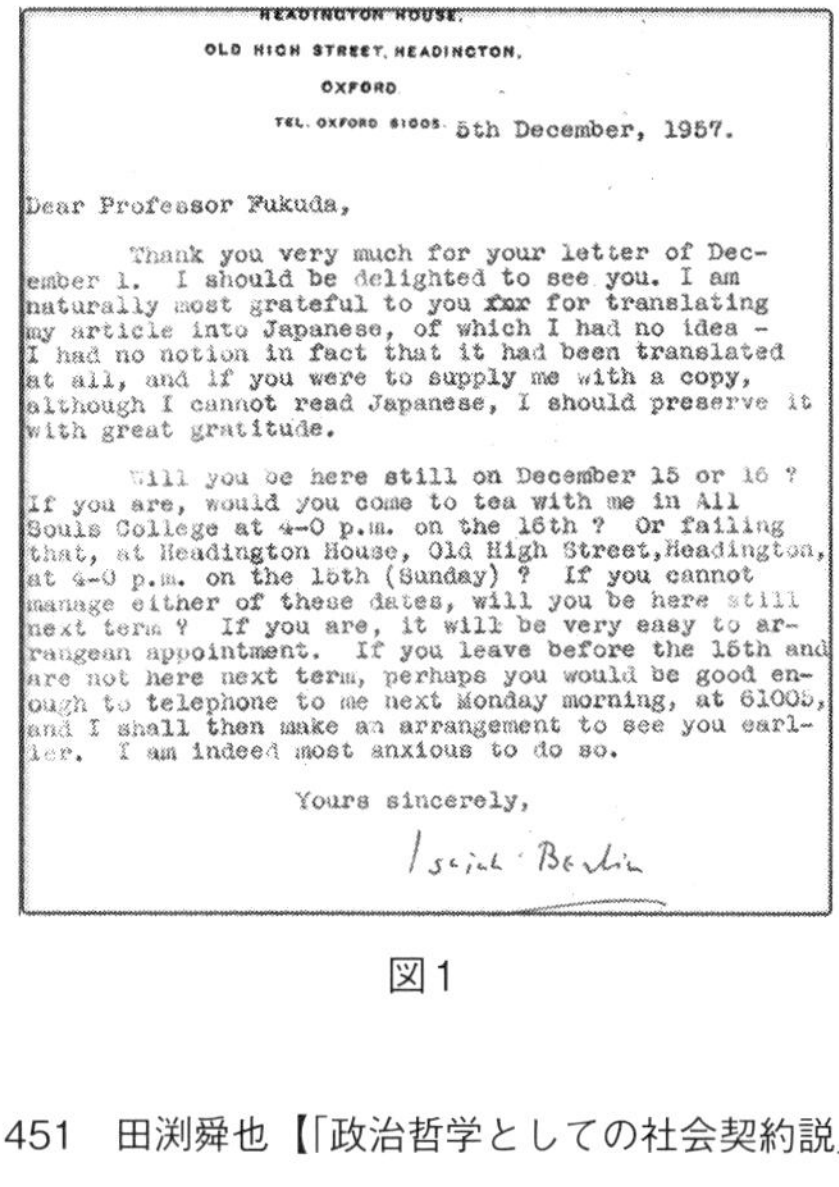

HEADINGTON HOUSE,
OLD HIGH STREET, HEADINGTON,
OXFORD
TEL. OXFORD 61005. 5th December, 1957.

Dear Professor Fukuda,

Thank you very much for your letter of December 1. I should be delighted to see you. I am naturally most grateful to you for for translating my article into Japanese, of which I had no idea - I had no notion in fact that it had been translated at all, and if you were to supply me with a copy, although I cannot read Japanese, I should preserve it with great gratitude.

Will you be here still on December 15 or 16 ? If you are, would you come to tea with me in All Souls College at 4-0 p.m. on the 16th ? Or failing that, at Headington House, Old High Street, Headington, at 4-0 p.m. on the 15th (Sunday) ? If you cannot manage either of these dates, will you be here still next term ? If you are, it will be very easy to arrangean appointment. If you leave before the 15th and are not here next term, perhaps you would be good enough to telephone to me next Monday morning, at 61005, and I shall then make an arrangement to see you earlier. I am indeed most anxious to do so.

Yours sincerely,

Isaiah Berlin

図1

義との関係は複雑である（Jonathan Wolff, "Analytic Political Philosophy", in *The Oxford Handbook of The History of Analytic Philosophy*, (eds.) Michael Beaney, Oxford University Press, 2013, p. 803）。複雑さの原因は二点ある。一点目は、後に本論で指摘することであるが、ウェルドンは政治学にはあらゆる基礎ないし絶対的な基準点は存在しないと考えているにもかかわらず、理性的な政治は可能であるとしている点である。二点目は、何が理性的な政治かは基礎がなくとも明らかであって、そのために主観主義ないし価値情緒説に陥ることはないと考えている点である。では、ウェルドンにとって理性的な政治を判断する基準は何か。それは、「J・S・ミルと一九世紀イギリスの自由主義者」の偏見である。Weldon, T. D., *The Vocabulary of Politics*, Penguin Books, 1953, p. 16（T・D・ウェルドン『政治の論理』、紀伊国屋書店、一九六八年、一〇頁）。ウェルドンの言によれば、「私は、ある政治的な行動様式があきらかに正しく、悪く、愚かである、といって少しも差し支えないと思う。ここで「あきらかに」（Obviously）というのは、明るい光線のもとで正常な視力をもつ人びとによってなされた観察という意味である。（……）「人間や動物を拷問することが悪いとどうしてわかるか」と訊くのも馬鹿げている」*ibid.*（同上、一一頁）。道徳体系同士の優劣をつけることは出来ず、罵り合うしかないと考える価値情緒説＝主観主義者のエイヤーと反主観主義のウェルドンとの見解の相違は明らかだろう。

しかし、こうした両者の著しい相違にもかかわらず、福田がウェルドンと論理実証主義とをほぼ同視したのは、オックスフォード留学の二年前に公刊された『哲学、政治および社会』第一巻（一九五六年）の冒頭に載せられているラスレットの序文からの影響だと考えられる。少し長いがラスレットの言を引用しよう。「今日の哲学世界とボサンケの時代との、あるいはラスキの時代の哲学世界との違いは完全に明白であり、その犯人を指摘することは簡単である。つまり、論理実証主義が犯人である。ラッセル、ウィトゲンシュタイン、エイヤー、ライルこそが、哲学者たちは自分自身に転進し、そして自身の論理的ないし言語的機構を再検査しなければならないと考えたのである。そして、この再検査の結果は実際にラディカルであった。それはすべての倫理的言明の論理的地位を疑義に付し、明晰さの厳格な基準を作った。こうして、伝統的な倫理体系は一挙に無意味なメニューへと還元される危機に陥った。政治哲学は倫理の拡張であるので、あるいは拡張であったので、政治哲学は一体全体可能であるかどうかという問題が生じたのである」。Peter Laslett, Introduction, in *Philosophy, Politics and Society*, (eds.) Peter Laslett, Oxford Basil Blackwell, 1975, p. ix. さらに、ラズレットはこうした論理実証主義に沿った政治学の唯一の試みとしてウェルドンの名を挙げている。*ibid.*, p. x.

本来ならば論理実証主義と日常言語学派とに分かれるはずのラッセル、ウィトゲンシュタイン、エイヤー、ライルを一緒くたに論理実証主義という粗いカテゴリーで括ってしまっていること、また、以上で指摘したような論理実証主義とウェルドンの政治学との差異を無視していること、そして政治哲学の終焉という時代認識をもっていることは、ラズレットと福田において共通しているが、これはラズレットの過度な単純化をそのまま福田が引き継いだことの証左であろう。

（25）Weldon, T. D., *The Vocabulary of Politics*, Penguin Books, 1953, p. 21-23.（T・D・ウェルドン『政治の論理』、紀伊国屋書店、一九六八年、二〇頁）.

（26）*Ibid.*, p. 31（同上、三一頁）.

（27）*Ibid.*, p. 33（同上、三四頁）.

（28）*Ibid.*, p. 36（同上、三八頁）.

（29）*Ibid.*, p. 192（同上、二五七頁）.

（30）*Ibid.*（同上）.

（31）松元雅和『応用政治哲学——方法論の探求』、風行社、二〇一五年、五七頁。

（32）同上、五一頁。

（33）誤解を恐れず付言すれば、「規範研究」を展開しようとした点、そしてその展開に際してバーリンとは違って社会契約説を取り上げたという点において、福田はロールズと比類することができるであろう。本稿のように思想史的な系譜関係を洗い出すことで、南原と福田といった日本産の政治哲学をより広い文脈の中に置くことは不可能ではない。

（34）バーリンの論理実証主義に対する攻撃の要点をまとめたものとしては森達也『思想の政治学——アイザィア・バーリン研究』、早稲田大学出版部、二〇一八年の第一章と、上森亮『アイザイア・バーリン——多元主義の政治哲学』、春秋社、二〇一〇年の第I部を参照のこと。

（35）森達也『思想の政治学——アイザィア・バーリン研究』、早稲田大学出版部、二〇一八年、五六—五七頁。

（36）Berlin, Isaiah, Anthony Quinton, Stuart Hampshire, Iris Murdoch, "Philosophy and Beliefs: A discussion between four Oxford philosophers", in *The Twentieth Century*, vol. 157, no. 940, 1955, p. 502.

（37）アイザイア・バーリン「哲学の目的」森永毅彦訳、『バーリン選集二　時代と回想』福田歓一・河合秀和編、岩波書店、一九八三年、二五〇頁。

（38）同上、二五一頁。

(39) もっとも、言うまでもなくバーリンと福田が歴史から抽出した「体制の政治状況に適合した原理」は異なっている。バーリンにおける原理は、福田のような社会契約説というモデルではなく、むしろ明確な言表が不可能な「リアリティ感覚」であった。バーリンの言う「リアリティ感覚」とは、言表が不可能であるにもかかわらず、歴史を通じて妥当性が理解できるという意味で確かに存在するものであり、しかもユートピア主義が招く政治的恐怖を避けることができるものであった。一方、福田はそうした言表不可能な「リアリティ感覚」ではなく、むしろ言表可能な社会契約説に政治的恐怖を回避する役割を見いだした。無論、福田の時論的論考にはバーリンの「リアリティ感覚」に類する議論が見られるものの、バーリンと福田の歴史叙述が著しい相違を示していることは言を俟たない。なお、バーリンの「リアリティ感覚」については山岡龍一「規範理論家としてのバーリン」、『思想』第一一六六号、岩波書店、二〇二一年を参照のこと。

(40) 福田歓一「政治哲学としての社会契約説」『政治思想における西欧と日本（上）』福田歓一編、東京大学出版会、一九六一年、一二八頁。

(41) 福田歓一「『政治学史』の周辺（上）」、『ＵＰ』一五三号、東京大学出版会、一九八五年、七頁。

(42) 同上。

(43) 同上。

(44) 南原繁『政治哲学序説』、岩波書店、一九七三年、三二五頁。

(45) 同上、三二八頁。

(46) 同上、三三二頁。

(47) 実は、福田の社会契約説の主役であるホッブス、ロック、ルソーの位置づけは時期によって異なっている。『原理』ではホッブスを始点とし、ルソーの国民国家論を終点とする単線的な社会契約説が描かれていたのに対して、特に「国民国家の諸問題」（一九七六年）以降、こうしたルソーを終点とする社会契約説の描かれ方は後景に退き、社会契約説の典型例としてロックおよびピューリタニズムの重要性が増してくる。南原と福田の対立点は、当初は国民国家像そのものを巡る対立であったのが、徐々に南原の国民国家そのものと福田の国民国家の枠外との対立に変化していったが、こうした対立点の変化こそ、「課題は自己の思想体系の歴史的吟味、体制の政治状況に適合した原理の創造にほかならぬ」として編み出した福田の方法論が可能にしたものであったといえる。

(48) 松下圭一「忘れられた抵抗権──現代日本における組織論の思想的前提」、『中央公論』十一月号、中央公論社、一九五八年、三九頁。
(49)福田歓一「これからの政治的争点」、『中央公論』八月号、中央公論社、一九六〇年、八〇頁。
(50)同上。
(51)同上、九〇頁。
(52)福田歓一「躍動する市民精神――その意識と行動」、『中央公論』七月号、中央公論社、一九六〇年、七一頁。
(53)同上。
(54)同上、七〇―七一頁。
(55)同上、七一頁。なお、四角括弧内は筆者による補足。
(56)菊池理夫『社会契約論を問いなおす――現代コミュニタリアニズムからの視座』、ミネルヴァ書房、二〇一八年。半澤孝麿『回想のケンブリッジ――政治思想史の方法とバーク、コールリッジ、カント、トクヴィル、ニューマン』、みすず書房、二〇一九年。杉田敦『境界線の政治学』、岩波書店、二〇〇五年。なお、論じ残してしまった論点は多い。安保闘争後の福田の思想の展開、『原理』と『政治学史』との関係性、福田と丸山との詳細な関係性などは、福田とバーリンとの関係に焦点を当てた関係で紙幅の都合上無視せざるを得なかった。全て重要な論点であるので別稿を期したい。

【謝辞等】匿名査読者二名および指導教授・田上雅徳を含む諸先生方からのアドバイスに感謝する。なお、本稿は「近代日本における新カント派受容の歴史と意義第五回研究会」(二〇二二年三月一四日)での発表がもとになっている。また、潮田記念基金による慶應義塾博士課程学生研究支援プログラムおよび日本学術振興会科学研究費(21J21856)の助成を受けている。

◆書評

ホッブズの思想形成における人文主義

●——川添美央子

上田悠久『〈助言者〉ホッブズの政治学』（風行社、二〇二一年）

本書のタイトルを見て、「助言」に焦点を当てることがホッブズの政治思想理解にそれ程資するのか、という疑問を持つ方はいるかもしれない。かくいう評者もその一人であったが、読了してみると「助言」は意外にも、ホッブズ思想の形成過程を内的に理解するための、一つの有効な補助線となることを実感した。本書は「助言」という補助線を適切に活用しながら、ホッブズ思想形成に人文主義的知のあり方がいかなる貢献をしたか、その全体像にせまろうとした労作である。一、二章は助言の思想史やホッブズ助言論の意義に関わる話なので、より踏み込んだ内容である三章以降の内容を紹介しつつ、考察を加えたい。

三、四章は、聖職者や法律家など、それまで重要な助言者や関与者と思われていた集団への批判としてホッブズの助言論が形成された、そのプロセスの叙述であり、その形成を促したいくつかの歴史的文脈を丁寧に掘り起こしている点が重要な貢献でもある。三章では、主教制が崩壊した後、新たな教会統治をめぐる論争が交わされていたという歴史的文脈が提示される。四章においては、コモンロー裁判所と大法官裁判所の間の緊張の問題が、ホッブズにおける主権や代表の議論の背後にあったことが指摘される。特に、法律家達が裁判官を務めていたというイングランドの慣行や、衡平とコモンローの対立についての指摘によって、ホッブズが「公的代行者」や「衡平」の概念にこめた重みが明らかになっている。また、それまであまり知られていなかった文脈として、「誰が助言者にふさわしいのか」をめぐる内戦期の論争があったことも明らかにされ、ホッブズの助言論のターゲットとして議会、評議会、枢密院があったことを指摘する。これらの叙述を読むことで、我々は『リヴァイアサン』二五章に見られる合議体的なものへのホッブズの警戒心の背景にあるものを、より明らかにイメージできる。

このような丹念な調査により様々な文脈に光を当てた三、四章であるが、それらを通じて語られるホッブズの「壮大な助言者批判」という論調と、第五章で主張される、助言を重視した分極的政治との関係性については、それをどう捉えるべきか、やや分かりにくかった。

第五章において著者は、ホッブズが聖職者や法律家それぞれの専門的知識を重視していたことを指摘し、ホッブズが分極的かつ多元的な政治を志向すると論ずる。しかし、ホッブズが描いたものを「立憲王党主義者の政体論との近さすら指摘しうる」多元的な政治と呼ぶためには、もう少し詳細な説明が必要にも思われた。立法における主権者のフリーハンドの度合を極大化するように見えるホッブズが、具体的にどのような点で既存のイングランドの法的知識を必要とし、残存するイングランド法の知識と主権者の新たな立法意思とのせめぎあいはどこに表れたのか。従来とは異なる像を打ち出すのであれば、これらの点をテクストによって詳細に論証する必要がある。評者は以前、『リヴァイアサン』における「善（good）」の用法を調べ、「善い国家」「善い統治」といった表現が登場しないことを確認して驚いたことがある（見落としがあったらご指摘願いたい）。本書は第一部の終わりに「良い統治」への言及があり（七八頁）、結論部も「統治への関心」という問題で締めくくられる（一九六頁以降）が、「善い統治」という言葉が登場しないにもかかわらず「統治への関心」という方向性で解釈するなら、さらなるホッブズ自身の言葉や傍証が必要なのではないか。

個人的に最も面白く感じられたのは六章であった。人文主義的知（歴史）が、『法の原理』や『リヴァイアサン』は勿論、その前後の作品をも貫きつつ、ホッブズの議論の隅々にまで姿形を変えながら入り込んでいる様子が詳細に描かれている。『タキトゥス論』にまで遡った上で、作品ごとのローマ史の描かれ方の違いを追うという試み自体も興味深い。そしてその追跡によって、「獲得」と「設立」という二つのタイプのコモンウェルスの成立を描く際に、ローマ史の「政体の移行」が、議論の素材として大きな貢献をしていた様子が明らかにされている。評者自身、国家の解体や自然状態のイメージには、つい「分子」という言葉を使い始めたガッサンディの影響などを重ね見てしまう傾向があったが、ローマの歴史や政体移行、循環論に変わる別の法則の探求などの要素がホッブズの思想を導いていることが示唆され、歴史という素材および歴史学という学問が、想像以上にホッブズの思考に食い込んでいることが、あらためて実感できた。

このことと関連して重要な問題提起だと感じられたのが、「実験と歴史」という主題である。ホッブズのうちにどの程度、「歴史的事実から普遍的なものを引きだそうとする」傾向がみられるかという問題に、実験の意義についてのホッブズの見解を参照しながらアプローチするというのは、刺激的な試みと考える。ただし、この点についてはは本書はまだテクストへの参照も少なく、十分な裏付けが取られているという印象ではないが、今後掘り下げてゆくことで、豊かな収穫が見込まれそうな問題領域のように思われた。実験と歴史のそれぞれにおけるホッブズの思考のプロセスを詳細に比較することで、ホッブズが切り開いた「哲学的な助言」の特質も、さらに明らかになるのではないか。

ホッブズにおいて歴史という素材、現実の歴史的推移、歴史叙述が結局のところどのような位置を占めていたのかという問題は、まだ十分な研究の蓄積があるとは言いがたい。本書はこの問に果敢に、そして手堅い手法で取り組んでおり、研究史上において一定の貢献をなしているだけでなく、さらなる展開を期待させる作品だと言えるだろう。

◆書評

カール・シュミットは自由主義的均衡モデルの信奉者だったか？

●――権左武志

長野晃『カール・シュミットと国家学の黄昏』（風行社、二〇二一年）

本書は、第二帝政期ドイツの国家学を乗り越えようとしながら、新たな国家学の構想に挫折した試みとしてワイマール期カール・シュミットの著作活動を描き出そうとする研究書である。

最初に全体の粗筋を概観しておこう。著者は、第一章で、『独裁』の憲法制定権力論やカトリシズム論の上からの代表論を、ゲオルク・イェリネックの機関説や代表概念を乗り越える努力として解釈する。次に第二章では、議会主義論（一九二三年）から『国民表決と国民発案』に至るシュミットの議会主義論を検討し、議会と政府の対立に対して第三者の国民が決定する均衡モデルを採用している点で、「反自由主義的民主主義者」というシュミット像が「相当の誇張」を含んでいると断定する（五〇頁）。第三章では、「政治的なものの概念」（一九二七年）でドイツにおける国家概念の問題性を自覚したシュミットは、一般国家学に代わる『憲法論』の執筆に向かい、国民に訴えて議会絶対主義を抑制する均衡観念を憲法学の体系に取り込んだと論じる。第四章では、「憲法の番人」（一九二九年）から「フーゴー・プロイス」に至るシュミットは、スメント統合理論の動態的国家観に対抗して、中立的権力の担い手たるライヒ大統領に「憲法の番人」を期待し、静態的国家観に基づく中立的国家論を構想したと論じる。第五章では、『憲法の番人』（一九三一年）や『政治的なものの概念』（一九三二年）で全体国家への転換を認め、中立的国家論に挫折したシュミットは、『合法性と正統性』で憲法第二編の選択を説き、一九三二年十一月講演でフーバーの経済自治論に従い、自治精神の復権を説く以外になかったと結論する。

しかし、シュミットが権力均衡モデルを支持する自由主義者であり、中立的国家論者だったという本書のテーゼは、次の二点で大いに問題がある。第一に、議会と政府の対立を国民が解決する均衡モデルは、シュミットの独創でなく、憲法起草者プロイスが取り入れたR・レズロープの議会制論（一九一八年）に由来する。プロイスは、レズロープの「真の議会制」論や帝政期の経験に従い、議会と政府が衝突する場合、議会解散権により国民に訴えて解決できると考え、その仕組みをワイマール憲法に取り入れたが、議会選挙により安定した議会多数派を創り出し、議会と政府の衝突を解決できると想定していた。しかも、仏第三共和政の議会絶対主義を批判する余り、首相任命権や議会解散権を大統領に認めて執行権を強化した点で、議会主義君主制でなく、B・コンスタンの中立的権力論に近づいた。そこで、人民投票的選挙により国家機関の衝突を解決できなければ、議会から独立した強力な執行権が成立するのは、プロイスが採用した均衡モデルの内在的欠陥だった。本書は、ワイマール憲法が取り入れた自由主義的均衡モデルの解釈をシュミット自身の立場だと誤解している。

第二に、本書は、レズロープの均衡論に対する『憲法論』の鋭い批判を無視してしまうから、シュミットがライヒ大統領の中立的権力に期待する真の理由も、「憲法の番人」に憲法第二編の選択を説く意味も理解できなくなる。そこで、安定的多数派を失った議会が否定的多数派により政府不信任を決議する議会制の機能不全も、一九三二年十一月講演の処方箋も適切に評価できず、先行研究の指摘は「無視し得ない」の一言で片づけてしまう（二三二頁）。本書は、大統領緊急命令権が導入された経緯を探求せず、『独裁』から『政治的神学』に見られる大統領独裁権限の解釈にも国法学者大会報告にも言及しない点で、極めて偏ったシュミット解釈だと言わなければならない。本書は、序章で先行研究の蓄積を充分に踏まえず、もっぱら新資料に注目して主題を設定した結果、ワイマール憲法制定過程に関する古典的研究（W・モムゼン）も、ワイマール体制崩壊に関する標準的研究（ヴィンクラー、カーショー）も参照できていない。

これに対し、「政治的なものの概念」初版における国家概念の不在から、シュミットは一般国家学の構想を断念し、憲法学を体系化したという本書の別のテーゼは、どれほど説得力があるだろうか。本書は、政治的単位（「政治的統一」の誤訳だろう）と交戦権が不可分だというナショナリストの発想から、彼が「ドイツはもはや国家とは呼べない」と考え、国家学の構想を葬り去ったと論じる（一一四頁）。だが、『政治的なものの概念』一九三二年版で、国家を「自分自身で味方と敵を決定する組織された政治的統一」と定義し、「国内の内敵宣言」が立憲的法治国にも当てはまると説いているのはどう説明するのか。著者は、国家学構想に代わる新たな議論は『憲法論』で提示されていると言い難いと言うが（一三三頁）、憲法制定国民議会を「主権独裁」と呼び、憲法制定権力論でワイマール憲法の正統性を承認しているのは新たな議論ではないのか。ここでシュミットは、イェリネックの国家の自己拘束説や事実的なものの規範力説をいかに乗り越えているのか。シュミットによる帝政期国家学の克服を主題とするならば、これら問いにも答えてほしいし、ホッブズやルソー、コンスタンからシュミットがいかに学んだかを説明してほしいと願うのは評者だけでないだろう。

本書は、終章でシュミット以後の国家学の衰退を嘆き、国家学の再建を将来の課題に据えている。だが、今日の我々は、一九一八—一九年のドイツ革命が、帝政期国法学からワイマール憲法を分かつ巨大な歴史的断絶だったと知っているし、一九四九年のドイツ基本法が、ワイマール憲法が合法的に自己廃棄した経験から学び、人民投票的民主政を拒否し、価値相対主義を改めて、自由の敵に自由を認めない勇気を明文化したことも知っている。ドイツ憲法史を特徴づけるこれら二重の歴史的断絶から真剣に学ぶ時に初めて、帝政期・ワイマール期国家学の遺産を継承し、現代に生かすことができるだろう。

◆書評

説得と抑制の政治思想

●——井上弘貴

相川裕亮『ビリー・グラハムと「神の下《もと》の国家」アメリカ——福音伝道者の政治性』（新教出版社、二〇二二年）

ドナルド・トランプを大統領に押し上げた岩盤支持層として、しばしばやり玉にあげられるのはキリスト教福音派である。たしかに、今日のアメリカの福音派の人びとの多くがトランプ支持にまわったのは事実だとしても、福音派はつねに一枚岩の集団であってきたわけではない。たとえば南部バプテストの神学者であり、福音派を代表する雑誌である『クリスチャニティ・トゥデイ』の編集長を現在において務めるラッセル・D・ムーアは、トランプが大統領候補として頭角をあらわし始めた際、トランプを批判する立場を堅持した（トランプ批判によって非難を浴びたムーアは現在、かつて所属していた南部バプテスト連盟を離れている）。そもそもアメリカ史を遡れば、福音派が右派の政治家や集団とだけ結びついてきたわけでもない。それゆえに福音派を丁寧に腑分けして検討することは、アメリカのキリスト教史のみならずアメリカ政治思想史の観点からも必要な作業である。

本書はそうした、今日ますます必要でありながら、日本において必ずしもまだ十分におこなわれていない取り組みに着手した貴重な成果である。本書が論じるのは第二次世界大戦後のアメリカを代表する南部バプテストの牧師、ビリー・グラハムである。グラハムはまさに『クリスチャニティ・トゥデイ』誌を一九五六年に創刊した当の人物であり、戦後アメリカの福音派の父のひとりと言って良い。

グラハムはカリスマ的な宗教指導者として晩年まで、トルーマンやアイゼンハワーからオバマに至るまでの歴代の大統領と親交をもち、その個人的なつながりをつうじてアメリカ政治に影響を与えうる立場を有した。そうであればこそ、アメリカにおいてグラハムにかんする研究はすでに数多く生みだされている。とはいえそのグラハムは、政治思想史というディシプリンの俎上に載せて論じることができるほど、ひとりの思想家としての体系性や広がりをもつ人物であるかは疑問をもたれるところでもある。本書はそのようなありうる批判に抗し、グラハムの思想を主題的に論じることをつうじて、グラハムをアメリカ政治思想史の対象として論じることの可能性と意義を明るみに出そうとしている。

その際に本書が導きの糸にしているのが、ラインホールド・ニーバーである。本書はある意味で、ニーバーに代表されるグラハム批判からグラハムを救い出す試みである。ニーバーにしたがえば、グラハムは罪についての認識の不十分さのゆえに、個人の道徳的回心によって社会の諸問題は解決できると考え、そうした諸問題がはらむ集合的な側面を捉えることができていない。ニーバーによるこうした手厳しい批判を受けとめながらも、本書はグラハムがみずからの思想と行動との往復のなかで思索を練り上げ、ニーバーほど体系的にではないとしても罪にかんする認識を深めていった過程を内在的に検討している。

そのなかで本書が鍵となる概念として位置づけているのが、副題にも用いられている福音伝道者としてのグラハムの政治家との距離のとり方である。宗教指導者は、政治権力に追随する祭司と、政治権力を超越する啓示を人びとにもたらし、結果として政治権力にたいする苛烈な批判者になりうる預言者に大別される。ニーバーからすれば、グラハムはけっして権力者を脅かすことのない祭司の典型にみえた。それにたいして本書は、祭司と預言者のどちらにも回収されない、宗教指導者としてのもうひとつの態度であり、グラハム自身がそれを自覚的に追求していた福音伝道者というあり方を積極的に捉えなおし、この福音伝道者という概念をつうじてグラハムを一貫した解釈のもとに置いている。

本書によれば、福音伝道者の特徴はふたつに集約される。ひとつに福音伝道者は、「説得」によって民衆や政治家にイエスに従う道に進むように促す。本書は田上雅徳のグラハム理解を発展的に継承しつつ、レトリックによって人びとに影響を与えようとする福音伝道者グラハムの戦略を解釈している。このような解釈に立つことで、本書はグラハムがある時期には「恐怖」を語りつつ、また別の時期には「希望」に力点を置いたその紆余曲折を整合的に理解している。すなわち政治情勢とそのもとで語りかけるべき人びとに応じて、グラハムは用いるレトリックを変えていたということである。

福音伝道者のもうひとつの特徴は、説得を重視するという第一の特徴と密接に関連しているが、本書が「制約」と呼ぶ、自己の役割を抑制的に位置づける態度である。福音伝道者は自分のなしうる役割を説得に限定するがゆえに、みずからに批判の矛先を向ける預言者にも場合によっては協力を求める。本書は福音伝道者を祭司や預言者から弁別しつつ、それらと福音伝道者との関係を再定位することで、グラハムと同時代の他の宗教指導者や、マーク・O・ハットフィールドのような預言者的色彩を帯びた政治家との関係を整理している。かくして本書は、キリスト教原理主義者として知られたカール・マッキンタイアと同じく反共主義をとりつつも、グラハムがアメリカ自身にも自省を求める立場を維持しえたのは何故か、あるいはまたポジティヴ・シンキングを提唱し、ニクソンに重用されたノーマン・ヴィンセント・ピールと同じく、グラハムがニクソンと個人的な親交を結びつつも微妙な距離感を抱え続けたのは何故かに、説得的な答えを与えている。

今日、分極化著しいと言われるアメリカにあって、福音派は頑迷さの象徴のように捉えられる。しかし、その福音派の父のひとりと言えるグラハムは、民主党であれ共和党であれ分け隔てなく政治家と対話し、協力と一致の可能性をあくまでも探ろうとした。現在のアメリカ政治が抱えるもっとも切実な問題に、政治思想の対象としてはいささかマイナーなグラハムをつうじて、逆説的にも多くの示唆を与えてくれているのが本書である。

◆書評

人権を哲学する

●——宇佐美　誠

木山幸輔『人権の哲学——基底的価値の探究と現代世界』（東京大学出版会、二〇二二年）

　人権の理論的研究はこの十数年間に大きく転回し、活況を呈している。一九八〇年代以来、理論家たちは、主体が人間だという理由のみで保有される道徳的権利として人権を捉えた上で、その哲学的基礎を探究してきた。ところが、J・ロールズは『諸人民の法』（一九九九年）において、国家主権を制約する国際法上の根拠という新たな人権観を先駆的に示唆した。これに触発されたC・ベイツは、『人権の観念』（二〇〇九年）で、哲学的（自然本性的）人権観を批判し、国際人権法や各国の人権保障制度、そして人権言説に依拠する実践的（政治的）人権観を唱道する。同書の公刊を契機に、人権論の政治的転回が起こったとさえ言われる。また、J・ラズもほぼ同時期に実践的人権観を提唱した。他方、哲学的人権観の陣営では、J・グリフィンが『人権論』（二〇〇八年）で、人格性（規範的主体性）を掲げる理論を提示している。このように、伝統的な哲学的人権観に対抗して実践的人権観が抬頭し、その後は両者の対立を軸として研究が進展してきた。

　近年の人権論の国際的研究状況を詳細に紹介し検討する邦語の文献は、これまで極めて乏しかった。こうしたなか、実践的人権観を精査した上で新たな哲学的人権観を提案するのが、本書である。主題を設定した後（第一章）、ロールズ（第二章）・ラズ（第三章）・他の論者（第四章）の実践的人権観を批判した上で、哲学的人権観へのベイツの異議に反論し（第五章）、さらにグリフィンの一元的理論を手がかりに二元的理論を提案している（第六章）。この自説は、社会経済的権利（第七章）・民主制への権利（第八章）・国際関係（第九章）・開発援助（第一〇章）へと応用される。本書の一つの特徴は、膨大な欧語文献を渉猟して、代表的学説を精密に検討している点である。その上で、自説の構築と展開を果敢に試みたことは、本書の価値を大いに高めている。また、多岐にわたる個別論点の考察も特筆に値する。

　他方、評者は三つの疑問を抱いた。第一に、著者は、ロールズが断片的に示唆した人権論を再構成し、微に入り細を穿つ検討を行っているが、その基底にある政治的リベラリズムにはほとんど言及していない。政治的リベラリズムは、立憲民主制の公共的政治文化の根本的諸価値を哲学的に説明し正当化しようとする。ここで、道徳的／政治的という区別が枢要となる。諸個人は、相互に衝突する道徳的正義観を奉じているが、こうした諸個人の間で成立しうる重合的合意をもとに政治的正義観が構想される。この政治的リベラリズムを国際関係に適用して、正義に適ったリベラル民主諸国はいかなる国際法を形成するか、また正義に悖る国々に対してどのような対外政策をとるべきかを考察したのが、『諸人民の法』であり、そのなかで政治的人権観が示唆されたのである。では、ロールズの人権観を峻拒する著者は、政治的リベラリズム全体も退けるのだろうか。

第二に、他の主要論者に比べて簡潔に扱われているラズの実践的人権観は、いくつかの要素が絡み合う複雑な議論である。一つの要素は、彼の利益説、すなわちある個人の利益が他の諸個人を義務づける十分な理由であるとき、前者は後者に対して権利をもつという見解である。利益説と政治的人権観の関係は、本書でやや詳細に論及されている（注七三）。別の重要な要素として、法哲学での法実証主義があると思われる。ラズは、道徳を法に組み込む法体系がありうると認める包含的法実証主義に反対して、道徳は概念的に法に含まれえないと主張する排除的法実証主義の指導的理論家として知られている。イギリス法実証主義の先駆者の一人J・ベンサムが、人権の歴史的母体である自然権を「大言壮語の戯言」と呼んだことに象徴されるように、法実証主義は哲学的人権観に敵対的である。個々の権利が各種の人権条約に規定され、あるいは主権の制約根拠として現に使用されているとき、それを人権と呼んだ上で、人権の時代的可変性を強調するラズの議論は、法実証主義的性格を帯びている。このような私の理解が誤りでないとすれば、ラズの政治的人権観を批判する著者は、法実証主義をどのように評価するのだろうか。

第三に、自律・自由・最小限提供という最高次の権利からなる人格性を掲げたグリフィンの一元的理論が詳細に批判され、自律に加えて平等も基底的価値とする二元的理論が提案されている。確かに、自律中心の一元的理論が多様な人権を正当化するには狭隘だという指摘は、欧米の理論家たちからも示されており、著者の批判には説得力がある。だが、平等を自律に並立する基底的価値とする議論には疑義が残る。ある個人に権利を認めたならば、重要な点で類似する別の個人にも認めるべきだという意味で、権利は本質的に平等の要請を包含する。権利は特権ではない。こうした権利内在的な平等は、自律という人権にも含まれる。にもかかわらず、著者があえて平等を自律に並置する意図は、統合された自己の感覚（A・サンジョバンニ）、すなわち自己が自身の規定者かつ被規定者だという感覚が、不平等処遇によって棄損される事態を防止することにあるのだという。しかしながら、個人が抱くだろう感覚を根拠とする経験的議論は、偶然的事実に依拠しているとの批判を招きうる。歴史上の身分制社会において、王侯貴族や聖職者に劣る処遇を受けていた平民も、自らの身分の範囲では自身の規定者かつ被規定者だと感じていたのではないか。こうした批判を遮断しうるのは、権利の内在的要請として平等を捉える先験的議論だろう。

人権の哲学的根拠を緻密に探究した本書に対して右の困難な質問への回答を求めることには、いささか望蜀の観があるかもしれない。明らかなのは、本書が人権の理論的研究を大きく前進させたことである。今後、この主題のいかなる研究者も、本書と向きあうのを避けられないと思われる。

◆書評

デモクラシーは終わらない——自壊からの脱出

●——山崎　望

千葉眞『資本主義・デモクラシー・エコロジー——危機の時代の「突破口」を求めて』（筑摩選書、二〇二二年）

自由民主主義に未来はあるのだろうか。グローバルな金融資本主義が広がり、自由民主主義は寡頭制的な統治へ変質し（ポストデモクラシー）、他方でポピュリズムが広がっている。さらに中国などの権威主義体制の諸国が台頭するなど「権威主義化の波」が生じ、国際社会では軍事的対立が起きている。「人類種はみずからの生存を願ってはいないのか」（R・フォーク）という問いを否定できない程、環境危機も深刻である。本書は、こうした危機からの脱出をデモクラシーを中心に模索している。

千葉はデモクラシー、ナショナリズム、資本主義の「三頭立ての馬車」が近代世界を形成してきた、と論ずる。一九五〇年代には西側諸国で代表制民主主義・参加民主主義・社会民主主義という、三つの民主主義が結合し「自由民主主義体制のプロトタイプ」が定着した。しかし一九八〇年代以降、新自由主義と「新右派連合」の形成により、自由民主主義が動揺した。

第一章では、新自由主義とグローバルな金融資本主義により、資本主義と、立憲主義およびデモクラシーの対立が先鋭化する過程が、D・ハーヴェイ、R・ライシュ、M・フーコー、W・ブラウンたちの議論を再構成しながら描き出される。また資本主義は自らの発展を支えてきた倫理と社会的文化的基盤を解体し、全般的な「制度的破壊」（J・シュンペーター）が起きている、と指摘される。

第二章では、アカウンタビリティ概念を用いて、現代国家の正統性の危機が論じられる。J・ハーバーマスとS・ウォリンの議論を手掛かりに、千葉は自由民主主義のプロトタイプの解体を「人民の政治体」から「経済政体」への移行として分析する。そして新自由主義の論理に基づく「経済政体」に対して「国家に抗するデモクラシー」を提唱するM・アバンスールやJ・ランシエールを批判し、国家レベルのデモクラシーの重要性を指摘する。

第三章では、社会福祉と社会保障の劣化の観点から、自由民主主義の危機が分析される。「ポストデモクラシー」からの脱出のため、下からの民主的ヘゲモニーの構築とベーシックインカムが検討され、社会民主主義の強化という課題が示される。

第四章では、エコロジー危機をめぐる議論が整理されている。千葉は気候変動に対する三つのアプローチ（グリーン・ニューディール、定常型経済、脱成長）の連携と協働を通じ、「ガイアへの責任ある世話とケア（planetary stewardship of Gaia）」を支える自然観の構造転換を擁護する。

補論では、J・シュンペーター『資本主義・社会主義・民主主義』で提出された「資本主義はその成功ゆえに自壊し、社会主義の勝利を準備する」「社会主義と民主主義の両立可能性」「いかなる民主主義なのか」という三つのテーゼが再検討されている。

本書の意義として三点が挙げられよう。第一は、自由民主主義の「外部」への視座を持つデモクラシー論という包摂性である。資本主義の全般的な「制度的破壊」による自壊を検討する千葉は、民主主義と資本主義の両立（不）可能性の問い直しまで論を進めている。またもう一つの「外部」である環境をめぐっても、千葉は人間と自然の関係性の問い直しまで論を展開している。

第二に宗教と民主主義の関係への取り組みが挙げられる。千葉は神に代わって富が代替／疑似宗教として機能する現状に対し、政治という営みが限界を持つならば、宗教がいかなる機能を果たせるのか、考察している。内在性や平等を求めるデモクラシーと、超越性を持つ宗教の両立が可能か、という問いは、世界各地で「宗教の復活」に直面するわれわれが避けては通れない。

第三に千葉のデモクラシー構想は、自由民主主義と参加民主主義、社会民主主義といった異なる種（species）の民主主義間の関係、さらに社会主義、立憲主義や平和主義などとの接続可能性の模索を通じて行われている（千葉眞『「未完の革命」としての平和憲法――立憲主義思想史から考える』岩波書店も参照）。デモクラシーが権威主義体制との軍事的対立の正当化と結びついている今日、こうした課題の重要性は増している。

最後に課題を四点、挙げておこう。第一は、デモクラシーと、資本主義やエコロジーといった「外部」の関係の、さらなる探求である。安全保障、社会保障から環境危機まで「生命を守る」ことと、デモクラシーは両立し得るのか／すべきなのか、という問いである。

第二に、本書の範囲では直接には問われなかった「外部」への問いがある。一つは国際社会における戦争や内戦といった暴力の問題である（千葉眞『連邦制とコスモポリタニズム――思想・運動・平和構想』風行社も参照）。また家族という私的領域の権力をめぐる問いもある。デモクラシーが国境の内側で、あるいは公的領域で、その歩みを止めるのか。それが外部に開かれた時にいかなる問題に直面するのか、問いは残されている。

第三に、資本主義・デモクラシー・ナショナリズムという「三頭立ての馬車」という歴史を持たない多くの非西洋諸国の思想や実践を含めた、総体的な考察が必要であろう。

第四に、デモクラシーの主体をめぐる問いがある。「三頭立ての馬車」が解体する今日、シュンペーターのテーゼはアクチュアリティを獲得しつつある。しかし仮に資本主義が自壊するとしても、自ずとデモクラシーと結びつく社会主義へ至る保証はない。古い社会から抜け出し新たな社会を担う民衆（demos）はどのように生まれてくるのか、という問いは人々に開かれている。

デモクラシーをめぐる危機が指摘される今日、千葉の長年にわたる多方面の研究を凝縮させ、現代の危機からの脱出に関心を持つ読者を触発する巨視的なスケールを持つ本書は、長く読み継がれていくべき書物である。

◆書評

ケアの倫理と政治学の結節点としてのトロントの新しい民主主義論

●――鈴木知花

ジョアン・C・トロント著、岡野八代訳・著『ケアするのは誰か？――新しい民主主義のかたちへ』（白澤社、二〇二〇年）

本書は、ブラウン民主主義賞を受賞したアメリカ合衆国のフェミニスト政治思想家であるジョアン・トロントの講演録の訳出を主軸として、これまで「政治的課題とは程遠い」と位置づけられてきたケアが実際には政治と結節し、社会変革をうながす理論となることを、トロントの新しい民主主義論の視座から提起したものである。本書で指摘されているとおり、トロントの著作には邦訳がいまだなく、その点でケアと民主主義の結びつきに光をあてたトロントの新しい民主主義論を日本の読者に提示した本書は高い学術的・社会的意義をもつと言えよう。ただし、本書の有意性はトロントの訳出のみにある訳ではない。トロントの講演録に続く岡野の議論も、既存の民主主義を新しい「ケアに満ちた」民主主義へと変革するためにケアという概念がいかに「政治理論としての批判力」を発揮するのかという点を明るみに出すことによって、「ケア」を政治学的に位置づけることに大きく寄与している。

第一章では、本書の出発点であるトロントの新しい民主主義論が展開される。そこで主張されるのは、もしも私たちが民主主義の継続を希望するのならば、既存の民主主義をケアを根幹に据えたものへと再編することが必然的に求められるということである。長らく「家内労働」とみなされてきたケアがなぜ民主主義の再編という政治的問題に関わるのか。それは、ケア、とりわけそれを担う責任を誰がもつのか（まさしく本書のタイトルが“Who Cares?”とあるように）、というケアの責任の配分に関わる問題がきわめて政治的であり、政治を通じて応えるべき問題だからである。

既存の民主主義は、ケアを担う責任を女性をはじめとする一部の人びとに割り当てることによって、彼女たちを政治的世界から排除してきた。つまりケアを担う責任は伝統的に不平等に配分されてきたのである。これを是正するために提起されたのが「ケアを共にする」民主主義の構想である。この新しい民主主義は、あらゆる人びとがケアの責任の配分にできる限り完全に参加できることを保障する。しかし、この構想は、今日の合衆国における新自由主義的経済秩序に裏打ちされた市場第一民主主義のもとでは実現することが難しい。なぜなら、そこでは「共にケアする」という意識は薄れ、ケアを個人の問題として枠づけるからである。このような現状をふまえ、トロントは、他者と「共にケアする」ことを可能ならしめるためには、それを妨げている政治的・社会的諸制度を変革し、あらゆる人びとがケアの責任の配分に関して、平等な発言権をもつことが求められると結論づける。

続く第二章では、トロントがどのような思想的歩みを経てケアという概念に着眼した新しい民主主義論を展開することになったのかが、フェミニズム理論の発展の様相とともに岡野によって丹念にたどられる。〈差異か、平等か〉というフェミニズムにおける古典的ディレンマを克服する端緒としてのケアの倫理の可能性に着眼したトロントは、それを、『歴史・社会のなかで総体的に』捉えることによって、ケアを中心にすえた政治理論へと「鍛え上げる」べきだと提案する。そうすることによって、今現在わたしたちが生きる社会がいったいどのような価値基準にもとづき、どのような活動を中心に構造化されているのかを明らかにすることが可能となる。既存の社会では、強固な公私二元論によってケアという営みは周辺化され、それが内包する不平等や格差は覆い隠されてきた。そこでは、特権的に、ケアする責任を免れそれを劣位にある他者に押しつけることのできる者が政治を担ってきたのである。本章の最後では、民主的な政治をケアにたいする責任の（平等な）配分に求めるトロントの新しい民主主義の構想を実現するためには、このような「特権的無責任」を終わらせるという大きな社会変革が必要だという岡野の認識が示される。

終章では、トロントがたどり着いた「フェミニスト的なケアの民主的倫理」によって、既存の民主主義をどう再生することができるのか、その理路が岡野によってさぐられる。国家の構成員の誰もがケアされないことにはその生をまっとうできない。このようにケアはわたしたちの生の根幹に関わる活動でありながら、その価値は歴史をつうじて貶められてきた。そしてそれの担い手である女性をはじめとするケア労働者は、民主主義に内在する平等の原理の範疇から除外されてきた。既存の民主主義は、「どこかで平等に値する者を選別」しているのだ。このような民主主義を本来の姿へと再起動させるためには、「政治の最大関心事のひとつ」としてケアを位置づけ、それに関わる者すべての声に応えられるしくみを備えることが肝心である。そうすることによって、ケアから導き出される価値観や態度に下支えされた「ケアに満ちた」民主主義が可能となる。

本書で示された新しい民主主義論は、既存の市場第一民主主義からの脱却を目指すものであった。しかし、その一方でトロントは、既存の政治的・社会的諸制度をケアに中心的価値をおいたものへと変革する際、「思いもかけない協力者」となるのは市場だとも主張する。市場は、ケア実践の多様性に柔軟に対応することができるというのがその理由である。このように市場に両義性を見出すトロントだが、新自由主義的秩序に則った現在の市場は果たしてトロントの共にケアする民主主義の構想を実現する協力者になり得るのだろうか。その点に一抹の疑念が残るが、民主主義の再生をケアの倫理の視座から謳った本書はフェミニズム理論と民主主義論の双方の発展に一石を投じるものであることは間違いない。とりわけ、これまで歴史をつうじて政治的課題とは見なされてこなかったケアという事象が実際には民主主義の根幹を左右するほどの政治的意義をもつということを明るみに出した点は特筆に値する。

◆書評

思想家の思想と行動

●——森　達也

Kei Hiruta, *Hannah Arendt and Isaiah Berlin: Freedom, Politics and Humanity*, Princeton University Press, 2021.

ハンナ・アーレントとアイザィア・バーリン。二〇世紀を代表する二つの知性はいつ、どこで、どのように交差し、いかなる影響を互いに与えたのか。

　通常、思想家研究にはその対象への深いコミットメントが認められる。それゆえ研究対象の「敵方」に位置する人物に対しては、しばしば公平さを欠いた批判がなされる。これとは対照的に、犬猿の仲とも評される両者をそれぞれ十分な厚みをもって、しかも一方に肩入れせずに扱う点に本書の特異さがある。本書が類を見ないもう一つの理由は、この二人の独特な関係性に由来している。両者はたとえばアーレントとハンス・ヨナスのように長く深い関わりがあったわけではない〔戸谷洋志・百木漠『漂泊のアーレント　戦場のヨナス』慶應義塾大学出版会、二〇二〇年〕。また「ライバル」と形容するにしても両者の関係は薄く、具体的な接点に乏しい。あえて類書を挙げるならば「ドイッチャー事件」を主題としたD・コートの著作〔David Caute, *Isaac & Isaiah*, Yale UP, 2013〕が浮かぶが、こちらは明白に「政治的」意図の下に書かれている。本書はそうした意図を伴わないにもかかわらず、思いつくかぎりあらゆる接点を探り出して二人の関係を事細かに検証している。評者は過去に何度か「結局のところバーリンとアーレントの不仲の原因は何だったのか?」と問われて答えに窮したことがあるが、本書はこの問いに対するこれまでにない徹底した回答を提供している。

　では本書の目的は両者の個人的関係の解明に尽きるのか。仮にそうだとすれば、それは一種のジャーナリズム、あるいはゴシップ——興味深く、また面白い読み物であろうが、政治思想研究とは少し異なる——ということになるのだろうが、そうではない。副題が示すように、革命と戦争に彩られた二〇世紀の政治的諸経験を、二人の思想家の眼を通して眺めることが本書の目的である。第二章で両者の個人的関係がエピソード的に提示されたのち、続く各章では両者の思想と行動の詳細な比較を通じてこの三つのテーマへと分け入ってゆく。いわば、バーリンとアーレントの個人的関係という非常にニッチな話題が設定され、その小さな穴を覗くと、ピンホールカメラのようにそこから二人の思想体系と二〇世紀の政治的現実というパノラマが展望されるというわけである。しかしながら、そうしたエレガントな外見とは裏腹に、両者の比較に際しては本書は愚直ともいえるほどの徹底した検証を重ねている。特にバーリンのしばしば断片的な発言に対する解釈は、ボドリアン図書館所蔵品をはじめとした未公刊資料群の調査に裏付けられている。この対照が本書全体の印象である。

両者の個人的関係を追跡した第二章はそれゆえ著者の面目躍如の観がある。一九四一年の最初の出会いからアイヒマン裁判にまで至る、「彼」の「彼女」に対する積年の「敵視」の叙述はもちろんのこと、一九六七年のシンポジウムにおける両者の関係など、これまで双方の研究者がまったく注目しなかった点にも踏み込んでいる。他方で第三章は両者の自由および多元性/複数性の意味内容に関するオーソドックスな比較論である。全体主義をめぐる両者の相違はその裏面にあたる〈二人がそれぞれ「理想化」した現実の国制(すなわち英国と米国)のあり方〉に由来するという第四章の洞察は、第三章の論点とあわせて第六章に引き継がれる。亡命者が自分を受け入れた社会を理想化する傾向というのはしばしば指摘されることではあるが、それを大英「帝国」やハンガリー「革命」に対する両者の対照的な評価へと接続させる著者の手腕は見事である。

第五章の主題はアイヒマン裁判であるが、より一般的な政治理論的主題として「判断」が織り込まれている。事件をめぐる両者の言動を仔細に追跡しながら、著者はその背後にある哲学的諸前提、道徳観、個人的気質、そしてユダヤ人としての自己認識という複数の側面の集合体をそれぞれ鮮明に描いてみせる。バーリンはしばしばトゥルゲーネフの「臆病さ」と比較され、他方でアーレントは「勇気」を強調する思想家だと理解されるが、その意味があらためて感得される箇所である。

以上のように、本書は二人の思想家が遺したテクストと行為の足跡を辿りながら、二〇世紀の政治的諸経験が現在のわれわれに意味するものを探り当てようとする。それは本書の副題「自由、政治、人間性」に関する何らかの本質的な洞察であることが期待される。しかしながら両者の膨大な対比を経てたどり着く結論部は思いのほか短い。たしかに本書は二〇世紀を映す二つのレンズの精確な複製を提供することに成功している。たとえば読者は、バーリンをはじめ多くの人びとがアーレントの姿勢を「尊大」であると批判したことを、彼女による「尊大さ」という語の肯定的な使用(権力者に迎合せず独立した判断を公に示すこと)に照らして再考することができる(一五二頁以下)。こうした分析は貴重である。他方でレンズを通して見える景色については各々の読者の眼に委ねられている。なるほど、自由や人間性の本質について高説を垂れること自体が今日ではもはや「傲慢」なことなのかもしれない。それでも読者としては、著者自身が二つのレンズを通して何を見たのか、もう少し話を聞きたいところである。

それゆえ本書は、思想家が公の場で説く「人間性」に関する高説ではなく、むしろ生身の思想家が見せた「人間味」のほうをより鮮明に描き出していると感じられる(これは著者の気質が「ハリネズミ」ではなく「狐」寄りであることの証左であろうか)。人間は曲がった木材のように不完全な存在であり、高名な思想家であってもその点は変わりがない。かれらの人生には曖昧さ、矛盾、あるいは欺瞞すらも含まれているであろう。そのことをあらためて思い出させてくれる好著である。

◆書評

誤読のもたらす豊饒の思想史

●――住田孝太郎

柳愛林『トクヴィルと明治思想史――〈デモクラシー〉の発見と忘却』（白水社、二〇二一年）

アレクシ・ド・トクヴィルについての受容研究は、福沢諭吉に集中してきた。トクヴィルを正しく理解し、独自の議論を展開したからである。だが、著者は誤読した人物も積極的に取り上げる。トクヴィルの思想受容を主題とするからである（はしがき）。トクヴィルの思想に言及した著作や新聞雑誌論説を筆者の有名無名を問わず探し出し、彼らが織りなした論争の文脈を明らかにして、よりあわせる。そうしてできた本書は、トクヴィル受容の研究を明治の思想家研究から第二次世界大戦後に至るまでの通史へと昇華させた。

　第一章は、『アメリカのデモクラシー』（以下『デモクラシー』）第一巻の完訳『自由原論』に光を当てる。誤訳に満ちていたこと、訳者肥塚龍が立憲改進党幹部として英国の立憲君主制を支持し、『デモクラシー』読解においてもフランス大革命を反面教師にして英国に注視したこと、すなわち同書を政体書としてのみ理解したこと、トクヴィルのいう諸条件の平等を理解せず単純な平等主義者と捉えたことなどが明らかとなる。

　第二章はテーマ別に宗教、女性の役割、自治の受容を中心に論じ、出版の自由、革命、社会主義についても分析する。トクヴィルは米国の安定化要因としてキリスト教の果たす役割を挙げ、その社会的機能を論じた。そうした機能主義的な思考に共鳴し、明治の知識人たちも社会秩序の安定にとって宗教が役立つと考えた。キリスト教の機能等価物として、中村敬宇は儒教を考え、伊藤博文は皇室を提案した（同第一節）。また、女性の役割を家庭に限定したトクヴィルの女性観は、日本の良妻賢母観と共鳴した。米国のビーチャー姉妹は彼を引用し、文部省は姉妹の著作を『家事要法』として出版した。福沢が『学問のすゝめ』で夫婦同権論を説くと、『明六雑誌』上では『デモクラシー』に関連しつつ男女同権論争が生じた。論者の多くはトクヴィルの性役割分業論に相通じる立場を採った。著者によれば、近代日本の良妻賢母観は日本や儒学のみに根ざすものではなかった（同第二節）。

　自治はトクヴィルの政治思想の中で最も言及されたテーマであった。福沢の盟友小幡篤次郎が『デモクラシー』を抄訳し、それらを引用して福沢が『分権論』を執筆したからである。立憲君主制を中心に政体が議論された時代に、米国の制度論の入り込む余地はほとんどなかった。そのような中で、同書は『デモクラシー』の自由と自治の精神を地方制度論として日本に反映しようとした最初の試みであった。

この書における福沢の米仏に対する姿勢について、著者は興味深い議論を展開する（二〇七頁）。文中で福沢が『デモクラシー』の書名を明記していない事実を述べて、理由を①トクヴィルによる「政権と治権」「本能的愛国心と合理的愛国心」の議論が米国の民主的共和政のみならず、すべての政体に適用可能と考えた点、②『デモクラシー』の名を記せば士族と農工商を区別した『分権論』が原書と矛盾することに気づいた点、に求める。他の論者たちと違い、福沢は諸条件の平等という概念を理解していたのである。そして『分権論』において既に米国の存在が希薄化されていたことを指摘する（二三九頁）。通史の視点に立ってこそ可能になった認識であろう。一方、『学問のすゝめ』第三編（明治六年十二月）から『分権論』（明治九年末）までの時期、大革命後の十九世紀のフランスについて、既に「合理的愛国心」を備えた見習うべき対象として福沢は言及していたという。同時代の論者たちが反面教師としたのと対照的であった。通史から得た視座によって、著者は『分権論』について新たな知見を加えたのみならず、福沢の特異さを一層際立たせている。

トクヴィルの地方自治論は、永田一二を経て植木枝盛の連邦構想にまで結実する。その後、国会開設の勅諭が出され、憲法構想が進む中でアメリカの痕跡は消えてゆく。『デモクラシー』は英国の地方自治制度を反映しようとする努力の中で間接的に引用されるのみとなり、明治二十二年の大日本帝国憲法の発布を画期として忘却され始める（同第三節）。第三章では、世界と日本におけるトクヴィルの忘却が、様相を異にしつつもほぼ同時期に本格化し、やはり同時期に再浮上した過程を明らかにする。日本の敗戦後、『デモクラシー』が正しく理解され始めた頃、高木八尺は肥塚や小幡の『デモクラシー』の翻訳に言及しつつ、革命期フランスと敗戦後の日本の類似性を強調した。それは明治期のトクヴィル受容と一脈通じるものがあり、断絶を経つつも、高木は明治の精神を継承したことになる、と著者は本文を結ぶ。

疑問を二点挙げたい。①第一章が全体の約半分の分量を占める。テーマ別に丁寧に論じた代償として、全体を通して理解する際に時系列の把握が難しくなった。トクヴィル受容がどのような因果関係で積み重なってきたのか、より編年的な記述もありえたのではないか。せめて巻末に受容年表があれば有難かった。②肥塚は『デモクラシー』を政体書として理解し、その多面的な特質を理解しなかったという。立憲君主制を支持し、大革命後のフランスを反面教師とするならば、果たして政体書として『デモクラシー』第一巻を完訳する必要があっただろうか。『デモクラシー』でなければならなかった積極的な理由が存在したようにも思えるのだが、どうであろうか。

とはいえ、本書はトクヴィルの思想の多面性と、明治人の読解の多様さを描出して余すところがない。著者は『自由原論』の英訳原書と仏語原書を丹念に参照し、トクヴィルに関する論説を求めて明治の新聞雑誌記事という広大な海の中を博捜した。そして発見した多くの論説をいくつもの道筋に整序し、丁寧に論じた。その努力と成果に心から敬意を表したい。本書はトクヴィル受容史の新たな扉を開き、思想史研究を豊饒にした画期的著作である。

◆書評

よみがえる「論勢」

●——島田英明

濱野靖一郎『「天下の大勢」の政治思想史——頼山陽から丸山眞男への航跡』（筑摩選書、二〇二二年）

「時代の流れに合わないから」「それが世界の大勢だから」。今でも私たちはそう言って、特定の制度や規範や習俗を正当化したり斥けたりする。たとえ曖昧模糊に響こうとも、こうした語彙が人々の政治的思考のなかで一定の位置を占め続けている限り、それらは「自由」や「権力」や「デモクラシー」に劣らず政治学の真剣な分析対象となり得るだろう。かつて丸山眞男や成沢光が試み、しかし未完に終わったプロジェクトのひとつである。

そんな難題に挑戦し、「開国から終戦まで」の興味深い用例をひろい、骨太な思想史を描く良書が出た。濱野靖一郎氏、二冊目の単著『「天下の大勢」の政治思想史　頼山陽から丸山眞男への航跡』である。

分析はやはり丸山眞男に始まっている。かつて丸山は日本神話の検討から「つぎつぎになりゆくいきほひ」という観念連合を取り出し、日本人の基底的な思惟様式だと断定し、その現状追認や歴史的相対主義への傾斜を批判した。しかし著者によれば、「勢」は日本神話において必ずしもキータームではなく、「政治・世界を見る視座」としての確立は頼山陽を待たなければならなかった（第一章）。しかも、山陽において「勢」とは、現状の追認ではなくむしろ可変性の認識に基づく制御に関する概念だった（第二章）。いったい山陽の叡智は後続世代にどのように受け継がれ、どこで現状追認のロジックへと堕したのか。本書は、阿部正弘（第三章）から原敬（第八章）に至る近代日本の政治指導者たちがその時々の「天下の大勢」にいかに対処したのかを検分しながら、問題を解き明かしていく。時系列上の劃期は必ずしもはっきりしないが、どうやら徳富蘇峰（第七章）前後に一つの転機があるらしい。

注目すべき多くの知見が含まれている。紙幅の都合もあるから三点だけ特記したい。

第一に、とりあげる対象がおもしろい。本書は山陽や蘇峰に重要な役割を与えつつ、しかし主要な検討対象を統治実務に携わる為政者たちに求めている。こうした研究はこれまで政治史学で進められてきたが、状況認識や判断の質を基礎範疇にまでさかのぼって考えるなら、思想史家にとっても魅力的な領野だろう。「頂点思想家」であれ「民衆」であれ、畢竟彼らは自分たちの考えだけを見つめられる。しかし統治者は、そうした者たちの思惑を見定めたうえで、全体の行き先を想定しなければならない」（二〇一頁）。為政者特有の苦心を汲みながら、著者は軽快に個々の事蹟を描いている。

第二に、理論研究に対するインプリケーションである。本書が扱う主題は、丸山眞男の言葉を借りれば、「状況をある凝固した現実、所与の現実として捉えずに、もっと可塑的なもの、操作的なものとして捉える」政治的リアリズムの問題だといえる（『丸山眞男講義録』第三巻）。著者は丸山の思想史理解に批判的だが、むしろ丸山が見出して然るべきだったモメントをすくいあげることで丸山その人を超えていこうとする企図として読んだ方がわかりやすい。そして、丸山において、特定の倫理学説や形而上学的基礎に依存しない状況認識や判断に関する理論の構築は、政治学固有の原論を目指すもうひとつの未完のプロジェクトの一環だった。本邦政治学の文脈でいえば、すっかり忘れられている京極純一のリーダーシップ研究（『政治意識の研究』）や三谷太一郎の政治的人格論（『日本政党政治の形成』）、近年の山岡龍一（「方法論かエートスか？」）や関口正司（「政治哲学と政治的思慮」）の諸論攷と、あわせ読んでもおもしろいのではないか。思慮は史書から得られると、古人もよく言っていた。

そして第三に、頼山陽である。著者によれば、江戸後期を代表するこの漢学者は、単なる歴史家でも文人でもない。日本における政治学の誕生を担った理論家である。そして本書は、人脈や学統や読書遍歴を精査しながら、近代日本の為政者たちが「じつに山陽的である」（二九七頁）ことを明らかにする。したがって、この試みのなかで思想史研究と理論研究とをつないでいるのは頼山陽であり、それらを政治史研究と結ぶ要もまた山陽なのだ。


「曾孫弟子」といった強引な関連付けはさておき、原敬青年期の漢作文を繙いて山陽の跡を看て取るなど、こころにくい指摘も多い。意義ある一対象への惜しみのない沈潜が、個別の内的世界を超えて、スケールの大きな歴史叙述に結びついた好例といえよう。

たしかに、とりあげる対象は偏っているし、すくなくとも評者には不用意かつ不可解に思える断案も目についた。しかし、「何某もとりあげるべきだ」といった書評の常套句は、その不在が著者の描くストーリーにとって（評者の関心に即してではない）いかなる問題を招いているかの詳論を欠く限り、戯れ言に過ぎず、注文ですらない。そして著者は、独一個のストーリーをきちんと描きあげている。

選書にしては専門的だが、読みやすさへの配慮も行き届いていて倦ませない。本書が伝える濱野氏のすぐれた気迫と力量とを、多くのひとにも味わってほしい。

附記：本書に関してはすでに渡辺浩の内容豊かな推薦文があり、併読に値する。渡辺浩「「勢い」と政治」（『ちくま』二〇二二年七月号）参照。また、山陽以後を扱う今作に対し、著者は前作において山陽以前の思想史を――頼山陽という高みにたどりつくまでの前史として――詳しく論じている。山頂からの川下りを楽しむには登路の苦労もいりようだと思う方は、そちらもどうぞ。濱野靖一郎『頼山陽の思想　日本における政治学の誕生』（東京大学出版会、二〇一四年）参照。

二〇二二年度学会研究大会報告

◇二〇二二年度研究大会企画について

企画委員長　早川　誠（立正大学）

二〇二二年度（第二九回）政治思想学会研究大会は、二〇二二年五月二一日土曜日、二二日日曜日の二日間にわたり、明治大学駿河台キャンパスにて開催された。開催初日の二一日はあいにくの雨天となってしまったが、それにもかかわらず会場には挨拶や会話を楽しむ弾んだ声が響いていた。なにしろ、二〇一九年学習院大学以来の対面開催である。新型コロナウィルスの影響により、二〇二〇年の大会はウェブ上でのペーパーとコメントのやり取りによる開催、二〇二一年の大会はオンラインビデオ会議システムのzoomを利用した開催を余儀なくされた。本来二〇二〇年度の会場校となるはずだった明治大学のお力を再度お借りして、今度こそは念願の対面開催が可能になったのである。コンピュータ画面上以外での再会は久しぶり、という会員の方も多かったのではないかと思う。シンポジウムなどはリバティタワー一階一〇一二教室で、自由論題は七階と八階の中・小規模教室で、というなじみの形式で開催が実現したのは、大きな前進だった。とはいえ、まだ完全にコロナ禍が収束していたわけではなく、遠方で参加がかなわなかった会員の方もいらっしゃったかもしれない。また、全体での懇親会も実施できず、会場外でそれぞれに少人数での会合で我慢せざるを得ない状況でもあった。なるべく早く日常への完全な復帰が実現するよう祈るばかりである。

今回の統一テーマは「政治思想と環境」だった。このテーマを選択した理由と経緯については、政治思想学会会報（JCSPT Newsletter）第五三号（二〇二一年一二月）に執筆したので、参照していただきたい。必ずしも企画パネルを組みやすいテーマではなかったと思うが、企画委員をお引き受けいただいた木部尚志、川添美央子、井上彰各会員から全面的な御協力をいただき、例年通り三つのシンポジウムを設けることができた。また、各シンポジウムで、それぞれ非会員の方に御登壇いただいた。会員の報告機会確保とのバランスは難しかったが、学会が自分自身の殻に閉じこもらないようにするということも、また重要なことであると考えた。テーマ選択の経緯はともかく、環境をめぐる問題は私たちの身近で現実に発生しており、研究蓄積も進みつつある。これをきっかけに、政治思想・政治理論研究が具体的な政治課題へと積極的にアプローチする道筋のイメージが学会員全体に共有されれば、と願っている。

国際シンポジウムは、完全な復帰にまで至らなかった企画の一つであった。Simon Caney氏の来日は残念ながらかなわず、一〇一二教室でzoomをつないで御報告いただく形になった。報告は非常に明快で、小林卓人会員とのやり取りも問題の核心に迫っており、Caney氏の来日が実現していればなおさら面白かったろうにと、企画委員長としては悔しい思いで一杯だった。それでもコロナ禍の中で企画を維持できたことは大きな喜びであり、各種連絡・調整の労をお取りいただいた井上彰会員には心よりの御礼を申し上げたい。

各シンポジウム企画について概略を記すと、シンポジウムⅠでは、「パンデミックと政治」というテーマで、武田宏子会員と平川秀幸氏に御報告いただいた。田中智彦会員に討論に加わっていただき、司会は木部企画委員である。二〇二一年度の緊急特別シンポジウム「パンデミック以降の政治思想」に続き、現下の感染状況を直接に視野に入れた企画となった。シンポジウムⅡのタイトルは、「環境と自己像」である。この企画は政治理論・政治思想史分野から梅川佳子会員、齋藤公太会員に発表いただき、宮本万里氏からはブータンを例に御報告いただいた。司会は川添企画委員である。討論者は別途置かずに、報告者間でのやり取りを組み入れて議論を深めるという形式を取った。シンポジウムⅢは「人新世の政治思想に向けて」である。近年話題となっている「人新世」というキーワードの下に、馬路智仁会員、田中将人会員、福永真弓氏から、それぞれ個性的な議論が展開された。この企画も同じく討論者を置かずに進められたが、司会の井上彰企画委員によるテーマ説明とも相まって、活発に質疑が交わされた。

自由論題では、大澤麦会員司会の会場で、村田陽、小田英、崔民赫の各会員により、政治思想史分野の発表が行われた。山岡龍一会員司会の会場では、大工章宏、斉藤尚、岸見太一各会員により、現代の規範理論に近い分野での報告があった。鏑木政彦会員司会の会場では、大村一真、水谷仁、和田昌也各会員により、現代政治理論を中心とした発表があった。萩原能久会員司会の会場では、鈴木知花、施光恒の両会員により、ケアの倫理やポスト・グローバリズム論に関わる報告がなされた。近年の本学会大会では、参加者が会場間を移動しやすいように報告時刻を揃えていたが、今回もその形式を踏襲した。各会場はそれぞれテーマ毎の分科会の形を一応取っているが、興味のある報告を渡り歩いた参加者の方もいらしたのではないかと思う。

大会が終了しておよそ二か月が経過した七月末現在、新型コロナウィルス第七波の流行により、全国での感染者数は再度急増している。六月末には、その時期としては異例の猛暑となり、七月に入ってからは線状降水帯について繰り返し注意が呼び掛けられるなど、環境と政治をめぐる問題は尽きることがない。直接このテーマを専門とする会員もそうでない者も、今回大会の成果を今後の研究進展のきっかけとしていただければ幸いである。

報告者皆様、質疑に加わっていただいた皆様、参加者皆様、そして企画委員皆様には、あらためて御礼を申し上げたい。松田宏一郎代表理事、事務局の菅原光会員にも、準備段階から当日現場での対応まで、多大な御助力をいただき、感謝は尽きない。そして何よりも、開催校として難しい環境の中で御尽力いただいた重田園江会員はじめ明治大学の学会関係者皆様、そして学生の皆様には、あらゆる面で助けていただいた。本当に、ありがとうございました。

【シンポジウムⅠ】

パンデミックと政治

司会　木部尚志（国際基督教大学）

本シンポジウムでは、「政治思想と環境」という統一テーマにたいして、パンデミックの視角からアプローチを試みた。二〇一九年末から始まった新型コロナウイルス感染症の世界的流行は、私達の生活環境に大きなインパクトを与えた。コロナの問題が政治にどのようなインパクトを与えたのか？　どのような課題を政治につきつけているのだろうか？　シンポジウムではこれらの問いに取り組むべく、武田宏子会員（名古屋大学）が「国民と棄民の間――パンデミック下での統治性」と題する報告を、平川秀幸氏（大阪大学、非会員）は「危機における科学と政治――可謬主義のガバナンスと政治の責任」と題する報告をおこない、それに続いて田中智彦会員（東洋英和女学院大学）によるコメントとフロアを交えた質問応答がなされた。

武田宏子会員の報告は、新型コロナのパンデミックが、社会経済的に脆弱である人びとにより大きな被害をもたらしたという事実に着目する。この事態を解明する鍵は新自由主義にある。新自由主義を基調とする資本主義経済と、この経済システムに基づく国家の統治システムは、新型コロナがもたらした危機的状況をとおして、社会経済的な脆弱性を抱えた人びと（高齢者や女性、人種的マイノリティ、貧困層、不安定な雇用に従事する労働者）の「棄民化」を生み出し、「生政治」と対になった「死政治」を可視化させた。報告が注目するのは、棄民化にジェンダーが深く関わっている点である。そもそも新自由主義の政治経済体制は、福祉国家システムの再編と再生産労働の部分的市場化によって、多くの女性を賃金が低く、不安定な労働に組み込む結果を生んできた。報告は、日英の具体例を参照しながら、いかにコロナ禍が家庭内暴力の増加をもたらし、それゆえ女性の棄民化を深刻なものにしたかを指摘する。とりわけ日本に関する特徴として、女性の自殺の増加という形をとったことが注目に値する。さらに報告は、性風俗業界で働く女性たちをめぐるコロナ関連の給付金の問題に、棄民化の深刻さを鋭くみる。政府が給付金の対象からそうした女性を除外しようとする姿勢は、彼女たちが棄民の境涯にあることを示唆する。しかし給付金の対象となった場合、みずからの身体と感情を商品化する彼女たちのありようが、資本主義経済システムの構成部分として、公けに位置づけられることになる。このように報告は、コロナ禍が女性がかかえる困難な境涯をさらに困難なものとすることを明らかにした。

平川秀幸氏の報告は、科学の「不定性」（incertitude）――複雑かつ不確実で誤りうること、唯一解がなく多義的であること――を基本的な視座とする。新興感染症である新型コロナウイルス感染症は、まさに不定性の性質を強く帯びるものである。報告は、不定性の観点から、政治と社会は科学をどのように用いて危機的状況に対応すべきかを問い、過去二年間のコロナ危機を振り返り、そこで浮上した課題を考察する。この考察を構成するのは、①科学と政治の関係、②可謬主義的なガバナンスの社会的能力、③将来の危機への備えとしての政治の責任および社会の責任という三つの観点である。第一の観点は、不定性を根本条件とする科学を、政治が有効かつ信頼性のある仕方で用いることがどこまでできるのか、またそれを阻む要因はなにかを問う。第二の観点は、科学の不定性を前提とする仕方で社会がどのように危機に対応するかを問う。第三の観点は、政治と社会がどのように科学に関わるべきかを問う。報告は、第一の問題について、新型コロナウイルス感染症専門家会議/分科会のパフォーマンスを基本的には高く評価しつつも、科学的助言者が政策上の考慮に影響されないという独立性の原則が十分に守られなかった点やプロセスの不透明性を指摘する。第二の問題に関しては、政策立案が複数のシナリオを想定していなかった点や、検証と学習のプロセスが欠如していた点を指摘し、社会にたいするコミュニケーションがはたして十分であったのかという問いを提起する。第三の問題については、科学的助言システムの整備、可謬主義の文化の醸成と制度化、組織的忘却に抗する方途が必要であることを説く。

討論者の田中智彦会員は、まず二つの報告に共通する二つの疑問を提示した。ひとつは、「パンデミックと政治」を論じる際に、なぜ二〇一一年の東北大震災が提起する問題との関連づけがなされていないのか、という疑問である。それは、3・11がまさに棄民や政治と科学の関係といった問題に密接に関わるからにほかならない（同様の疑問はフロアからも提起された）。いまひとつは、そもそも国家が生命を左右する権力を有していることへの批判的視点が欠如しているのではないか、という懸念である。武田報告に関しては、社会経済的に脆弱な人びとはすでにパンデミック以前から棄民化されていたのであり、それゆえパンデミックによって棄民化が可視化されたことよりも、むしろそれ以前に可視化されていなかったことを問題とすべきではないか、奴隷制度の歴史が物語るように、新自由主義か他の経済システムかに関係なく、国家はそもそも包摂と排除の仕組みを有していたのではないか、さらに棄民の死政治を克服する方途は、いかなる生の政治に向かうのか、と田中会員は問う。平川報告に関しては、政策立案者と科学者の役割分担の要請にたいする疑念が提起される。科学者の独立性がどのように確保できるのか、むしろ科学的助言者という存在は体制化されているのではないか、まさにこの問題を、3・11で露呈した「原子力ムラ」の問題や、二〇二〇年の日本学術会議会員任命問題が示唆しているのではないか、と。つまり、「誠実な斡旋者」であることを求められる科学的助言者の「誠実」は、だれに向けられたものであるかが問われるのである。

討論者およびフロアとの質疑応答は活発になされた。パンデミックという非日常的状況の問題を考える上で、3・11の経験を振り返る必要性とともに、政治という強力な磁場にたいして科学も社会もどのように独自の位置を占めることができるのかという問いの重さを改めて考えさせられるシンポジウムとなった。

【シンポジウムⅡ】

環境と自己像

司会　川添美央子（慶應義塾大学）

シンポジウムⅡでは、環境と自己像の関係を主題に据えた。機械論的自然観が、自然を道具と見なす人間像と親和的であることはよく指摘されるし、また、祖国の自然環境の保護と、「その自然と共生してきた我々」という自己像を守ることが表裏一体である事例もある。本シンポジウムはこのことに着目し、環境の捉え方が集合的自己像の形成にどのような影響を及ぼしたか、逆にそこからどのような環境への働きかけが生まれたり、生まれなかったりしたのか、その関連性を様々な次元において明らかにすべく、梅川佳子会員（中部大学）、齋藤公太会員（神戸大学）、宮本万里氏（慶應義塾大学・非会員）の三者に報告を依頼した。

テイラーの思想を手がかりに、普遍的な視点から自然観と人間観の関連性を解明したのが梅川報告「チャールズ・テイラーにおける個人と環境」である。テイラーは若い時から今に至るまで心身二元論と機械論を柱とするデカルト主義への批判を持ち続けており、デカルトの近代合理主義にかえてロマン主義の傾向を示しつつ、世界内存在として自己を具現化（表現）しながら世界へ参与する主体としての人間像を提示した。テイラーが言語論を重視するのは、自然との調和が「表現」によって回復されるとき、言語が重要な役割を果たすからである。そして、「自然」は人間に対し要求をするものであり、その自然の声を謙虚に聞くことが、道義的ふるまいだとされる。また、テイラーが自然のなかにこそ人間の充溢の源泉があると見なす点などから、ノルウェーの哲学者アルネ・ネスが提唱したディープ・エコロジー思想、すなわち表面的な環境保全の対応ではなく、人間に対し基本的な見方や価値観の変容を迫る考え方と、テイラーの思想の重なりもしばしば指摘されることが紹介された。そして、具現化・参与・再帰によって社会と自然の関係を結ぶ我々は、さらに政治に参与することで、その循環を確立する必要性が主張された。

「国体」と「風景」——明治期日本の自己像と環境」と題された齋藤報告は日本に焦点を当て、日本文学研究と政治思想史の架橋を目指しながら、徳川時代から明治期への移行における環境認識と自己像の変化を追跡した。小国意識と神国論が継承されていた中世に続き、徳川期においては、和歌や俳諧を通じて二次的自然が庶民にまで普及していた。すなわち文学や芸術、行事などによって再現され、現実の厳しさが隠蔽されつつ、春と桜の結びつきに見られるような調和の取れた四季が前面に出た自然像である。一方、一部の知識層においては水土論に基づき、義気の盛んな国、正気の国としての日本という気の自己像も受容されていた。さらに水戸学の中には、この二次的自然と気の自己像を統合し、国体論と結びつける言説もあった。明治期になり「国体」の言説から「気」の自己像は分離したが、一方で近代西洋文化とその自然科学の受容をうけて、楢や落葉林にも目を向けるような新たな二次的自然が形成される。そして国民全体が詩人的となる程に文学が発達した「自然を愛する日本人」という像は、国体を中心とする自己像へと統合され、穏和で美しい自然と、それと調和して生きてきたというイメージのうちに日本人の優越性が求められた。

文化人類学の立場から、現代のブータンにおける環境と国民的自己像の関係性を扱ったのが「ブータンの開発政策にみる「環境にやさしい我々」像とそのゆらぎ——信仰と暮らしのはざまから」と題された宮本報告である。一九五〇年代からの近代化の試みの中、国民を文化的に統合する必要からブータン政府は伝統文化を身体化させる方策を採ったが、それが民族浄化政策だとして国際的な非難を浴びると、伝統文化保護政策の新たな方策として、仏教思想や伝統文化を根拠とした環境主義を導入する。折しも登場していたディープ・エコロジー思想と仏教との親和性が喧伝される中、ブータンは森林被覆率と自然保護区の拡大路線などによって、地球環境保全に貢献する国としての国際的認知と支援を獲得した。伝統文化と自然環境の保護が開発の中心理念であることは二〇〇〇年代に入っても変わらないが、森林保全の観点から不要なウシ・ヤクを削減する必要性や、それゆえに屠場建設計画を立案する当局と、生物殺生反対の声をあげ放生実践を主張する仏教界、それに呼応して放生を実践する市民の動きなどの相剋を生み出すことにもなった。「環境（動物）にやさしい私」が国民的自己像として広く受け入れられる中、熱帯雨林や山岳高知の環境が外在化されつつあることが最後に指摘された。

質疑応答においては、まず報告者どうしで議論してもらうというラウンドテーブル型を試みた。梅川報告には、歴史や文化を重視するテイラーにとって、自然と調和した日本は重要なものかという問いがあった。齋藤報告には、国体と美しい自然の関係性や、両者が明治期に分離した理由、明治期の変化は自然観の西洋化と捉えうるかという質問がなされた。宮本報告に対しては、政府にとっての環境（森林・生物多様性の保全）と仏教にとっての環境（動物保護）の関係性、経済的な犠牲を払ってでも開発を抑制しえた理由、自然保護政策を手段としてまで伝統文化を守ろうとする目的は何かという質問があった。事前に他の報告者の著作を読んで臨んだ登壇者もあり、実のある議論が展開された。

その後のフロアとのやり取りでは、まず梅川報告について社会・自然・世界という三つの概念の関係性や区別が問われた。また梅川・齋藤両者に対し、自然や人間を定義することが非自然の抑圧をも生み出すことへの理解が質されたとともに、齋藤報告には漢詩の自然表現についての問もあった。宮本報告に対しては、八〇年代の排外的な国民統合政策と環境主義政策の関係性、「創られた伝統」の議論に関連して、その伝統にどこまで実体性があったかという問題、ここに到るまでの試行錯誤のプロセスや、立憲君主制における政策決定者は誰か、また仏教環境主義が伝統的テクストに由来するのか、外来のものかといった点についての質問があった。実に二年ぶりの開催となった対面シンポジウムならではの、活発な議論が交わされたという印象がある。報告者と質問者にあらためて御礼申し上げたい。

【シンポジウムⅢ】

人新世の政治思想に向けて

司会　井上　彰（東京大学）

「政治思想と環境」をテーマとする大会において、シンポジウムⅢでは「人新世の政治思想」を主題として議論をおこなった。「人新世」とは、ドイツ人化学者パウル・クルッツェンによって提唱された、人為的活動が地球に影響を与える地質学上の時代区分である。この時代区分によって浮かび上がるのは、既存の概念枠組みや理論が、生態系の劇的な変化によって大きく揺さぶられている事実である。このことは、特定の歴史やアイデンティティの見落としへの批判や、準拠する仮定への疑いが断続的に示される等、政治思想にも当てはまる。そうした問題状況をふまえて、専門を異にする三人の登壇者に報告していただいた。

近代イギリス・ヨーロッパ政治思想史を専門とし、群島と大洋の思想史を拓こうとする馬路智仁会員は、「島嶼海の主権を求めて：太平洋の自然環境と歴史叙述」と題する報告をおこなった。馬路氏の報告は、知性史研究においていまだに不十分にしか扱われていない、太平洋ポストコロニアル諸国の知識人による地域主義・国際主義構想に焦点を当てるものである。そのなかでも、先住民知識人・小説家として知られるエペリ・ハウオファの著作を分析対象として、島嶼領域特有の空間性や歴史性をふまえた「オセアニア・アイデンティティ」の相貌に迫る報告をおこなった。馬路氏によると、アイデンティティと歴史叙述は切り離せない関係にあるが、従来の大陸中心・経済発展中心の歴史叙述では、国境を越える島々の人的・物的ネットワークから成る「オセアニア」文化は十全には捉えられない。馬路氏は、一方で近代化の論理が見え隠れする歴史研究から距離を置きつつ、他方で近現代のすべてを否定したり、懐古主義に陥ることのないスタンスを堅持するハウオファの歴史叙述＝オセアニア・アイデンティティの語りに、知性史研究の欠落を補う重要な「声」を見出す。

ジョン・ロールズの政治哲学研究を専門とする田中将人会員による第二報告「人新世の正義論：なぜ将来世代を気遣うのか」は、人新世において、政治哲学の分野でいまなお強い影響力を有する『正義論』の有効性を問う。田中氏によれば、『正義論』は（戦後の例外的な）経済成長を前提に成立するものではない。『正義論』を中心とするロールズ思想の基底にあるのは、むしろ「成長」ではなく「差異」である。『正義論』は、価値の多元性と向き合う議論だからだ。田中氏は、そうした『正義論』の核となる考え方を将来世代への気遣いにかんする構想につなげるサミュエル・シェフラーの試みを高く評価する。将来への価値づけに無関心ではいられないことを様々な評価的視点から紡ぎ出すシェフラーの議論は、それぞれの視点の両立可能性が問われるものの、価値を守るという保守性とわれわれの将来世代への気遣いとをつなげる有意義な試みである点で、『正義論』のモチーフを生かした人新世の正義論の先鞭として評価される。

人新世の環境倫理・環境社会学を専門とする福永真弓氏（非会員）の報告「魚のまなざす海：多種間の政治と人間であること」は、人新世において求められる惑星的思考が、特定性や多元性を兼ね備えたものになるために何が必要かに迫る。福永氏によれば、クルッツェンに代表される地球システム科学派人新世論者は、「（ヒト）種」というカテゴリーを抽象的に捉える傾向にある。そのせいか、彼らの議論においては、従来の科学主義的手法が不問にふされ、種の「内部」や種の「間」の違いから生まれるヴィジョンや方法が等閑視されてしまう。福永氏は、人間だけがそうした種の複雑な関係性とは無縁であるとする「人間例外主義」を批判し、種の関係性を具体的な記述のなかで浮かび上がらせることの重要性を説く。その際福永氏は、岩手県宮古市田老町の漁師たちが共有する、海に存在するものとの多種にまたがる関係性の認識に注目し、そこにみられるラディカルな複数性と相互性に価値を置く「多種間の政治」の可能性を提示する。

以上三つの報告を受けて、フロアから様々な質問や問題提起がなされた。たとえば、馬路氏と福永氏の報告に対しては、大きなヴィジョンや境界を設定する場合にも、近代の人間像を据えることと同種の問題が看取されるのではないか、という疑問が提起された。それに対し馬路氏と福永氏は異口同音に、ヴィジョンや新たな境界設定なくしては、従来型のグローバリゼーションや科学主義的な抽象的思考の前に無力になってしまうと応答した。また、田中氏の報告に対しては、差異や価値の多元性を前提にする議論の場合、そもそも成長はどう位置づけられるのかという質問がなされた。田中氏は、価値多元主義と折り合いがつく成長論は定常状態論であって、脱成長論とは相性が悪いことを率直に認めつつも、人新世の正義論が成長にかかわる様々なナラティヴに開かれていることの重要性を強調した。

また、登壇者間での意見交換も活発になされた。たとえば馬路氏からは、三つの報告には「未来のための保守主義」という共通の考え方があるという指摘がなされた。福永氏はそれに対し、概念化された途端に危うい理念と化してしまう可能性があるため、ローカルなものとの接続を意識してヴィジョンを展開することが肝要であると主張した。さらに馬路氏は福永氏に、太平洋での核実験に代表されるような海を取り巻く環境の劇的な変化に対し、多種間の政治構想はどのように対峙しうるのかについて質問した。福永氏はそれに対し、多種間の政治は政治の空白地帯だからこそできる政治に大いなる可能性を見出し、そうした政治の場所をつくっていく実践でもあると応答した。

以上からも窺える通り、本シンポでは質疑応答・意見交換が非常にインタラクティヴになされた。乙部延剛会員の言葉を借りるならば、三報告および熱心に交わされた議論の共通点として、「人間の論理を相対化しつつも、人間に立ち戻る」という営みに重きを置いていることが挙げられる。それはある意味、他者（他の種）を通じて自らを省みることが可能なのは人間である、ということを確認しうるやりとりでもあった。

【国際シンポジウム】

司会　松田宏一郎（立教大学）

本年度の国際シンポジウムは、ウォーリック大学のサイモン・ケイニー教授がオンラインによる基調講演をおこなった。ケイニー教授は、『国境を越える正義―グローバル政治理論』（*Justice beyond Borders: A Global Political Theory*, Oxford University Press. 2005）に代表される、グローバルな規範的政治理論の専門家である。これまで、貧困、不平等、人権、戦争、人道的介入などについて多くの研究を発表し、また具体的な政策提言もおこなってきた。近年は気候変動や環境破壊、温室効果ガスの規制などにも積極的に発言している。

今回の基調講演は、"Justice, Ecology and Future Generations" と題され、グローバルな持続可能性と環境から享受できる便益・生活水準の世代間不平等に焦点があてられている。Borders への意識は、これまでのケイニー教授の仕事の延長線上にあるともいえるが、今回の「境界」は国家や文化などのコンヴェンショナルな「境界」ではなく、そもそも、地球という惑星の循環システムおよび人類の生存条件の「境界」の問題である。人類の生活行為そのものがサステナビリティを危険にさらす場合に、平等に人権を享受しながら、「公正な限界設定」（Just Limits）と「公正な規制」（Just Regulation）という原理が成り立ち得るのかという観点からアプローチがなされる。特に今回の講演では Just Limits の方に重点が置かれた。

「公正な限界設定」が要請される根拠としては、第一に人間の活動一般が環境に過剰な負荷を与える場合である。これが、いわゆる「惑星の限界」（Planetary Boundaries）の問題を呼び起こす。たとえば気候変動、生物多様性の喪失、大気や地質の汚染などがある。

第二に、個人のケイパビリティが、環境条件のために制限・阻害されるという不平等の問題である。すでにヌスバウムも指摘しているように、たとえば、健康、食べ物、そしてこれらにアクセスする手段や時間の負荷が、能力開発の機会や選択肢を奪うという問題が存在する。

第三に、持続可能性のための克服すべき課題（sustainability challenge）である。CO_2排出、原子力エネルギー、生物多様性の危機への対応は、世代間の「配分的正義」と「公正な限界設定」の原理がかかわる争点となる。これらを現在世代が制御できるか否かは、未来に影響を与えざるをえないからである。

本講義後半は、この「未来に対する責任」を理論的に腑分けしていく。自己の享受した環境を悪化させずに（あるいはより良くして）、次の世代に引き渡す責任が現在世代にあるとして、自然環境だけでなく、人為的な技術やインフラも将来世代に引き渡すべき資源であるかもしれない。また政治制度（たとえばデモクラシー）の継承、あるいは不平等な社会構造に介入して（たとえば階級制度を断ち切って）次の世代に平等な社会を渡すといった既得権益の棄却は正当化しうるかもまた問題となる（ケイニー教授は当然そうだと思っているようだが、これは政治革命の正当化にかかわる）。

逆に、後の世代のために現在の世代が苦しむことは一つの不平等ではないのかという問題も生じる。

しかし、「現在より恵まれた（better off な）暮らし」とはどういう意味になるのか、その「ベース・ライン」をどう設定するのか。ケイパビリティの促進は経済成長で測ってよいのか、ある生活形態への文化的愛着と持続可能性が衝突したらどうするのか、技術や環境科学の発達など予測困難な問題について将来の世代の手を縛ってよいのか、など扱うべき論点は多岐にわたる。

結論部分では、1. 現在世代と将来世代は少なくとも平等に扱われる、2. 現在世代は将来世代を助ける義務がある、3. 将来世代が平等という価値を享受できるように現在の政治主体は努力する義務がある、という三点については承認すべきであると述べられる。

討論者の小林卓人会員は、ケイニー教授が提起した論点の構成と相互関係を整理した上で、将来世代に対する beneficence（一方的な慈恵）という規範的要請が立論に忍び込んでいるが、それ自体は配分的正義の原理から導き出せないのではないか、将来世代にコストを一部先送りしても、コスト負担の世代間平等は成立するといえるのではないか、将来世代の better な暮らしが現在世代に負の感情を与えないというなら、論理的には逆も成立してしまうのではないか、そもそも世代間平等を実現するためには、デモクラシーよりはテクノクラシーの方が良いということにならないか、といった疑問を提起した。

またフロアからは、現在と将来の二つではなく、オーバーラップした複数の異世代間の平等というのはこのアプローチで扱えるのか、現在の不平等を黙認したまま現在世代全体に「公正な限界設定」をかけて、かなりの被害や死亡者などの発生を止められない場合、それを未来との trade-off として正当化できるのか、ケイパビリティの実質的な測定方法、ヒトという種の生存を当然の価値としない場合どういった理論構成が可能か、といった質問が出た。ケイニー教授は、限られた時間の中で、今回提起した論点それぞれに再検討あるいは精緻化すべき要素が少なからずあること、またこの報告が問題解決の処方箋よりは、議論の前提として確認すべき原理を洗い出すことに主眼を置いていたことをあらためて強調した。

現代日本の政策決定過程では、ケイニー教授が提起した「倫理的コンパス」を作動させる磁極すら同定できていない。ただし本学会の会員は真摯に本講演の問題提起に応答し、また教授も日本に同じ土俵で議論をする研究者達がいることを知って、それを楽しんでいたと感じた。

〈自由論題　第１会場〉

司会　大澤　麦（東京都立大学）

本分科会では、村田陽会員（日本学術振興会特別研究員ＰＤ）「哲学的急進派とアテナイの民主政――十九世紀ブリテンの『古代―近代論争』を手がかりに」、小田英会員（日本学術振興会特別研究員ＰＤ）「抵抗権としてのグロティウスの『捕獲法論』」、崔民赫会員（東京大学大学院法学政治学研究科博士課程）「『日本維新ノ革命』と『道理』――有賀長雄の歴史社会学と憲政論」の三つの報告が行われた。

最初の村田報告は、哲学的急進派の代表的思想家、Ｊ・ベンサム、Ｊ・ミル、Ｇ・グロート、Ｊ・Ｓ・ミルの思想を、アテナイの民主政をめぐる同時代の「古代―近代論争」の文脈で考察した。それはシヴィック・ヒューマニズムの伝統が彼らの思想に見出されるか否かを検証する作業であると同時に、歴史に対して功利主義がいかなるスタンスを取ったのかを探る試みでもあった。質疑においては各々の思想家にまつわる個別論点に加え、こうした視座で哲学的急進派を問うことの有効性、また古代との対照で浮かび上がる近代性の本質は何かといった包括的な論点も検討された。

次の小田報告では、十六世紀後半から約八〇年続いたネーデルラントのスペインに対する抵抗をコンテキストに、Ｈ・グロティウスの『捕獲法論』に見出される抵抗権論の検討がなされた。同書によれば、政治権力は国（*respublica*）＝議会から君主に委任されたものであるから、暴政への正当な抵抗こそあれ、「反乱」などはありえなかった。この内政における抵抗論に海外拡張論を結びつけたところに同書の特色があった、と報告者は解釈する。それは東西インドに勢力を及ぼす大国スペインへの抵抗が、自ずから要求する論理なのであった。質疑では、スペインを特徴づけるとされた「普遍王政」なる概念の意味、ユグノーの抵抗権論との相違、グロティウスの実践的意図と思想史的意義との関係等が検討された。

最後の崔報告は、明治維新を革命と捉える近年の研究動向を意識しつつ、有賀長雄の「日本維新の革命」論を考察した。フェノロサやシュタインの学説の影響のもと、有賀は維新を、教理の支配する社会や「革命擾乱」を経ずに、法律と理性を核とする「公民国家」を実現した特異な革命と理解した。そして、それは徳川時代に培われた「智力社会」の存在なくしてありえぬものであった。質疑では、有賀の革命論と（報告の中でその比較対象に用いられた）竹越与三郎のそれとの相違、維新における天皇の意義と位置づけ等、本報告の核心に触れる論点が取り上げられた。

以上、本分科会は三時間未満という短い時間枠の中、三名の気鋭の若手研究者による力のこもった研究報告で構成された。自由論題の分科会であることから時代もテーマも多岐に亘っていたが、いずれの報告にも思想家とその歴史認識の関係を問うという共通項があったために、図らずもセッションとしての纏まりが見出されたように思われる。フロアには常時三〇名程度の来場者があり、多様な角度からの刺激的な質問やコメントが寄せられ、充実した討論が最後まで展開された。

〔自由論題　第2会場〕

司会　山岡龍一（放送大学）

本分科会では、大工章宏会員（東京大学大学院）による「リバタリアニズムにおける正当化可能な再分配制度の検討」、斉藤尚会員（北海道大学）による「塩野谷祐一のロマン主義と福祉国家思想――環境倫理学との接合」、岸見太一会員（福島大学）による「身体性と入国管理の政治理論――なぜ法制度だけではだめなのか」の、三報告があった。

大工報告は、ノージックの『アナーキー・国家・ユートピア』における「ロック的但し書き」を理論的に検討することで、リバタリアニズムの配分的正義論を再解釈するものであった。報告では、左派リバタリアニズムや新古典的自由主義に比べてその適用範囲が狭いとされるノージックの再分配的制度原理が、彼自身の想定を越えて広い射程をもつことの論証が試みられた。自己所有権に内在するとされる「無主物への接続権」という概念に注目することで、弱者救済や社会的利益といった理由に訴えることなく、個人の権利への侵害を禁じるというリバタリアニズム本来の原理によって、自由市場における規制が正当化可能であると主張された。

斉藤報告は、環境倫理学の課題を環境という価値の正当化の問題と捉え、それを美的価値に求める説の限界を示し、その克服として環境の道徳的価値を論証する試みとみなせる塩野谷のロマン主義論を検討した。塩野谷は、非認知主義とされるロマン主義が理性や科学に反するわけでないことを、シラーやシェリングの自然観に現われた芸術的価値の共有可能性によって示した。芸術を通じた感情と理性の調和という理解から、「科学の解釈学」が構想され、科学理論と規範命題の総合の可能性が探究された。かかるロマン主義的人間観が、塩野谷の福祉国家の規範理論と連結する論理を、グリーンやヌスバウムの卓越主義に言及しつつ展開することで、環境倫理学と福祉思想の接合可能性が示唆された。

岸見報告は、現実の不正義を扱う際に、法的規制のみでは不十分になるという規範的問題を、事例、とりわけ熊本の技能実習生のケースの理論的分析によって取り上げた。国境での入国管理局において移住者の身体がいかに知覚され、序列化されているのか、という認知的問題を、関係的平等論の観点の導入によって検討したこの報告は、ヤングの構造的不正義の議論を展開しつつも、アメリカと日本における女性移動者の身体、とりわけ妊娠をめぐる具体例を解釈するという、理論と実証を総合する方法論を試みる意欲的なものであった。現実の問題状況の把握とその解決法の模索において、規範的政治理論が果たせる役割を提示するというその目論見は、非理想理論の展開という近年の政治理論のトレンドを具体化するものだと思われる。

各報告をめぐって活発な討論がなされた。例えば、第一報告には、いかなる点でノージックの発展を狙っているのかについて、第二報告には、環境に関する共感がいかにして規範を生むのかについて、第三報告には、構造的正義論の適用方法や、事例研究の方法的意義について、議論が交わされた。特に第三報告は、聴衆の道徳感覚と直観を刺激し、熱心な議論を惹起していた。

〔自由論題　第3会場〕

司会　鏑木政彦（九州大学）

本分科会では、大村一真（同志社大学大学院）「ハーバーマスと生活世界の植民地化」、水谷仁（名古屋経済大学）「政治と生をめぐるヘルマン・ヘラーの政治思想―ヴァイマール共和国における政治的主体像」、和田昌也（同志社大学）「フランスにおけるアーレントの受容―全体主義論をめぐるアロン、ルフォール、タッサンの解釈を中心に」の三つの報告が行われた。

大村報告は、ハーバーマスの『コミュニケーション的行為の理論』において提示された「生活世界の植民地化」テーゼを検討し、その意義の解明を目指す。植民地化は、法制化のように、生活世界の解釈地平の営みを斥けることにより、自ら解釈して生活を指針づけていく自由を剥奪する。さらにそれにとどまらず、生活世界のメディア化を通して、行為者の解釈地平が貨幣と権力というメディアに適応するだけでなく、それと同化するにまで及ぶことで意味の喪失をも招く。大村報告は、生活世界の植民地化を、自由の剥奪とメディア化による意味の喪失として解釈することにより、植民地化テーゼの機能主義的な解釈を拒否し、植民地化のより一層根源的な問題次元を明らかにすることに貢献したといえるだろう。

水谷報告は、ヴァイマル期ドイツの国法学者ヘルマン・ヘラーの政治思想を「生きている人間」と政治との関係から解明する。水谷はヘラーの思考法を、各々の事象が自立しながら、相互に連関し共属関係にあるものとみなす「弁証法的思考法」として捉え、そこからヘラーにおける政治観である「多数性における統一性」を、シュミットのような友敵関係とは異なる弁証法的な人間と国家の関係論として解釈する。そしてファシズムという危機に対してヘラーは、国家的規範に服従しつつ責任を負って参与する主体像を提示したとする。水谷報告はヘラーの理論を、民主主義の危機の時代に「生きている人間」を軸に再解釈しようとする試みであり、それは約百年の時を経て同じ危機を生きる私たちにとって切実な意味をもつ議論である。

和田報告は、フランスにおけるアーレント受容史を三つの時期に整理し、R・アロン、C・ルフォール、E・タッサンのアーレント解釈に光を当てる。まずアロンはアーレントの全体主義論をレジームの本質から解釈し、その結果アーレントをナチズムとスターリニズムを同列に置く反共主義的自由主義者として描いた。他方、ルフォールはアーレントはその政治観を全体主義の裏返しとして構想したとし、その実在は説明不可能性であるとしつつ、それを現象可能性のある民主主義論へと発展させた。そしてタッサンは、アーレントの全体主義論を世界疎外という近代の文脈と結びつけ、世界への無関心に抗して共同世界を出現させようとする試みとして解釈する。和田報告はアーレント理解の複数性と、現代における自由の諸可能性を示したといえよう。

三つの報告は、現代における政治的危機に対する意識において共通する。その問題の深刻さを反映してか、会場からは途絶えることなく質問が寄せられ、活発な討議がなされた。

〔自由論題　第4会場〕

司会　萩原能久（慶應義塾大学）

本分科会では施光恒会員（九州大学）による「ポスト・グローバリズムの世界秩序の探求――カール・ポパーのナショナリズム論に対する批判的検討を手がかりとして」、および鈴木知花会員（函館大学）による「生の脆弱性における不平等をなくす――リベラリズムとケアの倫理の統合からみえてくる可能性」の二つの報告が行われた。両報告の共通点をあえて見出すとするならば、「ポスト・リベラリズムの政治思想」の可能性ということになろう。

施会員の報告は、ナショナリズムを閉じた社会に固有の部族主義メンタリティと厳しく断罪したカール・ポパーの批判的合理主義をリベラル・ナショナリズムの観点から評価し直そうとする試みであった。その作業にあたって、まずアンドリュー・ヴィンセントの議論に即してポパーのナショナリズム批判の問題点が指摘されたのち、リベラル・ナショナリズムの主張の概要が示され、特に言語の観点から、ナショナリティはむしろ開かれた社会の条件となること、また（自己）批判的吟味のプロセスはナショナルな環境のなかでこそより有意義に展開されることが主張された。討論では施報告においてナショナリズムの文化的側面ばかりが論じられており、それが持つ政治的排他性・暴力性やネーションに回収されない人間の集合性が等閑視されているのではないかといった問題や、ポパーのナショナリズム観が「バケツ理論」に立脚しているとするヴィンセントの解釈の妥当性が議論された。

鈴木会員の報告ではまず「ケアの倫理」を主張したギリガンやヘルド、キテイの議論が整理され、「生の不平等さ」を是正・解消するケアの倫理の視座が確認された。しかるに、ロールズに代表されるようなリベラルの正義論は一見したところ万人に対して開かれているようで、暗黙裡に自律性や合理性を備えた白人・男性に特有の健常な強い主体を想定してしまい、その結果、社会的弱者を自らの理論から除外せざるをえなくなっていることが指摘された。この限界を乗り越えるためには人間を「脆弱な主体」と捉え、互いに支え合い、ケアし合う主体を構想することが必要であり、そうして初めてケア労働者とその依存者を政治的行為主体として位置付けることが可能となると主張された。報告後の討論では、リベラルに対する自律批判の荒さを指摘する見解や、逆にケアの主体こそかなり自律的ではないかとの懸念が表明されたり、ケアの倫理と「脆弱性」の関係について、特に政府がどのような役割を果たすべきであるのか疑問が呈されたりした。またそもそもリベラリズムとケアの倫理を「統合」させることが可能なのか、望ましいのか、その際に既存のリベラリズム以上に必要となるであろう、個人の個別性に配慮したエンパシーをどう位置づけるかなど、活発な議論が交わされた。

執筆者紹介〔掲載順〕

武田宏子

一九六八年生まれ。名古屋大学大学院法学研究科教授。Ph.D.（University of Sheffield）. *The Political Economy of Reproduction in Japan: Between Nation-State and Everyday Life*（Routledge, 2005）; *The Routledge Handbook of Contemporary Japan*（Routledge, 2021）.

齋藤公太

一九八六年生まれ。北九州市立大学准教授。博士（文学）。『「神国」の正統論――『神皇正統記』受容の近世・近代』（ぺりかん社、二〇一九年）。

馬路智仁

一九八三年生まれ。東京大学大学院総合文化研究科准教授。Ph.D.（Politics and International Studies, Cambridge）. *The International Thought of Alfred Zimmern: Classicism, Zionism and the Shadow of Commonwealth*（Palgrave Macmillan, 2021）; "Colonial Policy Studies in Japan: Racial Visions of Nan'yo, or the Early Creation of a Global South," *International Affairs*, Vol. 98, No.1（2022）.

古田拓也

一九八五年生まれ。二松学舎大学専任講師。博士（法学）。"J. R. Seeley in Japan, 1880s-1940s," *The Historical Journal*, Vol. 66, No. 2（2023）; "Without Laslett to the lost worlds: Quentin Skinner's early methodology," *Japanese Journal of Political Science*, Vol. 22, No. 3（2021）.

田中将人

一九八二年生まれ。岡山商科大学法学部准教授。博士（政治学）。『ロールズの政治哲学――差異の神義論＝正義論』（風行社、二〇一七年）、『ジョン・ロールズ――社会正義の探究者』（共著、中央公論新社、二〇二一年）。

福永真弓

一九七六年生まれ。東京大学大学院新領域創成科学研究科准教授。博士（環境学）。「培養肉的生と付き合う」（『現代思想』第五〇巻第七号、二〇二二年）、『サケをつくる人びと――水産増殖と資源再生』（東京大学出版会、二〇一九年）。

和田昌也

一九八七年生まれ。同志社大学研究開発推進機構特任助手。「「批判的政治哲学」という企て――現代フランス政治哲学の興隆におけるミゲル・アバンスールの位置」（『同志社グローバル・スタディーズ』第一一号、二〇二一年）、「ハンナ・アーレントの法概念――ノモス／レックスの二元論を超えて」（『政治思想研究』第二〇号、二〇二〇年）。

小林卓人

一九九二年生まれ。早稲田大学政治経済学術院講師（任期付）。博士（政治学）。「政治的決定手続きの価値――非道具主義・道具主義・両立主義の再構成と吟味」（『政治思想研究』第一九号、二〇一九年）。

秋元真吾
一九八九年生まれ。日本学術振興会特別研究員。Ph.D. (Philosophy), Ph.D. (Law). "La bataille de Guillaume Budé, *princeps* de la République des Lettres, contre la barbarie des gens de justice," *Clio@Themis*, 24, 2023、「フランソワ・オトマンの議会構想——封の構造、貴族の叛乱」（『国家学会雑誌』第一二八巻第三・四号、二〇一五年）。

村田　陽
一九九〇年生まれ。日本学術振興会特別研究員。博士（政治学）。"John Stuart Mill and Political Reform: Responses to Bentham and Grote," *Revue d'études benthamiennes*, Vol. 16 (2019).

相川裕亮
一九八八年生まれ。金城学院大学講師。博士（法学）。「冷たい戦争と魂の危機——大衆伝道者ビリー・グラハムの見た共産主義、自由、原罪」（『アメリカ研究』第五〇号、二〇一六年）、『ビリー・グラハムと「神の下の国家」アメリカ——福音伝道者の政治性』（新教出版社、二〇二一年）。

高橋侑生
一九九三年生まれ。京都大学大学院法学研究科特定助教。博士（法学）。

成田大起
一九八八年生まれ。日本学術振興会特別研究員PD。博士（政治学）。「方法論としての再構成的批判——ハーバーマスの社会理論における議論枠組み」（『社会思想史研究』第四一号、二〇一七年）、「社会統合における動機づけ問題への一解答——ホネットとハーバーマスにおける『認知的アクセス』という視点から」（『年報政治学』第六七巻第一号、二〇一六年）。

辻　悠佑
一九九一年生まれ。早稲田大学教育・総合科学学術院助手。「植民地支配と政治的集合体の自己決定」（『思想』第一一五五号、二〇二〇年）。

大場優志
一九九八年生まれ。名古屋大学大学院法学研究科博士後期課程。「流動的な集団代表の実現に向けて——アイリス・M・ヤングの批判的再検討」（『名古屋大学法政論集』第二九五号、第二九六号、二〇二二年）。

田渕舜也
一九九六年生まれ。慶應義塾大学大学院法学研究科後期博士課程。「「政治哲学」と「絶対弁証法」——当為と歴史をめぐって」（『南原繁における学問と政治』横濱大氣堂、二〇二二年）、「南原繁の田辺元批判とその影響」（『比較思想研究』第四七号、二〇二〇年）。

川添美央子
一九七〇年生まれ。慶應義塾大学商学部教授。博士（法学）。『ホッブズ　人為と自然』（創文社、二〇一〇年）、「スピノザの寛容論における神学と哲学」（『慶應義塾大学日吉紀要　社会科学』第二八号、二〇一七年）。

権左武志
一九五九年生まれ。北海道大学大学院法学研究科教授。博士（法学）。『ヘーゲルにおける理性・国家・歴史』（岩波書店、二〇一〇年）、『現代民主主義　思想と歴史』（講談社、二〇二〇年）。

井上弘貴
一九七三年生まれ。神戸大学大学院国際文化学研究科教授。博士（政治学）。『ジョン・デューイとアメリカの責任』（木鐸社、二〇〇八年）、『アメリカ保守主義の思想史』（青土社、二〇二〇年）。

宇佐美誠
一九六六年生まれ。京都大学大学院地球環境学堂教授。博士（法学）。『正義論――ベーシックスからフロンティアまで』（共著、法律文化社、二〇一九年）、『AIで変わる法と社会――近未来を深く考えるために』（編著、岩波書店、二〇二〇年）。

山崎　望
一九七四年生まれ。駒澤大学法学部教授。『時政学への挑戦』（共編、ミネルヴァ書房、二〇二一年）、『民主主義に未来はあるのか』（編、法政大学出版局、二〇二二年）。

鈴木知花
一九八〇年生まれ。函館大学商学部専任講師。「ケアの倫理と社会政策――日本の障害者政策への示唆」（『社会政策』第一二巻第三号、二〇二一年）、“The Ethics of Care as a Political Theory: Challenging the Rawlsian Conception of ‘Self-Respect’”（『一橋社会科学』第一二号、二〇二〇年）.

森　達也
一九七四年生まれ。神戸学院大学法学部准教授。博士（政治学）。「アイザィア・バーリンと文化自由会議――冷戦期の「リベラルなエートス」をめぐって」（『神戸学院法学』第五〇巻第三・四号、二〇二一年）、『思想の政治学――アイザィア・バーリン研究』（早稲田大学出版部、二〇一八年）。

住田孝太郎
一九七三年生まれ。修士（政治学）。「福澤諭吉と交詢社構想――「吾党の桃源」と「世務諮詢」のあいだ」（寺崎修編『福澤諭吉の思想と近代化構想』第四章、慶應義塾大学出版会、二〇〇八年）、『小幡篤次郎著作集』第一巻解題（慶應義塾大学出版会、二〇二二年）。

島田英明
一九八七年生まれ。東京都立大学法学部准教授。博士（法学）。『歴史と永遠――江戸後期の思想水脈』（岩波書店、二

〇一八年）、『西周現代語訳セレクション』（共訳、慶應義塾大学出版会、二〇一九年）。

●政治思想学会規約

第一条　本会は政治思想学会（Japanese Conference for the Study of Political Thought）と称する。

第二条　本会は、政治思想に関する研究を促進し、研究者相互の交流を図ることを目的とする。

第三条　本会は、前条の目的を達成するため、次の活動を行なう。

（１）研究者相互の連絡および協力の促進

（２）研究会・講演会などの開催

（３）国内および国外の関連諸学会との交流および協力

（４）その他、理事会において適当と認めた活動

第四条　本会の会員は、政治思想を研究する者で、会員二名の推薦を受け、理事会において入会を認められたものとする。

第五条　会員は理事会の定めた会費を納めなければならない。会費を滞納した者は、理事会において退会したものとみなすことができる。

第六条　本会の運営のため、以下の役員を置く。

（１）理事　若干名　内一名を代表理事とする。

（２）監事　二名

第七条　理事および監事は総会において選任し、代表理事は理事会において互選する。

第八条　代表理事、理事および監事の任期は二年とし、再任を妨げない。

第九条　代表理事は本会を代表する。理事は理事会を組織し、会務を執行する。理事会は理事の中から若干名を互選し、これに日常の会務の執行を委任することができる。

第十条　監事は会計および会務の執行を監査する。

第十一条　理事会は毎年少なくとも一回、総会を召集しなければならない。理事会は、必要と認めたときは、臨時総会を招集することができる。総会の招集に際しては、理事会は遅くとも一カ月前までに書面によって会員に通知しなければならない。総会の議決は出席会員の多数決による。

第十二条　本規約は、総会においてその出席会員の三分の二以上の同意がなければ、変更することができない。

付則　本規約は一九九四年五月二八日より発効する。

【論文公募のお知らせ】

『政治思想研究』編集委員会では、第二四号の刊行（二〇二四年五月予定）にむけて準備を進めています。つきましては、それに掲載する論文を下記の要領で公募いたします。多数のご応募を期待します。

1　投稿資格

査読用原稿の提出の時点で、本会の会員であること。また原則として修士号を取得していること。ただし、『政治思想研究』本号に公募論文もしくは依頼論文（書評や研究大会報告などは除く）が掲載された者は、次号には応募することができない。

2　応募論文

応募論文は未刊行のものに限る。ただし、インターネット上で他者のコメントを求めるために発表したものはこの限りではない。

3　エントリー手続

応募希望者は、二〇二三年七月十五日までに、編集委員会宛（jjpt2024@gmail.com）に、①応募論文のタイトル（仮題でも可）、②執筆者氏名、③メールアドレス、④現職（または在学先）を知らせること。ただし、やむを得ない事情があってこの手続きを踏んでいない場合でも、下記の締切までに応募した論文は受け付ける。

4　審査用原稿の提出

原則として、電子ファイルを電子メールに添付して提出すること。

締切　二〇二三年八月三十一日

メールの「件名」に、「公募論文」と記すこと。

次の二つのアドレスの両方に、同一のファイルを送付すること。　jjpt2024@gmail.com　mnoguchi@law.seikei.ac.jp

5　提出するもの：ファイルの形式は、原則としてWord形式にすること。

（1）論文（審査用原稿）

審査における公平を期するために、著者を特定できないように配慮すること（「拙稿」などの表現や、特定大学の研究会や研究費への言及を避けること。また、電子ファイルのファイル情報（プロパティ欄など）の中に、作成者名などが残らないように注意すること）。

ファイル名には、論文の題名をつけること。題名が十五文字を超える場合には、簡略化すること（ファイル名には著者の名前を入れないこと）。

例：「社会契約説の理論史的ならびに現代的意義」→「社会契約説の意義.docx」

（2）論文の内容についてのA4用紙一枚程度のレジュメ

（3）以下の事項を記載した「応募用紙」

（「応募用紙」は本学会ホームページからダウンロードできるが、任意のA4用紙に以下の八項目を記入したものでもよい）。

①応募論文のタイトル、②執筆者氏名、③連絡先の住所とメールアドレス、④生年、⑤学部卒業年（西暦）月、⑥修士以上の学位（取得年・取得大学）をすべて、⑦現職（または在学先）、⑧主要業績（五点以内。書誌情報も明記のこと）。

6　審査用原稿の様式

（1）原稿の様式は、一行四〇字、一頁三〇行とし、注や図表等も含め、全体で二七頁以内とする（論文タイトルとサブタイトルを除く。また、この様式において、字数は、改行や章・節の変更にともなう余白も含め、三万二四〇〇字以内となる）。二七頁を超えた論文は受理しない。なお、欧文は半角入力とする。

（2）論文タイトルとサブタイトルのみを記載した「表紙」を付けること。「表紙」は字数に含めない。

（3）本文及び注は、一行四〇字、一頁三〇行で、なるべく行間を広くとる。注は文章末にまとめる。横組みでも縦組みでもよいが、A4用紙へのプリントアウトを想定して作成すること。詳しくは「執筆要領」に従うこと。

（4）図や表を使用する場合には、それが占めるスペースを字数に換算して、原稿に明記すること。使用料が必要なものは使用できない。また印刷方法や著作権の関係で掲載ができない場合もある。

7　審査

編集委員会において外部のレフェリーの評価も併せて審査した上で掲載の可否を決定する。応募者には十月下旬頃に結果を通知する。また編集委員会が原稿の手直しを求めることもある。

8　最終原稿

十二月初旬に提出する。編集委員会から修正要求がある場合には、それに対応することが求められるが、それ以外の点については、大幅な改稿は認めない。

9　転載

他の刊行物に転載する場合は、予め編集委員会に転載許可を求め、初出が本誌である旨を明記すること。

10　ホームページ上での公開

本誌に掲載された論文は、原則としてホームページ上でも公開される。

以上

【政治思想学会研究奨励賞】

本賞は『政治思想研究』に掲載を認められた応募論文に対して授与されるものである。

・ただし、応募時点で政治思想に関する研究歴が一五年程度までの政治思想学会会員に限る。

・受賞は一回限りとする。

・受賞者には賞状と賞金（金五万円）を授与する。

・政治思想学会懇親会で受賞者の紹介をおこない、その場に本人が出席している場合は、挨拶をしてもらう。

【執筆要領】

1　入稿はWord形式のファイルで行うこと。ただし特殊なソフトを使用しているためＰＤＦ形式でなければ不都合が生じる場合は、ＰＤＦ形式も認める。

2　見出しは、大見出し（漢数字一、二……）、中見出し（アラビア数字1、2……）、小見出し（(1)、(2)……）を用い、必要な場合にはさらに小さな見出し（i、ii……）をつけることができるが、章、節、項などは使わないこと。

3　注は、文末に（1）、（2）……と付す。

4　引用・参考文献は、以下のように示すこと。

①洋書単行本の場合

著者名、タイトル（イタリック）、出版社、発行年、を明記する。なお、邦訳書を併記する場合は、カッコを付して③の要領で示す。

（例）Habermas, J., *Legitimationsprobleme im Spätkapitalismus*, Suhrkamp, 1973（ユルゲン・ハーバーマス『後期資本主義における正統化の問題』山田正行・金慧訳、岩波文庫、二〇一八年）.

②洋雑誌掲載論文の場合

著者名、タイトル、掲載誌（誌名イタリック、および巻・号等）、発行年、を明記する。

（例）Tokei, F., "Lukács and Hungarian Culture", in *The New Hungarian Quarterly*, vol. 13, no. 47, 1972.

＊編著掲載論文等の場合も、同様に示す（編著の示し方は①に準じる）。

（例）Pocock, J. G. A., "Theory in History: Problems of Context and Narrative", in *The Oxford Handbook of Political Theory*, (eds.) J. S. Dryzek et al., Oxford University Press, 2006.

③和書単行本の場合

著者名およびタイトル（『　』）、出版社、発行年、を明記する。

（例）丸山眞男『現代政治の思想と行動』増補版、未來社、一九六四年

④和雑誌掲載論文の場合

著者名およびタイトル（「　」）、掲載誌（誌名『　』、および巻・号等）、発行年、を明記する。

（例）坂本慶一「プルードンの地域主義思想」、『現代思想』第五巻第八号、一九七七年

＊編著和書掲載論文等の場合も、同様に示す（編著の示し方は③に準じる）。

（例）福田有広「共和主義」、『デモクラシーの政治学』福田有広・谷口将紀編、東京大学出版会、二〇〇二年

5　引用・参考文献として欧文文献を示す場合を除いて、原則として数字は漢数字を使う。

6　「、」や「。」、また「　」（　）等の括弧類は全角のものを使う。

7　校正は印刷上の誤り、不備の訂正のみにとどめ、校正段階での新たな加筆・訂正は認めない。

8　『政治思想研究』は縦組みであるが、本要領を遵守していれば横組み入力でも差し支えない。

9　「書評」および「学会研究大会報告」は、一ページの字数が二九字×二四行×二段（すなわち二九字×四八行）という定型を採用するので、二九字×〇行という体裁で入力する。

10　その他、形式面については第六号以降の方式を踏襲する。

二〇二二―二〇二三年度理事および監事（二〇二二年度第一回総会において承認）

［代表理事］
木部尚志（国際基督教大学）

［理事］
伊藤恭彦（名古屋市立大学）
井上彰（東京大学）
梅田百合香（桃山学院大学）
大久保健晴（慶應義塾大学）
岡﨑晴輝（九州大学）
小田川大典（岡山大学）
鹿子生浩輝（東北大学）
苅部直（東京大学）
木村俊道（九州大学）
菅原光（専修大学）
辻康夫（北海道大学）
中田喜万（学習院大学）
野口雅弘（成蹊大学）
森川輝一（京都大学）
山岡龍一（放送大学）
犬塚元（法政大学）
宇野重規（東京大学）
梅森直之（早稲田大学）
大澤麦（東京都立大学）
岡野八代（同志社大学）
重田園江（明治大学）
鏑木政彦（九州大学）
川添美央子（慶應義塾大学）
河野有理（法政大学）
田村哲樹（名古屋大学）
堤林剣（慶應義塾大学）
長妻三佐雄（大阪商業大学）
早川誠（立正大学）
安武真隆（関西大学）

［監事］
安藤裕介（立教大学）
川上洋平（専修大学）

政治思想と環境（政治思想研究　第23号）

2023年5月1日　第1刷発行

編　　者　政治思想学会（代表理事　木部尚志）
学会事務局　〒070-8621　北海道旭川市北門町9丁目
北海道教育大学旭川校　田畑真一研究室内
E-mail：jcsptoffice@gmail.com
学会ホームページ：http://www.jcspt.jp/
発 行 者　犬 塚　　満
発 行 所　株式会社 風　行　社
〒101－0064　東京都千代田区神田猿楽町1－3－2
Tel.・Fax. 03-6672-4001／振替 00190-1-537252
印刷／製本　中央精版印刷株式会社
装丁　古村奈々

ISBN978-4-86258-152-5　C3031　Printed in Japan